本书的出版获得
"北京大学创建世界一流大学计划"
经费资助

教育部人文社会科学重点研究基地基金资助

古 代 文 明

（第 2 卷）

北京大学中国考古学研究中心
北京大学震旦古代文明研究中心　编

文 物 出 版 社

北京 · 2003

责任印制：陈 杰
责任编辑：王 霞

图书在版编目(CIP)数据

古代文明.第2卷/北京大学中国考古学研究中心,北京大学震旦
古代文明研究中心编.—北京:文物出版社,2003.6
ISBN 7-5010-1453-1

Ⅰ.古… Ⅱ.①北…②北… Ⅲ.中国—古代史—研究
Ⅳ.K220.3-55

中国版本图书馆 CIP 数据核字(2003)第 009252 号

古 代 文 明

（第 2 卷）

北京大学中国考古学研究中心
　　　　　　　　　　　　　　　　编
北京大学震旦古代文明研究中心

*

文 物 出 版 社 出 版 发 行
（北京五四大街 29 号）
http://www.wenwu.com
E-mail:web@wenwu.com

北 京 美 通 印 刷 有 限 公 司 印 刷
新 华 书 店 经 销

787×1092　1/16 开　　印张:34.5　插页:1
2003 年 6 月第一版　　2003 年 6 月第一次印刷
ISBN 7-5010-1453－1/K·693　　定价:140.00 元

目　　录

考古学关于中国文明起源问题的研究

赵　辉*

In this paper the author reviews the history of archaeologically exploring the origin of Chinese civilization and process from judging the nature to establishing a general evolution route on the topic, indicates that both of the research method did not disclose the extremely complex process, then suggests a "historism" route through analyzing large quantities of cases and summing the motivity, nature and characteristic of the origin of Chinese civilization. In fact, the present research route is a logical development in the study of society and history on the basis of the Region-System-Type Theory in China archaeology, so the employment of this research pattern avoids separating the tradition and the present.

一

文明起源，也即国家的形成问题，基本上属于近代以来的学术范畴。尽管在先秦诸子的言论中，经常可以看到"大同"、"小康"、"家天下"之类的说法，但这些都是描述性的，算不上研究，而我们今天在研究这个问题时常用得到的"部落联盟"、"军事民主制"、"酋邦"、"阶级"、"剩余财产"、"所有制"等概念，古人要么没有，要么也全然不同于今人的理解。在西方，这个问题的提出大约是在启蒙运动之中，此后逐渐成为哲学、政治学、社会学、人类学以及历史学等多种学科交集的研究领域。在中国，这个问题的提出要晚得多，大约是"五四"运动以后，接受西方史学方法的"古史辩派"摧毁了旧史学体系以来，学术界重建中国史新体系的努力过程中的事情了[1]。

中国学术界对中国文明问题的研究，首先是在史学界开始的。不过随着学术的发展，越来越看得清楚的是，这个问题的深入要特别依赖考古学的努力。之所以如此，完全是史料方面的原因造成的。

---

* 作者系北京大学中国考古学研究中心副主任、专职研究员，北京大学考古文博学院副院长、教授。

[1] 谢维扬：《中国早期国家》11～25页，浙江人民出版社，1995年。

中国古代文明的形成年代在文字出现之前，至少也是在目前已经发现的文字时代之前[2]。关于这段历史，只有一些人物以及他们的若干事迹的传说，这些故事经过世代承传了一两千年甚至更长时间之后才被记录下来。由于年代久远，全凭口诵心记，就难免语焉不详、丢三落四、支离破碎；在承传途中被附会引申，或张冠李戴，或神化夸张，都很有可能。至"疑古派"将其整理了一遍以后，它们就信用大失了。近些年，有研究者大力提倡"走出疑古"[3]，这也恰好说明，在几十年重建中国历史的过程中，"疑"始终是个在研究者头脑里挥之不去的梦魇。因此，学术界总是对这类传说持十分谨慎的态度[4]，而以此建造出来的历史体系，无论是史前族群的分布，还是社会的演讲，也就只能是线条颇粗的构架而已。

解决问题的希望在于开辟新的史料来源。自从 20 世纪 20 年代考古学传入中国之后，人们看到了重建上古历史体系，除了依赖文献史料之外，还有凭借古人的物质遗存这样一条道路。学术界也就自然将包括中国古代文明形成问题在内的重建上古史的希望寄托在考古学身上了。

不过，考古学要真正深入这个课题的研究，还需要等待一段时间。这是考古学资料的性质使然，也是考古学学科发展规律使然。

二

考古学的物质史料在反映其背后的历史寓意方面，远没有文献史料那么直白。一方面，这些物质史料被湮埋在地下，没法子和盘托出。对它的认识，要经过一个从无到有、由少渐多的过程。这有待于田野考古资料的逐步积累。另一方面，人们认识这些物质史料，也一定要经过一个由表及里、从浅入深的过程，起点则是这些资料的年

---

〔2〕20 世纪初发现了甲骨文，30 年代又发现了殷墟，使商代成为信史。50 年代早期，考古界进而发现了商代早期的郑州商城。这些考古发现，明确反映出商已经是发展成熟的国家形态了。因之大家推断在这之前必定还有一个发展阶段。此后，年代在夏纪年范围内的河南偃师二里头城址的发现证明了这个推断。考古资料反映的情况也和禹废禅让、传位于启等有关夏代初年的古史传说合节。因此，学术界基本赞同夏代是中国历史上文明时代的开始。见夏鼐：《中国文明的起源》，文物出版社，1985 年。

〔3〕李学勤：《走出疑古》，辽宁大学出版社，1997 年。

〔4〕自从王国维考证殷契文字中商王与史籍所传基本吻合后，史学界对古史传说的态度较"古史辨派"有了很大转变。20 世纪 30 年代以来，以傅斯年、蒙文通、徐旭生等为代表，在通过传说资料重新梳理中国上古历史方面做出很大贡献。但这不意味着他们又回到盲从古史传说的老路上去了。相反，他们在研究中，在运用史料时是十分讲究方法的，其典型者可见徐旭生：《中国古史的传说时代》，文物出版社，1985 年。

代学问题。所以在考古学里历史研究被大致分成两步[5]：第一步是利用物质资料构建一个时空框架体系，第二步才是讨论发生在这个框架中的一些事情，这里面便包括着古代文明的形成问题。说它是大致，是指考古学家们在全力解决第一步问题的同时，脑子里也在考虑着下一步的问题，只是往往来不及做得深刻而已。

建立考古学文化的框架体系，不是轻而易举的事情。直到 20 世纪 70 年代末，考古学家手里才有了一份粗具模样的中国新石器时代年表[6]。在这份年表上还有许多空白，但新石器时代中期以来大多数地区的文化还是清楚的。与此同时，以碳-14 测年为首的自然科学测年技术为这份年表标注上了绝对年代[7]。根据这份年表，考古学家做出了几项初步的、却是十分重要的解释。

首先，利用现有的资料，考古学家们对整个中国新石器时代进行了总体分期。尽管各人使用的名称未必相同，但各家的时代划分节点还是相当一致的，通常是将整个新石器时代划分为三个大的发展阶段。其次，研究者进行时代分期时，在充分考虑到物质文化面貌早晚差异的同时，也努力使这种物质文化的分期带有指示社会发展程度的意味，对不同时代的社会性质的定性或说明，则一般依从摩尔根或恩格斯的社会发展理论[8]。第三，还有一些研究者注意到一个地区里早晚文化之间的承袭性，而和其他地区的文化表现为不同演变谱系的现象，提出中国史前文化多元化演进的观点，进而在比较各地文化的发展程度之后，对传统的中国文化黄河流域中心说提出了质疑[9]。

---

[5] 对于中国考古学研究史，有多种分期方法，或者以对学术有重大贡献的个人来分期，或者以对学术产生重大影响的事件来划分，更多的是在分期时兼而照顾两种因素，例如梁思永和"三叠层"、苏秉琦和"区系类型学说"等等。其实，无论依据哪种标准的分期方案，都努力要反映学术的发展过程。那么，如果从学科最基层的角度看，即根据学术界在达成学科根本目的的程度，可以把中国考古学研究史以 20 世纪八九十年代之交为界，概括地划分为两个大阶段：在占据了已有学术史大部分时间的前段，主要是架构文化体系的研究；后段，学术界把目标提升到复原或重建历史的高度。见赵辉：《学史からみた中国考古学の现状》，《考古学研究》2000 年 6 月号。

[6] 安志敏：《略论三十年来我国的新石器时代考古》，《考古》1979 年 5 期；中国社会科学院考古研究所：《新中国的考古发现和研究》，文物出版社，1984 年。

[7] 夏鼐：《碳-14 测定年代和中国史前考古学》，《考古》1977 年 4 期；安志敏：《略论我国新石器时代文化的年代问题》，《考古》1972 年 6 期；安志敏：《碳-14 断代和中国新石器时代》，《考古》1984 年 3 期；佟柱臣：《新的发现、新的年代测定对中国新石器时代考古学提出的新问题》，《社会科学战线》1979 年 1 期。

[8] 童恩正：《摩尔根的模式与中国的原始社会史研究》，《人类与文化》347～382 页，重庆出版社，1998 年。

[9] 夏鼐：《碳-14 测定年代和中国史前考古学》，《考古》1977 年 4 期；苏秉琦等：《关于考古学文化的区系类型问题》，《文物》1981 年 5 期。

这些都是对中国史前史的最基本估计。表明中国考古学初步完成了考古学物质文化体系的建构任务，从而为探讨史前社会的状况营建起比较扎实的基础。这个时候，中国古代文明的形成虽然尚未作为一个专门课题提出，但不意味着人们没有就这个方向上进行思考。如果承认社会是从低级向高级进化发展的，则于 50 年代发现的河南偃师二里头遗址的种种文明迹象，使学者们相信，在年代属夏纪年的二里头文化之前，还有一段文明的形成过程。严文明从一个宏观过程的角度，着意归纳了新石器时代的最后 500 年里，考古遗存所表现出来的社会成员贫富分化、社会矛盾尖锐乃至发生战争等时代特征，把这个时代定性为军事民主制时代，又叫“龙山时代”[10]。而在当时流行的社会发展史概念里，军事民主制便是国家产生的前奏。

回顾这段研究史，还有一个现象值得注意，即当时的研究者在考虑物质文化面貌的演变时，一般会注意到和强调各地文化的不同谱系情况，是一种类似多线进化论的思考方法；在考虑史前社会发展状况的时候，人们又往往不加区别地用同一种理论来说明各地文化的演进，并至少在相当大范围内，把各地的社会看作是大体同步发展，就本质来说是一般进化论的思考方法[11]。这两种思考方法区别甚大，又理应相互补充。但在当时，也许是有关社会状况的信息在考古资料中隐藏得更深而还没有来得及充分发掘出来，导致研究者在涉及社会状况的讨论时，只能做一般进化论式的解释。有关这两种不同思考方法对以后很长一个时期里的研究造成影响的分析，我们在以后章节里进行。

三

中国文明起源问题的提出，是考古学术发展的必然结果，但它的提出，却是一系列偶然发现的积累促成的。

1977 年，河南登封王城岗发现了一座龙山文化的城址[12]，不久，于河南淮阳平粮台再度发现龙山文化的城址[13]。几乎同时，亦属龙山文化的山西襄汾陶寺遗址经发掘查明，其面积竟达 300 万平方米，虽然当时没有在遗址上发现城墙建筑，但大面积的公共墓地以及墓地中少数随葬大量高等级随葬品的大型墓葬和绝大多数一无所出的小

---

[10]　严文明：《龙山文化和龙山时代》，《文物》1981 年 6 期。

[11]　请原谅，在这里我想不出两个更准确和简洁的词汇来说明这两种思考方法，只好借用了一般进化论和多线进化论这两个现成的术语，尽管我也知道它们的原意和我的初衷有些不同。

[12]　河南省文物研究所等：《登封王城岗与阳城》，文物出版社，1992 年。

[13]　河南省文物研究所等：《河南淮阳平粮台龙山文化城址试掘简报》，《文物》1983 年 3 期。

型墓葬的强烈反差，给人留下了深刻印象[14]。此后，新的发现接二连三。这些发现是，甘肃秦安大地湾仰韶文化晚期大型殿堂式建筑[15]、辽宁喀左东山嘴红山文化石构祭祀遗址[16]和凌源牛河梁大型积石冢群及祭祀遗迹[17]、江苏武进寺墩[18]、上海青浦福泉山[19]和浙江余杭良渚遗址群中的反山[20]、瑶山[21]等贵族墓地以及莫角山大型建筑基址[22]。再稍晚一些，以湖北天门石家河[23]、山东章丘城子崖[24]等城址的发现为契机，各地史前城址的发现越来越多，目前已知在遍及黄河、长江两大流域以及长城地带广大地域里，都有这类城址[25]。

这些重要发现的种种表象，与研究者头脑里的所谓平等的、生产力低下的、公有制的原始社会的传统概念大相径庭。对此，严文明在一篇文章中很好地总结了由于这些重要发现给研究者带来的启发[26]。正是在这个相关资料的积累过程中，学术界正式提出了中国文明的起源问题。其标志，当以评价红山文化的论文为代表[27]。

四

人们在面临某种陌生的事物时，首先给它做一性质上的判断，以便把它放在所有已知事物中的恰当位置上。这样做，既十分自然，也十分必要。当上述全新考古发现

[14] 中国社会科学院考古研究所山西工作队等：《1978～1980 山西襄汾陶寺墓地发掘简报》，《考古》1983 年 1 期。

[15] 甘肃省文物工作队：《甘肃秦安大地湾 901 号房址发掘简报》，《文物》1986 年 2 期。

[16] 郭大顺等：《辽宁省喀左县东山嘴红山文化建筑群址发掘简报》，《文物》1984 年 11 期。

[17] 辽宁省文物考古研究所：《辽宁牛河梁红山文化"女神庙"与积石冢群发掘简报》，《文物》1986 年 8 期。

[18] 南京博物院：《1982 年江苏常州武进寺墩遗址的发掘》，《考古》1984 年 2 期。

[19] 上海市文物保管委员会：《上海福泉山良渚文化墓葬》，《文物》1984 年 2 期。

[20] 浙江省文物考古研究所反山考古队：《浙江余杭反山良渚墓地发掘简报》，《文物》1988 年 1 期。

[21] 浙江省文物考古研究所：《余杭瑶山良渚文化祭坛遗址发掘简报》，《文物》1988 年 1 期。

[22] 杨楠等：《良渚文化考古重大突破、余杭莫角山清理大型建筑基址》，《中国文物报》1993 年 10 月 10 日。

[23] 北京大学考古系等：《石家河遗址群调查报告》，《南方民族考古》第五辑，1994 年。

[24] 山东省文物考古研究所：《城子崖遗址又有重大发现　龙山岳石周代城址重见天日》，《中国文物报》1990 年 7 月 26 日；张学海：《试论山东地区的龙山文化城》，《文物》1996 年 12 期。

[25] 严文明：《龙山时代城址的初步研究》，《中国考古学与历史学之整合研究》，（台湾）中央研究院历史语言研究所，1997 年。

[26] 严文明：《文明起源研究的回顾与思考》，《文物》1999 年 10 期。

[27] 孙守道等：《论辽河流域的原始文明和龙的起源》，《文物》1984 年 6 期；苏秉琦：《辽西古文化古城古国——兼谈当前田野考古工作的重点或大课题》，《文物》1986 年 8 期。

的消息一经传出，研究者们也正是这样做的。但是，麻烦接踵而来。

当研究者们试图就红山文化是否够得上是文明或是处在哪个阶段上的文明进行评估的时候，突然发现在对文明概念的把握上存在很大分歧，并围绕着这些分歧爆发了激烈的争论[28]。

现在看来，这场争论注定不会有结果。原因出在争论的焦点——文明这个概念本身其实是一个大可商榷的问题。这是因为在中国的学术传统中，严格地说，是没有现代学术意义上的文明之类的概念的。当时论战各方使用的文明概念都来自西方，无论是经典作家对文明的理论阐释，还是努力把它转化为在田野考古中可操作的可视性标准，都是西方学术的产物。在中国的有关考古资料刚刚发现，尚未来得及仔细揣摩、分析、消化、吸收和升华为自己的理论，进而和外来概念进行比较之前，这些产生在西方资料基础之上的概念在是否可以恰如其分地概括中国文明的性格方面，是大可怀疑的。所以，尽管当前这种围绕什么是文明或者文明的标准是什么的讨论仍然时有所见[29]，但大多数考古学家已然悄悄地转向比较实在的资料研究中去了。但这决非意味着他们对这类问题丧失了兴趣，而是意识到，与其在这类笔墨官司上消耗时间，不如通过对考古资料研究的基础上建立自己的历史理论。

尽管如此，我却认为这场争论绝非一无是处。在运用中国的材料来论证文明的标准或文明要素的讨论过程中，人们发现，经典作家所谓的几乎每一种文明要素的出现都是一个十分漫长的过程，而且它们在世界上几个主要古代文明中，也未必都是同步

---

[28] 安志敏：《试论文明的起源》，《考古》1987 年 5 期；陈星灿：《文明诸因素的起源与文明时代》，《考古》1987 年 5 期；童恩正：《有关文明起源的几个问题——与安志敏先生商榷》，《考古》1989 年 1 期。

[29] 笔者最近应邀参加了一次由中国社会科学院考古研究所主办的"中国文明起源及早期发展国际学术研讨会"。会上看到依然有些学者对包括文明的定义、文明要素等在内的理论问题怀有强烈的兴趣。他们的立意无可厚非，是要为解释包括新出考古资料在内的种种历史资料建立一个理论架构，或者说是提供一种阐释理论。他们主张的理论有摩尔根、恩格斯的，也有柴尔德的，还有塞维斯的……林林总总，种类很多。其中多数学者是力图运用中国的材料来证明某种理论的正确性。对此，我不能恭维。因为中国学术界在过去政治环境不正常的年代，主要作为就是利用中国的资料来证明经典作家的某个概念可以放之四海并且皆准，这种教条主义的学风影响了不止一代人的思维方式（参见赵辉：《学史からみた中国考古学の现状》，《考古学研究》2000 年 6 月号；赵辉：《中国文明起源研究中的一个基本问题》，《稻作 陶器和都市的起源》，文物出版社，2000 年；赵辉：《关于古代文明研究的一点思考》，《古代文明研究通讯》总第一期，1999 年 5 月）。但必须看到，也有部分学者真正是认真运用中国的材料来检验这些理论是否准确完整，如若不然，便修正补充发展之。他们的工作方法也正符所谓的以演绎法为主的现代科学研究方式。尽管如此，我还是认为，在建立一种令人信服的理论时，还有更好的方法。这一点，以下正文将有所述及。

出现的。由此看来，文明的形成其实是一个长期的历史过程，而非一夜之内达成的壮举。因此，有关文明形成的问题应当放在一个过程中去考察。这样，问题便从简单的社会性质的判定研究，引申到过程式的研究上来了。从这个角度说，这场争论确实有它的积极意义。

<h1 style="text-align:center">五</h1>

那么，如何考察中国文明起源这个历史过程呢？

一般来说，历史是从低级向高级、从简单向复杂发展起来的。反之，绝大多数学者也是这样认识和这样解释历史的。例如考古学的石器时代、青铜时代和铁器时代的"三期说"，摩尔根的蒙昧、野蛮和文明的社会进化论，塞维斯的游团、部落、酋邦和国家的文明理论以及马克思主义的五种生产方式理论等，它们在说明的历史长度上或历史范畴上有不同程度的区别，但都是用普遍进化的立场考察历史。而中国考古学在解释自己的历史的时候，采用的也不外乎是这几种理论框架。这样一种思维方式也就自然而然地被带入中国文明起源问题的研究中来了。

按照这种思考方法，将不同时代的资料罗列开来，确实可以从一个历史阶段与之此前阶段的比较中体察到生产能力的进步、人口增加和社群规模扩大及结构的复杂化、战争的出现和社会矛盾尖锐化发展、文化艺术的进步等等。然后还可以为这些不同阶段定义一个名称——通常是用现成的概念，如母系氏族社会、父系氏族社会……或者部落、酋邦……之类。截至目前，大多数的研究者正是这样做的。

但是，细审这些成就，却发现它十分苍白和空洞。

首先，这类研究实质上是在把不同地区或人群的历史硬塞进同一个理论口袋里。在某种先入为主的理论框架内，人们容易注意那些符合这种理论框框的历史特征而忽视其余。但那些其余部分，也许正隐藏着某种历史的真谛。例如按照几种文明要素的标准考量龙山时代，可以发现它有了金属技术、有了城墙、有了私有制、有了社会成员经济的或社会的或政治地位的明显分化、有了宗教领袖、有了战争和军事首长、有了……借此可以认为它即将迈进或者干脆已经进入了被称之为文明的历史阶段。但这又怎么样呢？这种研究能在下述问题上给出肯定的答案吗？例如这个发生在东方的文明，和同样是从低级向高级进化出来的另外的文明，譬如埃及文明、地中海文明或者玛雅文明等等，究竟在哪些方面有所不同？它们肯定是有不一样的地方的，但是以一般进化论的立场看待历史和仅仅凭着几项一般性的文明要素标准来界说它，我们就无法把握住东方历史的特色，更遑论东方之所以不同于西方等更深层的问题了。然而，对这种历史特殊性的关注，却正是历史学和其他人文科学的主要区别所在。顺便说到，大约从 20 世纪 70 年代以来，国外学术界对历史哲学的热情大幅度降温了；80 年代，受文献史学影响的、以发现人类历史通则为目的的新考古学在一系列挫折面前，也逐渐降低了原来设定的目标。但国内学术界却正满腔热情地拥抱这类已遭国外学术界冷漠的东西。

其次，这类研究甚至也不能完整概括和圆满解释中国境内发生的一切。已有的发现越来越清楚的显示出，中国新石器时代各地文化的文明化进程是很不一样的。它们有先行者、有后进者，有的由先行转而陨落、有的由后进转而持续发展，等等，很难找出整齐划一的界限。它们的文明化表现也有各种各样的差别，如其工业产品形态，有的精致拘谨，有的华美奔放，有的质朴粗犷；如其宗教气氛，有的诡异，有的亲切；如其社会，有的在持续发展中形成新秩序，有的在激烈争夺中建立新关系，等等。不能"一言以蔽之"。但现有的理论框架里，很少有容纳这些历史内容的空间。

再次，直到 20 世纪 80 年代，考古学界还在为建立考古资料的年代、区系体系这些最基础工作而努力。此后一系列发现和文明起源问题的提出，将考古学家的注意力迅速带进了新领域或新层次。显然，解决这个新领域所关注的社会性质的定性、某种文明要素的发生和发展等问题，所需要的方法理论会和前个阶段用于基础性研究者有很大不同，但是否两者之间全然没有联系了呢？考察中国文明起源研究的作品，其大部分只是在资料的年代学上利用了前个阶段的成果，却没有继承考古学区系类型的研究成果。那么，是否是区系类型式的研究成果在内容上和中国文明之类的研究全然没有关系，而不值得一提呢？

六

考古学的区系类型问题，是苏秉琦先生在 20 世纪 70 年代后期开始提出，1981 年正式见诸文字的[30]。它的核心方法了无奇特，即考古类型学是最基础不过的方法论。但它和传统的分期编年研究不同，强调的是对考古学文化的谱系进行梳理辨析，以此来复原文化过程[31]。

所谓文化谱系，指的是考古学家们通过比较，发现各地的物质文化在演变过程中，其面貌往往具有显而易见的个性——它们是考古学家界定考古学文化的主要标准，而

---

[30] 苏秉琦等：《关于考古学文化的区系类型问题》，《文物》1981 年 5 期。

[31] 俞伟超、张忠培：《苏秉琦考古学论述选集·编后记》，文物出版社，1984 年；赵辉：《关于考古类型学的几点思考》，《考古学研究》（一），文物出版社，1992 年；赵辉：《中国新石器时代文化发展谱系研究的回顾》（待刊）。

这种特殊性又常常被当地后续文化继承演进下去，形成不同于其他地区的文化传统。这种文化谱系一经形成，并非一成不变，而是有主有次、有粗有细、有分支也有合流。整个史前中国，就是由许多大大小小的文化谱系交织起来的。就其大者而言，苏秉琦认为有六个，分别是：①陕豫晋邻境地区，②山东及邻省一部分地区，③湖北和近邻地区，④长江下游地区，⑤以鄱阳湖—珠江三角洲为中轴的南方地区，⑥以长城地带为重心的北方地区。每个大区内可以进一步划分出若干区域类型。而它们还可以概括成面向内陆和面向海洋的两大部分：自长江中游向西、向北是面向内陆部分；向东、向南是面向海洋部分[32]。这一划分结果或许可以讨论，但是，只要按照这个方法思考，必然会得出中国史前文化是多元化发展的认识结论。

导致文化谱系传统的形成及其变化的原因十分复杂，既和外部环境的影响有关，也和造就这些物质文化群体的社会集团内部运动以及不同社会集团之间的互动有关[33]。但在农业经济已经发达起来、人们生活比较稳定的农业人群的场合，有理由设想其文化传统形成之后的种种变化，更多是和社会变化有关的。那么，文化谱系的形成、演变、谱系内的分化和谱系之间的融合，就可以在一定程度上视为造就了它们的那些社会集体的生长消亡、承传演变、融合分裂的历史发展脉络。如此一来，原本是对物质文化演变过程进行复原的研究，却把研究者的思考自然而然地带入了更深刻的历史层次。

在区系类型问题的研究成果基础上，张光直提出，在新石器时代晚期，文化之间的交流加强了，出现了一个文化的相互作用圈。这个相互作用圈，成为中国文明形成的温床[34]。严文明认为，中国的新石器文化分布格局大致以中原文化区为中心、呈逐层环绕的重瓣花朵式结构，而构成这个结构的诸文化则具有多元一体的性质，并指出从这种文化结构体现出来的中国新石器文化的多样性和统一性是日后中国之所以成为中国的根本原因[35]。而苏秉琦本人也在"条块说"（苏氏对考古学文化区系类型问题的通俗说法）之后，陆续提出了中国文明起源的"漫天星斗说"和"三种形式"、"三部曲"以及发展模式的"三类型"理论[36]。

这些都是对史前中国的根本性思考，也可以称为有关中国古代历史的理论。它们产生于中国考古学的区系类型研究的基础之上，有根有据。也正因为如此，这些理论

---

〔32〕　同〔30〕。

〔33〕　严文明：《关于考古学文化的理论》，《走向21世纪的考古学》，三秦出版社，1997年。

〔34〕　张光直：《中国相互作用圈与文明的形成》，《庆祝苏秉琦考古五十五年论文集》，文物出版社，1989年。

〔35〕　严文明：《中国史前文化的统一性与多样性》，《文物》1987年3期。

〔36〕　苏秉琦：《中国文明起源新探》，（香港）商务印书馆，1997年。

为阐释中国文化的多彩表现预留下充足的余地，或者说它们就是针对中国文化的多元现象建立起来的历史理论。用它们阐释中国历史，绝没有利用某种外来理论来解释中国资料时的那种方枘圆凿的感觉。由于它们是从考古学基础研究的土壤中生长出来的学术方向，是继承的发展，因此显得既不生硬，也不造作，合情合理，自然而然。在沿着这个方向来规划更深层次的历史研究时，也就全然没有所谓新考古学对待传统考古学的武断极端。如此，中国考古学找到了把建立考古学文化体系的基础性研究和诸如古代文明的形成过程等历史研究有机地联系起来的途径。我以为，这是中国学术的一项重要成就，但迄今为止，对它的重要性，人们尚没有充分认识。

七

　　中国文明的形成是一个长期的过程。又根据区系类型研究，史前文化是多元化演进的，而考古学物质文化遗存的表象和它背后的深层次问题之间原本是有联系的，则中国文明的形成也多元的。那么，探讨中国文明的形成，就不仅要把这个过程看成是一个普遍的进化过程，还应当特别强调它是一个复杂的、多元的历史过程。考古学家的任务不仅仅是对一般进行过程进行描述，而是要针对各个文化的具体情况提出具体解释。只有在这种大量的个案研究的基础上进行逐层次地归纳，才能总结出中国文明的特质。我认为，这是我们在回顾了研究史后，得到的有关深入开展中国文明起源问题研究的最为合理、也是必须跋涉的学术之道路。我曾经把它叫做"历史主义的研究路线"[37]，也有人叫做"中国文明起源过程考古研究"[38]。

　　截止到目前，我们高兴地看到，在这个方向上，已经产生了一批研究成果。其中有有关某个地方文化的文明化进程的研究[39]，也有诸如城址这类文明标志物于各地起

---

〔37〕　赵辉：《关于古代文明研究的一点思考》，《古代文明研究通讯》总第一期，1999 年 5 月。

〔38〕　何驽等：《中国文明起源过程考古研究思考点滴》，《古代文明研究通讯》总第三期，1999 年 12 月。

〔39〕　参见许倬云：《良渚文化哪里去了》，《良渚文化研究——纪念良渚文化发现六十周年国际学术讨论会文集》，科学出版社，1999 年；赵辉：《良渚文化的若干特殊性——论一处中国史前文明的衰落原因》，《良渚文化研究——纪念良渚文化发现六十周年国际学术讨论会文集》，科学出版社，1999 年；韩建业：《中国北方地区新石器时代文化研究》，北京大学考古文博院 2000 年博士研究生学位论文；何驽：《长江中游文明进程》，北京大学考古文博院 2001 年博士研究生学位论文；严文明：《东亚文明的黎明》，《农业发生与文明起源》，科学出版社，2000 年；赵辉：《以中原为中心的历史趋势的形成》，《文物》2000 年 1 期。

源的具体原因的研究〔40〕等等。限于篇幅，不能一一介绍这些研究的具体内容，仅列出其中部分篇目，供有兴趣的读者参考。在这里想着重指出的是，这些研究的一个共同点是，研究者都没有把他们的研究对象作为验证某种普遍理论的资料，而是努力在具体的情况中总结抽象出有关这个具体历史过程的若干看法。也正是因为这个方向上的努力，使得中国史前社会的文明化是一个极其复杂和多头绪的、多形式的过程的认识已经不再仅仅是从考古学文化的多样性上引申出来的推论了。

八

我们必须看到，上述研究还仅仅是向所谓历史主义研究方向上的开始。每个地区每个文化内需要探讨的问题极多，地区与地区之间、文化与文化之间的问题更是错综复杂。现有的研究，远未穷尽这些问题，更遑论对中国文明的特质等根本性问题做出准确的把握了。我们已经找到了一个合乎学术逻辑的方向，并且沿着这个方向迈出了长征的第一步。问题在于如何进一步深化中国文明起源问题的研究呢？近一段时间，有关的议论颇众〔41〕。

从课题的角度，有研究者提出玉器、青铜器、文字、城址、制度、宗教等许多研究专题。从考古学方法的角度，有研究者提出应当开展聚落形态、区域研究、民族考古、动物考古、农业考古、环境考古等等，不一而足。而组成这些方法的包括现代科技在内的许多技术，自然也应当在考虑之内。如果站在文明起源问题实质是一个历史问题的高度上，我们就不能忽视文献史学、民族学、人类学、社会学等相关学科的作用。但我赞成严文明先生的提法，全方位研究中国文明，需要以考古学为基础〔42〕。

这些都是十分中肯的意见。不过，我还想从另外一个角度就此做些补充。将中国文明研究放在研究史中考察则不难发现，它无非是考古学在基础研究领域积累到一定程度以后，学科向更深层次发展诉求的一个集中体现。此前，学科阶段性的核心任务是物质文化史的复原。当这个任务解决到相当程度时，学科便会产生向新阶段过渡的

〔40〕　参见严文明：《龙山时代城址的初步研究》，《中国考古学与历史学之整合研究》，（台湾）中央研究院历史语言研究所，1997年；张玉石：《西山仰韶城址及相关问题研究》，《中国考古学的跨世纪反思》，（香港）商务印书馆，1999年；赵辉等：《中国新石器时代城址的发现与研究》，《古代文明》（第1卷），文物出版社，2002年。

〔41〕　可参考中国社会科学院考古研究所编辑的《中国古代文明起源及早期发展国际学术研讨会论文提要集》，2001年8月。

〔42〕　严文明：《以考古学为基础，全方位研究古代文明》，《古代文明研究通讯》总第一期，1999年5月。

诉求，其标志是某种新课题被提出来，成为学科下个阶段的核心任务[43]。只是由于学术传统背景不同等原因，世界各地的考古学为自己制订的核心任务有所不同。在中国，这个任务被定位为属于史学范畴的"重建中国史前史"[44]。显然，文明起源只是其中的一部分。但这是一个既有普遍意义的话题，也颇能唤起中国学人的感情共鸣，再加上田野考古的一系列发现，使得它在史前史众多问题中凸现出来，成为引领中国考古学进入新阶段的课题。如果从这个意义上说，与其问如何深化文明起源的研究，不如说如何深化中国考古学的研究。这个问题太大，笔者没有能力为之开出一个"药方"。不过，考察 20 世纪 60 年代以来考古学的发展，有两个趋势值得注意：一是随着学科进入新阶段和提出新的核心任务，考古学所关心的课题领域一下子多起来了，而和此前阶段几乎所有的考古学家都在关心同一件事——重建物质文化编年体系的情形形成鲜明对比；二是当考古学家们面对这些仿佛是突然冒出来的五花八门的问题时，却发现手里并没有解决这些问题的现成方法，因为方法是为问题而设的，特定的问题需要特定的研究方法[45]。因此，60 年代以来，学术界对研究方法的探讨和新技术的开发空前繁荣起来了。这和此前主要运用地层学、类型学和一些测年技术进行研究的单调局面形成鲜明对比。

中国考古学的情况相似。自从重建中国史前史的任务提出来后，考古学所研究的课题也骤然大增。古代文明起源问题只是史前史中一个有限的部分，尽管如此，它所涉及的具体课题数量之多，恐怕也是很难讲清楚的。但中国考古学的起步晚，旧新两个阶段的转变时间也晚。当前，我们已经提出了问题，却尚未来得及仔细琢磨研究它们的方法。而这些方法不会凭空而来，要由研究者根据自己课题的需要，有针对性地开发出来。此前阶段，若干权威大家设计好方法、由整个学科共同使用的情况，恐怕再也不会出现了。对此，我们必须有充分的心理准备。

---

[43] 赵辉：《学史からみた中国考古学の的现状》，《考古学研究》2000 年 6 月号。

[44] 苏秉琦：《关于重建中国史前史的思考》，《考古》1991 年 12 期。

[45] 我认为，技术是考古学家为获得资料以及从中提取信息的手段，方法是为了解决某一类型的问题时，选择一种、通常是多种技术，把它们组织成一个有效的工作程序或工作方案。对于这个工作程序中的技术构成的原理、它们的互补性、有效性和局限性等的说明，就是通常所说的方法论。本文谈到方法时，都是严格限制在这个意义上的。

大汶口文化的社会发展进程研究

栾丰实[*]

Dawenkou culture is one of Chinese pre-historic cultures and it endured in the era that early states came into being. In this paper the development of the agriculture and handicraft industry, the evolution of the social structure and organization as seen from the settlement pattern and cemetery, the social status and class of Dawenkou culture, are particularly discussed and analyzed. The main conclusions include follows: the early period of Dawenkou culture was in the transitional stage from an egalitarian to an imbalance society, in the mid and late periods Dawenkou culture generally featured a social structure of patri-mass family-kin-clan, as a result, the original two-classed settlement pattern of central settlement site and common settlement site became the three-classed pattern of big, middle and small ones. In the late period of Dawenkou culture (c. 5000 BP), early civilizations likely germinated in the main areas of the Wen-Si river valleys, center of northern Shandong and the Yi-Shu river valleys.

  在近 20 年来中国考古界讨论的若干考古学论题中，文明起源的探讨是其中最重要的一个，众多学者或多或少、或深或浅地涉及了这一问题[1]。这之中，无论是从文明

---

* 作者系山东大学考古学研究中心教授。

[1] 关于中国文明起源问题的研究论著颇多，现列其中有代表性的数种如下：夏鼐：《中国文明的起源》，文物出版社，1985 年；张光直：《考古学专题六讲》，文物出版社，1986 年；张光直：《中国相互作用圈与文明的形成》，《庆祝苏秉琦考古五十五年论文集》，文物出版社，1989 年；田昌五：《对中国文明起源的探索》，《殷都学刊》1986 年 4 期；田昌五：《中华文化起源志》，上海人民出版社，1998 年；苏秉琦：《辽西古文化古城古国——兼谈当前田野考古工作的重点或大课题》，《文物》1986 年 8 期；苏秉琦：《中国文明起源新探》，（香港）商务印书馆，1997 年；佟柱臣：《中国新石器时代的多中心发展论和发展不平衡论——论中国新石器时代文化发展的规律和中国文明的起源》，《文物》1986 年 2 期；安志敏：《试论文明的起源》，《考古》1987 年 5 期；童恩正：《有关文明起源的几个问题——与安志敏先生商榷》，《考古》1989 年 1 期；邹衡：《中国文明的诞生》，《文物》1987 年 12 期；严文明：《略论中国文明的起源》，《文物》1992 年 1 期；王震中：《中国文明起源的比较研究》，陕西人民出版社，1994 年；谢维扬：《中国早期国家》，浙江人民出版社，1995 年；李学勤主编：《中国古代文明与国家形成研究》，云南人民出版社，1997 年；白云翔等整理：《中国文明起源座谈纪要》，《考古》1989 年 12 期；白云翔等整理：《中国文明起源研讨会纪要》，《考古》1992 年 6 期；朱乃诚：《中国文明起源问题讨论综述》，《中国考古学年鉴（1991）》，文物出版社，1992 年；列·谢·瓦西里耶夫著、郝镇华等译：《中国文明起源问题》，文物出版社，1989 年。

的物化形态（简单的做法就是将文明归结为诸项要素，如城市、文字、青铜器等）进行对应分析，还是引进国外"游团—部落—酋邦—国家"的社会发展和演化的模式，拟或是由中国商周时代的社会结构上推，利用具有中国特色的"家族—宗族"理论来阐述中国古代文明的起源和发展，都对中国文明起源的研究起到了很好的推动作用。我们欣喜的看到，随着研究的深入，人们逐渐认识到，中国文明起源研究是一个规模颇大的系统工程，它既需要新的理论和方法指导，也需要学术界脚踏实地的努力工作，特别是以艰苦细致的系统田野考古调查和各类典型遗址的考古发掘为基础的聚落形态研究，任何简单化和急功近利的做法都于事无补。

我认为，应把古代文明的起源理解为一个社会发展过程，在这个过程中去寻找社会发展由量变到质变的关节点，进而从整体上把握社会进程的脉搏，以研究中国文明社会的起源、形成和发展。

海岱地区是中国史前文化几个主要区域之一，文化的综合发展水平在几大区系中曾一度居于领先地位[2]。综观这一地区商代之前的社会发展进程，延续时间长达1500多年的大汶口文化[3]是本区产生巨大变革的时期。以下将从社会经济、社会结构和社会组织、社会分层和阶级分化等三个方面来分析大汶口文化的社会发展状况，并探讨古代东方地区的文明起源问题。

一、社会经济的发展

社会经济是文明起源和形成的物质基础，它包括两大部分内容：一是与人类生存直接相关的经济活动，如农业、家畜饲养、渔猎和采集等；二是手工业经济，如制陶、制作玉石骨牙器、编织和纺织、建筑等。在大汶口文化时期，前者最重要的是农业，其次是家畜饲养业，后者以制陶业最为发达。

（一）农业和家畜饲养业

1. 农业

农业是大汶口文化最主要的经济部门。据目前所知，海岱地区在距今8000多年前的后李文化时期就产生了具有一定规模的农业，经北辛文化时期的发展，至大汶口文

---

〔2〕 高广仁、邵望平：《中华文明发祥地之一——海岱历史文化区》，《史前研究》1984年1期；高广仁、邵望平：《海岱文化对中华文明形成的贡献》，《山东龙山文化研究文集》，齐鲁书社，1992年；黎家芳：《山东史前文化在中华远古文明形成中的地位》，《山东史前文化论文集》，齐鲁书社，1986年。

〔3〕 一般将大汶口文化划分为三大期，即早期阶段、中期阶段和晚期阶段。参见栾丰实：《大汶口文化的分期和类型》，《海岱地区考古研究》，山东大学出版社，1997年。

化时期已达到相当水准。而本身又延续了 1500 余年的时间，其农业生产水平也在不断地发展和提高。大汶口文化的农作物以粟为主，同时还出现了黍和水稻。作为农业发展水平重要标志的农业工具，主要有石铲、石镰、石刀和角锄、牙镰、牙刀等。而石斧、石锛等工具，从用于最初的伐树垦荒等用途上说，也可以认为是与农业相关的工具。与时代较早的北辛文化相比，大汶口文化的农具制作较为精致，石器多通体磨光，刃部比较锋利，骨牙器也广泛地运用于农业生产活动，已进入耜耕农业阶段。从已发现的工具种类看，收获工具要多于翻土和中耕的工具。这种现象说明在农业生产活动中应有较多的木质工具被使用，因北方地区环境的关系难于保存下来。

早期阶段，农作物实物标本发现较少。长岛北庄遗址发现有黍壳[4]，牟平蛤堆顶、蓬莱大仲家和福山邱家庄等遗址则发现粟的硅酸体[5]，从北辛文化已经发现粟类作物的情况分析，大汶口文化的种植作物应以粟为主。粟是重要的旱作农作物，现今主要栽培于中国、印度和朝鲜半岛，在中国则分布于淮河以北地区。考古发现证明，粟是史前时期种植相当广泛的一种谷物，一般认为，粟是由狗尾草驯化而来的，其最初的起源地应在包括海岱地区在内的黄河流域。此外，兖州王因还检测出水稻的花粉[6]，如果以后能加以确认的话，山东地区水稻的出现时间将大为提前。农具发现的数量较少，种类也只有石铲、石镰和石刀等，而用于砍伐和加工的斧、锛、凿等相对较多。如刘林遗址第二次发掘文化层出土的石器中，铲、镰、刀等农具为 11 件，而斧、锛、凿三类加工工具则多达 92 件[7]。大汶口遗址同一时期的发掘资料也有类似情况[8]。

中期阶段，这一时期农作物的发现有所增加。如枣庄建新 H135 出土了轻度炭化的粟粒[9]，莱阳于家店遗址发现有粟壳[10]，广饶傅家的彩陶鼎内也见到粟粒[11]。这一

〔4〕 吴诗池：《山东新石器时代农业考古概述》，《农业考古》1983 年 2 期。

〔5〕 胶东半岛贝丘遗址研究小组：《胶东半岛北岸贝丘遗址环境考古学研究》，《中国文物报》1996 年 3 月 10 日第三版。但在该项目结题报告中公布的植物硅酸体分析结果，除在大仲家第 2 层确认了一个水稻硅酸体外，别无其他农作物的硅酸体发现。详见中国社会科学院考古研究所：《胶东半岛贝丘遗址环境考古》91、125、152、163 页，社会科学文献出版社，1999 年。

〔6〕 高广仁、胡秉华：《王因遗址形成时期的生态环境》，《庆祝苏秉琦考古五十五年论文集》，文物出版社，1989 年。

〔7〕 南京博物院：《江苏邳县刘林新石器时代遗址第二次发掘》，《考古学报》1965 年 2 期。

〔8〕 山东省文物考古研究所：《大汶口续集——大汶口遗址第二、三次发掘报告》103 页，科学出版社，1997 年。

〔9〕 孔昭宸、杜乃秋：《建新遗址生物遗存鉴定和孢粉分析》，《枣庄建新——新石器时代遗址发掘报告·附录五》，科学出版社，1996 年。

〔10〕 吴诗池：《山东新石器时代农业考古概述》，《农业考古》1983 年 2 期。

〔11〕 山东省文物考古研究所等：《山东广饶新石器时代遗址调查》，《考古》1985 年 9 期。

阶段的农业工具新出现了有肩石铲和骨锄、角锄及蚌刀、蚌镰等，用于收获的刀和镰在农具中所占比例明显增加。如枣庄建新遗址文化层出土的石器中，有铲、镰、刀12件，斧、锛、凿为26件[12]，兖州六里井也有类似情况[13]，远远高于早期阶段的刘林和大汶口遗址。

晚期阶段，关于农作物的考古发现增多。如枣庄建新遗址F1和H218均发现炭化的粟粒，胶县三里河遗址不仅出土了数量惊人的炭化和灰化粟，还从红烧土块上鉴定出粟叶的痕迹[14]。莒县陵阳河遗址M12人骨的碳十三检测发现，其食谱中有约四分之一为C_4成分[15]，而这一时期的C_4成分一般认为应是粟类植物。地处皖北的蒙城尉迟寺遗址，在多份土样的植物硅酸体分析中，不仅发现大量的粟类硅酸体，还存在甚多的栽培水稻的硅酸体，两者的统计数字呈相反的变化趋向，即粟的硅酸体由早至晚逐渐减少，而水稻的硅酸体则从早到晚不断增多[16]，这是目前比较确凿的大汶口文化存在水稻的证据。水稻首先在大汶口文化分布区的南部出现，暗示着它是从南方地区传播过来的。这一时期制作农具的材料拓宽，石骨牙蚌均有。农具的规格逐渐定型化，如龙山文化最为流行的长方形双孔石刀已在大汶口文化中出现。农具在生产工具中的比例进一步上升，如曲阜南兴埠遗址出土的石器中，铲、镰、刀共3件，斧、锛、凿共6件[17]。

上述分析表明大汶口文化的农业是在不断发展的，尤其是中晚期阶段，随着生产水平的提高，粮食已经有了剩余。如在三里河遗址曾发掘出一座储存粮食的仓库，发现时房内窖穴中还保存着1.2立方米的灰化或炭化粟粒[18]，由于几千年的腐朽灰化，体积已大大缩小，很可能原来是装满窖穴的[19]。窖穴的容积约为2.8立方米，整个窖穴粟的重量当有数千斤之多。如果不是农业有了较大发展，这种现象是不可能出现的。

2. 家畜饲养业

---

〔12〕 山东省文物考古研究所等：《枣庄建新——新石器时代遗址发掘报告》，科学出版社，1996年。

〔13〕 六里井遗址大汶口文化层出土铲和刀共5件，而斧、锛和凿共13件。见国家文物局考古领队培训班：《兖州六里井》60页，科学出版社，1999年。需要说明的一点是，建新和六里井两处遗址的统计数字，除了中期之外，还包括晚期遗存。

〔14〕 中国科学院植物研究所：《三里河遗址植物种籽鉴定报告》，《胶县三里河·附录一》，文物出版社，1988年。

〔15〕 蔡莲珍、仇士华：《碳十三测定和古代食谱研究》，《考古》1984年10期。

〔16〕 王增林、吴加安：《尉迟寺遗址硅酸体分析——兼论尉迟寺遗址史前农业经济特点》，《考古》1998年4期。

〔17〕 山东省文物考古研究所：《山东曲阜南兴埠遗址的发掘》，《考古》1984年12期。

〔18〕 中国社会科学院考古研究所：《胶县三里河》，文物出版社，1988年。

〔19〕 严文明：《山东史前考古的新收获》，《考古》1990年7期。

大汶口文化时期家畜饲养业也获得较大发展，它不仅已成为人们肉食的重要来源，而且还可以提供皮毛资源和畜力。在当时人们的心目中，以猪为主的家畜已升华为财富的象征，所以才会在墓葬内出现大量殉葬猪骨的现象。

早期阶段的家畜饲养业就相当发达，饲养的家畜主要是猪和狗，还有牛和羊。如刘林遗址第二次发掘的一条灰沟北段底部有 20 个猪牙床堆放在一起，在文化层内出土的猪牙床计有 171 件、牛牙床及牛牙 30 件、狗牙床 12 件和羊牙床 8 件[20]。野店遗址发现的两座猪坑，每坑一猪，刘林和大墩子早期墓葬中还有用整狗随葬的现象。

中晚期阶段，家畜饲养业进一步发展，猪的数量空前增多。墓葬中盛行用整猪、猪头或猪下颌骨随葬。例如，大汶口墓地的 133 座墓葬中，有 43 座墓使用猪头，其中 M13 猪头就多达 14 个[21]；三里河有 18 座墓葬随葬猪下颌骨 144 件，其中 M302 猪下颌骨多达 37 件[22]。这种现象在花厅、陵阳河、前寨、尚庄等遗址都可以见到。大汶口遗址的猪骨经鉴定成年母猪占较大比例，大墩子遗址发现有饲养了两年的大猪遗骨。大墩子遗址还发现一件陶畜圈模型，三里河遗址发现一座规整的袋状灰坑，在上下不到 30 厘米的空间内出土 5 具完整的幼猪骨骼，有人认为是一座猪圈[23]。此外，大汶口文化还发现一些仿家畜器物和雕刻艺术品，如花厅遗址的猪形罐、三里河遗址的猪形鬶、大汶口遗址的狗鬶（或认为是猪鬶），等等。这一些风习固然是某种信仰的体现，同时也说明了大汶口文化中晚期家畜饲养业的兴旺发达，已成为社会物质财富的重要来源之一，有效地提高了大汶口居民的物质文化生活水平。

（二）手工业

在农业发展的基础上，大汶口文化的手工业也迅速发展起来，成就突出的部门有制陶、玉石器制作、骨牙器制作以及木材加工、编织、纺织、建筑、酿酒等。其中以制陶和骨角牙器制作最为发达。

1. 制陶业

制陶业是大汶口文化主要的手工业部门之一。从新石器时代早期发明陶器以来，到大汶口文化时期，已经历了数千年的发展，陶器制作技术已脱离原始阶段。在大汶口文化 1500 多年的发展过程中，陶器制作呈现明显的阶段性。

早期阶段的陶器以手制为主，同时采用了慢轮修整技术，从而使陶器的圆整程度有所提高。按钟华南先生的研究，这一时期在北辛文化发明慢轮的基础上，已经开始采用

---

〔20〕　同〔7〕。
〔21〕　山东省文物管理处等：《大汶口——新石器时代墓葬发掘报告》，文物出版社，1974 年。
〔22〕　同〔18〕。
〔23〕　同〔4〕。

转速较快的"惯性陶轮成型法"制作陶坯[24]。陶色以红陶为主，彩陶相对较为发达。在大墩子、刘林、王因、大汶口、野店、北庄等遗址发现的彩陶，有黑、赭、红、白多种颜色，纹样种类也较多，如花瓣纹、回旋勾连纹、圆点、八角星等，色泽鲜艳亮丽，图案布局严谨，线条明快流畅，其中一些精品，应出自技艺高超的画工之手。大墩子遗址M102，葬一50余岁的男性，墓中除了放置较多陶器之外，还特意随葬了5块绘制彩陶的颜料石，经鉴定为天然赭石，如研磨后则得到赭红色粉末，与彩陶上的颜色完全相同[25]。因此，墓主生前应是专事生产陶器的工匠，甚或就是一名技艺出众的彩陶画师。这一时期的陶窑，形状清楚者仅在大墩子遗址发现一座，窑室已遭受破坏，整体由火门、火塘和长方形窑室组成，窑室面积较小。在窑室附近还有多处圆形或椭圆形烧土堆积，发掘者认为可能也是陶窑[26]。那么，大墩子遗址既有专门的陶匠，又发现成组的陶窑，说明其陶器的生产已具有相当规模，可能已步入了专门化生产阶段。

中期阶段的制陶技术较之早期有明显进步，主要表现在两个方面。一是在长期使用慢轮的基础上创造出快轮拉坯成型的技术。在西夏侯下层墓葬中已经出现拉坯成型的小件陶器，如M4:39实足小陶豆底部就发现有"偏心涡形纹理"，系线绳勒割的轮制痕迹[27]。快轮制陶技术的发明是陶器生产历史上的一场革命，它极大地提高了陶器生产效率和陶器质量。二是陶器烧制技术的多样化。在早期阶段已出现黑陶的基础上，灰黑陶所占比例迅速上升，形成红陶和灰黑陶各占半数左右的局面，同时还新出现一种较特殊的青灰陶，其陶质细腻，为其他文化所不见。此外，这一阶段器物的种类增加，大型器物较多，彩陶仍然有一定数量，并形成了自身特色。

晚期阶段的陶器生产有了更为显著的进步。轮制技术逐渐推广和普及，许多陶器已经采用拉坯成型的快轮技术进行生产，生产效率明显提高。黑陶和灰陶在数量上已经超过红陶而占据多数。白陶和薄胎黑陶的出现是晚期阶段制陶业的两项重要成果。白陶的颜色主调为白色，也有黄、橙黄和橘红等色。它的原料不是一般的黏土，而是烧造瓷器的坩子土，这种原料黏性较差，成型难度远远大于一般黏土。白陶的烧成方法与一般陶器无异，但要求的温度较高，通常认为要达到1200℃。白陶的出现是制陶史上的一大进步，它突破了陶器原料仅能用一般黏土的限制，为后来瓷器的发明准备

[24] 钟华南：《大汶口—龙山文化黑陶高柄杯的模拟试验》，《考古学文化论集》第2集，文物出版社，1989年。

[25] 上海纺织科学研究院文物整理组：《江苏邳县大墩子出土的颜料石分析》，《考古学集刊》第1集，47页，中国社会科学出版社，1981年。

[26] 南京博物院：《江苏邳县大墩子遗址第二次发掘》，《考古学集刊》第1集，中国社会科学出版社，1981年。

[27] 李文杰、黄素英：《黄河流域新石器时代制陶工艺的成就》，《华夏考古》1993年3期。

了条件。薄胎黑陶主要见于高柄杯一类器物，它与白陶一起代表了大汶口晚期制陶工艺的最高水平，而举世闻名的龙山文化蛋壳黑陶高柄杯，就是在大汶口文化薄胎黑陶高柄杯的基础上产生出来的。这一时期的陶窑见于野店、西夏侯、大汶口等遗址，其中以大汶口的陶窑保存较好。陶窑为马鞍形横穴窑，整体由窑室、窑箅、火道和火塘四部分组成，火塘之前还应该有工作面。窑室近圆形，直径 1.83 米，窑箅残损，箅上有圆形火眼，窑内还遗留一些残陶器。主火道有三条，均通向火塘，进入窑室后又各向一侧分出二三条支火道。火塘近似圆角长方形，后端有火门[28]。整体结构与龙山文化的陶窑十分相似。

2. 骨角牙器制作

大汶口文化骨角牙器的制作工艺水平高超，成就十分突出。如造型奇特、复合而成的獐牙钩形器，系把獐的犬齿加以磨制后嵌于骨柄之两侧，柄部还往往刻有纤细的花纹。大汶口文化所特有的骨雕筒、骨梳，在属于早期阶段的刘林和大墩子遗址就有发现。精致的小型手工艺品也出现于早期，如大墩子发现的一串十粒骨珠，都经钻孔，并雕刻着花纹。此外，刘林等遗址还出土了一些其他骨牙饰件，其中一件牙雕猪头，形象毕肖。到中晚期阶段，骨雕工艺达到了前所未有的高水平，出现了一批罕见的绝代佳品。如大汶口遗址出土的象牙梳和骨、牙雕筒。前者梳身镂雕纹饰，前端有 16 个细密而均匀的梳齿；后者有剔地透雕的花瓣纹象牙筒和镶嵌绿松石的骨筒等。如此丰富多彩的骨牙雕品，是大汶口文化的显著特点之一，在我国新石器时代诸文化系统中也不多见。我们推测其是出自专业的工匠之手。

二、社会结构和社会组织

通过考古资料来探讨古代社会的社会结构和社会组织，需要从聚落形态和墓葬墓群两个方面入手进行分析研究。就大汶口文化目前已有的资料而言，墓葬资料相对较为丰富，而聚落方面的资料明显不足。因此，在以下的分析中将有所侧重。

（一）聚落形态分析

聚落形态研究是 20 世纪后半期才开始逐渐流行起来的一种考古学研究方法，已为越来越多的学者所接受。按张光直先生的意见，这种方法"是在社会关系的框架之内来做考古资料的研究"[29]。我理解，聚落形态研究是研究古代社会关系的一种有效方法，它主要包括四个方面的内容：单体房屋和相关遗迹的功能及其与其他房屋的关系，

〔28〕　同〔21〕，111 页。

〔29〕　张光直：《考古学专题六讲》86 页，文物出版社，1986 年。

聚落的布局和聚落的内部结构，同时期聚落的空间分布及其相互关系，聚落形态的历史变迁。大汶口文化的聚落资料不多，目前还不具备进行全面的聚落形态研究的条件，以下就现有资料对大汶口文化的聚落形态进行分析。

1. 房屋关系和聚落布局

早期阶段的聚落资料见于大汶口、刘林和北庄等遗址。大汶口遗址仅发现几座零星分布的房屋基址，房址的面积差别较大，大的 16.8 平方米，小的不足 5 平方米，可能具有不同的功能。刘林遗址仅发现若干处烧土面，发掘者认为是建筑残迹，因房屋的形状、结构都不清楚，相互关系就更是无从谈起。北庄的聚落资料十分丰富。房屋分布极为密集，总数超过 100 座，同时存在的房屋大约有 50 座[30]。已发掘部分的房屋分为两排，之间相距 30 米左右，两排中各有一座较大的房屋，多数则为 10～15 平方米的小型房屋。每排又可以分成几组，一组由四五座小型房屋组成，当是一个基本单位[31]。那么，这种聚落的结构可能是若干个基本单位组成一排，而数排聚合成一个完整的聚落。由于发掘资料尚未系统公布，目前还无法对聚落布局和房屋的功能、组合关系等进行详细的分析讨论。

中期阶段的居住资料见于呈子、五村、野店、建新等遗址。在这些遗址中，呈子遗址发现 1 座形状完整的方形房基，面积约 20 平方米，房内使用遗存及其周围遗迹均不清楚。野店遗址的 2 座房址形态相同，相距只有数米，当属于一组房屋的一部分。五村发现的均为建筑残迹。建新遗址的早期相当于大汶口文化中期偏晚，发现的 4 座地面式房址属于同一时期[32]。其中 3 座房基呈“品”字形分布，F19、F20 位于东侧，南北在一条中轴线上，F16 位于上述两房之间的西部（图一）。F19 的面积为 40 多平方米，门向西开，房内有五六个柱洞，但分布不甚规律，如果确实都属于 F19，其间隔较为复杂。F20 在 F19 正北，因受到破坏而门道不详，从柱洞的分布并结合 3 座房子的关系，门道也应开在西墙上，大约在西南角两个相距较宽的柱洞之间。F16 为东西长而南北窄的长方形房子，双间，发掘者认为门道在东间的北部，向北开，考虑到 3 座房子的关系，南墙上两个相距较宽的柱洞之间，似乎也有一门。这样，就把 3 座房子联成了一体。此组房子附近有数座形状颇为规整的窖穴，如 H135，位于 F19 门西的南侧，椭圆形，内经特殊加工，北侧有五级台阶以供上下。它们当与房子属于一体。基

---

〔30〕 严文明：《中国新石器时代聚落形态的考察》，《庆祝苏秉琦考古五十五年论文集》30 页，文物出版社，1989 年。

〔31〕 每组内的房子是否还可以再划分为更小的单位，由于资料未公布而不好臆测，但不能排除这种可能，即在组之下还有更小的单位存在。

〔32〕 同〔12〕。

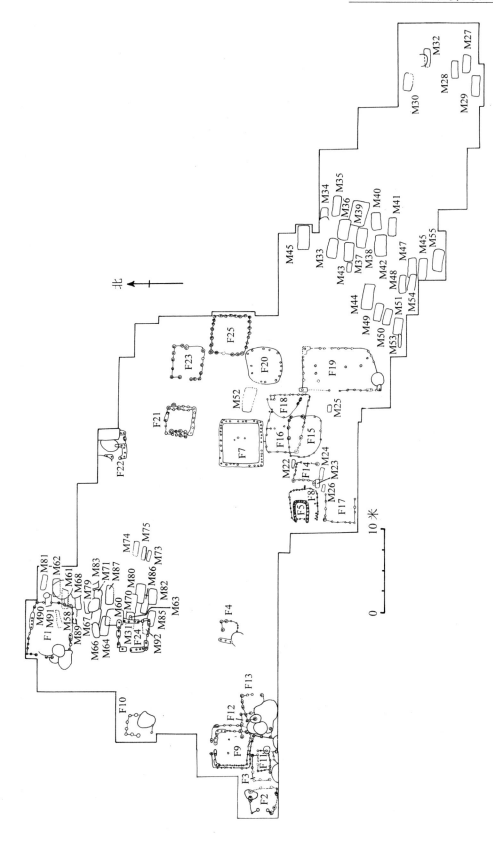

图一 枣庄建新中、西区大汶口文化房址、墓葬平面图

于上述，我们可以把这 3 座房子看作是一个整体。北侧不甚规整的 F20 可能用于储藏物品，南、西侧的两座较大房子用于炊煮和居住，可能共居的人口较多，所以两座房子都相应做了间隔。结合这一时期的墓地情况分析，这样组合起来的房子，应代表一个父系大家庭。

晚期阶段的居住资料略多一些，见于杨家圈、三里河、西夏侯、建新和尉迟寺等遗址，其中以尉迟寺遗址的资料最为丰富，其次是建新，其他遗址均为零星发现。

尉迟寺遗址位于安徽省的淮北地区，在淮河的两条支流——北淝河和浍河之间。1989～1995 年，经中国社会科学院考古研究所安徽队九次发掘，揭露面积约 7000 多平方米，有围濠、聚落群和墓地等多项重要发现。房屋共发现 41 间，其特点是成排分组分布，据有关报道和论文透露出来的信息可知，房屋种类有多组长排、多间短排和两间一排三种类型[33]。多组长排是指在同一长排中，依据小的间隔可分为 3 组，每组 5～6 间。1992 年发掘的一组，西北—东南方向，靠西部的三间为"三连间"形式，即隔墙上有门相连，其余三间各有一门通往户外。短排共发现 3 组，每组由 2 大间 2 小间或 3 大间 2 小间组成，每间有自己独立的门道。两间一排的小组共发现 5 组，这种类型的房屋间数较少，但每间的面积较大，一般 20 平方米左右，有的略大，如 1995 年春发掘的一组（F42、F43），小一点的 F42 为 23.7 平方米，大一点的 F43 接近 30 平方米。据房屋之间的关系，已发现的 41 间房屋可以划分为 11 组。从概略介绍的各组情况看，每组应是一个基本单位，共得 11 个基本单位。每组房屋居住的人口总数，如果小间按 3 人，大间按 4～5 人，房间多的组每组留出一两间用做储存物品，那么，每组房屋居住的人口总数应在 8～15 人，相当于一个包容祖孙三代的父系大家庭的规模。照此推算，11 组房屋的居住人口总数为 120～130 人。尉迟寺居住房屋的外围为一条封闭的椭圆形围濠所环绕，濠宽 25～30 米，内侧深 3.5 米，外侧深 1.25 米，最深处超过 4.5 米，挖掘这种外浅内深的围濠之目的，显然是用于防御。围濠的长径约 230 米，短径约 220 米，面积 4 万平方米左右。如果按已发掘面积内房屋分布的平均数来计算，居住于围濠内的人口总数为 400 人左右。这些居民共同居于由一条围濠环绕的聚落之内，必定属于一个有密切关系的共同体。这样，就构成了组、排和整个聚落的三层组

〔33〕 尉迟寺遗址的发掘资料散见于多种报道和论文，主要有：中国社会科学院考古研究所安徽工作队：《安徽蒙城尉迟寺遗址发掘简报》，《考古》1994 年 1 期；《尉迟寺遗址出土大型排房式建筑》，《中国文物报》1993 年 1 月 3 日；《尉迟寺遗址再获重要发现》，《中国文物报》1993 年 6 月 13 日；《尉迟寺新石器时代聚落遗址初见规模》，《中国文物报》1995 年 2 月 12 日；《尉迟寺聚落遗址发掘成果累累》，《中国文物报》1995 年 7 月 9 日；王吉怀：《试论大汶口文化尉迟寺类型》，《考古求知集》，中国社会科学出版社，1997 年；梁中合：《尉迟寺类型初论》，《青果集——吉林大学考古系建系十周年纪念文集》，知识出版社，1998 年。

织结构，其中组应是最基本的社会单位[34]。至于每组房屋的具体聚合形式乃至整个聚
落反映的社会结构和社会组织，由于尉迟寺遗址的发掘资料尚未公布，其房屋的组合
关系和布局均不得而知，现在来讨论这一问题的条件尚不具备。

相当于大汶口文化晚期阶段的建新遗址中晚期，房址发现较多（图一、二）。中期
（属于大汶口文化晚期阶段偏早时期）共 11 座房基，还有相当数量没有归属的柱洞。
从 11 座房址分布的位置关系上看，它们分属六组，自西而东依次是：F6，F26 和 F27，
F11、F12 和 F13，F4，F22，F21、F23 和 F25。其中数量较少的房址附近，都还发现

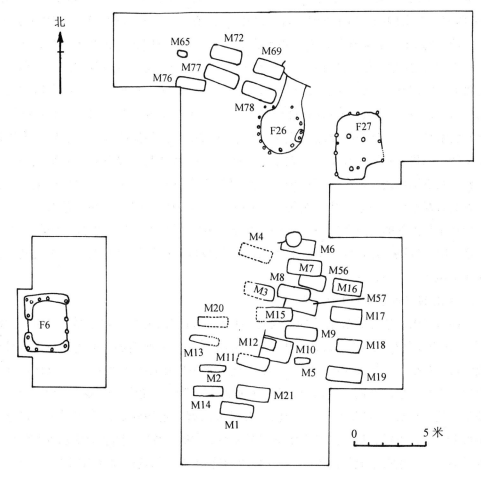

图二　枣庄建新西区大汶口文化房址、墓葬平面图

---

[34] 这里也存在同样的问题，即在组之下是否还存在更低的单位。因为尉迟寺的大间房子内均有灶
址，并且都有一套生活和生产工具，很可能在每组之内还有两三个（即以大间房子为代表的）
更小的单位，这样的单位可能是和核心家庭相联系的，其人员构成包括一夫一妻及其未成年子
女。这一问题有待于资料全部公布之后才能分析确定。

数量不等的柱洞，应是被破坏了的房屋的遗存，所以，每组房址都不是孤立的一座。前两组距离略远，但中间有未发掘的空地，有可能属于一小群。中间两组相距不足 10 米，应属于一小群。东侧两组距离五六米，应属于一小群。在相应的各小群房址周围，都有一定数量的灰坑。晚期（属于大汶口文化晚期阶段偏晚时期）发现的 12 座房址均在中区，其间也有相当数量的单个或几个相连的柱洞。在分布上，12 座房址可以分为三小群。西北侧一群只发现一组（之西被现代沟破坏，之北没有发掘）3 座房址，较大的 F1（约 38 平方米）在北，较小的 F24、F10 在相隔 5 米的南侧。西南侧一群也只发现一组（之南没有发掘）3 座房址，较大的 F9（约 28 平方米）在北，较小的 F2、F3 在 F9 西南。东南侧的一群有两组：靠东北的一组有 4 座，较大的 F7（约 30 平方米）在北，较小的 F15、F14 在其正南，相距不足 5 米，紧邻 F15 的东北侧有 F18；西南一组发现 2 座（之南之西没有发掘）。这样看来，建新遗址已发掘部分的房址，早期有一小群两组，中期有三小群，晚期也有三小群。每组一般有三四座房址，适合居住的人数约在 10 人左右，这么多人口的单位恰是一个大家庭的规模。从大汶口文化中晚期的社会发展水平分析，这种大家庭的成员应该包括父系家长和他的妻子、已婚和未婚的子女及其第三代，其性质属于父系大家庭。两个或两个以上的父系大家庭组成一个父系家族，其聚落形式就是小群。这种家族还保持着当时社会基本生产单位的地位，他们活着的时候聚居在一起，死后则埋葬在同一家族茔地内。但从一些迹象看，家族经济已受到来自内部的父系大家庭的侵蚀和挑战。在家族之上，还有更高一级的社会组织，这一组织应该就是宗族。至于宗族的规模和数量，仅就目前的聚落考古资料，我们还无法做进一步的讨论。

　　2. 聚落的空间分布和相互关系

　　早期阶段聚落遗址的数量较少，发现的更少，目前已公布的遗址数量不超过 100 处[35]，在空间分布上难觅其规律。中期阶段的聚落遗址有所增加，但仍缺少小区域的系统资料，我推测，像大汶口、野店、花厅这种规模的中心遗址的周围，应该存在一定数量的中小型聚落遗址，如果今后有针对性地开展野外专题调查，必定会有所突破。晚期阶段的遗址数量迅速增多，目前已公开发表的就有近 500 处，其实际数量可能还要多得多。由此可见，从大汶口文化早期至晚期的发展过程中，随着聚落遗址数量的大幅度增加，人口也有了成倍的增长。下面以资料较为丰富的陵阳河区为例进行分析。

　　陵阳河区系指沭河上游的莒县盆地一带，这里四面低山丘陵环绕，形成一个河谷盆地的地貌，面积在 1500 平方公里左右。陵阳河遗址大约在莒县盆地的中心位置。历

---

[35] 截至 1999 年，在正式公布的调查、发掘资料中，共有大汶口文化遗址 460 多处，其中有早期阶段遗存的不到 50 处，有中期阶段遗存的不到 150 处，绝大多数属于晚期阶段。

年考古调查成果显示，仅在莒县盆地就发现大汶口文化晚期遗址 41 处[36]。综合考虑遗址的面积大小、所处位置、已发现的遗迹和采集的遗物等因素，可以将这 41 处遗址划分为呈金字塔状分布的三个等级（图三）。

第一级，1 处，即陵阳河遗址。遗址西距沭河约 5 公里，地势平坦而开阔，向东不远

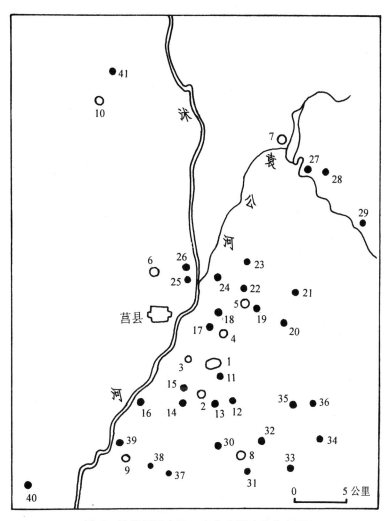

图三　陵阳河区大汶口文化晚期遗址分布图

1.陵阳河　2.张家葛湖　3.杭头　4.略庄　5.大朱村　6.八里庄　7.仕阳　8.前牛店　9.古迹崖　10.后果庄　11.西山河　12.王标大前　13.项家官庄　14.北台子　15.孙家葛湖　16.前夏庄　17.张家围子　18.大宋家村　19.小朱村　20.周家庄　21.徐家村　22.东沟头　23.前集　24.李家城子　25.魏家村　26.沈家村　27.桑庄　28.三角山　29.寨村　30.春报沟　31.陡崖　32.小窑　33.孙由　34.河峪　35.南楼　36.西涝坡　37.杨家崮西　38.公家庄　39.前李官庄　40.刘家苗蒋　41.官家林

〔36〕 这里采用了莒县博物馆的调查资料，详见《莒县文物志》39~62 页，齐鲁书社，1993 年。

即进入丘陵地区。陵阳河遗址的范围东西约 500 米，南北约 300 米，面积约 15 万平方米[37]。因为陵阳河遗址没有进行过系统的钻探，也没有发掘当时的居住区，所以我们对陵阳河遗址的了解是不全面的。此外，在以陵阳河遗址为中心的半径 5 公里的范围内，分布着大汶口文化遗址 11 处，如果将半径扩大到 10 公里，遗址的数量就增加到 25 处。这显然是一个以陵阳河遗址为中心的遗址群。对陵阳河遗址的了解主要是通过部分墓葬的发掘而获得的。发掘的墓地位于遗址的东、北部边缘，主要部分处于现今陵阳河河道之内。已发掘的 45 座墓葬均属大汶口文化晚期阶段，在平面分布上可以划分为四群。

第一墓葬群位于遗址北部，在陵阳河河道偏南的河滩之内。此群共有 25 座墓葬，排列比较整齐，可以分为九排，每排最多 4 座，最少 1 座，一般为二三座。从年代上看，中部以西的墓葬较早，中部以东的墓葬较晚，除了个别墓葬微有打破关系外，多数间隔距离较为适中。陵阳河遗址已发现的墓室面积在 3 平方米以上的 24 座大中型墓葬均属于此群。第二墓群亦在河滩，东南距第一墓群 50 余米，共 10 座。第三墓群位于遗址的东北部，西北距第一墓群 60 余米，共 6 座。第四墓群分布于遗址的东部偏南，西北距第一墓群 150 余米，共 3 座。第二、三、四墓群中均为小型墓葬。陵阳河的大汶口文化墓葬属家族墓地性质，从墓葬规模、葬具、猪下颌骨的有无和多少以及随葬品的数量和质量等方面分析，这一时期社会成员占有财富的急剧分化，不仅表现在家族与家族之间，而且也出现在家族之内。

陵阳河遗址周围（大约半径 5 公里范围）分布的 11 处同时期的大汶口文化遗址，其中北侧的略庄、西侧的杭头和西南方向的张家葛湖 3 处遗址，面积在 6 万～9 万平方米之间，它们的规格和等级应在陵阳河之下，而又高于其他小聚落。因为这些遗址距离陵阳河遗址甚近，应与陵阳河有直接关系。

第二级，6 处，这些遗址均分布于陵阳河遗址的周围，距离在 30 公里之内，面积在 6 万～10 万平方米之间。同时，这些遗址的周围还有多少不一的面积更小的遗址，形成 6 个小的遗址群。因此，笔者把这些中型遗址称为第二级的小中心，即小区的中心。现将这 6 处遗址分别介绍如下。

大朱村遗址。位于陵阳河遗址东北约 6 公里处，周围分布着面积在 5 万平方米以下的遗址 6 处，分别是小朱村、周家庄、东沟头、李家城子、前集和徐家村。大朱村遗址

---

[37] 关于陵阳河遗址的面积有多种说法。《山东莒县陵阳河大汶口文化墓葬发掘简报》（《史前研究》1987 年 3 期）说是 2 万平方米，《莒县文物志》说是 15 万平方米，莒县博物馆的苏兆庆先生 1997 年曾告诉我是 30 万平方米，而刘云涛在《浅述沭河流域的新石器时代文化》一文中又说是 50 万平方米（《先秦史研究动态》1998 年 1 期）。由于笔者未对遗址面积进行过实地勘察，故这里暂取 15 万平方米的说法。

的面积约为 6 万平方米，是这一小区中规模最大的遗址。两次发掘的 35 座大汶口文化墓葬[38]，至少分布在五个墓区。发掘报告的第二、三组和位于现代墓区西侧的 M05 三区，已发现者均为小型墓葬。而发掘报告的第一组和 M02、M04 两区，则有一定数量的大中型墓。就墓葬的年代、数量和排列规律而言，大朱村的大汶口文化墓葬应为家族墓地。墓葬较多的第一墓群（即第一组）共有 24 座，墓向均为东南方向，排列比较整齐，共有七排，每排各有 1 座规模较大的墓，出土图像文字的 M26 和 M17，分列于中部的第三排和第四排正中。墓葬相互之间的贫富分化十分明显，至少可以分为大中小三个类型，代表了当时身份和地位有显著差别的不同阶层的人们。同时，大朱村遗址发现了 5 件刻画图像文字标本，其数量仅次于陵阳河遗址。此外，1985 年还在该遗址采集到一件长 18.6、宽 16.6 厘米的大型浅绿色石钺，石钺的刃部为三个连弧形，极具特色。这些发现表明大朱村遗址的规格相对较高，与小区中心的地位也是相称的。该小区的李家城子遗址，位于大朱村西北近 4 公里处，1982 年群众取土至距地表 1.5 米深时，曾发现 12 件青绿色穿孔石钺叠置在一起，为进一步了解该遗址的功能提供了线索。

八里庄遗址。位于陵阳河遗址西北约 10 公里处，在县城西北。这一小区因处在县城之下及其周围，遗址发现不多，目前共有 3 处（还有魏家村和沈家村遗址）。八里庄遗址面积约 6 万平方米，可能是这一小区的中心。

仕阳遗址。位于陵阳河遗址东北约 21 公里处。这一小区共发现 4 处遗址，其他 3 处分别是桑庄、三角山和寨村遗址。遗址的特点是沿沭河支流袁公河沿岸分布。从发现的遗址数量和分布情况看，这一小区的大汶口文化遗址当不止此数，如果进行仔细的调查，在仕阳遗址的东北和西南会有新的发现。仕阳遗址坐落在袁公河和另一条支流的交汇处，面积 6 万多平方米，1959 年修水库时曾发现大量遗物，其中最重要的是一件有刻画图像文字的大口尊和若干件玉石钺。一件玉钺为青玉质，长 26.6、宽 9.4 厘米，是大型玉钺精品。1988 年在该遗址采集的一件石钺用白色变质灰岩制成，长 28.8、顶宽 15.4、刃宽 16.6 厘米，堪称钺中之王。虽然仕阳遗址未经发掘，但凭以上遗物，我们足可以认定居住在这一聚落的大汶口文化上层人物绝非等闲之辈。

前牛店遗址。位于陵阳河遗址东南约 9 公里处。这一小区共有 8 处同时期的遗址，除前牛店之外，其余 7 处遗址都在 5 万平方米以下，分别是小窑、孙由、春报沟、陡崖、南楼和西涝坡。前牛店遗址面积 9 万多平方米，应是这一小区的中心。

古迹崖遗址。位于陵阳河西南约 12 公里处。这一小区位居沭河之东，目前只发现 4 处遗址，分别是前李官庄、公家庄和杨家崮西。4 处遗址相距较近，东西依次沿沭河的支

---

〔38〕 山东省文物考古研究所等：《莒县大朱家村大汶口文化墓葬》，《考古学报》1991 年 2 期；苏兆庆等：《山东莒县大朱村大汶口文化墓地复查清理简报》，《史前研究》辑刊，1989 年。

流小店河分布，并且面积都不大，保存较好的古迹崖遗址调查面积也只有4万多平方米。从遗址的分布和地貌特征分析，这一带应是一个小区，中心遗址暂定古迹崖。

后果庄遗址。位于陵阳河西北约25公里处。后果庄一带地处沂、沭河之间，这里仅发现2处大汶口文化遗址（另一处为官家林遗址）。后果庄遗址面积不大，只有3万多平方米，但延续时间甚长，据中国社会科学院考古研究所高广仁等先生考察，认为存在北辛、大汶口、龙山文化和商周时期的遗存，这在整个临沂和日照地区尚属罕见。在后果庄遗址的北侧有东周时期的茶城古城（现在地面以上尚保存着城墙等遗迹）。这一带的大汶口文化遗址发现较少，或许与工作开展得不充分有关。可暂定为一小区。

以上述六个中型遗址为中心，其周围分布着或多或少的同时期小型遗址，我们将其划分为六个小区。这六个小区都围绕着陵阳河遗址，即使中心遗址的规模和等级也都明显低于陵阳河遗址。因此，我认为陵阳河遗址与这六个小区之间具有隶属关系的性质。这样，就形成了一个上有陵阳河，中间大朱村等六个二级中型聚落，下有数十个小型聚落的三级聚落结构体系。

（二）墓葬和墓群分析

按某种方式埋葬死者是旧石器时代中晚期以来人们的一种有意识行为。随着社会的发展，人们的埋葬行为逐渐兼有习俗和制度两方面的含义和内容。于是，埋葬行为和埋葬方式就在很大程度上反映了当时的社会习俗、社会信仰和社会关系。因此，我们今天可以透过墓葬资料来了解古代社会的方方面面。

以下主要通过墓地的布局和墓葬的排列方式来分析大汶口文化的社会结构和社会组织形式。

1. 早期阶段

早期阶段的墓葬资料，比较丰富的有王因、刘林、大墩子、大汶口和野店五处遗址，其中刘林遗址的墓葬数量较多，发表的资料也较为系统。

刘林遗址位于江苏省邳州市西北30公里处，面积约2.4万平方米。1960年春和1964年春，南京博物院先后两次进行发掘，揭露面积4025平方米，共清理大汶口文化早期阶段墓葬197座。这些墓葬分属于早期阶段第一、二期，在分布上形成相对集中的六群（图四、五[39]）。

---

[39] 因为刘林第一次发掘的墓葬平面图没有全部发表，所以图四中只列出了第二次发掘的四个墓群，即文中所编的第二、三、五、六墓群。其中第二墓群图中为24座，另4座（M1、M2、M3和M62）位于T503～T505，为第一次发掘，平面图未发表；第三墓群图中为24座，另4座（M7、M11～M13）位于T506～T508，平面图未发表；第五墓群图中为20座，另2座（M57、M60）位于T706，系第一次发掘，平面图未发表。图五系第四墓群，42座墓中含第一次发掘的14座墓。

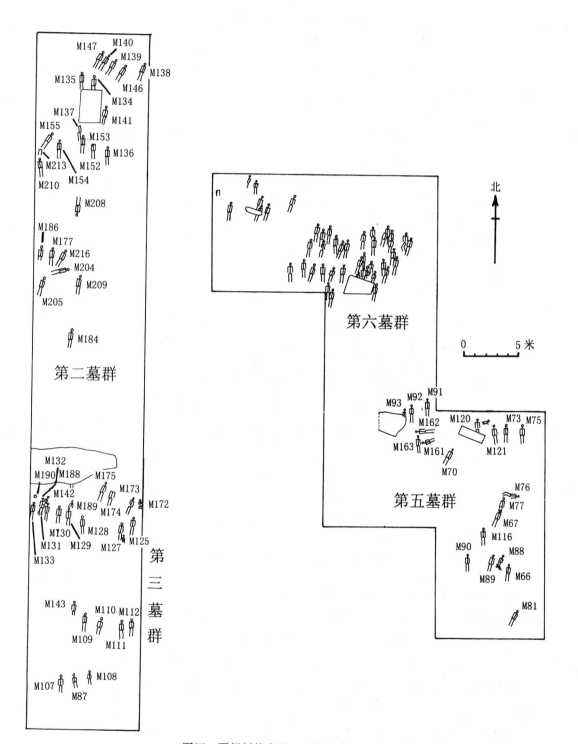

图四　邳州刘林大汶口文化墓葬平面图

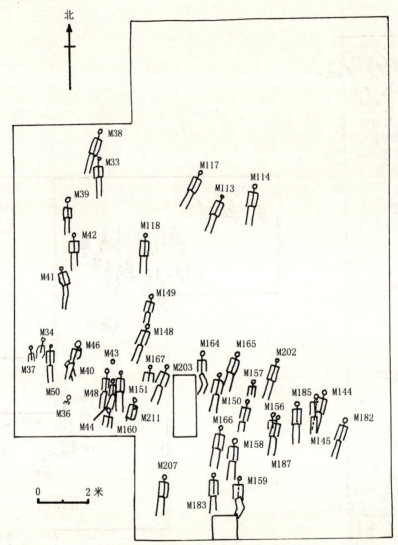

图五 邳州刘林大汶口文化第四墓群平面图

第一群，位于北部的 T500、T501 和 T502 三个探方，共发掘 24 座墓葬，由于西侧被水沟破坏，东侧没有发掘，实际数量可能还应多一些。

第二群，在第一群东南，位于 T403、T404、T405 等探方，共发现 28 座墓葬。

第三群，在第二群之南，位于 T406 南部至 T408，共清理墓葬 28 座。

第四群，在第三群之南，位于 T412、T512、T413 和 T513 四个探方，共清理墓葬 42 座。

第五群，在第三群之西，位于 T706、T707、T807、T708 等探方，共清理墓葬 22 座。

第六群，在第五群西北，位于 T805、T806 和 T905 三个探方，共清理墓葬 47 座。

以上六群墓葬，位于北、西部的第一、二、五、六群，均为第一期或以第一期为主。而分布于东南部的第三、四群，则为第二期或以第二期为主。由此可见，在埋葬的时间上，墓地的使用有向东南移动的趋势。

在这六群墓葬中，除了第一群的情况不太清楚之外，其余五群根据分布的疏密程度和相互关系，又各自可以区分为三组。下面以第六群为例。

第六群现有墓葬 47 座，除了西北部可能有少量墓葬在未发掘的区域外，绝大多数都已清理出来。47 座墓葬可分为三组，M84 以东的 22 座为 A 组，M78 以西的 17 座为 B 组，M198 以西的 8 座为 C 组（图六）。

A 组的 22 座墓葬分为六排，除北数第 3 排为 2 座和第 6 排为 1 座外[40]，其余每排 4～5 座。22 座墓葬计有 24 人[41]，其中 19 座墓葬属于下层，3 座属于上层。如果按大汶口文化早期阶段四段论的分期标准，这 22 座墓葬中的 18 座分属第 1～3 段（其余 4 座因无随葬陶器而无法准确分期），如果设定 A 组墓地是连续使用的，其延续时间当在 300 年左右。如果把古代每代人的年龄差设定为 25～30 岁，则 A 组墓地沿用了 10～12 代人，每代人的平均人数为 2～2.4 人。这里有两个因素应该予以考虑。一是 A 组墓葬的葬入者在时间上不是均等的，如属于第 1 段的墓葬只有 3 座 3 人，而属于第二段的则有 9 座 10 人。二是整个 A 组墓葬没有婴儿墓，而儿童墓也只有 1 座，这显然不符合常规。据研究，时代早于大汶口文化早期的仰韶文化半坡类型，婴儿死者的比率约占 40%[42]，而时代较晚的西夏侯大汶口文化中晚期墓葬，婴儿死者的比率约占 16.7%，儿童死者的比率约占 13.3%[43]。刘林墓地的时代介于两者之间，其婴儿和儿童死者的比率应与西夏侯相当或略高。据此，我们推定 A 组墓葬每代人的平均数目约在 3～4 人，其盛期应超过此数。在正常情况下，一个社会基层单位会同时包含两代或三代人。那么，A 组墓葬所代表的日常人口数量当在 6～12 人之间，如果取平均值，大约 9 人左右。这个由不同年龄性别人口组成的 9 人左右的社会单位，小于家族，而明显大于由一对夫妻及其未成年子女所构成的个体家庭（这种家庭或称为核心家庭），应该是介于

---

[40] 第 6 排的 1 座墓葬之西正好被破坏，不排除还有其他少量墓葬存在的可能。

[41] 按原报告，第六群 A 组有两座墓葬为双人合葬，均为下层。在文化分期的归属上，M102 为第一期第 2 段，M97 为第二期第 3 段。

[42] 严文明：《横阵墓地试析》，《仰韶文化研究》，文物出版社，1989 年。

[43] 中国科学院考古研究所山东队：《山东曲阜西夏侯遗址第一次发掘报告》，《考古学报》1964 年2 期；中国社会科学院考古所山东工作队：《西夏侯遗址第二次发掘报告》，《考古学报》1986 年 3 期。另，韩建业在《大汶口墓地分析》一文中所统计的西夏侯遗址的人骨年龄，重复计算了第二次发掘的人骨数量，显然有误，见《中原文物》1994 年 2 期，55 页。

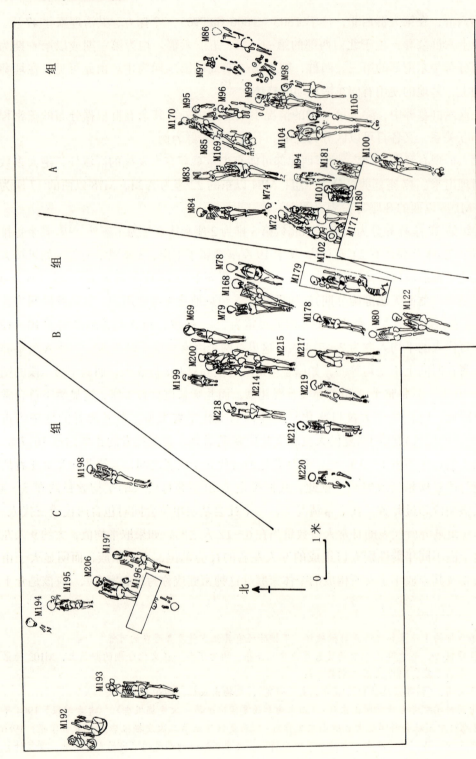

图六　邳州刘林大汶口文化第六墓群平面图

两者之间的一种大家庭。

B 组的 17 座墓葬大体可以分五排，其中属于下层的两排比较整齐，每排 5～6 个人，与 A 组的情形相似，而属于上层的人数较少。因此，B 组墓葬使用的时间比 A 组要短一些，但社会生活单位的规模则大致相当。

C 组只发掘出 8 座墓葬，均属于上层，约当大汶口文化早期第 3、4 段，与 A、B 两组在时间上有交错，但整体上要晚一些。

综上，刘林第六群墓葬所代表的日常人口大约在 20 人左右，这样一个社会单位的人口规模和一个家族大体相当。因此，刘林第六群墓葬的社会组织应属于一个家族[44]，它由 A、B、C 组墓葬所代表的二三个家庭组成。

其他墓群与第六墓群的情形大体相同，每一个墓群也可以分为二或三组，各自代表一个家族单位。在各墓群的使用时间上，第三、四墓群以第二期墓葬为主，第二、五墓群则均为第一期墓葬，而第一、六墓群的沿用时间包含第一、二期。这样，同时存在的墓群大体是四个。这些墓群的墓域，局限在一个南北约 130、东西约 60 米的范围之内。同时，他们的埋葬习俗相同，如绝大多数墓葬的头向为北偏东，除极个别之外葬式均为仰身直肢，不少墓主有手握獐牙的现象，等等。因此，可以认为整个刘林墓地代表着一个更高的社会组织。于是，刘林墓地所反映的社会组织结构可以分为三级。整个墓地为第一级，就已揭露的部分而言，日常人口的数量约在 100 人上下；墓群为第二级，一个墓群为一个家族，日常人口在 20 人左右，是由血缘关系亲密的若干家庭组成的，由于发展的不平衡性，各家族的人口规模有相当大的差别；墓群下的墓组为第三级，一个墓组代表一个家庭。在当时的社会生产力水平和生产条件下，拥有较多的劳动力是维系生存的基本保证，因此，这种家庭通常表现为人口较多、劳动力充裕的大家庭形式。在某种意义上这种大家庭也可以看作是一个小的家族。

野店遗址有与刘林相似的情况。野店遗址第二区发现一处比较集中的大汶口文化早期阶段墓群[45]。在东西 30、南北 10 米的范围内，清理了 45 座早期墓葬，按分布的疏密程度和相互关系可以划分为三组（图七）。A 组在东，共有 11 座墓葬，分布较为松散，自东而西分为三排；B 组居中略偏北，共有 14 座墓葬，分布密集，此组北邻一条路沟，有三四座墓葬受到路沟的破坏，估计原本墓葬数量还要多一些，现有的 14 座墓葬自东而西分为四排；C 组在西，共有 20 座墓葬，分布密集，除北侧可能还有少量墓

---

[44] 王震中先生认为，刘林遗址一个墓群代表一个近亲家族联合体，即宗族组织（《中国文明起源的比较研究》130～132 页，陕西人民出版社，1994 年）。如果从人口规模上看，两者不甚相符。

[45] 山东省博物馆等：《邹县野店》，文物出版社，1985 年。

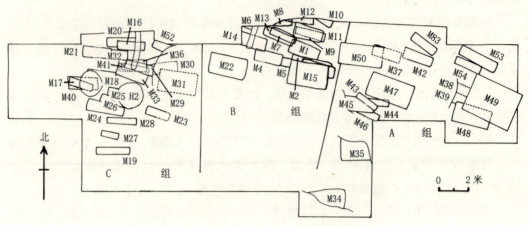

图七　邹城野店二区大汶口文化墓葬平面图

葬伸到路沟外，基本得到完整揭露，自东向西分为五排。以上三组墓葬的时代大体相当，相互之间的距离只有一两米，应属于同一个墓群，其整体结构、墓葬数目与以上分析的刘林墓地第六墓群基本相同，两者显示的社会组织结构也是相同的。因此，我认为野店二区的早期墓群也是一个家族墓地，其中包括有所差别的三个家庭。

1974年和1978年在汶河北岸发掘的大汶口遗址，发现大汶口文化早期阶段的墓葬46座，共葬入57人[46]。46座墓葬分布在南北100、东西35米的范围之内，分属于四个墓群。第一墓群在78 I 区东北部，共清理19座墓葬；第二墓群位于74南区西部，共清理13座墓葬，又可分为南北两组；第三墓群在74北区中部和西部，共清理10座墓葬；第四墓群位于78IV区东部，只发掘4座墓葬。由于每一个墓群的墓葬均未全部揭露完毕，故墓葬的数量都偏少，并且墓群内的分组情况也不甚明确。从各墓群的分布和相互间隔看，每一墓群应为一个家族墓地的一部分。由于没有完整揭露，在这一墓地中揭示家族墓地的内部结构尚有困难。但由于墓群之间和墓群之内的贫富分化表现得较为明显，从而可以帮助我们认识整个墓地的性质。

以上三处墓地，刘林和大汶口墓区面积都在数千平方米，墓区内的墓葬分群埋葬，反映了较大较高一级的社会组织状况。野店二区揭露的墓地面积只有三四百平方米，应是一个墓区中的一个墓群。于是，这一时期的埋葬方式和墓葬布局就显示了自下而上的"墓组—墓群—墓区"三级结构形式。以下我们来看一下各墓地的随葬品情况。

刘林墓地分为六个墓群，各墓群随葬品的拥有情况统计如表一。在六个墓群中，每座墓葬的随葬品平均数量在3.4~6.8件之间，尽管有一定差别，但因总体水平不

---

〔46〕 同〔8〕。

高，差别并不十分显著。因此，可以认为当时人们相互间基本上是平等的，大体属于一种社会生产还不富裕的平等社会。在随葬品分布的性别方面，总体上看男女基本相当。如果细究，第一期以女性略多，如全属于第一期的第二墓群。第二期则男性略多，如全属于第二期的第三墓群。但这种差别确实不大，并且是属于低水平的。

表一　刘林墓地各墓群墓葬随葬品统计表

墓群	男　性			女　性			墓葬总计（座）	随葬品总数（件）	平均（件）
	墓葬（座）	随葬品（件）	平均（件）	墓葬（座）	随葬品（件）	平均（件）			
第一墓群	3	22	7.3	3	24	8	24	83	3.5
第二墓群	14	55	3.9	9	52	5.8	28	115	4.1
第三墓群	11	62	5.6	12	30	2.5	28	95	3.4
第四墓群	12	106	8.8	12	109	9.1	42	285	6.8
第五墓群	8	37	4.6	7	31	4.4	22	83	3.8
第六墓群	26	140	5.4	13	95	7.3	47	281	6.0
合　计	74	422	5.7	56	341	6.1	191	942	4.9

在以上我们分析过的第五、六两个墓群中，各可以分为三个墓组，各墓组的随葬品分布情况怎样，兹统计如表二。由表中数据可以看出，第五墓群 A 组的随葬品偏少，C 组略多[47]，但因总量都不多，可以认为仍然是低水平的，并且这几组的墓葬数量较少。第六墓群的三组基本上是平等的，B 组略多，可能与其墓葬均属于第二期有关。在各组墓葬中，男女性别的差别也不明显。如 A 组中有男性 13 人，共有随葬品 56 件，平均每人 5.1 件，女性 8 人，共有随葬品 31 件，平均每人 3.9 件，男性略多于女性。B 组中有男性 9 人，共有随葬品 52 件，平均每人 5.8 件，女性 5 人，共有随葬品 64 件，平均每人 12.8 件，女性多于男性。C 组中有男性 4 人，共有随葬品 32 件，平均每人 8 件，经鉴定者没有女性。这些枯燥的数字可以说明两个问题。一是同一墓群中的各组墓葬之间，随葬品的拥有数量差别不大；二是男性和女性之间的差别也没有超出正常的限度。由此看来，刘林墓地的整体状况反映了一种比较平等的社会现象。当然，社会内部的差别和分化已经开始，只是还不很明显。

野店二区早期墓群的 45 座墓葬中，共有随葬品 199 件，平均每墓 4.4 件，与刘林六个墓群的平均数（每座墓平均 4.9 件）基本相同。在野店二区墓群的三组墓葬中，A组 11 座墓葬共有随葬品 63 件，平均每墓 5.7 件，B组 14 座墓葬共有随葬品 35 件，平

---

[47]　第五墓群 C 组中的 M67 属于第二期，而此墓有 27 件随葬品，提升了整体 C 组随葬品的比例

表二　刘林第五、六墓群随葬品分组统计表

墓　群	A　组			B　组			C　组		
	墓葬（座）	随葬品（件）	平均（件）	墓葬（座）	随葬品（件）	平均（件）	墓葬（座）	随葬品（件）	平均（件）
第五墓群	7	7	1	6	16	2.7	9	56	6.2
第六墓群	22	105	4.8	17	123	7.2	8	53	6.6

均每墓 2.5 件[48]，C 组 20 座墓葬共有随葬品 101 件，平均每墓 5.1 件，相互之间的差别也不太大。这一墓地的性质应与以上分析的刘林第六墓群相同，属于一个包含着三个大家庭的家族墓地[49]。

　　与上述两处遗址相比，大汶口遗址的情况明显不同。我们先来看各墓群拥有随葬品的情况（表三）。对表中数据加以分析比较后可以发现五个倾向。第一，大汶口墓地的整体富裕程度显著高于刘林和野店，大汶口墓葬使用随葬品的平均数目是野店的 4.34 倍，是刘林的 3.90 倍，这种现象在大汶口文化中晚期阶段依然存在，联系到大汶口遗址的面积达 80 万平方米，显然，它和刘林、野店遗址在墓葬方面的差别反映了聚落等级的不同。第二，大汶口墓地内各墓群之间的差别较大，显然甚于刘林和野店遗址。第三，在大汶口各墓群中，男性拥有的随葬品多于女性，其地位也高于女性，与刘林和野店明显不同。第四，大汶口各墓群内部的墓葬之间的差别也拉大，特别是第

表三　大汶口墓地中期阶段各墓群墓葬随葬品统计表

墓　群	男　性			女　性			墓葬总计（座）	随葬品总数（件）	平均（件）	备　注
	墓葬（座）	随葬品（件）	平均（件）	墓葬（座）	随葬品（件）	平均（件）				
第一墓群	6	228	38	4	101	25.1	19	531	27.9	有合葬墓 2 座
第二墓群	6	114	19	6	85	14.2	13	200	15.4	有合葬墓 2 座
第三墓群	2	48	24	2	4	2	10	64	6.4	
第四墓群	3	80	26.7				4	85	23.8	均为合葬墓
合　计	17	470	27.6	12	190	15.8	46	880	19.1	

----

[48]　B 组墓葬北邻路沟，南有较深的中期大墓（M15），近半数墓葬受到严重破坏，如被 M15 破坏的 M2、M3、M5 一无所有，被路沟打破的 M8、M10、M14 等则各仅有 1 件，可能影响了本组随葬品的平均数量。

[49]　野店遗址的情况比刘林复杂。在野店遗址，紧接早期之后的中期阶段，发现的墓葬普遍较大，随葬品也十分丰厚精美，与早期墓的反差甚大。再加上野店遗址的面积达 50 余万平方米，是一个区域内的中心聚落，因此也不排除目前所发现的仅仅是一个地位低下而贫穷的家族墓地。

二期第 4 段，出现了像 M2005 这样墓室面积超过 8 平方米、随葬包括精美彩陶及牛猪头骨在内的 100 多件物品的大型墓葬。第五，前述二、三、四项变化是从第二期第 3 段开始出现的，属于第一期的 6 座墓葬，共有随葬品 36 件，平均每墓 6 件，大体与刘林、野店处在同一水平，而第二期出现的显著变化，给人以很突兀的感觉。鉴于这些差别，我认为以第二期为主的大汶口墓地，所反映的社会结构与刘林非常相似，但内涵已发生变化，即，其核心是以父系大家庭为基础的家族，若干近亲家族组成的联合体就是我们熟知的宗族，大汶口墓地应是一处宗族墓地。这样，在大汶口文化早期阶段的后段，就出现了以家族为核心的"宗族—家族—父系大家庭"三级社会组织结构，它作为社会基层的基本组织结构形式，在中国延续了相当长的时间。

2. 中晚期阶段

就目前的发现而言，大汶口文化中期和晚期阶段的墓葬资料不如早期丰富。在多数墓地，中期和晚期阶段是连续使用的，两个时期的墓葬不好截然分开。因此，这里把中、晚期阶段的墓葬资料放在一起进行分析讨论，在方便或需要的时候，我们仍将分开论述。

时代单一的中期阶段墓葬，主要有野店二区、呈子、花厅南区、前埠下、北庄等遗址。中期和早期阶段墓葬混合在一起的主要是大墩子遗址。中期和晚期阶段墓葬混杂的遗址较多，主要有大汶口、建新、西夏侯、六里井、三里河、五村、傅家、李寨、尚庄、花厅北区、傅庄等遗址。时代单纯的晚期阶段墓葬主要有陵阳河、大朱村、杭头、前寨、景芝镇、尹洼、赵庄、尉迟寺等遗址。在这些遗址中，多数或是尚未公布资料，如前埠下、傅家、李寨、前寨、北庄、尹洼、赵庄、傅庄等，或是虽然已发表了报告或简报，但没有墓地平面图，如花厅南区、大墩子、西夏侯、五村、尉迟寺等，或是墓葬数量较少，如景芝镇、杭头等，因而无法详细讨论。

下面我们试以 1959 年发掘的大汶口墓地为例进行重点分析。

大汶口墓地位于堡头村西的津浦铁路西侧和汶河南岸，在南北 100、东西 30 米的范围之内，清理大汶口文化中晚期墓葬 133 座，其中属于中期阶段的有 95 座，因没有随葬品或随葬品过少而无法分期的墓葬 13 座。据墓葬之间的平面排列关系，这 13 座墓葬中的 10 座大体可以归入中期阶段（另有 3 座，M92 远离墓区，M74 与属于晚期阶段的 M10 紧靠在一起，M70 则打破中期阶段的 M11，故未将这 3 座计入），合计得 105 座。又，属于中期阶段的 M14 远离墓区，故在分析时亦未将其计入。于是，以下分析的墓葬共有 104 座。从平面布局和排列关系分析，这 104 座墓葬可以划分为四个墓群（图八）。

第一墓群，位于墓地的南部，包括 M27、M35 及其以南的 43 座墓葬。这一墓群又可以分为四组。A 组，位居南部，共有 11 座墓葬，自东而西分为三排。B 组，位居中

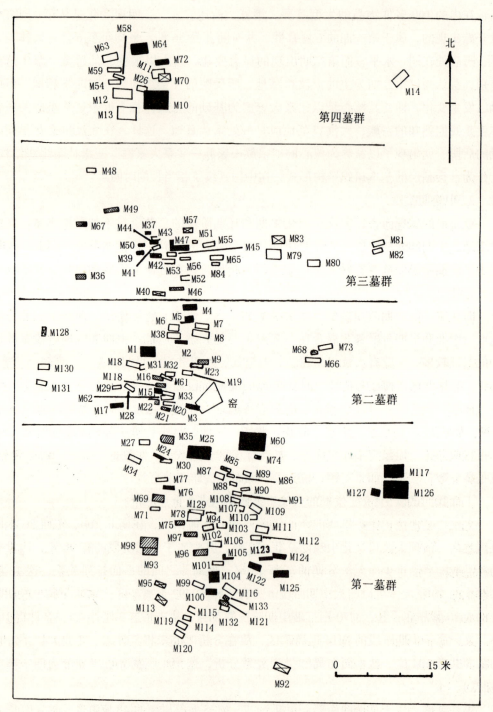

图八　泰安大汶口遗址大汶口文化墓葬平面图

部，共有 12 座墓葬，可分为五排。C 组，位居东北部，共有 13 座墓葬，分为五排。D 组，位居西北部，共有 7 座墓葬，分为二排。

第二墓群，位于第一墓群之北，包括 M6、M7 和 M21 之间的 20 座墓葬，另在东、西两侧 10 米之外还各有 3 座墓葬，合计则共有 26 座。这一墓群还可以进一步分为三组（不包括东、西两侧的 6 座墓葬）。A 组，位于东南部，共有 12 座墓葬。B 组，位于西部，共有 4 座墓葬。C 组，位于北部，共有 4 座墓葬。

第三墓群，位于第二墓群之北，包括 M40 和 M48 之间的 27 座墓葬。这一墓群东西分布较长，整体布局不甚紧凑，中部的 18 座墓葬相对较为集中，可大体分为五排。

第四墓群，位于墓地的北部，包括 M13 及其以北的 8 座墓葬，整体上可以看作是一组，又分为三排。

关于大汶口墓地的性质，近年来有学者重新加以检讨。或仍认为是氏族墓地，其反映的社会结构是"家族—氏族"[50]，或认为是宗族墓地，系由四个近亲家族联合形成的宗族共同体[51]。我赞成后一种观点。

大汶口第一墓群的四组墓葬，C 组时代偏早，D 组时代较晚，其余两组延续的时间略长，其同时并存的大体有三组。每组以 12 人计，其存续时间假设为 150 年，仍以 25～30 年为平均代差，则每组经历了 5～6 代，平均每代有 2～2.4 人，加上未葬入墓地内的婴儿和儿童，每组的日常人口大约在 6～12 人之间。这样的社会单位与一个父系大家庭的人口相当。第一墓群三个墓组的日常人口相加大约在 20～30 人之间，与一个中等略大的家族规模相当。其余三个墓群的规模较小，其总和略大于第一墓群，同比计算，其日常人口约在 27～40 人之间。因此，全墓地的日常人口规模约在 50～70 人之间。

稍加审视就会发现，整个墓地存在着不容置疑的共同特征。如墓葬的头向均朝东方，皆为仰身直肢葬，普遍存在手握獐牙的习俗，等等。同时，墓群之间的间距较小，最远的也不超过 15 米，近者只有 5～6 米，相互之间的亲密关系一目了然。因此，许多学者将其定性为氏族墓地。但大汶口墓地在墓群之间、墓组之间以及个人之间的贫富分化和社会地位的等级差别是极为显著的（详下节），这与相对平等的氏族社会（如刘林墓地所反映的情形）反差巨大，两者显得格格不入。因此，大汶口墓地已不属于氏族墓地，反映的是这样一种社会组织结构：

整个墓地——宗族

每一墓群——家族

〔50〕 韩建业：《大汶口墓地分析》，《中原文物》1994 年 2 期。

〔51〕 王震中：《中国文明起源的比较研究》151 页，陕西人民出版社，1994 年。

每一墓组——父系家庭（多半是父系大家庭）

"父系大家庭—家族—宗族"结构，应是大汶口聚落内部的基本组织形态。而考虑到大汶口聚落遗址达 80 万平方米的规模，其同时期绝不止一个宗族组织，应存在包含多个宗族的宗族联合体。

在其他一些遗址，也有与大汶口相似的情形。如花厅遗址，在遗址的北区共发掘出 62 座墓葬[52]，可分为南北两个墓群[53]，中间相距约 40 米（图九）。北侧墓群共有 36 座墓葬，又可以分为三组，大型墓葬基本上都在西北侧一组，其余两组以中小型为主。南侧墓群共有 23 座墓葬，又可以分为两组，每组 11～12 座，这两组均为中小型墓葬。两个墓群各代表一个家族，由墓葬规模和殉人、随葬品等方面所反映的情况可知，北侧墓群是一个握有统治权力的强势家族。而这两个相距不远的家族墓群，有可能属于一个宗族组织。

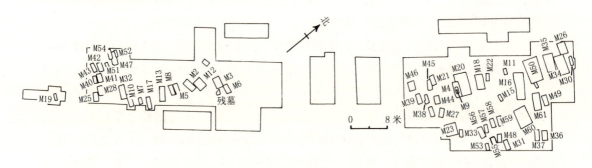

图九　新沂花厅北区大汶口文化墓葬平面图

大汶口遗址是一个等级较高的中心聚落，这已为许多学者所公认[54]。那么，中小型遗址的社会结构如何呢？我们可以看看枣庄建新遗址的情况。

建新遗址位于枣庄市西北的薛河流域，现存面积 3 万多平方米，属小型聚落遗址。1992 和 1993 年，山东省文物考古研究所先后进行了两次发掘，揭露面积近 3000 平方米，共清理大汶口文化中晚期墓葬 92 座[55]。这批墓葬主要集中分布在三个地段，别

〔52〕 报告公布的总数是 62 座，但发表的平面图中只有 59 座，参见《1989 年江苏新沂花厅遗址的发掘》，《东方文明之光》80～83 页，海南国际新闻出版中心，1996 年。

〔53〕 燕生东、春夏：《花厅墓地的分期与文化性质》，《刘敦愿先生纪念文集》，山东大学出版社，1998 年。

〔54〕 持这一看法的人较多，例如严文明：《中国新石器时代聚落形态的考察》，《庆祝苏秉琦考古五十五年论文集》，文物出版社，1989 年；张学海：《城子崖与中国文明》，《纪念城子崖遗址发掘 60 周年国际学术讨论会文集》，齐鲁书社，1993 年。

〔55〕 同〔12〕。

为三群[56]。第一墓群在遗址的西北部（即发掘的西区），共发现23座墓葬，分为四排（见图二）。第二墓群在遗址的北部（即发掘的中区），共有26座墓葬，可分为三组（见图一）。第三墓群在遗址的东部（即发掘的东区），共有22座墓葬，可分为三组（见图一），由于发掘面积的局限，此墓群可能有一定数量的墓葬尚未清理出来。三个墓群之间的距离约为35～40米，由于墓群之间有同时期的居住区相隔离，故它们应是各自独立的墓地。每一墓群所代表的日常人口在15～25人之间，代表着一个家族。墓群内的墓组，较大者是一个父系大家庭。这一结论可以得到同期聚落形态的验证[57]。于是，建新墓地的资料表明，这一时期的社会组织结构是"父系大家庭—家族"的形态。至于其上是否还有宗族组织，目前已有的资料尚难做出结论。考虑到建新遗址的时代较之大汶口早期要晚数百年以上，并且其社会基础单位也是父系大家庭。我们推定，建新聚落应已产生了近亲家族的联合体——宗族。

在另外一些遗址，如陵阳河、大朱村、三里河、前寨等，我们看到的都是规模并不很大的家族墓地。当然，这与多数遗址的墓地没有得到完整揭露有一定关系。不过，不能否认，在大汶口文化中晚期阶段，存在着宗族墓地和家族墓地两种埋葬制度。

三、社会分层的发展和阶级分化

随着生产的发展，社会产品逐渐有了剩余，而剩余产品刺激了人们的个人占有欲望和贪欲心理的发展，使原本人们和睦相处的平等社会出现裂痕并走向危机。正是在这一基础上，私有财产日益发展并导致了私有制的产生，以掠夺财产为目的的战争频繁发生。表现在社会关系上，就是社会分层的发展和阶级的分化。而社会分层和阶级分化与平等的氏族社会制度是格格不入的。为了保护一部分人的既得利益，维持社会生产的稳定和正常的社会秩序，以暴力为特点的公共权力机关应运而生，这就是国家。当然，国家也有一个不断发展和完善的过程，最初的国家是简单的和不完善的，因而也被称为原始国家或早期国家。私有制的产生和发展、社会分层的发展和阶级分化以至最初国家的出现，这一过程就是文明的起源和形成过程（或称之为社会复杂化进程）。因此，以下我们将从贫富分化和社会分层两个方面来进一步分析海岱地区文明起源问题。

---

[56] 在第一墓群之北和第三墓群之东，分别发现有5座墓葬聚集在一起，应是本文分析的三群之外的另外两群。因为这两群的墓葬数量较少，并且两个地点均位于发掘区的边缘，其墓葬的分布可能延伸到已发掘范围之外，故本文暂未列入。

[57] 孙波：《建新墓地初探》，《刘敦愿先生纪念文集》，山东大学出版社，1998年。

（一）贫富分化的产生和发展

从考古遗存中考察私有制的产生和发展，最有效的途径就是分析墓葬资料。由于埋葬制度和埋葬方式受多种因素制约，所以我们并不认为墓葬的随葬品百分之百地反映了死者生前的财产占有情况。但如果综合分析墓葬的规模、葬具的有无、随葬品的种类、数量和质量以及墓地、墓群的整体状况等因素，就可以大体了解当时社会财富的占有和主要流向等基本情况。

以下我们分阶段来考察大汶口文化墓葬所反映的贫富分化状况。

1. 早期阶段

海岱地区早于大汶口文化的是后李文化和北辛文化。从为数不多的资料中可以看出，后李文化时期的社会生产水平较低，基本没有什么剩余产品，在墓葬资料中的反映，就是墓室狭小，都没有随葬品。到北辛文化时期情况有所变化，个人的私有财产开始出现，在有的墓葬中已使用属于个人的随葬品，但数量很少，多者三五件，少者一两件，相当多的墓葬还没有随葬品，表明社会分化尚不明显。

上述趋向在大汶口文化早期阶段进一步发展。墓葬随葬品的数量差别开始扩大，主要表现在以下五个方面。

首先，个人和个人之间。在目前可以做统计的刘林、野店、大墩子和大汶口四处遗址的墓葬中，由随葬品反映的个人之间的差别虽然还不是十分突出，但相当数量的墓葬一无所有和少数墓葬使用了超出个人需要范围的较多随葬品，还是形成了鲜明的对比（表四）。在刘林、野店和大墩子遗址，随葬品在5件以下的墓葬均在60%上下，而10件以下的均超过了80%，拥有20件以上随葬品的墓葬只占很低的比例。大汶口遗址较为特殊，随葬品在5件、10件以下的墓葬的比例，明显低于以上三处遗址，而随葬品在20件以上的墓葬，占到总数的近1/3，超过上述三处遗址同一比例的10倍以上，显示了较强的经济实力和较高的整体富裕程度。

表四　刘林、野店、大墩子、大汶口遗址早期阶段墓葬随葬品数量分级统计表

遗　　址	0件	%	1～5件	%	6～10件	%	11～20件	%	21～50件	%	50件以上	%	墓　葬总　计
刘　　林	35座	17.8	93座	47.2	46座	23.4	19座	9.6	4座	2.0			197座
野　　店	9座	18.8	24座	50	7座	14.6	7座	14.6	1座	2.1			48座
大墩子	19座	10.3	87座	47.3	49座	26.6	23座	12.5	4座	2.2	2座	1.1	184座
大汶口	7座	15.2	12座	26.1	7座	15.2	6座	13.0	9座	19.7	5座	10.9	46座

其次，不同性别之间。在普通聚落中，男女两性在使用随葬品方面基本上是平等

的，差别不大。如刘林遗址，在经过鉴定的 74 座男性墓葬中，平均每座有随葬品 5.7 件，而 56 座女性墓葬平均每座有随葬品 6.1 件，其中不同的墓群，或男性多于女性，或女性多于男性，差别的幅度不大。在等级较高的遗址中，两性差别则比较明显。如大汶口遗址，在经过鉴定的 17 座男性墓葬中，平均每座有随葬品 27.6 件，而 12 座女性墓葬的同一数量只有 15.8 件，明显少于男性。表明男女差别已经开始出现。

第三，墓群内的墓组之间。由刘林遗址的第五、第六墓群（见表二）和野店二区墓群三个墓群的统计资料可知，在普通聚落中，墓群内的墓组之间已经出现差别，但这种差别应该说是比较小的，或者说是低水平的差别。至于等级较高的聚落，目前还缺乏可以比较的资料。

第四，墓群之间。在普通聚落中，我们曾分析了刘林遗址六个墓群的随葬品拥有情况（见表一），虽然相互间的差别不大，但已经出现。如最多的第四墓群平均为 6.8 件，最少的第三墓群平均为 3.4 件，若按所占比例计算，差别将近一倍。我们注意到，第三、第四两个墓群均属于第二期，时代较晚，可见在普通聚落里分化也是在逐渐发展的。在等级较高的聚落中，不同墓群间的差别明显拉大。如大汶口遗址，第一墓群平均为 27.9 件，是第三墓群（平均为 6.4 件）的 4.4 倍，差别的幅度远远高于刘林遗址。

第五，聚落之间。在可供比较的聚落中，刘林遗址发掘面积较大，发掘资料基本反映了该聚落的状况。野店的情况较为复杂，该遗址的面积较大，在中晚期阶段发现了一批具有相当规模和较为富有的大中型墓葬，特别是中期阶段一个墓地的 9 座墓葬，均为大中型墓，这与规模较小的早期墓葬（两者在时间上前后衔接）形成极为强烈的反差。由于野店遗址的总面积超过 50 万平方米，发掘的面积较小，还不能排除这样的看法，即目前所见的早期墓葬只是当时一个较贫穷的家族墓地，而较富有的家族墓地尚未发现。现将大汶口、大墩子、刘林和野店四处遗址随葬品总量的比较列表如下（表五）。

表五　大汶口文化早期阶段四遗址墓葬随葬品统计表

遗　　址	墓　葬（座）	随葬品（件）	平均（件）	备　　注
大汶口	46	880	19.13	其中有 4 座多人合葬墓
大墩子	184	1125	6.11	
刘　林	197	973	4.94	
野　店	48	239	4.98	
合　计	475	3217	6.77	

表中数据表明，作为普通聚落的刘林和野店早期，随葬品的占有情况基本相当，而大墩子则略多，这从表四的随葬品分布统计中也可以得到体现。而大汶口则明显不

同，其平均占有量是其他三处遗址的三四倍，富有程度是其他三处聚落所不能比拟的。实际上，大汶口遗址财富的膨胀是从早期阶段第二期开始的，因此，如果把第二期的墓葬单独分离出来加以统计，其相互间的差别还要大一些。当然，在当时条件下，这种超出常规的财富并不是依靠本聚落的劳动积累起来的，而必定伴随着对周围其他聚落的剥夺。

上述分析表明，大汶口文化早期阶段，私有财产已经出现。在普通聚落中，贫富分化开始出现，但步伐比较缓慢，这可能与社会生产的发展水平有直接关系。在等级较高的聚落中，从第二期开始，家族间的贫富分化突然加大加快，如大汶口第一墓群代表的富有家族和第三墓群所代表的贫穷家族。在富有的家族之间，财富是与权力、社会地位联系在一起的。值得注意的是，聚落与聚落之间的贫富差别变得相当悬殊，并且这种富有的聚落是与大型聚落相联系的。

2．中期阶段

距今 5500 年前后，海岱地区进入了大汶口文化中期阶段。早期阶段已经出现的贫富分化，在本期明显加剧并普遍化。贫富分化主要表现在聚落内部及聚落之间。

在聚落内部，个人之间的贫富差距较之早期进一步加大，以下是我们对发现墓葬数量较多的大汶口和大墩子两处墓地随葬品的统计（表六）。拥有 20 件以上随葬品的墓葬，大墩子遗址中期是早期（在全部墓葬中占 3.3%）的近 3 倍。而大汶口的这一比例较之早期有明显下降，联系到晚期阶段的情况一起考虑，或可用这里在中期阶段不是大汶口遗址最高统治者的墓地来加以解释。

表六　大汶口、大墩子遗址中期阶段墓葬随葬品数量分级统计表

遗　址	0～5件	%	6～10件	%	11～20件	%	21～30件	%	31～40件	%	41～50件	%	51～100件	%	100件以上	%	墓葬总计
大汶口	38座	36.9	21座	20.4	27座	26.2	7座	6.8	3座	2.9	5座	4.9	1座	1.0	1座	1.0	103座
大墩子	62座	40.3	48座	31.2	30座	19.5	11座	7.1	1座	0.6	1座	0.6	1座	0.6			154座

在家族墓群内部，代表父系大家庭的各墓组之间，差距较早期阶段显著扩大。同时，家族墓群之间的贫富分化也进一步加剧。试以大汶口和野店为例（表七）。在大汶口各墓群中，以随葬品的平均数计，最多的墓组是最少的墓组的 3 倍。家族墓群之间的差别更大，大汶口第四墓群是第三墓群的近 5 倍。除了随葬品的数量多少之外，差别还表现在墓室的大小、有无葬具、随葬品种类、质料和质量的优劣等方面。如墓室面积超过 3 平方米的墓葬，大汶口第四墓群有 3 座，第一墓群 B 组和第二墓群 A 组各

有 1 座，而这三组恰恰是最富有的墓组。一些代表权力、身份和地位的物品，如玉石钺、骨牙雕筒、象牙有领环（原报告称为象牙琮）、龟甲器等，也是以最富有的第四墓群最多，而较贫穷的第三墓群则决然不见。

表七　大汶口、野店遗址中期阶段墓葬随葬品分群分组统计表

墓群	A组（座）	随葬品（件）	平均（件）	B组（座）	随葬品（件）	平均（件）	C组（座）	随葬品（件）	平均（件）	D组（座）	随葬品（件）	平均（件）	墓葬总计（座）	随葬品总数（件）	平均（件）
大汶口一群	11	78	7.1	12	236	19.7	13	97	7.5	7	68	9.7	43	479	11.1
大汶口二群	12	242	20.2	4	27	6.8	4	53	13.3				20	322	16.1
大汶口三群	17	86	5.1	5	54	10.8	4	54	13.5				26	194	7.5
大汶口四群	8	283	35.4										8	283	35.4
野店二区													9	432	48

　　野店二区的中期墓群，9 座墓葬（M10、M22、M31、M34、M35、M47～M49、M50）排列有序（见图七），墓室面积均在 3 平方米以上，最大的 M49 甚至超过了 10 平方米，在 3 座墓葬遭受严重破坏的情况下，平均每座墓葬的随葬品仍有近 50 件，其中包括相当数量的玉器、骨牙雕筒和猪头及猪下颌骨等。从整体水平上看，野店遗址这一墓群的社会地位显然超过了大汶口遗址最高的第四墓群，应是野店这一中心聚落统治者的墓葬。

　　这一时期的贫富分化还表现在聚落与聚落之间。关于这一点，表八的数据可以做很好的说明。野店、花厅和大汶口三处遗址是面积较大的中心遗址，其墓葬随葬品的数量也最多，特别是野店遗址，因为发现的 9 座墓葬均为大中型墓，所以随葬品的数量明显偏多。花厅遗址的多数墓葬属于中期，少数可延至晚期早段，因为没有发表墓葬登记表，暂时还无法将晚期墓分离出来，故这里合并统计，其平均数量也是十分惊人的[58]。大墩子遗址在早期阶段整体水平就高于刘林遗址，面积 5 万多平方米，属中

---

[58] 花厅遗址前后经过四次发掘，已发现的大汶口文化墓葬，第一次是 1 座（1952 年），第二次是 19 座（1953 年），第三次是 26 座（1987 年），第四次是 40 座（1989 年），累计为 86 座。由于第一次发掘的 1 座墓葬随葬品的数量没有公布，故未将其包括在表八的统计数字之内。另外，花厅墓葬随葬品的统计数字中还未包括猪下颌骨和其他动物骨骼。

等偏小的聚落遗址，其等级低于野店、花厅和大汶口，但不是最低一级。五村遗址的墓葬，多数属于大汶口文化中期阶段，一部分可以延续到晚期阶段。这里的墓葬也分区埋葬，相互间的叠压、打破关系十分复杂，60%以上的墓葬没有随葬品，最多也只有4件，75座墓葬共有45件随葬品，还不如野店、花厅和大汶口遗址一座富裕墓葬的数量多，这种现象确实耐人寻味。

表八　大汶口文化中期阶段五遗址墓葬随葬品统计表

遗　址	墓　葬（座）	随葬品（件）	平　均（件）	备　　注
野　店	9	432	48	其中有4座双人合葬墓
大汶口	103	1346	13.1	
花　厅	85	2189	25.8	
大墩子	154	1403	9.1	
五　村	75	45	0.6	
合　计	426	5415	12.7	

3. 晚期阶段

晚期阶段的墓葬资料比较丰富，可供分析比较的材料较多，其中墓葬数量在25座以上且公布了全部资料的遗址有大汶口、野店、建新、陵阳河、大朱村、三里河共六处。从中我们可以看出，大汶口晚期社会的贫富分化较前又有新的发展。在上述六处遗址中，大汶口、陵阳河和野店为等级较高的中心遗址，大朱村和三里河为次一级的遗址，建新则为第三级聚落遗址。下面分析遗址之间的分化情况，我们先来看六处遗址墓葬随葬品的数量统计（表九）。表中数据大体反映了遗址等级的归类。大汶口和陵阳河相当，建新在最低一个层次，大朱村则居中，位于两个层次的遗址之间。野店和三里河的情况需要加以分析。野店墓地随葬品的平均数明显偏少，其原因有三：一是该墓区中婴幼儿的比例过高，在全部31座墓葬中，明确鉴定为婴幼儿的有11座，接近经过鉴定的成人墓的数量，这与大汶口、陵阳河明显不同；二是已发掘的部分主要是中小型墓葬分布区；三是大型墓葬位于第四区的东部，只发掘了其中的2座（M51、M62），以往还在这里清理过一座遭受破坏的大墓。因此，尽管野店墓地随葬品的平均数量不多，但仍应将其归入第一类遗址之中。至于三里河遗址，如果单纯从随葬品的平均数字看，其更接近于建新遗址，但要是仔细分析一下其内容，两者差别就很明显。例如，三里河墓葬的随葬品中有相当数量的玉器，而建新遗址没有；三里河墓葬共使用了164件作为财富象征的猪下颌骨，而建新遗址的76座墓葬则仅有1个猪头。并且，两处遗址分属不同的文化小区，文化传统和习俗也有一定差别。因此，尽管三里河墓葬随葬品的平均数量只是略高于建新遗址，我们还是应该把它们作为不同等级的遗址来看待[59]。

表九　大汶口文化晚期阶段六遗址墓葬随葬品统计表[60]

遗　址	0～10件	%	11～20件	%	21～50件	%	51～100件	%	100件以上	%	墓葬总计（座）	随葬品总数（件）	平均（件）
大汶口	4座	16	7座	28	5座	20	7座	28	2座	8	25	1156	46.2
陵阳河	10座	22.2	9座	20	16座	35.6	7座	15.6	3座	6.7	45	1738	38.6
野　店	18座	58.1	8座	25.8	3座	9.7	2座	6.5			31	400	12.9
大朱村	6座	19.4	10座	32.3	9座	29.0	6座	19.4			31	796	25.7
三里河	26座	39.4	17座	25.8	21座	31.8	2座	3.0			66	1070	16.2
建　新	45座	59.2	17座	22.4	12座	15.8	2座	2.6			76	1030	13.6
合　计	109座	39.8	68座	24.8	66座	24.1	26座	9.4	5座	1.8	274	6190	22.6

随葬品的数量多少只是代表了社会分化的一个方面，而更重要的是在反映权力和地位的物化内容上。大汶口遗址的25座墓葬中，墓室面积超过3平方米的接近半数，其中有6座超过5平方米，M60和M10则分别为13.9、13.4平方米。陵阳河的情况与之类似，45座墓葬中有24座墓室面积超过3平方米，其中超过5平方米的有10座，M6和M17则分别为17.3、14.9平方米。而三里河和建新遗址只是各有1座墓葬刚刚超过5平方米。在随葬品中，大汶口遗址不仅数量多质量优，而且种类齐全，如代表权力和地位的玉钺、象牙器、骨牙雕筒、鼍鼓和财富象征的猪头等，就是最常见的陶器，也因为出土了大量的洁雅白陶和精美彩陶而与众不同。与大汶口相比，陵阳河虽然也有石钺、石璧、骨雕筒、牛角号、薄胎黑陶高柄杯等品位高、质量优的器物，但数量和种类均大为逊色，但陵阳河遗址较多的图像文字则未见于大汶口遗址。较之大汶口和陵阳河，建新遗址则差之甚远。

---

[59] 三里河遗址共发掘了三处墓地，发现的66座墓葬中有64座位于一、二区，三区因人为破坏和发掘面积较小，只清理了2座墓葬。三区的2座墓葬中较大的是M302，其墓室面积超过4平方米，出有包括玉、石、骨、蚌、陶器和37件猪下颌骨在内的64件随葬品；小一点的是M301，也出有包括6件猪下颌骨在内的21件随葬品。两墓的随葬品平均超过40件，并且随葬品的品位也较高，故不排除这里可能是社会地位较高家族的墓地。

[60] 陵阳河遗址的第一墓群位于今陵阳河的河道之内，有8座墓葬遭到严重破坏，其中多数是大中型墓葬，其随葬品明显偏少。如M15，墓室面积5.28平方米，仅有10件随葬品；再如M9，墓室面积3.6平方米，仅有6件随葬品。因此，现有陵阳河墓群随葬品的统计数字应偏少。

　　在聚落遗址内部，家族之间的贫富分化最为明显。在等级较高的陵阳河遗址，四个墓群间的差别极为显著，它不仅表现在随葬品的数量相差悬殊（表一〇），而墓室面积、随葬品的质量均相去甚远。如第一墓群的25座墓葬，除了1座（M10）被破坏之外，余者墓室面积均在3.6平方米以上，而其他三个墓群全都在3平方米以下。属于普通聚落遗址的建新，第二墓群的时代略早，可不予讨论。第三墓群和第一墓群，除了随葬品的平均数量相差约3倍之外（见表一〇），第三墓群的墓室普遍较大，其中超过3平方米的约占1/3，有的还有木质葬具和猪骨，而第一墓群的墓室均在3平方米以下，随葬品也只有陶器和石器两类。此外，除了个别的特例之外（如大汶口M10），墓室宏大、随葬品丰厚、拥有较多重器的墓葬均为男性成年个体。例如，大汶口M125，陵阳河M6、M25、M7、M19，野店M62，大朱村M26、M66，三里河M2110、M302，建新M46、M39，等等。像大汶口M117这种未成年的男性个体，竟然也拥有面积达7.2平方米的墓室和70多件随葬品，其中还包括玉钺、玉笄、象牙雕筒、骨雕筒、白陶、彩陶等在内的表示权力和地位的精美器物，其意义非凡，应具有执掌权力家族中的王位继承人一类性质。诚如是，则表明权力的传递是在某一特定家族内进行的，已与夏商时期没有本质区别。

表一〇　陵阳河和建新遗址各墓群随葬品统计表

遗　址	第 一 墓 群			第 二 墓 群			第 三 墓 群			第 四 墓 群		
	墓葬（座）	随葬品（件）	平均（件）	墓葬（座）	随葬品（件）	平均（件）	墓葬（座）	随葬品（件）	平均（件）	墓葬（座）	随葬品（件）	平均（件）
陵阳河	25	1433	57.3	10	166	16.6	6	95	15.8	3	27	9
建　新	23	207	9	26	114	4.4	22	656	29.8			

（二）社会分层的发展和阶级分化

　　上一小节我们利用墓葬资料，较为详细地分析了大汶口文化早、中、晚期阶段贫富分化的产生和发展状况。从各地区不同遗址的比较中，可以看到这样一个事实，即个别遗址（如大汶口遗址）在大汶口早期后段，多数遗址从大汶口中期开始，社会财富有较大幅度的增加，同时，不同人群间贫富分化的步伐也逐渐加快，有愈演愈烈的趋势。大汶口文化在黄河、长江流域的崛起[61]也恰恰在这一时期。那么，导致大汶口文化迅速崛起、实力大增的原因又是什么呢？

---

[61] 从中期阶段开始，大汶口文化大大加强了向周边地区文化的传播和影响，甚至还伴随着人口的迁徙，波及的范围包括北方、中原和西南等广大区域。这一形势有力地说明了大汶口文化在中期阶段的实力大增，在全国各大区系中跃居前列。

过去，我们曾力图从生产力水平的较大提高来说明这一问题，而在考古学上，作为生产力水平标志的生产工具则是要首先论及的。经过多年的观察发现，在大汶口文化的发展过程中，作为生产工具主体的石、骨、蚌器等，无论是质料，还是器形和数量，都没有出现大到给人耳目一新的变化。因此，单纯强调生产工具的改进和生产力水平的提高是不太符合实际情况的。那么产生这种现象的直接原因是什么呢？我认为应是生产关系发生了较大变化，即出现了与生产力发展水平相适应的新型生产关系。这种新型生产关系较大地调动了生产者的积极性，刺激了他们的生产热情，因而，使社会生产在较短时期内出现了一个飞跃，这种现象无论是在历史上还是在今天的社会中都可以观察到。这种新型生产关系，就是父权家族作为基本的生产单位，取代了以往的氏族集团，财产的私有成为合法并为人们所追逐，从而导致了私有制的出现。再进一步，父系家族内的父系大家庭作用逐渐显现，慢慢地从消费单位向生产单位发展过渡。在私有制度下，人们为了追逐更多的财富，可以大幅度提高效率的专业化生产开始在某些领域出现。而另外一些人，甚至可以采用各种不光彩的手段，其中就包括战争掠夺。

生产关系的更新和社会生产的进步、发展是一种互动的关系。生产的进步使剩余产品增加，部分人占有之就导致了贫富分化的持续发展和加剧，于是，社会分层开始出现并不断分化和重组。社会分层的发展过程，实际上也就是阶级分化的过程，发展到一定程度，社会成员之间分成统治者和被统治者两大阶层，阶级随之形成，国家也就登上了人类历史发展的舞台，文明社会最终形成。

大汶口文化早期阶段，少数地区（如大汶口遗址）已经形成"家族—宗族"的社会组织结构，社会分层也开始出现。像大汶口第一墓群的成员和第三墓群的成员，贫富差别十分显著，显然应属于不同的阶层。当然，由于两个墓群发掘的墓葬数量都不是很多，特别是第三墓群只有10座墓葬，它们所反映的情况与客观实际可能存在一些出入，但相互间的差别是确实存在的。如果把大汶口遗址与刘林、大墩子、王因等同期遗址比较，就会看得更为清楚。这一时期在多数地区，如刘林等遗址，聚落成员之间的贫富分化虽已开始起步，但尚不明显，基本上还是保持着低水平的平等状态。因此，我认为大汶口文化早期阶段，是一个在基本平等的氏族社会内部孕育着变革的时期，从宏观上讲，也可以认为这是一个由平等的氏族社会到不平等的"家族—宗族"社会的过渡阶段。

大汶口文化中期阶段是一个剧烈变革的时期，贫富分化不仅见于个体成员，更重要的是发生在聚落与聚落和聚落内部的人群之间。首先，财富流向少数大型聚落，如大汶口和野店等所显示的那样，整个聚落财富的平均占有量远远超过一般的普通聚落。这样，在聚落之间就出现了不同等级的区别，就目前资料而言，大汶口文化中期阶段的聚落至少可以分为两个级别，也可以称为两层[62]。大汶口、野店、花厅等是第一级，为上层，大墩子、建新早期等是第二级，为下层。因为前者的数量较少，周围又分布着众多的小型聚落，它们之间存在着一种统属关系，故前者又往往被称为中心聚落。中心聚落聚敛财富的方式，不外两条途径：一是迫使周围的普通聚落向其纳贡，也包括无偿地出人财物兴修大型公共建筑等，这是一种和平的方式，在某种程度上可能也有自愿的成分。二是通过战争掠夺。花厅遗址北区墓地的早期，在分期上属于大汶口中期阶段，这里的几座大型墓葬，如M60、M16、M18、M20和M61，不仅随葬了大量陶器、玉石器、猪骨等，还使用了殉人，其中属于较早时期的M60，竟用了包括中年男女和幼童在内的5人殉葬。由于这些墓内出土了大量良渚式玉器、陶器，花厅遗址又位于大汶口文化分布区的南缘，而且目前在大汶口文化中还没有发现第二个遗址有同类现象，故有的学者认为这些殉人可能是战俘。

　　在聚落内部，无论是中心聚落还是普通聚落，都出现了分化的现象。在中心聚落内部，据目前观察到的情况，社会分层主要表现在家族和家族之间。除了以上曾经分析过的野店二区的中期墓地和大汶口墓地之外，花厅的材料更有代表性。花厅遗址南北两区发掘的86座墓葬，绝大多数集中在三个小区域之内，分属三个墓群。南区墓群24座，北区北侧墓群36座，北区南侧墓群23座。北区北侧墓群在花厅墓地中占有举足轻重的地位，例如：20世纪80年代发掘所发现的10座大型墓葬均在此墓群之内；10座大墓中有8座使用殉人，少则1人，最多的M60竟有5人，共有18名殉人；10座大墓的墓室面积都在3.7平方米以上，其中超过10平方米的有3座；此墓群随葬品的平均数量是其他两墓群的2倍以上，其中10座大墓的随葬品竟多达900余件，集中了全墓地2/3的玉器（520多件）和绝大多数猪狗骨架、猪下颌骨（50多具、副），显示了其为权力和财富的共同拥有者的身份、地位。而其他两个墓群则均为中小型墓葬，无论是墓室面积，还是随葬品的数量、质量和种类，均与北区北侧墓群相去甚远。因此，花厅墓地的三个墓群所代表的三个家族，至少已分化为两个不同的阶层，从中我们可以看出，财富是与权力同步增长的。当然，花厅遗址地位较低的两个墓群也并不贫穷。如南区墓群的23座墓葬，也有包括24件玉器在内的415件随葬品，平均每墓18件，这不仅高于相距不远的大墩子遗址同期墓葬，也超过了大汶口遗址同期墓葬的平均数。北区南侧墓群，随葬的玉器可能更多一些。花厅遗址的暴富现象，可能有其特定的历史环境和条件。花厅遗址的位置偏于大汶口文化分布区的南缘，其南与良渚文化相邻，墓葬中的大部分玉器和一部分陶器、石器，为典型的良渚文化型式。因此，

---

[62] 在个别地区，如大汶口地区，很可能已经出现大、中、小三层聚落结构。由于缺乏系统的考古调查资料，目前尚不能做最终的断定，我们寄希望于今后的田野考古工作。

我推测花厅遗址的财富有相当一部分是来自纳贡或战争掠夺。

普通聚落的材料不甚丰富，并且缺乏对比性。大墩子遗址目前尚难以按墓群进行分析，如果从总体上看，154座墓葬中随葬品在10件以下的占71.5%，而20件以上的也达到9.5%，社会已经开始分层。五村遗址的70多座墓葬，绝大多数集中在几个探方之内，分布极为密集。从已出现成年男女合葬墓的情况分析，其社会发展阶段与泰山以南地区应该是同步的，但墓室普遍狭小，随葬品贫乏，不仅多数墓葬没有随葬品，有者数量也极其有限，75座墓葬共出土陶石器45件，平均每座墓葬不足1件，其数量少得惊人。这显然是一处下层社会成员的墓群。

总之，在大汶口文化中期阶段，早期阶段开始出现的社会分层已经成为一种普遍现象。从总体上讲，聚落分化为中心聚落和普通聚落，财富和人力由普通聚落流向占支配地位的中心聚落。在聚落内部，家族间的分化也日益发展，出现掌握权力的富有家族和一般家族的对立。

进入距今5000年前后的大汶口文化晚期阶段，随着社会生产的进步，人口迅速增加，聚落的数量也有较大增长。在一些较为发达的区域，聚落之间结成关系密切的网络，开始形成大中小三层的金字塔状结构。

大型聚落的数量最少，一般一个区域只有一个，这种聚落通常是由中期阶段的中心聚落发展而来的，像大汶口、野店、陵阳河就属于这一类聚落。大型聚落的面积较大，一般在10万平方米以上，据调查，野店有56万平方米，而大汶口超过了80万平方米。遗址面积较大，表明其人口数量较多，而要承载较多的人口，就需要有较强的经济实力。参照夏商周三代大小国家与其都城规模的关系，可以认为，像大汶口这样的大型聚落，所统辖的区域必定较大。在大型聚落内部，贫富分化极度加剧，社会分层高度发展，阶级已经产生。如大汶口晚期墓地、陵阳河第一墓群这一阶层的人们，已经成为当时社会的统治阶级。因此，这些大型聚落实际上也就是最初族邦国家的都城。

中型聚落数量略多，具体数量视区域的大小和聚落总量而定，像大朱村、前寨、三里河等属于此类聚落，地处皖北的尉迟寺遗址可能也属于这一个等级。中型聚落的面积明显小于大型聚落，就大汶口文化各区域的情况看，一般在5万平方米左右，比较发达的区域可能达到近10万平方米，而一些边远地区，可能更小一些。中型聚落的整体富裕程度虽不如大型聚落，但发展水平也是比较高的。如大朱村遗址，正式发掘的31座墓葬，其中15座墓葬的墓室面积在3平方米以上，13座墓葬有木质葬具，平均每墓的随葬品为25.7件。如果加上临时清理的4座大中型墓葬，这一数字就增加到了32.8件。最大最富的M02和M04，墓室面积都在10平方米上下，随葬品均超过百件，M04出土了一件有刻画图像文字的大口尊，而M02则出土了2件大石钺、20多件薄胎高柄杯和 17 件猪下颌骨。由此看来，中型聚落的上层社会成员聚敛的财富也是相当可观的。从位置、数量和富有程度分析，中型聚落都是承上启下居于中间位置。对上服从于大型聚落的统治，对下则又可统辖自己周围的众多小型聚落。这大约就相当于后来的"邑"。

小型聚落数量最多，遍及每一个区域，它们在分布上往往离某一个特定的中型聚落不远。大多数小型聚落的时代为大汶口文化中期后段至晚期或晚期阶段，它们可能是随着人口的增加而从中型聚落分裂出来子聚落，因此，它们与邻近的中型聚落有着千丝万缕的关系。小型聚落的社会层次最低，与大、中型聚落相比也是最为贫穷的，这是因为它们所创造的财富不仅仅是用于本聚落的消费和再生产，而且要拿出一定数量来贡献给中型聚落和大型聚落，以维持整部社会机器的运转。枣庄建新遗址是一个只有 3 万平方米的小型聚落，由墓葬随葬品所反映的人均占有财富，在大汶口文化晚期阶段中是比较少的，这也与该聚落在聚落群中所处的地位相称。在小型聚落内部，家族间的分化也已比较明显。如建新遗址的第一墓群所代表的家族和第三墓群所代表的家族之间，差别就十分明显，已经分属于不同的阶层。

大汶口文化晚期阶段的社会已形成大中小三级聚落的分层结构，社会内部也随着贫富分化的加剧和分层的发展，出现了统治和被统治阶级。社会发展到这一步，聚落内部和聚落之间的关系已趋于规范化，相互间形成大宗和小宗的统属关系。具备这一条件的，可以认为已经进入早期国家阶段，从而也就步入了文明社会。就目前所知，大汶口文化的部分区域，如大汶口小区、陵阳河小区、野店小区、薛河流域小区等，均已具备了上述条件。

良渚文化的遗址群

[日] 中村慎一*

刘恒武　译

It is a urgent topic to understand the society by examining the relations among the settlement sites during the study of Liangzhu culture. Considering the high status of jade wares in Liangzhu society, the author divides Liangzhu sites into ten groups by analyzing the distribution of jades and other factors and discusses the relations among them by studying the source of jade materials, the producing and the communication of jade wares, then probes into the social structure of Liangzhu culture and the reason of the fall of Liangzhu site group, the center of Liangzhu culture.

迄今为止的良渚文化研究中，精美的玉器格外地受到研究者注目，以玉器为中心的遗物研究也取得了相当的进展。但是与其相比，遗址的研究却略显滞后。原因之一是，目前为止发掘的大部分遗址是墓地遗址，而有关聚落遗址的调查极少。另外，在长江下游水田地带的现地表确认遗址有一定难度，即使进行了大范围的分布调查，有时也不能希求它有较高的精确度。

然而，在考古学研究中，遗物研究和遗址研究正如车子的两轮的关系一样，缺少任何一方都不能期盼顺利前进。为了深化良渚文化研究，今后必须积极推进"遗址考古学"。不过，良渚文化已经发现的聚落遗址与其他地区相比虽然不可以言多，但是仅从墓葬的分布这一点上，是应该能够得到复原当时社会结构的线索的。本文即想在这方面做些尝试。

一、遗址群的划分

（一）出土玉琮的遗址的集群

良渚文化出土玉器的遗址并非均匀地遍布于良渚文化分布区，而是以若干个地域性集合的状态呈现出来。图一标出了在当时被视作至高重器的玉琮的出土地点。至少，

＊ 作者系日本金泽大学副教授。

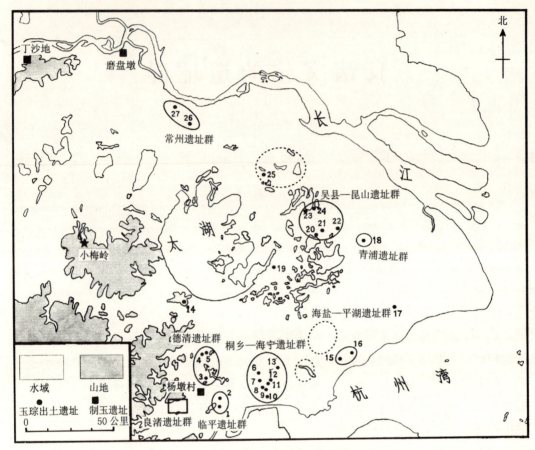

图一　良渚文化遗址的集群划分

1. 横山　2. 茅山　3. 新安桥　4. 辉山　5. 庄前　6. 店街头　7. 湾里·新地里　8. 力耘　9. 荷叶地　10. 佘墩庙　11. 落晚　12. 桃子村　13. 普安桥　14. 杨家埠　15. 王坟　16. 戴墓墩　17. 亭林　18. 福泉山　19. 王焰村　20. 张陵山　21. 赵陵山　22. 少卿山　23. 草鞋山　24. 绰墩　25. 嘉陵荡　26. 寺墩　27. 高城墩

我们可以从中抽出 8 个集群：良渚遗址群、桐乡—海宁遗址群、临平遗址群、德清遗址群、海盐—平湖遗址群、吴县—昆山遗址群、青浦遗址群和常州遗址群。

在上述集群中的上海青浦遗址群里，目前为止，出土玉琮的遗址仅福泉山一处。在这个意义上，不能说形成了集群。然而，该遗址延续时间长、出土玉器数量多，因此可作为集群之一特例。

与此相对，湖州杨家埠、金山亭林、吴江王焰、常熟嘉陵荡等遗址，持续时间短，出土玉琮也分别只有一件，所以没作为群进行把握。然而，把嘉陵荡遗址和同样位于常熟境内的罗墩、黄土山、三条桥等虽未见琮却有其他玉器出土的遗址一并加以考虑的话，其规格虽然稍劣，也还是可以认为它们构成了一个集群。海盐市西北部的横港周围、嘉兴市东部的步云到风桥一带也属同样情况。关于这些地区，图中以虚线作了标示。

总体来看，约有 10 处遗址群，相互间隔 20～50 公里，分布于太湖南侧、东侧、北侧。

双鼻壶的主要分布地域是上海市南部到嘉兴市，角岩制的石钺和方形石刀等则主要见于海盐到平湖，三叉形器分布在余杭到桐乡，如果以这种不同的随葬器物组合作为指标的话，将上述遗址群编成更大的若干个集群或许也是可以的。这是关系到良渚文化地域类型划分的重要问题，本文不做深入探究，简单提到为止。

（二）遗址群的持续性

上述遗址群的划分着眼于整个良渚文化，至于各遗址出土的玉琮究竟属于良渚文化的哪个时期，尚未深究。以下首先就年代的问题做些讨论。

关于良渚文化的分期，目前为止已有很多研究。其中，黄宣佩先生以福泉山遗址出土遗物为基础的分期具有里程碑式的意义[1]。在福泉山遗址，各个时期的出土物中都有宽把杯，根据类型学分析，至少可以将其细分为 8 期[2]。但这一分期未必适用于其他遗址，所以本文还是采用早、中、晚三期划分法进行讨论。

早期陶器有四系罐、花瓣形圈足杯、带有圆形和弧线三角镂孔的豆、粗泥陶凿形足鼎等器形，既残留着浓厚的崧泽文化风格，又以夹细砂鱼鳍形足鼎的出现与崧泽文化相区别。中期陶器中崧泽文化的遗风消失，鼎统一为夹细砂陶鼎，鼎足外缘变宽，断面始呈 T 字形。晚期陶器中鼎足断面完全演变为 T 字形，出现施细线刻纹的黑皮陶器物。此时多见高领罐（尊）、贯耳壶、口沿内侧施突刺纹的红陶罐，以及常见属大汶口文化系统的鬶、背壶等。

将良渚文化划分为三期，进而审视各遗址群中遗址的年代，情况又会是怎样的呢？先就结论而言，大部分的遗址群包含着从早期到晚期的遗址。以吴县—昆山遗址群为例，张陵山和赵陵山属前期，少卿山属中期，草鞋山和绰墩属晚期。桐乡—海宁遗址群的情况也类似。虽然在这个遗址群中尚未发现早期的玉琮，但是其他玉器在普安桥、徐步桥、金家浜等遗址都有出土。就琮而言，除了普安桥和新地里出土过中期玉琮外，其余均为晚期器物，似乎年代越晚，琮的数量也就越多。但无论如何，该遗址群包含着从早到晚各个时期的遗址这一点是没有问题的。至于良渚遗址群，后文还要讲到，从整体来看，它的延续时间也十分漫长，决不仅仅限于中期。

总之，若充分注意到各遗址群的年代跨度都很长的情况，或许是很难得出所谓的文化中心区转移的认识的。

---

〔1〕 黄宣佩：《论良渚文化的分期》，《上海博物馆集刊》1992 年 6 期。

〔2〕 中村慎一：《玉の王权——良渚文化期の社会構造》，《古代王権の誕生》，角川书店，2002 年。

（三）中心聚落和大型土台

大致处在良渚遗址群中心的莫角山大土台，就其规模来看，不是单纯的墓地或住居台基。这一点，大约是任何人都会同意的。虽然规模上逊色得多，但同样为岗地状的遗址也见于其他遗迹群。例如，桐乡—海宁遗迹群中的杨家车遗址就是如此。该遗址东西长200、南北宽80米。虽然尚未做过正式发掘，但从周围地形来看，这处岗地亦当是人工筑成的。该遗址位于出土了遗址群中最优质玉器的普安桥遗址以南约1公里的地方，暗示着它与普安桥遗址墓葬中的死者有着某种关联。

江苏省吴县—昆山遗址群也是如此。根据钻探调查的结果，该遗址群中的草鞋山和与其相邻的夷陵山两座岗地，原本是一个整体，复原规模为东西宽170、南北长260米，面积44000平方米。遗址尽管最终被用作墓地，可是与邻近的福泉山、张陵山、赵陵山等墓地的5000~8000平方米的面积相比，规模相当庞大，其最初的功能也许应该另作考虑。从航空照片上看，遗址周围环绕着一周水道，水道呈不规整的正方形，边长约500米（图二）。目前虽然还不清楚水道的开挖时间，但这是一个值得注意的现象。

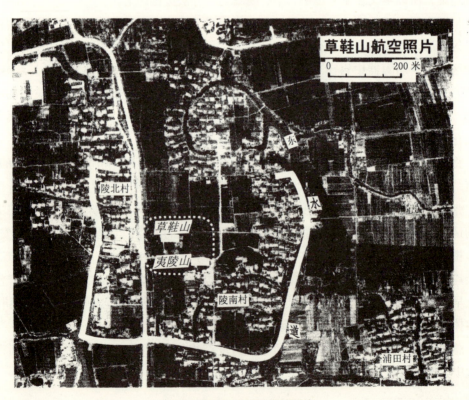

图二　草鞋山周围的航拍照片

（日本文化财科学会　1996）

围绕遗址的水道使人联想起车广锦先生关于常州寺墩遗址的复原[3]。据他的复原，寺墩遗址中心为一直径 100、高 20 米的祭坛，周围有一条环绕成方形、宽 20 米的"内河"，内河外侧有墓地，再外侧为居住区，整个聚落约为边长 1 公里的方形，最外围还环绕着一条"外河"。

当然，这些大型土台和壕沟的性质最终需要通过考古发掘来下结论。然而，良渚文化的遗址为方形的水道所环绕的情况并不罕见，是今后应该予以关注的。

二、良渚遗址群

（一）良渚遗址群的结构

良渚文化的遗址群中，从出土玉器的质量和数量、遗迹的规模和数量等方面看，最为突出的是地处浙江省余杭市的良渚遗址群。其范围以现在良渚镇至安溪羊尾巴山遗址的连线为东缘，西至瓶窑吴家埠遗址，流经现在宁杭公路南侧的小运河是南界，北至天目山余脉南麓[4]（图三）。东西最大长度约 10 公里、南北最大宽度约 6 公里，遗址群实际的分布范围估计为 34 平方公里。内中经调查确认的遗址超过一百处。这些遗址的分布疏密不同。最大的集中区域大致以莫角山遗址为中心，南北长 3、东西宽 2 公里（即莫角山周边遗址群）。其次是现在良渚镇西北的荀山周围一带（即荀山周边遗址群）。另外，在天目山余脉南麓，以瑶山为首的出土玉器的遗址东西连贯（即天目山南麓遗址群）。至于汇观山、吴家埠、凤山等遗址，则散布在这三个群落之外。

首先，天目山南麓遗址群基本上可以作为墓葬区加以定位。其中，瑶山墓地非常著名，另外在钵衣山、白虎山地，据说也出土过大量玉器。"良渚古玉中的大件——琮、璧，大部分都是安溪所出"的记述[5]，传递出有关解放前这一带情况的一些重要信息，表明这一带是墓葬区。

位于莫角山周边遗址群中心的莫角山遗址，发现有大规模的红烧土土坑，估计是祭祀中心。在流经莫角山北约 2 公里之处的东苕溪的北岸，规整地排列着姚家墩等七座边长数百米的方形土台。这组土台大概是应该称为宫殿区的政治中心。近年，在土台群的西侧发现了一道东西向连绵 4 公里长的土垒。如果像王明达先生所说，它是防御自天目山余脉倾泻下来的山洪而筑的"防洪堤"的话，那么，它就应该是上述地区的防御工程。尽管目前还缺乏考古学证据，但还是有理由推测土垒南侧可能分布着高

〔3〕 车广锦：《良渚文化古城古国研究》，《东南文化》1994 年 5 期。
〔4〕 王明达：《良渚遗址群田野考古概述》，《文明的曙光——良渚文化》，浙江人民出版社，1996 年。
〔5〕 陈左夫：《良渚古玉探讨》，《考古通讯》1957 年 2 期。

图三 良渚遗址群

级阶层的居住区。汇观山和吴家埠等遗址可能就是其中一些家族的祭坛或者墓地。

从庙前遗址的发掘成果来看，荀山周围的遗址群，分布的是略属下位的高级阶层和普通平民的居住区。那里还有朱村圵陶窑这样的手工业作坊遗址。

（二）良渚遗址群的时期

关于良渚遗址群的年代，有一种观点，认为反山、瑶山两遗址属于中期，并把这两个遗址当做代表，将遗址群整体也大致纳入中期。然而，情况并非那么简单。

良渚遗址群内已经发掘调查的吴家埠遗址（下层）和庙前遗址（下层）明显属于早期。但是，因为它们不能被称作贵族墓地，故可认为当时这里已经有了人类的居住活动，却尚未成为整个良渚文化的中心。不过，笔者却认为，从早期开始良渚遗址群已经居于中心地的地位。其关键是瑶山遗址的年代定位。

笔者曾经根据雕刻在玉琮和柱形器上的兽面纹的构成，主张瑶山的一部分墓葬应该上提至早期[6]。其后，1996年在浙江省博物馆举办的《良渚文化精品展览》上，有机会亲眼目睹了许多瑶山遗址的出土品，这种感觉也就越来越强烈。例如，瑶山4号

---

〔6〕 中村慎一：《中国新石器时代の玉琮》，《東京大学文学部考古学研究室研究紀要》第8号，1989年。

墓出土的冠形器呈长方形，与赵陵山 77 号墓相似，5 号墓出土的冠形器为上缘中央呈弧背状突出的型式，类似器物亦见于张陵山 4 号墓。而赵陵山 77 号墓、张陵山 4 号墓都是早期的代表墓葬，因此瑶山 4、5 号墓也应该被视为与之同期的遗迹。

附带述说一下，作为瑶山遗址的一个显著特征，没有随葬一件玉璧，这一点被学者们屡次指出过。然而，良渚文化早期的厚葬墓里不置玉璧，莫如说是一个通例。如果将瑶山没有玉璧的原因，也解释为该墓地大致可以纳入早期的话，是可以使人理解的。另一方面，在大体覆盖中期的反山，最初营造的 12 号墓与瑶山一样，也是没有一件玉璧，而 14 号墓随葬 26 件、20 号墓 42 件、23 号墓 54 件。按照笔者对这些墓编年，年代越晚，随葬玉璧的数量就越多。

另外，关于良渚文化晚期的文化中心自良渚遗址群转移至其他地区的看法又如何呢？的确，仅仅看反山、瑶山两遗址，属于晚期的墓葬极少，其随葬玉器的质地与数量较此前者也相形见绌。然而，从良渚遗址群整体来看，到了晚期，在那里人类活动还是生机勃勃地进行着的。已发掘的朱村斗、庙前（上层）、文家山等遗址均属晚期。还有，施昕更先生的《良渚》[7] 也收录了很多晚期的典型器物。即便从玉器方面看，也有几个不容忽视的证据。例如反山 21 号墓出土的 4 节半半切品琮和吴家埠遗址采集的 6 节琮明显属于晚期，1963 年苏家村遗址出土的单节残琮恐怕也属同一时期。1981年，瓶窑镇（吴家埠遗址？）采集到一件长 16 厘米的玉芯，当系晚期多节琮的管钻芯，亦表明当地晚期仍在制作玉器。

更重要的发现应该是 1989 年在安溪百亩山发现的刻符玉璧，从形状上看，属良渚晚期。过去人们熟知的几件收藏在中外博物馆的同样器物，出土地点一直不清楚。虽然这件刻符玉璧也非正式发掘所得，但采集于良渚遗址群这一点却意义重大。由此估计，旧中国就已经流失海外的良渚玉器之相当部分很可能是从良渚遗址群出土的。据说，在良渚镇一带的俗语中，称玉璧为"玉饼"、玉琮为"玉塔"[8]。与"塔"的含义相称的应该是多节的、长而大的物件。由此可以想象，晚期玉琮可能也曾经大量出土于良渚遗址群。

三、玉器的制作和分配

（一）玉器制作遗址和玉材产地

已知的良渚文化玉器制作遗址有四处，即江苏丹徒磨盘墩、江苏句容丁沙地、浙

---

〔7〕　施昕更：《良渚——杭县第二区黑陶文化遗址初步报告》，浙江省教育厅，1938 年。
〔8〕　王明达：《良渚文化玉璧研究》，《东亚玉器》第一卷，中国考古艺术研究中心，1998 年。

江德清杨墩村、浙江余杭塘山。时间上，可以判明磨盘墩属早期、丁沙地属晚期。镇江博物馆展示着十几厘米的玉琮管钻芯，如果是镇江大港附近的出土品的话，则磨盘墩附近也有可能存在晚期的玉器制作遗址。至于杨墩村，因仅有局部试掘，详情不明。塘山方面，考古工作还正在进行之中。

值得注意的是，这四个遗址的地理位置都位于天目山余脉或宁镇山脉山麓。说到太湖周边的软玉产地的话，发现于1982年的江苏溧阳小梅岭很著名。小梅岭位于从天目山主脉北伸的余脉上。它进一步向西北方向的延续，是经茅山连接宁镇山脉的群山。在宁镇山脉，钻探调查发现具有类似软玉的矿物构造，显示出该地区有出产软玉的可能[9]。另一方面，自天目山主脉东延的余脉达到湖州、德清、余杭，如果溧阳和宁镇地区有软玉矿的话，在浙江北部的这些地区存在软玉矿的可能性也很大，特别是在火山岩与沉积岩的交界地带，可能性最大，而上述四个遗址几乎都满足这个条件。可以想像，附近山中存在着尚不为我们所知的玉矿。

（二）玉器的分割

浙江桐乡普安桥是自1995年至1998年中日共同进行发掘调查的一处遗址，总计发现39座良渚文化墓葬[10]。其中大部分属良渚文化早期，亦有一些晚至中期以后的墓葬。笔者有幸参加了该遗址发掘和资料整理，过程中，留意到几个情况。

其一，在下层墓地（即早期）出土的玉器里，利用制玉时产生的边角料再加工出来的制品很多。如果从既有报告资料里举例的话，19号墓出土的垂饰（M19：2）及圆孔器（M19：6）即是如此。与之相关的另一个有意思的现象是玉器的分割。例如，本来是一件玦，却对半切做了两件。

玉器的分割，也见于玉琮这样的重器。年代属中期的11号墓出土玉琮即是其例。该器表面呈鸡骨白，质地优良，复原当为饰神人纹的上下两节型玉琮，但出土的却只是下半部。

如果仔细观察这种半切玉器，与原制品表面通常经仔细研磨，不见切割痕相对照，半切面上明显留有线切痕迹。这说明，原先的玉器制作者和以后的切割者是不同的人，后者的玉器加工技术远不及前者。

半切玉琮的例子还见于青浦福泉山40号墓、余杭横山2号墓、反山21号墓的随葬器，此外，还有吴江王焰村和海宁余墩庙的采集品以及桐乡博物馆的馆藏品等。时间上，除了王焰村的采集品以外，余均为晚期器物。福泉山和横山的玉琮半切之后，两

〔9〕 郑健：《江苏吴县新石器时代遗址出土的古玉研究》，《考古学集刊》第3集，中国社会科学出版社，1983年。

〔10〕 北京大学考古学系等：《浙江桐乡普安桥遗址发掘简报》，《文物》1998年4期。

半仍随葬于同一墓葬，其意图可能是通过切断一件玉琮来增加玉琮的数量。但在普安桥等墓葬中，却没有将剩余的一半随葬于同一墓葬之中。这或许可以解释为，将仅有的一件玉琮切开，一半纳于自己的墓中，剩余一半留给了后代。

虽说同样是玉器，却有主要是利用边角料制作玉器的集团。此外，还有靠分割玉器来增加数量的行为。从这些现象不难推测，得到像玉琮那样的重器，是极为困难的。

（三）玉器的分配

说及获得玉器，可以想见的方法有多种。或者亲赴玉矿采寻原料并制出成品，或者通过交换从玉器产地获得成品，等等。就石器而言，也是一样的。良渚文化石器的器类和石料的对应关系很明显。例如，石镰一定是以角岩制成，石锛几乎均以流纹岩制成。但是，这些原材料并非在良渚文化分布区内到处都有。长江下游地区地面倾斜极为和缓，缺少可用做制造石器的河卵石，石器原料只能在山地寻求。以桐乡普安桥等遗址的情况为例，当地为冲积平原，附近无山。要得到石料，只能去海盐至平湖一带（直线距离 40～50 公里）或是湖州、德清、余杭的附近地区（60～80 公里）。

无论是玉器还是石器，皆非在任何地方都能轻易入手的。事实上，不同器物的分布，是明显不同的。石器的情况是，即使是在无法直接获得原料的遗址上，若不计石钺之类的特殊器类，通常也是能发现一套完整的石器组合的。因此，大概可以认为，在当时流行着前往远方原料产地采集石料制作石器和通过交易获得成品等多种方法。可是，玉器的情况就不是这样了。琮和钺只在极有限的遗址出土，由此推之，玉器的生产和流通的方式不同于石器。

笔者认为，良渚玉器可能是在某种政治关系下由上层分配至下层的。1992 年，笔者在江苏常州博物馆见到高城墩遗址采集的玉琮之际，惊诧于它与瑶山遗址、特别是10 号墓和 12 号墓出土的玉琮在质地、纹饰、雕刻技法上都极为相似（图四），于是就有了玉器分配的观点。其后，我在 1996 年纪念良渚遗址发现 60 周年国际学术讨论会上发表了这个观点的框架[11]。与陶器和石器不同，玉琮之类的器物大概并不是谁都可以经常看到的，可是，出土于不同地方的玉琮，竟然连纹饰的细部都酷似，这强烈地显示着两者的制作出于同一集团之手。从出土玉器的总体数量来看，瑶山（良渚遗址群）是分配体，高城墩（常州遗址群）是接受体，这样的看法当是成立的。

出土酷似高城墩遗址采集品玉琮的瑶山遗址 10 号墓、12 号墓，是瑶山墓地中比较晚的墓葬，属于良渚文化中期。常州遗址群之外出土中期玉琮的遗址，还有德清遗址群的新安桥、桐乡—海宁遗址群的普安桥和新地里、吴县—昆山遗址群的少卿

---

[11] 中村慎一：《城市化和国家形成——良渚文化的政治考古学》，《良渚文化研究——纪念良渚文化发现六十周年国际学术讨论会文集》，科学出版社，1999 年。

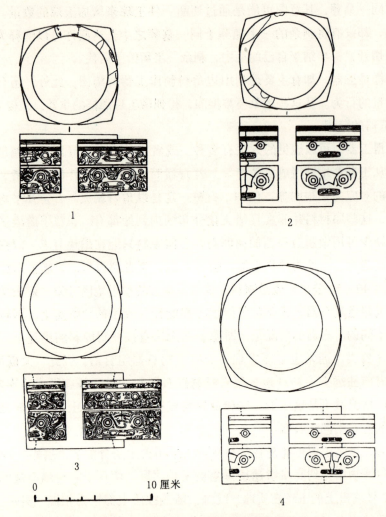

图四　瑶山出土玉琮和高城墩采集玉琮
1、2.瑶山玉琮　　3、4.高城墩玉琮

山等。其中，高城墩、新安桥、普安桥的琮表面带所谓鸡骨白的色调，这种质地的玉器，在良渚遗址群之外几乎看不到，此亦可以看作玉琮是从良渚遗址群进行分配的旁证。

　　问题在于以良渚遗址群为分配体的玉器分配始于何时。普安桥下层墓地的随葬玉器，基本上只有边角料制成的成品。该集团得到的玉器仅此而已。普安桥的玉器应是由别处集团供给的，只是它们是否来自良渚遗址群，现在尚无实证。虽然如前所述，良渚遗址群自前期起已经取得了文化中心的地位，但同时存在其他供应体的可能性也是有的。故此或许可以认为，丹徒磨盘墩等地也是这样的玉器制作和分配的地方据点之一。

此外，就晚期而言，也有遗留问题。笔者曾经认为在晚期，分配体发生了移动。可是，如果注意到余杭瓶窑出土的长玉芯的话，就可以确信，即使在晚期的良渚遗址群内，以琮为首的玉器生产也还在进行着。目前所期待的是，浙江省考古研究所正在进行发掘的余杭塘山遗址会为解决这个问题提供有益的信息。

另一方面，宁镇地区的镇江及句容进行着玉器生产，也是明显的事实。虽然或许可以推测，这些地区都处于以寺墩遗址为首的常州遗址群的管理之下，但是尚没有有说服力的证据。今后，在进一步开展玉料的理化分析以及玉器制作技法的详细观察的前提下，各个生产地的制品分布到什么地方的问题是应该可以得到解决的。

四、良渚遗址群的兴盛和衰落——代结语

有关良渚遗址群的难解问题之一是，当地没有良渚文化之前的崧泽文化期的遗址。本来，在长江下游地区，随着马家浜—崧泽—良渚这样的文化推移，遗址数量大幅度增加，这是一个普遍的趋势。但在良渚遗址群内，目前所知的马家浜文化遗址有四处，良渚文化遗址数超过百处，崧泽文化的遗址却至今没有发现过。

崧泽文化的分布以太湖周边为中心，北达长江北岸，南却未到杭嘉湖平原南缘。与此对照，良渚文化的分布呈现出整体偏南的态势，以杭嘉湖平原南缘分布密度为最高。这个现象可能与崧泽至良渚的过渡期相当于全新世最暖期（hypsithermal）之后的寒冷期、水稻适耕地整体南移的变化有关。另外，也可以认为，由于寒冷化导致的海平面下降和与之伴随的冲积的发展，在原本是沼泽地的地方，积水退减，人类的居住成为可能。

与这个问题有关的是，良渚文化最大中心的良渚遗址群为什么位于良渚文化分布区的最南端。笔者推测其原因是，由于崧泽文化期以来既有的地域集团割据了太湖周边地区，为了与之回避，崧泽时期的边缘蛮荒之地就成为选择对象。此外，如果考虑到良渚遗址群出土玉器的庞大数量，良渚遗址群靠近玉料产地也是可能的原因之一。

无论如何，不能将良渚遗址群视为自崧泽期起人口自然增长的结果。再就遗址群内大量配列整齐的大型建筑物的情况看，良渚遗址群应当是在良渚文化早期的某个时间里被特意规划建设起来的。如果考虑到仅莫角山周边遗址群就有东西 2、南北 3 公里之规模这个事实，可以说它就是都市。

在新石器时代晚期的中国，其他地区也出现了诸如湖北石家河、山东两城镇、山

西陶寺等面积达数平方公里的中心聚落。笔者认为，它们都可以被认定为都市[12]。这些聚落的一个共同点是，它们都是玉器生产和使用的中心。在新石器时代晚期的中国，以玉器为权威的象征，社会达成了统合，如此的政治体制，可称为"玉王权"。

在只有玉器所有者可以获得并保持威信的社会里，假如玉材变得枯竭，王权存在的基础就很可能动摇。年代可能晚到良渚晚期的反山 21 号墓及 23 号墓出土的玉琮，质地与此前的鸡骨白器物不同，呈灰绿色或青褐色。福泉山遗址的晚期资料中还有使用假玉的现象。这或许暗示着优质玉料渐渐变得难以获得。这种情况，是在反山墓地营造之初，即反山 12 号墓及 16 号墓的墓主人所未曾预料的。如果失去权威的源泉，政体将立刻崩溃。这也许是反山 21 号墓出土的玉琮不得不被切割的原因。笔者认为，在良渚神圣王权灭亡的背景里，可能隐含着与王权等值的玉料之来源枯竭这个事实[13]。

附记：笔者于 1987～1989 年有机会在北京大学考古学系研究中国考古学。归国后，又在桐乡普安桥遗址的发掘调查以及良渚文化石器的共同研究中，承蒙了北京大学诸师、尤其是严文明教授的诸多学恩。本文的内容远未达到回报学恩的程度，如果可以些许补益于今后中国考古学的发展，笔者则有望外之喜了。

---

[12] 中村慎一：《中国新石器时代の都市》，《建设杂志》第 1488 号，2002 年。
[13] 中村慎一：《良渚文化の灭亡と'越'的世界の形成》，《講座文明と環境》第 5 卷，1996 年。

内蒙古中南部史前石城的初步分析

魏　峻[*]

Near 20 neolithic stone castle sites have been discovered in the mid and southern areas in Inner Mongolia since 1980s. These castles, with visible characteristics of defense, are mainly concentrated in the three regions of Baotou, Zhunge'er Banner and Daihai. Although the castles in the three regions were chronologically and culturally distinguished, the inner structure of each castle and each two castles were not differentiated. As the study of environmental archaeology revealing, both the form of the stone castles and the evolution of the society in this area were distinctly influenced by the change of the climate since Holocene Epoch.

一

以 20 世纪 80 年代包头市阿善遗址的发现为肇端，迄今已在内蒙古中南部地区发现新石器时代的石城址近 20 座。这些石城都坐落在山地前缘或者临河的独立台地上，有石砌的城垣环绕。从空间分布上看，它们相对集中在包头附近的大青山西段南麓、准格尔旗南流黄河两岸和凉城岱海的西北岸这样三个区域内（图一）。

大青山西段南麓由西向东依次分布着阿善、西园、莎木佳、黑麻板和威俊 5 座石城址，绵延长达 30 公里（图二）。这些石城址均位于北高南低的大青山山前台地，往往地跨二三个东西并列的台地，居址高出周围地面 50～70 米[1]。阿善遗址由东西两个台地组成，总面积约 5 万平方米。东台地的西、南、东三面可见石垣，房屋有半地穴式及地面石墙式两种；阿善西台地上除发现房屋建筑外，在台地南端还残留由 18 座圆锥形石堆构成的遗迹，调查者推测这一全长 51 米的石堆建筑可能与祭祀活动有关[2]。西园遗址西距阿善 5 公里，东、西两个台地上均见房屋基址，其中东台地边缘尚存断续的石墙。从西园往西 5 公里的莎木佳遗址也由东西两个台地组成，东台地上有不连续的石垣和地面石墙建筑，西台地中部和西南隅则发现面积近 300 平方

　＊　作者系广东省文物考古研究所助理研究员。

〔1〕　包头市文物管理所：《内蒙古大青山西段新石器时代遗址》，《考古》1986 年 6 期。

〔2〕　同〔1〕。

图一　内蒙古中南部地区史前石城群分布示意图

A.大青山西段南麓石城群　B.准格尔—清水河石城群　C.岱海石城群

米的巨型石墙建筑和石圈遗迹等。黑麻板遗址总面积2万多平方米，一条南北向的水沟将整个遗址分为东、西两部分：西半部尚存依地势作阶梯状排列的石墙房屋基址12座（图三），东半部的地表未见居住基址但留存两组石圈遗迹。威俊遗址跨三个并列台地，面积约4万平方米。面积最大的第一台地西部为石墙围起的长120、宽65米的空间，其东部分布着3座呈南北直线排列的"祭坛"；第二、三台地的面积略小，石墙因地形而建，两个台地上均调查发现有20～50平方米的石墙房址若干座[3]（图四）。

准格尔旗南流黄河两岸的石城址包括准格尔旗的白草塔、小沙湾、寨子塔、寨子上和清水河县的马路塔、后城嘴等六处[4]（图五）。白草塔遗址位于准格尔旗的一处面向东南的阶地状台地上，南、北、东三面分别临绝壁与黄河，惟西侧与山梁相连。台地三级阶地外缘修筑有长240米的石墙，使三级阶地以上部分成为一个相对封闭的

---

〔3〕　刘幻真：《内蒙古包头威俊新石器时代建筑群址》，《史前研究》辑刊，1988年。

〔4〕　内蒙古文物考古研究所：《准格尔旗白草塔遗址》，《内蒙古文物考古文集》第一辑，中国大百科全书出版社，1994年；内蒙古文物考古研究所：《准格尔旗小沙湾遗址及石棺墓地》，《内蒙古文物考古文集》第一辑，中国大百科全书出版社，1994年；内蒙古文物考古研究所：《准格尔旗寨子塔遗址》，《内蒙古文物考古文集》第二辑，中国大百科全书出版社，1997年；内蒙古文物考古研究所：《准格尔旗寨子上遗址发掘简报》，《内蒙古文物考古文集》第一辑，中国大百科全书出版社，1994年；内蒙古文物考古研究所、清水河县文物管理所：《清水河县后城嘴遗址》，《内蒙古文物考古文集》第二辑，中国大百科全书出版社，1997年。

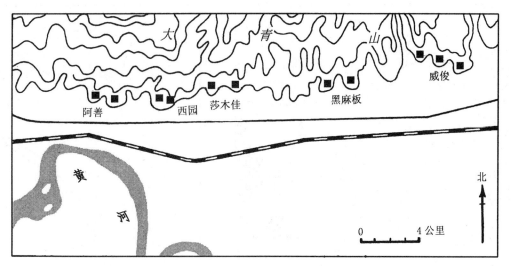

图二 大青山西段南麓石城分布图

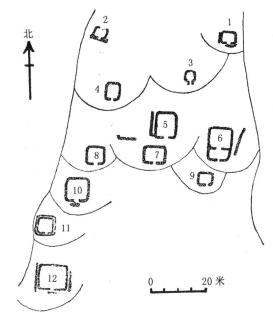

图三 黑麻板聚落西台地房址分布图

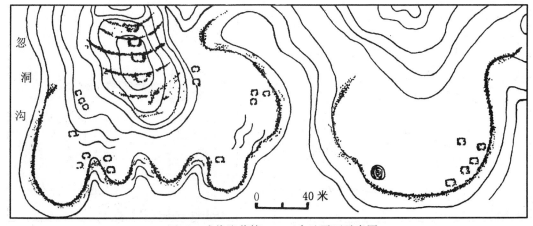

图四 威俊聚落第二、三台地平面示意图

图五 准格尔旗附近的石城与聚落分布图

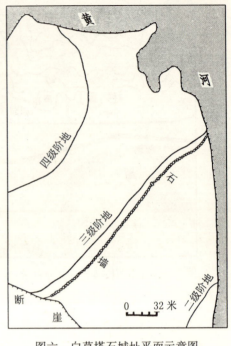

图六 白草塔石城址平面示意图

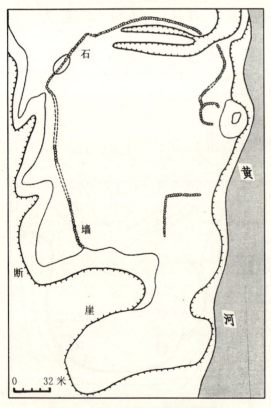

图七 寨子上石城址平面示意图

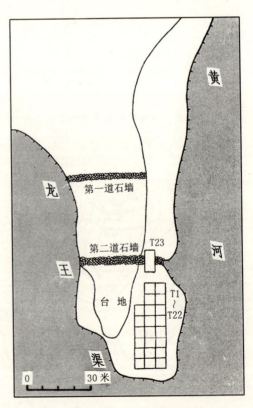

图八 小沙湾石城址平面示意图

聚落（图六），聚落内的半地穴式房屋和灰坑的时代从仰韶文化晚期一直延续至龙山阶段。白草塔西南 1 公里处的寨子上遗址也位于黄河沿岸三面临断崖的台地上，北、西两侧筑有石墙，聚落内清理出少量半地穴式和地面石墙房址（图七）。相距仅数公里的寨子塔、小沙湾聚落（图八）也皆坐落在黄河沿岸台地上，两遗址的北部均建有两道石垣，房屋建筑多为半地穴式。其中寨子塔的两道石垣上有加宽的城门和瞭望台之类的设施（图九）。清水河县的两座石城平面形态不详，据有关报道可知后城嘴石城内的白灰面方形房屋从北向南整齐排列，同时可见分层收缩的高层石砌建筑[5]。

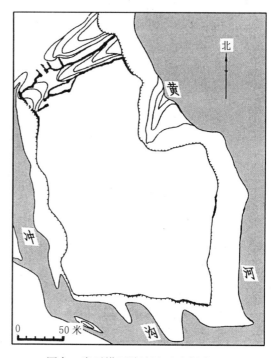

图九　寨子塔石城址平面示意图

目前在岱海西北部地区发现的石城计有老虎山、西白玉、板城和大庙坡 4 座，同时期的无石垣聚落还包括了园子沟、面坡等若干处[6]（图一〇）。这些遗址北依蛮汗山，面向岱海及其周围的开阔平地，一般由数个邻近的或被冲沟分割的台地组成，居址区往往选择在台地顶部附近等地势较高的地方。各城址的石垣沿山脊线而行，平面形状基本都不规整。石城址中的房屋建筑最流行平面呈"凸"字形者，同时也有为数不多的圆角方形或者长方形建筑。

二

　　内蒙古中南部地区石城的发现数量虽多，但除岱海附近的数座经过大规模的揭露外，其余两个地区的石城址或为调查所得或仅仅经过小面积发掘。基础材料的不足给

〔5〕　内蒙古文物考古研究所、清水河县文物管理所：《清水河县后城嘴遗址》，《内蒙古文物考古文集》第二辑，中国大百科全书出版社，1997 年。

〔6〕　乌盟文物站凉城文物普查队：《内蒙古凉城县岱海周围古遗址调查》，《考古》1989 年 2 期；内蒙古文物考古研究所：《岱海考古（一）——老虎山文化遗址发掘报告集》，科学出版社，2000 年。

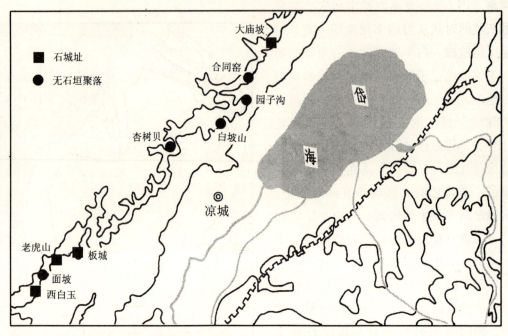

图一〇　岱海附近的石城与聚落分布图

探讨本地区石城址的结构及展开城址间的对比研究造成了困难。然而，迄今已有田广金[7]、魏坚[8]和韩建业[9]等研究者对内蒙古中南部地区石城进行过卓有成效的研究。本文将在这些研究的基础上，以资料发表较完整的岱海附近遗址作为分析内蒙古中南部地区聚落结构的重点。

老虎山石城位于蛮汗山余脉——老虎山的南坡，东去岱海约 25 公里。遗址选择在两条西北—东南向的山脊之间，石垣顺山脊线而建并与山顶所筑 40 米见方的方形石圈相连。城址的整体形态呈簸箕状，面积 13 万平方米（图一一）。房屋依坡势修建，在一些地势陡峭的地方至今仍能见到石块垒砌的护坡。经考古发掘和清理出的房屋 70座，集中分布在海拔 1490～1560 米的山腰地带，可分为早晚两期。据图一二所示可知，老虎山石城中的房屋在面积上以 9 平方米为界可分为两群，早期房屋多属于面积不足 9 平方米的 A 群，而大部分晚期房屋的面积则在 9 平方米以上（图一二）。

〔7〕　田广金：《内蒙古长城地带石城聚落遗址及相关诸问题》，《纪念城子崖遗址发掘 60 周年国际学术讨论会文集》，齐鲁书社，1994 年。

〔8〕　魏坚：《内蒙古中南部新石器时代石城址初步研究》，《文物》1999 年 2 期。

〔9〕　韩建业：《中国北方地区新石器时代文化研究》，北京大学考古文博院 2000 年博士研究生学位论文。

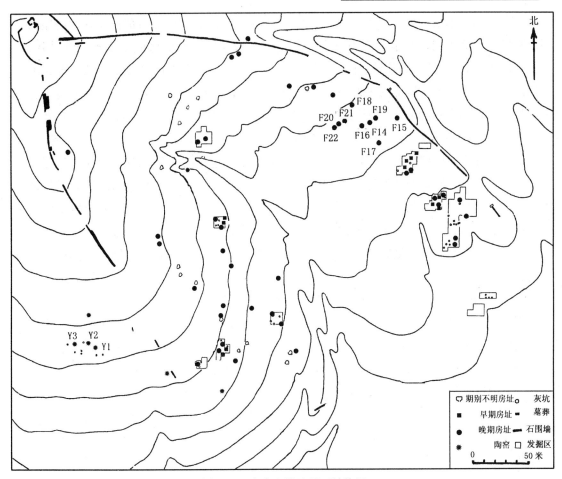

图一一　老虎山城址平面结构图

老虎山城址中的早期房屋多为圆角长方形，室内的圆形火塘上常摆放数个石块。这些房屋以 2～4 座为一组，各组房屋相互之间不仅都有一定的空间距离，而且在建筑风格上存在着细微的差别。例如 F5－F6－F7 组的火塘都是圆形或者长条形，火塘面上覆盖石块，屋内设有窖穴和壁灶；而 F12－F13－F32 组的火塘均为圆形，无壁灶和室内窖穴之类的设施。早期的房屋

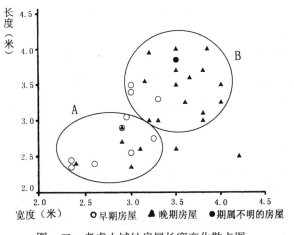

图一二　老虎山城址房屋长宽变化散点图

除 F37－F38 组的海拔位置较高外，其余各组都分布在城址的中低坡部位。晚期房屋的形状已与早期不同，基本上全为凸字形的单间建筑。虽然不少房屋受流水侵蚀破坏，但目前还没有任何线索表明这些房屋存在着外间结构。出于方便日常生活的需要，晚期的房屋仍多集中在城址的中低坡，但它们的空间分布范围较早期明显向上下两个方向扩展。晚期房屋也是 2~4 座为一组，有的数组位置相对集中构成屋群。例如 1520~1530 米高度上的 F20－F21－F22 组、F19－F14－F16 组和单座房屋 F18、F17、F1 构成了一个独立的屋群。由于该屋群中的房屋都没有经过正式发掘，因此后 3 座房屋本来就是单座抑或同组的其他房屋遭到破坏现已不得其详。老虎山城址中部的大冲沟把整个聚落分割成南、北两区，虽然不能确切指明这条冲沟的形成年代，然而根据城址中房屋的分布状况还是不难看出冲沟在老虎山文化时期已经存在，只是可能在当时不如现在宽深而已。无论是聚落发展的早期还是晚期阶段，冲沟两侧均包含了数量上相去不远的数个屋群，它们在房屋数量和特征方面无太多差异。如果这两区的房屋代表了某一级别的社会组织，推测两者的人口规模相当，地位也应该是平等的。综上所述，老虎山石城中的房屋建筑在布局上具有单间房屋→屋组→屋群→南北区→整个聚落的不同层次。如果按每间房屋居住 3~4 人计算，则屋组和屋群的人口数量约为十余人至三四十人。参照民族志的资料，估计它们有可能分别代表了核心家庭、扩展家庭和家族之类的社会组织，至于南北两区和整个聚落当可推定在世系群和氏族的规模之上。石城中的窖穴多数位于房屋内部或者成群分布在不同房组之间，这些现象说明一方面各个家庭已经具有某些独立的经济活动，另一方面在家族层次上的共同经济生活对当地的居民来说也相当重要。

从整个聚落的角度来看，老虎山城址已经形成了空间上的功能分区。石垣以内部分是生活区之所在，遗迹现象单调，基本上只见房屋和窖穴。陶窑等经济设施集中分布在南垣外侧及其附近，其中 Y1~Y3 这 3 座馒头形窑相距甚近，并有配套的储泥坑、工作台、工作面和散落的陶坯、泥条发现。制陶业已经成为专门的手工业部门，但陶窑的位置显示它们应该属于整个聚落共有而不是某个房屋和屋群所代表的社会组织。聚落内外有墓葬发现但数量零星，推测此时应该存在各聚落专属的墓地。山顶地势过高居住不便，这里发现的缺乏火塘等生活设施的方形石屋及石堆很可能用于某种宗教的功能。若这一推测不误，那么老虎山城址也就同大青山南麓的石城相同，在布局上是将宗教活动区同生活区隔离开来的。

老虎山城址西南和东北方向的不远处分别分布着西白玉和板城两座石城。西白玉的平面形状与老虎山相似，石墙依山脊断续而行，紧贴北墙内侧有一道长 270、宽 1.5米左右的石台阶（图一三）。该聚落内的房屋多已残破，可确定形状者基本都是平面呈凸字形的。察之聚落的遗迹分布图，房屋往往以数座为一组沿着山坡上相对平坦的台

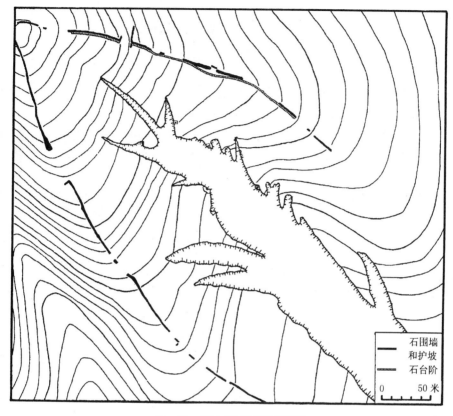

图例：
石围墙
和护坡
石台阶

0　　　　50 米

图一三　西白玉石城址平面图

地布列，这些近距离房屋中的居民之间可能存在更加密切的联系。板城聚落的居住区
平面略近半圆形，北侧和西侧筑有石砌城垣（图一四）。研究者指出聚落内清理出的 34
座房屋大体成排成组的分布在数级相对宽平的台地上[10]。F8～F10 为仅有一墙之隔的
一排房屋，三者的门向相同，可能构成了一个共同的院落。聚落的北坡发现 3 座陶窑，
均位于房址附近，显示了陶器的生产有可能是与一定的家庭/家族相联系的[11]。此外，
板城居住区西北方向的坡顶上还发现 5 个呈 "一" 字形排开的方形石砌建筑，它们大
小相若，面积都在 25 平方米左右。

　　岱海附近发掘面积较大的遗址还包括了无石垣的园子沟聚落，这里的房屋从早至
晚基本上都是凸字形窑洞式建筑。早期房屋分布在遗址的第二、三台地，尤以第三台

---

〔10〕　内蒙古文物考古研究所、日本京都中国考古学研究会岱海地区考察队：《板城遗址发掘与勘查
　　　　报告》，《岱海考古（二）——中日岱海地区考察研究报告集》，科学出版社，2001 年。
〔11〕　板城与老虎山遗址距离相近，但从时间来看，板城遗址相当于老虎山聚落的晚期以及更晚的一
　　　　段时间，两者在陶器生产专门化方式上表现出的差异可能与时间的早晚有关。

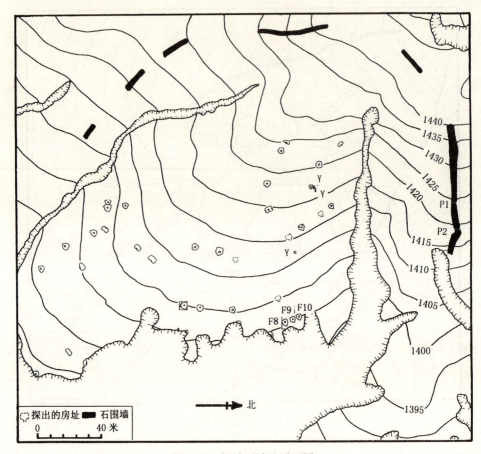

图一四　板城石城址平面图

地的数量为多。到聚落的晚期阶段，这两个台地上的房屋不仅在数量上有了较快的增长，分布范围开始向台地外侧扩展。原来未见早期房屋的第一台地上也兴建了成群的房屋（图一五），它们都以 2～4 座的规模构成屋组，同组的房屋不少还构建了共同的院落（图一六）。园子沟的房屋布局也同样具有老虎山那样的单间房屋→屋组→屋群→区→整个聚落等不同的层次。然而与老虎山聚落相比，这里的房屋在面积上可以分成小于 9、9～16 和大于 16 平方米的三个级别。早期房屋多属前两级，晚期则多为后两级且所有大于 16 平方米的房屋均是晚期修建的（图一七）。园子沟不同级别的房屋在建筑和内部设施方面差别不大，因此房屋面积的大小与其说反映了家庭或家族间地位的分化，倒不如说更可能是家庭和家族间人口规模和聚落的各发展阶段上的生产力水平差异所致。园子沟聚落中的窖穴数量不多，多和不同的屋组相联系。陶窑皆分布在一定的屋群内，特别是第三台地西北群就集中发现了 4 座，有些陶窑可明确辨出是属于哪座房屋的。这一特点与老虎山的陶窑分布规律相异，或许这里专业化的手工生产

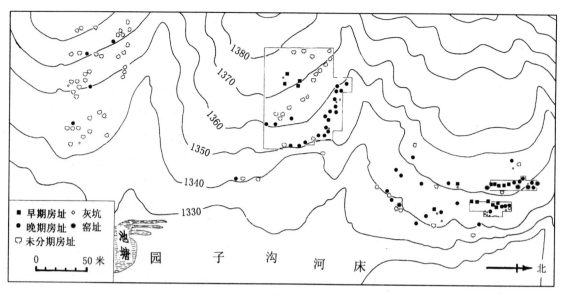

图一五　园子沟聚落平面结构图

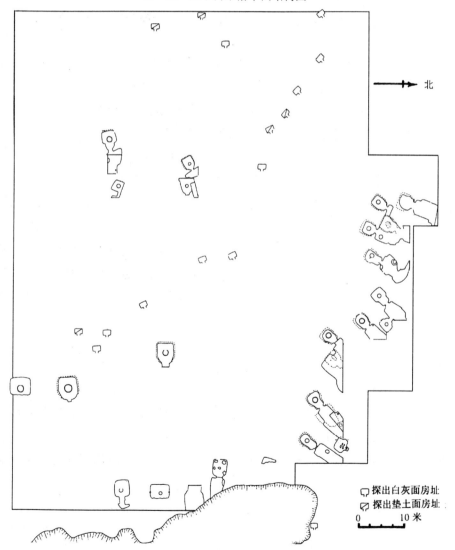

图一六　园子沟遗址Ⅱ区遗址分布图

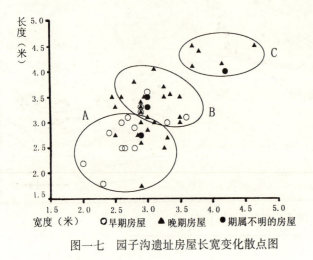

图一七　园子沟遗址房屋长宽变化散点图

（图中坐标：长度（米）纵轴 5.0、4.5、4.0、3.5、3.0、2.5、2.0、1.5；宽度（米）横轴 1.5、2.0、2.5、3.0、3.5、4.0、4.5、5.0。图例：○早期房屋　▲晚期房屋　●期属不明的房屋。分区标注 A、B、C）

已经渗透到家族的层面（即可能已经存在专门从事制陶的家族）。

准格尔旗的白草塔石城第一期属于海生不浪文化，聚落内的房屋组—群结构也较为清楚。根据遗址平面图所示的情况，大青山南麓属于阿善三期文化的黑麻板、威俊两聚落的房屋布局亦复如此。房屋的组群结构可能代表了内蒙古中南部石城在布局上的一种共同模式。在文化人类学及民族学的资料中，房屋之间的差异在某种程度上可以说明家庭间贫富分化的程度。房屋的建材质料、建造过程中消耗资源的多少以及房屋的间数、面积都可能是屋主经济地位的潜在指示物[12]。虽然大青山南麓和南流黄河两岸石城的早晚阶段分别采用了半地穴式和地面石墙式的建筑，岱海地区则流行凸字形窑洞建筑，但三个区域的不同城址之间及城址内部的房屋在营建方式、建材和房间数上仍然是基本相同的。一些石城中虽然发现面积超过100平方米的"巨型"石墙建筑，如莎木佳西台地的长方形建筑和小沙湾F5等，由于这些建筑面积过大，那些并不太厚的石墙无法作为有效的承重结构，同时我们考虑到它们缺乏门道、火塘等必要的生活设施，推测这类建筑可能是举行集会或者某种仪式活动的场所。房屋在面积上的不同，如前所述从整个内蒙古中南部的角度观察，相互间的差别并不显著（绝大部分集中在10～20平方米之间）。聚落结构和房屋特征的资料还表明，内蒙古中南部地区从仰韶文化晚期到龙山时代早期各石城的社会发展水平相若，社会结构也当近似。

三

内蒙古中南部地区的石城并不完全同时，按照时间的早晚来观察这些石城群的兴衰和演替将能为深入理解该地区文化和社会的变化提供一个动态的过程。综合各城址的分期和出土遗物的特征，可知内蒙古中南部地区最早的石城出现在海生不浪文化时

---

〔12〕 G. Feinman and J. Neitzel, Too many types: An overview of sedentary prestate societies in Americas, *Advances in Archaeological Method and Theory*, vol.17, Academic Press, New York, 1984.

期，目前仅见准格尔旗的白草塔一处。该遗址东侧的三级阶地外缘建有土石混筑的一道石垣，其表面用小石块错缝叠砌。因石垣保存尚好且年代较晚的房屋仍修筑在城垣以内，可知石垣在阿善三期文化和老虎山文化时仍被使用。

　　石城址在内蒙古中南部地区的大量涌现发生在阿善三期文化时，大青山南麓和准格尔旗南流黄河两岸各出现一群城址。大青山地区发现石城 5 座并有报道说威俊以东的纳太遗址也有石垣〔13〕。这些石城之间距离甚近，一般为 5～7 公里。此时南流黄河两岸的白草塔、小沙湾、寨子塔、马路塔 4 座城址的距离也在数公里之间。Vita-Finzi 曾假设离遗址越远的自然资源被开发利用的可能性越小，据此他对不同经济形态的史前遗址进行了"遗址开发区域（Site Exploitation territory）"的研究，提出对农业村落而言，生计所需的物质和生态资源绝大部分都分布在以该村落为中心半径约 5 公里的范围内（考虑到地形的复杂性，前述标准可以用步行 1 小时的路程为半径进行替代）〔14〕。Flannery 在对墨西哥东南瓦哈卡（Oaxaca）地区史前聚落的综合研究项目中进一步指出，遗址周围半径 2.5 公里区域内的资源将能很好的满足农业活动的需要〔15〕（图一八）。有意思的是，包头和准格尔旗附近各石城址的空间距离恰好合于此数或者略大。大青山南麓的石城址中多隔离出单独的区域建立"祭坛"并在聚落的中心或者制高点设有"大房子"，说明宗教和公共仪式活动是本地区的社群用以加强内部团结、巩固血缘联系的重要手段。南流黄河两岸的诸石城却没有见到用作宗教功能的石砌"祭坛"，寨子塔出土的卜骨可能表明了这里同包头附近聚落的不同宗教活动方式。产生这些差别的原因或许植根于两地的人群在血缘和文化传统上的不同。两个区域的石城都是聚群分布，各自特征鲜明且相互之间又有一定的差别。史前遗址成组分布的原因不外是出于血缘上的联系或政治需要，或者如一些国外研究者所说的是不同人群被某种具有重要意义的（必需的和地方性的）资源吸引的结果〔16〕。由于资料的限制，上述两个区域石城集群分布是否存在前两种原因已无从定论。然而从两地正好位于内蒙古中南部发展农业条件最佳的土默特平原两侧的地理位置来看，环境资源的吸引力深为内蒙古中南部地区史前居民所重视。由于大青山南麓地区和准格尔旗之间的距离并不是很近，况且此时南流黄河两岸遗址群中位置最靠北的后城嘴还未修建石垣，同样无石垣的白泥窑子遗址的位置更是长期地

〔13〕　许宏：《先秦城市考古学研究》，北京燕山出版社，2000 年。

〔14〕　Vita-Finzi, C., *Archaeological Sites in Their Setting*, Thames & Hudson, London, 1978.

〔15〕　Flannery, K. V.（ed），*Guilá Naquitz：Archaic Foraging and Early Agriculture in Oaxaca*, Mexico, Academic Press, New York, 1986.

〔16〕　转引自刘莉：《龙山文化的酋邦与聚落形态》，《华夏考古》1998 年 1 期。

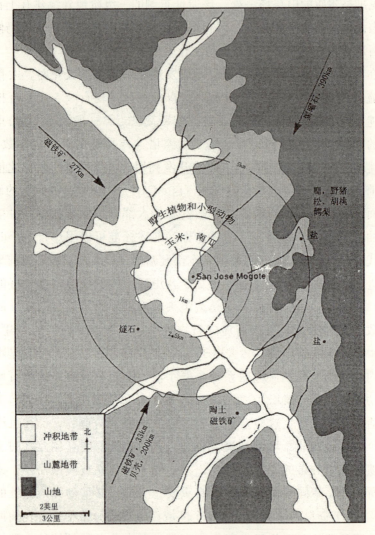

图一八　墨西哥瓦哈卡地区的遗址开发区域

存在于两群石城之间。这些现象无疑会给两群石城相互对抗观点的成立带来一些障碍。因此是否可以考虑这样的可能性，即此时的土著居民之间战争的危险是来自两个地区的内部——即数个石城址（或者还包括周围的一些无石垣聚落）构成不同且互为敌手的聚落群[17]。同一区域内文化面貌上的相似性，则是这些古代居民长期共存并在物

〔17〕　由于大青山南麓和南流黄河两岸的聚落考古资料较为简略，目前我们实难明确指出哪些石城和无石垣的聚落间的关系更为紧密，可以构成一个聚落群。如果仅仅依靠视觉观察所得各聚落空间距离的远近作为判断聚落群如何构成的标准，其中难免会存在疏漏甚至谬误之处。所以本文在此问题上只是提出一种假设，其是否成立尚有待考古资料的进一步充实。

质、文化或者血缘上相互交流的结果。

龙山时代早期时的石城址在空间分布方面的突出变化是大青山南麓地区石城群的衰落和岱海附近石城群的兴起。此时内蒙古中南部的气候条件较之阿善三期文化时已经有了很大的改善，故而包头附近石城的衰落应该有着更多社会或文化变化方面的原因。准格尔旗地区石城群中，在小沙湾石城被放弃的同时，后城嘴和寨子上两座石城址却突然地出现于黄河的两岸，其中前者面积据称达到了 40 万平方米。岱海地区更是一反前阶段聚落稀少的状态，不仅兴起了数座石城而且同期还存在无石垣的园子沟、杏树贝、白坡山等聚落。这其中板城和面坡两聚落出现的时间稍晚，可能是从附近的老虎山等城址中分化出来的。文化因素分析的结果显示，老虎山和园子沟两处聚落在文化面貌方面同中有异，如前者有较多的直壁缸、花边篮纹罐、折沿罐、陶纺轮、石环、陶抹子等，后者却多见绳纹罐、素面夹砂罐、石纺轮和石抹子等。总的看来，岱海北岸偏西的老虎山及其附近聚落受阿善三期文化的影响较强，而偏东的园子沟等遗址则遥遥继承了本地海生不浪文化庙子沟类型的更多特点。两群聚落间的这种差别可能正如韩建业所言"反映了它们形成之初在人群和文化来源上的小有不同"[18]，其说甚是。岱海地区人类群团之间争夺资源的对抗有可能是在老虎山和园子沟—大庙坡为代表的两群聚落之间进行的。相对于阿善三期文化时面积最大的阿善、寨子塔两座石城的面积不过 5 万平方米的情况，老虎山文化的石城面积普遍有所增大，甚至出现了 13～40 万平方米的大型石城或聚落。然而与阿善三期文化石城相同的是，那些面积较大的石城或聚落中并未见到优于其他城址的遗迹或遗物，大型城址内的面积大于 16 平方米的"大型"房屋的比例也不占优势。内蒙古中南部地区史前石城面积上的差异可能缘自多方面的原因——或与聚落所在的微观地形有关，或与时间上的早晚及生产力的发展水平相联系，或是从一个侧面反映了各聚落间人口数量的不平衡。仅有面积上的不同并不能证明某些面积较大的石城就一定具有中心聚落的地位。总体上各城址的关系仍然是平等的。这一点与各石城内部的房屋无明显分化，同一血缘集团中的不同家庭和家族在经济上的平等状态相当一致。

相较与黄河和长江流域的史前城址，内蒙古中南部地区的石城址自身鲜明的特点和共同特征显而易见。然而若进一步分析，该地区的不同的文化发展阶段和不同的地理小区内的石城址间还是存在诸多的差异之处（表一）。

一些研究者从内蒙古中南部石城的选址、石垣的修建等具有很强的军事防御色彩的现象出发，推断它们具有军事城堡的性质，其背后折射出的是当地不同人群间冲突和斗争的日益尖锐化。导致这种局面出现的原因，在基本可以排除社会结构变化引发

〔18〕 同〔9〕。

表一　内蒙古中南部石城址的主要特点

内容 \ 区域	包头附近的大青山西段南麓	准格尔南流黄河两岸	岱海附近
城址形状	1. 选址大青山南麓台地；2. 城址一般由2～3个并列台地组成	1. 位于黄河沿岸阶地上；2. 城址都只包含一个独立台地	1. 位于山前相邻的数个台地或被冲沟分割的同一台地上；2. 形状以簸箕形较有特色
石垣特点	一般沿坡势在除台地南缘外的其他三面断续分布	1. 台地三面临陡崖，故石垣仅设在与外界相通的一侧；2. 有的建有双重石垣、加厚寨门和瞭望台	石垣沿坡地两面或三面断续分布
房屋形制 早期	半地穴式建筑	半地穴式建筑	圆角长方形或凸字形建筑
房屋形制 晚期	地面石墙建筑	地面石墙建筑	凸字形窑洞式建筑
祭祀遗迹	1. 回字形石框＋圆形石砌面；2. 成排的圆形石堆；3. 宗教活动区同生活区分离	1. 无祭坛一类的宗教建筑；2. 一些遗迹中有残破的卜骨	1. 老虎山、板城等所在坡顶有方形石圈和石堆，并发现卜骨；2. 其他遗址未见祭祀遗迹

社会动荡的可能性后，环境变迁方面的因素便成为我们重点的考察对象。

四

　　虽然目前学术界对全新世大暖期的时间下限还存在不同的看法，但可以肯定在公元前4000年大暖期的最盛期结束后，全球范围的水热配置条件是逐渐波动下降的，内蒙古中南部地区也不例外。更有甚者，因为这一地区恰好处在东亚季风尾间区东西摆动的中轴线附近，生态环境对气候变化的反应尤为敏感。现有资料显示，全新世以来的几次气候波动对当地古文化的发展进程均产生过较大的影响[19]。

　　公元前3300～前2500年时鄂尔多斯的毛乌素沙地发生了全新世以来的首次大规模扩张，萨拉乌苏河的滴哨沟湾剖面和乌审旗陶利沙丘剖面均能够见到较厚的风成沙沉积[20]。大青山调角海子剖面的孢粉浓度大幅下降，研究者认为这种现象反映了全新世中期最为严重的一次植被退化和持续时间最长的气候干冷波动[21]。内蒙古中南部的其

〔19〕 魏峻：《内蒙古中南部史前文化演变的环境学观察》（待刊）。

〔20〕 张兰生等：《中国北方农牧交错带（鄂尔多斯地区）全新世环境演变及未来百年预测》，《中国北方农牧交错带全新世环境演变及预测》，地质出版社，1992年。

〔21〕 杨志荣：《中国北方农牧交错带全新世环境演变综合研究》，海洋出版社，1999年。

他地层剖面也同样显示出孢粉组合在公元前 3000 年之后的强烈变化，乔木花粉急剧减少或者消失，草本花粉则以蒿属为主，气候上干旱寒冷。受这种气候条件的影响，阿善三期文化早期的分布范围较海生不浪文化阶段迅速缩小，该文化晚期时更退缩到大青山南麓和南流黄河两岸等有限地区内[22]。阿善三期文化的陶器种类单调，主要是各种类型的篮纹罐、瓮、盆等。该文化的细石器数量较海生不浪文化大幅增长，骨器也呈现出多样化的特点。生产工具组合上的这些变化很可能是狩猎或者畜牧经济转盛的标志。气候的恶化抑制了单位面积土地上农作物的产出，单靠农业生产已不能满足生活的需要，人们对狩猎和畜牧活动的依赖程度加重。由于目前的考古资料不能完整提供各遗址出土的家畜和野生动物的骨骼数量，故而目前还难以判断畜牧业在当时经济生活中究竟处于什么样的地位。阿善三期文化的晚期阶段，消耗木材等自然资源较少的地面石墙建筑对半地穴式房屋的替代，也从侧面反映了资源的紧张程度。自然环境的退化致使内蒙古中南部地区本来就不怎么丰富的生计资源愈见匮乏，不同人群争夺资源的矛盾逐渐凸现出来。部分社群的居民放弃了适宜生产的平原地带，把聚落选择在地势险要的背山或者临河的高台地上，并将很大的精力投入到石垣、寨门等防御设施的兴建上，社会集团间矛盾的尖锐化和战争的扩大可见一斑。此时，维护既得的资源和保障群体的安全便成为了不同社群面临的主要任务。

公元前 3000 年岱海地区发生了一次严重的降温事件，弓沟沿和东河沿剖面中均可见到这一时期的冻融褶曲层，褶曲幅度 15～20 厘米。岱海地区的各地层剖面中孢粉含量贫乏，为干旱草原的植被环境[23]。阿善三期文化时岱海—黄旗海地区史前遗址几近缺失的状态或许正是降温事件对生态环境造成的极大破坏所致。

公元前 2500 年之后的龙山时代早期，内蒙古中南部的气候条件略有好转。毛乌素沙地内[24]和鄂尔多斯高原[25]在公元前 2500～前 1800 年间古土壤发育强盛，开始了全新世以来毛乌素沙地的第二个收缩期。调角海子的花粉含量在公元前 2650～前 1800 年间出现第二次峰值，特别是油松更占到花粉总量的 80% 以上，为全新世仅次于大暖期鼎盛阶段的植被繁盛期[26]。大青山白素海剖面孢粉中乔木花粉的含量也在此时形成

〔22〕魏坚、崔璇：《内蒙古中南部原始文化的发现与研究》，《内蒙古文物考古文集》第一辑，中国大百科全书出版社，1994 年。

〔23〕刘清泗、李华章：《中国北方农牧交错带（岱海—黄旗海地区）全新世环境演变》，《中国北方农牧交错带全新世环境演变及预测》，地质出版社，1992 年。

〔24〕高尚玉等：《全新世中国季风区西北边缘沙漠演化初步研究》，《中国科学》（B 辑），1993 年 2 期。

〔25〕史培军：《地理环境演变研究的理论与实践》，科学出版社，1991 年。

〔26〕杨志荣：《大青山调角海子地区全新世低温波动研究》，《地理研究》1998 年 2 期。

峰值，种类以松、栎、桦、冷杉为主，因为黄麻、蒿类花粉数量也有增多，研究者认为其代表了温凉偏干的气候条件[27]。环境状况的改善促使老虎山文化走向兴盛，岱海周围和南流黄河两岸的遗址相当密集。然而不少遗址修建石垣加强对聚落的保卫、采用消耗生态资源少的窑洞式和地面石墙建筑，可知当时的环境条件仍不够乐观，资源紧张所引发的社会矛盾并未从根本上得到缓和。龙山文化早期时，岱海附近遗址一改仰韶文化阶段多分布在岱海西南岸的情况，不仅各聚落均位于岱海北岸地区且居住区的海拔高度也有升高，一般不低于 1400 米，而老虎山遗址更在 1500 米以上。有的学者据此认为岱海周围不同时期遗址的高程受到岱海湖面涨落的影响[28]。据全新世岱海湖面水位变化图，公元前 3000 年稍后岱海水位降到最低点，其后虽有上升，但幅度很小[29]（图一九）。全新世岱海湖面高程在 1230～1250 米之间波动[30]，如果说仰韶文化聚落 1300 米左右的高度还易于获取岱海的生物和水资源的话，那么老虎山文化的聚落距岱海湖面至少 150 米的高差显然会给史前居民的生活带来极大的不便。联系到石城的出现、镞的增加和社会集团间对抗的加剧，可以认为龙山时代岱海史前聚落位置的升高应更多受到了社会因素的驱动。龙山时代的晚期时，岱海地区的遗址数量再度大幅减少，准格尔和陕北地区亦复如此。依据老虎山遗址沉积剖面上近半米厚的黑砂砾

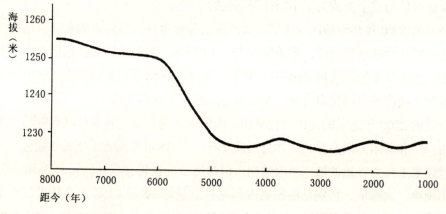

图一九　距今 8000 年以来岱海湖面水位变化曲线

〔27〕　崔海亭等：《内蒙古大青山地区全新世环境的重建》，《中国生存环境历史演变规律研究》（一），
　　　　海洋出版社，1993 年；崔海亭、孔昭宸：《内蒙古东中部地区全新世高温期气候变化的初步分
　　　　析》，《全新世大暖期气候与环境》，海洋出版社，1992 年。

〔28〕　田广金：《岱海地区考古学文化与生态环境之关系》，《环境考古研究》第二辑，科学出版社，
　　　　2000 年。

〔29〕　同〔23〕。

〔30〕　李荣全、郑良美、朱国荣：《内蒙古高原湖泊与环境变迁》，北京师范大学出版社，1990 年；
　　　　同〔23〕。

石层，估计公元前 2300 年的降温事件是导致该地区又一次出现文化"空心化"的首要原因。

五

内蒙古中南部地区处于我国北方农牧交错带的中段，环境条件受气候变化的影响显著，而环境的变化又对人类的活动产生着重大的影响。特殊地理环境造就了内蒙古中南部地区文化发展模式的自身特点。从新石器时代晚期至铜石并用时代，这里的人们一直生活在基本平等的社会中。不同社群中的居民一方面相互依存，进行着物质上、文化上的频繁交流；另一方面却又为保护或者争夺有限的资源而进行激烈斗争。这种情况在环境条件较差时表现得尤为明显。在斗争的过程中人们按照地域结成大小不等的社会团体，而同一地理小区内部则似乎更加强调血缘纽带的联系。聚落或石城面积的差异更多只是表达了血缘集团的人口规模大小和时间上的早晚差别，不同聚落在结构和房屋形态上的相似性说明它们之间并没有等级上的主从之分。这与中原地区的古代社会在龙山时代明确分化成不同的社会阶层、中心聚落在聚落群中的地位超然特立的情况有很大的反差。由于内蒙古中南部地区自仰韶文化之后便缺乏外来的（特别社会发展水平已经遥遥领先的中原地区的）文化因素的刺激，文化面貌变化缓慢，社会走向文明化和出现原始国家的进程也因此延迟至夏商时期。

夏家店下层文化也有数量不少的石城发现，这些石城呈链状密集分布在辽西地区的阴河沿岸。它们在选址和整体形态上与内蒙古中南部地区的史前石城有着相似之处，惟前者集群的规模较大，在某些聚落群中已经形成了中心聚落。我们现在尚不能完全肯定两者间的关系，由于辽西地区的古代文化通过冀北一带同内蒙古中南部地区的文化交流现象在新石器时代晚期业已明显，故不排除夏家店下层文化的石城建筑传统就是从内蒙古中南部地区传来的可能性。

略论中国铜石并用时代社会发展的
一般趋势和不同模式

韩建业*

The society was extremely changed in most areas of China in Chalcolithic Era, mainly represented by the prosperity of patrilineal family and clan organization, the widely emerging of the grouped clans as well as the frequent battles. As a result, three regional patterns formed, the eastern pattern featuring the seriously classified society, the northern pattern of lightly classified society and the neutralistic Central Plains pattern. The co-existence of all the three patterns is one of the main characteristics of Chinese early civilization.

中国史前文化既有统一性又有多样性, 这已基本成为学术界的共识[1], 但在史前社会的演进和文明起源的研究上, 除少数著作对某些文明的特殊性作过深入思考外[2], 很少有人辩证地论及中国大部地区社会发展的一般趋势和各地可能存在的不同模式间的关系。本文拟从聚落考古的角度, 对这一问题略做探讨, 以引起注意。

一

公元前 3500 年左右是中国史前文化的一个重要分界: 此前属新石器时代, 此后进入铜石并用时代[3]。相对于新石器时代 (约公元前 10000~前 3500 年) 而言, 铜石并用时代 (约公元前 3500~前 1900 年) 中国大部地区社会普遍发生的变化主要有以下三个方面。

(一) 父系家庭和家族组织的凸现

在日常生产、生活方面具有独立性的父系家庭成为主流, 以及由父系家庭组成的

---

  * 作者系北京联合大学应用文理学院副教授。
〔1〕 严文明:《中国史前文化的统一性与多样性》,《文物》1987 年 3 期。
〔2〕 赵辉:《良渚文化的若干特殊性——论一处中国史前文明的衰落原因》,《良渚文化研究——纪念良渚文化发现六十周年国际学术讨论会文集》, 科学出版社, 1999 年。
〔3〕 严文明:《略论中国文明的起源》,《文物》1992 年 1 期。

父系家族地位的日渐突出并最终造成氏族社会的解体，是中国铜石并用时代社会组织结构方面的重大变化[4]，以园子沟聚落和大汶口墓地为例。

园子沟聚落位于内蒙古凉城县岱海地区，属于龙山前期的老虎山文化，又可分为 2 期。发现的 100 多座房屋的面积多在 10 平方米左右，一般应是一个包括夫妻及其未成年子女在内的核心家庭的居所。两三座这样的房屋连在一起组成院落，院落内有主房和偏房的区别，又共用一个厨房，可能与包括 3 代以上成员的具有完整意义的父系家庭对应。院落相对集中成群，群内房屋讲究对称，布局严谨、风格统一，可能代表父系大家庭。两群以上房屋成排分布，排内房屋建筑风格统一，房屋大小相若，可能与家族组织对应。整个聚落则构成一个家族公社。综合起来看，排所代表的家族是整个家族公社中最关键的一级社会组织；在家族之间才开始有风格习俗上的细微区别，家族内部完全一致，且井井有条；在家族之间才有一定程度的贫富差异，家族内部基本平等，但主次分明。这大概是因为凝聚族人的血缘关系，至家族一级形成第一个临界点，以内异常亲密，以外明显疏远[5]。

大汶口墓地位于山东泰安，第一次发掘的属于大汶口文化后期的墓葬共 133 座，还可分为 3 期。一期墓葬占大多数，可细分为 4 群，每群死者人数少者不到 10 人，多者达三四十人，应与现实社会中的家族组织对应；墓群之下还可以划分出代表父系家庭的墓组，整个早期墓地则代表一个父系家族公社。二、三期墓葬数量很少，也就和早期的某个中小型墓群相当，所以应当只是家族墓地。家族公社墓地被家族墓地的取代，形象地反映了家族突破家族公社的束缚而甚嚣尘上的过程[6]。

其他布局较为清楚的聚落，如郑州大河村秦王寨类型聚落[7]、蒙城尉迟寺大汶口文化晚期聚落[8]、临潼康家客省庄二期文化聚落等[9]，在反映父系家庭和家族组织

---

[4] 之所以称当时为父系社会，主要出于这样两个理由：其一，当时墓葬和聚落的情况和商周王朝大同小异，而商周朝属父系社会；其二，在大汶口文化和齐家文化等中发现一些男女合葬墓，虽然并非强调夫妻关系的主要埋葬形式，但却透露出男尊女卑的信息，尤以齐家文化最为明显。

[5] 内蒙古文物考古研究所：《岱海考古（一）——老虎山文化遗址发掘报告集》，科学出版社，2000 年。

[6] 山东省文物管理处、济南市博物馆：《大汶口——新石器时代墓葬发掘报告》，文物出版社，1974 年；韩建业：《大汶口墓地分析》，《中原文物》1994 年 2 期。

[7] 郑州市文物考古研究所：《郑州大河村》，科学出版社，2001 年。

[8] 中国社会科学院考古研究所：《蒙城尉迟寺——皖北新石器时代聚落遗存的发掘与研究》，科学出版社，2001 年。

[9] 陕西省考古研究所康家考古队：《陕西临潼康家遗址发掘简报》，《考古与文物》1988 年 5、6 期。

的凸现这一点上都和园子沟聚落大同小异。至于墓葬方面，在绝大多数墓地都能观察到家族组织的特殊地位以及家族之间的差异，只是有的还包括在整个家族公社的墓地之内，有的如良渚文化、龙山文化等则常常只有独立的家族墓地。

（二）家族公社群的普遍出现

和以前自然形成的聚落的疏密集聚不同，铜石并用时代聚落群已普遍出现[10]，这应当是各聚落所代表的人群间联系得到加强的反映。每个聚落群的占据面积一般在 10~30 平方公里，同时的聚落大致有十到几十处，人口或许在数千至几万，应当代表比家族公社更高一级的社会组织。它的出现可能主要以各家族公社成员的血缘关系为基础，实质上不过是家族公社的放大和延伸；它的形成当出于各家族公社成员的共同需要，因此一般不需要花很大力气去进行有效的社会管理。我们一时还找不到合适的称呼，只好暂时称其为"家族公社群"。聚落群还常常聚集成更大规模更高层次的"超级聚落群"。以老虎山聚落群与园子沟聚落群、良渚聚落群、石家河聚落群为例。

在岱海北岸的山坡上分布着至少 20 处老虎山文化聚落，并集聚成西部的老虎山聚落群和东部的园子沟聚落群。两聚落群的聚落数大约各为 10 个，占据面积各约 10 余平方公里。每个聚落群内部联系紧密、文化面貌几乎完全一致，而两聚落群之间则存在一定的差别。其中老虎山聚落群中的面坡、板城聚落可能为从老虎山和西白玉聚落中分化出来，这充分说明聚落群的确是实际存在的，维系聚落群所代表的家族公社群的主要力量来自血缘关系[11]。老虎山聚落群、园子沟聚落群等还共同组成岱海地区超级聚落群。

良渚聚落群位于太湖南岸的浙江余杭良渚镇附近，占据面积 30 余平方公里；已发现良渚文化遗址 100 多处，多属墓地；其中最发达的中期的聚落估计得有几十处[12]。良渚聚落群与附近其他聚落群共同组成太湖南岸超级聚落群。石家河聚落群位于湖北天门石家河镇附近，占据面积不到 10 平方公里，已发现石家河文化聚落近 30 处[13]。石家河聚落群与附近其他聚落群共同组成超级聚落群。良渚聚落群和石家河聚落群所包含的聚落（墓地），在文化面貌上各自有相当的共性，各自聚落彼此间当有着密切联

---

〔10〕 严文明：《仰韶房屋和聚落形态研究》，《仰韶文化研究》，文物出版社，1989 年。

〔11〕 同〔5〕；内蒙古文物考古研究所、日本京都中国考古学研究会岱海地区考察队：《板城遗址发掘与勘查报告》，《岱海考古（二）——中日岱海地区考察研究报告集》，科学出版社，2001 年。

〔12〕 费国平：《余杭良渚遗址群概况》，《文明的曙光——良渚文化》，浙江人民出版社，1996 年；中村慎一：《良渚文化的遗址群》，见本书。

〔13〕 北京大学考古系、湖北省文物考古研究所、湖北荆州地区博物馆石家河考古队：《石家河遗址群调查报告》，《南方民族考古》第五辑，四川科学技术出版社，1993 年。

系，同样各代表一个家族公社群，只是规模不同而已。其他情况较明了的还有属于仰韶文化晚期的秦安大地湾聚落群、郑州大河村聚落群[14]，属于龙山文化的两城镇聚落群等[15]。

（三）战争频繁发生

从铜石并用时代开始，城址大量涌现。开始时主要发现了 3 群，分别分布在内蒙古中南部、黄河中下游和长江中游，20 世纪 90 年代以来又在长江上游地区发现另外一群[16]。尽管这些城址的性质和功能有诸多不同，但有一点是一致的，那就是它良好的防御性。这显然是人群间关系日趋紧张，战争逐渐成为日常重要事务的反映。以内蒙古中南部城址、郑州西山古城和屈家岭—石家河文化城址为例。

虽然内蒙古中南部城址的年代从庙底沟二期到龙山时代不一，还可分成几小群，但特征都差不多。均以石块垒砌，其选址一般比仰韶前期聚落升高很多，多位于山顶或山坡高处，以达到易守难攻的目的。多利用悬崖峭壁来加强防御，一般仅在平缓地段垒墙。其中准格尔寨子塔聚落在惟一可与外界相通的北侧筑有 2 道石墙、2 重城门，石墙之间还有瞭望台，城门两侧石墙明显加厚。这样重重屏障，道道关卡，加上瞭望台，将对聚落的防务重视到了一个无以复加的地步[17]。内蒙古中南部自然资源有限，相邻的聚落群间就有可能为争夺资源而经常争战，再加上其北部可能存在的狩猎民族的威胁，就使人群间关系更加紧张，尽一切可能加强防务实在是迫不得已的大事。

郑州西山古城是目前发现的中原地区最早的一座城址，正好与仰韶文化晚期的秦王寨类型相始终。秦王寨类型实际上是在大汶口文化和仰韶文化冲突和融合的过程中产生的，西山古城的建立正与这一背景有关，它的首要功能仍然是防御[18]。长江中游地区的城址，绝大部分正好创建在屈家岭文化代替大溪文化这个纷争的大背景之下，废弃在中原龙山文化侵凌石家河文化这个惨烈的时间点上，其兴废均和战争相关[19]。

战争频仍的另一个重要表现是专门化武器的增多和流行，以弓箭和钺最具代表性。

---

[14]　同[10]。

[15]　中美两城地区联合考古队：《山东日照地区系统区域调查的新收获》，《考古》2002 年 5 期。

[16]　严文明：《龙山时代城址的初步研究》，《中国考古学与历史学之整合研究》，（台湾）中央研究院历史语言研究所，1997 年；赵辉、魏峻：《中国新石器时代城址的发现与研究》，《古代文明》（第 1 卷），文物出版社，2002 年。

[17]　内蒙古文物考古研究所：《准格尔旗寨子塔遗址》，《内蒙古文物考古文集》第二辑，中国大百科全书出版社，1997 年。

[18]　国家文物局考古领队培训班：《郑州西山仰韶时代城址的发掘》，《文物》1999 年 7 期；韩建业：《西山古城兴废缘由试探》，《中原文物》1996 年 3 期。

[19]　张绪球：《屈家岭文化古城的发现和初步研究》，《考古》1994 年 7 期；杨新改、韩建业：《禹征三苗探索》，《中原文物》1995 年 2 期。

弓箭作为远程武器，在战争中的地位无可比拟，此时石箭头在各地不但数量大增，而且形制多样。作为伐兵的钺也开始广泛见于各地，尤其在黄河、长江下游的墓葬中更加流行。此外，乱葬坑、无头墓、残肢墓等特殊现象的屡屡发现，也在诉说着残酷战争给人们带来的灾难。江苏新沂花厅墓地大汶口文化器物和良渚文化器物共存以及存在殉人等现象，更是良渚文化远征大汶口文化的直接表现[20]。

战争自然不是临近两个聚落之间的小冲突，它至少是两个超级聚落群或者更大范围内的争斗。战争涉及面广，卷入的人口众多，具有突发性和残酷性，自然需要十分有效而又应变迅捷的组织形式。上述家族公社群的普遍出现的原因之一就应当是应对战争，但战争引起的社会上的连锁反应却远不至于此。

二

铜石并用时代普遍发生的上述3项重要变化，表明中国大部地区在文化发展和社会演进上基本同步，社会发展的总趋势大致相同。从这个意义上来说，中国早期文明可以看作是一个整体性发展的文明。但另一方面，各地具体的社会发展方式又存在明显的差异，尤以东方和北方地区之间的差别最为突出。

东方地区以黄河、长江下游为核心，还延伸到长江中游和西辽河流域。主要的考古学文化包括大汶口文化后期—龙山文化、崧泽文化后期—良渚文化、大溪文化晚期—屈家岭文化—石家河文化、红山文化晚期—雪山一期文化。这一地区社会分化异常明显，具体表现为以下三个方面。

（一）贫富分化严重

物质生产资料的多少好坏，直接影响到人类社会发展水平和人们生活质量的高低。因此，财产占有上的差异虽然不具有天然性，但对人类社会的影响却异常深远。在铜石并用时代的东方地区，日益加剧的贫富分化在墓葬方面有着广泛的体现。以大汶口文化后期和良渚文化的墓葬为例。

大汶口后期墓地可以分成几群，群所代表的各家族间存在极为显著的贫富差异：一期墓地的北部家族墓群绝大部分属中型墓，一般有几十件随葬品，还有惟一一座大墓；其余几群绝大多数属小型墓，不少一无所有。三期只有一个很富有的主要由大墓组成的家族墓地，其中最大的一座随葬品达180多件，个别小墓或许属陪葬性质。不仅如此，这几类墓葬在棺椁的有无、随葬品的种类和质量方面也存在明显的不同：木椁见于大、中型墓，玉器、象牙器以及精制的黑陶、白陶、彩陶器等则仅见于大墓。

---

〔20〕 严文明：《碰撞与征服——花厅墓地埋葬情况的思考》，《文物天地》1990 年 6 期。

再进一步来说，大汶口墓地比聚落群内其他墓地都要富有，体现了家族公社间的贫富分化；大汶口聚落群又要比超级聚落群内其他聚落群富有，体现出家族公社群之间的贫富分化。

良渚聚落群既有少数反山、瑶山这样的随葬上千件（组）珍贵玉器的贵族墓地，也有大量由中型墓或小型墓组成的平民或贫民家族墓地，这是家族间或家族公社间存在贫富分化的具体体现[21]。与其临近的以浙江海宁荷叶地为中心的聚落群则总体上不如良渚聚落群富有，反映出家族公社群间的贫富差异。甚至还存在更大区域间的贫富差异，以良渚聚落群为中心的太湖南岸超级聚落群，就比以上海青浦福泉山聚落群为中心的太湖东岸超级聚落群和以江苏常州寺墩聚落群为中心的太湖北岸超级聚落群富有一些[22]。

（二）社会地位差异显著

单纯由于个人能力大小所带来的个人社会地位的差异，可能存在于任何形式的人类社会，它一般会随着个人能力的变化而发生变化，随着个人的死亡而自然消失，产生的社会影响也有所局限。而东方地区铜石并用时代产生的显著的社会地位差异，虽然可能仍与个人能力存在一定关系，但绝不仅仅是这样：它一般植根于父系家族，不会完全受制于个人境遇的变化，个人的社会地位在很大程度上是由其所在家族的社会地位所决定；拥有最高级别社会地位的家族可能会在社会上拥有极大的权利，产生非常大的影响力；社会地位常常与贫富差异联系在一起，受到贫富程度的影响而又反过来加剧贫富差别的扩大。这种社会地位的差异主要表现在对军权和神权的拥有方面，所谓"国之大事，在祀与戎"（《左传·成公十三年》）。有了军权和神权，行使政权就易如反掌。以大汶口文化、良渚文化、屈家岭—石家河文化、红山文化为例。

从大汶口后期墓地的情况来看，一期墓地最富有的北部家族墓群拥有明显高于其他家族墓群的社会地位：该墓群拥有大部分石钺和雕筒，拥有全部几件琮。作为武器的钺不但具有实际功能，同时更具军事上的象征意义，北部家族墓群显然掌握着主要的军权；琮是典型的祭祀用法器，北部家族墓群又垄断了神权。所以北部家族墓群可谓集军神大权一身，具有全公社最高的社会地位。其中最大的一座墓（M26）随葬有一期惟一的一件带骨雕筒柄端饰的石钺，又随葬琮，可能为整个家族公社的全权首领。三期墓地实际上只是个有少数陪葬墓的贵族墓地，有的墓竟然随葬5把带骨雕筒柄端饰的石钺，有的墓更随葬带骨雕筒柄端饰的玉钺，此外还有琮、鼍鼓等，其社会地位

---

〔21〕　浙江省文物考古研究所反山考古队：《浙江余杭反山良渚墓地发掘简报》，《文物》1988年1期；浙江省文物考古研究所：《余杭瑶山良渚文化祭坛遗址发掘简报》，《文物》1988年1期。

〔22〕　严文明：《良渚文化与文明起源》，《农业发生与文明起源》，科学出版社，2000年。

只会比一期北部家族墓群更高。大汶口这样高规格的墓地，在整个鲁中南地区尚绝无仅有，因此大汶口贵族还可能是大汶口家族公社群乃至鲁中南地区超级聚落群的权利拥有者。与大汶口墓地相似的还有同时的莒县陵阳河墓地。该墓地河滩位置的一群墓几乎均属大墓，出有象征军权的带骨雕筒柄端饰的石钺和陶号角，出有象征神权的带有刻划图像文字的陶尊；其余几群多为小墓，不见钺、尊，可见河滩墓群在陵阳河墓地中具有毋庸置疑的崇高地位[23]。不仅如此，该墓群所代表的家族还可能在陵阳河聚落群乃至鲁东南地区超级聚落群中具有最高地位。陵阳河墓地所见特殊的有刻划文字的陶尊并不见于大汶口墓地，可能当时鲁中南和鲁东南地区还未出现统一的"王权"。

　　反山、瑶山墓地和莫角山超大型建筑群，不但在良渚聚落群中地位尊崇，而且在太湖南岸地区超级聚落群乃至于整个良渚文化区也无与伦比。反山、瑶山墓地随葬大量精妙绝伦、凝聚了无数人心血的玉器，莫角山超大型建筑群的建造则更需调动远不止一个聚落群的人力物力，表明这已是个组织化程度很高的社会[24]。这样高程度的组织化，既需要浓厚的宗教氛围的感召，也离不开武装人员的强制。反山、瑶山墓地既随葬象征军权的钺，又随葬象征神权的琮或璧，瑶山墓地更是建在原来的祭坛之上，表明这些贵族生前既是左右神灵的大巫，又是统率"军队"的将军[25]，他们正符合良渚聚落群乃至太湖南岸超级聚落群最高统治者的身份。更进一步来说，"神徽"、鸟纹、龙首形纹的普遍发现可能意味着整个良渚文化区已出现统一的"王权"[26]；而良渚聚落群毕竟规模最大、级别最高，反山、瑶山所出完整的"神人兽面像"又不见于它处，故可能为"王都"之所在[27]。

　　屈家岭—石家河文化时期的石家河聚落群的中央有一座气魄宏大的古城，城内有一定的规划和布局，显示出存在程度较高的社会组织化。北部谭家岭"宫殿区"的发现，体现出当时贵族阶层存在的可能；西南部出土数以万计红陶杯的三房湾"祭祀区"和西北部出土数以千计陶塑动物的邓家湾"祭祀区"的发现，显示了宗教在社会上的崇高地位[28]。城外肖家屋脊发现的墓葬，不见得包括城内最高阶层人物的墓葬在内，但也能透露出当时社会地位上的一些信息。如最大最富有的一座墓（F7），就拥有该墓地惟一的一件石钺，其主人可能掌握一定军权。这与同遗址出土的手执大钺的刻划人

〔23〕 山东省考古所、山东省博物馆、莒县文管所：《山东莒县陵阳河大汶口文化墓葬发掘简报》，《史前研究》1987 年 3 期；王树明：《陵阳河墓地刍议》，《史前研究》1987 年 3 期。

〔24〕 同〔2〕。

〔25〕 张忠培：《良渚文化的年代和其所处社会阶段》，《文物》1995 年 5 期。

〔26〕 张弛：《良渚文化大墓试析》，《考古学研究》（三），科学出版社，1997 年。

〔27〕 严文明：《良渚随笔》，《文物》1996 年 3 期。

〔28〕 同〔13〕。

像有异曲同工的感觉[29]。可以推测，城内贵族不但掌握着石家河家族公社群的大权，而且还可能控制着江汉平原北部地区。因为该地区其他城址的面积均远远小于石家河古城。

红山文化晚期的牛河梁"庙、坛、冢"遗址群，具有中心聚落的恢弘气势。庙内主神为真人3倍大小，大型祭坛沿山梁依次排列，其规模和气魄已与某个家族公社或家族公社群不相适应[30]。它极可能是辽西地区红山文化超级聚落群的中心。大型积石冢与"坛、庙"组合成整体，其内中心大墓又随葬颇具宗教色彩的精美玉器，可见神权已被少数人垄断，已形成基于神权的巫觋贵族阶层。东山嘴祭祀遗址的规模要明显低于牛河梁，可能只是某个家族公社群的象征[31]。

（三）社会分工明确

与自然形成的男女分工不同，铜石并用时代东方社会普遍出现较为明确的社会分工，这主要是指农业和手工业的分工，手工业本身还有陶器、玉器、漆器、铜器、丝绸等制造业的分工。社会分工促进了发明创造，加速了社会发展，也刺激了贫富分化的加剧，加大了社会管理的复杂性，为社会地位差异的进一步扩大提供了有利条件。以龙山文化、崧泽—良渚文化、大溪文化晚期为例。

龙山文化大墓随葬不少异常精美的"蛋壳"黑陶杯，其制作需要高超的技巧，不是普通农民所能掌握，极可能具有某种保密性，属某些特定的家族或家族公社所独有。在东部沿海的莒县—日照一带应当存在几个"蛋壳"黑陶杯制作中心[32]。该文化一些精美玉器的制作也可能具有专业性，如可能属玉器作坊残址的日照两城镇玉坑所反映的情况[33]。

崧泽—良渚文化最值得称道的当属其玉器制造业。在崧泽文化（包括所谓北阴阳营文化、薛家岗文化）时已存在苏皖区玉器工业制作区[34]，包括丹徒磨盘墩、戴家山等多处玉器制作中心[35]。良渚文化可能出现了规模更大、技术更先进的制作中心，甚

〔29〕　湖北省荆州博物馆、湖北省文物考古研究所、北京大学考古学系石家河考古队：《肖家屋脊——天门石家河考古发掘报告之一》，文物出版社，2000 年。
〔30〕　辽宁省文物考古研究所：《辽宁牛河梁红山文化"女神庙"与积石冢群发掘简报》，《文物》1986年 8 期。
〔31〕　郭大顺、张克举：《辽宁省喀左县东山嘴红山文化建筑群址发掘简报》，《文物》1984 年 11 期。
〔32〕　魏峻：《海岱地区史前墓葬研究》，北京大学考古文博学院 2002 年博士研究生学位论文。
〔33〕　刘敦愿：《有关日照两城镇玉坑玉器的资料》，《考古》1988 年 2 期。
〔34〕　张弛：《大溪、北阴阳营和薛家岗的石、玉器工业》，《考古学研究》（四），科学出版社，2000年。
〔35〕　南京博物院等：《江苏丹徒磨盘墩遗址发掘报告》，《史前研究》1985 年 2 期；镇江博物馆等：《江苏镇江市戴家山遗址清理报告》，《考古与文物》1990 年 1 期。

至不排除存在只加工某些特定种类玉器的制作中心的可能性。良渚文化精致玉器的制作，从原料开采、加工到成品分配，可能都在一套严密的组织内进行，且多被贵族阶层所垄断，大概不可以随便进行交换。

大溪文化晚期存在明确的石器制作的专业化。峡江区的很多聚落都可能专门从事石器制作[36]，尤以宜都红花套、宜昌杨家湾石器制作场最为典型，其中有工棚、工具，数以万计的石料、废料、半成品、成品[37]。但这些石器均为普通生产工具，主要供应江汉平原等地的需要，其制作过程不见得有什么严格的组织，而且主要用于交换。

上述贫富分化、社会地位的分化和社会分工的明确化，使得东方社会出现了阶级，有了贵族、平民和贫民的区别。为了维护社会内部阶级秩序的稳定，为了控制重要资源和珍贵产品的生产和再分配，可能主要依靠宗教力量和原始礼制，也可能采取一定的强制措施。对外则依靠暴力进行扩张。这样复杂的社会，其地域范围早已经超出聚落群甚至超级聚落群的限制，又有相当成功的管理措施，与一般所谓"国家"的范畴已相去不远，可以称之为"古国"[38]。

三

北方地区以黄河中游为核心，分布着后期仰韶文化和中原龙山文化，包括半坡晚期类型—泉护二期类型—客省庄二期文化、义井类型—白燕类型、海生不浪类型—阿善三期类型、老虎山文化等文化或类型。这一地区社会分化不明显，在以下三个具体方面均与东方地区有所不同。

（一）贫富分化不严重

北方地区各级社会组织、各地区间贫富分化的程度均十分有限，绝大部分墓葬仅能容身且没有任何随葬品。以老虎山文化和泉护二期类型—客省庄二期文化为例。

老虎山文化园子沟聚落所代表的家族公社，仅在排所代表的家族间存在极为有限的贫富差别，如房屋稍大、装饰稍好，这么微小的差别或许只是暂时经济状况的反映，很难说一定会影响多远。岱海地区其他聚落的情况与园子沟近同。同样，没有充分的证据显示岱海地区老虎山聚落群、园子沟聚落群内部及相互间存在明显的贫富差异。这些聚落所发现的少数土坑竖穴墓均仅够容身，没有任何随葬品。

---

〔36〕 同〔34〕。

〔37〕 红花套考古发掘队：《红花套遗址发掘简报》，《史前研究》辑刊，1990～1991 年；林邦存：《宜昌杨家湾遗址的重要考古发现和研究成果》，《中国文物报》1994 年 10 月 23 日第三版。

〔38〕 苏秉琦：《中国文明起源新探》，三联出版社，1998 年。

属仰韶文化泉护二期类型的武功浒西庄聚落的房屋大小和功能几乎完全一致，墓葬也均仅能容身，除个别随葬一枚骨镞或几枚贝壳外，其他均无随葬品，也不见葬具[39]。客省庄二期文化康家聚落的房屋之间也同样没有明显的大小之别，一般墓葬也不见随葬品，仅个别随葬一件骨镞。没有证据显示泉护二期类型—客省庄二期文化区存在其他更富有的聚落或聚落群。至于宝鸡石嘴头等关中西部遗址能够发现随葬玉器、陶器的墓葬，是因其靠近齐家文化区的缘故。

（二）社会地位差异不显著

仍以老虎山文化和泉护二期类型—客省庄二期文化为例。

岱海地区各聚落内部社会地位的差异十分有限。大家均住差不多一样的房子，用同样的东西，死后都随便一埋，显示出基本平等的社会场景。我们只能从家族的居住位置等方面，才勉强看出某些家族的地位稍高，或许起到领导公社的作用。老虎山、板城等一些聚落，在山顶部位有祭坛类设施，其中未发现任何特殊用品，也没有任何与个人或家族存在关联的迹象，可能是全聚落进行宗教仪式的场所，是全家族公社精诚团结的象征。老虎山聚落群和园子沟聚落群内部及相互间也没有明显的社会地位上的差别。这些聚落的面积从 7 万到 30 万平方米不等，虽存在一定的大小之别，但与其内房屋面积大小缺乏相关性：其中较小的西白玉聚落存在较多稍大的房屋，最大的园子沟聚落反而有更多小型房屋。至于老虎山等聚落周围有石墙，不过是防御外敌的需要，并非社会地位高的表现；修不修城墙，可能主要取决于聚落在聚落群总体防御中的战略地位。浒西庄和康家聚落中仅个别骨镞的随葬显得有些特别，其实最多不过是其主人曾参与战斗的标志，并不能说明其地位更高。

（三）社会分工不明确

北方地区铜石并用时代普遍缺乏高技术物品，如玉器[40]、精致的陶器、漆器等。该地区流行的各类普通器物均无需专门化的生产。以老虎山文化为例。

岱海地区老虎山文化聚落已发现 300 座左右的房屋，但几乎每座房屋均为普通住宅，发现有普通生活用具、农业生产工具、狩猎工具、木工工具、建筑工具、石器加工工具、纺线工具等，没有充分证据证明哪些房屋内的主人专门从事某种生产。其中园子沟聚落在好些房屋旁边就设置有陶窑，可见陶器制作非但没有专业化，而且每个普通的以农业生产为主的家庭都可以制作。老虎山和面坡等聚落均在聚落外缘设置窑厂，只能说明全聚落的陶器在集中场合生产，不能成为某些家族专门从事陶器生产的

---

〔39〕 中国社会科学院考古研究所：《武功发掘报告——浒西庄与赵家来遗址》，文物出版社，1988年。

〔40〕 岱海地区海生不浪类型的个别玉器当为从红山文化传入。

证据，更不能说明当时存在地区性陶器生产中心。园子沟还发现同一座房内出土的数件石纺轮风格完全一致，但与另一座房内的石纺轮风格不同的情况；在不少房屋地面上还发现石器半成品，每房也就一两件。由此推测，石器也主要以家庭为单位制作，至少细加工是在家庭内部进行的。这种自给自足、缺乏分工的自然经济，是北方地区的普遍现象。

没有出现明显的贫富分化、社会地位分化和社会分工，使得北方地区社会内部基本平等，没有阶级差别，对外则以防御为主。这样的社会地域范围一般局限在超级聚落群内，有的甚至局限在聚落群内，社会的管理可能更多依靠成员的自觉，基于血缘关系和共同的利害关系，与所谓"国家"还有相当距离。

四

处于东方和北方两大区之间的包括晋南、河南大部、河北中南部在内的中原地区以及西北的甘青地区，有西王类型—庙底沟二期类型、秦王寨类型—谷水河类型—王湾三期文化、大司空类型、后岗二期文化、大地湾晚期仰韶文化—常山类型—齐家文化、马家窑文化等文化或类型。这一地带在社会发展形式上 兼有东方和北方的特点。以庙底沟二期类型、王湾三期文化、大地湾晚期仰韶文化、马家窑文化、齐家文化为例。

在孟津妯娌遗址，发现有属仰韶文化庙底沟二期类型的聚落和墓地。聚落内房屋组所代表的家族间看不出明显的贫富差异，墓葬也一般没有随葬品，即使惟一一座达20 平方米左右的大墓，也仅在主人手臂上套一象牙镯而已。能够拥有象牙镯，说明主人有能力随葬更多物品，现实中也还存在一定的贫富分化，之所以不随葬更多物品，显然是这个社会不强调贫富差别，社会风尚在有意无意地限制着贫富分化的进一步加剧。另一方面，这座大墓的规模、二层台的设置、象牙镯的存在，都显示出主人具有较高的身份和地位[41]。

王湾三期文化已发现密县古城寨古城那样建造精整的城址[42]，又出有一些精致的黑陶制品，还可能已能铸造青铜器，说明其社会已有相当的组织能力和一定的专业分工，聚落之间的地位也有较为明显的差异[43]。王城岗等城址中较多奠基人牲的发现，

---

〔41〕 河南省文物局等：《黄河小浪底水库文物考古报告集》，黄河水利出版社，1998 年。

〔42〕 蔡全法等：《龙山时代考古的重大收获》，《中国文物报》2000 年 5 月 21 日第一版。

〔43〕 赵春青：《郑洛地区新石器时代聚落的演变》，北京大学出版社，2001 年。

则更是聚落内部人们之间存在社会地位差异的反映[44]。但墓葬绝大多数没有随葬品[45]，还没有家族之间存在显著贫富分化的证据。偏南的汝州煤山、襄城台王、上蔡十里铺等遗址之所以能够发现随葬数件陶器的墓葬，可能是由于接受了更多龙山文化、石家河文化影响的缘故。

仰韶文化晚期的大地湾乙址规模宏大，其中最大的一座房屋已具殿堂风格，当时显然已有中心聚落和一般聚落的差别，但贫富分化似乎仍很有限[46]。马家窑文化半山、马厂类型和齐家文化的墓葬显示，家族间存在一定程度的贫富分化和地位差别，但远不如东方地区明显；石（玉）璧、玉琮、铜器、精致彩陶等的较多发现，说明存在一定的专业分工，兰州白沟道坪更是一处专门的陶器制作中心[47]，但其专业性和技术性不能和东方地区相提并论。

可见，中原地区也已出现一定的贫富分化、社会地位的分化和社会分工，只是程度稍低；也需要采取维护社会内部阶级秩序稳定的措施，需要控制重要资源和珍贵产品的生产和再分配，但宗教气氛不浓厚；对外扩张则并不比东方地区逊色。这样的社会其范围也一般超出聚落群的限制，有的可能超出超级聚落群的限制，也应当进入了"古国"阶段。

晋南的陶寺类型实属例外。陶寺类型明确存在中心聚落和一般聚落的差别，中心聚落陶寺有规模很大的城址和墓地，墓地中大墓墓群所代表的家族极其富有，大墓有彩绘棺椁，随葬大量彩绘木器、彩绘陶器、精美玉器等，其中尤以彩绘龙纹陶盘、特磬、玉钺、鼍鼓最引人注目，颇具象征性的兵器、乐器、宗教器齐备，有一定的"礼器"性质，将主人全权在握的崇高地位表露无疑。社会存在专业化分工更是没有问题[48]，其社会状况和良渚文化差可比拟。但陶寺类型绝非晋南庙底沟二期类型的自然发展，而是东方文化西渐的产物；它仅局限于临汾盆地，只存在了二三百年时间；作为特例，自然不能代表中原地区社会发展的一般状况。

五

如果单从是否进入"国家"或"文明"社会的角度看，这三种地区性的社会发展

〔44〕 河南省文物研究所、中国历史博物馆考古部：《登封王城岗与阳城》，文物出版社，1992 年。

〔45〕 高炜：《中原龙山文化葬制研究》，《中国考古学论丛》，科学出版社，1995 年。

〔46〕 甘肃省文物工作队：《甘肃秦安大地湾 901 号房址发掘简报》，《文物》1986 年 2 期。

〔47〕 同〔10〕。

〔48〕 中国社会科学院考古研究所山西工作队、临汾地区文化局：《1978～1980 年山西襄汾陶寺墓地发掘简报》，《考古》1983 年 1 期。

形式当然存在一定的"先进"与"落后"的差别。但问题并非这么简单：

（1）铜石并用时代以来，中国大部地区存在大致相同的社会发展趋势，并不存在全方位的"先进"与"落后"。

（2）每种地区性的社会发展特点都持续了大约 1500 年的时间，和今天距魏晋南北朝的时间长短差不多，不能简单视为只是进入文明社会的时间互有参差。

（3）每个区域都长期相对稳定，并没有东方文化扩大到逐渐占领或代替其他两区的情况，说明他们各有生存之道，各自有一套社会的调控和运行机制。

（4）每种区域性特点都对中国文明产生了深远影响，从青铜时代开始明显加强了融合，至秦汉时期则基本融为一体。

对于这样一些社会发展方式上的差异性，我们曾使用过"东方模式"、"北方模式"这样的概念来加以表述[49]，现在看来还有必要加上一个介于二者之间的"中原模式"。

三种模式的形成，虽然有其文化和族体上各自相一致的一面，但最根本的原因还是自然环境。东方大部地区（西辽河除外）为平原丘陵区，气候温暖，雨量充沛，适合精耕细作，农业发展水平很高。这样就容易出现贫富分化和社会分工，以及建立在此基础上的社会地位的显著差异。北方大部地区为黄土高原，气候较干冷，变化敏感，适合粗放经营，农业发展水平不高。这样就不容易出现贫富分化、社会分工和社会地位的显著差异。中原地区（甘青地区除外）地貌类型复杂，环境和文化发展特点都介于二者之间。

北方模式从表面上看比较迟缓、落后，但却与较严酷的自然环境相适应，可以在很大程度上避免资源的过度浪费，而能量的有效蓄积也显然更有利于长期的发展。东方模式虽然显得技术先进、发展迅速，但却容易使社会养成铺张浪费、坐享其成、不思进取的风气，并不见得利于长远的发展。所以北方地区诸文化的发展是持续性的，没有明显的中断或衰落，到龙山后期还对周围地区产生了极大影响。东方地区的红山文化、良渚文化在龙山时代以前即已衰亡，石家河文化在龙山前后期之交也告衰败，它们的文化因素虽然为后来所继承，但整体上却中断或衰落了。只有中原地区兼采二者之长：存在一定的社会地位差异但不强调贫富分化；社会秩序井然但不靠严刑峻法；生产力逐步提高但不尚奢华；关注现实而不是沉溺于宗教；依靠血缘关系，重视集体利益，不疾不徐，稳中求健，终于发展到二里头文化所代表的成熟的文明社会——晚期夏王朝阶段。而东方模式和北方模式在互相借鉴了对方的许多优点后，其主体成分为后来的商和先周社会分别继承。

---

[49] 韩建业：《中国北方地区新石器时代文化研究》，北京大学考古文博院 2002 年博士研究生学位论文。

大 甸 子 墓 地 初 析

郭大顺*

This paper is a further research on the basis of the book *Dadianzi-Excavation Report on the Dwelling Site and Cemetery of Xiajiadian Lower Layer Culture*. In the excavation report the cemetery was divided into two period but now it contains three ones, the mid of which is also separated into two stages. The cemetery is also divided into three sections, but several small sections are discriminated in each of them according to those huge tombs with particular characteristics. In the paper the different cultural significances of all the three types and the relations among them are also discussed. The ranks of the tombs reflect the classifications of the society and the tombs are divided into ten grades according to their structure, size, coffin, niche and funerary object. Since several sites in similar size of Dadianzi are discovered, there are some central sites in higher rank to be searched.

　　大甸子遗址在赤峰市东 100 公里，敖汉旗的东南部，属大凌河支流牤牛河流域，为大型低台地型遗址[1]。1974、1976、1977 年由中国科学院考古研究所与辽宁省博物馆共同发掘，1983 年在整理过程中又进行了补充发掘。这个遗址可明确分出居住址和墓地两部分。居住址保存较好，从地面可看出周边有夯土石块混筑的城砦墙体，平面为圆角方形，南北长约 350 米，东西宽近 200 米，外围有壕沟。尤为难得的是，城砦壕沟外仅 7 米就是一处保存较为完整的墓地，墓地东西长约 170 米，南北宽约 100 米，所在现地表平坦，低于遗址约 4 米，除西北部有一片沙石岗为空白地外，万余平方米的范围内密集而有序地排列着 804 座墓，平均每 12 平方米就有一座，墓与墓间的两端间隔大都不到 1 米。在这样密集的墓地中，方向全部相同，墓与墓之间的横竖间隔较均匀，除有两例相邻墓稍有接触外，没有任何打破或叠压关系，推测此墓地曾不间断使用并有管理者。由于大甸子墓地在夏代的诸文化遗存中，保存之完好程度、墓葬数量之多、随葬器物之丰富，不仅在东北地区，就是在全国也是少见的，所以它是研究

---

　　* 作者系北京大学中国考古学研究中心兼职研究员。

〔1〕 中国科学院考古研究所辽宁工作队：《敖汉旗大甸子遗址 1974 年试掘简报》，《考古》1975 年 2 期；刘观民：《内蒙古赤峰市大甸子墓地述要》，《考古》1992 年 4 期；中国社会科学院考古研究所编著：《大甸子——夏家店下层文化遗址与墓地发掘报告》，科学出版社，1996 年。

东北南部辽西地区聚落演变与早期文明的一批珍贵资料。

苏秉琦先生对大甸子墓地的材料给予了特别关注，曾三次在承德观摩标本（1981、1983、1984 年，每次 20 天左右），有八次较集中的谈话（1977、1978、1980、1981、1983、1984 年各一次，1982 年两次）[2]。1978 年 5～7 月，北京大学历史学系考古专业 75 级学生在邹衡与李伯谦先生的带领下，在承德进行了以大甸子材料为主的教学实习。

对大甸子墓地材料的整理，我们有个反复认识的过程：1978 年曾先从器物分类入手进行墓地分期，然而未得出令人信服的结果。此后在苏秉琦先生的指导下，逐步转为从墓地分布入手，找出墓葬分布规律，由于此方法接近实际，因而不断有新认识，成果反映在由刘观民先生主编的《大甸子——夏家店下层文化遗址与墓地发掘报告》（以下简称《报告》）中。笔者作为发掘与报告初稿编写工作的参加者，拟谈谈在阅读《报告》时的一些体会。

一

《报告》将遗址和墓地分为对应的两期，并主要依据墓地中间的两个空白带将整个墓地分为北、中、南三区。本文在《报告》的基础上提出以下分期与分区的新线索。

（一）分期

940 号墓和 472 号墓为此墓地最早期墓葬。这两座墓随葬的 A 型鬲（即《报告》所划分的 AⅧ型鬲）具有 A 型鬲最早的形制特点。正如《报告》所描述的："在形态上显示尊形器（折腹盆）腹下安装三个空足的结构，应是夏家店下层文化 A 型鬲初期形态的痕迹。"值得注意的是这两座墓的位置，940 号墓位于北区最北边缘，472 号墓则在北区南部，北与 726 号墓区南界紧邻，表明这两座墓具有分期和分区的意义。

大甸子墓葬中随葬的陶器中较有特色的另一个组合，是 AⅥ型鬲与 B、C 型鬲共存。有这一组合的墓集中分布于北区、中区的东侧（《报告》的北 AⅣ甲区、北 AⅣ乙区、中 b 区和南区）和北区西侧一窄条区带（《报告》的北 AⅣ丙区），从而形成一个从西到南到东的"U"字形。《报告》在墓地分区时十分重视这一陶器组合，认为 AⅥ型鬲"是连接 A 与 B、C 两型鬲的纽带。这一纽带的重要性在于它将三型（A、B、C）鬲联结为一种很强的器物群，成为夏家店下层文化的一个稳定的特征"。

需要补充的是，在这一器物组合中，往往同出假圈足罐，其彩绘风格以宽带为主，

〔2〕 苏秉琦：《关于编写田野考古发掘报告问题》，《辽海文物学刊》1987 年 1 期；又见《华人·龙的传人·中国人——考古寻根记》187 页，辽宁大学出版社，1994 年。

其中有部分墓所出的假圈足罐的彩绘明显简化而粗糙，它们与呈晚期特点的鬲（《报告》所分 AⅥ型Ⅲ式鬲、BⅣ型鬲、CⅡ型鬲中包括了这种最晚期鬲）共存，这应是此墓地最晚期墓的特征，它们又以南区为多见（图一）。

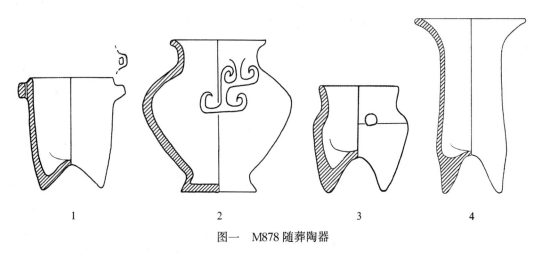

图一　M878 随葬陶器

1. C型鬲（M878:3）　2. 假圈足罐（M878:4）　3. B型鬲（M878:5）　4. A型鬲（M878:6）

以上将墓地中最早期和最晚期墓加以区分之后，此墓地的大多数墓，即集中分布于北区和中区的大部分墓，都属于中期墓。它们又可依 A 型鬲的变化，如《报告》所划分的 AⅠ—AⅥ型鬲中各型的Ⅰ→Ⅱ→Ⅲ式的演变及共存关系的规律，分为前、后段。

这样，关于分期的新线索是，在原报告划分为两期的基础上，可将大甸子墓地分为早、中、晚三期，中期又可分为前、后两段。《报告》所分第一期墓包括了最早期墓和中期墓的大部分，第二期可能包括了部分中期墓和最晚期墓。

（二）分区

《报告》以墓地的两条东西走向的空白带为界划分为三区，但已指出并不以其为区间的绝对界限。

以上所划分的最早期两座墓的位置也表明了这一点，即 940 号墓位于北区最北端，为墓地的开端，而 472 号墓在北区南部的位置恰在 726 区的南界，是另一区的开端，其开始时间与北区大约同时。据此推测，《报告》所划的北区至少有大约同时开始的两个开端。与 472 号墓相邻的中区，尚未分辨出最早期墓，也许 472 号墓就是与中区相连的另一个开头。如是，则《报告》所指北区与中区之间的空白带，就不一定是北区与中区的分界，而当另有含义。至于呈"U"字形分布的墓区，应另有开端，开始时间可能较以上两区为晚，尚未辨认出其中开头的墓。

这样，大甸子墓地仍可分为三大区，即北区、中区和东南区。各大区依每区中特征显明的大型墓分为若干小区。现将其主要特征介绍如下。

北区：出陶鬶、爵，石、玉钺的墓，绝大多数在此区。彩绘细、构图复杂的彩绘陶器也以此区为多。又可分为以下几区。

726 区（即《报告》北 A I 区）：位于墓地西南部，陶器组合有矮胖形鬲（胖体，足间宽，即 A I 型鬲）、饰细线篦点纹或多条带彩绘的短直领扁腹小平底罐，多配以小壶和尊，不见 B、C 型鬲和圈足罐，鬶、爵制作精，壁甚薄，饰细绳索纹。彩绘以红白细线相间组成的勾云纹、宽白彩为主的"鸟纹"分解式、分隔方框的兽面，鸟头纹为主要图案（《报告》所分 Aa 类）。

905 区（即《报告》北 A II 区）：以龙蛇纹界框内填分解式鸟纹为最突出，鬶、爵壁厚，纹粗，不饰细堆纹，或通体光素，或爵带长嘴。罐广肩扁腹。鬲大口，上束腰，三足高（即 A II 型鬲），基本不见 B、C 型鬲，也基本不见壶，有假圈足罐，但形制不同于 612 区者（图二）。

中区：以 371 区为主，以一种唇厚圆、中腰束、袋足部位宽且圆折、实足粗壮的鬲（即 A III、A IV 型鬲）为特征，彩道宽，白、红宽度相等，多见兽面一类花纹。平底罐圆广肩，腹较深，有壶，不出爵、鬶、假圈足罐等（图三）。

东南区：以高直筒鬲（即 A VI 型鬲）、假圈足罐及 B、C 型鬲为基本组合，缺少壶类，彩绘多较宽而粗。分布于墓地东、西、南三个边缘地带，又可分辨出以彩绘变草率为主要特征的最晚期墓，所以，此区应是该墓地最晚结束的一个区。又可分为：

612 区：以 612 号墓为代表，此墓为出 C 型鬲诸墓中惟一的一座特大型墓，也是 C 型鬲与爵、鬶共存的惟一的一座墓，该墓还出有绘兽面纹彩绘图案的 A 型鬲和龟纽盖大罐，但此类罐也为假圈足类，且彩绘较粗，均是东南区共同特点。

西侧边区：占据紧贴城砦壕沟外边的一条，多数墓为 A VI 型鬲与假圈足罐共出，并时有 B、C 型鬲共存，彩绘粗犷，显示较晚特征。面貌相近的还有墓地最东侧和南区的多座墓（见图一）。

南区的各小区，特征同于前述西侧区，不过时有较大的墓葬出现，为本墓地最晚的一部分。

以上各大区形成、演变和相互关系为：三个大区为平行发展的三个墓区，但各区开始有早晚，结束有早晚。由于北区和中区有墓地最早期墓而未见最晚期墓，可推测北区和中区开始早而结束早，东南区由于未见最早期墓线索而多见最晚期墓，故也可推测东南区开始晚而结束也晚。每处茔区内墓葬的排列有北早南晚的总趋势，整个墓地是中部早周围晚，但早晚墓又有交错分布的现象。

此外，《报告》提出"同一茔域之中呈若干丛簇"。这种"丛簇"即相邻有共同特征的诸墓，在各区中都较为多见，并各有共同的文化因素相互联系。《报告》对这种

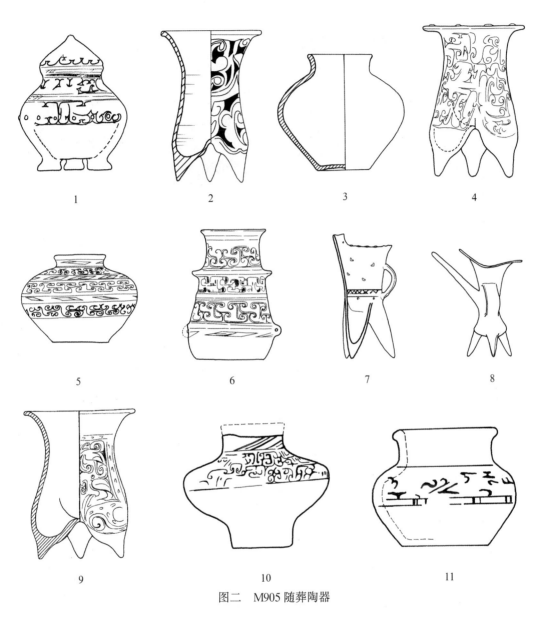

图二　M905 随葬陶器

1. 鼎（M905:20）　2、4、9. A 型鬲（M905:18、M905:15、M905:7）　3、5、10、11. 平底罐（M905:19、M905:16、M905:8、M905:5）　6. 长筒罐（M905:12）　7. 鬶（M905:9）　8. 爵（M905:10）

"丛簇"墓未作过多确指，可举出：

452、453、454、479、482 号墓，位于北区西南角，东南至西北走向，都出一种体、足修长，彩绘以裆部龙蛇纹为界的陶鬲（见《报告》第 109 页，图五六，2、1）。

838、840、867、905、901 号墓，位于北区东北角，一种以龙纹为周界的宽面纹彩

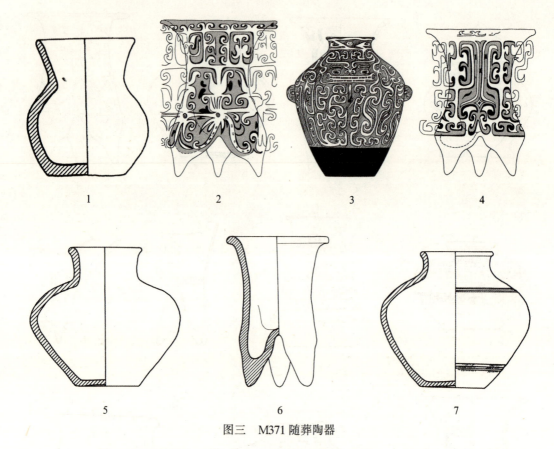

图三 M371 随葬陶器

1. 壶（M371:27） 2、4、6. A 型鬲（M371:9、M371:7、M371:8）

3. 罍（M371:10） 5、7. 平底罐（M371:28、M371:29）

绘陶鬲，集中出在这五座墓里（见《报告》彩版一八，1）。

规模较大随葬器物相近的墓相对集中：726 区南部的 684、677、672、706 号墓（图四）；726 区北部的 818、853、886、854、855、822 号墓。

915 区的 867、905、931 号墓，南北一线，都出相同特征的鬶、爵。

男女大墓成对排列的线索：672 与 677 号墓；827 与 791 号墓；867 和 905 号墓。

"丛簇"墓的确认，说明每小区内又可分为若干时间相近或关系亲近的次小区。

这样，大甸子墓地分期和分区的总趋势是：可明确分为三个平行发展的茔区，每个茔区又可分为若干小区和次小区。

二

在墓地分期与分区的基础上，发掘报告主编刘观民先生对大甸子墓地所能反映的社会结构作了精辟的分析，这里作如下理解和补充。

《报告》对社会结构提出三个概念：

家族："以所分的三个茔区，分别是以 A、B、C 集团的各家族为主的茔区。"不同茔区有同亚型鬲和同亚型彩绘花纹互见，"应视为不同家族之间的关系。"

家："各簇都是先后相继的一家"。

不同文化群体：刘晋祥先生曾著文提出大甸子墓地有随葬具高台山文化特征陶器

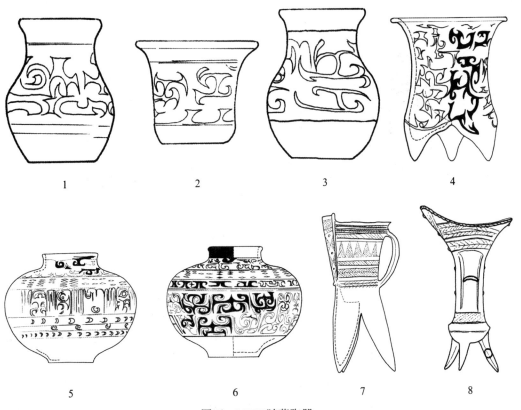

图四　M677 随葬陶器

1、3. 壶（M677：8、M677：6）　2. 尊（M677：7）　4. A 型鬲（M677：4）　5、6. 平底罐
（M677：5、M677：3）　7. 鬶（M677：2）　8. 爵（M677：1）

的墓葬，并将这类具高台山文化特征的陶器，称为"乙型陶器"[3]，其主要特征为：皆素面红陶，器类以壶为主，有圈足钵，常饰有盲耳，壶并有竖环耳和贯耳。乙型陶器与夏家店下层文化陶器断然有别，却共出于同一墓地甚至同一墓葬。据统计，乙型陶器在12座墓中出现，其中单独出现的4例，与A型鬲共出的3例，与B型鬲共出的2例，与C型鬲共出的1例。它们的分布情况是，有4座墓出现于东南区中，其余8座墓见于北区和中区。有的如459号墓，乙型陶器的1壶1钵与A型鬲和绘有兽面纹和冏纹彩绘图案的陶罍并列于壁龛内，各成组合，乙型陶器1壶1钵的组合，为钵扣壶，其置法也与高台山文化完全相同（图五）。《报告》以为乙型陶器是高台山文化居民成分的反映，它们在夏家店下层文化墓地中出现，是血缘关系向地缘关系过渡的表现。不过从共存关系和墓葬分布情况看，乙型陶器所代表的人群与当地人群是杂处的，同时也表现出若干独立性。

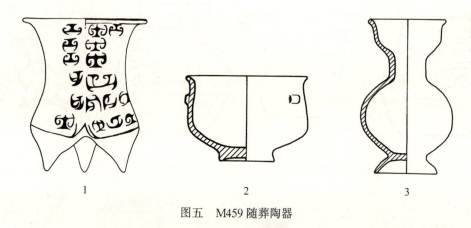

图五　M459 随葬陶器

1. A型鬲（M459:1）　2. 圈足钵（M459:4）　3. 钵口壶（M459:5）

有关大甸子墓地所反映的这种不同文化群体的线索，刘观民和刘晋祥二先生在以后的一篇文章中，又提出A、B、C三型鬲有不同的祖源，以它们为代表的集团具有高于家族的"族外婚"关系[4]。

饶有兴味的是，人骨测定的结果也提出相近的观点，即在大甸子墓地人骨中，分出北亚、东亚结合的当地人种和具东亚特征近中原的人种两个类型，人骨测定者潘其

---

〔3〕　刘晋祥：《大甸子墓地乙群陶器分析》，《中国考古学研究——夏鼐先生考古五十年纪念论文集》101～104 页，文物出版社，1986 年。

〔4〕　刘观民、刘晋祥：《苏秉琦先生与大甸子》，《苏秉琦与当代中国考古学》136～145 页，科学出版社，2001 年。

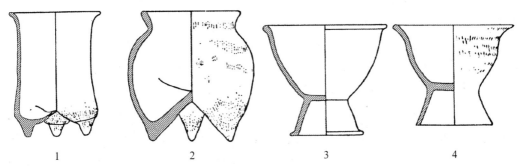

图六　北京琉璃河夏家店下层文化墓葬随葬的 B 型陶鬲（2）及其他陶器

风先生据此提出原住民与北上移民的区别并与墓地分区和陶器相对应的问题，以为当地人种集中于等级较高墓葬较多的北区和中区，而近中原人种集中分布于等级较低却多见 B、C 型鬲的东南区〔5〕。

受此启发，再度审视 A、B、C 三型鬲所具有的不同文化群体意义。

A 型鬲为夏家店下层文化固有形态当无疑义；B 型鬲“在黄河流域初见年代比这里早”〔6〕，在夏家店下层文化中多见于燕南地区，联系鬶、爵与二里头文化的近似程度，与燕南以至中原地区关系更密切的群体的存在应予以考虑（图六）；C 型鬲不仅体形而且多见横錾耳和横环耳都非夏家店下层文化自身特点，而属东邻群体特征，其所具有的文化群体差别虽不如乙型陶器显著，相同或相近的意义也很值得注意（图七）。

此外，B、C 型鬲在墓地的出现情况及 A、B、C 三型鬲的共存关系也十分有助于了解这三型鬲可能代表的不同文化群体间的关系与区别。如，B 型鬲见于 93 座墓，它们与 A、C 型鬲的共存情况为：与 A 型鬲共出见于 36 座墓中，占 38.7%，与 C 型鬲共出见于 4 座墓中，其余在 53 座墓中单独出现，占 57%；以上 B 型鬲在各区出现的情况为：见于北区和中区的 52

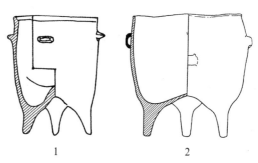

图七　高台山文化（1）及新乐
上层文化（2）筒形陶鬲

座墓，占 56%，见于东南区的 41 座墓，占 44%，其中单独出现的 53 座墓中，见于北区和中区的 19 座墓，占 35.8%，其余 34 座墓都见于东南区中，占 64.2%。C 型鬲出

〔5〕　潘其风：《大甸子墓葬出土人骨的研究》，《大甸子——夏家店下层文化遗址与墓地发掘报告》
254、255、262 页，科学出版社，1996 年。

〔6〕　同〔4〕。

现于 42 座墓中，其与 A、B 型鬲共出情况为：与 A 型鬲共出见于 9 座墓中，只占
21%，与 B 型鬲共出见于 5 座墓中（其中一座墓为 A、B、C 三型鬲共出），单独出现
于 29 座墓中，占到 69%；C 型鬲在各区分布情况为：见于北区和中区的 7 座墓，只占
16.7%，其余 35 座墓都见于东南区，占到 83.3%，其中单独出现的 29 座墓中，除有 6
座位于中区外，其余 23 座墓都出于东南区中，占到 79%。

对以上 B、C 型鬲出现情况作一比较可见，B、C 型鬲都以东南区出现频率较高，
但从共存情况和墓葬分布看 B、C 型鬲与 A 型鬲的关系，B 型鬲及其可能代表的近于燕
南以至中原地区的人群，与 A 型鬲及 A 型鬲所代表的本地人群之间的关系，较 C 型鬲
及其可能代表的近于辽东地区的人群，与 A 型鬲及 A 型鬲所代表的本地人群之间的关
系，要密切得多。这种 B 型鬲表现出的与当地文化较密切的关系和 C 型鬲表现出的较
强的独立性，都是很可注意的。也可见，大甸子墓地所具有的不同文化群体的差别并
不限于乙型陶器所代表的东部邻居高台山文化，如果这种代表不同文化群体的因素在
一个墓地大量共存，反映了由血缘关系向地域关系的过渡，那么这一具有社会关系本
质性的变化反映在考古文化上要广泛复杂得多[7]。这也使我们认识到，在一个共同的
考古单元内区分不同文化群体的可能性和极端重要性。

关于 B、C 型鬲在墓地出现的时间和演变过程。由于墓地最早期墓中未见 B、C 型
鬲，而《报告》分辨出的 BⅣ 型鬲、CⅡ 型鬲这两型为 B、C 型鬲的晚期型式，如前述，
这两型鬲都见于墓地最晚期墓中，由此推测，B、C 型鬲是在墓地形成过程中才加入
的，并一直延续到墓地结束。又从《报告》表一八所列 A、B、C 型鬲演变顺序和共存
关系可见，在墓地的早期，B 型鬲的早期型式较 C 型鬲的早期型式出现频率要高，而
在墓地的晚期，则 C 型鬲的晚期型式出现频率较高。由此推测，B 型鬲在墓地出现的
时间可能较 C 型鬲为早，而 C 型鬲在墓地的晚期较早期为活跃。

还要补充的是，在大甸子墓地的大型墓中，往往一墓中有多组陶器随葬，其中多
数为不只一组的 A 型鬲扣罐的组合。初步统计，一墓多组陶器见于 17 座墓中，其中 12
组为鬲扣罐的组合，多数为一墓两组，共 9 例，其余为一墓三组，共三例。各组陶器
组合在规模、质量以及彩绘风格上往往有所区别，有的区别还相当明显，如 371 号墓
鬲 9 - 罐（罍）10 的组合与鬲 8 - 罐 29 组合之间在等级上的悬殊差别。同墓同组合有

---

〔7〕　大甸子 653 号墓随葬一件饰条形堆纹的鬲（《报告》也称为甗），细砂质，灰褐色。这种鬲在夏
　　　家店下层文化遗址中也偶有出土，其纹饰不仅与夏家店下层文化不同，而且陶质、陶色也有差
　　　异，它与内蒙古中西部所出的"蛇纹鬲"相近，应视为与西部有关的一种文化因素。参见刘观
　　　民：《试析夏家店下层文化的陶鬲》，《中国考古学研究——夏鼐先生考古五十年纪念论文集》
　　　94～100 页，文物出版社，1986 年。

所区别的这些陶器群，应含有亲近但不同的社会单元的意义。

这样，对大甸子墓地反映的社会组织，如果以区及其所代表的家族为基本单元，那么其间所含的差别，大从不同文化群体，小到同一家族内不同小单元间都有强烈表现。

三

(一) 墓葬等级所反映的社会分层

《报告》强调了区间差别所反映的社会分层。制作极其精美而独特的陶鬶、爵在大甸子墓地随葬品中，是比较少见却引人注目的，这不仅是因为这两类器物与中原二里头文化的鬶、爵相似，而且随葬鬶、爵的共 13 座墓，大都为大型墓或较大型墓，随葬陶器多者三四组，少者也有 4 件之多，都超过一组陶器的普通随葬礼遇，说明随葬鬶、爵是一种特殊的待遇，且这 13 座有鬶、爵的墓，12 座都属于北区，而又以北区中的726 小区最多，由此可见各区和各亚区间已有高低贵贱之分。

彩绘陶器在随葬中的差别由于彩绘绘法、用料、题材方面的多样性，而更显示其等级方面的差别。大型墓大都有彩绘陶随葬，而且往往彩绘颜色保存好而鲜艳，彩绘技法细致流畅，构图复杂，墓地间区和亚区间的等级差别在彩绘陶器主要是彩绘陶器花纹的使用上也有明显的表现。如兽面纹的使用，在大甸子墓地的彩绘陶器中，与商代青铜器花纹最为接近的就是这种兽面纹，可见兽面纹彩绘陶器在随葬陶器中的神圣地位。据统计，大甸子出现这种兽面纹全部或部分即"有目"图案者，共 37 座墓，它们都为大型墓和较大型墓，它们在整个墓地的分布似与出鬶、爵的墓一致，即以北区为最多，达 32 座，中区次之，南区不见，北区中又以出鬶、爵较多的 726 区出现最多，达 11 座墓，这就进一步证明了各区和亚区间的等级差别。

《报告》还特别分析了随葬石、玉钺的男性大墓与随葬纺轮的女性大墓之间的显著区别，认为男、女性成年墓各 300 座，分别随葬玉、石钺的男性墓和随葬纺轮的女性墓各占其中的 1/3，各构成一个特殊的集团。其中 726 区男性墓随葬玉、石钺的占成年墓的 1/2，而无随葬纺轮的女性墓。中 b 区分别为 1/4 和 1/2，南区分别为 1/10 和 1/2。由于北区表现权势和财富的随葬品 (鬶、爵，兽面纹、玉石钺、真贝及大墓数量) 远高于南区，所以，《报告》以为，这是一个以男性为主以"A"家族为主体的村砦。

《报告》还主要依墓圹的长度，对大甸子墓葬作了等级划分，分为大、中、小型墓，并指出：属于成年人的墓葬，1/3 没有或只有不成组陶器随葬，多数墓随葬一组陶器。而同时随葬 2、3 组陶器的墓葬，在整个墓地不过 20 座，约占 2.5%。其间差别的悬殊程度突出表现为极少数人具备了至尊的身份和地位。

这里要补充的是，大甸子诸墓葬间的等级划分已经规范化，似已具备了较为细密而严格的标准，这在墓葬的深度（墓葬深度似较墓圹长度更敏感），木椁的使用，壁龛的有无、大小，猪狗随葬的种类、数量、形式，随葬陶、石、玉、漆等器物的多寡、精陋，彩绘陶器以及某些特殊彩绘母题如兽面纹的使用上都有对应表现。如深 1 米以下的小型墓，一般不随葬整猪、狗和彩绘陶器以及精致的装饰品，也无木椁；深 3 米以上的大型墓，多有整猪和狗随葬，壁龛较大，彩绘陶器、鬶、爵、铜器、玉器、漆器、海贝以及石、玉钺等绝大多数为大墓所拥有。其具体情况还可列出：

猪狗数量。葬 2 猪 4 狗共 2 座墓，都为特大型墓（M371 与 M612），次有 2 猪 2 狗、1 猪 2 狗，而以 1 猪 1 狗为最多，中小型墓有的只在壁龛中葬 1 副猪趾骨。无固定陶器组合的小墓一般不葬猪和狗。

棺椁的使用。大墓中有高达 2 米以上的木椁。小型墓除特殊者施用土坯、石块以代棺椁外，绝大部分无木椁。

壁龛与陶器组合。一般为 1 组，大墓有的为 3 组或 2 组，壁龛的规模随之扩大。中小型墓的壁龛长度小于墓的端壁，大型壁龛则由墓端壁外扩，使壁龛的宽度大于墓端的宽度，有 5 座墓更扩展到由两侧壁外扩，作成更大的壁龛，这 5 座墓中有 3 座墓为特大型墓（M371、M612、M905），特大型墓 M726 更设 3 龛，即除墓端的脚龛外，还在靠近墓端的两侧壁作出对称的各一龛。

鬶、爵限制在大型墓中。其中 4 座特大型墓中，除 M371 以外，其所在的中区都不见鬶、爵，其余 3 座都有鬶、爵随葬。

玉、石钺的使用都为男性大墓，可能代表了一个特定的武士阶层。一座随葬红颜料团、白石皿、研磨杆、磨石等彩画工具和玉器半成品的女性墓（M453），墓深 4 米，葬一整猪和铜、玉装饰品多件，说明礼器制作者社会地位较高。

彩绘陶器的等级差别已如前述，表现于用料从而色彩保存程度、题材主要是兽面纹的使用、绘法的精陋、器形的大小等多个方面。其中 4 座特大型墓中随葬的陶器大多数或全部都为彩绘陶，而且彩绘陶器的体形大，尤其是题材中常有兽面纹和与兽面纹有关的有"目"纹和龙蛇纹使用，与其他墓的彩绘陶器在大小、纹饰主题使用规格上明显不同。如 371 号墓随葬的 7 件陶器全部为彩绘陶，其中有 3 件绘兽面纹或有"目"纹，该墓所出本墓地最大的 1 件彩绘陶罐，形制已为典型的罍形，肩部绘对称二兽面，腹部另绘有多个兽面；621 号墓除鬶、爵外的 8 件陶器，有 6 件为彩绘陶，其中 1 件绘兽面纹，2 件盖钮为龟首形，1 件彩绘陶罐体形仅次于 371 号墓的彩陶罍；726 号墓除鬶、爵外的 9 件陶器全部为彩绘陶，虽无兽面纹，却有线条极为精细、构图极为复杂的彩绘图案；905 号墓除鬶、爵外的 10 件陶器，全部有彩绘，为本墓地随葬彩绘陶器最多的一座墓，其中 2 件有龙蛇纹或有"目"纹。

这样，依墓葬结构、规模、葬具、壁龛，随葬陶器及彩绘花纹的使用，斧钺、猪狗的随葬等，可在《报告》分为大、中、小型墓的基础上，依次划分出 10 个等级：大型墓可分为特大型墓（每区一座，即北区西小区的 726 号墓、北区东小区的 905 号墓、东南区的 612 号墓、中区的 371 号墓，这四座墓也可能是各区的中心墓）、其他鬶爵墓、其他斧钺墓、其他大型墓；中型墓分为有葬具和无葬具及其他形式葬具的墓；小型墓分为有随葬品和无随葬品墓，还有特殊形式的小型墓。

这里还要提到乙型陶器和 B、C 型鬲与墓葬等级的关系。出乙型陶器的 11 座墓，都未见有鬶、爵随葬，459 号墓有一组以上的陶器和兽面纹彩绘陶器随葬，1009 号墓随葬有石钺；出 B 型鬲的墓中，都无鬶、爵随葬，有 12 座墓随葬斧钺；出 C 型鬲的墓中，有特大型墓 612 号墓随葬有鬶、爵，有 7 座墓随葬有斧钺，值得注意的是，出 C 型鬲的这几座等级较高的墓，都分布在东南区。由于表现权势和财富的大型墓葬和随葬品（鬶、爵、兽面纹、玉石钺、真贝）在 B、C 型鬲出现频率较低的北区高于 B、C 型鬲出现频率较高的南区，推测乙型陶器和 B、C 型鬲可能代表的非本地人群。在大甸子墓地中所表现的社会等级中，总的趋势是较低的，不过，出乙型陶器和 B、C 型鬲的墓，也不乏规格较高者，联系各型鬲在墓地中常有共出和杂处的情况，又似说明本地人群与非本地人群之间的平等和谐关系。

（二）居住址的相应变化

据调查，在大甸子遗址四周 0.5 公里范围内的东北、西南和东南部，都有夏家店下层文化遗址分布，在此范围之外，主要在西北和东南部有更多夏家店下层文化遗址分布，但大甸子遗址所具有的中心聚落地位十分明显。除了这个遗址本身具有面积达 6 万平方米、有夯筑城墙和壕沟的大规模城址和高度礼制化的大型墓地以外，在大甸子遗址附近以北、以东、以南的 25 公里以内没有像如此大的夏家店下层文化的遗址，这与大甸子以北约 6 公里发掘的范杖子小型墓地的比较也可说明[8]，从而形成以大甸子遗址为中心的遗址群。如《报告》所述，它是百里之内背依山地，伸入丘陵原上的惟一的一个大居民点。像这样的居民点，或许就是《左传》中所记载"卿，大夫之邑，有宗庙亦曰都，其余称邑"的邑了，而夏家店下层文化聚落群体的多级层次的分化，则更是如《左传》所记的"国、郊、野"的划分了。

在夏家店下层文化分布区的其他地区，也已归纳出不同层次的聚落群，如喀拉沁

---

[8] 内蒙古自治区文物工作队：《敖汉旗范杖子古墓群发掘简报》，《内蒙古文物考古》1984 年 3 期。

图八　英金河、阴河流域夏家店下层文化石城址分布示意图

旗半支箭河流域和英金河流域的各群（图八）[9]。而且各聚落群的层次性，如大甸子群一样，不仅表现为有大小之分，而且在一定区域范围内，往往组成小型者多、中型者少、大型者仅居一二的群落布局结构。如对英金河沿岸石城址群的分析，徐光冀以为，这群石城址都不是孤立存在的，而是成组（群）出现的，可以明显地看出三组，每一组石城址群中，都有一两座大的石城址，每组石城址群间，有相当距离的间隔。这种现象似可理解为每座石城址可能是一个相对独立的社会单位，每组石城址群则可能是这种社会单位的联合体，每一组群中大的石城址可能是联合体的中心，而整个的由石城址群组成的城堡带，则属于更高于这种联合体社会组织。朱延平进一步以为，这三组聚落群体，都有大型、中型、小型三类之分，但在拥有的数量上却表现出差异，三组都以小型址居多，中型每组各有一两座，大型城址则只在西组有一座。而且每组中的中型城址大都处在中心聚落的位置，惟一的一座大型城址恰好位于西组两个中型城址之间，这种以大型城址为中心、中型城址为两翼、小城址穿插其间的形势，使西组成为英金河石城址群体的中心，中、东组形成西组的外围。英金河夏家店下层文化这种聚落群的层次性，如再与邻近其他聚落群体比较，可有更深入一步的认识。在英金河聚落群南部相邻的半支箭河流域的夏家店下层文化聚落群，与英金河群一样，也形成大、中、小三级结构，依次为城子、西道、河南诸遗址，但是，半支箭河流域的聚落规模，无论是作为中心聚落的城子遗址，还是作为外围的西道中型聚落，都要比英金河流域西组的大型城址和中型城址大得多。而像英金河城址群这样的规模，还分布在半支箭河中游为中心的方圆百公里范围内，这似又表明，英金河城址群又是作为

---

〔9〕　徐光冀：《赤峰英金河、阴河流域的石城遗址》，《中国考古学研究——夏鼐先生考古五十年纪念论文集》82~93 页，文物出版社，1986 年；中国社会科学院考古研究所、内蒙古文物考古研究所、吉林大学考古系赤峰考古队：《内蒙古赤峰市半支箭河中游 1996 年调查报告》，《考古》1998 年 9 期。

半支箭河群的外围群体的一部分而存在的。这就形成了更大范围的有中心群体和外围群体，外围群体也各有中心，按等级有序分布、逐层凝聚的总体布局[10]。这就进一步揭示出夏家店下层文化社会结构等级分化的普遍性和严格性。

夏家店下层文化聚落址的这种严格的等级差别在居住址中也有多方面的反映。在丰下遗址和东八家遗址分别发掘和调查的房址，在规模和结构上表现出明显差别。东八家地表调查测量的66座石砌圆形居住址，多数直径为3～5米，直径为8～10米的仅6座，而位于南部中心部位的第57号房址外墙内的直径达40米（图九）[11]。丰下遗址只是一个小型的台地型居住址，也已可分出小型单间、中型单间或双间、大型双间

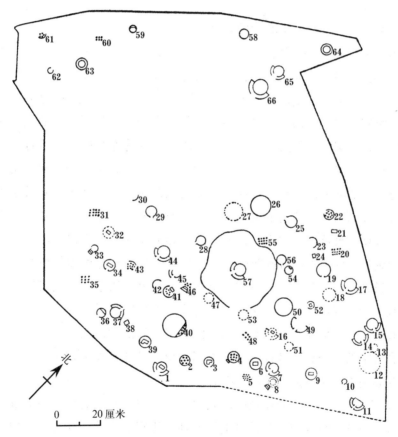

图九　东八家石城砦遗址房址分布图

〔10〕　朱延平：《夏家店下层文化的社会发展阶段》，《中国北方古代文化国际学术研讨会论文集》103～109页，中国文史出版社，1995年。

〔11〕　佟柱臣：《赤峰东八家石城址勘查记》，《考古通讯》1957年6期。

三种。如将具有特殊功能的房址除外，推测大多数房址为单家独户的住屋，然而其结构之繁简，设施之精陋，出土遗物之丰俭、优劣，有很大差别，当在一定程度上反映了当时社会基本单位家庭之间的贫富分化状况。丰下遗址的房址在屋内的设施上表现的差别尤为明显，有洁白而平整白灰面的居住址都为大型房址，小型房址和附属于大房址的小型房址都为烧土居住面[12]。

在赤峰市西郊的五三乡西道村遗址，还发现一座现存不足 1 万平方米的土台。台上房址均为地面起建，层层叠摞，有用土坯砌重墙，重墙之间 1 米间隔内还分出若干隔间，个别房屋还涂有红色颜料，宗教色彩十分浓厚。而土台以北、以东的外围，则堆积较薄，房址为半地穴式。在一个聚落内形成土台建筑与外围房址间强烈的等级分化[13]。

新近对北票县康家屯石筑城砦的较全面揭露，不仅可见单独的房址和院落，而且还可辨认出由主附石墙相隔而成的大小"院区"，康家屯遗址在夏家店下层文化遗址中属于中小型类且功能与低台地遗址有所区别的山城址，这个城砦复杂的建筑布局与结构，透露出夏家店下层文化普通规格的石城砦在社会单元分化方面的多层次性[14]。

以上夏家店下层文化房址间的这种等级差别与墓葬所反映的情况是基本一致的。与此有关的是，夏家店下层文化聚落普遍表现出居住的连续性和强烈防御性。前者如遗址文化层往往甚厚，一般在 3 米左右，最厚可达 10 米以上，居住面也往往有多层叠摞，有固守老屋的习俗，这在低台地型遗址表现尤为显著，有些台地遗址就是因长期连续在原地居住而由平地渐高而形成的。后者如房址都有厚实的土墙，外还砌筑讲究而牢固的石围墙；聚落址的周围又设土石围墙和宽而深的壕沟；大遗址附近有高山哨所；在一定地域，沿河川的石城堡可连成一片或一线，即有称为长城原型的。特别注重防御和呈链锁式或星罗棋布式分布的城堡群，在夏家店下层文化时期普遍出现，反映了当时社会的不安定和动荡，这与墓葬连续而不打破和居住址多层叠摞所反映的内部连续性和稳定性，形成强烈反差。内部的稳定和外部动荡的这一反差现象，似表明了当时社会变革的一个重要特征：群体内部的稳定是外部加强防御的结果，而强烈的防御观念又是内部稳定所提出的迫切要求。

由于夏家店下层文化遗址在燕山以北的大凌河中上游到老哈河中上游有十分密集的分布、各类遗址群组合和相当严密的层次性，特别是大范围遗址群的层次性，而像大甸子这样规模的中心邑落也发现不只一两处，这就有力地暗示着一个极其重要的现

---

〔12〕　辽宁省文物干部培训班：《辽宁北票县丰下遗址 1972 年春发掘简报》，《考古》1976 年 3 期。

〔13〕　刘晋祥：《赤峰市点将台青铜时代遗址》，《中国考古学年鉴（1991）》，文物出版社，1992 年。

〔14〕　辽宁省文物考古研究所：《辽宁北票市康家屯城址发掘简报》，《考古》2001 年 8 期。

象，那就是，在夏家店下层文化中存在着一个该文化最高层次超中心邑落。寻找这一最高层次超中心邑落，应是辽西地区早期青铜文化田野考古工作中一个很有吸引力的课题。正如苏秉琦先生所言："朝阳有几个县和昭盟敖汉旗在普查中仅发现有多处类似规模的'一大几小'土城堡组合群。我们有理由相信，还有高于这些群体、而同产生那种类似'长城'的小堡垒群相适应的、更高一级的聚落——或可称作古城的遗址没有被发现；还有比大甸子墓群中那些随葬象征特殊身份的器物（如铜'权杖'首，仿铜器的陶爵、陶鬶，成组玉器等）的规格更高的墓葬没有被发现；还有些早于西周的、曾见于古文献的燕山以北'古国'没有被发现。这是这个地区下一步工作的又一个重点。"[15]

四

夏家店下层文化作为与夏王国为伍的方国文明，从大甸子墓地与有关遗址表现出以下特点：

（1）墓地和居住址所反映的极强的文化连续性、稳定性与统一性，是继红山文化之后在东北地区南部出现的又一个文化繁荣期。

（2）墓地的分区和区间差别、墓葬的等级制和随葬品的礼器化，反映社会分层的严密性较红山文化远胜一筹。

（3）来自东、南、西部邻区不同文化群体因素与当地文化因素的共存现象表明，夏家店下层文化发展的连续性和稳定性，与文化的多元性不无关系。已知夏家店下层文化与四邻文化接触交流频繁，却熔铸一体，由于避免了不同文化间的更替或简单的复合体的交流形式，大幅度吸收外来文化新成分就成为当地社会与文化发展的积极和稳定因素，这是东北南部地区聚落演变与早期文明进程的一个显著特征。

---

〔15〕　苏秉琦：《辽西古文化古城古国——兼谈当前田野考古工作的重点或大课题》，《文物》1986年8期；又见《华人·龙的传人·中国人——考古寻根记》78页，辽宁大学出版社，1994年。

"大一"古义及相关问题

饶宗颐[*]

Taiyi, a conception on the essence of the universe, referred to a kind of phenomena that the sky and the earth were not separated. After the Eastern Han dynasty Taiyi was generally interpreted as Yuanqi, which meant not-separated. The rite originating from Taiyi was exactly equal to that the rite originating from Yuanqi. In *Liwei Hanwenjia* it says: "the order of the rite was from Taiyi, the activity of the rite was from Suihuang and the name of the rite was from Huangdi", also revealing that the thinking of the rite emerged before the separation of the sky and the heaven. *Li* or the order was nonfigurative but actually existed. In the text of *Laozi* unearthed from Guodian it is recorded that the Dao mixed and formed. This Dao was the Taiyi in rites and it also came into being prior to the sky and the earth. Therefore, understanding the initial meaning of Taiyi is helpful for understanding the Dao and the origin of Daoism. Moreover, the thought that Taiyi shengshui or the great one generating water discloses the truth of Laozi belonging to the yin, the ground and the water, which was probably derived from one of the Yin people's thoughts that the ground was mostly emphasized.

    非常惭愧我没有准备好，李伯谦先生要我在这个非常忙的时间来做讲座，我暂时没有时间把我的想法写出来，故也没法把我的写稿派发给各位先生们，心里头很不安。但是我准备了一大堆的材料，在这里就把我的一些不成熟的意见提出来请教在座的各位，尤其是在座的李零先生，他有过多年深厚的研究，我的一些研究其实是在跟着你走的（面向李零，笑）。

    我自己平时念书，了解某些问题，每每感到大家对同一个材料的理解可能是会不大一样，经常是会有这样的情况。我们研究问题其实也还是在念书中，书是念不完的，所以问题也就层出不穷。过去所想到的东西，碰到一个新的材料就会发生一个新的疑问或新的解释。我今天提的是老问题，因为这个"太一"实在是已经讲烂了，几十篇文章，我没有办法都念，但还是大多数念过，李（零）先生的书我都念了好几遍的。今天我就提出几点，按照我列出的纲要来讲。

    第一，我就是要讲"太一"的古义。什么叫"古义"呢，就是说过去的人给它一

---

[*] 作者系香港中文大学教授，北京大学客座教授，北京大学震旦古代文明研究中心顾问。

个什么定义，什么看法，是有一个公认的意见的。我们今天要讲的是古代的事物，不能用现代的东西，也得按照过去的，了解他们过去是怎样讲的，然后我们今天再修正，或者补充。我提出的"太一"的第一个古义就是"元气"，古人把这个"太一"用"元气"两个字来解释，这对不对呢，大家都可以商量的。这一说一直到唐代总结五经的时期，都是这么一个讲法。我们现在打开一部《太平御览》，当然第一是"天"部，但在没有"天"之前，他们还给了一个名堂，第一个就是"元气"。这个"元气"是在天地之前就存在的，这个讲法是不是合理，我们慢慢再研究。当然《太平御览》是一部类书，不是可以完全根据的，但是这也是他们从古人那里得到的一个结论。第一个是"元气"，接下来呢，就是所谓"太易、太初、太始、太素"、"太极"这一类的东西，我们在《列子·天瑞》里面也都是念过的（按[1]：《列子·天瑞》原文曰："夫有形生于无形，则天地安从生？故曰，有太易（一），有太初，有太始，有太素。太易者，未见气也。太初者，气之始也。太始者，形之始也。太素者，质之始也"）。大家注意，这个"元气"是列在第一位的。《太平御览》"元气"这部分，开头就引用《家语》，当然是《孔子家语》了，以前大家认为《孔子家语》是伪书，现在看也不一定。《孔子家语》里说："夫礼必本之太一，太一分为天地，转为阴阳，变为四时，列为鬼神。"下面还有一个解释，说"太一谓元气也"。《孔子家语》这句话实际是抄《礼记·礼运》的。《礼记·礼运》说："是故夫礼，必本于一，分而为天地，转而为阴阳，变而为四时，列而为鬼神，其将曰命，其官于天也。"这段话其实庞朴先生很早就提出来过，用这段话来解当时刚出土的竹简材料。《孔子家语》引用这个《礼记·礼运》的讲法，孔颖达在这个注解的"疏"里也曾讲过："必本于大一者，谓天地未分混沌之元气也，极大曰天，未分曰一"。他把这个"太一"两个字拆开来讲，"天"是极大，"一"是未分，"其气既极大而未分，故曰大一也"。这是当时按照字面来讲的，这个"一"就是指还没有分开，"太一"就是指自然界天地未分之前的一个景象。其实类似的情况还可见《吕氏春秋》的《古乐篇》。这个相关的解释也是用"元气"来解的。我看自东汉以来，大家都用"元气"来讲"太一"。浑然没有分开，就叫"元气"了。古人讲"礼""乐"两个来源都是本乎"太一"，就是指本乎"气"。这些讲法我们若仔细分析，当是同纬书有关，纬书是不一定可靠，我们不管可靠不可靠，我们看这个意见，肯定不是一下子就这样讲的，必要经过一段发展，纬书是绝对可以代表汉人的意见。在礼的纬书《含文嘉》中讲到，说"礼有三起"（按：《礼纬含文嘉》原文曰："礼有三起：礼理起于太一，礼事起于遂皇，礼名起于黄帝"）。这里是说三个缘起，第一个就是"礼"的"理"，第二个是"礼"的"事"，第三个是"礼"的"名"，他分为了三层，这个蛮

―――――――――

有意思的。"礼"的"理"，这是抽象的；"礼"的"事"，这是具体的；再一个就是"礼"的"名"。第一个就讲"礼"的"理"，他首先就讲抽象的，把抽象的东西排在前面，他讲"礼"的"理"是"起于太一"的，《礼记·礼运》讲礼"必本于大一"应该就是指礼的道理"必本于大一"。今天楚简《老子》的出土对我们研究道教是很有帮助的。因为我是搞道教的，研究道家起源的问题，写不少的东西，所以我也一直很关心这方面的问题，我关心一个概念，怎样发展。我们现在都喜欢很具体的马上来解释一个事情，但是"太一"好像应该基本上属于一个抽象观念的。它的发展和后来道教形成有很重要的关系。今天楚简发现了，我们可以看到，《老子》里面那最普通的一句："有物混成，先天地生"，但在郭店楚简里不是写"有物"，而是写"有道"。"混"写成"蟲"，当然"蟲"是"昆"之误，昆即蜫见于《说文》。再把"昆"读成"混"是应该没有问题，大家都不会有意见的。

"有物混成"句，郭店本作"有蟲蟲（蜫）成"。原书注云："蟲从屮，百声，疑读作道。"裘（锡圭）先生改读屮为声，而读作状，说是有混成的形状。一以百为声，一以屮为声。二说以何者为当？我经仔细考虑，《庄子·天下篇》：齐高物以为首，首即是道。《太一生水》云"上，氦（气）而谓之天。""道"亦其字也。《老子·想尔注》解是章"吾不知其名，字之曰道"云："吾，道也。"把道作第一身看待。如是读为有道混成比较"有状混成"仅指表面意义似与道家思想更为接近，这是我的看法。

《礼记》孔颖达的疏可以说是总结南北朝以来的不同的意见。南北朝研究礼的人非常多，礼家很是复杂。孔颖达在《礼记正义》开头有一篇很长的文章，开篇讲："夫礼者，经天地，理人伦，本其所起，在天地未分之前，故《礼运》云夫礼者必本于大一，是天地未分之前，已有礼也。"他的讲法我们今天当然可以不一定同意，天地没有分，哪里会有礼。但它实是从"理"来讲的，这样的"理"应该是存在的。这个"理"是一个"order"，一个秩序，不但人类有"理"，动物也有"理"，一切都有他一定的组织，都有他一定的"理"，假如没有"理"，今天科学就没有办法了解一切的东西。这种"理"可能是与生俱来的，否则今天我们对基因也无从讲起了。这个道理应该是先有"理"，后来发生这个事情，然后才给一个"名"。所以礼的纬书讲这三个层次，我觉得是很科学的。"理"在前，然后"事"，最后是"名"。"名"是我们给的一个名字，这个"名"的产生，从中国人的知识史来讲，名是排在后面的。儒家讲"正名"，据说"名"的开始自黄帝，这些当然我们也不管，但这三个层次确实很有意思的。所以孔颖达在这篇序里讲了这个，说在天地没有分之前，"礼"的道理就存在的，汉代的人悟到事物在未有分之前先一个"理"存在，就是这个"元气"。《易经》的纬书《乾凿度》中谈到："有形生于无形，……故曰，有太易（一），有太初，有太始，有太素。太易者，未见气也。太初者，气之始也。太始者，形之始也。太素者，质之始也。"其实基本上是和《列子·天瑞》里讲的一样，都是在最前面讲一个"气"。我们想到庄子是听大宗师讲到一个"气母"，同时我们也知道打开《说文解字》，第一个字就是"一"，说"惟初太始，道立于一，造分天地，化成万物"，许慎这句话也是讲这个道理的，他完全是站在道家的立场上来看这个天地的，应该是先有"道"。所以这个郭店本的《老子》讲"有道混成"，而不讲"有物混成"，这一点是可以帮助我们了解"道"这个字的重要性。道在天地之前，也等于礼家讲的"太一"，"理"是在礼的事情之前一样，这一点儒与道是完全一致的，就是抽象的观念在前。我过去一段时间老是不理解，张天师《老子》的注本，他老是把"道"人格化，现在我明白了。东汉以来，大家都这么说。郭店本"有物"写成"有道"，有它的道理。当然我的这些讲法是哲学的讲法，不是考古学，但是考古学也应该参以哲学的理解，我个人很强调这一点，全因为都是在说一个"道理"。

　　现在，我可能不能完全按我的纲要讲完，因为资料很多，但是我有一些意见可能会有一点启发性，我还是要讲。我们今天研究古东西，可以说有三派，一派是文字学为首的，一派是哲学家的一派，一派就是历史学家了，可以说主要就是这三大分支。但我觉得这三者实际上都应该合一，分是可以的，因为每个人长处不一样，说长处就是指对某一方面修养深的，功力深的。文字学家长处就在于在某一个字上争来争去，从"偏旁"，从"异形"，各种各样的，争得很厉害。第二派就是哲学家，就是讲"理"，讲这个"理"的发展，这一点很可以帮忙考古学家的，也很可以帮忙文字学家。但是有些时候大家会觉得，你这个字还没搞清楚，怎么能讲下去。另外就是说历史学家了，今天我们无论如何都要结合地上、地下。如何能讲得清楚，讲得通，大家合起来看问题。一个道理要能讲得通，讲得没有太多的矛盾。总之说来说去，这个理还是第一的。前面讲到这个"理"、"事"、"名"的问题，这基本上是一个哲学的问题，一个思想的东西。先是"理"，其次"事"是发生的事情，然后才是"名"，文字学家看"名"的问题，有"字形"，有"声音"，有"训诂"，这三者实际上是要统一。好，我们再回过头来，为什么后来"老子"给他一个名字，叫做"混元帝君"，宋人写过一部整个的历史，当然这是他们抄前人的，抄的里面意思对不对，我们不能说，但他这样抄，确实是有很多我们看不到的东西，中间有很多很好的材料。叫"混元帝君"，为什么呢，因为说"有物混成，先天地生"，这里"混"字很重要，"混"就是天地未分之前，是一个混沌，分不清楚。而后来又发展到可以把"道"人格化，这种种的情况，他们就是把"太一"用"元气"来解释，这个意见可以代表东汉人的意见，一直到唐人还接受这样的意见。所以我说的"古义"，所谓"古"就是指这个。我这个讲法，同过去无论是讲"礼"的，讲"乐"的，讲"道教"的，还是《庄子》讲的"太一"的思想都是没有矛盾的，所以我说说"古义"，其实就是这样的意思。

第二呢，我们回到《太一生水》这篇文章，我们发现它完全是讲"水"，没有"火"。古人肯定知道"火"，没有"火"就无法生存，也知道"水"是克"火"的，"火"碰到"水"就完了，所以"水"和"火"之间到底是谁先谁后，从自然发展来看，可能是"水"会早一点，"火"要慢慢认识到。其他国家的哲学也都是讲水，希腊也是讲水的，印度也是，印度吠陀里面，水是在宇宙之前面的。但是《太一生水》这篇文章我个人想法他是完全不讲"火"，而且我看他里面有一句话："太一藏于水，行于时，周而或曰万物母；一缺一盈，以忌（纪）为万物经"。他说"太一"藏在水里头，我觉得"藏"这个字很值得注意。这里我附带要批评到一位朋友陈松长先生，陈先生他学问也很深的，他个人意见是利用马王堆出土的《刑德》来作例证，说这个"太一生水"当念为"生于水"，加上一个"于"字（按：陈松长是从先秦文法出发来讲，《刑德》乙篇有云："德始生甲，太阴始生子，刑性生水，水、子。故曰刑德始于甲子"。具体可参见陈松长：《〈太一生水〉考论》，《郭店楚简国际学术研讨会论文汇编》（二），武汉大学，1999 年 10 月，313～317 页）。我个人觉得这就有一点"添文足义"，我觉得是不必要的，因为如果说"生于水"，那下面的文章就很难念了，但是这句"藏于水"这里，"于"又是肯定要有的。我们可以看到，《管子》的《水地篇》，有云"龟生于水，发之于火"，他这里是水火对应的，他把水、火对言！我们再看《太一生水》下面还有说："下，土也，而谓之地。上，气也，而谓之天。道亦其字也，青浑其名。"下面是土，叫地；上面是气，叫天；道，就是他的名字，所以这里这个"道"和我前面讲的郭店本《老子》的"道"一样。我们一般都是先讲下，再讲上，就像我们总是讲阴、阳，不讲阳、阴。关于这个习惯，我觉得可能是与殷代有关；殷人是主"坤"的，《归藏》今天都已经出土了，所以我想这个以水为主、地为主的思想可能与殷代的《归藏》有某种关系，老子这个思想主阴、主下、主水，这可能是殷代思想的一种推进，"太一生水"本身就可看出一点道理。这一说我当然也不敢太肯定。

这里就刚好关系到我们第三个要讲的问题，就是这个"相辅"的道理，有人把"相辅"两个字念为"相薄"，像《说卦》的"雷风相薄"。但这里面有两点不通，水和火对立，才会用"薄"这个字，我刚才引用《管子》里的那句话，就是水火对立的意思。我们看原文里面是讲"相辅"，这里却完全是讲水，根本是不讲火的，老子的思想在郭店本最后一段是完全讲万物要相辅而成，所以在《太一生水》里面是说："水反辅太一，是以成天；天反辅太一，是以成地。"再同时他又讲"相辅"，这里读"辅"是没有问题的，所以下面才能天地相辅以成神明；神明相辅以成阴阳；阴阳相辅以成四时；四时相辅以成沧热；沧热相辅以成湿燥；湿燥相辅以成岁；于是就成了一年。这里"相辅"如果念成"相薄"就念不通了。大家要注意这个《老子》的写本，是一个简本的《老子》，写的人就是喜欢《老子》这几句话，于是就自己摘录，摘录的安排先后，就会有他个人思想存在的，他把"老子"的"有余补不足"那一段搁在后面，于是这后面就连带着把《太一生水》抄在里面，这《太一生水》就是那"有余补不足"的补充品。所以这里，也就不能不从哲学来看问题；要不然，这个《太一生水》突然而来是什么意思呢，可能是再做一点补充。所以这里是不能念成"相薄"的。

好，我们再回到第二个问题上面。我有一问题是要请教两位李先生的，老子也姓李啊，我们讲来讲去都是你们李家的东西（笑），老子是很有意思的。问题就是刚才我提到的水火的问题，天文学上有一个大火，也有个大水，古人用这个水火来分辨宇宙。大水、大火本来是二十八宿里面的，大火本来是指龙星，在东面。为了配合水火南北，又把大火摆在了南面，根据二十八宿是应该在东面的。而北面就是大水了，所以有"南陆"、"北陆"，"大水"是代表"北陆"的。这种思想起源在什么时候，不太清楚，但我个人研究起码是殷的时代就有了，因为那时对"北维"就很确定了。现在有一大本书来讨论武王伐纣的年代，到底是哪一年，还不能肯定。反正我们知道关于"北陆"、"北维"这样的概念应该是在殷代就存在了，南北陆的问题在《左传》里也有很多讨论。水火的问题同时还涉及"五行"的安排的问题，很多文章全没有火，也就没有讲到五行，但却把水排在第一，河图上面有"天以一生水"，郦道元的《水经注》则说"天一生水"，都把"水"排成"一"，为万物先。这些观点我觉得是不是齐国的思想，因为《管子》里特别有《水地篇》。这以地为先应该是殷人的思想，所以他不讲"上下"，甲骨文里面都是讲"下上"的。什么叫《归藏》，就是说"万物无不归藏于其中也"，这些都是专言水地，而没有火的。

下面我就讲两个小问题，这都是要和李（零）先生讨论的。第一个就是关于"太一出行图"的问题，我觉得湖南出土的那张图，很多人都来讲，李（零）先生更是配合上"戈"来讲（按：这里所言之"戈"指 1960 年 5 月湖北荆门漳河桥出土的一件巴蜀式铜戈，李零先生曾将其与马王堆"神祇图"比较。具体可参见李零：《马王堆汉墓"神祇图"应属避兵图》，《考古》1991 年 10 期，940～942 页）。我到现在还是保留用"避兵图"这样的名字，我个人觉得是，这个"避兵图"在画史上面，我不知道能不能从美术史上找到旁证。画史上关于"太一"的图，我找到有两件，一件是《历代名画记》里面，有一幅叫做《太一三宫用兵图》，另一处是宋人梁楷的《太一三宫兵阵图》，这里都是讲"用兵"，没有讲到"避"兵，所以说是"避兵"是没有根据的。那什么叫三宫呢，就是指"玉堂宫"、"明堂宫"、"绛宫"，这三宫都是和干支有关系的，因为"太一"要走九宫，要走遍天下，是按甲、乙、丙、丁、戊、己、庚、辛、壬、癸这样来分的，分了三部分，所以三宫就是这个九宫的安排，"玉堂宫"是代表甲、戊、庚、壬。从这两个用兵图来看，还找不到可以旁证证明是"避兵图"的。《汉书·艺文志》中讲"避兵"指的是"符"。还有一点可以注意的是，湖南那张图上面有个很大的

"社"字，很清楚的，为什么要摆这个"社"字，这还要研究。王莽时代曾出现"太社"一名，而这里面没有"太"，却把"社"写这么大，所以"社"字和这张图的关系还有待研究。而是否可以称为"避兵图"，也是要考虑的。

第五点我要讲"侍星"的问题，李（零）先生有多年很深的功力，从新天文学的角度来讲"太一"的问题，比钱宝琮先生当然进步了很多，但我觉得他太重视"太一"在天文学上的意义了，不管是"太一星"还是"天一星"其实都是在"紫微宫"里面的一个"侍星"，他们不是"主星"，"侍星"的名字不是我杜撰出来的。肖吉的《五行大义》有一篇《论诸神》，他引用甘公的《星经》讲："天皇太帝，本秉万神图，一星在勾陈中，名曜魄宝，五帝之尊祖也。天一、太一主承神。有两星在紫微宫门外，俱侍星。"他在这里对"承"字有个解释说："承，犹侍也"。这句话到底是不是甘公说的，我们不能确定，这里说"俱侍星"是没有问题的，但这里有一个关键，就是这个"曜魄宝"，这三个字出自纬书《春秋文耀钩》（《周礼天官·掌次疏》），东汉经师二郑都说过的。我们再回过来，从这样的一个意义来讲，侍星就不能"生水"了，因为他本身是天界的侍星。我们来讲"太一"啊，还是要从"虚"来讲，汉代的人，他们就不从"实"来讲，而是讲"元气"，故意要搞糊涂，"元气"就是最高的，就可以生什么，生什么了。但要是把这些星请出来，就会有问题，因为他只是个"侍星"，不是天皇大帝呢！《尚书·舜典》"肆类于上帝"郑玄注引马融语云："上帝，太一神。"惟"帝"然后可视为太一。马说可代表东汉人意见。

我就讲到这个地方为止，因为再往下讲就又复杂了。我最后还是从"虚"讲到了"虚"，我们搞史学一切都要真实，要实物，要实证。但有些时候太"实"了，反而不能令人相信，所以前面讲到的"理"、"事"、"名"这三层关系是很有意思，也是很重要的。

我今天其实没有什么好讲的，我也太老了，八十五岁的老人了，不过脑子还不至于乱。在这里来分析这样的问题，也是一种做学问的态度。今天我们现代人如何来处理过去的那些老东西，我提供一些我自己念书的体会。两位李先生，各位专家，各位先生，我的话就到此为止，刚好一个小时，谢谢！

北京大学考古文博学院戴维同学根据 2001 年 10 月 18 日饶宗颐先生在北京大学古代文明研究中心的讲演整理为文，并经饶先生修订，张辛教授审校。

山西临汾下靳墓地玉石器分析

宋建忠[*]

From May to August in 1998, 553 graves with near 400 various relics were excavated at Xiajin cemetery in Linfen by Shanxi Provincial Institute of Archaeology.

According to the tentative analysis on the typology, function, craftwork and source of the unearthed jades, it is confirmed in this paper that there was a culture center using jade products as funerary objects. The technology of making jade and stone wares in this cultural center was derived from Dawenkou culture and Xuejiagang culture, furthermore, the technologic tradition was introduced into Qijia culture in Gansu and Qinghai through the center, as a result, the tradition brought deep influences on the whole jade culture in China.

一、墓 地 概 况

下靳村位于山西省临汾市西南约 10 公里处,隶属临汾市尧庙乡。东南距陶寺遗址约 25 公里,西隔汾河与吕梁山相望,南北为开阔平坦的临汾盆地,海拔高度 450 米,属发育良好的河旁台地。

1997 年,下靳村北 1500 米处的一砖厂在取土时发现了该墓地,并破坏了大批墓葬。1998 年 1 月,中国社会科学院考古研究所的专家考察了该墓地,确认其属于陶寺文化时期。同年 3 月 12 日至 4 月 12 日,中国社会科学院考古研究所山西工作队与临汾行署文化局对部分墓葬进行了现场清理,其间清理墓葬 53 座[1]。5 月起,山西省考古研究所与临汾行署文化局、临汾市文化局组成下靳考古队,对已暴露的墓地开始了正式性的抢救发掘,8 月底发掘结束,发掘墓葬 480 座[2],加上前期的现场清理,一共发掘 533 座。

发掘的 533 座墓葬基本分布在面积 2500 余平方米的范围内,其中东半部墓葬分布稠密,西部则较稀疏。按照头向的不同可分为 A、B 两类。A 类头向东南,约占墓葬总数的

---

　*　作者系山西省考古研究所副研究员。

〔1〕 山西临汾行署文化局、中国社会科学院考古研究所山西工作队:《山西临汾下靳村陶寺文化墓地发掘报告》,《考古学报》1999 年 4 期。
〔2〕 下靳考古队:《山西临汾下靳墓地发掘简报》,《文物》1998 年 12 期。

74.5%，B 类头向东北，约点 25.5%。墓葬分布遵循一定规律，尤其 A 类墓左右并列，成排分布，井然有序，之间少有打破关系，显然该墓地有一套严格的入葬规定和管理制度（图一）。B 类墓较 A 类墓相对零散些，但头向一致，葬式相同，也有一定规律。

　　两类墓均为长方形竖穴土坑墓，四壁垂直，现存深度不一。A 类较浅，深度 0.5 米左右；B 类较深，多在 0.8 米左右。墓葬的大小除少数 A 类墓长 2 米余，宽 1 米以上外，其余均为仅可容身，长不足 2、宽 0.5 米左右的小型墓。在个别规模略大的墓壁一侧有弧顶平底的洞穴式壁龛，但未发现随葬品。

　　墓葬填土一般纯净细腻，A 类为红褐花土，B 类为黄褐土。规模略大的 A 类墓都曾经过早期扰乱，而且小型 A 类墓也有很多被扰，但 B 类墓却无此现象，其原因尚不

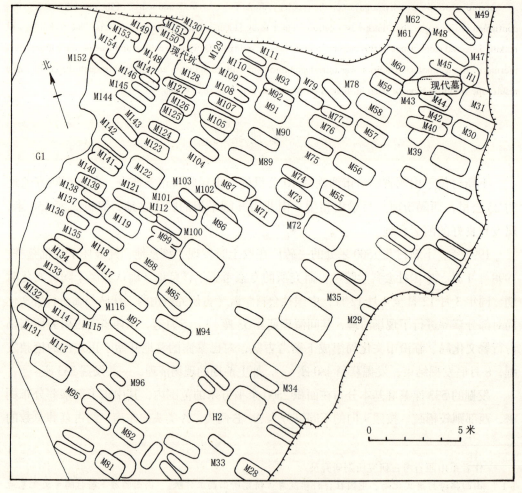

图一　A 类墓葬分布图

（凡未标出墓号者皆为临时清理发掘的墓葬）

清楚。

在个别规模略大的 A 类墓中发现有木质葬具遗痕，但已无法辨别形制与结构。小型墓少数人骨上可辨出用编织物敛尸的痕迹。少数墓有铺撒朱砂的现象，朱砂位置多在股骨以上，有的仅在头部或胸部。

墓葬葬式绝大多数为仰身直肢，极少数为仰身屈肢或侧身屈肢。A 类墓人骨保存状况极差，骨质非常疏松，有些仅存朽痕；B 类墓骨骼保存较好。根据现场对部分人骨的初步鉴定（室内鉴定尚未进行），性别以女性略多，男性略少。年龄结构以中年最多，占 50％以上，老年不足 20％，余为青年、壮年、少年。

两类墓在随葬品方面有明显区别。B 类墓除个别墓头部有骨簪外，其余无任何随葬品。A 类墓则有 40％左右的墓伴有随葬品。随葬品种类以玉石器为主，另有少量的陶器、骨器、蚌器、牙器等小件饰器。533 座墓共获各类随葬品近 400 件。陶器均为明器，数量极少，仅发现 10 余件，形制为瓶，全部出自宽在 0.9 米以上规模略大的墓中，位置多在墓底西北角，器体紧贴墓壁，器物上部外表及口沿内侧均涂有红彩，但无图案。玉石器大类包括礼器、装饰品两大类。礼器主要为钺、刀，装饰品有璧、环、璜、腕饰、头饰及指环等。

总体来看，A、B 两类墓在方向、葬制、随葬品等方面均有较为明显的区别。在两类墓之间有打破关系者均为 A 类打破 B 类，可以肯定 B 类早于 A 类，它们当是不同阶段的不同部族。

下靳墓地处于临汾盆地中心，属陶寺文化分布范围内的文化遗存。其中 A 类墓的整体面貌同陶寺墓地早期中小型墓基本相同，两者不仅规模相当、头向一致、葬式相类，而且随葬品的位置和形制特征也十分一致。因此，下靳墓地 A 类墓的年代当与陶寺墓地早期墓葬相当，属临汾盆地庙底沟二期文化的晚期阶段，绝对年代当距今 4500 年左右（陶寺文化早期约为公元前 2600～前 2400 年）。B 类墓早于 A 类墓，但其绝对年代不详。

二、玉石器分类

下靳墓地最具特色的玉石器主要为钺、刀、璧、环四类，不仅形制丰富，而且数量也占据了玉石器总类的大部分。因此，我们主要分析讨论这四类玉石器，其余暂不讨论。

由于下靳玉石器尚未做矿物学鉴定，因此，我们分类时暂不考虑其岩性成分。但根据我们的目验，下靳玉石器中真玉（透闪石—阳起石系列软玉）较少，至多能占玉石器总数的 10％左右，其余大概为似玉的美石和普通的岩石。在此可参考与下靳墓地相距不远，时代、文化性质相类的陶寺墓地玉石器鉴定情况：据中国地质科学院闻广教授对陶寺墓地玉石器所做的鉴定，其中真玉（透闪石—阳起石系列软玉）有98件，在玉石器总数中占9.6％；半玉（软玉与方解石、钠长石等矿物的共生集合体）6件，占0.6％，假玉或似玉的美石433件，占42.5％，包括大理石、蛇蚊大理石、含镁质大理石、蛇纹石、叶蛇纹石、滑石、绢云母、白云母、石英闪长岩、绿松石等矿物，以大理石最多，其次是蛇纹石，两项合计占假玉的近四分之三[3]。

不考虑矿物学成分，仅以器物形制可将下靳墓地的四类玉石器分为以下型式。

钺　依其形制及长与宽的比例可分为四型。

A型　器身略呈上窄下宽的梯形，刃部斜直。长宽之比约为2∶1。其中又以器形的大小分为二个亚型。

Aa型　器形略大，长度一般大于16、顶宽8厘米左右。M406∶2（图二，1），青灰色夹杂白色条纹。中长19.5、顶宽9、最厚0.6厘米。上部正中管钻一孔，左右两侧呈略钝的刃缘。

Ab型　器形较小，长度一般约12、顶宽6厘米左右。M519∶1（图二，5），灰白色，中长11.5、顶宽4.5、最厚0.4厘米。上部略偏从背面管钻一孔，两侧圆弧。

B型　器形略呈上窄下宽的梯形，器身较A型略为圆厚，刃部圆弧。长宽之比约为2∶1。其中又以器形大小分为二个亚型。

Ba型　器形略大，长度一般大于15、顶宽8厘米左右。M245∶3（图二，2），黄色。中长16、顶宽8.5、最厚0.8厘米。上部正中两面锥钻一孔，两侧呈略钝刃缘。

Bb型　器形略小，长度一般约12、顶宽6厘米左右。M227∶1（图二，6），蓝色杂黄斑。中长11.8、顶宽4.6、最厚1.2厘米。上中部两面锥钻一孔，两侧缘磨平。

C型　器形呈窄长梯形状，刃部斜直，厚度较薄。长宽之比约为3∶1。其中以器形大小又可分三亚型。

Ca型　器形较大，长度一般约18、顶宽6厘米左右。M048∶3（图二，3），淡蓝色。中长19.5、顶宽7、最厚0.7厘米。上中部管钻一孔，两侧缘圆弧。

Cb型　器形较小，长度一般13、顶宽4.5厘米左右。M218∶4（图二，7），碧绿色。中长12.6、顶宽4.5、最厚0.6厘米。上中部管钻一孔，两侧缘圆弧，略有数处破损。

Cc型　器形很小，长度约9、顶宽3厘米左右。M409∶1（图二，8），灰白色。中长8.2、顶宽2.6、最厚0.8厘米。上中部管钻一孔，两侧缘方平。

D型　器形呈宽短梯形状，刃部斜直。长宽之比约为1∶1。M410∶1（图二，4）灰白色。中长9.8、顶宽8.8、最厚0.7厘米。中部管钻一孔，孔上方留有管钻偏位的痕迹，可以确证此孔系管钻而成，两侧缘方平。此外，在顶端留有红彩木柄的痕迹，可

---

[3]　高炜：《陶寺文化玉器及相关问题》，《东亚玉器》第一卷，香港中文大学，1998年。

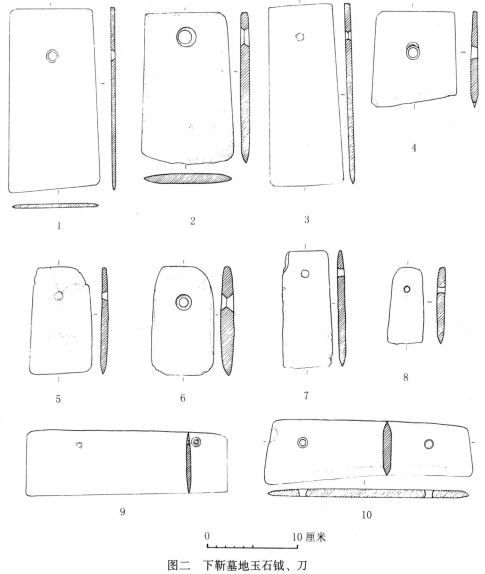

图二 下靳墓地玉石钺、刀

1. Aa 型钺（M406:2）   2. Ba 型钺（M245:3）   3. Ca 型钺（M048:3）   4. D 型钺（M410:1）
5. Ab 型钺（M519:1）   6. Bb 型钺（M227:1）   7. Cb 型钺（M218:4）   8. Cc 型钺（M409:1）
9. A 型双孔刀（M058:1）   10. B 型双孔刀（M153:1）

以得知装柄之方法。

　　双孔刀 发现较少，发掘仅获7件。依刀的形制可分二型。

　　A型 整体大致呈不规则梯形。左右两端一端宽，一端窄。背部平直，近背端钻两孔。底边两面刃，刃部斜直，刃边长于背部。M058:1（图二，9），灰白色。背部长

22、刃部长22.4、宽端7、窄端5.8、最厚0.4厘米。背部磨成刃缘，两侧缘方平，近背端两面锥钻二孔，背部留有装木柄之痕迹。

B型　整体同A型相似，惟刃部斜凹。M153∶1（图二，10），灰色夹杂深蓝色斑纹。背部长22、刃部长23.5、宽端7、窄端5.2、最厚0.9厘米。

璧　数量较少，好径多为6~7厘米，只有一件为7.5厘米，外径多在15~17厘米之间，肉宽多为4~5厘米。依肉缘之断面可分二型。

A型　肉缘断面呈楔形，内缘弧厚，外缘尖薄。M145∶1（图三，2），灰白色。外径15.3、好径6.3、肉宽4.5、肉缘厚0.7厘米。肉缘内外侧留有断裂后缀补之孔眼8个，均为两面锥钻。

B型　肉缘断面呈长条形。M406∶1（图三，1），深褐色。外径16.2、好径7、肉宽4.6、内缘厚0.8、外缘厚0.5厘米。在肉面中部留有缀补之孔眼6个，均为两面锥钻，钻孔极不规整。

环　我们将套于腕臂上，肉的宽度较窄的统称为环。下靳墓地发现的环，好径基本均在6~7厘米，同璧的好径基本相同，但肉宽比璧的明显窄，一般在2~2.5厘米。依其断面型式和用料情况可分四型。

A型　整体制成，断面呈楔形或长条形，以前者为主。M045∶1（图三，4），灰白色，钙化严重。外径11.5、好径6.5、肉宽2.5、内缘厚1.2厘米。近外缘有片状锯割痕迹。M047∶7（图三，3），碧绿色杂蓝色斑点。外径11.8、好径7、肉宽2.4、厚0.5厘米。肉上留有缀补之孔眼6个，其中一侧三孔为两面锥钻，另一侧三孔为单面锥钻。

B型　小料拼缀而成，多为真玉，可称复合环。有的由不同的小料拼缀，有的用同一块小料锯割成数片拼缀，有二片、四片、五片、六片四种。M229∶1（图三，6），近白色，同一块玉料先成型，后锯割为四片，最后打磨钻孔。钻孔均为两面锥钻，每片一端为单孔，另端为双孔，片与片之间单孔对双孔连缀。断面内缘方厚，外缘圆薄。外径11.2、好径6.8、肉宽2.2、内缘厚0.6厘米。其中有一片中部另外留有断裂后缀补之孔眼三个，亦为两面锥钻。M483∶1（图三，5），碧绿色。六片连缀，其中五片显系同一块玉料开片而成。每片一端尖，另端平，尖端单面锥钻单孔，平端两面锥钻双孔，两片之间单孔对双孔连缀。断面呈扁平条形，厚度仅0.2厘米。由于不甚规则，孔径略有不一，外径11.5、好径约6.5厘米。

C型　整体制成，断面呈"T"字形，有"凸唇环"或"有领环"之称。M279∶2（图三，8），灰白色。外径11.4、好径6.7、内缘宽3.8厘米，外缘尖锐。

D型　方形环。仅一件M235∶2（图三，7），灰白色。外形呈圆角长方形，中孔椭圆，断面呈长方形。长8.8、宽7.8、中孔长径7.2、短径6.5、肉厚1.8厘米。

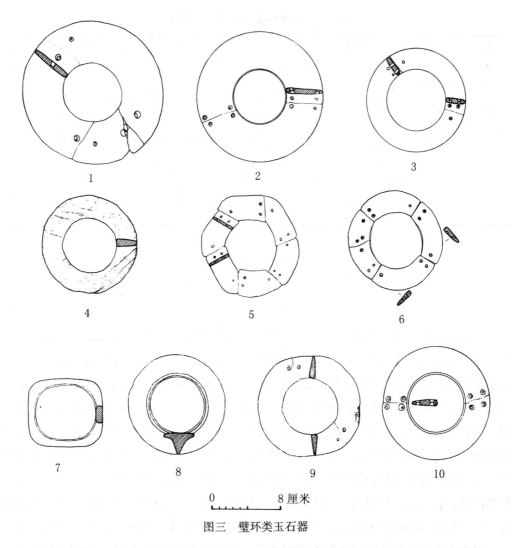

图三　璧环类玉石器

1. B型璧（M406:1）　2. A型璧（M145:1）　3、4. A型环（M047:7、M045:1）　5、6. B型环
（M483:1、M229:1）　7. D型环（M235:2）　8. C型环（M279:2）　9. 薛家岗 M59:1（直径
11.2厘米，采自注〔23〕图二八）　10. 大汶口 M73:4（直径12.5厘米，采自注〔22〕图八三）

依照以上分类标准，对533座墓中的钺、刀、璧、环四类玉石器进行归类可得表
一，由表一可知钺是下靳墓地中最主要的随葬品，其数量占据了四类玉石器的60%，
其次为套于腕臂上的璧环类，两者占据 12.5% 和 18.75%，最少的为刀类，仅占
8.75%。这个数据说明了什么，我们将在后文分析。

表一　下靳墓地钺、刀、璧、环统计

类型	钺								刀	璧		环				总计
	Aa	Ab	Ba	Bb	Ca	Cb	Cc	D		A	B	A	B	C	D	
件	9	8	9	9	4	4	2	3	7	8	2	5	6	3	1	80
计	17		18		10			3								
占百分数（%）	21.25		22.5		12.5			3.75	8.75	10	2.5	6.25	7.5	3.75	1.25	
合计	48								7	10		15				
占百分数（%）	60								8.75	12.5		18.75				100

三、功能与制作工艺

（一）功能

下靳墓地玉石器出土部位明确，对我们认识各类玉石器的功能及性质提供了确凿的依据。就钺类出土部位而言，经检查统计，48件钺有37件横置于腿部不同部位，有3件横置于胸腹部，5件置于左臂旁墓壁处，另有3件发掘报告中未指[4]。在陶寺墓地中，有80多座墓出土玉石钺近百件，大多数在股骨、髌骨外侧，或有放在两腿之间、胸腹部及压在背下的，个别在尸敛上方的填土中[5]。看来两个墓地玉石钺放置部位相近，其功能也当类同。关于钺柄的装置方法，自从有学者注意到是横向装柄后[6]，此后在陶寺墓地发掘中，发掘者发现了几件横向装红彩木柄的证据[7]。大约与此同时，在寺墩、福泉山、反山、瑶山等墓地也发现了10多套横向装涂朱木柄的例证[8]，但与陶寺不同的是它们多与冠饰、端饰配套而成。下靳墓地虽未发现木柄痕迹，但有三件钺在背缘与穿孔间有明显的横向红彩痕迹，当是装柄后涂刷木柄时遗留的刷痕，这也说明下靳的钺装柄方法也是横向置柄。

明确了钺的出土部位和装柄方法，似乎对其功能也就不难推测。目前，一般情况

---

〔4〕同〔1〕。

〔5〕同〔3〕。

〔6〕中国社会科学院考古研究所：《胶县三里河》，文物出版社，1988年。

〔7〕中国社会科学院考古研究所山西工作队、临汾地区文化局：《1978～1980年山西襄汾陶寺墓地发掘简报》，《考古》1983年1期。

〔8〕汪遵国：《良渚文化玉器综论》，《东亚玉器》第一卷，香港中文大学，1998年。

下，学者们都认为钺是一种代表权力的礼器。尤其是那些质地精美、制作考究的玉钺更是一种王权的象征，这一点应该没有太多疑问。我们知道，商周时期的青铜钺确与王权联系在一起，从甲骨文、金文中"王"字即为斧钺的象形字，到成汤放桀、武王伐纣等重大政治事件中史载的"汤自把钺"（《史记·殷本纪》）、"武王左仗黄钺"（《尚书·牧誓》）以及"武王载旆，有虔秉钺"（《商颂·长发》）等情况看，钺与军事统率权和王权确为密切，因此钺也常被用作典礼和出行时的仪仗。虽然史前没有这样的记载，但在早于商汤、周武王一两千年的反山 12 号大墓中，饰有神徽的"钺王"置于墓主左手侧旁，显然也具有了王权的象征意义[9]。

钺虽具有军事统率权和王权的象征，但作为王者永远是凤毛麟角。而作为史前墓地中经常发现的玉石钺，绝大多数情况下出于并非级别很高的墓中，但同样也非任何墓所能拥有。因此，就大多数普通墓葬所出玉石钺而言，它已失去了其本质性含义，仅仅代表了死者想达到的一种美好愿望，这或许正是其生前所没有的。下靳墓地发现的墓葬远没有王者身份的大墓，部分略大的墓主至多是生前拥有较高的社会地位和贵族血统，而一般出玉石钺的小墓主也就是生前略有地位和稍微富裕些而已。因此，这批玉石钺应该仅是反映了墓主人生前的一种身份和地位，并不能确指其拥有某一级别的权力。

下靳墓地的 7 件双孔刀，除 1 件发现于右股骨上外，其余 6 件均纵向置于墓主人左臂外侧墓壁处，刃缘朝下或平行于人体，宽端在上，窄端在下。这种放置方式说明了双孔刀的使用及装柄方法同钺相似。另外，发掘的 1 件刀和我们现场采集的 1 件双孔刀，在其背缘同孔之间发现有与背缘平行的红彩，这同钺背缘处的红彩同出一辙，也应是装嵌木柄后涂刷木柄时的刷痕，更加清楚地反映了双孔刀的装柄方法。

双孔刀较之于钺，数量发现少，且均发现于规模略大的墓中。7 座出双孔刀的墓，有 4 座明确有棺，且其中 2 座还有壁龛。同时出双孔刀的墓也多有钺伴出，显然它们在整个墓地中占有特殊的地位，因此，这些墓主生前肯定有更高的身份和社会地位。由此也可看出，双孔刀在其功能性质上同钺虽然相似，但是它具有更高级别的象征意义。

下靳墓地发现的 10 件璧，除最大的 1 件（直径 22.5 厘米）是一半在右脚下、另一半在右肩处外，其余 9 件均套于右手腕或右小臂上。陶寺墓地出土 80 余件玉石璧，墓主男性居多，一般每墓 1 件、少数 2 件、个别 3 件。据观察平置手臂上的约占半数，少数平置胸腹上、压在臂下或套在臂部和腕部，个别握在手中[10]。不难看出，其功能应

〔9〕　浙江省文物考古研究所：《良渚文化玉器》179 页，文物出版社、两木出版社，1989 年。
〔10〕　同〔3〕。

该主要是佩饰，这同良渚文化中大量的小孔玉璧当有根本的不同。迄今为止，除良渚文化较早的花厅 20 号墓中发现的"瑗式璧"是套在左臂上之外，其余大量的小孔玉璧多叠置于下肢附近，部分置于胸腹部或头端，鲜有置于手臂附近的，更无套于手臂之上。如果从这个角度看，也许下靳和陶寺发现的璧都应该称作环，以此来区别同璧的"苍璧礼天"的礼仪性功能或者有学者认为的财富象征〔11〕。下靳墓地的璧虽可认为是装饰物，但偌大偌重的玉石器平素套于手臂之上似乎也不可理解，至多也就是在举行重大礼仪性活动或重要节日之中偶尔戴之。

下靳墓地的 15 件环，除 1 件套于左臂肘外，其余或套于右臂、或套于右手腕、或置于右臂上。将其认定为饰物当无疑义。如果从出土部位和其代表的功能看，下靳墓地的璧与环确实区别不大。因此，将这里的璧称作环或许更合适，这一问题我们留待以后讨论。

（二）制作工艺

同红山文化和良渚文化相比，陶寺文化的玉石工业要略逊一筹。由于红山文化和良渚文化大量的玉石器上遗留有制作过程中的痕迹，因此得以比较清楚地观察到这两个玉石器的制作工艺。根据观察，学者们一般认为这两个文化中均已使用了砣具对玉料进行锯割，其他片锯、线锯的锯割痕迹也时有发现。钻孔方面使用管钻和锥钻，单面和两面对钻皆有。刻纹方面，良渚文化中那些精细的纹饰当是细小的燧石细石器或鲨鱼牙齿所刻〔12〕，而红山文化中那些较粗深的纹饰多是砣具所刻〔13〕。同红山文化和良渚文化形成鲜明对比的是下靳墓地所出玉石器全部为素面，陶寺墓地中也仅有数件琮的外周磨出横向细槽。

下靳墓地所出玉石器大多受浸蚀严重，尤其接近人体的一面受有机物腐蚀，情况更为明显，因此，在观察制作工艺的痕迹方面造成一定困难。经我们仔细观察研究，仅在一些小的环片上发现有直线锯割痕迹，当属硬性片锯开料所致。钺类器表经研磨抛光后，基本观察不到开片和边缘锯割痕迹，但根据钺类器形大多规整精致，尤其有些边缘笔直和厚度极薄（仅 0.3 厘米）这一情况看，使用片锯锯割当属无疑。至于是否使用砣具开料，由于没有确切证据，暂不清楚。关于钺刀类器表的钻孔方法，经观察发现有管钻和锥钻两种。管钻孔均较规整，有个别孔还能观察到砂粒旋转的擦痕。此外，还发现有二例管钻错位遗留的钻痕〔14〕，是管钻技术的极好佐证。管钻又分单面

〔11〕 王明达：《良渚文化玉璧研究》，《东亚玉器》第一卷，香港中文大学，1998 年。
〔12〕 同〔8〕。
〔13〕 吴棠海：《红山文化治玉工艺研究》，《古玉鉴定》叁，北京大学考古学系讲义，1997 年。
〔14〕 见〔1〕，图版拾肆。

钻和两面钻两种，其中以单面钻为主，孔径多在 1 厘米左右。单面钻者正面孔径略大，底面孔径略小，有个别孔在钻透时有崩裂。因此，为避免崩裂现象，有些管钻孔采用两面对钻。两面钻者多为正面将钻透时，反过来对钻，因此，断面会留下一面深，另一面浅的对接现象。锥钻孔在下靳钺刀类器上较少，约占钻孔数的五分之一，其特点均为两面对钻，孔口径较大，对接处径较小，断面呈明显的两锥体相接。有几例锥钻孔极不规整，不仅斜向错接，而且孔径也不圆整，似乎更像手握钻头所使，同时这几件钺整体做工也不精制，不像出自专门化作坊，更似出自民间个人。

下靳的玉石璧器表经打磨后已无法观察到开片的工具痕迹，正常情况下也当同钺刀类一样使用片锯。璧上中孔极其规整，且孔径多为 6～7 厘米，应该是使用了很规范的工具，有可能是管钻，更有可能先在璧上画圆，然后钻孔穿过线锯锯割，最后打磨线痕。内缘比较圆弧的很可能使用了这种方法，有些璧的外周也很圆整，大概也使用了同样的方法，因此，周缘很难看到明显的切角磨圆痕迹。

环类器中的整体环，其制作工艺同璧相同，此处不再赘述。这里主要讨论一下复合环的工艺特点。复合环在本文分类中为 B 型环，前文已有描述，其主要特点就是利用边角小料，经锯割、打磨、钻孔后，将数片连缀在一起形成环体。因此，在形状上很难统一，有的规范，有的杂乱，这完全取决于材料本身。材料富裕则用同一块料先锯割成形，然后再开片、打磨、钻孔，它的特点是分片质地相同，颜色纹理相近，像几件完全相同的璜，叠置后可以重合，因此也有"联璜璧"之称。材料不足则用各种不同的边角料拼凑，其特点是分片看上去杂乱无章，质地、颜色、形状、大小均不一样。复合环多用真玉制成，厚度一般很薄，有的仅厚 0.2～0.3 厘米。由于孔眼极小（0.2～0.3 厘米），钻孔多单面锥钻，部分两面锥钻，且采用一端单孔、另端双孔的做法，连缀时单孔对双孔。复合环的工艺说明了玉料的珍贵和稀缺，同时反映了古人最大限度合理利用这一稀有资源的聪明才智。

四、源　与　流

迄今为止，在中原地区的史前文化中，除陶寺和下靳墓地外，其他地方尚未发现比较普遍随葬玉石器的情况，其原因恐怕不是偶然性的工作问题，更深层的原因应该是在当地的原始文化中根本就没有这一传统。若此，那么就意味着陶寺和下靳墓地的这一传统渊源于别处文化，而不是本地的原始文化。

事实如何，我们先来看当地早于陶寺文化的其他考古学文化。就目前对晋南地区的史前文化序列认识来看，这里最早的新石器文化是以翼城枣园为代表的一类遗存[15]，其绝对年代大约距今 7000 年，之后经东关一期[16]、北撖一至四期[17] 发展为以西阴遗存为代表的典型庙底沟文化[18]，其后庙底沟文化开始走向衰落，其间又经西王村仰韶晚期[19]和东关四期[20]为代表的遗存后，直接演变为庙底沟二期文化。根据最新的研究成果，庙底沟二期文化大约始于公元前 3000 年，止于公元前 2400 年，前后持续约 600 年，经过了早中晚三个时期，它的晚期约为公元前 2500～前 2400 年[21]。我们知道，陶寺文化早期的年代为公元前 2600～前 2400 年，从大的文化序列看，它处在庙底沟二期文化的晚期阶段，而下靳墓地和陶寺墓地中大量随葬玉石器的墓正处于这一时期。我们检阅晋南地区庙底沟二期文化晚段之前的诸文化遗存，均未发现有随葬下靳和陶寺墓地一类玉石器的传统，其生产性工具中也无类似性器具，甚至更大范围的陕晋豫交界一带也无这一传统，这样，我们不得不考虑这一文化传统的外来性。

我们沿黄河而下发现在下游地区的大汶口文化中盛行随葬钺刀、璧环等玉石器。在大汶口 1959 年发掘的 133 座墓中，有 20 座随葬玉石钺（原报告称铲）27 件[22]，其中 M25 随葬 6 件、M17 和 M130 各随葬 2 件，其余 17 座墓各出 1 件。钺的位置均横向摆放，置于腰部的 13 件、腹部 6 件、头部 4 件、腿部 3 件、葬具外东北角 1 件。这种情况同下靳以腿部放置为主的方式略有不同，但从两者均以腰、腿、腹三个部位为主看，其间联系还是很明显的。大汶口墓地的 27 件钺在发掘报告中被分为七式（图四），经与前文钺的型式进行比较，可以得出表二中的对应统计。

表二　下靳、大汶口钺类型式对应统计

下　靳	A 型 17	B 型 18	C 型 10	合计 45 件	占钺类 93.75%
大汶口	Ⅳ式 5	Ⅲ式 8、Ⅴ式 6、Ⅵ式 3	Ⅶ式 2	合计 24 件	占钺类 88.9%

由表二可知，下靳墓地共出各类钺 48 件，其中 A、B、C 三型 45 件，占钺类

[15] 山西省考古研究所：《山西翼城枣园新石器时代早期遗址调查报告》，《文物季刊》1992 年 2 期。

[16] 中国历史博物馆考古部等：《垣曲古城东关》，科学出版社，2001 年。

[17] 山西省考古研究所：《山西翼城北撖遗址发掘报告》，《文物季刊》1993 年 4 期。

[18] 山西省考古研究所：《西阴村史前遗存第二次发掘》，《三晋考古》第二辑，山西人民出版社，1996 年。

[19] 中国社会科学院考古研究所山西工作队：《山西芮城东庄村与西王村遗址的发掘》，《考古学报》1973 年 1 期。

[20] 同〔16〕。

[21] 同〔16〕。

[22] 山东省文物管理处、济南市博物馆：《大汶口》，文物出版社，1974 年

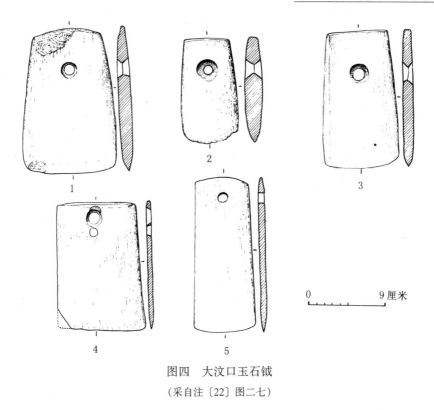

图四　大汶口玉石钺

（采自注〔22〕图二七）

1. Ⅲ式（M59:10）　2. Ⅳ式（M9:32）　3. Ⅴ式（M122:9）

4. Ⅵ式（M25:9）　5. Ⅶ式（M117:8）

93.75%。大汶口墓地共出 27 件钺，其中与下靳墓地 A、B、C 三型相对应的 24 件，占钺类 88.9%。这个数据足以反映出两个墓地玉石钺类型的一致性，如果没有相同的玉石器传统，这是不可理解的。

从年代看，大汶口墓地分为早中晚三期，大约相当于公元前 3400～前 2400 年。随葬玉石钺的墓有 8 座为早期、2 座为中期、9 座为晚期，另有 1 座期别不明，看来大汶口文化中随葬玉石钺的传统源远流长。大汶口文化中随葬玉石钺的情况不仅发现于大汶口墓地，在其他的墓地中也有不同程度的发现，说明了这种文化传统的确是整个大汶口文化中一个鲜明的特征，这一传统甚至在其后的龙山文化中继续发扬。

谈到以钺刀类玉石器为主随葬这一传统，还有一个值得讨论的文化，那就是薛家岗文化。薛家岗文化因安徽潜山县薛家岗遗址得名，是分布在江淮地区的一支原始文化。最能代表其文化特征的是薛家岗三期文化[23]，其年代当为公元前 3100 年左右，

〔23〕　安徽省文物工作队：《潜山薛家岗新石器时代遗址》，《考古学报》1982 年 3 期。

同大汶口墓地早中期之际相当。这期文化发现墓葬 80 座，均未发现墓圹和葬具，骨架全部腐朽无存，但颇有收获的是发现了一批很有特色的钺刀类玉石器。报告每座墓都有数量不同的随葬品，包括陶器、石器、玉器等，但报告中没有墓葬登记表，因此无从知道钺刀类具体随葬情况。由报告可查知，石铲 49 件，分两式；石钺 15 件，分两式；玉铲 11 件，共计 75 件（图五）。实际看来，铲和钺区别不大，均可称钺。将薛家岗墓地的玉石钺同下靳墓地玉石钺相比可得表三。由表三可知，其Ⅰ式铲、Ⅱ式钺同下靳 D 型钺相近，其Ⅱ式铲和玉铲同下靳 B 型钺相似。除其Ⅰ式风字形钺在下靳墓地

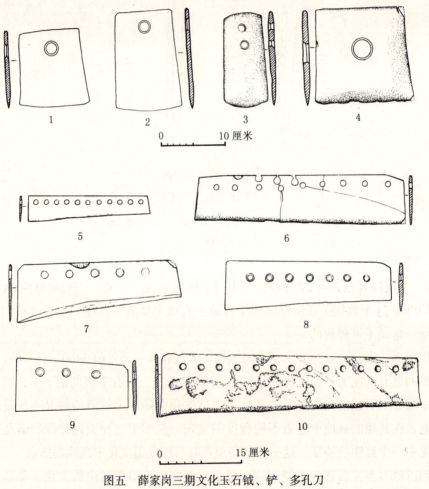

图五　薛家岗三期文化玉石钺、铲、多孔刀

（采自注〔23〕图二四、二五、二八）

1. Ⅰ式铲（M8:5）　2. Ⅱ式铲（M39:3）　3. 玉铲（M58:10）　4. Ⅱ式铲（T7④:34）　5. 十一孔刀（M44:12）　6. 九孔刀（M40:6）　7. 五孔刀（M44:6）　8. 七孔刀（M1:2）　9. 三孔刀（M4:2）　10. 十三孔刀（M44:11）

没有发现外，其余均有发现，但薛家岗接近方形的钺数量较多，而大汶口和下靳则较少见。

表三　下靳、薛家岗钺类型式对应统计

下　靳	B 型 18	D 型 3	合计 21	占钺类 43.75%
薛家岗	Ⅱ式石铲 31、玉铲 11	Ⅰ式石铲 18、Ⅱ式石钺 6	合计 66	占钺类 88%

目前，最早的多孔刀当属北阴阳营二期的两件七孔石刀，年代约在公元前 3500 年前[24]。但最引人注目的则是薛家岗三期文化墓葬中发现的 36 件石刀，体呈扁薄长条形，一端窄，另端宽，刃部锋利，近顶部钻孔，有单面钻和两面对钻两种，孔均为奇数。有单孔刀 2 件、三孔刀 13 件、五孔刀 7 件、七孔刀 5 件、九孔刀 4 件、十一孔刀 3 件、十三孔刀 1 件。除单孔刀同方形钺有些相似外，其余的刀形制颇为统一，孔数与刀的长短成正比，从三孔刀长 20 厘米左右到十三孔刀 50 余厘米长短不一，孔与孔的间隔多为 3 厘米左右（见图五）。由此看出，薛家岗文化的多孔刀在中国史前文化中构成一个鲜明的特征。应该说，无论是下靳墓地的双孔刀，还是山东、陕北、甘青等地的龙山时代的多孔刀，甚至后来二里头文化的多孔刀，其最终的根系大概都与薛家岗文化的多孔刀有渊源关系。

考察下靳墓地璧环类渊源，有许多特征也能在大汶口甚至薛家岗墓地中发现。例如璧的孔径较大，多套于臂腕，肉缘断面以内厚外薄的楔形为主，甚至断裂后的缀补做法都如出一辙，如大汶口 M73：4、薛家岗 M59：1 同下靳 M145：1（图三，10、9、2）。此外，下靳墓地惟一的方形环在大汶口文化的山东茌平尚庄、邹县野店、安邱景芝镇和五莲等遗址也有发现[25]。

下靳墓地发现的璧环类中，目前在大汶口文化中尚未找到渊源的是复合环和凸唇环，也许这是临汾盆地陶寺文化的创造。复合环的工艺应当是受了璧环断裂后缀补术之启发，由此也开辟了最大限度合理利用边角小料的制作方法。至于凸唇环受何启示，尚不十分清楚，也许同琮的射部有一定关系。

如果将下靳墓地和陶寺墓地随葬钺刀、璧环类玉石器的传统能推到大汶口文化乃至薛家岗文化，那么陶寺文化就很可能成为这一传统传播路上的驿站。它沿黄河而上进入陕北龙山文化、直达甘青齐家文化，无论从传播路线上，还是传播时间上均有一定的说服力。

---

[24]　南京博物院：《北阴阳营》，文物出版社，1993 年。
[25]　中国玉器全集编辑委员会：《中国玉器全集·原始社会》29 页，河北美术出版社，1993 年。

　　陕北一带龙山文化晚期的遗址常有大量的玉石礼器出现，其中尤以神木石峁[26]、延安芦山峁[27]、神木新华峁[28]等遗址为名。主要的器类有钺、多孔刀、牙璋以及各类璧环等，其中钺、多孔刀、璧环类同下靳和陶寺墓地所出有很大的相似形。尤其多孔刀仅石峁遗址就发现 10 余件，多为三孔刀，余为双孔刀，其双孔刀的制法及形制同下靳墓地所出基本相同[29]。此外，芦山峁遗址的一件复合环的做法同下靳的也完全相同[30]。这些情况表明陕北一带玉石器文化传统同黄河东岸的陶寺文化应该有一定的渊源关系。除陕北地区之外，甘青地区的齐家文化也常有钺、多孔刀和璧环类等玉石礼器的发现，如青海宗日遗址出土的多孔刀[31]，它们与下靳和陶寺墓地的同类器也有许多共性，它们或许是陕北玉石器文化影响的产物。中原地区除陶寺文化外，其他地点很少发现玉石礼器，但到了二里头文化却又出现了钺、多孔刀等玉石器。从陶寺文化到陕北龙山文化、甘青齐家文化直至二里头文化，都不同程度地发现了同下靳和陶寺墓地相类的钺、多孔刀、璧等玉石礼器，它们之间究竟是种什么样的关系？这里一时还说不清楚，留待以后讨论。

五、余　论

　　本文从下靳墓地钺、刀、璧、环四类玉石器入手，对其形制、功能、工艺及源流等问题进行了初步分析，由此可得出以下主要认识。

　　（1）下靳墓地处于临汾盆地中心，属陶寺文化分布范围。它与陶寺墓地早期中小型墓不仅时代相当，而且墓葬型制、葬式、随葬品等方面也基本相同，很大程度上代表了陶寺文化的葬制和葬俗，是我们认识陶寺文化墓葬方面难得的一批资料。尤其这批墓葬以玉石礼器为主要随葬品，一改晋南地区乃至中原地区史前文化中墓葬制度方面的一些传统因素，而以一种全新的外来文化迅速而深刻地改变着当地固有的传统理念，对旧有的文化形成了强大的冲击。这大概反映了距今 4500 年前后中国社会的动荡变革，是意识形态领域的人文观念在考古遗存中的鲜明写照。

---

[26]　戴应新：《神木石峁龙山文化玉器》，《考古与文物》1988 年 5、6 期。

[27]　姬乃军：《延安市发现的古代玉器》，《文物》1984 年 2 期；姬乃军：《延安市庐山峁出土玉器有关问题探讨》，《考古与文物》1995 年 1 期。

[28]　神延：《陕北神木新华遗址玉器》，《收藏家》2000 年 6 期。

[29]　戴应新：《神木石峁龙山文化玉器探索（三）——多孔刀》，（台北）《故宫文物月刊》第十一卷第七期。

[30]　《东亚玉器》第三卷，67 页，香港中文大学，1998 年。

[31]　黄宣佩：《齐家文化玉礼器》，《东亚玉器》第一卷，香港中文大学，1998 年。

（2）从对下靳和陶寺墓地的情况看，临汾盆地存在着一个以玉石礼器为主要随葬品的文化中心，此中心形成的具体过程还有待进一步的深入研究。这个中心大量消费和使用的玉石礼器来源问题尚不十分清楚，究竟是交换或再分配而来的产品传播，还是引进的技术传播，还需更深入的探讨，但我们认为后者的可能性更大。如果这样，那就是说在陶寺文化范围内存在着一个玉石器工业中心，这个工业所依赖的技术传统不是源于当地，而是泊来于黄河下游地区的大汶口文化乃至江淮地区的薛家岗文化。关于大汶口文化的玉石器传统，根据张弛先生的研究，认为它本身也无这一传统，在其前身的北辛文化中就丝毫看不到这一迹象。它主要是在继承北阴阳营—薛家岗玉石器系统的基础上发展起来的，大约到大汶口文化晚期渐渐有了自己的风格，而到龙山文化时期才算真正形成区域性的文化特色[32]。若此，也就不难理解下靳墓地的玉石器为何既像大汶口的又像薛家岗的了。

（3）如果陶寺文化的玉石器技术传统确实渊源于大汶口文化乃至薛家岗文化系统，那么将其作为这一技术传统西渐的中转站也就合乎情理了。通过陶寺文化的中介作用，使这一传统得以顺利地进入黄河西岸的陕北一带龙山文化，并继续向西挺进直达甘青齐家文化。只是在这漫长的传播过程中，这一技术传统得到了不断的变化，其产品形式得到了不断的更新。但不管如何变化，人们崇尚以玉石礼器作为身份和社会地位标志的这一文化传统观念却始终贯穿于之后的中国历史发展中，对整个中华民族的文化传统产生了深远的影响。

（4）本文虽然对下靳墓地主要的钺、刀、璧、环四类玉石器进行了分析，但事实上，陶寺文化的玉石礼器不止这几类。因此，本文的观点也就不能代表对陶寺文化玉石器系统的全面认识。有关陶寺文化玉石器传统的渊源问题，除了本文的粗浅认识外，其他学者也曾作过一定的探讨，如高炜先生认为陶寺玉器群集红山、大汶口、良渚、薛家岗诸文化玉器的一些因素为一体，并在吸收融合的基础上创造出自身的独立特征[33]。冈村秀典先生将陶寺的玉琮和玉璧定为中原龙山型，以示和良渚型以及齐家型的区别，并认为也是由东向西传播的结果[34]。如此看来，不论对陶寺文化的玉石器传统如何认识，但对其中的一些主要因素渊源于长江下游地区的玉石器传统则没有什么异议。然而尽管这样，我们还不能说对陶寺文化玉石器的渊源问题已经彻底搞清楚了，如何进一步研究陶寺文化玉石器传统的形成以及它在史前玉石器传统中的作用，仍是我们面临的重要课题。

---

〔32〕 张弛：《大溪、北阴阳营和薛家岗的玉、石器工业》，《考古学研究》（四），科学出版社，2000 年。
〔33〕 同〔3〕。
〔34〕 冈村秀典：《龙山文化后期玉器的传播》，《史林》八二卷二号。

甘青地区史前墓葬中的葬式分析

陈洪海[*]

In recent 100 years the system of the archaeological cultures in Gansu and Qinghai, the key of the route that the east and the west communicated, is confirmed by the study of unearthed pottery wares. However, pottery ware was a part of daily utensils and has less importance for studying the organization of the resident. In this paper it is demonstrated that there were various human groups in different areas for a long period by analyzing the posture of the body. The study of the varieties of the human groups represented by the burial custom is another kind of interpretation of the prehistoric cultures in Gansu and Qinghai.

本文所述甘青地区包括甘肃省大部和青海省东部，所述史前时期是指新石器时代和进入周秦汉文化之前的青铜时代（或早期铁器时代）。通过陶器研究，该时空范围内的考古学文化序列已经基本确定，可以概括为马家窑文化马家窑类型—马家窑文化半山、马厂类型—齐家文化—四坝、辛店、卡约、寺洼、沙井文化这样四个大的阶段，这是我们进一步研究的基础。鉴于陶器仅仅是人们生活用具的一部分，在反映人的组群方面相对而言不如葬俗更为准确，本文拟从葬俗的一个主要方面，即葬式入手，对甘青地区史前人群及其变迁做一点探讨，以期对于该地区的考古学研究稍有推进。错讹之处敬请指正。

一、诸墓地葬式统计

甘青地区史前墓葬比较普遍的葬式主要有仰身直肢葬、侧身屈肢葬和俯身直肢葬三种，文中用统计表的方式表现，较为特殊一些的加以文字说明。下面按照时间顺序对大部分资料进行分析。

马家窑类型时期墓葬材料不多。兰州市元代王保保城址发现 1 座[1]；青海省乐都

＊ 作者系西北大学文博学院副教授。

〔1〕 甘肃省博物馆文物工作队：《兰州马家窑和马厂类型墓葬清理简报》，《文物》1975 年 6 期。

县脑庄发现 1 座〔2〕，该墓在考古人员到达时候已被村民破坏，询问情况得知可能也是仰身直肢葬；青海民和核桃庄发掘 1 座〔3〕。比较多的墓葬是青海省大通县上孙家寨墓地，具体材料至今没有发表，大约 21 座，全都是二次扰乱葬，从保存下来的下肢骨看多是仰身直肢葬〔4〕。青海省同德县宗日墓地，因为大多数墓葬随葬品显示了一些新的内涵而被命名为一种新的考古学文化〔5〕，但是相当于马家窑类型时期的墓葬其随葬品还是马家窑文化特征，或更加鲜明一些，可以确定在马家窑类型阶段的墓葬有 48 座〔6〕，有人骨墓葬 46 座统计人骨 52 具。上述资料予以综合列为表一。

表一　马家窑类型时期葬式统计表

葬式 遗址或墓地	仰身直肢 数量（％）	侧身屈肢 数量（％）	俯身直肢 数量（％）	葬式不明 数量（％）	人骨 数量	墓葬 数量
甘肃兰州王保保城	1（100％）				1	1
青海民和核桃庄			1（100％）		1	1
青海互助脑庄	1（100％）				1	1
青海大通上孙家寨	20％？			80％？	21？	21？
青海同德宗日	8（15％）		27（52％）	17（33％）	52	48

半山—马厂时期的墓葬资料最为丰富。主要有甘肃兰州花寨子墓地 49 座〔7〕；甘肃兰州土谷台墓地 59 座墓葬统计人骨 105 具〔8〕；甘肃康乐县边家林墓地清理墓葬 17 座〔9〕，报告把葬式分为三类分别是捡骨葬 8 座、扰乱葬 2 座和侧身屈肢葬 2 座，除了第一类看不清葬式以外，第二类所举两例都是侧身屈肢葬，可以想其余的也是一样，那么与第三类加起来就是 9 座墓葬占 53％；甘肃广河县地巴坪墓地有半山类型墓葬 66 座统计人骨 41 具〔10〕；甘肃景泰张家台墓地清理墓葬 22 座〔11〕，无人骨 1 座，3 座仰身

〔2〕　青海省文物考古队：《青海乐都县脑庄发现马家窑类型墓》，《考古》1981 年 6 期。
〔3〕　青海省考古队：《青海民和核桃庄马家窑类型第一号墓葬》，《文物》1979 年 9 期。
〔4〕　据参加发掘的李国林先生见告，在此表示真诚的谢意。
〔5〕　陈洪海、格桑本、李国林：《试论宗日遗址的文化性质》，《考古》1998 年 5 期。
〔6〕　宗日遗址的发掘资料，现正由笔者整理，本文使用了一些尚未发表的统计数据。
〔7〕　甘肃省博物馆等：《兰州花寨子"半山类型"墓葬》，《考古学报》1980 年 2 期。
〔8〕　甘肃省博物馆等：《兰州土谷台半山—马厂文化墓地》，《考古学报》1983 年 2 期。
〔9〕　临夏回族自治州博物馆：《甘肃康乐县边家林新石器时代墓地清理简报》，《文物》1992 年 4 期。
〔10〕　甘肃省博物馆文物工作队：《广河地巴坪"半山类型"墓地》，《考古学报》1978 年 2 期。
〔11〕　甘肃省博物馆：《甘肃景泰张家台新石器时代的墓葬》，《考古》1976 年 3 期。

屈肢葬因为不多见并且总是与侧身屈肢同时出现，我们理解是因为下葬时候的不在意或者其他原因导致的变化，因此也归入侧身屈肢葬范畴，统计人骨21具。青海民和核桃庄马牌墓地清理马厂类型墓葬62座统计人骨60具[12]。以上诸墓地可以辨认葬式者全部是侧身屈肢葬，甚至二次葬也摆放成侧身屈肢样，所以可以认定为单纯的侧身屈肢葬墓地。

甘肃永昌鸳鸯池墓地清理墓葬189座，报告发表了176座墓葬资料，统计人骨187具[13]；青海循化苏呼撒墓地清理半山类型墓葬65座[14]，除去没有人骨或者仅存朽迹的以外，共有人骨49具，1座仰身屈肢葬计入侧身屈肢葬；青海民和阳山墓地发掘墓葬218座[15]，其中156座墓葬出有人骨，因为一次合葬墓多数是2人或3人，那么分辨不出几个人合葬的二次扰乱墓葬我们按2人合葬统计，则共计人骨为195具，仰身、侧身、俯身的屈肢葬统一到侧身屈肢葬里面；青海乐都柳湾墓地有半山类型墓葬257座，马厂类型墓葬872座[16]，半山类型的257座墓葬报告中称仅有183座有人骨架，可是后面的葬式介绍却是没有剔除不明白的另外74座墓葬，因为附录的墓葬登记表中合葬墓没有说明葬式，正文中也没有全部介绍，所以我们不能对所有的葬式做出统计，只能是统计单人墓的全部和合葬墓的一部分（二人合葬墓的5/12、三人合葬墓的3/10、四人合葬墓的1/2、五人合葬墓的3/4、六人合葬墓的3/4、七人合葬墓1），共计人骨287具；马厂类型872座墓葬中也有813座出人骨的墓葬的记录，同样是在分类介绍中没有说明另外的59座墓葬为何并入了单人墓，合葬墓也是仅能统计一部分（二人、五人、六人合葬的全部，三人合葬墓的6/10，四人合葬墓的1/2），共得人骨862具；青海同德宗日墓地相当于半山—马厂阶段的墓葬大约129座，112座出有人骨的墓葬中共计人架122具，统计表中的20具仰身直肢葬里面实际上包含有9具侧身直肢葬，所以其比例就偏高了。以上几个墓地都是包含有几种葬式的。

青海循化西滩遗址清理半山类型墓葬1座，俯身直肢葬[17]；尖扎县直岗拉卡半山类型墓地共清理墓葬25座[18]，其中11座无人骨，另外的有迁葬和断肢葬等称谓，没有登记表并且简报中没有交代各类墓葬的数量，从图上可以看出4具人骨是俯身直肢葬，其余的不清；这两处是比较单纯的俯身葬。青海互助总寨墓地6座马厂类型墓葬

---

[12] 青海省文物管理处：《青海民和马牌马厂类型墓葬发掘简报》，《史前研究》1990、1991年合刊。

[13] 甘肃省博物馆文物工作队等：《甘肃永昌鸳鸯池新石器时代墓地》，《考古学报》1982年2期。

[14] 青海省考古研究所：《青海循化苏呼撒墓地》，《考古学报》1994年4期。

[15] 青海省文物考古研究所：《民和阳山》，文物出版社，1990年。

[16] 青海省文物管理处考古队、中国社会科学院考古研究所：《青海柳湾》，文物出版社，1984年。

[17] 卢耀光：《循化西滩半山类型墓葬清理简报》，《青海考古学会会刊》第5期，1983年。

[18] 李梅菊、孙小妹：《尖扎县直岗拉卡乡砂料场半山墓发掘简报》，《青海文物》总第七期，1992年。

均是单人葬[19]；甘肃兰州青岗岔遗址有 3 座墓葬[20]；兰州徐家山东大梁清理墓葬 4
座[21]，2 座比较完好的墓葬人骨腐朽并且凌乱，从痕迹看原摆放姿势应该是直肢葬，
姑且定为仰身直肢葬；兰州红古城东北第二台地上 1971 年发现 2 座马厂类型墓葬[22]，
都是单人葬，1 座确定是仰身直肢葬，另外的因为腐朽看不清楚，估计也是仰身直肢
葬；这几个零散的材料都是以仰身直肢葬为主要埋葬方式的。上述资料予以综合列成
表二。

表二　半山—马厂时期的葬式统计表

葬式 遗址或墓地	仰身直肢数量		侧身屈肢数量		俯身直肢数量		不明数量		人骨总 数（具）	墓葬总 数（座）
	具	%	具	%	具	%	具	%		
甘肃兰州花寨子			14	29			35	71	49	49
甘肃兰州土谷台			72	78			33	22	105	59
甘肃康乐县边家林			9	53?			8	47	17	17
甘肃广河地巴坪			31	78			10	22	41	66
甘肃景泰张家台			15	71			6	28	21	22
青海民和核桃庄马牌			34	57			26	43	60	62
青海民和阳山	1	0.5	40	20.5	68	35	86	44	195	218
青海乐都柳湾半山	88	30			5	2	194	68	287	257
青海乐都柳湾马厂	595	69	47	5	1	0.1	219	25	862	872
青海同德宗日	20	16			51	42	51	42	122	129
青海循化苏呼撒	3	6	4	8	1	2	41	84	49	65
青海尖扎直岗拉卡					4	29	10	71	14	25
青海循化西滩					1	100			1	1
甘肃永昌鸳鸯池	127	68	6	3			54	29	187	176
甘肃兰州青岗岔	2	67					1	33	3	3
青海互助总寨	5	83					1	17	6	5
甘肃兰州红古城	2	100							2	2
兰州市徐家山东大梁	2	100							2	2

［19］　青海省文物考古队：《青海互助土族自治县总寨马厂、齐家、辛店文化墓葬》，《考古》1986 年
　　　　4 期。
［20］　甘肃省博物馆文物工作队：《甘肃兰州青岗岔半山遗址第二次发掘》，《考古学集刊》第 2 集，
　　　　中国社会科学出版社，1982 年。
［21］　甘肃省文物考古研究所　蒲朝绂：《兰州市徐家山东大梁马厂类型墓葬》，《考古与文物》1995
　　　　年 3 期。
［22］　甘肃省博物馆文物工作队：《兰州马家窑和马厂类型墓葬清理简报》，《文物》1975 年 6 期。

齐家文化时期的墓葬，主要有甘肃永靖大何庄遗址清理墓葬 82 座统计人骨 87 具[23]；甘肃永靖秦魏家墓地清理墓葬 138 座统计人骨 162 具[24]；甘肃武威黄娘娘台遗址清理墓葬 26 座，报告中介绍了 22 座[25]，没有墓葬登记表，从文字和图版中统计得人骨 27 具；青海互助总寨墓地清理齐家文化墓葬 10 座，从登记表中统计人骨 13 具[26]；夏鼐先生 1945 年在甘肃阳洼湾清理齐家文化墓葬 3 座[27]；最多的一批材料还是青海乐都柳湾墓地，报告所分出的齐家文化墓葬计有 366 座，统计人骨 426 具[28]，断肢葬 1 具因为膝骨以上形态而归入仰身直肢葬，屈肢有仰身和俯身两种，我们也将之统计为侧身屈肢葬范畴内；青海贵南县尕马台墓地清理墓葬 43 座，材料没有发表，从公布的消息来看应该全是俯身直肢葬[29]，鉴于该处肯定存在二次扰乱习俗，我们对于葬式只好估计俯身直肢葬大约占 80%。将齐家文化时期墓葬材料予以归纳列为表三。

表三　齐家文化葬式统计

葬式 遗址或墓地	仰身直肢数量		侧身屈肢数量		俯身直肢数量		不明数量		人骨数量（具）	墓葬数量（座）
	具	%	具	%	具	%	具	%		
甘肃武威黄娘娘台	14	52	10	37			3	11	27	22
甘肃永靖大何庄	62	71	15	17			10	12	87	82
甘肃永靖秦魏家	129	80	20	12	2	1	11	7	162	138
青海乐都柳湾	327	77	12	3			87	20	426	366
青海贵南尕马台					80?		20?		?	43
青海互助总寨	3	23					10	77	13	10
甘肃宁定阳洼湾	2	67					1	33	3	3

青铜时代的诸文化有甘肃的寺洼文化、甘青交界的辛店文化、青海东部的卡约文化、河西走廊的四坝文化及稍晚一点的沙井文化。共同的特点除了比较普遍流行二次

---

〔23〕 中国科学院考古研究所甘肃工作队：《甘肃永靖大何庄遗址发掘报告》，《考古学报》1974 年 2 期。

〔24〕 中国科学院考古研究所甘肃工作队：《甘肃永靖秦魏家齐家文化墓地》，《考古学报》1975 年 2 期。

〔25〕 甘肃省博物馆：《甘肃武威黄娘娘台遗址发掘报告》，《考古学报》1960 年 2 期。

〔26〕 同〔19〕。

〔27〕 夏鼐：《齐家期墓葬的新发现及其年代的订正》，《考古学论文集》，科学出版社，1961 年。

〔28〕 报告中记录有 22 座葬式不明或无人骨架的墓，但分类时却将之归入单人墓葬中，我们只能按单人墓葬统计。

〔29〕 转引自谢端琚：《略论齐家文化墓葬》，《考古》1986 年 2 期。

扰乱葬以外，在葬式上也趋于统一，都以仰身直肢葬为主，其余葬式比较少见。寺洼文化主要有如下几处：甘肃合水九站发现墓葬 80 座[30]，按墓葬登记表统计人骨 83 具，表中所记人数为 1 但是没有人骨架的我们也计入总人数，人骨经过了二次扰乱但是还能看出葬式的从二次葬中提出来计入各自的具体葬式中（以下其他墓地也是如此处理，不再另外说明）；甘肃庄浪徐家碾清理墓葬 104 座[31]，有仰身直肢葬和"迁骨葬"两种葬式，没有见到可以参考的数据比例；甘肃西和栏桥清理 9 座墓葬[32]，都已经过二次扰乱；甘肃临洮寺洼山夏鼐先生记录墓葬 7 座[33]，包括火葬骨灰罐计有 8 具人骨。辛店文化墓葬资料主要有：青海民和核桃庄山家头墓地 33 座墓葬[34]，除去 7 座无人墓共计人骨 26 具，1 具侧身直肢葬计入仰身直肢葬统计；青海民和核桃庄小旱地墓地 367 座墓葬统计人骨 360 具[35]；甘肃临夏莲花台清理墓葬 18 座得人骨 17 具[36]。除此之外零星发现的资料是青海乐都柳湾墓地辛店文化墓葬 5 座，甘肃东乡崖头墓地 4 座墓葬[37]，甘肃永靖姬家川遗址 1 座墓葬[38]。卡约文化的墓葬已经发掘了数以千计，青海大通上孙家寨墓地没有发表报告，根据李国林、卢耀光文中"属于俯身葬和侧身葬的共 61 座占不到 5%……可明确定为仰身直肢葬的（包括个别侧身直肢葬）264 座仅占 24%"这样的描述[39]，推算该墓地应该有墓葬 1100 座左右，统计时候把侧身直肢葬只好仍然包括在仰身和俯身中，得出仰身直肢葬 264 座，葬式不明 775 座左右的大概数据；青海循化阿哈特拉山墓地清理墓葬 217 座，资料也是没有发表，从有关论述中得知有俯身葬 1 座，二次扰乱葬占 88% 也就是大约 191 座，其余的是仰身直肢葬也就是 25 座[40]；青海循化苏呼撒墓地可以确定为卡约文化的墓葬 22 座[41]，

[30] 北京大学考古学系　王占奎等：《甘肃合水九站遗址发掘报告》，《考古学研究》（三），科学出版社，1997 年。

[31] 中国社会科学院考古研究所泾渭工作队：《甘肃庄浪徐家碾寺洼文化墓葬发掘纪要》，《考古》1982 年 6 期。

[32] 甘肃省文物工作队等：《甘肃西和栏桥寺洼文化墓葬》，《考古》1987 年 8 期。

[33] 同〔27〕。

[34] 青海省文物管理处：《青海民和核桃庄山家头墓地清理简报》，《文物》1992 年 12 期。

[35] 青海省文物管理处：《青海民和核桃庄小旱地墓地发掘简报》，《考古与文物》1995 年 2 期。

[36] 甘肃省文物工作队等：《甘肃临夏莲花台辛店文化墓葬发掘报告》，《文物》1988 年 3 期。

[37] 甘肃省博物馆文物工作队：《甘肃东乡崖头辛店文化墓葬清理记》，《文物》1981 年 4 期。

[38] 中国社会科学院考古研究所甘肃工作队：《甘肃永靖张家咀与姬家川遗址的发掘》，《考古学报》1980 年 2 期。

[39] 李国林、卢耀光：《卡约文化葬式》，《青海考古学会会刊》第 3 期，1981 年。

[40] 许新国、格桑本：《卡约文化阿哈特拉类型初探》，《青海考古学会会刊》第 3 期，1981 年。

[41] 同〔14〕。

2 座腐朽难以辨认归入葬式不明共计人骨 24 具；青海贵德山坪台墓地发掘墓葬 90 座[42]，7 座无人骨、11 座二人合葬统计人骨 94 具，30 座瓮棺葬的 39 具婴儿计入葬式不明部分，1 具侧身直肢葬计入仰身直肢葬内；青海化隆下半主洼墓地清理 16 座墓葬[43]，3 座无人骨、1 座二人合葬共计 14 具人骨，瓮棺葬 1 座计入葬式不明者。四坝文化以甘肃民乐东灰山墓地发掘墓葬 249 座，对人骨的描述非常细致，在登记表中把仅有零星碎骨的按 1 人统计，共计人骨 298 具；甘肃玉门火烧沟墓地资料没有发表，只是报道了绝大多数为单人仰身直肢葬、少量侧身屈肢和俯身葬[44]。沙井文化墓葬资料仅取甘肃永昌蛤蟆墩墓地的 20 座墓葬统计[45]。如上资料予以综合列为表四。

表四　青铜时代诸文化葬式统计表

葬式 遗址或墓地	仰身直肢数量		侧身屈肢数量		俯身直肢数量		葬式不明数量		人骨数量(具)	墓葬数量(座)
	具	%	具	%	具	%	具	%		
甘肃合水九站	34	41	4	5	1	1	44	53	83	80
甘肃庄浪徐家碾	?						?			104
甘肃西和栏桥	7	78					2	22	9	9
甘肃临洮寺洼山	3	37					5	63	8	7
青海民和核桃庄山家头	20	77			2	8	4	15	26	33
青海民和核桃庄小旱地	79	22	4	1			277	77	360	367
青海乐都柳湾	1	20					4	80	5	5
甘肃临夏莲花台	9	53	2	12			6	35	17	18
甘肃东乡崖头	3	75					1	25	4	4
青海大通上孙家寨	264	24			61	5	775	71	1100	1100
青海循化阿哈特拉山	25	11.5			1	0.5	191	88	217	217
青海循化苏呼撒	7	29					17	71	24	22
青海贵德山坪台	14	15					80	85	94	90
青海化隆下半主洼	11	79					3	21	14	16
甘肃民乐东灰山	25	8					273	92	298	249
甘肃永昌蛤蟆墩	17	85					3	15	20	20

[42]　青海省文物考古队等：《青海贵德山坪台卡约文化墓地》，《考古学报》1987 年 2 期。
[43]　窦旭耀：《化隆县下半主洼卡约文化墓地发掘简报》，《青海文物》总第八期，1994 年。
[44]　甘肃省博物馆：《甘肃省文物考古工作三十年》，《文物考古工作三十年》，文物出版社，1979 年。
[45]　甘肃省文物考古研究所：《永昌三角城与蛤蟆墩沙井文化遗存》，《考古学报》1990 年 2 期。

二、几种葬式的区域性与时间性分布

结合上面的统计表，我们来看仰身直肢、侧身屈肢、俯身直肢这三种葬式的时空分布情况。

马家窑类型时期墓葬发现数量不多，也许不能做出一个准确的分布判断，但是宗日墓地的大量俯身葬值得注意，在可辨葬式的 35 具人骨中俯身直肢葬占了 27 具，比例竟达到了 77％，可以说是一种主要葬式。那么这一时期的分布就可以理解为宗日遗存分布的青海省海南藏族自治州黄河两岸为俯身葬地区，之外的甘肃大部和青海东部地区流行仰身直肢葬。虽然有两个分布区可以画出来，实际上比较确定的就是一个俯身葬分布区，因为其他地区尚不明朗。

半山—马厂时期从统计表可以看出明显分为三组，侧身屈肢葬组包括兰州花寨子、兰州土谷台、康乐边家林、广河地巴坪、永泰张家台、民和核桃庄马牌；仰身直肢葬组包括兰州青岗岔、兰州徐家山东大梁、兰州红古城、青海互助总寨；俯身直肢葬组仅有青海尖扎直岗拉卡、青海循化西滩。其余地点葬式不单纯，柳湾半山、柳湾马厂、永昌鸳鸯池三处仰身直肢葬占绝大多数，在可辨葬式人骨中所占比例分别是 95％、93％、95％，因此并入仰身直肢葬组；同德宗日墓地俯身葬在可辨葬式中所占比例为72％，考虑到还有 13％的侧身直肢葬也有俯身的可能，所以实际比例应该更高，我们将之归入俯身直肢葬组；民和阳山俯身葬和屈肢葬的比例分别是 62％和 37％，倾向于俯身葬组但是与屈肢葬组关系很近；循化苏呼撒墓地可辨葬式者仅仅 8 座，不好归类但是倾向于屈肢葬和仰身直肢葬两组。放在地图上看，屈肢葬组分布在东起景泰西止民和的黄河、洮河、大夏河流域和湟水下游；俯身葬分布在东起民和西止同德的湟水下游和黄河两岸，以黄河流域为主；仰身直肢葬分布面很广，若是因为墓葬数量太少而排除了兰州青岗岔、兰州徐家山东大梁、兰州红古城三处，那么其他的墓地就相对集中于湟水中游和河西地区。三者之间虽有交叉，但是各自的中心区域还是很清楚的：东部的屈肢葬、西部黄河流域的俯身直肢葬、西部河西地区和湟水中游的仰身直肢葬，三个分布区在湟水流域形成交汇区（图一）。

齐家文化时期单纯的屈肢葬墓地消失了，甚至以屈肢葬为主的墓地也没有发现，曾经的屈肢葬地区依然存在着这种葬式，但是仅占少数，而上期的仰身直肢葬中心地区屈肢葬比例却增加了，例如武威黄娘娘台墓地在可辨葬式的人骨中屈肢葬所占比例达到了 42％。这种仰身直肢葬与屈肢葬的融合或许有更深刻的社会背景，后面我们还要讨论。该时期俯身葬依然存在，青海贵南尕马台的 43 座墓葬，死者不论男女老少都

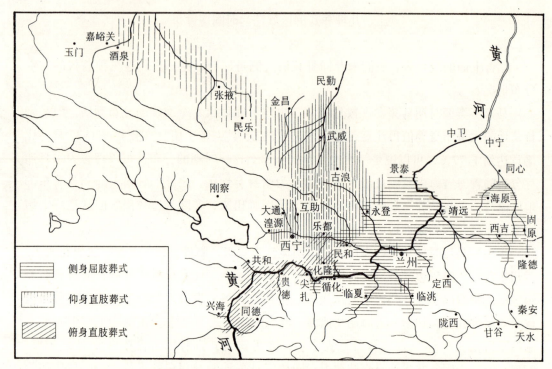

图一 半山—马厂时期的葬式分布示意图

是面向下的俯身葬[46]，谢端琚先生就曾经指出"似乎具有地区性特点"[47]，我们知道这是马家窑类型以来该地区的文化传统。故此齐家文化的葬式可以划分为两个区：青海省海南藏族自治州的黄河流域为俯身葬区，其余地区归入仰身直肢葬分布区，后者包含一部分屈肢葬，还有极少数的俯身葬。

齐家文化之后，甘青地区分裂为若干支考古学文化，与此分化相反的则是葬式的统一化，传统的俯身葬分布区内，仰身直肢葬也一跃成为主要的葬式[48]，其他地区俯身葬、屈肢葬也是较为罕见。青海大通上孙家寨、民和核桃庄山家头发现存在俯身葬，甘肃临夏莲花台、青海民和核桃庄小旱地也有少量屈肢葬，这恐怕属于该地区文化传统的孑遗了。这一阶段只有一个葬式分布区，就是仰身直肢葬。

总的看来，俯身葬分布区的中心在青海省海南藏族自治州的黄河谷地，最初形成

---

[46]《我省考古工作的一项重大发现》，《青海日报》1978 年 2 月 18 日。

[47] 同〔29〕。

[48] 青海同德宗日墓地有近百座没有随葬陶器的墓葬，从其墓口处一层灰烬、流行侧室偏洞墓穴等特点来看，应该是卡约文化墓葬。

于马家窑类型时期，范围较小但很独立；到半山—马厂时期中心范围有所扩大，向东顺黄河而下到了循化县，向北越过了拉脊山进入湟水中游；齐家文化时期中心区缩回到海南藏族自治州，可是甘肃的永靖也有发现；青铜时代独立的分布区消失，湟水流域有少量分布，黄河沿岸也偶有发现，有关论述仍以俯身葬为卡约文化的特征之一[49]。屈肢葬的中心区在景泰到民和间的黄河及其支流下游，半山—马厂时期中心范围非常清楚，影响范围到达青海的循化和乐都；齐家时期沦落为次要葬式，但范围有所扩大；青铜时代趋于消失。仰身直肢葬始终是一个重要的葬式，马家窑类型时期分布于甘肃大部和青海东部；半山—马厂时期的中心区在湟水中游和河西地区；齐家期并吞了屈肢葬区域；青铜时代成为甘青地区统一的葬式；这是一个逐步扩展的分布区。

三、葬式与相关葬俗的关系

埋葬习俗一般包括墓穴形制、葬具、方向、随葬品，还有入葬者的次数、人数、性别、年龄等等因素，那么葬式与这些方面有什么关联呢，我们下面稍做分析。

甘青史前墓葬的墓穴形制主要就是两种——竖穴土坑和横穴洞室，后者又有"凸"字形洞室墓与侧室偏洞墓之分。马家窑类型时期普遍使用竖穴土坑墓；半山—马厂时期洞室墓出现，集中分布在湟水下游的兰州土谷台、民和马排、乐都柳湾等几处墓地，正是屈肢葬和仰身直肢葬分布区的交汇地区，民和阳山和柳湾半山还没有出现，只是到了民和马排和柳湾马厂时候才蔚然成风，可以考虑是受了东边土谷台的影响；齐家时期仅有乐都柳湾存在洞室墓，显然是马厂时期的传统；青铜时代卡约文化比较流行侧室偏洞墓，沙井文化也较普遍，可是这时候已经没有葬式上的区域划分了。鉴于屈肢葬区的多数墓地尚不流行洞室墓，所以即使在三种葬式划分最清楚的半山—马厂时期，墓穴与葬式的分布也是不能重合的，因此可以说墓葬形制与葬式没有直接的联系，或者说各自的分布属于不同层次上的区分。倒是墓穴的平面形状与葬式密切相关，俯身和仰身的直肢葬一般是长方形或圆角长方形，窄而长；屈肢葬则接近于方形或者椭圆形，宽而短。原因在于安葬死者的方便，谈不上特殊的意义。

葬具有棺椁之分。依笔者对该地区葬具的理解：椁是在墓室中搭建起来的，棺是敛尸后置于墓室中的，据此所谓的石棺墓应该都是石椁墓，很多木棺墓也应改称木椁墓才是。目前发现的石椁墓还比较少，仅有青海同德宗日马家窑类型时期和半山—马厂时期墓葬、甘肃景泰张家台半山时期墓葬和青海民和簸箕掌辛店文化山家头类型墓

〔49〕 高东陆：《略论卡约文化》，《考古学文化论集》（三），文物出版社，1993 年。

葬[50]，前两处分属屈肢葬和俯身葬，后一处则是辛店文化了，可知石棺使用与葬式关系不大。木椁的分布区在青海境内的黄河两岸，同德宗日和循化苏呼撒比较普遍，是用圆木和劈开的半圆木搭建起来的，无底，顶盖或有或无；木棺的分布区是在青海境内的湟水流域，是比较正规的六面木棺；其余地区基本上不使用葬具。这样看木质棺椁也是与葬式的分布不完全重合的。

　　墓葬方向是一个比较复杂的问题，拟另文予以讨论。王仁湘先生曾经做过一些分析[51]，指出了其中的复杂性。青海民和阳山墓地在葬式上以俯身葬和屈肢葬为主，墓向又有进一步的区分，表现出葬式与墓葬方向的层次不同；据张弛先生对兰州土谷台墓地的分析，在全部是屈肢葬的墓地里面，人骨头向则有东西两种并且各自成组[52]，更说明其反映的不是同一人们共同体。

　　人数、性别、年龄、随葬品更是复杂。总体而言各种葬式中都是单人葬为主，没有太大的性别区分；儿童因为腐朽或者瓮棺而多是姿势不明。随葬品方面表现出来的一些工具、装饰品等男女差异也不因为葬式而有变化。目前讨论较多的是齐家期的男女合葬以及男人与儿童的合葬问题。迄今为止齐家文化的成年二人合葬墓 44 座，一人仰身直肢一人侧身屈肢的共 31 座，占 70％，不明和姿势相同的仅占 30％，前者凡是鉴定过性别的均是男性仰身直肢、女性侧身屈肢，没有一例相反的，这就是说在成年二人合葬墓里面，主要是以男性仰身直肢、女性侧身屈肢为主要形式。成年与儿童的二人合葬墓共计 13 座，成人仰身直肢、儿童侧身屈肢的 7 座，占 54％，皆仰身直肢的 1 座，占 8％，其余的不明，成人鉴定了性别的基本上男性，就是说男性成人仰身直肢、儿童侧身屈肢也是一个主要特色。多人合葬墓也有这样的情况，不一一列举。由此可以认为：男性地位高于女性，女性被迫殉葬；成年男性地位高于儿童。此结论曾经作为齐家文化进入了等级社会的根据，反映了男女不平等到了可以决定一方生死的程度。可是应该考虑的还有几点：第一，屈肢葬是一种传统葬式，齐家之前就曾经流行过并且有其固定的分布范围，齐家之后侧身屈肢葬在秦人墓里依然流行。即使仰身直肢与侧身屈肢的合葬，也不是齐家期才有。柳湾马厂类型墓葬 M327 就是中间侧身屈肢两边仰身直肢的例子[53]，这座墓葬中间的侧身屈肢者似乎还有一些地位低下的迹象，例如一条腿被压在了仰身葬者的木垫板底下，并且随葬品也有不属于他的感觉；可是甘肃

---

〔50〕　高东陆、吴平：《青海境内的石棺葬》，《青海考古学会会刊》第 6 期，1984 年。

〔51〕　王仁湘：《我国新石器时代墓葬方向研究》，《中国原始文化论集》，文物出版社，1989 年。

〔52〕　张弛：《半山式文化遗存分析》，《考古学研究》（二），北京大学出版社，1994 年。

〔53〕　同〔16〕。

永昌鸳鸯池墓地[54]的五人合葬墓 M24，位居中间的 3 号人骨还抱有一个小孩，看不出地位低下的迹象。第二，侧身屈肢葬的具体姿势也有不同，卷屈特甚的单人墓与面向男性的下肢微屈者应该区别看待。第三，单人一次的男女合葬理解为殉葬的话，那么成年男人与儿童的一次合葬是不是也是殉葬？虽然有妻妾殉葬的民族学资料，可是用儿女殉葬恐怕不好寻找。第四，齐家时期单人墓侧身屈肢姿势的存在也值得重视，从随葬品数量与同一墓地的其他葬式比较或许就能够看出是不是地位有高低之分。例如甘肃永靖大何庄齐家文化墓地中[55]，还有 14 座单人屈肢葬墓葬，仅有 2 座墓随葬了陶器，分别是 1 件和 2 件，与仰身直肢葬相比贫富差距极为明显，这种差别就不能仅仅用男女性别来解释了。因此我们认为只有对此现象做各方面的综合分析，才可能有一个比较正确的解释，不至于片面曲解。

四、葬式反映的人群及其变迁

甘青地区彩陶的出现是东部地区史前文化西渐的结果[56]，陇东地区本就是与关中地区同步发展的，以西地区最早的新石器时代文化是仰韶文化庙底沟类型，与东部地区并无太大区别，到了马家窑类型就走上了自己发展的道路。在发展的过程中，也有一些地区差异在产生、变化着，马厂时期就有了东区与西区的划分[57]，甚至东区还分出了兰州区和柳湾区[58]。陶器能够反映一批人，也就是使用陶器的人群；墓葬也能反映一批人，即拥有某种葬俗的人群。这两种反映不是同一层面的，前者是生产消费方面，后者是思想观念意识形态方面。两种客观反映很可能并不重合，但是葬俗方面的反映无疑更接近于人们的族群。因为环境的限制会使得人们的生产方式接近，生活用品也就表现出很大的一致性；而思想观念则是很少受到自然环境以及经济方式的约束，所以能够有着明确的区分。这样的例子在多民族聚集区普遍存在，我们在青海东部地区做田野调查的时候，就发现多个村庄都是汉族、回族、藏族混杂的，生活方式基本一致，区别只是在于婚丧嫁娶等方面，尽管生活用具的差别不大，可是每个人对于自己属于什么民族都很在意，这就是心理认同形式的明确性了。如果我们把葬式的选择理解为一个人们群体的心理认同形式的话，就能看出有如下所述的变迁过程。

〔54〕 甘肃省博物馆文物工作队等：《永昌鸳鸯池新石器时代墓地的发掘》，《考古》1974 年 5 期。
〔55〕 同〔23〕。
〔56〕 严文明：《甘肃彩陶的源流》，《文物》1978 年 10 期。
〔57〕 袁靖：《试论马厂类型墓葬的几个问题》，《中国原始文化论集》，文物出版社，1989 年。
〔58〕 李伊萍：《半山、马厂文化研究》，《考古学文化论集》(三)，文物出版社，1993 年。

庙底沟类型之前没有发现农业文化，但是不表明该地区就没有人群活动，青海贵南拉乙亥发现过距今 6745 年的细石器遗存就是证明。庙底沟类型的遗物属于仰韶文化，是不是东部过来的移民留下来的尚不敢说。马家窑类型在陶器上已经具备了与东部地区分庭抗礼的独自特征，或许就是东西部文化融合的产物。这时期葬式上出现了一个俯身葬区域，并且恰好在马家窑类型遗存分布最边缘的青海同德宗日，很难以外来移民解释，只能说最大可能是当地人群接受了东部的农业和陶器制作技术。进入半山—马厂时期，甘青文化圈自己的特征凸现出来，陶器发展与东部截然不同，葬式上更是特点鲜明，形成了俯身葬、仰身葬、屈肢葬三个比较明显的分布区，结合陶器的地方特色，或许仰身直肢葬还应该分解为河西与湟水两个区更加符合实际情况。这一时期也是农业文化大发展时期，表现为遗址数量剧增，可以理解为当地的各个人群逐渐接受了农业经济并成为这一地区农业文化的主要创造者，外来的移民被基本同化，因此在葬式上就显现出了自己的族群特征，分别占据兰州地区、青海黄河两岸、青海湟水谷地和甘肃河西地区。

目前齐家文化的研究还有许多问题没有搞清楚，最重要的是起源和地方类型尚不清晰。能在较短的时期内一下子覆盖了极为广阔的地区，必有深层的原因在里面。自然环境或许是一个应该想到的因素，齐家文化时期也就是距今 4000 年左右，青藏高原也与世界范围内开始的气温下降同步[59]，联想到整个欧亚大陆大规模的民族迁徙，齐家期的动荡也就好理解了。我们看到俯身葬区依然维持着，只是这里的齐家文化与其他地区是否文化面貌上也一样，还限于资料不能得知。比较重要的事件就是屈肢葬区的消失，半山—马厂时期屈肢葬区的继承者永靖秦魏家和永靖大何庄齐家文化墓葬，仰身直肢葬取得了优势，留存下来的屈肢葬，一部分表现为仰身直肢葬男性的附庸甚至是殉葬者，另一部分也就是单人屈肢葬也是很少随葬品，例如前面所说的大何庄的情况。单人屈肢葬与合葬墓中的屈肢殉葬者结合来看，显然这是一个处于被压迫被奴役的群体。因此笔者认为齐家文化合葬墓反应的与其说是男尊女卑，不如说是族群征服。被征服的屈肢葬人群或许一部分迁徙（到了河西和湟水中游，黄娘娘台和柳湾的屈肢葬数量增加了，但是一样受到奴役），一部分改变了原来的葬俗而融入征服者人群中，一部分就是我们见到的保留了自己屈肢葬特色的被奴役群体。那么作为征服者的仰身直肢葬群体是哪里来的呢？不外乎两种可能，一是西面湟水谷地和河西地区的仰身直肢葬群体，一是东面陇东地区仰身直肢葬群体。前者的话有气候变化的因素支持，也就是青藏高原东部边缘本身就是一个气候变化敏感带，轻微的气候变化在内地还没

---

〔59〕 王富葆：《一万年来青藏高原的气候变化及其发展趋势的初步研究》，《第四纪冰川与第四纪地质论文集》（第 2 集），地质出版社，1985 年。

有反应的时候，这里就有了进退的表现。气温下降使得农业文化东退，侵占了屈肢葬地区；若是后者的话则有考古学遗物的支持，目前为止年代较早的齐家文化出现在东部[60]，也是一支逐步西侵的遗存，对于屈肢葬群体实施了征服占领，对湟水谷地和河西地区的仰身直肢葬群体实施了强烈的影响，但是这两个地区依然保留了一些原来的特征，例如柳湾墓地马厂与齐家墓葬最初器物很接近，齐家的面貌是逐步代替马厂的，显然族体没有变化而仅仅是陶器上的替代。对于更远的俯身葬人群，仅仅是因为有了典型的齐家文化双大耳罐才定性为齐家文化，具体面貌还不清楚，有待于资料的发表，或许与宗日遗址一样还有一些自己的器物群也未可知。而河西西部地区则顶住了齐家的侵袭，由马厂类型过渡到了四坝文化[61]。基于目前资料，笔者倾向于后一种解释，也就是齐家文化由东向西发展，在陶器上取代马厂类型而覆盖了除河西西部以外的甘青文化区的大部，而在人群上仅仅是征服并占领了最东面的以屈肢葬为表征的族体，其余地区仍是原来人群的继续。这时期与半山—马厂时期一样有四个群体，只是人群构成稍有变化：东区一个是外来的仰身直肢葬人群及其统治下的屈肢葬人群的混合群体，西区南部依然属于使用俯身葬的比较单纯的群体，西区中部湟水地区是融入了少量屈肢葬人群的仰身直肢葬的群体，西区北部河西地区是接受了部分外来屈肢葬人群的仰身直肢葬群体。

青铜时代仰身直肢葬覆盖了整个地区，但是陶器反应的考古学文化则分化为若干支，看这几支文化的分布，其与半山—马厂时期葬式区的关系竟然显得遥相呼应：俯身葬区与湟水流域的仰身直肢葬区合并为卡约文化；屈肢葬区与辛店文化大致重合；河西仰身直肢葬区成为了四坝文化和沙井文化；屈肢葬区以外的甘肃地区取代齐家文化的是寺洼文化（图二）。由此似乎可以理解该时期的族群特征在陶器上表现得更为突出。气候变化导致俯身葬区的经济类型转化为畜牧业，湟水流域的仰身直肢葬人群也同时有此转换，相同的经济生活方式以及共同具备的游动性特点，使得俯身葬的人群与湟水流域仰身直肢葬的人群迅速融合，尽管俯身葬不是主要的葬式了，可是仍然零散的出现并作为卡约文化葬俗的一个特色长期存在下来。辛店文化毕竟没有大量的屈肢葬存在，但是临夏莲花台墓地达到了12％，民和核桃庄墓地也有4例，隐隐透露出其中的联系，或许是经过齐家仰身直肢葬人群长期统治后埋葬习俗被基本改变了，可是作为族群还是顽强地生存下来并再次复兴起来。河西地区的人群依然保持了其固有的仰身直肢葬习俗。寺洼文化人群可能是真正的齐家文化人群的继承者，其分布的东界也超出了半山—马厂的范围，几与齐家文化相比，就是一个佐证吧。不过文化面貌

〔60〕张忠培：《齐家文化研究》，《考古学报》1987年1、2期。
〔61〕李水城：《四坝文化研究》，《考古学文化论集》（三），文物出版社，1993年。

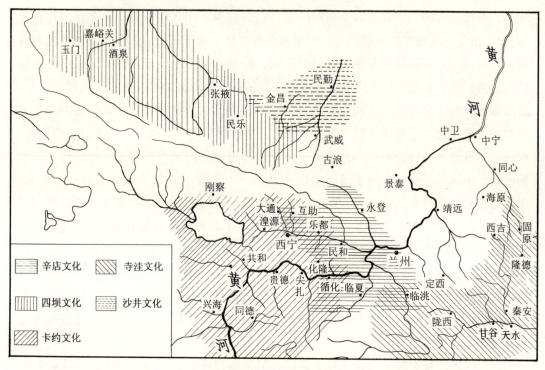

图二　青铜时代诸文化分布图

上，齐家文化之后的几支考古学文化，似乎在陶器制造上出现了极大的退步，并且社会阶层的分化也消失了，有无可能不像我们上面分析的那样族群延续，而是反映了人群的更换？对于卡约文化的陶器退化，俞伟超先生曾经做过解释：畜牧部落的流动性，大大超过农业部落，所以其陶器等生活用品，一般讲不会像农业部落那么精致[62]；况且进入青铜时代以后，陶器生产已经不一定就是最高生产力的代表，不是衡量先进与否的标准了。至于社会分化的消失，也要考虑之前的分化属于什么性质，我们看齐家文化的殉葬以及贫富差距，更多体现在族体之间的征服与压迫，而不是本族体内部的等级划分，因为仰身直肢葬之间还没有很多阶层分化的证据（有无殉葬者或许是一个这方面的证据）。这个问题还需要以后继续探讨。

五、余　论

有一批资料值得关注，这就是宁夏南部和甘肃陇东地区新石器时代晚期的遗存，

---

〔62〕　俞伟超：《关于"卡约文化"的新认识》，《青海考古学会会刊》第3期，1981年。

代表性遗址是宁夏固原店河墓地[63]和宁夏海原菜园村遗址[64]。陶器上看，泥质陶的彩陶几乎就与半山陶器毫无区别，夹砂陶则是齐家文化常见的斜篮纹，基本不见马家窑文化的绳纹，器形、器类也是齐家文化的传统。所以有人称之为半山遗存，有人主张是齐家文化，还有人觉得应该单独命名一个文化[65]。文化归属尚有待于讨论，可是其埋葬习俗需要分析：固原店河墓地全是侧身屈肢葬，海原菜园村切刀把墓地凡是可以辨认葬式者也全是屈肢葬，尽管有仰身、俯身、侧身之分，这一点与兰州为中心的屈肢葬区是一致的。笔者曾经分析过甘青地区的二次扰乱葬习俗[66]，该地区恰好也是位于二次扰乱葬分布区的东部边缘，那么有理由相信在大的人群划分上这里是在甘青文化区之内的，这就需要我们把前面所划出来的屈肢葬区范围扩大到这一地区了。虽然陶器显示了较多的齐家文化特征（或属于常山下层文化[67]），考虑到这里的齐家文化或许早于西部的同类遗存，所以暂定这是半山—马厂时期屈肢葬区的东区。在人群上这里与关中西部和甘肃东部的仰身直肢葬也是不一样的，真正齐家文化扩张时期也被仰身直肢葬人群征服占领，到了青铜时代才再次显露出自己的特色，甘肃合水九站寺洼文化墓地的4例屈肢葬就是迹象。更为重要的是，秦人墓葬中的屈肢葬传统，或许源头就在这里。甘肃甘谷毛家坪遗址的屈肢葬，赵化成先生认定其为西周时期的秦人墓葬[68]，就是原先屈肢葬传统的人群的复兴吧。俞伟超先生就指出过洞室墓、屈肢葬是甘青文化带给关中地区的影响[69]。

———————

[63]　宁夏文物考古研究所：《宁夏固原店河齐家文化墓葬清理简报》，《考古》1987年8期。

[64]　宁夏文物考古研究所等：《宁夏海原县菜园村遗址、墓地发掘简报》，《文物》1988年9期。

[65]　宁夏文物考古研究所：《宁夏海原县菜园村遗址切刀把墓地》，《考古学报》1989年4期。

[66]　陈洪海：《甘青地区史前文化的二次扰乱葬辨析》（待刊）。

[67]　胡谦盈：《论常山下层文化》，《中国原始文化论集》，文物出版社，1989年。

[68]　赵化成：《甘肃东部秦和羌戎文化的考古学探索》，《考古类型学的理论与实践》，文物出版社，1989年。

[69]　俞伟超：《古代"西戎"和"羌""胡"文化归属问题的探讨》，《青海考古学会会刊》第1期，1979年。

中国初期王朝国家形成过程中的地域关系

——二里头·二里岗时代陶器动态研究

秦小丽[*]

The pottery wares of Erlitou culture（Yiluo system）influenced the pottery compositions of the cultures in neighboring areas, however, the effects were changeful in different periods, in some areas the pottery wares featured diverse systems but in some areas the Yiluo system planed the main role. However, the Zhanghe system pottery wares extremely increased and the pottery wares with both the styles of Yiluo and Zhengzhou systems emerged in the central area of Erlitou culture as a result of the lost of the central position of Erlitou site. In Erligang period the pottery wares of Yiluo-Zhengzhou system became monopolizing. The changes of the pottery composition in these two period reveal that the expansion from the center to the border was the reason resulting in regional changes, however, the expansion was not the simple communication among the regional groups, it embodied the social revolution and brought new social order in the central area.

一、问题的提出

公元前 2000 年前后发生于黄河中游地区的二里头文化，正处于中国初期王朝国家的形成阶段。这一文化的出现表示了中国新石器时代农耕社会形成以来发展起来的社会统合形态的一个顶点。其表现之一就是以二里头遗址为代表的二里头文化陶器群，以伊洛河流域为中心，向周围地域扩散。位于黄河支流洛河南岸的二里头遗址，由于其遗址的规模和宫殿基坛的存在，被确认为是二里头时代的中心地。从这一遗址中出土的陶器型式随着时间的推移，其分布范围也在不断扩大，其陶器的移动和模仿远远超越了早于它的龙山时代所能看到的地域分布区，而在相距很远的四周各地普遍存在。但从中心以外的周边地区来看，除来自中心地的二里头特征的陶器群之外，还有本地特有的陶器群以及从邻近地区流入的其他系统的陶器群。因而各个地区的陶器组合呈现一种多系统混在的复杂特征。然而在进入其后的二里岗时代之后，不仅时代的中心地从伊洛地区转移到了郑州地区，而且各个地区的陶器组合特征也发生了从多系统混在的复杂状况转变为单一系统陶器组合的变化。要理解陶器组合所发生的这一变化，

---

* 作者系日本京都大学大学院文学研究科博士研究生。

探索二里头、二里岗两个时代各自的地域动态，以及中心地与周边地区的关系则是非常重要的。本文将着重研究这一变化过程。

以研究夏文化和早商文化为目的而开始的二里头、二里岗文化研究，迄今为止已经历了近50年的探索，在各个方面取得了许多成果。然而由于这两个时代的研究往往局限在古文献记载的夏王朝和早商王朝的地理范围这一固定模式中，并试图在强调考古学文化或类型的时空分布的基础上复原古代部族、民族或王朝的活动地域，而很少注意到各个考古学文化或类型之间交错分布、难以用线条划出范围的地域交流的错综复杂的局面，也缺少从国家形成的角度来研究二里头、二里岗文化的具体分析。基于以上反省，本文从国家形成过程这一视点出发，并利用日本考古学中以陶器分析来阐明地域间交流的方法来研究二里头、二里岗时代的社会构成状况。本论文研究的重点在于二里头、二里岗时代所代表的初期王朝国家形成这一阶段陶器所反映的地域动态和变化过程。

二、研 究 方 法

陶器原本是带有一定综合性特征的集合体，从陶器组合的不同可以把握陶器所表现的特定集团的生活状况和其所处范围。还可以从陶器的制作方法和陶器组成的异同，来识别同一陶器组合中所存在的不同系统的多个陶器群，以及这些不同系统陶器群的构成比率，并以这种系统间构成比率的消长来比较相邻地域的陶器组合的量变过程，并从这种变化过程中来了解各个集团地域间交流的实际状态。但是，关于二里头文化陶器群的这种扩散和二里岗时代陶器组合的齐一性特征仅仅用以上所述的一般集团之间交流这一视点来解释是不够的。因而，还须从初期王朝国家形成这一具有划时代的社会大变化背景中来分析二里头文化的陶器扩散和二里岗时代陶器的一元化倾向。

笔者曾于1998年和1999年先后两次参加了京都大学人文科学研究所冈村秀典先生与河南省文物考古研究所对河南焦作府城遗址的共同发掘。得益于这一难得的实践与学习的机会，我将在国内学到的考古学文化因素分析法和留学所学到的日本考古学方法相结合，应用于府城遗址的陶器资料整理，并以此所获得的成果作为第一基准，对其他二里头时代和二里岗时代诸遗址中出土的陶器组合进行了分析。具体来说，就是对二里头时代的陶器资料，首先根据其形态特征进行系统分类，然后再用数量分析的方法计算出各个遗址中典型单位出土陶器的各系统的构成比例，以及这种比例在不同时期的变化，以此把握各个遗址的特征。然后在区别出地方系陶器和外来系陶器的基础之上，从每个遗址中外来系陶器要素的数量变化来探讨遗址之间的交流状况。并对带有特殊陶器构成的遗址具有的意义，从其与周围诸遗址的关系中来把握其所具有的社会政治地位。对二里岗时代的陶器资料也基本是用同样的方法进行整理的。但是，由于这一时代陶器系统所表现出的单一性特征，本文就此进行了重点分析。其具体方法是从陶器系统、器类构成、炊器容量大小和陶器表面绳纹的条数变化这 4 个方面的量变结果来观察二里岗时代陶器组合的单一性特征是不是在一般遗址中普遍存在。然后，在这一观察结果之上，对性质不同的 3 类遗址的陶器组合进行比较，最后探讨这种具有一元化倾向的陶器组合特征的社会背景。

三、陶器的分类、形式变化和系统识别

本文首先对位于中心地区的遗址中出土的陶器器种进行分类和系统识别。所使用的资料是二里头、偃师商城、郑州商城 3 个遗址除墓葬以外的遗迹中发掘出土的从二里头时代到二里岗时代的典型单位陶器。其目的是了解中心地区两时代的陶器组合的变迁过程。分析结果显示，中心地区二里头时代陶器组合的构成，除所在地区的伊洛系（A）陶器群之外，还存在东下冯系（B）、辉卫系（C）、漳河系（D）和岳石系（E）的陶器。但是，就陶器总量的比例来看，伊洛系（A）陶器不仅器类丰富而且数量也多，从早期到晚期都一直是这一地区陶器的主体构成因素，这种状况反映了中心地的伊洛·郑州地区的陶器组合在向周边地区扩散的同时，也曾与周边地区进行过一定程度的交流。但是，进入二里岗时代以后，除岳石系（E）的陶器偶有发现以外，B、C、D 等系带有周边地区特征的陶器几乎看不到，而仅可看到伊洛系（A）和新出现的伊洛·郑州系（AD）陶器群。因此，若仅就陶器组合的变迁过程来看，仍可以确认从二里头时代到二里岗时代之间有一个划时代性的转变。关于这种转变过程的具体表现将在本文的第五节中作详细分析。

四、二里头时代的地域动态

在对中心地 3 遗址陶器分类和系统识别以及二里头·二里岗时代陶器组合演变过程分析的基础之上，本节重点讨论二里头时代的地域动态。在这里首先对周边地区的山西省西南部、河南省北部、河南省东部、河南省南部地区的陶器组合的时间变化和空间动态进行分析。

二里头时代的山西省南部地区的陶器组合中，除继承早于它的龙山时代的器类以外，还可以明显看到来自南部的伊洛系陶器和来自北部晋中地区的东太堡系陶器。但是，就时期来看，东太堡系陶器要素的大量存在，主要在东下冯类型的前半期，因而可以说它对东下冯类型的成立曾给予过较大的影响，而后半期所占比例虽有所减少，

但仍是占有一定比例的重要因素之一。伊洛系陶器因素从东下冯类型第3期开始明显增加，并出现了所占比例高于当地陶器的现象。这种状况，不仅仅限于东下冯遗址和与伊洛地区邻近的南部，几乎在所有后半期的遗址中都可以看到。但就所占比例的多少来看，距伊洛地区较近的南部较高，往北比例则有所减少，明确显示了地理位置的差异。

河南省北部地区二里头时代的陶器组成，从其总体趋势来看，伊洛系陶器的比例以距伊洛地区的远近，呈现一种增减趋势。比如就第3期以后的比例状况来看，距伊洛地区最近的沁河流域诸遗址中，伊洛系陶器几乎均占有7成以上的比例，但偏北地区的卫河中游地区的诸遗址，比如宋窑遗址中伊洛系陶器仅占有2成。但是位于它稍南的孟庄遗址，其伊洛系陶器则占有半数以上，显示了异常高的比例，反映了这一遗址的特殊存在。另一方面，若就漳河系陶器的比例变化来看，从最北部的漳河地区到南部的卫河上游地区，其所占比例呈现一种明显减少的趋势。而在最南部的沁河流域目前为止还不曾发现有漳河系陶器存在。因而，起源于南北两地的伊洛系和漳河系陶器比例的消长，显示了一种明显的地理位置差异。而以卫河上、中游为中心分布的辉卫系陶器，从其比例变化来看，几乎在豫北地区的多数遗址中都存在，但就其比例多少来看，卫河上游比较高，其他地区则较低。来自山西省中部的东太堡系陶器在这一地域也占有一定的比例，虽看不出明显的变化趋势，但是距太行山较近的遗址中占有较高的比例。这一地区4、5期陶器比例的变化趋势总的来看，几乎与前期相同，但有一点不同的是孟庄遗址的变化，前期中以伊洛系陶器占有半数以上而与周围其他遗址相异，但进入4、5期以后，则看不到这种特殊性，其陶器系统与周围遗址显示出同样的比例构成。

河南省东部地区的二里头时代陶器组合，除来自龙山时代的器类之外，还可看到来自西部的伊洛系以及当地仿制的伊洛模仿系陶器、北部的漳河系和东部的岳石系陶器。伊洛系陶器几乎在所有遗址中均占有60%以上的比例，因而是这一地区的主体因素。特别是前半期，在郑州周边，开封、商丘地区和周口地区的所有遗址中，伊洛系和伊洛模仿系陶器都占有85%以上的高比例。而这一地区特有的陶器仅限于第1、2期的开封、商丘地区和周口地区。进入后半期之后，郑州周边和开封、商丘地区可看到漳河系陶器大幅增加，而伊洛系陶器与前期相比有减少的趋势。就两者所占比例来看，几乎处于一种均等的态势中。显示了这一时期的陶器构成特点。

河南省南部地区，迄今为止发现的遗址数量较少，分布地域广泛，因而难以把握其陶器详细的地域动态。但就现有资料来看，这里除地方系陶器外，伊洛系和伊洛模仿系陶器的大量存在是一个显著特征。但就地域来看，东部淮河中游地区的诸遗址中，除地方系和伊洛系陶器外，岳石系陶器也占有一定的比例。而伊洛模仿系陶器的存在，则与河南省东部地区相似。

从以上 4 个周边地区的分析来看，各个地区的陶器组合由多个系统的陶器混在并存，呈现一种复杂的多系统现象，其所占比例则随时期而变化，虽然伊洛系陶器在各个地区都显示了较高的比例，但仍可看到明显的地理位置差异。

那么，中心地区的伊洛地区诸遗址的陶器动态又是如何的呢？以下从中心地角度来分析一下这里的陶器构成变化。由于这一地区建立有良好的编年体系，而且所发表的资料也都给予了一个确切的编年位置，因此，这里将沿着 1～4 期的详细编年，来分析一下伊洛地区的陶器组合变化的过程。

二里头时代第 1 期，伊洛系作为主体要素的陶器分布范围，仅限于中心地的伊洛地区和与其邻近的郑州地区。这一时期的陶器组合，主要由脱胎于当地龙山文化发展起来的伊洛系陶器群和龙山时代残留下来的陶器群构成。由新出现器种所构成的这一新的陶器群的诞生，是龙山时代与二里头时代之间转变的一个明显标志。

进入二里头时代第 2 期以后，伊洛地区的陶器组合由伊洛系和外来的东下冯系构成。前期可见的龙山时代特征性器种和纹样已看不到。外来的东下冯系陶器虽然仅占全体陶器的 1 成左右，但它对伊洛系陶器组合的成立曾给予一定的影响。第 2 期前半期伊洛系陶器的扩散范围以河南省南部和东部为主，第 2 期后半期之后，在山西省西南部也有少量出现。

二里头时代第 3 期是伊洛地区最繁荣的时期，在二里头遗址中，不仅发现了 2 座宫殿基址，还发现了青铜器制作工房和随葬有青铜器和玉器的墓葬。这样的设施和器物的存在，应有为维持这种社会构造的背景，因而可以认为这一时期的伊洛地区已确立了相当复杂的社会形态。在这种背景下，伊洛地区的陶器组合呈现出多系统构成的状况。作为主体要素的伊洛系约占 7 成以上的比例，其他则为东下冯系、漳河系、辉卫系所构成。但另一方面，伊洛系陶器进一步向周边地区扩大，特别是西北和北部的山西省西南部和河南省北部地区成为其扩大的重点，两地区均出现了伊洛系陶器凌驾于地方系陶器成为主体因素的状况。甚至在山西省中部的晋中地区也可看到伊洛系陶器的影响。此外，在山西省西南部的东下冯遗址和河南省北部的孟庄遗址中还发现了随葬伊洛系陶器爵和盉的墓葬。这种现象和伊洛系陶器的高比例联系起来考虑的话，也许可以认为伊洛地区的集团势力有向北方移住的可能性。但是，这种状况与河南省东部和南部地区不同，由于北方两地的地方系和其他系统的陶器一直都占有一定的比例，因而可看到伊洛地区的集团在这两地区是与其他系统集团并存的。

进入二里头时代第 4 期之后，二里头遗址中 2 座宫殿基址均遭破坏，因而推测其已失去了作为政治性中心的地位，变成一般的聚落遗址。这时期的陶器组合也发生了较大的变化。尽管伊洛系陶器和前期一样，仍是占有一半以上的主体因素，但前期出现的漳河系陶器有所增加，并新出现了少量的岳石系陶器。特别是第 4 期后半期在郑州商城内中北部二里头时代遗址中，出土了较多的漳河系陶器，其比例最高可达 40%，这是一个非常有意义的现象。另外一个变化是，二里头时代作为炊器大量使用的伊洛系深腹罐和鼎，到第 4 期大幅减少，而同样是炊器的漳河系鬲则在这一时期大量出现。此外在中心地 3 遗址中还发现了属于漳河系形态的深腹盆，使用伊洛系常用的修整方法修整的陶器，这种由两种系统制作方法融合的陶器的出现也是一个具有时代性转变的标志。这种陶器本文在此称作伊洛·郑州系，并用 AD 来表示。它与原本有的伊洛系陶器一起构成紧接其后的二里岗时代陶器组合的主体，并开创了一个新时代。关于这种时代间的过渡，将在本文的五节中作详细分析。

以上分析显示，二里头时代第 3 期以后出现的以鬲为代表的漳河系陶器在伊洛地区所占比例虽一直很少，但它对这一地区的陶器组合给予很大影响这一点则是值得评价的。因此，仅就陶器组合的变化来看，伊洛系陶器的四周扩张和下一阶段漳河系陶器的抬头，不仅仅是陶器组合变化的简单归纳，在这种陶器组合变化的背后，隐藏着国家形成这样一个大的社会变革和中心地集团的对外扩张这样一个地域间变化的背景。而且就陶器组合可以推测在向二里岗时代的转变机制上，漳河系集团的南下是一个重要的因素。

五、从二里头时代向二里岗时代的转变

从伊洛地区二里头遗址为中心的二里头时代到以郑州地区郑州商城为中心的二里岗时代的转换以及这种转换的背景，是本节探讨的重点。在这里以两时代共存的复合遗址为分析对象，特别是以二里头时代后期和二里岗时代前期的复合遗址为素材，以探讨时代上紧密衔接的两时代间陶器组合的转换状况。

限于迄今为止发表的资料，这种复合遗址在郑州、伊洛地区、豫北地区、山西省西南地区共有 9 处，对于这 9 处遗址，从陶器系统，器种构成，炊器深腹罐和鬲口径、器高的大小变化，陶器器表绳纹条数的变化 4 方面进行了分析。其结果是，从二里头时代后期到二里岗时代前期，9 遗址的陶器组合在以上 4 方面均发生了变化。首先可以指出的是陶器系统从二里头后期的地方系、伊洛系、漳河系、辉卫系、东下冯系、东太堡系等多系混杂共存的状况到二里岗时代的单一伊洛·郑州系的一元化陶器组合这一具有特征性的变化。随着这种变化，二里头时代不曾看到的伊洛·郑州系鬲 AD 作为炊煮器被普遍使用，其口径和器高的尺度也显示出高度的同一性，可以看出这种器具开始具有一种规格化的倾向。而二里头时代炊煮器深腹罐和鼎，在器种构成比例中，不仅大幅减少，而且其口径和器高在小型化的同时，与鬲一样出现了规格化的倾向。

最后，就河南府城遗址的分析资料来看，从二里头时代后期到二里岗时代上层期，陶器表面的绳纹条数，由平均 19 条到平均 11 条，显示了由细到粗的变化倾向，反映了制陶工艺中陶器修整工具在两时代间的变化。

这种变化不仅仅限于二里岗时代中心地区的郑州·伊洛地区，位于其周边的豫北地区和山西省南部地区也普遍存在，因而可以确认二里岗时代陶器组合，在广范围内都具有这种齐一化的特征。无论是中心地的伊洛·郑州地区，还是周边的山西省西南部，豫北地区，其在二里头时代都是拥有不同特征陶器组合形式的地区。而进入二里岗时代以后均出现了高度的共通性。这种共通性不仅仅限于器种构成的类似，在陶器的细部形态和制作技法上也可以得到确认，因此，可以推测在陶器组合这种齐一化的背后，不单单是陶器制作的简单模仿，可能还存在着某种强有力的支配制度。

六、二里岗时代的地域动态

就现有资料来看，二里岗时代的聚落遗址从其规模和性质来看，大致可以分为以下三种类型。这就是以郑州和偃师商城为代表的王都；以东下冯、垣曲和府城商城为代表的中核性质的城郭遗址和以巩县稍柴、登封王城岗、二里头、岔河等不带有城壁的一般聚落。这三种类型的聚落，不仅性质、布局和功用不同，而且应反映了当时社会结构中的三个等级阶层。因而分析这三种类型聚落遗址中陶器组合的异同具有非常重要的意义。通过前文分析确认二里岗时代陶器组合的一元化特征，但是，在这 3 类遗址中是否都存在，这种一元化陶器组合在时间上的变化过程如何，是本节探讨的重点。这里分析所用的资料除前节的 9 处遗址外，还包括迄今为止发掘报道的所有二里岗时代的遗址。这里首先从 3 种不同类型的遗址分析入手，对二里岗时代一元化陶器组合的地域动态进行探讨。然后，再沿着分期从时间的角度，来分析这种地域动态和一元化陶器组合的形成过程。

（一）王都·中心城郭都市·一般聚落

对于性质不同的 3 类遗址，也从以上 4 个方面进行分析，其结果显示，二里岗时代普遍存在的一元化陶器组合特征在性质不同的三种类型遗址中都可以得到确认。这种超越地域，超越聚落阶层，伴随着城郭都市而出现的一元化陶器组合，正是二里岗时代的显著特征，这种特征反映了产生一元化陶器组合的背景中所隐藏的以郑州政权为代表的支配阶层所行使的某种具有一元化制度的存在。

迄今为止通过调查和发现所显示的遗址分布状况来看，无论是中心地的伊洛·郑州地区，还是周边的山西西南部、豫北、豫东、豫南地区，二里头时代尽管各地区都有以大规模环壕为特征的中心聚落的存在，但其周边都有大量遗址密集分布。然而在进入二里岗时代以后，随着城郭都市的建设，周围地区的遗址数量都急剧减少。城郭遗址的出现和遗址分布的变化，显示了两时代间的差异。这种差异与陶器组合的转变不谋而合，这种现象不仅仅是某种偶合，而预示了一种社会大变革的发生。二里岗时代不仅以建设巨大规模的都市来实现其中心地区的存在，而且在周边地区建设次级的城郭都市，作为一般聚落显然受制于以上两个阶层的支配。

（二）一元化陶器组合的变化过程

二里岗时代的陶器动态，总的来看，体现了二里头时代第 4 期成立于中心地区的伊洛·郑州系（AD）陶器群，向周边地区快速扩大，陶器组合齐一化显现这样一种过程。在这里首先就这种过程的具体变化进行分析。二里岗时代的编年具体被分为 4 期，这里以中心地为视角，以从早到晚的顺序，来探讨这 4 期编年的陶器动态。

二里岗下层期前段与二里头 4 期相比，伊洛·郑州系陶器群的种类有所增加，并成为这一时期陶器群的主体构成要素之一。在郑州商城和偃师商城率先成立的伊洛·郑州系陶器，是确定二里岗时代历史地位的重要根据之一。它和前一时代的伊洛系陶器一起，成为这一新时代的主体构成因素。与此同时，属于伊洛·郑州系的鬲取代前一时代伊洛系的深腹罐成为这一时代主要的煮沸器。但是，就这一阶段其他地区的陶器组合来看，位于豫北地区的府城遗址的陶器组合仍是以伊洛系为主体因素的。因此，若仅就陶器群组合来看，这一时代的中心地与周边地区之间还具有明显的差异。也就是说形成于伊洛·郑州地区 AD 系陶器还仅限于中心地区。

进入二里岗下层晚期阶段之后，这种成立于中心地区的伊洛·郑州系陶器群开始向周边地区扩大。这种扩大趋势与二里头时代伊洛系陶器的扩散不同，伴随着各地城郭都市的建立，几乎是在同一时期，这种陶器组合也以很强的势力向四周各地侵入，其具体反映是在晋西南、豫北、豫东等地的各类型遗址中，这种伊洛·郑州系陶器都占到全体陶器的 8 成左右，成为各地区这一时代的主体要素。但炊器的替代则有所不同，中心地和有城郭的遗址中，均由其他炊器转换为以鬲为主体的炊煮形式，但没有任何防卫设施的一般遗址，前一时代的深腹罐仍以一定的比例沿用，鬲还不能完全取代罐的作用。但就陶器组合的主体因素来看，无论是中心地区还是周边地区，陶器组合均出现了向伊洛·郑州系的一元化陶器转化的倾向。这种中心地区产生的陶器组合，在短时间内向周边地区扩张状况，反映了以郑州、偃师商城为代表的支配政权以远远超越前代的强大势力向四周各地进出的实态。

到二里岗上层期以后，陶器组合的齐一化范围进一步扩大，伊洛·郑州系陶器在各地的陶器组合中均占到 9 成以上的高比例，并呈现一种安定的趋势，各地区一般性质的遗址中，炊煮器鬲也已完全取代了前代的深腹罐，以绝对优势成为炊器中的主流。这种陶器组合状况持续到白家庄期，除岳石系陶器在郑州地区可看到以外，其他则无大的变化。尽管这一时期的中心地王都和周边的城郭都市均已废弃，但陶器组合却显现不出这一变化。

以上分析结果显示了从二里头时代到二里岗时代陶器组合状况的变化过程，两时代之间不仅在聚落分布上相异，而且在陶器组合上也发生了变化，这种变化是通过复杂的地域间交流而发生的。但是，这种交流不是建立在对等的立场上，而是表现为从中心地区向周边地区扩大这样一种过程。但是，在中心地区的陶器组合中，也可看到来自其他周边地区的影响。这种一般交流和非对等扩张交叉进行的结果，便是中心地从伊洛地区的二里头遗址迁移到了伊郑地区的郑州、偃师商城，从社会结构到统治阶层都发生了变化。两时代的陶器组合变化显示，由从中心地向周边地区自始至终的扩张趋势是引起这种地域动态现象的原因。而这种现象出现的背景，则预示了由中心地所发生的社会变革以及由这种变革所引起的新的统合秩序的存在。这一点正显示了初期国家形成的具体过程。

二里岗时代特征性的伊洛·郑州系陶器群的孕育，在二里头时代第 4 期阶段的二里头、郑州商城、偃师商城三遗址中率先出现。这些遗址都位于中心地区，而且都是带有建筑基坛的特殊遗址。伊洛·郑州系陶器群的成立则应在二里岗下层期前段。这一阶段，郑州商城的内城，偃师商城中的小城相继建立，两城内同时存在多个大型建筑基坛，这两基城墙规模巨大，可以说是和中心地相符的建筑设施。到了二里岗下层期后段，周边地区也出现了带有城墙的大型城郭遗址，这就是山西省西南部的东下冯、垣曲和河南省北部的府城遗址。前两座城址是建立在二里头时代大型环壕聚落之上，后者则在二里头时代也曾有大型建筑基坛存在。这些城郭都市与中心地区的郑州、偃师商城具有许多共同点，而且在陶器所显示的兴废年代上都呈现出很多一致性。因此可以推测，这些地方城郭遗址和中心地区的大型都市之间有密切的关系。或许可以认为，这种地方城郭遗址是根据中心地的政策而计划建设的据点性遗址。这种与中心地区密切相关的地方都市的出现，与二里岗时代具有齐一性特征的陶器组合向周边地区扩大的时期不谋而合。因此可以认为二里岗时代陶器组合的齐一化是以郑州、偃师商城为代表的中心势力向周边地区强行推进和地方统治的具体反映。

然而，一般聚落遗址陶器组合的一元化现象的出现，与城郭都市相比晚一个时期，大约在二里岗上层期显著化。这可以使我们推想这种依遗址性质不同而出现的陶器组合一元化的时间差，大概反映了从二里岗下层后段建立于各地的据点性城郭遗址，向周边一般遗址扩大的状况。因此可以说，二里岗时代的陶器组合变化显示了从中心地到中心性城郭遗址，再到一般聚落这样一种阶层性的扩大过程。

最后就二里头时代和二里岗时代的异同点作一总结。就陶器组合的分析来看，两时代都有明确的中心地，陶器组合的变化都呈现了中心地向周边地区扩大的状况。但是，两者在其扩大所需要的时间上有较大的差异。二里头时代分两个阶段，从河南省南部向北方地区阶段性扩张。但是二里岗时代，在中心地陶器组合特征形成之后，即以强大势力迅速向四周各地扩张。再从中心地陶器特征在周边地区表现的强弱度来看，二里头时代是阶段性的从近向远逐渐扩大，而且，各地的地方系陶器在比例上虽有所消长，但自始至终都存在。但是，二里岗时代，在中心地陶器组合扩散的同时，各地的地方要素急剧减少甚至灭亡。在比较短的时间内，即被伊洛·郑州系陶器一元化。二里头时代的陶器组合一般受所在地的地理位置影响，其陶器系统呈现出多样性，但是二里岗时代据点性遗址或一般聚落遗址的陶器组合，与中心地区的王都几乎没有变化。与二里头时代相比二里岗时代中心势力对地方的影响具有本质的不同。

以上分析可以概括，从二里头时代到二里岗时代的转变，不仅仅是陶器组合的变化，在社会的统治形态和对地方的支配结构也存在着比较大的差异，这种不同结构也许反映了在中国的初期国家形成过程中存在着二里头时代和二里岗时代这样连续的两个阶段。

附记：本文是作者2001年12月向日本京都大学大学院文学研究科提出的博士论文提要。论文是在冈村秀典先生的指导下完成的，上原真人先生最后通阅全文并提出宝贵的修改意见。山中一郎先生也在百忙之中阅读了全文。我的师弟今井晃树为本论文的完成付出了心血。我所在的京都大学考古学研究室的诸位学友岩田贵之、岩井俊平、石村智、下垣仁志、市川创和中井淳史等在本论文的完成阶段给予了莫大的帮助。本论文由7章组成，附各种统计表45张，线图和地图等173幅，参考文献和注释共300多条。由于内容较多，全文发表需要时间，为了使本文观点早日得到学术界的检验，在此率先发表此提要。表图以及注释将在以后各详细章节的发表中陆续刊出。

本论文从1998年着手写作，在历时近4年的资料整理、收集、参观和最后的写作中，曾得到了以河南省文物考古研究所、山西省考古研究所、陕西省考古研究所、河北省文物考古研究所、中国社会科学院考古研究所偃师商城工作队、二里头工作队、中国历史博物馆垣曲商城工作队、焦作市文物工作队、郑州大学文博学院为主的许多考古单位和先生的关照，由于篇幅所限，这些也将在以后各文章发表时一一致谢。但是在这里我要特别提到的是，在本论文最初选题时，曾得到当时在日本访问的北京大学严文明先生和李伯谦先生、中国社会科学院考古研究所王巍先生、中国社会科学院历史研究所宋镇豪先生和国家文物局宋新潮先生的指导。在此深表谢意。

筹策、八卦、结绳与文字起源

葛英会*

Chouce was the instrument that ancient peoples employed to count and play *gua* or hexagrams, and there were two legends that character originated from hexagrams and tying a cord for recording, however, most scholars deny that the origin of character was related to each of all the three ones.

Using received documents, archaeological and ancient writing materials, the author examines the relation between the emergence of numbers and those original recording methods of *chouce*, hexagrams and tying rope in this paper and concludes that these initial recording methods directly induced to the birth of numbers. Those early numbers were the hieroglyphic writings of those counting instruments and they were invented by the method known as pictograph.

一

关于中国文字的起源，在战国以来的两千多年中，一直为学术界所关注，归纳起来，前人的研究主要涉及了两个方面的问题：一是文字的创始人以及他们所处的时代。战国、秦以至两汉，人们多遵从"仓颉作书"的传说，魏晋以降，学者又提出了"伏羲氏造书契"的见解。有关两者所处的年代，说法并不统一。汉代学者多以仓颉为黄帝史官，汉末以后，学者逐渐把仓颉的时代提前，或说与伏羲同时，或说在伏羲之前。总之，大约相当于传说的五帝时期之初上至三皇时期。二是文字创制的方法或途径。在这个问题上，历代学者各抒己见，缺乏共识，这包括：

（1）文字源于结绳。认为文字是在上古时期结绳治事的启示下创制而成的[1]。

（2）文字始于八卦。认为文字产生于易卦的卦象，如乾卦为天，坤卦为地，坎卦为水，离卦为火等[2]。

---

* 作者系北京大学考古文博学院教授。

[1] 此说参见《易·系辞》、《说文解字》叙。

[2] 此说见《周易·说卦传》、唐陆德明《经典释文》之《周易音义·说卦》引东汉荀爽《九家集解》、清张惠言《周易虞氏义》等。

（3）仓颉视龟作书。认为仓颉受到灵龟的启示创制了文字[3]。

（4）文字、图画同源。认为书画异名而同体，在文字产生的初期，书亦画，画亦书[4]。

（5）文字源于图画。认为二者并不同源，图画在先，文字在后，文字是在图画的基础上产生的[5]。

（6）文字源丁先民的社会实践。认为文字的产生直接导源于原始的记事方法[6]。

（7）中国文字西来说。认为中国的文字是从西亚或埃及传来的[7]。

对文字起源的上述见解，在当代学术界仍没有就哪一种说法达成广泛的共识。认为"视龟作书"附会了河图洛书的传说，是把文字的发明看做天意神授，纯属虚妄无稽。而"结绳"原是原始的实物助记手段，"八卦"本为古已通行的巫筮方法，认为两者与文字的创制毫无关联。认为"书画同源"或"文字源于图画"只能说明象形字的由来，而不能涵盖一些指事字、记号字的源起。中国文字由西方传入的说法，已被我国的考古学研究所否定，是"东方两河流域"的华夏先民创制了中国文字。近人提出的原始记事方法是文字产生的本源的见解，由于在实际上就是文字源于结绳说的扩大，在学术界也很少得到响应。

二

二千多年以来，文字起源问题的讨论时续时止，旷日持久而少有进展。今天，当我们老话重提的时候，有必要先跳出庐山之外，冷静地观察一下庐山的真面，寻觅分析问题的症结所在，不能再一头扎进没有结果的争论当中。

面对文字起源问题的种种见解，我们曾长期游移徘徊，百思而不得其解。文字源于结绳或始于八卦的说法，真的是诸先贤捕风捉影或无病呻吟吗？所谓"视龟作书"与我国古代确曾流行的龟卜及契龟记卜有无联系？所谓"书画同源"原指书画"异名

---

[3] 见《孝经·援神授》。

[4] 见唐张彦远：《历代名画记》。

[5] 唐兰：《古文字学导论》增订本，齐鲁书社，1981年。

[6] 郭沫若：《古代文字之辩证的发展》，《考古学报》1972年3期；江宁生：《从原始记事到文字发明》，《考古学报》1981年1期。

[7] 中国文字西来说，是在十七八世纪欧洲文化中心论充斥的年代，首先由欧洲天主徒提出来的，到19世纪，这种观点又得到了基督徒的支持。其时的西方世俗学者，虽然没有固守中国文明源自欧洲的说法，但仍然认为中国文明是由外部传入的，或认为来自埃及、或认为来自西亚、或认为来自印度，五花八门，完全背离了历史的真实。

同体"，但二者异名异体始于何时？怎样加以区分？研究文字起源问题，特别是面临远古陶器符号是不是文字的问题，前人遗留给我们的种种疑问是不能回避的。我们认为，在进入这些问题的讨论之前，有关文字起源的理论认识与研究方法，应当是首当其冲的，其中存在的问题包括以下几个方面。

（1）对科学地确认中国原初文字的标准认识不足。确认文字的标准，是关于文字的界定即什么是文字的问题。讨论文字的起源，弄清什么是文字是必要的前提。长期以来，研究语言文字的人，大都固守着这样的认识，即"文字是记录语言的符号，是语言的书面表达形式"。在我国原始陶器符号的讨论中，这个问题表现的尤为突出。因为记录语言一般要多个文字符号连续出现，每个符号是一个字，有固定的读音，代表语言中的一个词。基于这样的认识，对远古陶器上大多只有一个的刻、绘符号，不少学者认为，它们可能对文字的产生有某种影响，但其本身绝不可能是文字。新的研究成果表明，"记录语言的符号"这个关于文字的定义，不能涵盖世界上的两大文字类型，它只适用于纯表音的拼音文字系统，因为这类文字仅仅与语音发生联系，而与语义则毫不相干。然而，这个定义却不适用于以表义字为基础发展起来的音义文字系统。关于这一点，饶宗颐先生已经发表了精辟的见解，认为中国文字是不追随语言的、脱离了语言羁绊的、能够控制语言的文字系统[8]。所以如此，是因为中国文字有很强的表意功能。同一个字，同一句话，可以用雅言、雅音读之，也可以用方言、方音读之。如果从这样的认识出发，我们就不会以"记录语言的符号"为标准，断然否定远古陶器符号是原初文字的可能。这些符号如果是具有独立意义的数字或某种名称，即使没有以完整的语言形式出现，似乎也不能排斥已经成为文字的可能。所以，我们不能把它与拼音文字等同起来，一个单独的符号，也可能是所记事项的主干词语，具有特定的记事功能。

（2）对原初文字的性质不明确。谈文字的起源，说到底是指处于源头的原初文字是怎样产生的，这包括两个方面：一是原初的文字有哪些，一是萌发与形成的途径是什么，就是指原生文字是如何创制而成的，以及为其后文字的创制提供了哪些可以仿效的法则。研究文字的起源，是探索远古先民在何种社会需求之下，其思维或意识受到怎样的冲动，才创制了最初用于记事达意的文字符号。当前，我们讨论文字的起源，往往是站在已经具有成千上万的成熟文字之上，泛泛地谈文字是怎样产生的，忽略了以历史的眼光，客观地去探求为数不多的原初文字是哪些，是在怎样的社会实践中发明的。正因为如此，才对"结绳"、"八卦"、"观龟"与文字之间有无关联不屑一顾。

---

〔8〕 饶宗颐：《符号·初文与字母——汉字树》下篇之 10，《汉字图形化持续使用之谜》，上海书店，2000 年。

我认为，克服非历史主义的研究方法，努力追求原初文字的性质与社会成因，才能为文字起源的研究找到出路。

（3）"以后证前"的研究方法尚待完善。五六千年以来，中华传统文化世代传承，一脉相沿，这已为考古学文化研究与典籍记载证实。但是，到目前为止，已经确知的时代最早的文字资料是殷墟甲骨文字，在此之前，中国文字起码已经经历了几千年的发展历程。迄至今日，能够说明中国文字发生、发展的资料仍然相当缺乏，特别是在原始陶器符号的性质尚未论定的情况下，一种行之有效的"以后证前"的研究方法是十分必要的。一些学者已经尝试以甲骨文、金文论证远古陶器符号，这种方法是否可靠常常受到人们的怀疑。因为这种在时间上间隔了千年乃至几千年的文字形体的比附，由于相当长时间中的资料缺环，研究者本身对结论的正确性也不能断言。但是，我们认为，鉴于中国文化毋庸置疑的连续性，只要我们在论证时摒弃单个文字的简单比附，借助古代典籍、考古资料与民族志资料，把文字的产生还原到客观的历史背景之中，然后再去进行早晚文字形体的比较研究，所得结论自然会令人信服。

三

研究中国文字的起源，虽然存在着早期文字资料缺乏的障碍，但我们有保留着浓厚的原始特征的殷商金文与甲骨文字，又有遗存着许多上古史实的历史典籍，不断出土的古代文物提供了文字产生时期的文化背景，多种民族志资料又可以用来作为参照。所以，利用文字学、历史学、考古学、民族学的研究成果，对中国文字的起源开展多角度综合研究，是一种切实可行的方法或途径。

首先，哪些是处在源头的原初文字呢？这在我国的古代典籍中是有迹可寻的。《后汉书·律历志》开宗明义，谓"天地初形，人物既著，则筹数之事生矣"。这段话的大意是：当天地之间的人事庞杂，庶物蕃盛的时候，就发明了筹数用于管理。《汉书·律历志》曾引据《逸书》的话"先其算命"，说古之王者治理国家，要先立筹数以命百事，即创制筹数统绪天下事物。此《志》文又说："数者，一、十、百、千、万，所以算数事物。"这里所谓命百事，班固以为即《尚书·虞书》"乃同律、度、量、衡。"关于这一点，《后汉书·律历志》说解十分详明："夫一、十、百、千、万，所同用也；律、度、量、衡、历其别用也。故体有长短，检以度；物有多少，受以量；量有轻重，平以权衡；声有清浊，协以律吕；三光运行，纪以历数。"我们认为，无论尧舜时期是否已有完备的度、量、衡及历法制度，但已经能运用筹数治理天下事物是完全可能的。数是适应氏族集团不断扩大，天下事物日渐蕃盛的管理手段。因为，没有数，管理制度不能成立；没有数，管理手段亦无从施行。因此，可以认为，数字应是原始初文的重要组成部分[9]。

　　数字的产生是适应了人物、庶物蕃盛的需要，但管理诸事、诸物则不仅关涉它们的数量，而且必然还涉及它们的名称。只有如此，所记的各类经济文书才不会发生混淆。表达诸事、诸物的字就是名物字。这类名物字，首先是与人类维持生计密切相关的衣食品物，当然也会包括人类自身的五体、五官之类以及赖以生存的周围世界如日月山川、草木鸟兽等。这就是《易系辞》所谓"近取诸身，远取诸物"者，是上古先民"仰则观象于天，俯则观法于地，观鸟兽之文与地之宜"，创制出来的。名物字是图案、图形，就如同花纹一样，原始名物字所以就叫作文。这应该就是所谓书画同源的书。所以，我们认为，处在起源阶段的原初文字大体有两类，一类是数字，一类是名物字。

　　那么，这些原初文字是如何产生的？我们从以下几个方面予以讨论。

　　（1）筹策记数与数字产生。《左传·僖公十五年》载韩简的言论，说："物生而后有象，象而后有滋，滋而后有数。"象即物象，物象即物名。滋为滋益蕃盛，品物繁多。是说数字是在品物滋蕃日盛的状况下产生的。《后汉书·律历志》也就这个问题说："人物既著，则筹数之事生。"所谓筹数，不同于今天的算术一词。筹指算筹，数指数字。《说文》云："筹，长六寸，所以计历数者"，说筹是用来记、计历日、数目的工具。《说文》竹部段注："筹犹策，策犹筹……故曰筭、曰筹、曰策，一也。"筹策原是人们随手可得的竹木细枝或草茎。《方言》一书有杪字，指树木的枝梢，杪在古燕国的北疆称作策，说明其时其地曾以树木枝梢为策，用作记、计数目的工具。《后汉志》把筹与数并称，正说明两者之间的密切关系。司马彪在该《志》篇末赞语中，提出了"数本杪曶"的看法，认为数字是本于记、计数目的筹策创制而成的。基于此，我们曾提出，中国数字的一至八都由直线组成，一至四是直线的累积，五至八是直线的错置，这些直线都是由记、计数目的筹策导引出来的[10]。

　　（2）筹策演卦与数字产生。汉代以来，不少阐释易经的人提出八卦成文的说法，最近又有学者称之为卦象文字，认为文字是由八卦演生的各种卦象生成的。但是，借以画成卦象并推断刚柔、阴阳、虚实寓意的卦爻，全都依据了筮数的奇偶，本与物象全无关联，认为文字由卦象而生的说法是不成立的。

　　八卦，《易系辞》称是伏羲氏王天下的时代创制的。汉人多有相关记述，武梁祠题记："伏羲苍精……画卦结绳，以理海内。"《礼器碑》"皇戏统华胥，承天画卦。"八卦本是以筹策求奇偶以象阴阳的巫筮手段，所以八卦与数及计数工具之间存在着天然联

---

〔9〕　葛英会：《数字、名物字是中国文字的源头》，《古代文明研究通讯》总第七期，2000年12月。

〔10〕　葛英会：《"数本杪曶"疏证》，《古代文明研究通讯》总第九期，2001年6月。

系。《左传·僖公十五年》云："筮，数也。"《汉书·律历志》云"自伏羲画八卦，由数起。"颜师古反其道，注云："万物之数，由八卦而起"八卦与数字的生成孰先孰后以及两者的因果关系，目前尚难论定，但八卦筮法、卦象都表明了筹策与数字之间的客观联系。在商周以至战国的出土文字资料中，筮占的工具全为竹木、草茎制成的筹策，而八卦卦象无一不是以数字写成。唐兰先生曾说："八卦的一画（指画成八卦阴阳爻的横画）和一字的一画，很难区别……照我的意见，八卦的起源是用筹箅（卜算子）来布成爻，古文学字也就象两手布爻的形状。"出土资料已证明，八卦卦爻是数字，而不是一长横两短横的阴阳爻，也恰恰说明，一至八这八个用于记录卦象的直线数字，应是受到筹策布爻的启迪创制而成的。由此，我们认为，从这样的角度上谈文字源于八卦，应当具有一定的合理性。

（3）结绳记事与数字产生。《易系辞》"上古结绳而治，后世圣人易之以书契"的记载，不仅认为上古时代曾经流行结绳之法，而且也把结绳与文字联系起来。郑玄在《周易》注中，就古之结绳治事作了如下的解释："结绳为约，事大，大结其绳；事小，小结其绳。"唐李鼎祚《周易集解》所作的进一步的诠释认为："结之多少，随物众寡"。这种说法与晚近的民族志资料可以互证，都是以绳结的大、小、多、少表示所记各类事物的数量。

在中国的古文字资料中，凡是字的构形或意义与结绳相关的，或者是数字，或者是与数字相关的字。如学者已经指出的，商周金文中的　（十）、　（二十）、　（三十），"正像一根或几根打结的绳子"，并指出古卖、媵等字的字形与结绳相关，字义与交易、陪嫁物品的数量相关[11]。这是具有历史依据并极富学术意义的创见。如果从这种角度分析结绳治事与文字之间的关系，虽则说文字源于结绳的说法过分夸张，但它与原始初文的产生确有密切的关系。与筹策记数一样，结绳记事在原初文字的创制中，起到了重要的启迪作用。

由以上的讨论可知，历史上有关文字源于结绳记事、筹策记数、八卦筮占的种种见解，虽然不尽相同，但却揭示了一个共同的关于文字起源的历史途径，即文字产生于先民长期使用的记事、记数的方法。正是这些原始的记事方法，使我们的先民产生了创制文字的最初的冲动。当世代使用的记事方法在功用与操作方式上，与管理日渐膨胀的共公事物不相适应的情况下，人们就不得不在管理手段上另谋出路。于是，一种源于原始记事方法，替代原始记事方法的新的管理手段产生了，这种手段就是数字。资料表明，这种原初的数字大多是通过描绘原始记数工具的途径，即后来所谓的象形手段造成的。数字是由万事万物抽绎出来的抽象概念，但数字本身却是记数工具的具

---

〔11〕　汪宁生：《从原始记事到文字发明》，《考古学报》1981 年 1 期。

象表达。数字生成所采取的象形的方法以及抽象概念具象表达的方法，在此后中国文字的发展中，成为最基本的造字手段。

（4）原初名物字的产生。见于典籍，关于原初名物字的产生，远不如有关数字生成那样具体，我们只有"近取诸身，远取诸物"等少量笼统描述。《说文解字》叙云："文者，物象之本"，认为文字是本于物象创制出来的。基于这种认识，不少遵从"书画同源"或"文字源于图画"的学者，将中国原始陶器装饰图案的鸟兽鱼虫等，与商代金文、甲骨的象形文字相比照，或是把商周青铜铭文中风格保守的图画文字与甲骨文象形文字相比照，是当前学界普遍采用的研究方法。但是，利用这种方法，我们只能了解某些名物字形体的演变，却难以确知这些字生成的时代以及是否属于原初的文字。如商代铜器铭文中的戈、钺等字，显然是青铜兵器的象形，产生的时代不可能追溯到文字起源的时期。因此，仍需要找到更为切实的研究原始名物字源起的方法。

书与画都是线条的艺术，运用线条是两者共同的手段。但是就两者产生的年代而言，绘画艺术远比文字的产生早得多，这在世界的考古资料中已经得到证明。所以，可以这样说，绘画艺术为图形文字的创制提供了基本的手段。所以，有的学者已经把远古陶器的装饰图形，看做中国文字的远祖。我们认为，讲"文字源于图画"主要是强调原始名物字生成的基本途径以及这种途径为尔后文字的发展提出的可以仿效的造字法则，而不必拘泥于每个表意字一定以绘画为前身。

目前，在考古界已经尝试的文物比照法，就是以经过科学的考古断代的出土文物，推断一些名物字的生成年代。苏秉琦先生对殷墟甲骨文酉、龙两个字的考证是典型例子。他说："甲骨文中有小口尖底瓶的形象"，"就是尖底瓶演变到最后形式的象形字"，这个字的起源"可以追溯到五千年前"。另外，谈到红山文化多姿多彩的玉雕龙时，又说："甲骨文中龙字的多种形态以及妇好墓的玉雕龙，可以大致追溯到距今五千至三千年间的龙形变化过程。"以文字起源时期的具有鲜明时代特征的历史文物推定相关名物字的生成，其结论是可靠的[12]。

四

我曾在《数字、名物字是中国文字的源头》一文中，提出作为中国文字源头的数字，是由原始记数工具直接导引出来的。与此类似，西亚两河流域古苏美尔人数字的创制，也经历了大致相同的历史途径。考古研究表明，在西亚两河流域，出土所见的一种仿象不同物品的小泥具早在公元前八千纪，已经成为记数的工具。几千年以后，

---

[12] 苏秉琦：《中国文明起源新探》之《满天星斗》，（香港）商务印书馆，1997 年。

不知出于何种目的，这种泥具往往被封存于卵形泥球之中。此后，可能是为了便于回忆球内泥具的内容，又有了先用泥具在空心泥球表面压出印痕，然后再行封存的方法。正是在这种压印的启迪下，一种以芦苇为书刻工具，记录封存泥具所代表的品物与数量的文字，不久就出现在泥球的表面。由于压印印痕与继之而起的文字代表了泥球内泥具的内容，泥具本身便成了不再必要的东西而被废弃。泥球由于不封存泥具逐渐由空心而实心，又由实心而成为平整泥板。相关的名物字应是受到压印的启示，圆点状数字普遍认为是仿象一种最常见的圆形泥具而来。鉴于以上研究成果，一位长期从事这项研究的美国学者认为：楔形文字不是起源于图画，而是直接由三维的陶具演变而来[13]。

中国、西亚相距遥远，历史与文化传统各不相同，数字的形体也不一致，但最初的数字却是由同样的途径产生的，即都是本于长期使用的原始记数工具创制而成的。这说明，多数学者认为由记号约定俗成的数字，也是通过仿象实物的途径造成的。在我国，数字的创制正是通过筹策记数、八卦筮占与结绳记事实现的。文字源于八卦，文字始于结绳并非虚妄无稽，先贤的论断正是中国文字起源的真确途径。

_____

[13]　参见拱玉书：《楔形文字起源新论》，《世界历史》1997 年 4 期。

关于商代积年的初步研究

张立东[*]

This paper argues that the length of Shang dynasty is 553 years. In the traditional literature there are three records: 629, 576 and 496 years, but none of them can be integrated with the date of the Shang conquest of Xia and the Zhou conquest of Shang that generated by archaeology and radiocarbon dating, so we must seek a more reliable record. The annotation of *Bamboo Annals* says that from Tang to Zhou, there are totally 29 kings and 496 years, whereas *Guoyu* says that there are totally 31 kings. So the 29 kings of *Bamboo Annals* should refer to the Shang kings except the last two, Diyi and Dixin. The Zhou people used to say that it is King Wen that accepted the mandate, and this event, not the conquest, symbolized the beginning of Zhou dynasty. According to the *Wuyi* chapter of *Shangshu*, the event that King Wen accepted the mandate is that he became a king, not the event that he ended the case between Yu and Rui. So the length of Shang dynasty should include the 496 years from the Shang conquest of Xia to the year before King Wen of Zhou accepted the mandate, the reign of King Wen of Zhou and the reign of King Wu of Zhou before the conquest. According to Yinli, the beginning of Shang is 1579 BC, the year that King Wen of Zhou accepted the mandate is 1083 BC, and the length of Shang is 496 years, the same as the annotation of *Bamboo Annals*. The chronology of Shang in Yinli and *Bamboo Annals* belongs to one system. They are the earliest and systematic records on the length of Shang dynasty.

商代积年是指商王朝的总年数，亦即自成汤立国至帝辛亡国的总年数。

商代积年是建立商代年代框架的关键，因而一直是商代年代学研究的首要课题。"夏商周断代工程"对商代积年的探讨，是由梳理古代文献入手的。首先从文献学的角度对已有的数据进行甄别，再将其与多学科联合得出的商周分界和夏商分界进行整合，进而做出最后的选择。

在起草阶段性成果报告的过程中，为了整合商代积年，笔者在有关文献专题的研究成果基础上对文献记载的商代积年重加整理，向"工程"专家组推荐了一种自以为比较可靠的商代积年：553 年。在后来正式出版的《夏商周断代工程 1996～2000 年阶

---

* 作者系美国芝加哥大学东亚语言与文明系博士研究生。

段成果报告》(简本)里[1],这一结果被作为首选推荐给学术界。

笔者在 1999 年 8 月将初步研究结果递交专家组之后,自以为有义务将论证过程形成正式文字,向关心断代工程的同仁交待清楚这 553 年到底是怎样推算出来的。经过 3 年来断续的磨砺,总算略毕其功。现将结果奉献给学术界,敬请关注夏商周年代学的各学科专家,尤其是文献学家和天文史学家指正。

一、文献所见商代积年

古代文献关于商代积年的记载,可以归纳为三组:

(1) 六百余年说

《汉书·律历志》引《世经》:自伐桀至武王伐纣,六百二十九年,故传曰:"殷载祀六百。"……凡殷世继嗣三十一王,六百二十九岁。

《史记·殷本纪》集解引谯周曰:殷凡三十一世,六百余年。

(2) 五百余年说

《孟子·尽心下》:由尧舜至于汤五百有余岁,若禹、皋陶则见而知之,若汤则闻而知之。由汤至于文王五百有余岁,若伊尹、莱朱则见而知之,若文王则闻而知之。由文王至于孔子五百有余岁,若太公望、散宜生则见而知之,若孔子则闻而知之。由孔子而来至于今百有余岁……

《孟子·公孙丑下》:五百年必有王者兴,其间必有名世者。由周而来,七百有余岁矣。

《鹖冠子·汤政天下至纣》:汤之治天下也……二十七世,积岁五百七十六岁,至纣。

(3) 近五百年说

《史记·殷本纪》集解引《汲冢纪年》:汤灭夏以至于受,二十九王,用岁四百九十六年。

《易纬·稽览图》:殷四百九十六年。

此外,《左传》宣公三年还有:

楚子伐陆浑之戎,遂至于雒,观兵于周疆。定王使王孙满劳楚子。楚子问鼎之大小轻重焉。对曰:"在德不在鼎。昔夏之方有德也……桀有昏德,鼎迁于商,载祀六百。商纣暴虐,鼎迁于周……成王定鼎于郏鄏,卜世三十,

---

[1] 夏商周断代工程专家组:《夏商周断代工程 1996~2000 年阶段成果报告》(简本),72~73 页,世界图书出版公司,2000 年。

卜年七百，天所命也。周德虽衰，天命未改，鼎之轻重，未可问也。"

文中的"载祀六百"之说只是举一成数，既可以理解为稍少于六百年，又可以理解为稍多于六百年，难以归入（1）、（2）两说。

《世经》之 629 年说不见于任何先秦文献，一般认为是刘歆根据三统历推算出来的。刘歆主要根据某历史事件的月相和干支，用三统历寻找一个合适的年、月、日。由于三统历比较粗疏，其计算冬至的时间，每年大约要差一天的千分之八，上推一千年就要差八天。计算朔日的时间，每年要差一天的千分之三，上推一千年就差三天。用这样的历法推算出来的历史年代当然是很不可靠的。这种不可靠在西周年代方面已经表现得相当清楚。《后汉书·律历志》载尚书令陈忠批评刘歆说："及向子歆，欲以合春秋，横断年数，损夏益周，考之表记，差谬数百。"《晋书·律历志》也说："刘更三统以说《左传》，辨而非是。"近现代学者批评刘歆的更多，现在已经很少有人相信刘歆的年代系统。若将 629 年除以 17 代，则每代在位年数为 37 年，明显偏长[2]。

关于《鬻子》的 576 年，雷海宗曾经指出：

> 关于殷商年代，《鬻子·汤政天下至纣篇》尚有记载，谓由汤至纣"积岁五百七十六岁"。古本《鬻子》当为战国作品，其记录宜有相当价值。然今本《鬻子》真为古代残本，抑为后世伪托，尚有疑问，故不敢凭信。但其谓商元为一六○三年（按：由公元前 1027 年上推 576 年），则堪注意者也[3]。

董作宾则注意到《鬻子》原文里的"二十七世"，并指出：

> 《鬻子》书中之殷商总年，尚有帝辛年数一问题，颇关重要。《史记》称殷代凡三十一王，除太丁未立、外丙、中壬不计入，共二十八世，再除去纣，则适为"二十七世"。纣年有二说，一为"三十二年"，《帝王世纪》、《通鉴外纪》帝辛之年也，一为"五十二年"，独今本《竹书纪年》帝辛年为然。试就二十七世五百七十六年之数，加帝辛五十二年，再加伐桀（汤即位）之年，则总年恰为六百二十九年[4]。

关于"外丙、仲壬不计入"的理由，董作宾没有拿出文献依据。崔述在《商考信录·成汤下》专"辨太甲继汤之说"[5]：

> 外丙、仲壬二王，自《孟子》、《史记》逮《帝王世纪》皆同，无异词者。

---

〔2〕张培瑜：《传世和出土文献中夏商周天象和年代信息的分析研究》，美国"亚洲学会"2002 年年会论文。

〔3〕雷海宗：《殷周年代考》，《武汉文史哲季刊》，1931 年 2 月 1 日。收入《武王克商之年研究》，北京师范大学出版社，1997 年。

〔4〕董作宾：《殷历谱》上编卷四"殷之年代"，国立中央研究院历史语言研究所专刊，1945 年。

〔5〕《崔东壁遗书》139～140 页，上海古籍出版社，1983 年。

至伪孔传及唐孔氏正义因书序有"成汤既没，太甲元年，伊尹作《伊训》"之文，遂谓汤没之岁即太甲元年，并无外丙、仲壬两代。由是唐宋诸儒皆叛孟子而信其说。

依此，如果今本《鬻子》中的"二十七世"果真是因为未计入外丙、仲壬，则其写定之日很可能是在伪孔传之后。如果《鬻子》的 576 年和《世经》的 629 年同源，则很可能是《鬻子》抄《世经》，而不可能像董作宾所推测的那样"殷商总年 629 之说，非必出于刘歆之推算，其数字本于《鬻子》，亦未可知。"董作宾的算式 576 + 52 = 629 颇值得注意，然而正如下文所论，今本《竹书纪年》帝辛之 52 年非汲简之旧，是出土以后改定的。如果《鬻子》的 576 年真是《世经》的 629 年减去《竹书纪年》的帝辛 52 年，则三者发生关系的时间很可能在伪孔传之后，唐代以前。因为今本《鬻子》有唐人逢行珪的注、序和永徽四年的进书表。

二、由考古、碳十四所得商代积年的大体范围

商代积年大体范围的推定有赖于商周分界和夏商分界的初步确定。

关于商周分界亦即武王克商之年。通过对陕西长安沣西、河南安阳殷墟、北京房山琉璃河、山西翼城和曲沃两县天马—曲村遗址碳十四测年数据的拟合，结合商王武丁月食的证认，以及《左传》、《孟子》和古本《竹书纪年》的相关记载，"工程"推定武王克商之年的可能范围为公元前 1050～前 1020 年。然后推出公元前 1046 年、前 1044 年和前 1027 年作为候选，并最终将公元前 1046 年作为首选[6]。

关于夏商分界亦即成汤灭夏之年。经过多次研讨，"工程"认定郑州商城和偃师商城的始建可以作为夏商分界的界标。关于郑州商城和偃师商城的性质，笔者一直追随邹衡师之说[7]，认定郑州商城是成汤在灭夏前已经居住的亳都，偃师商城则是灭夏后建于旧夏都附近的别都，其名为"汤"，亦即后世所说的"桐"或"桐宫"[8]，夏商分界的年代当介于二城的始建年代之间。根据"工程"新测的碳十四测年数据，二城的"始建年代在公元前 1600～前 1560 年之间"[9]。显然，这一年代范围可以视为夏商分界的可能范围。

---

[6] 同[1]，38～49 页。

[7] 邹衡：《偃师商城即太甲桐宫说》，《北京大学学报》（哲学社会科学版），1984 年 4 期；邹衡：《西亳与桐宫考辨》，《纪念北京大学考古专业三十周年论文集》，文物出版社，1990 年。

[8] 张立东：《夏都斟寻与商都亳合考》（待刊）。

[9] 同[1]，62～73 页。

　　既然成汤灭夏和武王克商之年的可能范围已经推定，我们就可以由此大致推定商代积年的可能范围。若以公元前 1050 年为武王灭商之年，而以公元前 1560 年为商汤灭夏之年，则商代积年当为 510 年，这是商代积年可能范围的最小值。若以公元前 1020 年为武王克商之年，而以公元前 1600 年为成汤灭夏之年，则商代积年当为 580 年，这是商代积年可能范围的最大值。依此，我们所要推定的商代积年很可能是在 510 至 580 年之间。

　　若将这一年代范围与上节梳理的诸商代积年进行比较，可以发现：《世经》的 629 年远多于 580 年，不在上述年代范围之内；《竹书纪年》的 496 年，则少于 510 年，亦在这一可能范围之外，二者均难与由考古、碳十四得出的年代范围整合。

　　鉴于上节所论《世经》之 629 年和《鬻子》之 576 年的不可靠，以及本节所论 629 年、496 年两种年代无法与考古与碳十四所得数据整合，我们决心另辟途径，在浩瀚的古代文献中探寻比较可靠的数据。

三、古本《竹书纪年》的商代积年

　　《竹书纪年》是成书于战国时期的通史性著作，其中对于夏商周年代的记述无疑值得格外重视。陈梦家根据古本《竹书纪年》对商代积年进行的推算，为我们的进一步探索铺平了道路。

　　以方诗铭、王修龄的《古本竹书纪年辑证》为线索，兹将诸书所引《竹书纪年》关于商代积年的说法列举如下：

　　　　（1）《史记·殷本纪》集解：汤灭夏以至于受，二十九王，用岁四百九十六年。

　　　　（2）《文选·六代论》注：殷自成汤灭夏以至于受，二十九王。

　　　　（3）《通鉴外纪》卷二：二十九王，四百九十六年。

　　根据前两种引文，自成汤灭夏至纣的商代积年应为 496 年。然据《史记·殷本纪》，自成汤数至帝辛共 30 王，若加上未立而卒的汤子太丁，则共 31 王，而不是 29 王。《国语·晋语四》云"商之享国三十一王"，而且上引刘歆《世经》以及《殷本纪》集解所引谯周之说，也都说商代共三十一世，可见古人习称商代共有 31 王。这样，上列引文中的"二十九王"就与"自成汤至纣"存在着明显的矛盾。至迟清代学者已经发现了这个矛盾。例如陈逢衡《竹书纪年集证》引《志疑》案："汤至纣乃三十世，非二十九世也。"赵绍祖《校补竹书纪年》曰："殷自汤灭夏以至于纣二十九王……但据本书商当为三十王而诸书所引并为二十九王，为不同。"[10]

针对这一矛盾，学者们提出了种种猜测。雷学淇《考订竹书纪年》认为："二十九王乃三十王之讹，魏之史臣误计其数也"[11]，而其《竹书纪年义证》则指出："汤至辛约本三十王，传（按：指上引《竹书纪年》关于商代积年的文字，这段文字在今本《竹书纪年》里置于大字注即"传"内）云然者，外丙卒于丧服之内，纪不书，王未成君也。《国语》曰：'商之享国者三十一王'，盖合太丁、外丙数之"。陈梦家指出："《纪年》原文如何，今无从校订，所谓'汤灭夏至于受'等，很可能是引述《纪年》者所加的说明。《纪年》的原文可能如《外纪》注所引是'二十九王四百九十六年'。自汤数至文丁是二十九王，没有帝乙、帝辛。"[12]叶慈则认为："《竹书纪年》……'汤灭夏以至于受二十九王，用岁四百九十六年'……这种推算大概截止于最后一个王的登位年。"[13]

经过比较，我们认为陈梦家的推断最具有说服力（详后），《竹书纪年》的 496 年仅是从成汤至文丁的总年数。依此，则在 496 年的基础上，再加上最后两个商王帝乙、帝辛的在位年数，即可得出自成汤灭夏至武王克商的商代积年。

四、由"文王受命"至"武王克商"的年数

为什么我们认为陈梦家的二十九王乃自成汤至文丁之说最有说服力呢？这牵扯到中国编史学上的一大公案：文王受命。原来，在周代人的心目中商周之间的分界是文王受命，而不是武王克商[14]。作于战国时期综述夏商周历史的《竹书纪年》正是用的这种历史观。

董仲舒《春秋繁露·三代改制质文》仍以文王受命作为周王朝的开始。《史记·殷本纪》叙商代历史至周武王封微子于宋，而《周本纪》则从后稷开始讲述周人历史，并没有明确地显示出太史公是以哪一个事件作为商周分界。《世经》计算出"自伐桀至武王伐纣，六百二十九岁"，"上元至伐纣之岁，十四万二千一百九岁，岁在鹑火张十三度"，显见刘歆心中的商周分界是武王克商。刘歆以后的学者多以武王克商为商周分

---

[10] 赵绍祖：《校补竹书纪年》，古墨斋刊本。

[11] 亦嚣嚣斋本。

[12] 陈梦家：《商殷与夏周的年代问题》，《历史研究》1955 年 2 期。收入《武王克商之年研究》，北京师范大学出版社，1997 年。本文所引陈梦家之语而未加注者，均出此文。

[13] 叶慈：《三代年表》，《武王克商之年研究》，北京师范大学出版社，1997 年。

[14] 赵光贤指出："周人自己讲周建国的历史，不是从武王克商讲起，而是从文王受命讲起。"见《关于周初年代的几个问题》，《人文杂志》1988 年 1 期。关于周人天命学说的缘起，亦见此文。

界。近代以来研究古史年代的学者均特别关注武王克商，即缘于这种传统。"夏商周断代工程"更特立"武王伐纣年代的研究"专题，召集多学科的专家进行联合攻关。然而，在周人眼里，武王克商虽然也是一个重要年代，但绝不是商周分界。这种历史观的差异给年代学研究造成了不小的混乱，不少歧说即由此而致。

周人艳称文王受命，缘自周初的政治形势。周武王克商之役，是以"闪电战"成就大功，而封纣子武庚、以续商祀这种旨在笼络商人的举措则埋下了祸根。数年之后，武庚即联合其他诸侯发动叛乱。经过3年的东征，周公才用武力将东方压服。在这种情况下，为了给自己用武力建立的新王朝一个"说法"，周人发明了"天命"哲学：不是周人硬抢了商人的政权，而是商王丧失了天命，周人只是奉天命行事而已。"说书人"常挂在嘴边的"天下乃天下人之天下，非一人之天下，有德者居之，无德者去之"，当源于此。为了自圆其说，周人建立了一套成汤和文王受天命推翻夏、商王朝的理论。比较早的文献有：

关于成汤受命：

《尚书·多士》：夏弗克庸帝，大淫泆，有辞。惟时天罔念闻，厥惟废元命，降致罚，乃命尔先祖成汤革夏，俊民甸四方。

《尚书·君奭》：在昔成汤既命。

《尚书·多方》：天惟时求民主，乃大降显休命于成汤。

《叔夷钟》：虩虩成唐（汤），又严在帝所。博受天命，刻伐夏司……咸有九州，处禹之堵。

关于文王受命：

《尚书·康诰》：天乃大命文王，殪戎殷，诞受厥命。

《尚书·君奭》：天不庸释于文王受命。

《诗·大雅·文王》：穆穆文王，于缉熙敬止！假哉天命。有商孙子。商之孙子，其丽不亿；上帝既命，侯于上服。

《诗·大雅·大明》：有命自天，命此文王。

《诗·大雅·文王有声》：文王受命，有此武功。既伐于崇，作邑于丰。

《大盂鼎》：丕显玟王，受天佑大命。

《诗·大雅·皇矣》更以三个连续的"帝谓文王"非常形象地描绘了上帝授天命于文王的情景。

毕竟是武王完成的克商大业，因此有些文献认为是文武合受天命。如：

《毛公鼎》：丕显文武……膺受大命。

《师訇簋》：丕显文武，孚受天命。

《乖伯簋》：丕显祖玟珷，膺受大命。

　　周人将自己受天命的时间定在文王之时，意思是说上天实际上早就要将天下转到周人手里，因而绝不是周人通过牧野之战硬夺过来的。"文王受命"在《尚书》、《诗经》及西周金文里出现的频度很大，显见此说在西周时期的影响。陈梦家指出："所谓文王受命殆指受命称王乎？《诗》、《书》、金文但有'文王受命''文武受命'而无'武王受命'，可知西周时以文王为周之受命者，武王嗣文王作邦而已。"[15]

　　张政烺曾收集到四件关于秦襄公受天命的铜器，推定北宋发现的秦公钟和上世纪初发现于甘肃省天水县的秦公簋大约作于秦景公（前576～前537年）之时，而1978年在宝鸡太公庙发现的秦公镈、钟大约作于秦武公（前697～前678年）之时。后二者铭文为："秦公曰：我先祖受天命，赏宅受国。"另外两件的铭文与此非常接近，也都有受天命的记载[16]。这些铜器上的"秦襄公受命"之说显然是秦人如（周）法炮制的结果，可见文王受命之说的影响是如何之大。

　　汉代立国以后，文王受命之说更为盛行。

　　　　董仲舒《春秋繁露·三代改制质文》：王者改制……咸作国号，迁宫邑，易官名，制礼作乐。故汤受命而王，应天变夏作殷号，时正白统。亲夏故虞，绌唐谓之帝尧，以神农为赤帝。作宫邑于下洛之阳，名相官曰尹。作《濩乐》，制质礼以奉天。文王受命而王，应天变殷作周号，时正赤统。亲殷故夏，绌虞谓之帝舜，以轩辕为黄帝，推神农以为九皇。作宫邑于丰，名相官曰宰。作《武乐》，制文礼以奉天。武王受命，作宫邑于镐，制爵五等，作《象乐》，继以文奉天。周公辅成王受命，作宫邑于洛阳，成文武之制，作《勺乐》以奉天。

　　根据引文中的"汤受命而王，应天变夏作殷号，时正白统"和"文王受命而王，应天变殷作周号，时正赤统"对举，可知在董仲舒的心目中，周代应是自文王受命开始。尽管也提到了武王和成王的受命，但二王受命之后只是继承文王的遗志，新作都邑、分封和国乐，而非"应天变殷作周号"。

　　至于"文王受命"的具体所指，自西周至汉代共有三种说法：

　　一是文王即位。

　　　　《尚书·无逸》：文王受命惟中身，厥享国五十年。

　　　　郑玄注："中身即谓中年，受命谓受殷王嗣立之命。"王肃注："文王受命嗣位为君。"伪孔传："文王九十七而终，中身即位时年四十七，言中身举全数。"正义："殷之末也，政教已衰，诸侯嗣位，何必皆待王命，受先君之命

〔15〕　陈梦家：《西周年代考》24页，商务印书馆，1945年。
〔16〕　张政烺：《"十又二公"及其相关问题》，《纪念顾颉刚学术论文集》，巴蜀书社，1990年。

亦可也。"

历代注疏家虽然对授命之主体的理解稍有区别，但是解释"文王受命"为"即位"（或嗣立、嗣位）则完全一致〔17〕。以常理而言，文王中年即位、在位五十年、年九十七而终的解说颇牵强，"中年"之意或当有它解。本文的主题是年代，因此我们关注的只是文王受命之后在位五十年，至于文王的具体寿命以及多大岁数时即位，他日或当有解。

《逸周书·度邑》：王曰："呜呼！旦，惟天不享于殷，发之未生，至于今
六十年。"

此处的"天不享于殷"与"文王受命"是同一历史事件的两个方面。这条记载明确告诉我们文王受命发生于周武王未生之时，而且至武王末年约六十年。据下文所考，文王在位五十一年，武王在位七年，自文王即位至武王末年共五十八年，约合六十年之数。

二是断（虞芮之）讼。

《尚书大传》：天乃大命文王。文王受命一年，断虞芮之质，二年伐邘，
三年伐密须，四年伐犬夷，五年伐耆，六年伐崇，七年而崩。（《通鉴外纪》
卷二引）

《史记·周本纪》：西伯阴行善，诸侯皆来决平。于是虞、芮之人有狱不能
决，乃如周。入界，耕者皆让畔，民俗皆让长。虞、芮之人未见西伯，皆惭，
相谓曰："吾所争，周人所耻，何往焉，只取辱耳。"遂还，俱让而去。诸侯
闻之，曰："西伯盖受命之君。"明年，伐犬戎。明年，伐密须。明年，败耆
国。……明年，伐邘。明年，伐崇侯虎而作丰邑，自岐下而徙都丰。明年，
西伯崩、太子发立，是为武王。西伯盖即位五十年……诗人道西伯，盖受命
之年称王而断虞芮之讼。后七年而崩，谥为文王。改法度，制正朔矣……九
年，武王上祭于毕，东观兵，至于盟津……乃还师……十一年十二月戊午，
师毕渡盟津。……二月甲子昧爽，武王朝至于商郊牧野。

《史记·刘敬列传》载娄（刘）敬对高祖曰："及文王为西伯，断虞芮之
讼，始受命。"

《史记·齐世家》：周西伯政平，及断虞芮之讼，而诗人称西伯受命曰文
王。

《新序·善谋下》：文王为西伯，断虞芮之讼始受命。

《潜夫论·五德志》：（文王）为西伯兴于岐，断虞芮之讼而始受命。

---

〔17〕 傅斯年亦注意到此处是以"即位"为受命。关于此点，笔者拟另文详加介绍。

《易纬·乾凿度》：今入天元二百七十五万九千二百八十岁，昌以西伯受命。入戊午部二十九年，伐崇侯，作灵台，改正朔，布王号于天下，受箓，应河图。注："受命后五年乃为此。"

《尚书序》：惟十有一年，武王伐殷。郑玄注曰："十有一年，本文王受命而数之，是年入戊午蔀四十岁矣。"（《毛诗正义·文王序》引）

《礼记·大传》孔疏引《周本纪》曰：文王受命六年，立露台，布王号。于时称王，九十六也。（王叔岷《史记斠证》云："今本《周本纪》无此文，与正义引《易纬》之文略同。"[18]）

汉代以后的学者多持此说。

三是伐崇。

《易纬·是类谋》：文王比隆兴始霸，伐崇，作灵台，受赤雀丹书，称王制命，示天意。注："入戊午部二十九年时，赤雀衔丹书而命之。"（《诗·大雅·文王》正义引）

迄今为止仅见到这一条。正文并没有明说受命之事，但"赤雀丹书"是纬书盛言之文王受命的载体。这是"注"释作受命的根据。

第一种"文王受命"是西周以来的旧说，西汉以后鲜有持此说者；第二种经西汉伏生、司马迁等人力主，成为主流的说法，直至今日言文王受命者仍多持此说；第三种仅见于纬书，影响有限。至于文王受命自即位、断讼而伐崇的演化轨迹，将另节讨论。这里只想强调：在我们考察《竹书纪年》的商周分界时，只有第一种具有参考价值。

既然《竹书纪年》里周代开始于"文王受命"，而所谓文王受命是指文王即位，那么在已有的自成汤至文丁二十九王四百九十六年的基础上，只要再求得自文王即位至武王克商之间的年数，即可推算出商代积年。最初发现陈梦家的这一思路时，顿觉豁然开朗，但稍后却深为他功亏一篑而遗憾。他说："据殷历文王受命为王在纪元前一〇八三年，五十年而卒，又四年（当纪元前一〇三〇年为武王四年）克殷。是年，据纪元前四世纪的岁星纪年法上推适为'岁在鹑火'之年与《周语》下'武王伐殷岁在鹑火'之说相符合。再下二年为纪元前一〇二八年，是由《纪年》推得的克商之年。"尽管他给出了 550（496＋50＋4）和 552（496＋50＋6）两个结果，但其所推算的殷历克商年与由《竹书纪年》所推并不一致，其 552 年之说更令人莫名其妙。

实际上，只需对文王、武王的在位年数稍作调整，《竹书纪年》与殷历的对合就"天衣无缝"了。关于文王受命之后的在位年数，上引《尚书·无逸》说是 50 年，《史

---

〔18〕　中央研究院历史语言研究所专刊之七十八，1982 年。

记·周本纪》也说"西伯盖即位五十年"，而《吕氏春秋·制乐》则谓"文王即位八年而地动，已动之后四十三年，凡文王立国五十一年而终"。《韩诗外传三》与此相同。周秉钧《尚书易解》谓："文王享国五十一年，言五十，举成数也。"[19] 此说可从。

关于武王在克商以前的在位年数。据上引《史记·周本纪》，断虞芮之讼之"文王受命"后七年，武王即位，十二年克商。除去文王崩的第七年，而将克商的第十二年计算入内，则周武王在克商以前共在位 5 年。《吕氏春秋·首时》云："王季历困而死，文王苦之，有不忘羑里之丑，时未可也。武王事之，夙夜不懈，亦不忘王门之辱。立十二年，而成甲子之事。"也认为武王克商是在十二年。

关于武王克商是在断虞芮之讼后的哪一年，历来有十一年、十二年和十三年之分歧[20]。《史记·齐世家》云："十一年正月甲子，誓于牧野，伐商纣。"与《周本纪》的年、月均不同。实际上《周本纪》本身的"十二月戊午"与"二月甲子"也不合，因为"戊午"与"甲子"之间只有六天，不可能中间隔一个正月。为了解决这个矛盾，王国维"疑十二两字乃一字之误"[21]。然而，记载武王克商年月的还有：

古本《竹书纪年》：十一年庚寅，周始伐商（《新唐书·历志》引）。

《尚书序》：惟十有一年，武王伐殷。一月戊午，师度盂津，作《泰誓》

三篇。

《史记·鲁世家》：武王九年，东伐至盟津，周公辅行。十一年，伐纣，至

牧野。

古本《竹书纪年》之"十一年"只是说开始伐殷，并未涉及克商之日。我们完全可以理解为甲子牧野之战是在十二年初，实际上今本《竹书纪年》正是这样安排的：

五十二年（按：帝辛纪年，即上引之十一年）庚寅，周始伐殷，周师次

于鲜原。冬十有二月周师有事于上帝，庸、蜀、羌、髳、微、卢、彭、濮从

周师伐殷。十二年辛卯，王率西夷诸侯伐殷，败之于牧野。

《尚书序》和《鲁世家》也可以这样理解。惟一不能解释为十二年的是《齐世家》的"十一年正月甲子"。据《史记·自序》之"不韦迁蜀，世传《吕览》"，上引《吕氏春秋·首时》当成于吕不韦居蜀之时，其年代远比《史记》为早。假设《周本纪》和《齐世家》的有关记载均无传抄之误，而我们又必须做出选择，则与其改《周本纪》的

---

[19] 周秉钧：《尚书易解》238 页，岳麓书社，1984 年。

[20] 详见刘起釪：《牧野之战的年月问题》，《纪念顾颉刚学术论文集》，巴蜀书社，1990 年。关于刘歆倡导的文王受命九年而崩、十三年伐纣说的缘起，详见顾洪：《论刘歆〈世经〉的"文王受命九年而崩"》，《纪念顾颉刚学术论文集》，巴蜀书社，1990 年。

[21] 王国维：《周开国年表》，载《观堂别集》，收入《王国维遗书》，上海古籍书店，1983 年。

"十二月"为"一月"，不如改《齐世家》的"十一年"为"十二年"。实际上，《周本纪》的"二月甲子"下集解引徐广曰："一作正，此建丑之月，殷之正月，周之二月也。"梁玉绳《史记志疑》和泷川龟太郎《史记会注考证》均主徐广之说，而王叔岷《史记斠证》认为："徐氏引一本及《齐世家》二并作正，则二盖正字之坏也。"经过这番改动后的伐商日程应该是这样的：十一年十二月戊午周师渡孟津，六日后于十二年正月甲子战于牧野。至于《周本纪》之"十二月戊午"与《尚书序》之"一月戊午"的歧异，梁玉绳《史记志疑》认为："至此作十二月，《书序》作一月者，殷之十二月周之一月也。"[22] 类似意见颇多，当无大问题。

《史记》各篇之间及《周本纪》本身在伐纣年月上的不同记述，或是传抄所致，或是渊源有自。如果仅就《史记》本身而言，研究者自可任选一条而"改动"其余，然若对照其他文献，各说之间的优劣就相当明显了。"十二年"说合于作于"秦火"以前的《吕览》，当符合历史实际。然而，我们还有更多的先秦文献证据。

《尚书·多方》：天惟五年须夏之子孙，诞作民主，罔可念听。

郑玄注："夏之言暇。天瞷纣能改，故待暇其终至五年，欲使复传子孙。五年者，文王受命八年至十三年。"伪孔传曰："武王服丧三年，还师二年。"孔颖达《正义》："汤是创业圣主，理当祚胤长远。计纣未死五年之前，已合丧灭，但纣是汤之子孙，天以汤圣人之故，故五年须待闲暇。汤之子孙，冀其改悔，能念善道，而纣大为民主，肆行无道，所为皆恶事，无可念者；言皆恶言，无可听者，由是天始灭之。五年者，以武王讨纣，初立即应伐之，故从武王初立之年数至伐纣为五年。文王受命九年而崩，其年武王嗣立，服丧三年未得征伐，十一年服阕，乃观兵于孟津。十三年方始杀纣。从九年至十三年是五年也，然服丧三年，还师二年乃事理宜然，而云以汤故须暇之者，以殷纣恶盈久合诛灭。逢文王崩，未暇行师，兼之示弱。凡经五载，圣人因言之以为法教尔。其实非天不知纣狂，望其后改悔，亦非曲念汤德延此岁年也。"孙星衍《尚书今古文注疏》："此云'五年'，当从文王七年数至武王十一年伐纣也。"

另外，《诗·周颂·思文》疏引《礼说》："天意若曰：须暇纣五年，乃可诛之。武王即位，此时已三年矣。"

依上引注疏，这段文字的大意是：商纣本来早就该伐，但上天鉴于他是圣人成汤的子孙，于是予其"留位查看，以观后效"，可是在其后的五年里，商纣非但不思悔

---

[22]　光绪十三年广雅书局刻本。

改，反而变本加厉，上天这才命武王伐灭之。上述关于"五年"的两种说法[23]，显然分别来自武王十一年克商和十三年克商之说。郑注定为自八年数至十三年，显然是以《世纪》之十三年克殷成说，但以无任何特征的八年作为"五年"的开始则颇费解，是一种未圆之说。《正义》或受《礼说》"武王即位"的影响，将文王崩没作为"五年"之始，并以"逢文王崩，未暇行师"加以解说，点出了隐藏在冠冕堂皇的政治宣传后面的历史真像：周人本来可以趁伐崇迁丰之余威一鼓作气攻克商纣，但由于文王"出师未捷身先死"，接班的周武王无力马上征商，不得已停了下来。经过五年的准备，武王才一举伐灭商纣。《正义》将"五年"之始定在文王崩没，就不得不把郑玄的"八年至十三年"改为"九年至十三年"。孙星衍的七年至十一年之说，源自上述的十一年克商之说，但思路与《正义》是一样的。清代学者张文虎认为："即如古说。武王承受命不改元，自七年至十一年首尾亦五年矣，何不可以释《多方》？"[24]顾洪举《尚书·召诰》"惟丙午月出，越三日戊申"为例，将这种把首尾两日均计算在内的纪日之法扩大到纪年，亦力主从七年至十一年也是五年[25]。无论如何，将"五年"说成七年到十一年或九年到十三年，远不如说成七年到十二年合乎情理。若以上文所论文王于七年崩，武王于十二年克商说解"五年"，而以《正义》之"逢文王崩，未暇行师"说解为什么是始于七年，应该是迄今为止最圆通的说法。反过来，这种关于"五年"的新说，对我们上述关于武王伐纣年月的推断，也是一个有力的支持。

　　《管子·小问》：武王伐殷，克之，七年而崩。

　　依《尚书·金滕》等较早的文献，武王乃崩于克商后两年[26]。七年而崩之说恰与我们所说的即位后五年克商之说合。

　　既然周文王在位51年，周武王克商前在位5年，合计为56年，那么自成汤灭夏至武王克商的商代积年应是：496年＋56年＝552年。

五、帝乙、帝辛在位年数的推定

　　根据周文王和周武王在克商以前的在位年数，并结合《竹书纪年》的有关记载，

---

[23] 另有"既克商五年而杀武庚也"和"其曰五年，以天道一变推之也。《易》曰：'五岁再闰。'盖天道五年则一变焉。"均见简朝亮《尚书集注述疏》。

[24] 《舒艺室全集·舒艺室续笔》。

[25] 顾洪：《论刘歆〈世纪〉的"文王受命九年而崩"》，《纪念顾颉刚学术论文集》，巴蜀书社，1990年。

[26] 参见夏含夷：《也谈武王的卒年——兼论〈今本竹书纪年〉的真伪》，《文史》第29辑，1988年。又收入《温故知新录——商周文化史管见》，稻禾出版社，1997年。

即可大体推定帝乙、帝辛的在位年数，从而比较全面地说解商代积年。

"夏商周断代工程"在"商后期年代学的研究"课题之下，设有"殷墟甲骨文和商代金文年祀的研究"专题，专门研究商代晚期诸王的周祭材料并推排最新的祀谱。据承担该专题的徐凤先介绍，如果按重建的当时历法年，帝乙在位年数有 20、25 和 30 年三种可能。而加入武王克商年之后，则可以排定帝辛的在位年数。若将与本文整合最好的公元前 1027 年武王克商加入，则帝辛在位年数有 34、39、44、49、54 等可能[27]。依此，可以列出商代积年的可能年数：54、59、64、69、74、79、84 等。

根据古本《竹书纪年》"文丁杀季历"的记载，可以断定帝乙、帝辛的在位年数不会多于文、武在克商以前的在位年数，即小于或等于 56 年。在上述可能的乙、辛在位年数中，只有 54 年符合这个条件。

为了论证二十九王四百九十六年是指成汤至帝乙，陈梦家曾经推断：

> 文丁在位不长，据《纪年》文丁杀季历，下一世是文王。文王即位之年，大约就是帝乙的开始……我们若信从 1083 年为文王元年，而假定 1084 年为文丁之末年，为文丁杀季历之年，为帝乙即位之前一年，便符合了《纪年》二十九王四百九十六年之说。因为从殷历汤元（1579 年）到 1084 年为四百九十六年，自汤至于文丁共二十九王。如此，则帝乙帝辛相当于文王在位的 50 年和武王克殷前在位之年，据卜辞金文乙辛各在 20 年以上，亦颇相适合……《纪年》记文丁十一年事，恐他只有十一年。

范祥雍《古本竹书纪年辑校订补》在文丁十一年共列有三条[28]：

（1）十一年，周人伐翳徒之戎，捷其三大夫。

（2）文丁杀季历。

（3）十一年（陟）（按：据该书《例言》，"（ ）"是"作为非纪年本文或据他书补充的符号"）。

若墓本《竹书纪年》果真如此，则文丁虽然杀了季历，但他自己也在同一年死去。"文丁杀季历"下范祥雍按云："此事各书引皆不系年，《今本纪年》在文丁十一年，此（按：当指朱、王辑本）盖从之。"朱右曾《古本竹书纪年辑校》和王国维《古本竹书纪年辑证》均将"文丁杀季历"条列于"十一年，周人伐翳徒之戎"之后，而无"十一年（陟）"一条，范祥雍在此条之后注曰：《通志·三王纪》："太丁在位三年，崩。"注："《纪年》曰：'十一年'。"《通鉴外纪二》："太丁崩。"注："在位三年。《纪年》

---

〔27〕 徐凤先：《帝辛周祭系统的可能年代》，《自然科学史研究》第 20 卷第 3 期，2001 年。《帝乙祀谱、帝乙在位年与商末岁首》（待刊）。

〔28〕 范祥雍：《古本竹书纪年辑校订补》，新知识出版社，1956 年。

曰：'太丁十一年，周伐翳徒之戎'，与《帝王世纪》不同。"

据《通志》注，太丁当于十一年崩。然若与《通鉴外纪》注对照来看，则其原意不一定是说太丁卒于十一年，只是说《纪年》记有十一年之事。如此看来，现有的古本《竹书纪年》里，并没有太丁在十一年杀季历，而自己也在同一年死去的有力证据。

实际上，"二十九王四百九十六年"是指自成汤灭夏至文王受命共有 496 年、29 王，因此只要文丁杀了季历，即使他并未在同一年死去，也可以说解 29 王 496 年之说。

> 今本《竹书纪年》：（文丁）十一年，周公季历伐翳徒之戎，获其三大夫，
> 来献捷。王杀季历。十二年，有凤集于岐山。十三年，陟。

上文求得的乙、辛共在位 54 年，文、武共在位 56 年，正与今本《竹书纪年》的这些记载相合。因此，帝乙在位 20 年、帝辛在位 34 年在目前条件下显然是最优选择。

六、"二十九王四百九十六年"乃墓本和束皙本《竹书纪年》之旧

为了彻底弄清"二十九王四百九十六年"的来源，我们不得不触及一个"剪不断，理还乱"的难题——《竹书纪年》的校理与流传，即其出土、校理、散佚、补缀和辑佚的整个过程。

自清代学者辨今本《竹书纪年》为伪书，并辑出古本《竹书纪年》以来，学者在研究古史时大多仅据古本《竹书纪年》。实际上，今本《竹书纪年》的问题非常复杂，绝非一个"伪"字了得，而辑自它书的古本《竹书纪年》亦非完全可信。

清代学者已经认识到《竹书纪年》传本的复杂性。洪颐煊指出："疑当时所得竹书传写各异，其本亦不能尽归于一。今本或犹是和峤郭璞所见之旧。"[29] 林春溥也认为："《竹书》之出，其定之非一人，则传之非一本。"[30] 朱希祖在《汲冢书考》中更进一步推论："考《纪年》一书，有初写之本，有重定之本。初写之本成于和峤，起自黄帝；重定之本成于束皙，起自夏代。其他不同之处尚多。"[31] 朱说基本可从。依笔者浅见，似可将《竹书纪年》的"版本"区分如下：

墓本：汲冢原简，亦即战国时期的写本。

和峤本：和峤的初步整理本。

束皙本：束皙的校订本。

---

〔29〕 洪颐煊：《校正竹书纪年序》，见四部备要本《竹书纪年》篇首。

〔30〕 《竹书后案》，见《竹书纪年八种》，世界书局，1967 年。

〔31〕 朱希祖：《汲冢书考》，中华书局，1960 年。

古本：清代以来的辑佚本，包括朱、王、范、方诸本。

今本：传世本，有天一阁本、汉魏丛书本、古今逸史本等诸多版本。

根据南宋陈揆《中兴书目》等书的著录，南宋时尚有《竹书纪年》的残本传世，今本就是在这些残本的基础上重编而成的。至于今本中哪些部分是和峤本之旧，哪些部分是后人附加，需要"具体问题，具体分析"，不宜笼统地指认全书为真或伪。古本由宋代以前诸书的引文辑录而成，意在恢复原本，至于其复原程度如何，则需要认真鉴别。墓本、和峤本和束晳本均已散佚，三者仅有少量信息存留于世。

和峤本与束晳本的区别，最明显的是在体例方面：例如始自黄帝还是夏代、东周时期以周王纪年还是晋魏纪年等。

> 《史记·魏世家》集解引荀勖曰："和峤云：纪年起自黄帝，终于魏之今王。"

据此，和峤本当起自黄帝。

> 《晋书·束晳传》则谓：其《纪年》十三篇，记夏以来至周幽王为犬戎所灭，以（晋）事接之，三家分，仍述魏事至安厘王之二十年。盖魏国之史书，大略与《春秋》皆多相应。其中经传大异，则云夏年多殷；益干启位，启杀之；太甲杀伊尹；文丁杀季历；自周受命，至穆王百年，非穆王寿百岁也；幽王既亡，有共伯和者摄行天子事，非二相共和也。

据此，束晳本当始自夏代，周幽王为犬戎所灭后以晋国纪年，三家分晋之后则以魏国纪年。

至于和峤本、束晳本与墓本的关系。陈力指出：

> 汲简《纪年》为魏襄王时（前318～前296年）魏人所作，其时尚无完整的五帝系统，故《纪年》当起于夏代……盖和峤见汲简《纪年》无夏以前，乃于通史之书未为完备，遂补五帝事；而束晳重校竹书时，因五帝事非汲简所固有，故又删去夏以前事，以复汲简之旧……汲简本以晋魏纪年，如鲁《春秋》及云梦秦简《编年记》用鲁、秦纪年……和峤见《纪年》以晋魏纪年不合通史体例，故将其换算为周王纪年，犹如他添上五帝事一样。束晳本起于夏代，东周以后用晋魏纪年乃是恢复汲简原貌。[32]

关于《竹书纪年》的内容，杜预《春秋经传集解后序》亦有明确记载：

> 其纪年篇，起自夏、殷、周，皆三代王事，无诸国别也。唯特记晋国，起自殇叔，次文侯、昭侯以至曲沃庄伯。庄伯之十一年十一月，鲁隐公之元年正月也。皆用夏正建寅之月为岁首，编年相次。晋国灭，独记魏事，下至

---

〔32〕 陈力：《今本竹书纪年研究》，《四川大学学报丛刊》第28辑，1985年。

魏哀王之二十年，盖魏国之史记也。

据朱希祖考证，汲冢竹书发现于公元 279 年（晋咸宁五年），杜预卒于公元 284 年，而和峤本完成于公元 287 或公元 288 年，因此杜预所见《纪年》当是藏于秘府的非定本。这是束皙本起于夏代、东周用晋魏纪年等安排更接近墓本的铁证。熟悉近年出土竹简整理情况的学者都不难想像：在和峤本的基础上详加考辨而成的束皙本自然应该更好。

起初虽然循着陈梦家的思路，认定"二十九王四百九十六年"是指自成汤灭夏至文王受命这一商周分界的积年，但对陈梦家关于该说缘起的推想总觉得余犹未尽。等到从总体上廓清了墓本、和峤本和束皙本的关系之后，再回头重新考虑商代"二十九王四百九十六年"的缘起，才恍然大悟。墓本和束皙本很可能是以文王受命也就是文王的即位作为商周之界，而不是像今本、古本那样以武王克商为商周分界。惟其如此，才能更好地说解"二十九王四百九十六年"之源起。

我们在讨论文王受命时，曾经提到在周代人的心目中商周之间的分界是文王受命，而不是武王克商。《尚书》、《诗经》和金文的有关记载是西周时期这种史观的具体写照。而由《春秋繁露·三代改制质文》综论三代历史的一段话，可以断定在董仲舒的心目中仍是以文王受命为周代之始。处于其间的《孟子》关于三代历史的讲述，也是这种史观。我们关于"《竹书纪年》是以文王受命为商周分界"的大胆假设，就是建立在对这种史观的认识基础之上。

已有的诸家古本均将《新唐书·历志》所引的"十一年庚寅，周始伐商"作为"周纪"的第一条，今本将该条列入商代晚期的帝辛纪年之中，而将"十二年辛卯，王率西夷诸侯伐殷，败之于坶野"列为周武王纪年的首条。以十一年或十二年作为武王纪年的首条，实在过于突兀，有悖情理。不难想像，作为一本完整的书，墓本《竹书纪年》当有自身一致的体例，绝无可能出现这种现象，因此最大的可能是：墓本本来就不是以武王克商作为商周的分界，而且比较忠实于墓本的束皙本也可能就是这样编排的。或与东周时期改晋、魏纪年为周王纪年一样，和峤本可能也改作以武王克商为商周分界。唐代学者所引述的"汤灭夏以至于受，二十九王四百九十六年"，前后两部分很可能分别来自和峤本和束皙本。

不少学者曾经指出今本与和峤本的密切关系。今本以武王克商为商周分界，甚至全书上、下两卷的分界，又为此说提供了一个有力证据。由于现存古籍中对墓本和束皙本的商周分界失载，而今本又分明是以武王克商为商周分界，加之"汤灭夏以至于受，二十九王四百九十六年"的影响，以及根深蒂固的以武王克商为商周分界的传统观念，诸家在辑古本时便非常自然地以武王克商为商周分界，从而使"二十九王四百九十六年"的真正含义更加隐而不显。

夏含夷师曾经辨明今本《竹书纪年》自武王"十五年"至"十七年"的四十个字，之所以被整理者由成王纪年编入此处，是因为刘歆以来"武王克商后六年而崩"的观念作祟[33]。循着这一思路，和峤等将商周分界由文王受命改为武王克商，自然也应该是刘歆以来"武王克商为商周分界"的观念使然。

将墓本和束皙本《竹书纪年》的商周分界复原为文王受命之后，就必须解决与此密切相关的"十一年周人伐商"问题。上文在讨论武王在克商前的在位年数时，曾引古本的"十一年庚寅，周始伐商"（《新唐书·历志》引）为证。然而在今本里，伐商的"十一年"并不是《史记·周本纪》等书的"文王受命"后的第十一年，而是武王即位后第十一年。帝辛四十二年下小字夹注曰："周武王元年"，以与西周部分开篇的"十二年"相对应。

关于武王纪年十一年伐商之说，夏含夷师曾力辨"《今本竹书纪年》里武王克商前十一年的年纪应为伪作"。他指出：汉代学者提倡文王九年崩之说，到魏晋时期学者们多信从此说。处于这种学术背景下的《竹书纪年》的整理者亦当如此。出土竹简上很可能有"十二年"克商的记载，这样在九年和十二年之间也就无法排入孟津观兵以前和以后的两年。为了解决这个问题，而又不放弃武王十七年崩之说，便将这"十二年"释作武王即位后的十二年。由于竹简在出土时有所散失，《竹书纪年》的整理者便断定武王克商之前的年纪很可能就在这些散佚的竹简之中，于是便伪作了武王在克商前十一年的年纪[34]。新城新藏和刘起釪则主张此说始于《历议》[35]。两说各有所长，若联系到上引董作宾的 576 + 52 = 629 的算式，则帝辛在位 52 年之说已见于唐代以前，与之相联系的武王在位十一年克商之说"创作"于晋代的可能性较大。

既然今本的武王纪年是出土以后的伪作，那么古本的"十一年"是不是《史记·周本纪》那种文王受命纪年呢？上文指出墓本和束皙本《竹书纪年》很可能是以文王受命为商周分界，但二者之文王受命是指即位，因此绝无可能有"文王受命十一年伐商

---

[33] 同〔26〕。

[34] 夏含夷：《〈竹书纪年〉与周武王克商的年代》，《文史》第 38 辑，1994 年。收入《温故知新录——商周文化史管见》，稻禾出版社，1997 年。

[35] 新城新藏《东洋天文学史》："解释《竹书》之十一年为即位之十一年者，恐亦始于此历议（按：即下引文中的《历议》）者乎。"122 页，中华学艺社，1933 年。
刘起釪《牧野之战的年月问题》："开始颇明确提到武王纪年的，是《新唐书·历志》所载张说、陈玄景《历议》……此《历议》由欧阳修录入《新唐书》，故倡武王纪年说最力的就是欧阳修，然后宋儒如张载、程颐及治《尚书》诸家多从其说，清人亦多附议……宋儒以来所强调的这些说法，都是带着'一取信于六经'的尊经观念，以为经文都必须为后世立法，而他们根据后世每一帝王即位必须改元的成例，来看这一段历史，却不知周初还没有建立这种制度。"载《纪念顾颉刚学术论文集》，巴蜀书社，1990 年。

之说"。古本的"十一年"应该是断讼后十一年，是下文论及的大事纪年。由《吕氏春秋·首时》的"十二年"，可以推知战国时期已有这种纪年，因此墓本《竹书纪年》很可能使用这种纪年。既以"即位"为文王受命，又以"断讼"纪年，似乎互相矛盾，但却很合乎《竹书纪年》写作时代学术界的时尚。

　　整理者将"断讼"之"十一年"改成武王纪年后，难免会牵动与其相关的年纪的编排。帝乙9年、帝辛52年之说应是这一改动之后重新安排的结果。这一安排兼顾了两个传统说法。一是"文王受命九年而崩"。"三十三年密人降于周师，遂迁于程。王锡命西伯得专征伐"下"约按"："文王受命九年，大统未集。盖得专征伐受命自此年始。"由三十三年数至文王薨的四十一年正好是九年。"文王受命九年而崩"之说是刘歆所创[36]，因此这样的安排绝无可能是墓本之旧。

　　二是自成汤元年至"周受命"496年。董作宾《殷历谱》在论及"汤灭夏以至于受，二十九王，用岁四百九十六年"与附注之"起癸亥，终庚寅"的矛盾时，指出：

　　　　此干支与年数不符，其中含有一重要问题，即古史家计殷周之年者，不断自伐纣之年，而断自周受命之年也……今本《竹书》从《唐书·历志》所引古本，以伐纣为武王"十一年庚寅"，是以武王即位为周受命之年，即伐纣前十一年，乙卯岁也。盖魏史统计殷年，止于武王元年，故曰"用岁四百九十六"。注者检伐桀至伐纣年之干支，故曰"起癸亥，终庚寅"也。

　　今本四十二年下小字夹注为"周武王元年"，而其正文则有"西伯发受丹书于吕尚"之说。据《墨子·非攻下》："赤鸟衔珪降周之岐社，曰：天命周文王伐殷有国"，《吕氏春秋·应同》："文王之时，王先见火，赤鸟衔丹书集于周社"，以及纬书的有关记载，丹书显然应是周人受天命的主要载体之一。这里的"西伯发受丹书于吕尚"显然是在表示武王受天命。这一"周受命"虽由原汁的"文王即位"演化为变味的"武王即位"，但其自成汤灭夏至周受命四百九十六年的根本还是存在的。不过，今本的周人受命并不止此。文丁十二年即周文王元年，"有凤鸟集于岐山"。而在帝辛三十二年即"王锡命西伯得专征伐"前一年，则"有赤鸟集于周社"。两处的神鸟显然也是代表周之受命。这两次受命分别与上文讨论的"即位"和"断讼"之"文王受命"相合。纬书中的赤鸟丹书是"文王受命"的载体，而武王受命的载体则是在孟津渡河时跃入船中的"白鱼"。今本将赤鸟留给文王，而将丹书转给武王。

　　简言之，《竹书纪年》"二十九王四百九十六年"的说法，缘于墓本和束晢本以文王受命（即位）为商周两代的分界。今本《竹书纪年》里的帝乙元年晚于周文王元年两年、自成汤灭夏至周受命496年很可能也是墓本所固有的。

---

〔36〕同〔25〕。

七、《竹书纪年》与"殷历"

汉代所传的殷历是古六历之一。关于它的起源：

《汉书·律历志》：三代既没，五伯之末史官丧纪，畴人子弟分散，或在夷狄，故其所记，有黄帝、颛顼、夏、殷、周及鲁历。战国扰攘，秦兼天下……

《宋书·律历志》引祖冲之《历议》：古术之作，皆在汉初周末，理不得远。

依上述文献，汉代所传的殷历当作于东周至西汉初年。朱文鑫推算颛顼历的"立春在营室五度"约测定于公元前 370 年前后，而殷历的"冬至在牵牛初度"则约稍前，验证了六历作于周末汉初的说法[37]。刘歆在《世经》中屡举殷历，以与三统历对校，显见殷历是三统历之前影响最大的一种历法。

殷历已经失传，现在只能通过《汉书·律历志》所引的《世经》，以及《易纬》窥其一斑。已知殷历与商代积年有关的记载主要有以下几条。

（1）《易纬·稽览图》：殷四百九十六年。

这是说商代积年，但未明言始于何年，终于何年。

（2）《汉书·律历志》引《世经》：殷历曰："当成汤方即世用事十三年，十一月甲子朔旦冬至。"

殷历以初元元年即公元前 47 年为起点，上推一纪 1520 年至公元前 1567 年（殷历太甲元年）为甲寅元，是为历元。公元前 47 年和前 1567 年之前一年的十一月皆为甲子朔旦冬至。由此可以推知殷历以公元前 1580 年为成汤伐桀之年，以公元前 1579 年为成汤元年。

（3）《诗·大雅·文王》正义引《易纬·是类谋》：文王比隆兴始霸，伐崇，作灵台，受赤雀丹书，称王制命示王意。注："入戊午部二十九年时，赤雀衔丹书而命之。"

入戊午部二十九年当公元前 1083 年。由成汤元年即公元前 1579 年数至文王受命前一年即公元前 1084 年，则其积年为 496 年。由此可以推知《稽览图》之商积年 496 年是指自成汤元年至文王受命以前，而这里的文王受命显然是指文王伐崇迁丰之年。

这三条文献既有商、周两代开始之年，又有商代积年，共同构成了一种关于商代积年的系统数据。

---

〔37〕　朱文鑫：《历法通志》59～62 页，商务印书馆，1934 年。

　　根据本节和第四节所引有关文献，可以推导出"文王受命"由"即位"、"断讼"而"伐崇"的大致演变过程。以断虞芮之讼为文王受命，与武王克商前后的周人纪年有很大关系。汉代以来所谓的文王受命称王并开始纪年的说法，完全是以后世的情形推想过去。最初的情形根本不是这么回事。据研究，周代开国前后的纪年是一种"大事纪年"，与汉代以来习惯的"王年"不同[38]。如果剔除"断虞芮之讼"传说的儒家仁义说教，则其历史事实当是周人霸于西土，被众国族推为共主。这在周人兴起历史上无疑是很大的一件事，于是周人即以此年为基准，用以指称其后的诸年[39]。不过，这只是当时最流行的诸纪年方式之一，至少克商之后与此并行的还有以"克商"纪年，如《尚书·金縢》的"既克商二年"和《史记·鲁世家》的"武王克殷二年"。以理推之，当时还可能有其他的纪年方式，如"伐崇"等。这种大事纪年只是约定俗成而已，远没有后世帝王纪年的权威性。汉代学者不明大事纪年的所以然，而以当时的帝王纪年视之，认定断虞芮讼之年是文王纪元的开始。不难推想，经过"秦火"之后的汉代学者对当初以文王即位为受命之年的说法已经模糊不清，因此便猜测断虞芮之讼为文王受命。《史记·周本纪》"盖受命之年称王而断虞芮之讼"中的"盖"字，即透露出太史公对此说并没有多大把握。

　　"文王受命"由"断讼"到"伐崇"的演变相对清楚得多。《史记·周本纪》谓："诗人道西伯，盖受命之年称王而断虞芮之讼。后七年而崩，谥为文王。改法度，制正朔矣。"太史公在受命之外，又提到了"改法度，制正朔"之事，但没有提到具体的年份。《易纬·乾凿度》将"作灵台，改正朔，布王号于天下，受录，应河图"诸事列于伐崇之后。《易纬·是类谋》谓"文王比隆兴始霸，伐崇，作灵台，受赤雀丹书，称王制命示王意"，则在《乾凿度》所列诸项之外，另有"制命示王意"。也许正是因为类似语境中的"命"字，郑玄才会注为"入戊午部二十九年时，赤雀衔丹书而命之"，从而衍生出"伐崇"之文王受命说。

　　理清三种"文王受命"的演化轨迹之后，我们便有充分理由推想：自西周以来即有"文王受命"或周朝开始于某一年的说法，而在殷历和其他四分历流行的时代，这一事件便被表述为"周文王以入戊午部二十九年受命"（《尚书纬·运期授》引《河图》："仓帝之治八百二十岁立戊午蔀。"注："周文王以入戊午蔀二十九年受命。"《诗·大雅·文王》正义引）。汉代以来，学者们虽然承继了这一说法，但由于受命之内容已由即位置换为断讼或伐崇，从而与此相关的商周年代也就随之发生了变化，最初的文王受命的年代也就逐渐不为人知了。根据上文所引关于三种"文王受命"的文献，可以很清

---

〔38〕 参见〔20〕。

〔39〕 王国维《周开国年表》认为直至十九年止。

楚地看到这一点。《尚书序》郑玄注曰"十有一年，本文王受命而数之，是年入戊午蔀四十年矣"，显然是依据"文王受命于入戊午蔀二十九年"的说法推出的，而这里的文王受命即是断讼，而不是《易纬·是类谋》注里的伐崇。尽管目前尚未查找到西汉时期的文献，但从"文王受命"由即位、断讼而伐崇的演变轨迹，可以肯定它是与断讼之说伴生的。

　　既然由即位受命演变出的断讼、伐崇受命均曾被推定为戊午部二十九年，那么我们就有充分理由推定文王即位于戊午部二十九年。《易纬·稽览图》之"殷四百九十六年"，正与《竹书纪年》的"二十九王四百九十六年"相合，说明二者很可能是一个年代系统。值得特别注意的是：公元前 1083 年与据古本《竹书纪年》"自武王灭殷，以至幽王，凡二百五十七年"（《史记·周本纪》集解引）所推算出的武王克商之年公元前 1027 年之间正好相差 56 年。

　　《易纬·乾凿度》"今入天元二百七十五万九千二百八十岁，昌以西伯受命。入戊午部二十九年，伐崇侯，作灵台，改正朔，布王号于天下，受竹录，应河图"，显然是自"断讼"之文王受命至"伐崇"之文王受命演变过程中的一个旁支。因不明本文所揭示的文王受命之演变过程，学者也就难以读懂这段记述，从而引起一些混乱[40]。现在看来，这段文字中的文王受命仍为断讼，只是将其年代上推了五年，而把入戊午部二十九年转给了伐崇之年。这是伐崇受命之说形成之后新出现的异说。

　　关于《竹书纪年》和殷历商代积年 496 年的关系，有多种推测。新城新藏指出："案诸斯数字推察此显系信赖依殷历推算纪年之人所记入者矣。夫恐汲冢所出之竹书纪年，因错简，或为一部分阙损之故，致未能推定正确之殷代之年数者乎。"[41] 董作宾

───────────────

[40]　《毛诗正义》云："以历法其年，则入戊午蔀二十四年矣，岁在癸丑，是前校五岁，与上不相当者。其实当云二百八十五岁，以其篇已有入戊午蔀二十九年受篆之言，足以可明，故略其残数，整言二百八十而不言五也……或以为文王再受天命，入戊午蔀二十四年受洛书，二十九年受丹书。"

　　　　新城新藏否定了上引文的两次受命、遗漏"五字"两种可能，认为："殷历推其适应于月相之年代时，曾得西元前 1075、1070 等年，乃因前者适合于月相之程度稍逊，故其后遂至以后者即西元前 1070 年为正解者欤。"见《东洋天文学史》93 页，中华学艺社，1933 年。

　　　　陈梦家认定前后两个年代是指同一年代，进而指出："此天元用殷历甲寅元推之为纪元前 1087 年（《东洋天文学史》：97），用殷历蔀法推之为纪元前 1083 年（《殷历谱》上编卷四：三）。今用后说，因 1579 年成汤元年至 1084 年共 496 年，所指是汤元年至文王受命之年。"见《商殷与夏周的年代问题》，《历史研究》1955 年 2 期。

　　　　唐兰据此以公元前 1088 年为文王受命（指断讼）之年，以公元前 1083 年为伐崇之年。参见唐兰：《中国古代历史上的年代问题》，《新建设》1955 年 3 期。又收入《武王克商之年研究》，北京师范大学出版社，1997 年。

[41]　《东洋天文学史》117～118 页。

认定《竹书纪年》采用《殷历》[42]。陈力则认为是《易纬》抄《竹书纪年》[43]。本文揭示的殷历文王受命之公元前 1083 年与《竹书纪年》武王克商之公元前 1027 年之间正好是文王和武王在克商以前的在位年数（1083－56＝1027），不仅将二者联系得更加紧密，而且为推断二者发生关系的年代提供了坚实的证据。根据我们归纳出的三种文王受命的年代关系，可以肯定二者之间的联系应当发生于《竹书纪年》埋入地下以前，而不是《竹书纪年》重新面世之后。至于二者之间的具体关系（例如：谁抄谁），现在还没有可靠依据。不过，经过我们的这一番梳理，总算找到一种早于刘歆的比较系统的古史年代[44]。

附表：商代大事年表

公元纪年	其他纪年	大事
公元前 1580 年		成汤灭夏
公元前 1579 年	成汤元年，用事二年	
公元前 1568 年	成汤方即世用事十三年	
公元前 1567 年	甲寅元	太甲元年
公元前 1084 年	文丁十一年	文丁杀季历
公元前 1083 年	文丁十二年，周文王元年，入戊午部二十九年	周文王受命之一（即位）
公元前 1082 年	文丁十三年	文丁陟
公元前 1081 年	帝乙元年	帝乙即位
公元前 1038 年	断讼一年	断虞芮之讼（文王受命之二）
公元前 1037 年	断讼二年	伐犬戎
公元前 1036 年	断讼三年	伐密须
公元前 1035 年	断讼四年	伐耆国
公元前 1034 年	断讼五年	伐邘
公元前 1033 年	断讼六年	伐崇迁丰（文王受命之三）
公元前 1032 年	断讼七年	文王崩
公元前 1031 年	断讼八年	武王即位
公元前 1030 年	断讼九年	观兵孟津
公元前 1028 年	断讼十一年	武王起兵伐纣
公元前 1027 年	断讼十二年	武王克商

---

[42] 同〔4〕。

[43]《今古本〈竹书纪年〉之三代积年及相关问题》，《四川大学学报》1997 年 4 期。

[44] 郑光曾疾呼回归刘歆的"传统"说法，说见《关于中国古史的年代学问题》，载《夏文化研究论集》，中华书局，1996。现在看来，刘歆之商周年代说只是次生的传统，更早的"传统"尚残存于《竹书纪年》和殷历之中。

建立《竹书纪年》和殷历之间的联系之后，即可对上述由 496 年加 56 年得来的 552 年进行校正。在附表中，成汤灭夏之年为公元前 1580 年，文王受命之年为公元前 1083 年，武王克商之年为公元前 1027 年。由此推之，则自成汤灭夏至文王受命是 1580－1083＝497，而自汤灭夏至武王克商是 1580－1027＝553 年。《竹书纪年》和《稽览图》的 496 年都是由成汤灭夏的公元前 1580 年计算到文王受命的前一年，从而漏掉了该年至周文王元年的一年。雷学淇根据自己的推算，将今本《竹书纪年》的商代积年改作 497 年。董作宾则依殷历计算自成汤灭夏至文王受命为 497 年，并认为这一年之差缘于计入或不计入伐桀之年。

下面顺便对先秦文献中的诸种商代积年略加讨论。如果《鬻子·汤政天下至纣》的"五百七十六年"真是自成汤至纣的积年，而假定二十七王是一种传抄之误（按：现在还没有史料供我们做类似对《竹书纪年》"二十九王四百七十六年"那样的推论），亦可与本文的结论可以相容。假如将《鬻子》之说理解为自汤即位起算，则成汤在灭夏前共在位 24 年。今本《竹书纪年》载夏桀"十五年，商侯履迁于亳"注云"成汤元年"，由此至三十一年成汤灭夏共 16 年。如果设想成汤即位当在迁亳之前[45]，则 24 年之数当与实际年数相差不远。另据殷历，太甲元年以前仅有 13 年，而《孟子》、《史记》均记载外丙在位 3 年，中壬在位 4 年，依此则成汤在灭夏后仅在位 6 年。若然，则成汤灭夏前在位时间当不会太短。553 年说与《孟子·尽心下》"由汤至于文王，五百有余岁"亦可相容。对照下文的"由孔子而来至于今百有余岁"，可以推知"由汤至于文王"可能是指由成汤卒年至于文王卒年。若依上推成汤在灭夏后在位 6 年，由成汤卒年至文王卒年当为 1575－1032＝543 年。《左传》宣公三年"桀有昏德，鼎迁于商，载祀六百"，可以理解为少于六百。553 年虽与 600 年相差较多，但勉强可通。现在看来，先秦文献关于商代总积年的记载还是比较一致的。无论《鬻子》的 576 年，还是《左传》、《孟子》的约数，均可与 553 年说相容。

由于史料缺乏，在先秦历史的研究中，有"六经皆史"的提法[46]。从鼓励研究者努力发掘史料的角度来看，这种提法是很有积极意义的。然而这只是问题的一个方面，作为一个研究者更应该区分各种史料的价值。就本文所涉及的若干问题来看，专门的历史著作《竹书纪年》和《史记》的可信性是最强的，儒家经典及解经之作则相对较弱。若具体到上述的几种商代积年，《孟子》之"由汤至于文王，五百有余岁"，显然是其论述舜、汤、文王、孔子诸圣人之间年代关系的一部分，由于历史本身未必就那

---

[45] 笔者在讨论成汤以前的八迁时，曾力主成汤在位时曾有五迁。说见《先商文化浅议》，载《中国商文化国际学术讨论会论文集》，中国大百科全书出版社，1998 年。

[46] 章学诚：《文史通义》易教一，（台湾）中华书局。

样整齐划一，难免会有取整或稍加曲解之处。对于孟子来说，这些历史故事只是用来宣讲其政治学说，他并不在乎这些数字是否准确无误。至于《左传》宣公三年"桀有昏德，鼎迁于商，载祀六百"之实用性，更是非常明显。当时楚军兵临城下，楚君向前来劳军的周王室代表王孙满问鼎之大小轻重。在如此危急的情况下，王孙满之应答目的是退敌，而不是在课堂上讲述历史。尤可想像的是，其所提到的商代积年很可能有所夸大，以利于他的中心论点：周王朝虽然已经不如以前强大，但尚未到退位转让之时。当然，无论孟子还是王孙满，其所引用的史事也不会与事实出入太大，以致听者产生强烈的抵触情绪。

结　语

本文以陈梦家提出的思路为基础，对商代积年进行了尽可能全面系统的探讨。我们认为陈梦家首倡之《竹书纪年》的"二十九王四百九十六年"是指自成汤灭夏至文王受命的说法是可靠的，而且进一步推断《竹书纪年》原来就是以文王受命为商周的分界。经改定周文王在位 51 年和周武王在位第 5 年克商，并补足《竹书纪年》和殷历的商代积年中少计入的一年，将陈梦家得出的商代积年 550 年完善为 553 年。

经梳理"文王受命"的演变过程，将纬书中的"周文王以入戊午蔀二十九年受命"还原为周文王即位于入戊午部二十九年，即公元前 1083 年。而 1083－56＝1027，不仅有力地支持了殷历与《竹书纪年》商周年代一体的推论，而且进一步验证了周文王即位于入戊午部二十九年的说法。自成汤灭夏至武王克商共 553 年之说应为墓本《竹书纪年》之旧，而且是《三统历》之前影响最大的一种"传统"说法。现存先秦文献关于商代积年的其他说法，均可与 553 年说相容，诸说有可能同出一源。

据甲骨文晚商祀谱最新排定的帝乙和帝辛共在位 54 年，恰比自周文王即位至武王克商的年数少两年。商代积年 553 年正好落在由多学科研究成果整合而成的可能范围510~580 年之内，而且处于比较居中的位置。这些都进一步增强了 553 年之说合乎商代实际的可能性。

武王克商之年是夏商周年代学研究最关键的一点。由于依据次生形态的"断讼"之"文王受命"，近现代由殷历所推算的各种武王克商之年均不可取。若依原生形态的"即位"之"文王受命"推之，则武王克商之年为公元前 1027 年，从而为由《竹书纪年》推出的公元前 1027 年说又增添一条力证。由于《国语·周语》的天象，以及孔壁古文《尚书·武成》或《逸周书·世俘》的历日均与公元前 1027 年说不合，"夏商周断代工程"将此说作为第三选择。张培瑜根据先秦文献关于武王克商之役的记载，认为此役当发生于雨季，而不是一些学者所信从的冬季，并说公元前 1027 年之说有可能与

《武成》、《世俘》历日整合[47]。若就本文论及的史料层次而言，作为编年史的《竹书纪年》价值是很高的。我们在整合商周年代时，应给予足够的重视。公元前1027年武王克商是战国时期的看法，其与700年前的历史实际应该相差不远。

今本《竹书纪年》的真伪是学术界的另一大公案。只要我们采取"具体问题，具体分析"的态度，而不是"一棒子打死"，就可以逐步推定哪些部分是墓本所固有，哪些是和峤等人整理时所改造，哪些是宋代以后重编者的"新创"。对于辑佚而成的古本，也应该采取同样的态度，辨别哪些是束晳本之旧，哪些是和峤本之旧；哪些是正文，哪些是整理者、重编者的注文，哪些经过了引用者的加工。经过这番去粗取精的工作之后，《竹书纪年》的使用价值当会大大提高。

---

〔47〕　同〔2〕。"可能整合"之说是2002年4月16日晚张先生在美国芝加哥大学告知笔者的。

青铜乐器铭文的排列形式及
其时代意义初探

陈双新[*]

Being limited by its bearer, the arrangement and position of the inscription on bronze musical instruments greatly differed with those on other bronzes, and a complete inscription was often separated and inscribed on several individuals. After a comprehensive study on the arranging method of the inscription on a single bronze bell and the combining method of the inscriptions on chime bells on the basis of examining all of the received and unearthed bronze bells, it is confirmed in this paper that both arranging methods were regularly changed through the ages and that the regularities can be used as the standards for dating the inscribed bronze musical instruments.

　　商周时期，鼎、簋、盘、匜等青铜礼器的铭文部位与排列形式比较简单，虽然并不固定，但一般都集中一处且首尾分明，极少出现一篇铭文分载数器的现象[1]。乐器铭文则复杂得多，不但铭无定位，铭文的起讫与不同部位间的衔接常不易弄清。其全铭组合关系也很复杂，有单钟全铭，有合二钟、三钟、四钟甚至十六钟而全铭。这些现象看似纷繁，但在一定时间、地域范围内，又存在某些规律。如果我们能把握这些规律，不但有益于铭文的通读，对器物的断代也有一定的参考价值。特别是新器出土后，在清剔去锈的过程中根据铭文可能存在的部位，可以尽量避免误剔和损害铭文。一些失群编钟，我们也可以根据铭文的组合规律推知其所缺钟数。下面我们从钟铭的实际排列情况入手，然后进行归纳和分析，统计的资料基本上涵括了目前所见的传世和新出的全部青铜乐器铭文。

---

* 作者系教育部语言文字应用研究所副研究员。

[1] 据笔者所见，只有西周懿王时的训匜（《商周青铜器铭文选》3·258，文物出版社，1988年，以下简称《铭文选》。"3·258"指该书第三册第258号，后同）为器盖合铭，宋代著录的宣王时的塑盨（《铭文选》3·443）只器上存有全铭后半的156字，其前半应在已遗失的盖上；孝王时的白公父爵（《铭文选》3·304）为二器合铭，夷王时的师同鼎（《铭文选》3·455）亦仅存全铭的后半，估计其前半在同形的另一器上。这几件合铭的礼器都在西周中期后段或西周后期，而此前早已有分载联读的编钟（如应侯见工钟）。这种现象的产生当是由于西周中期以后铭文格式渐趋固定，字数逐渐增多，器物较小则不能容纳，于是首先出现在排列秩序固定的编钟上，随后影响到别的器种。

一、单件钟铭的排列形式[2]

钟铭虽然基本上不外于钲间、两栾、两鼓等部位（极少数在甬上与口沿），但具体的组合方式却有 20 多种，我们略作归纳分为以下 13 种基本形式。

1. 钲间[3]

铭文集中于钲间，这是比较早的一种排列形式。到目前为止已知的 520 多件有铭乐器中，这种排列的器物有 30 批 84 件[4]，各时代分布情况如下：

西周器：22 批 56 件

春秋器：5 批 25 件

战国器：3 批 3 件

西周器 22 批大多为失群钟，若原套齐全将远不止 56 件。可以说，这种排列形式以西周器为主，春秋早期仍有余绪，战国时代则很少见。

2. 钲间十左鼓

这种排列形式从钲间右侧起读，左行至左鼓，有的再延及左栾和反面右鼓。共有 29 批 80 件[5]，其中：

西周器：24 批 71 件

春秋器：5 批 9 件

---

[2]　为论述方便，本文的钟这一概念除说明者外均涵盖甬钟、钮钟与镈三种器形，因为从铭文的排列形式来说，三者基本上一样，可以合并讨论。

[3]　铭文部位未说明钟之正反面情况者皆指其正面，下同。

[4]　对一些铭文所在部位不明的传世摹本，我们未纳入统计，如者减钟、叔夷钟，以下皆同。这 30 批 84 件分别是（凡《殷周金文集成》收录者仅记其编号，"1·4"即该书第一册第四号，未收者记器名，后同）：

　　西周器：1·4、1·16、1·18、1·20、1·23～28、1·31、1·36、1·42～45、1·48、1·54～58、1·60～63、1·67、1·90、1·103、1·106、1·137～139、1·143、1·251～259、师宝钟、才上钟、晋侯苏钟（每组后 5 件）、史问钟。

　　春秋器：1·3、1·7、1·8～13、1·72、子犯钟。

　　战国器：1·15、1·17、1·85。

[5]　80 件分别是：

　　西周器：1·21～22、1·29～30、1·35、1·39、1·40～41、1·46、1·49、1·64、1·65～66、68～71、1·82、1·89、1·104～105、1·109～112、1·133～136、1·141、1·145～148、1·181、1·187～192、1·204～208、1·238～244、1·260、逨钟（乙组第四件）、虢季钟（8 件）、楚公逆钟（8 件）。

　　春秋器：1·37、1·52、1·53、1·59、1·262～266。

此式西周器占的比例更大，春秋早期只有几件，战国则一器未见，具有较明显的时代性。

3. 左鼓（或右鼓）

仅在左鼓（或右鼓）的铭文一般很短，件数也少，目前仅发现 5 批 8 件[6]，即：

西周器：4 批 4 件

春秋器：1 批 4 件

4. 钲间 + 两鼓

这种排列形式的铭文读法并不固定，或右鼓→钲间→左鼓，或钲间→左鼓→右鼓，也有钲间→右鼓→左鼓。共 7 批 69 器[7]，其中主要是曾侯乙墓编甬钟：

西周器：1 批 3 件

春秋器：4 批 20 件

战国器：2 批 46 件

由于曾侯乙编钟主要是音阶乐律方面的内容，铭文部位反映出发音特点，与其他记事性铭文应该分开看待。这样的话，此种排列形式主要出现于春秋时期。

5. 钲间 + 两栾

其读法一般为：右栾→钲间→左栾。有 5 批 15 件[8]，西周器严格的只有痰钟 5 件（晋侯苏钟为附属），春秋器 3 批 4 件，战国器未见。

6. 钲间 + 两栾 + 两鼓

这种排列的读法一般是：右栾→右鼓→钲间→左鼓→左栾，少数左栾铭在左鼓之前。共 10 批 41 件[9]，其中 9 批 39 件皆为春秋之器，战国器未见，因此，这种排列形式也具有断代意义。

7. 正反：钲间 + 两栾 + 两鼓

其读法基本上是：右栾→右鼓→钲间→左鼓→左栾→（以下反面）右栾→右鼓→

---

[6] 西周器：1·2，1·14，1·19，1·209。
　　春秋器：1·212～215。
[7] 西周器：迷钟（乙组前三件）。
　　春秋器：1·51，1·73～81，1·113～114，王孙诰钟（8 件）。
　　战国器：1·35，2·286～330。
[8] 西周器：1·246～250，晋侯苏钟（每肆前三钟）。
　　春秋器：1·19，1·50，1·201～202。
[9] 西周器：2·356～357。
　　春秋器：1·87，1·93～101，1·102，1·140，1·149～152，1·172～180，1·245，1·271，遣邥钟（7 件），遣邥镈（5 件）。

钲间→左鼓→左栾。此类型的 6 批 30 件[10] 全为春秋器，时代性十分明显。

8. 正反：钲间 + 两鼓

读法通常是起自钲间，左向环读一周，即：钲间→左鼓→（以下反面）右鼓→钲间→左鼓→（正面）右鼓，王孙遗者钟为典型代表；极少数为右行环读：钲间→右鼓→（以下反面）左鼓→钲间→右鼓→（正面）左鼓，此式仅见于齐陶氏钟。共 12 批 64 件[11]，其中：

春秋器：10 批 51 件

战国器：2 批 13 件

9. 顶篆 + 其他部位

钟的顶篆狭窄，铸铭不多，西周与春秋之器中有 6 批 23 件[12]。顶篆部位的铭文只作为其他部位铭文的衔接和过渡，没有将全铭铸于此者。

西周器有 4 批 5 件，我们以应侯见工钟为例试作说明。铭文起自中顶篆，右行，再折下右栾，复至钲间，又返至中顶篆左行，至左栾而折下。图示如下（图一）。

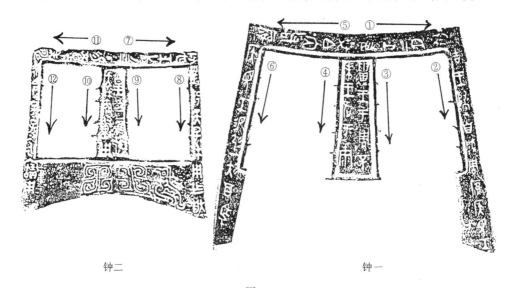

钟二　　　　　　　　　　　　　　钟一

图一

---

[10] 春秋器：1·86，1·197～198，1·210～211，216～218，1·219～222，1·223，𪾔钟（9 件），𪾔镈（8 件）（此器又参第九式）。

[11] 春秋器：1·115～118，1·142，1·153～154，1·155～156，1·182，1·183～186，1·203，1·261，王孙诰钟（9～26 号），𨜒子受钟（9 件）、镈（8 件）。
战国器：1·121～132，1·144。

[12] 西周器：1·88，1·192，2·358，1·107～108。
春秋器：1·262，𪾔钟（9 件）、𪾔镈（8 件）。

　　春秋器主要是鄱钟、鄱镈，依照内容可知其读法为：顶篆右端起环顶篆一周（①②）→反面左栾（③）→（以下正面）右栾（④）→右鼓（⑤）→钲间（⑥）→左鼓（⑦）→左栾（⑧）→（以下反面）右栾（⑨）→右鼓（⑩）→钲间（⑪）→左鼓（⑫）。图示如下（图二）。

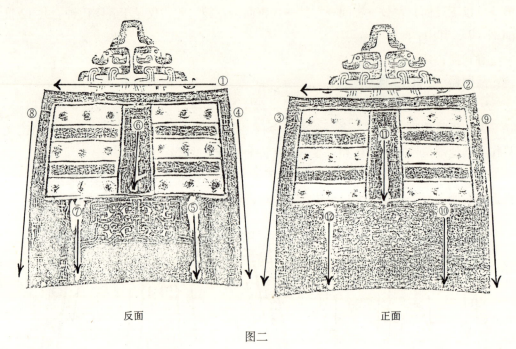

反面　　　　　　　　　　　　　　　　　　正面

图二

　　顶篆有铭时，从何处起读往往不能一目了然，之所以这种排列，可能跟追求美观的因素有关。我们知道，早期铭文（商末周初）多铸于器物较隐蔽的部位，如爵斝的鋬阴、尊觚的外底、鼎甗的内壁等等。春秋以后铭文多有书史的性质而兼有美化器物之功能，因而多铸于器物较显眼的位置，如簠簋的口沿、鼎壶的外腹等等[13]，庄重典雅、娟秀柔美的铭文布满乐器确实能达到更加美观的效果。

　　10. 甬上＋其他部位

　　钟甬面积小，铭文不便铸刻也不便阅读，因而极少有铭，目前仅见西周时的叔钟和南宫乎钟。前者铭自右栾、右顶篆至钲间，其下文转至甬上。后者甬上铭文记该钟乐律，钲间、左鼓之铭为称扬先祖之美而作器永宝之类的内容，二者不相衔接。春秋而后，未见甬上有铭者。

　　11. 两栾

─────────────

〔13〕参阅石璋如：《商周彝器铭文部位略例》，（台湾）《大陆杂志》第八卷五、六、七期。

读法是先右栾后左栾。这种形式的标准器只有春秋时的铸侯求钟，陈大丧史仲高钟铭自左栾经口沿而至右栾，有的还延伸到反面右栾与口沿，可附于此。

非钟镈类青铜乐器较多采用这种排列方式，如传阿铎、其次句鑃、姑冯昏同之子句鑃、徐䤔尹征城[14]、配儿句鑃等等。句鑃是吴越地区的地方性乐器，由于它没有钟镈那样明确的钲、鼓部位的划分，整个腹部可能都属于敲击范围，为避免敲击时损害铭文，因而将铭文铸于腹部两侧。

12. 右鼓 + 左鼓

此式包括两种情况：一是铭自右鼓经正鼓连续读至左鼓；一是铭分两块，右鼓读完下接左鼓。这两种情况西周器仅见克镈，春秋器23件，战国器18件[15]。陈大丧史仲高钟和簠公孙朝子钟、镈的铭文接近口沿，这是由于前者的钲间与后者的钲间、上鼓部、两栾都布满繁缛的纹饰，铭文被挤到这一狭窄的"走廊"上。

春秋时期的子璋钟、战国时期的留篱钟，正反两鼓皆有铭，可附于此。

13. 正反钲间

铭铸于正反钲间而不相衔接，或自成全铭，或同编各钟正反钲间铭文分别衔接，这种排列形式只见于战国之器[16]，如厵羌钟、者刃镈。一般使用于每套件数较多的编钟。

通过上面的分析，可以发现钟铭的排列形式存在一定的时代性，"钲间"和"钲间 + 左鼓"两种排列形式占了西周器总数155件中的130件。这一时期钟右鼓无铭可能由于第二基音的使用而在此铸有标志性纹饰。从铭文排列形式的同一性、乐钟编悬堵肆组合的规定性以及不同等级地位用乐规模的差异性[17]，可以看出西周时期基本上是"礼乐征伐自天子出"的"有道"时代[18]。春秋以后由于"天子倒楣了，诸侯起来，

---

[14] "尹"前一字很难确认。高田忠周释为"诏"（《古籀篇》五十二，39页）；郭沫若隶作"譆"（《两周金文辞大系考释》163页）；董楚平释为"啻"（《吴越徐舒金文集释》279页）；陈秉新隶作"謚"，释为"㲄"，"㲄尹"读为"箴尹"，楚国官名（《铜器铭文考释六题》，《文物研究》第十二辑，207页，黄山书社，2000年）。最近，赵平安先生结合金文、玺印、竹简等材料中的相关字形，释读该字为"醢"，"徐醢尹"即徐国主管肉酱之类祭品的官长（《释"㐬"及相关诸字——论两周时代的职官"醢"》，《古文字研究》第二十四辑，282页，中华书局，2002年），其说可从。

[15] 春秋器：1·225～237，1·267～270，1·350～355。
　　　战国器：1·83～84，簠公孙朝子钟（9件）、镈（7件）。

[16] 它们是：1·120，1·157～170，1·279～284。

[17] 参阅陈双新：《编钟"堵""肆"问题新探》，《中国学术》2001年1期；王世民：《关于西周春秋高级贵族礼器制度的一些看法》，《文物与考古论集》，文物出版社，1986年。

[18] 《论语·季氏》："孔子曰：天下有道，则礼乐征伐自天子出；天下无道，则礼乐征伐自诸侯出"。

诸侯倒楣了，卿大夫起来；卿大夫倒楣了，陪臣起来"[19]，他们对礼乐的追求与僭越，使得音乐和其他思想学术的发展都呈现百花齐放的趋势。就钟铭部位来说，不但正面钲间、两鼓有铭，而且钟之反面也常如此，其中最重要的几种排列方式为"钲间＋两鼓（＋两栾)"、"正反：钲间＋两鼓（＋两栾)"。到战国时期，铭文的排列又走向简单，直至衰落。从整个过程看，乐器铭文排列形式的发展变化同乐器本身以及当时的历史、文化、科技的发展都是相一致的。

二、编钟的全铭组合关系

上文我们讨论的是单件钟上铭文所在的部位，本节则说明编钟的全铭组合关系，也就是一篇完整的铭文在编钟中的分布与组合情况。

前文说过，在两周青铜礼器中极少一铭分载数器的现象，在编钟中则极为普遍，这一方面由于乐器的形制特点使得铸铭的部位有限，一些长铭无法容于较小的编钟，因而常有一套编钟前几件各自全铭后几件合为全铭的现象；另一方面，编钟是旋律乐器，为保证乐音的和谐，在形制和发音特点上每钟都有其固定的位置，这为铭文的分载提供了很大的便利。

毫无疑问，钟铭的全铭组合首先决定于编钟本身的组合情况，而编钟的组合又受制于当时的音阶结构和音乐发展水平，所以，从考古学角度考察钟铭的组合情况，便离不开根据测音判断编钟音阶的音乐学研究。不少音乐工作者在这方面已做了很多努力，黄翔鹏、马承源、蒋定穗、李纯一、赵世纲、方建军、王子初等人对各地的重要编钟进行过实地测试[20]，本文就是在吸取这些研究成果的基础上，讨论钟铭的全铭组合关系以及对失群编钟进行复原。

（一）西周之器

西周自中期以后特别是晚期厉宣之世，编钟逐渐形成一套规范化的制度：一肆一

---

[19] 郭沫若：《奴隶制时代》33 页，人民出版社，1973 年。

[20] 研究成果分别见于以下论文：

黄翔鹏：《新石器和青铜时代的已知音响资料与我国音阶发展史问题》（上、下），《音乐论丛》第一辑（1978 年 5 月)、第三辑（1980 年 1 月)；黄翔鹏：《先秦编钟音阶结构的断代研究》，《江汉考古》1982 年 1 期，7 页；马承源：《商周青铜双音钟》，《考古学报》1981 年 1 期，131 页；蒋定穗：《试论陕西出土的西周钟》，《考古与文物》1984 年 5 期，86 页；李纯一：《关于歌钟行钟及蔡侯编钟》，《文物》1973 年 8 期，15 页；赵世纲：《淅川楚墓王孙诰钟的分析》，《江汉考古》1986 年 3 期，45 页；方建军：《西周早期甬钟及甬钟起源探讨》，《考古与文物》1992 年 1 期，33 页；方建军：《陕西出土西周和春秋时期甬钟的初步考察》，《交响》1989 年 3 期，1 页；王子初：《晋侯苏钟的音乐学研究》，《文物》1998 年 5 期。

般为 8 件；每肆前 2 件不用侧鼓音，后 6 件将正、侧鼓音调成小三度的谐和关系；全部音阶如同古文献的记载避免了商音而由羽、宫、角、徵四个骨干音组成，音域跨三个八度[21]。具体地说，当时成套编钟的音序是：羽、宫、角、徵、羽、宫、角、徵、羽、宫、角、徵、羽、宫。

现在所见西周中晚期带有长铭的编钟大多为这种组合，其套数完整或可明确复原为八件一肆的有：柞钟、中义钟、虢叔旅钟、梁其钟、兮仲钟、虢季钟、楚公逆钟、痶钟、晋侯苏钟。除最后二钟为两肆各 8 件外，其他皆为一肆 8 件（有的缺失一至两件），基本上都集中于夷、厉、宣时期。这类编钟的全铭组合关系与其他编列形式者相比，存在较明显的规律性，大致可总结为以下几种形式：

（1）"1×4＋4"式，即前 4 钟各全铭，后四钟合全铭。柞钟、虢叔旅钟为其代表，痶钟和新出逑钟经过复原也可归于此式。

痶钟现存 5 件，从花纹和铭文来看，前四钟属于一套，末钟属另一套。前四钟的右鼓有圆形涡纹，第一、二钟各全铭 35 字，第三钟 12 字，其前缺"唯正月初吉丁亥，痶作宝钟"十一字一钟；第四钟 6 字，内容上接三钟而下缺"永室用邵大宗"6 字铭文一钟。如此，原套至少有 6 件。又第一、二钟的右鼓均有第二基音标志，当非全套之前两钟。因此，我们推测全套的第一、二钟已缺失（当各为全铭），《集成》的第一、二钟为全套的第三、四钟。如果推测不错，那么痶钟 8 件的全铭组合关系也同于柞钟。不过，对这套编钟的形制还有个疑问：从《集成》原大拓片来看，原套第三、四钟（即《集成》前两钟）之间形体差别明显，而第四、五钟之间又几乎没有差别，这与一般 8 件套编钟形制上的二分规律不相合[22]，志此存疑。

逑钟 4 件（以下依发掘报告所列顺序称一、二、三、四钟），一、二、三 3 件大钟铭文相同，为全铭 117 字，四号钟形体较小，铭文也只有全铭的最后 17 字，一、三、四钟右鼓皆有鸟纹，刘怀君依甬高把右鼓无鸟纹者排在第二号，认为一、二、三皆为特钟，仅四号钟为编钟之一件，这是值得商榷的[23]。由于"鼓右出现鸟纹装饰之后，在成套编钟内不具鸟纹的钟，可判定为是不使用侧鼓音的头两件"[24]，因此，我们认为三件大钟并非"特钟"，而与四号小钟为同套编钟，其先后次序为：右鼓无鸟纹的二

〔21〕《周礼·大司乐》有这样一段话："凡乐，圜钟为宫、黄钟为角、大蔟为徵、姑洗为羽……"（《十三经注疏》上册，中华书局 1991 年，789～790 页）。

〔22〕 西周晚期到春秋早期，8 件一套的编钟，前四钟与后四钟之间形体上有一个明显的落差，这就是所谓的二分规律。参看裘锡圭：《也谈子犯编钟》，（台北）《故宫文物月刊》1995 年总第 149 期，108 页。

〔23〕 刘怀君：《眉县出土一批西周窖藏青铜乐器》，《文博》1987 年 2 期。

〔24〕 蒋定穗：《试论陕西出土的西周钟》，《考古与文物》1984 年 5 期，94 页。

号钟为全编的第一或第二钟（另一件缺失），一、三号为第三、四钟，四号为第八钟，前四钟皆全铭，后四钟合全铭。

（2）"1×8"式，即8钟皆为全铭。

中义钟、新出楚公逆钟、痎钟（1·247～250、257～259）皆为此式。需要指出的是痎钟7件（当缺原套第八钟），其前4件为相同的100字全铭，后3件为相同的8字简略式全铭。这种同编之钟铭文存在繁简二式的现象并非仅见，又如者减钟、𡣕羌钟等。

兮仲钟现存7件。《集成》所列前6件为同肆（最后一件因风格有异而属另肆），其中5件皆为全铭27字[25]，末钟后缺"前文人子孙永宝用享"9字一钟，如此可确定者已有7件。又据严可均《铁桥漫稿》记载："右兮仲钟，嘉庆乙亥岁江宁城外新出土，售之铜作坊，秤之重五十六斤八两……凡二十七字，其十八字在钲间，九字在栾右"[26]，该钟行款与上六钟均不同，排比起来应介于《集成》前两钟之间，即为全编的第二钟。如此，兮仲钟必为8件一套，前6钟各为全铭，后二钟合为全铭，可看做"1×8"式的变异形式。

另外，传世楚公豪钟（1·42～45）有4件，最近又出土一件[27]。从它们的铭文、字体和花纹来看，当分为三式（1·42、1·43～45、新出者）。1·43～45三钟右鼓皆有鸟纹，当排在全编的第三钟之后，因为"只发单音（即正侧鼓同音）的首、次二钟侧鼓没有小鸟纹之类的第二基音标志，有此标志的是从发双音的第三钟开始"[28]的。又据日本学者早年所做的测音结果，除证实1·42钟与它们并非同套外，也表明1·43～44二钟的正鼓音与已有成套测音资料的第三、五钟的音域范围相合，从形体上看，1·45与1·44号并非相邻，当是全套的最后二钟之一。由此，楚公豪钟也为全套8件，每件皆全铭。假若已知5钟为同肆，那应该是不同时期经补铸而成。

（3）"8合式"，即合全套8钟而为全铭。痎钟、逆钟皆属此式。

痎钟（1·251～256）现存6件。根据测音结果，第二钟（1·252）与第三钟（1·253）之间音列不能连续，中间跳跃一个八度，缺少小字一组的音区用音，这在乐器使用上是不可能的。由形制看，两钟大小不成递减关系，铭文也不连续，所以两件钟

---

〔25〕《集成》1·67钟即《三代》1·13·2钟，左鼓当有铭文2行8字"文人子孙永宝用享"，惜漏拓而不得见。参阅孙稚雏：《三代吉金文存辨证》24页，《三代吉金文存》第三册后附，中华书局，1983年。

〔26〕转引自王世民：《西周暨春秋战国时代编钟铭文的排列形式》，《中国考古学研究——夏鼐先生考古五十年纪念论文集》109页，科学出版社，1986年。

〔27〕见罗西章：《陕西周原新出土的青铜器》，《考古》1999年4期。

〔28〕李纯一：《中国上古出土乐器综论》188页，文物出版社，1996年。

之间一定还有缺失。从音阶规律推测，所缺的钟在音阶序列上应构成角、徵、羽、宫的关系才正好补充一个八度的音域。那么所缺的钟应为第三、四件，全套即为 8 件〔29〕。我们再把此六钟铭文与同坑所出其他器铭对比，可知 1·253～256 四钟 52 字同于另组 1·246 钟的后半（仅多"霝冬"而少"冀光"二字），1·251～252 二钟 66 字起自"曰古文王"，中有"武王既哉殷，微史剌祖□来见武王"，与史墙盘铭前半接近而较简略。1·252 钟末尾"肇作和林钟用"后所缺之文当与 1·246 钟右栾"和林钟用"以下 33 字大体一致。这样，此套全铭当不少于 140 字。

逆钟（1·60～63）现存四件，前两件右鼓无鸟纹，后两件右鼓有鸟纹，据测音，四钟音列为羽、宫、角、徵、羽、宫，发音相连续，是一肆编钟的头四件。四钟铭相衔接而未完，从后期金文通例看，其所止"逆敢拜手稽"已是结尾语的开始，其后还存多长铭文很难说，可能如柞钟其后只有十几字，也可能如虢叔旅钟其后尚有 40 余字，甚或如梁其钟其后有 70 余字，因此对所缺钟数就有 1 件、2 件、4 件三种推测〔30〕。从四钟的音列和右鼓鸟纹来看，它与 8 件套编钟的特点完全相同，因此我们倾向于其原套为 8 件的看法。根据编钟形制上的二分规律，后四钟形体较小，铸铭也将少于前四钟。如此，8 钟合为全铭就有很大可能。

新出晋侯苏钟合两肆 16 钟而为全铭，可作为一个特例归于此式。

（4）"2＋2＋4"式，即前四钟两两合为全铭，后四钟合为全铭。

这种形式，现在还未发现完整的例证，但梁其钟、克钟复原后，应属此式。

梁其钟（1·187～192）现存 6 件，一、二钟（右鼓皆无鸟纹）合全铭 137 字；三、四钟（右鼓皆有鸟纹）合全铭 136 字（第四钟左鼓"令"下夺"梁"字）；五、六钟（右鼓皆有鸟纹）合 81 字，内容相当于全铭的前半，但次序紊乱。从拓片看，此套编钟形制上的二分现象十分明显，前四钟相互差别不大，各有铭六七十字，五、六钟形体稍小，分别有 41 字、40 字，其后当缺二钟，各有铭三十来字，其全套钟数和铭文组合情况可以推定。

克钟（1·204～208）5 件〔31〕，其特点与相互关系同梁其钟一样：第一、二钟（右鼓皆无鸟纹）合全铭 81 字；三、四钟（右鼓有鸟纹）合全铭 81 字；第五钟（右鼓有鸟纹）33 字。从形制上看，前四钟差别不大，每钟字数也相若，第五钟明显减小，其

---

〔29〕　同〔24〕，96 页。

〔30〕　刘启益认为缺 1 钟（《伯宽父盨铭与厉王在位年数》，《文物》1979 年 11 期）；曹发展、陈国英认为原套当为六件以上（《咸阳地区出土西周青铜器》，《考古与文物》1981 年 1 期）；王世民以为缺四钟（见〔26〕）。

〔31〕　注〔24〕文末之注释①说克钟 7 枚，不知何据。

后当不会缺一钟或二钟，因缺一钟难容48字，缺二钟又无此例[32]，最合理的推测当是缺失三钟，全铭组合为"2+2+4"式。

以上是我们根据现有西周编钟全铭的组合情况总结或推断出的几种形式，然而还有很多失群编钟由于缺失太多难以复原，以下分两种情况加以简单说明。

（1）现存两件或两件以上的失群钟[33]。如走钟、昊生钟、士父钟、应侯钟、郑井叔钟、眉寿钟、井叔采钟等等。

走钟（1·54～58），《金文著录简目》未收，宋代各书所摹字形、所记尺寸多有出入，根据我们的比较，其所记相同或不同者见于表一。

表一

书名 ＼ 编号	1	2	3	4	5	6	7	8
《殷周金文集成》	1·54	1·55	1·56	1·57	1·58			
《历代钟鼎彝器款识法帖》卷6	宝和钟一	宝和钟二		宝和钟四	宝和钟五	宝和钟三		
《博古图》卷22						周宝和钟三	周宝和钟一	周宝和钟二
《啸堂集古录》卷下之下	周宝和钟	周宝和钟	周宝和钟					
《考古图》卷七	所附一钟铭文似同《集成》1·57，余不可知。							

当然，宋代摹本可能字形误差较大，其不相重者到底是8件还是5件，还不能完全论定。

昊生钟现存二纸残拓，以前多视为一钟，王世民先生据铭文的部位和内容衔接情况推测其全铭约128字，全套为8件，组合形式同于梁其钟[34]，可备一说。

（2）现存单件的失群钟。失群的单件钟有全铭的，如宗周钟、楚公逆钟（1·106）、痶钟（1·246）、师臾钟、鲜钟、内公钟、昆疕王钟、鲁原钟、益公钟、虩仲钟等等；有非全铭的，如南宫乎钟、永宝用钟、用享钟、师盉钟、才上钟、倗友钟等等。

宗周钟制作精美，钟文庄重典雅，虽仅有一件，然可见王室器物之风范。右鼓无鸟纹，应是全套前二钟之一，余不可知。

---

[32] 参阅陈双新：《编钟"堵""肆"问题新探》，《中国学术》2001年1期。

[33] 本文所说的"现存"多少钟，既包括形体犹存者，也包括仅有铭文拓本或摹本传世者。

[34] 见[26]，112页。

南宫乎钟虽仅存一件且铭不完整，但据其右鼓鸟纹和测音结果可推知它是原套的第五钟[35]，其原套为8件或6件。

(二) 春秋、战国之器

春秋、战国时期的编钟出土数量不少，形制上除西周早期以来传统的甬钟外，又有西周末期兴起的钮钟和镈，不过，很多套件完整者都没有铭文[36]，发表过测音资料的也为数不多。

春秋以下，诸侯、卿大夫势力日渐强大，礼乐器的制造与享用从王室逐渐走向基层。各地民风民俗有别，音乐也就随之呈现不同的内容与风格，诸如"关中古声"、"郑卫淫声"、"邹鲁雅声"、"荆楚巫音"等等。反映在编钟上，则不但每套钟数各不相等，使用的乐律也不相同（曾侯乙编钟略有记载），铭文组合上除春秋早期少数关中出土之编钟仍承袭西周晚期遗风外，其他有单件全铭，有合2件、3件或4件全铭，但很难找出明显的规律。因此，我们挑选一些有代表性的编钟举例说明。

1. 子犯钟

春秋早期偏晚的晋国子犯编钟两肆16件，其形制、花纹、8件一肆的组合、铭文排列形式及其全铭组合关系都与西周晚期的宗周器物无别。由此也可看出，进入春秋以后，西周的礼乐制度逐渐破坏，宗周故地的诸侯国依然较多地保存着原来的礼制、文化等方面的特征。

2. 秦公钟

春秋早期的秦公钟现存5件（1·262～266），前二钟合全铭130字，后三钟连续而有与前二钟内容一致的109字，其后当缺21字的另一钟。据测音结果，其音阶为：羽、宫、角、徵、羽、宫、角、徵。"据钟铭，尚缺最后一钟，而据乐律来看，也确实缺少羽宫二音。因为这一地区古钟中较为完整的音阶都止于宫音"[37]。因此，秦公钟原套可确定为6件。

3. 王孙诰钟

王孙诰钟三肆26件（每肆分别为8件、9件、9件），分两层悬于同一钟架，下层8件大钟，上层18件小钟。铭文组合比较复杂，8件大钟各为全铭108字；18件小钟，有4钟各全铭，4钟两两合全铭，6钟三三合全铭，余4钟合全铭。值得注意的是，上

---

[35] 同〔24〕，97页。

[36] 如山西长治分水岭 M14（甬钟2、钮钟8），M25（甬钟5、钮钟9、镈4），M269（甬钟9、钮钟9），M270（甬钟8、钮钟9）；河北平山中山王墓（钮钟14）；河南辉县琉璃阁 M75（甬钟8、钮钟9、镈4），M甲（甬钟8、钮钟9、镈两套13）等等。

[37] 马承源：《商周青铜双音钟》，《考古学报》1981年1期。

层 18 钟的全铭组合关系与依形制花纹应分的两肆不完全一致，同肆内也不完全依照悬挂的先后顺序铸铭[38]。这种局部较为紊乱的状况大概是铸工的疏忽所致。我们把钟的悬挂次序和铭文的组合情况列为表二。

表二

	下　层　钟								上　　层　　钟																	
悬挂次序	1	2	3	4	5	6	7	8	9	10	11	12	13	14	15	16	17	18	19	20	21	22	23	24	25	26
铭文次序	1	2	3	4	5	6	7	8	9	10	11	12	13	14	17	19	18	15	20	16	22	21	26	23	24	25
全铭组合	全铭	全铭	全铭	全铭	全铭	全铭	全铭	全铭	全铭	全铭	全铭	全铭	合二钟全铭		合二钟全铭		合三钟全铭			合三钟全铭			合四钟全铭			

4. 蔡侯钮钟

该钟九件（1·210～218），各钟形态、纹饰与铭文字体相同，大小相次，看似一套完整的编钟。但铭文内容并不一致，我们从表三可看出它们的全铭组合与自名情况（括号内数字为《集成》第一册编号，问号为可能缺失之钟）。

表三

编号	1 (210)	2 (211)	3 (212)	4 (213)	5 (214)	6 (215)	?	?	?	?	7 (216)	8 (217)	9 (218)
全铭组合	全铭82字	全铭82字	全铭6字	全铭6字	合全铭6字		7号钟仅有82字全铭的末19字，其前或缺4钟。					全铭82字	全铭82字
自名	歌钟		行钟				歌钟						

李纯一先生曾推测"这九枚蔡侯编钟很可能经历过这样的曲折：在蔡侯生前，同时制造一组歌钟和一组行钟（所以它们的形态、纹饰和铭文字体相同，而铭文行款与调音要求相异）；后来由于某种原因，这两组编钟曾经转易，并将一组歌钟上的蔡侯名一字铲掉；后又归蔡侯，然皆有缺失而不成编；到蔡侯死时，出于某种不得已，乃以不完整的两套编钟凑成一组，略充行钟，用以随葬"[39]。张振林师也认为该墓"多数铜器铭文上的蔡侯私名完好，只有四钟一镈挖了私名，死后陪葬却又放在一起，显然不关后世子孙事，只能认为是蔡侯生前，或因内部权力之争，或因失窃之故，曾有部

---

[38] 赵世纲：《淅川楚墓王孙诰钟的分析》，《江汉考古》1986 年 3 期，49 页。

[39] 李纯一：《关于歌钟行钟及蔡侯编钟》，《文物》1973 年 8 期，19 页。

分散失，以至名款被挖，局势稳定或破案后物归原主，故死时得以成套器物完整殉葬。"[40] 郭若愚先生则否定歌钟与行钟为同人所作，认为铸"歌钟"的蔡侯为上一代，钟上的名字是先铸上又自己铲去的[41]。这些推测今皆无法证实，但"歌钟"与"行钟"分属两套应该是可以肯定的。

由于春秋时期的编钮钟一般是每肆 9 件，以上蔡侯钮钟虽为拼凑而成，也遵循着这种组合。我们推测现存 5 件的"歌钟"其原套也为 9 件。表中第 7 钟只有全铭的最后 19 字，其余 60 多字当分铸于前面的 4 件即该套的第三、四、五、六钟上。如果所缺之铭分铸于其前二钟上（即全套第五、六钟），则还有两钟（即全套第三、四钟）当各为全铭 82 字。现存 4 件的"行钟"也可作类似推测。

5. 敬事天王钟

该钟一套 9 件（1·73～81），每件皆刻有半篇铭文。第一、二钟，第四、五钟，第六、七钟，第八、九钟分别合为全铭 42 字（各钟均被铲掉的人名不计在内），惟第三钟缺后半篇铭文，然从形体大小和测音结果来看，其后确为现在的第四钟，并无缺失[42]。其原因也很可能是出于刻铭者的疏忽。此时，如果仅依铭文来判断一组编钟的完整与否，就容易出现错误。这种情况下，测音结果就显得格外重要。因此，要很好地解决出土材料中的问题，多学科相结合是十分必要的。

6. 郊子受钟、镈

这批乐器共 17 件，其中钮钟 9 件、镈 8 件，1990 年河南淅川和尚岭二号墓出土[43]。钟、镈铸有相同的 27 字铭文，但全铭组合方式有别。钮钟最小的四件合全铭，较大的两件合全铭，中间的三件合全铭，这种组合方式与前文所说的王孙诰钟上层甬钟很相似。郊子受镈 8 件的全铭组合方式与西周时期的梁其钟一样，即前四件（形体较大）两两合为全铭，后四件合为全铭。

7. 叔夷钟

此钟 13 件，仅有宋代摹本传世。前 7 钟合为全铭 492 字，后 6 钟唐兰先生以为应分两组：较大的前两钟为一组，较小的后四钟为另一组，并认为后组钟的全铭由四列各 8 件的 32 枚钟组成（尚有最后 42 字因钟小而不能尽载）[44]。从铭文的衔接情况来

〔40〕 张振林：《商周铜器铭文之校雠》，《第一届国际暨第三届全国训诂学学术研讨会论文》772 页，
　　　（台湾）国立中山大学中国文学系、中国训诂学会主编，1997 年 4 月。
〔41〕 郭若愚：《从有关蔡侯的若干资料论寿县蔡墓蔡器的年代》，《上海博物馆集刊》（建馆三十周年
　　　特辑）81 页，上海古籍出版社，1983 年。
〔42〕 同〔38〕，287 页。
〔43〕 河南省文物研究所等：《淅川县和尚岭春秋楚墓的发掘》，《华夏考古》1992 年 3 期。
〔44〕 唐兰：《古乐器小记》，《唐兰先生金文论集》357 页，紫禁城出版社，1995 年。

看，这种解释是有道理的。

曾侯乙编钟上的文字资料虽有 2800 多字，但除一件楚王酓章镈有完整的 31 字记事铭文外，其他 45 件编甬钟与 19 件编钮钟上都是关于乐律的记载，不存在全铭与全铭组合关系问题。

另外，这一时期还有不少每件都为全铭的编钟、编镈，如篱叔之仲子平钟（编钮钟 9 件）、篱公孙朝钟（编钮钟 9 件、编镈 7 件）、陈大丧史仲高钟（编钮钟 9 件）、湛邶钟（编钮钟 7 件、编镈 5 件）、臧孙钟（编钮钟 9 件）、邵钟（编甬钟 13 件）、者减钟（编甬钟 11 件）、屬羌钟（编甬钟 14 件）等等。

综上所述，两周编钟的全铭组合关系比较复杂。西周时期由于政治的统一、礼乐制度的建立，编钟的全铭组合关系与铭文的排列形式一样也有几种主要的形式，如"2+2+4"式、"4 全 4 合"式、"8 合式"。春秋以后由于诸侯国竞相发展，文化、艺术等方面呈现出"百花齐放"的态势，编钟在不同地区各有不同的特点，在全铭组合关系上没有一个共同模式。

附注：本文的写作受王世民先生《西周暨春秋战国时代编钟铭文的排列形式》（载《中国考古学研究——夏鼐先生考古五十年纪念论文集》，科学出版社，1986 年）一文的启发颇多，谨此致谢！

周代祭祀及其用玉三题

孙庆伟[*]

The sacrifice played an important role in the social life in the Zhou dynasty. As the sacrificial poems of *Shi jing* reveal, what were sacrificed in the Zhou dynasty included the heaven deities, the earth deities and the ancestors, however, most of the sacrifices were offered to the ancestors. According to received documents, there were two different kinds of jades employed in the Zhou sacrifices, respectively to descend the deity and to entertain the deity, moreover, different jade wares were used to entertain different deities. However, the available archaeological discoveries indicate that jade was only used for entertaining the deity and not for descending the deity, and that the jades offered to the deities were various rather than jade *gui* and *bi* mentioned in historical recordings.

祭祀在周代社会生活中占有重要的地位，如《礼记·祭统》说："凡治人之道，莫急于礼。礼有五经，莫重于祭。"《左传》成公十三年也说："国之大事，在祀与戎。"

玉在周代的祭祀活动中具有举足轻重的地位，这里试对周代祭祀及其用玉的三个问题作初步的阐述。

一、从《诗经》的祭祀诗篇看周代的祭祀对象

周代祭祀的对象，《周礼·春官·大宗伯》概括为天神、人鬼、地示三大系统，如其中叙述大宗伯之职乃是"掌建邦之天神、人鬼、地示之礼，以佐王建保邦国。"众所周知，《周礼》的记述通常具有浓厚的理想化和系统化色彩，它对周代祭祀对象的概括是否合于周代的史实须作小心的求证。而诗三百篇中多宗庙雅颂之音，故从《诗经》的祭祀诗篇可以了解周代祭祀的一般对象。

现将《诗经》中的祭祀诗篇罗列分析于表一。

* 作者系北京大学考古文博学院讲师、博士研究生。

表一

诗　篇	诗　句	祭祀对象	注　释　与　说　明
召南·采蘩	于以采蘩，于涧之中。于以用之，公侯之宫。	蚕神	《礼记·祭义》："古者天子诸侯必有公桑、蚕室……及大昕之朝……因少牢以礼之……既服成，君服以祀先王、先公，敬之至也。"按，祭于蚕室，缫丝以为君之祭服。
召南·采蘋	于以奠之？宗室牖下。谁其尸之？有齐季女。	祖先神	毛传："古之将嫁女者，必先礼之于宗室，牲用鱼，芼之以蘋藻。"
王风·采葛	彼采萧兮，一日不见，如三秋兮。	祖先神	《周礼·天官·甸师》："祭祀，共萧茅。"郑注："郑大夫云'萧字或为茜，茜读为缩。束茅立之祭前，沃酒其上，酒渗下去，若神饮之，故谓之缩。缩，浚也。故齐桓公责楚不贡包茅，王祭不共，无以缩酒。'杜子春读为萧。萧，香蒿也。"故，萧以缩酒。
小雅·天保	吉蠲为饎，是用孝享。禴祠烝尝，于公先王。君曰卜尔，万寿无疆。	祖先神	毛传："饎，酒食也。"禴祠烝尝，四时宗庙祭名，毛传："春曰祠，夏曰禴，秋曰尝，冬曰烝。"董仲舒《春秋繁露·四祭篇》："古者岁四祭。四祭者，因四时所生熟而祭其先祖父母也。"
小雅·吉日	吉日维戊，既伯既祷。	军神马祖神	郑笺："戊，刚日也，故乘牡为顺类也。"毛传："伯，马祖也。重物慎微，将用马力，必先为之祷其祖。"又《说文系传》引诗作："既祃既禂"按，《说文》："师行所止恐有慢其神，下而祀之曰祃。"又曰："禂，祷牲，马祭也。"《尔雅·释天》："是类是祃，师祭也。"
小雅·何人斯	出此三物，以诅尔斯。	不明	《周礼·春官·诅祝》："掌盟、诅、类、造、攻、说、禬、禜之祝号。"郑注："八者之辞，皆所以告神明也。盟诅主于要誓，大事曰盟，小事曰诅。"毛传："三物，犬、豕、鸡也。"
小雅·楚茨	以为酒食，以享以祀，以妥以侑，以介景福。	祖先神	《诗》三百五篇尤以《楚茨》言祭祀之仪注最为详备。
小雅·信南山	祭以清酒，从以骍牡，享于祖考。执其鸾刀，以启其毛，取其血膋。	祖先神	"膋"又"膫"，《说文》："膫，牛肠脂也。诗曰'取其血膫'。"郑笺："血以告杀。膋以升臭，合之黍稷，实之于萧，合馨香也。"则可知在周代祭礼当中，萧除了用来缩酒，还可以和动物油脂合上黍稷燔烧，使香气上升。

续表一

诗 篇	诗 句	祭祀对象	注 释 与 说 明
小雅·甫田	以我齐明，以我牺羊，以社以方。	土地神，四方神	毛传："社，后土也。方，迎四方气于郊也。"郑笺："秋祭社与四方，为五谷成熟，报其功也。"
小雅·大田	来方禋祀，以其骍黑，与其黍稷。以享以祀，以介景福。	田祖神	毛传："骍，牛也；黑，羊、豕也。"《说文》："禋，絜祀也。一曰精意以享为禋。"《左传》隐公十一年杜注："絜斋以享，谓之禋祀。"
小雅·宾之初筵	烝衎烈祖，以洽百礼。百礼既至，有壬有林。	祖先神	郑笺："先王将祭，必射以择士。"又云："将祭而射，谓之大射。下章言烝衎烈祖，其非祭与？"故马瑞辰《毛诗传笺通释》解释此句为："谓中多者得与于祭。"
大雅·绵	迺立冢土，戎丑攸行。	社神	毛传："冢，大。戎，大。丑，众也。冢土，大社也。起大事，动大众，必先有事乎社而后出，谓之宜。美大王之社，遂为大社也。"《礼记·王制》"天子将出，类乎上帝，宜乎社，造乎祢。诸侯将出，宜乎社，造乎祢。"孔颖达疏："宜乎社者，此巡行方事，诛杀封割，应载社主业。云宜者，令诛伐得宜，亦随其宜而告也。"
大雅·棫朴	芃芃棫朴，薪之槱之。济济辟王，左右趣之。	皇天上帝	槱，《说文》云："枣也。"又"槱，积火燎之也。"郑笺："至祭皇天上帝及三辰则举积以燎之。"王先谦《诗三家义集疏》引齐诗："天子每将兴师，必先郊祭以告天，乃敢征伐，行子之道也。文王受天命而王天下，先郊乃敢行事，而兴师伐崇。"
大雅·旱麓	清酒既载，骍牡既备。以享以祀，以介景福。	祖先神	毛序："旱麓，受祖也。周之先祖世修后稷、公刘之业。大王、王季申以百福干禄焉。"
大雅·皇矣	是类是祃，是致是附，四方以无侮。	皇天上帝	毛传："于内曰类，于外曰祃。致，致其社稷群神。附，附其先祖，为之立后。"郑笺："类也，祃也，师祭也。"《礼记·王制》："天子将出，类乎上帝，祃于所征之地。"《说文》："禷，以事类祭天神。"
大雅·生民	厥初生民，时维姜嫄，生民如何？克禋克祀，以弗无子。	皇天上帝	《周礼·春官·大宗伯》："以禋祀祀昊天上帝。"郑注："禋之言烟。周人尚臭，烟气以臭闻者……积柴实牲体焉，或有玉帛，燔燎而升烟，所以报阳也。"《春官·大祝》贾公彦疏："《大宗伯》昊天称禋祀，日月称实柴，司中之等称槱燎。通而言之，三者之礼皆有禋义，则知禋祀祀天神，通星辰已下。"
大雅·凫鹥	凫鹥在泾，公尸来燕来宁。	绎祭宾尸	郑笺："祭祀既毕，明日，又设礼而与尸燕。"《尔雅·释天》："绎，又祭也。周曰绎，商曰肜，夏曰复胙。"《公羊传》宣公八年何注："天子诸侯曰绎，大夫曰宾尸，士曰宴尸。"

续表一

诗 篇	诗 句	祭祀对象	注 释 与 说 明
大雅·云汉	靡神不举，靡爱斯牲。圭璧既卒，宁莫我听？	皇天上帝	此宣王祭天祈雨之诗。毛传："国有凶荒，则索鬼神而祭之。"故诗云："靡神不举，靡爱斯牲"，又云："上下奠瘗，靡神不宗。后稷不克，上帝不临。"
大雅·江汉	王命召虎……釐尔圭瓒，秬鬯一卣。告于文人，锡山土田。	祖先神	郑笺："王赐召虎以秬鬯酒一尊，使以祭其宗庙，告其先祖诸有德美见记者。"毛传："秬，黑黍也。鬯，香草也。筑煮合而郁之曰鬯。九命赐圭瓒、秬鬯。"郑笺："秬鬯，黑黍酒也。谓之鬯者，芬香条畅也。"
周颂·清庙	济济多士，秉文之德。对越在天，骏奔走在庙。	文王	《诗序》："清庙，祀文王也。"郑笺："清庙者，祭有清明之德者之宫，谓祭文王也。天德清明，文王象焉，故祭之而歌此诗也。庙之言貌也，死者精神不可得见，但以生时之句，立宫室象貌为之耳。"
周颂·维天之命	维天之命，于穆不已。与乎不显，文王之德之纯。	文王	
周颂·维清	维清缉熙，文王之典。	文王	毛序："维清，奏象舞也。"郑笺："象舞，象用兵时刺伐之舞，武王制焉。"
周颂·烈文	烈文辟公，锡兹祉福，惠我无疆，子孙保之。	祖先神	毛序："烈文，成王即政，诸侯助祭也。"郑笺："新王即政，必以朝享之礼祭于祖考，告嗣位也。"
周颂·天作	天作高山，大王荒之……岐有夷之行，子孙保之。	岐山	姚际恒《诗经通论》："诗序谓祀先王先公，诗中何以无先公？……季明德曰：'窃意此盖祀岐山之乐歌。按易升六四爻曰，王用享于岐山。是周本有岐山之祭。'"
周颂·昊天有成命	昊天有成命，二后受之。成王不敢康，夙夜基命宥密。	成王	朱熹《诗集传》："此诗多道成王之德，疑祀成王之诗也……《国语》叔向引此诗而言之曰：'是道成王之德也。成王能明文昭、定武烈者也。'以此证之，则其为祀成王之诗无疑矣。"

诗　篇	诗　句	祭祀对象	注　释　与　说　明
周颂·我将	我将我享，维牛维羊，维天其右之……伊嘏文王，既右飨之。	上帝文王	毛序："祀文王于明堂也。"陈奂《诗毛氏传疏》："此宗祀文王配天之乐歌。"高亨《周颂考释》："我将是大武舞曲的第一章，叙写武王在出兵伐殷时，祭祀上帝和文王，祈求他们的保佑。"
周颂·时迈	怀柔百神，及河乔岳，允王维后。	山川百神	毛序："时迈，巡守告祭柴望也。"郑笺："巡守告祭者，天子巡行邦国，至于方岳之下而封禅也。"孔疏："武王既定天下，而巡行其守土诸侯，至于方岳之下，乃作告至之祭，为柴望之礼。周公述其事而为此歌焉。"
周颂·执竞	执竞武王，无竞无烈。丕显成康，上帝是皇。	武王成王康王	毛序："执竞，祀武王也。"朱熹《诗集传》："此祭武王、成王、康王之诗。"
周颂·思文	思文后稷，克配彼天。	后稷	毛序："思文，后稷配天也。"姚际恒《诗经通论》："此郊祀后稷以配天之乐歌，周公作也。按《孝经》云'昔者周公郊祀后稷以配天'，即此也。《国语》云'周文公之为颂曰思文后稷，克配彼天'，故知周公作也。"
周颂·噫嘻	噫嘻成王，既昭假尔。率时农夫，播厥百谷。	上帝	毛序："噫嘻，春夏祈谷于上帝也。"戴震《毛郑诗考正》："噫嘻，犹噫歆，祝神之声。诗为祈谷所歌，故噫歆以为民祈祷。"
周颂·丰年	为酒为醴，烝畀祖妣，以洽百礼，降福孔皆。	祖先神	毛序："丰年，秋冬报也。"
周颂·有瞽	有瞽有瞽，在周之庭……肃雍和鸣，先祖是听。	祖先神	毛序："有瞽，始作乐而合乎祖先。"孔疏："合诸乐器于祖庙奏之，告神以知和否。"高亨《诗经今注》："据《礼记·月令》，每年三月举行一次。"
周颂·潜	猗与漆沮，潜有多鱼……以享以祀，以介景福。	祖先神	毛序："潜，季冬荐鱼，春献鲔也。"郑笺："冬鱼之性定，春鲔新来。荐献之者，谓于宗庙也。"

诗　篇	诗　句	祭祀对象	注　释　与　说　明
周颂·雝	于荐广牡，相予肆祀。假哉皇考，绥予孝子。	祖先神	毛序："雝，禘太祖也。"郑笺："禘，大祭也。大于四时而小于祫。太祖，谓文王。"朱熹《诗序辩说》："此但为武王祭文王而徹俎之诗，而后通用于他庙耳。"
周颂·载见	载见辟王，曰求厥章……率见昭考，以孝以享。	武王	毛序："载见，诸侯始见乎武王庙也。"
周颂·武	于皇武王，无竞维烈。	武王	毛序："武，奏大武也。"
周颂·闵予小子	于乎皇考，永世克孝。念兹皇祖，陟降庭止。	文王武王	毛序："闵予小子，嗣王朝于庙也。"郑笺："嗣王者，谓成王也。除武王之丧，将始执政，朝于庙也。"
周颂·载芟	通篇	土神谷神	毛序："春藉田而祈社稷也。"郑笺："藉田，甸师氏所掌，王载末耜所耕之田。天子千亩，诸侯百亩。藉之言借也，借民力治之，故谓之藉田。"
周颂·良耜	通篇	土神谷神	毛序："良耜，秋报社稷也。"
周颂·丝衣	通篇	绎祭宾尸	毛序："绎宾尸也。高子曰：'灵星之尸也。'"郑笺："绎，又祭也。天子诸侯曰绎，以祭之明日。卿大夫曰宾尸，与祭同日。周曰绎，商谓之肜。"
周颂·桓	桓桓武王，保有厥土……于昭于天，皇以间之。	师祭	毛序："桓，讲武类祃也。桓，武志也。"郑笺："类也，祃也，皆师祭也。"孔疏："谓武王时欲伐殷，陈列六军，讲习武事。又为类祭于上帝，为祃祭于所在之地。治兵祭神，然后克纣。"
周颂·般	于皇时周，陟其高山，嶞山乔岳，允犹翕河。	山川神	毛序："般，巡守而祀四岳河海也。"毛传："高山，四岳也。"郑笺："则登其高山而祭之。"《仪礼·觐礼》："祭山丘陵升。"
鲁颂·閟宫	春秋匪解，享祀不忒，皇皇后帝，皇祖后稷。	皇天上帝后稷	郑笺："皇皇后帝，谓天也。成王以周公功大，命鲁郊祭天，亦配之以君祖后稷。"

诗 篇	诗 句	祭祀对象	注 释 与 说 明
商颂·那	奏鼓简简，衍我烈祖。汤孙奏假，绥我思成。	成汤	毛序："祀成汤也……有正考父者，得商颂十二篇于周太师，以那为首。"王国维《说商颂》考证商颂诸篇皆宗周中叶之诗，可知商颂为宋诗。
商颂·烈祖	通篇	商人祖先神	毛序："烈祖，祀中宗也。"但后世学者多不从其说。
商颂·长发	实维阿衡，实左右商王。	成汤伊尹	王先谦《诗三家义集疏》："此或亦祀成汤之诗。诗本亦主祀汤，而以伊尹从祀。"

如表一，《诗经》中涉及祭祀的诗篇共 46 篇，其间或因对诗篇含义理解之不同而有遗漏，但上述诗篇足以廓清周代的祭祀对象。在这 46 篇中，祭祀天神（皇天上帝者）7 篇，地示（包括社稷、谷神、田祖神、四方神、山川神等）8 篇，祖先神（包括有明确对象如文王、武王者，也包括泛言祖先者）25 篇，军神、马祖神 2 篇，蚕神 1 篇。另外《小雅·何人斯》一篇乃是盟誓告于神明之事，其具体对象不明；而绎祭宾尸两篇中，《大雅·凫鹥》是祭祀祖先神之尸，从属于祖先神的祭祀；而《周颂·丝衣》一篇，据毛序乃是祭祀灵星之尸，灵星即岁星，故该篇从属于天神的祭祀。

通过对《诗经》祭祀诗篇的分析，不但证明《周礼·春官·大宗伯》所述天神、人鬼、地示的祭祀体系是真实可靠的，而且可以证明周人尤其重视祖先之祭，这反映了周代高度发达的宗法礼乐文明。

周人之所以要祭祀众多的天神、地示和人鬼，一方面是要"报本反始"，即对大自然和祖先馈赠的回报，故《礼记·郊特牲》云："万物本乎天，人本乎祖，此所以配上帝也。郊之祭也。大报本反始也。"又说："天子大蜡八……蜡也者，索也。岁十二月合聚万物而索飨之也。蜡之祭也，主先啬而祭司啬也，祭百种以报啬也。飨农及邮畯，禽兽，仁之至义之尽也。古之君子，使之必报之。迎猫，为其食田鼠也。迎虎，为其食田豕也。迎而祭之也……蜡之祭，仁之至，义之尽也。"但另一方面，祭祀又是在遇到灾祸时向天地鬼神所发出的祈祷求福以及在得福之后的报赛，如《大雅·云汉》即宣王祭天求雨之诗。

二、天神、地示、人鬼的祭祀方法及其用玉

任何一种祭祀，其目的都是为了沟通神人。在沟通神人的措施上，周代的祭祀遵

循"尚臭"的原则，这在《礼记·郊特牲》中有明确的记载："有虞氏之祭也，尚用气。血、腥、爓祭，用气也。殷人尚声，臭味未成，倏荡其声。乐三阕，然后出迎牲。声音之号，所以诏告于天地之间也。周人尚臭，灌用鬯臭，郁合鬯，臭阴达于渊泉。"所谓的"臭"即气味，"尚臭"反映了周代的祭祀注重用气臭来感召祭祀对象，但因祭祀的对象不同，在沟通方式上也存在着差异。以下分别讨论。

（一）天神的祭祀方法

周代祭祀天神之法，就是《周礼·春官·大宗伯》所说的："以禋祀祀昊天上帝，以实柴祀日、月、星、辰，以槱燎祀司中、司命、风师、雨师"，郑注于此有较详细的说明："禋之言烟，周人尚臭，烟，气之臭闻者。槱，积也。诗曰'芃芃棫樸，薪之槱之。'三祀皆积柴实牲体焉，或有玉帛，燔燎而升烟，所以报阳也。"由郑注可知，禋祀、实柴和槱燎虽然都是以积柴燔燎而使烟气上达于神，但在燔燎之物上还有一定的差别，最主要表现为玉帛的有无，如贾公彦疏曰："但云或有玉帛，则有不用玉帛者……以肆师言之，禋祀中有玉帛牲牷三事，实柴中则无玉，惟有牲币，槱燎中但止有牲，故郑云实柴体焉。据三祀有其玉帛，惟昊天具之，实柴则有帛无玉。是玉帛于三祀之内，或有或无，或郑云或耳。"贾公彦的解释是否符合郑玄的本意以及周代的实际情况，现在很不容易作出判断，其原因正如孙诒让所说："郊丘及日月诸天神之祀，礼经无专篇。此职三礼之别，郑、贾所释，并未详析，无可推校。"[1]

暂且抛开禋祀、实柴和槱燎三祀可能存在的差别，但燔燎一类的祭祀在周代是确实存在的。《大雅·棫樸》乃祭祀皇天上帝之诗，其中就谓"芃芃棫樸，薪之槱之"，和《大宗伯》所说的祭法大体吻合。

禋祀、实柴和槱燎等三祀之所以能够降神，在于这样两个方面的信仰，一是天神在上，人力不可达，而烟气上升，很容易被认为可以上达天庭；二是所燔燎之物能够感动神，诱神下降。前者证据很多，暂不论。后者可以在这里加以分析。以禋祀为例，其所燔燎之物共有三类：柴薪、牺牲和玉帛。这其中柴薪是燃料，大概没有宗教上的含义，如《大雅·棫樸》，说"芃芃棫樸，薪之槱之"，是以棫树、樸树为柴薪；而《大雅·旱麓》则说"瑟彼柞棫，民所燎矣"，就是以柞树、棫树为燔燎之物。

在禋祀等燎祭中，牺牲和玉帛显然是燔燎的对象，是沟通神人的主要媒介。燔燎牺牲，主要是取其臭，《尚书·洛诰》"予以秬鬯二卣明禋"，郑注云："禋，芬芳之祭。"将牺牲置于柴薪上燔燎，其状况大致相当于今天的烤肉，此时之臭无疑可以称得上"芬芳"。

玉是矿物，它被用在禋祀之中，应该和所谓的"芬芳"无关。但周代的祭祀，除

---

[1]　孙诒让：《周礼正义》1301 页，中华书局，1987 年。

了要有丰盛的献祭之外，还特别强调祭祀的洁净，不洁之祀，不如不祀，故《小雅·楚茨》唱到"絜尔牛羊"，《左传》隐公十一年杜注："絜斋以享，谓之禋祀。"《说文》则释"禋"为"絜祀也。一曰精意以享为禋。"而在周代，玉被视为"精物"，乃是最为润洁之物〔2〕。因此，燔燎牺牲之"芬芳"掺杂着玉帛的润洁之气，正可以满足祭祀在"臭"和"絜"这两方面的要求。

禋祀时用何种玉器燔燎，礼经中既无明证，其实物也无保存下来的可能性，是所谓"玉石俱焚"，所以其器类很难确定。《公羊传》僖公三十一年何休注云："天燎地瘗。燎者，取俎上七体，与其圭宝，在辨中置于柴上烧之。"又《吕氏春秋·季冬纪》高诱注云："燎者，积聚柴薪，置璧与牲于上而燎之，升其烟气。"何休和高诱的说法在《诗经》中可以找到一些证据。《大雅·云汉》是周宣王祭天祈雨之诗，其中首章即诵曰："靡神不举，靡爱斯牲。圭璧既卒，宁莫我听？"第二章又曰："不殄禋祀，自郊徂宫。上下奠瘗，靡神不宗。后稷不克，上帝不临。"这里的圭和璧很可能就是针对祭天所燎和祭地所埋之玉而言的。

（二）地示的祭祀方法

和祭祀天神类似，祭祀地示者也包括有尊卑之别的祭法三种，《周礼·春官·大宗伯》说："以血祭祭社稷、五祀、五岳，以貍沈祭山、林、川、泽，以疈辜祭四方百物。"历代经学家对于血祭、貍沈和疈辜区别的争论在于是否均有埋沈之玉，如《大雅·凫鹥》孔颖达疏云："郑志：'张逸问曰：以血祭祭五岳，以埋沈祭山川，不审五岳亦当埋否？答曰：五岳尊，祭之从血腥始，何嫌不埋。'如郑此言，祭五岳有埋，明社稷也埋矣。"这种文献上的纠纷很难理出头绪，但据此可知埋沈牲玉是周代地示祭祀中的主要方法。

虽然在周代祭祀体系中，天神为阳，其祀为阳祀；地示为阴，其祭为阴祀，但两者在"尚臭"原则上是一致的。在周人的观念当中，天神在上，因此用烟气上升以感神，而地示在下，必不能再用烟气而改用牲血，而荐牲血于地，必然下渗，如神享之，从而达到感神之目的。同样，祭祀天神燔玉燎玉，而祭祀地示时自然只能采取埋沈之法以献神，这在逻辑上是很容易理解的。

这种埋沈之法，在传世和出土文献中有很多的证据，其中《左传》最为多见，这里称引几条重要的记载：襄公十八年："晋侯（晋平公）伐齐，将济河，献子以朱丝系玉二珏，而祷曰'齐环怙恃其险，负其众庶，弃好背盟，陵虐神主。曾臣彪将率诸侯以讨焉，其官臣偃实先后之。苟捷有功，无作神羞，官臣偃敢无复济。唯尔有神裁之。'沈玉而济。"又，文公十二年在记载晋秦两国交战时说："秦伯（秦康公）以璧祈

〔2〕　孙庆伟：《〈左传〉所见用玉事例研究》，《古代文明》（第1卷），文物出版社，2002年。

战于河。"襄公三十年："八月甲子，（游吉）奔晋。驷带追之，及酸枣。与子上（驷带）盟，用两圭质于河。"杜预注云："沈圭于河为信也。"昭公二十四年记载："冬十月癸酉，王子朝用成周之宝圭沈于河。"杜预注称："祷河求福。"

在出土文献中则以两件"秦骃祷病玉版"最为重要。玉版上的朱书文字，经过李零先生的考释，大体可以通读[3]。其文记载秦骃因长期身患重病而往华山祭祀，故"秦骃敢以介圭、吉璧吉纽，以告于华太山"，而在秦骃"能自复如故"后再次到华山还愿，其祭祀所用之物，是"用牛牺贰，其赤七，□□□及羊、豢，路车四马，三人壹家，壹璧先之。□□用贰牺、羊、豢，壹璧先之"。这些祭祀用品的使用方法，则是"复（覆）华大山之阴阳"，"覆"字有掩藏之意，也即将玉和牺牲等祭祀用品掩埋在华山的南北[4]。

同属秦系文字的三篇诅楚文，也是祭祀地示时有埋沉之法的重要证据，据郭沫若的考释，此三篇文字开首均是"又秦嗣王敢用吉玉宣璧，使其宗祝邵鼛布憼告于丕显大神厥湫（亚驼、巫咸）"[5]，这里的"吉玉宣璧"显然就沉玉而言。

虽然文献中有不少关于埋沉的例证，但对于其具体仪式的描述则付之阙如，这在《穆天子传》中可以找到有关的细节，录之以供参考：

> 吉日戊午，天子大服冕祎、帗带、搢笏、夹璧、南面立于寒下。……天子受河宗璧。河宗伯夭受璧西向，沈璧于河，再拜稽首。祝沈牛马豕羊。河宗曰："命于皇天子!"河伯号之："帝曰：'穆满，女当永致用高事!'"南向再拜。河宗又号之："帝曰：'穆满，示女春山之宝，……乃至于昆仑之丘以观春山之宝！赐语晦!'"天子受命，南向再拜。

《穆天子传》的这一段记载还提供了一点重要信息，即沉璧一类的行为是由河宗伯夭等祝史人员而非主祭者完成的。

（三）人鬼的祭祀方法

相对天神、地示而言，周人在祭祀祖先神时沟通神人的手段更为复杂，其原因在于当时人们具有人死后魂魄分离的观念，这在文献中有很多记载，如：

《左传·昭公七年》记子产曰："人生始化曰魄，既生魄，阳曰魂。"

《礼记·郊特牲》："魂气归于天，形魄归于地，故祭，求诸阴阳之义也。殷人先求诸阳，周人先求诸阴。"

〔3〕李零：《秦骃祷病玉版研究》，《中国方术续考》451～474页，东方出版社，2000年。

〔4〕李家浩：《秦骃玉版铭文研究》，《北京大学中国古文献研究中心集刊》2，北京燕山出版社，2001年。

〔5〕郭沫若：《诅楚文考释》，《郭沫若全集·考古编》第9卷，295～298页，科学出版社，1982年。

　　既然人死后魂魄分离，而且魂上升于天为阳，形魄归于地为阴，因此在祭祀时必须从魂魄或者说从阴阳两处来召神，这和天神单纯为阳、地示单纯为阴是截然不同的。又因为周人"先求诸阴"，故先行灌祭召神于阴，而后燔燎降神于阳。

　　周人祭祀人鬼之法，在《礼记·郊特牲》中有很明确的记载："周人尚臭，灌用鬯臭，鬱合鬯，臭阴达于渊泉。灌以圭璋，用玉气也。既灌然后迎牲，致阴气也。萧合黍、稷，臭阳达于墙屋，故既奠然后焫萧合羶、薌。凡祭慎如此。"由此可知，周人是通过圭璋灌鬯先求诸于阴，然后又通过燔燎萧合羶、薌以及黍稷等物来求诸阳的。

　　为何使用圭璋灌鬯就能够达到求祖先神于阴呢？孙希旦释之曰："鬯，秬鬯也。酿黑秬黍为酒，芬芳鬯达，故谓之鬯。灌用鬯臭，言灌地降神，用秬鬯之香气也。鬱，鬱金，香草也。鬱合鬯，言秬鬯之酒，煮鬱金香草以和合之也。曰'臭阴'者，酒醴之质下润也。达于渊泉，言其所达之深，而足以感乎死者之体魄也。灌用圭、璋者，灌鬯盛以玉瓒，以圭、璋为之柄也。用玉气者，玉气洁润，言非但鬱鬯是用臭，圭璋亦用臭之义也。"[6]这种合有香草的鬱鬯，在出土铜器铭文中也曾见到，如河北元氏县西张村西周邢国墓地曾出土两件铜卣，自铭为"小郁彝"[7]，这样的铜卣应当就是用来盛放鬱鬯之器。所谓的灌祭，就是凭借合有香草的酒醴之芬芳和玉气之洁润下渗于地来感召死者之体魄，这和祭祀地示时血祭以血下渗和埋沉玉器有同样的功效。

　　燔燎萧、黍、稷等物何以能求祖先神于阳，孙希旦也有说明："萧，香蒿也。萧合黍、稷，谓以香蒿合于黍稷而燔之也。曰'臭阳'者，燔燎之气上升也。达于墙屋，言其所达之高，而足以感乎死者之魂气也……焫，烧也。薌与香同。羶、薌，牛羊肠间脂也。羊膏羶，牛膏薌。"祭祀祖先神燔燎之举和祭祀天神燔燎目的一样，都是使烟气上达于天以求神，只是两者的燔燎之物略有不同，祭天神燔燎牲体而或有玉帛，而祭祀祖先神时则用香蒿、黍稷而合以牛羊膏脂。

　　周人祭祀祖先神分别求诸阴阳或者魂魄的做法，在《诗经》中得到充分的证明。《王风·采葛》说："彼采萧兮，一日不见，如三秋兮"，正是为灌祭准备香蒿；《小雅·信南山》："祭以清酒，从以骍牡，享于祖考。执其鸾刀，以启其毛，取其血膋。"则是为了获得燔燎之肠脂；而在《大雅·生民》中，则径称"取萧取脂"。

　　周人先求诸阴而后求诸阳，也可在《诗经》中得到确证。《大雅·旱麓》二章所谓"瑟彼玉瓒，黄流在中"，显然指用玉瓒灌祭于地；三章曰："清酒既载，骍牡既备"，言祭祀所需的牲牲；其四章曰"瑟彼柞棫，民所燎矣"，则是就燔燎牲牲而言。此三章的内容及其编排，不但证明祭祀人鬼确要分别求诸阴阳，而且合于先求诸阴而后求诸

---

〔6〕　孙希旦：《礼记集解》713页，中华书局，1989年。
〔7〕　河北省文物管理处：《河北元氏县西张村的西周遗址和墓葬》，《考古》1979年1期。

阳的顺序。

祭祀祖先神所用的玉器主要是圭瓒。《大雅·江汉》:"釐尔圭瓒,秬鬯一卣。"《大雅·旱麓》:"瑟彼玉瓒,黄流在中。"毛传曰:"玉瓒,圭瓒也。"郑笺云:"圭瓒之状,以圭为柄,黄金为勺,青金为外,朱中央矣。"

圭瓒以外,还有所谓的璋瓒,《大雅·棫樸》:"左右奉璋",毛传:"半圭曰璋。"郑笺:"璋,璋瓒也。祭祀之礼,王祼以圭瓒,诸臣助之,亚祼以璋瓒。"依圭瓒之形制,可知璋瓒是以璋为柄的挹鬯之器。

这种有玉圭或玉璋状柄和金属质勺头的器具,迄今不见出土。现在有学者认为出土玉器中所常见的柄形器就是圭瓒的柄部[8],目前还缺乏有力的证据。

(四) 考古所见的周代祭祀用玉

从文献的分析来看,周代天神、地示的祭祀中所用燔燎或埋沉的玉器以圭、璧为主,而祭祀人鬼时则是灌祭所用的玉瓒。周代的祭祀用玉已有零星的出土,虽然不能确知其祭祀的对象,但对了解周代祭祀用玉确有重要意义。先将一些重要的周代祭祀用玉罗列如下:

晋侯墓地 M8、M64、M62、M63、M93 等墓共有祭祀坑数十座,主要出土人、马、牛、犬等牺牲,部分祭祀坑则伴出戈、璧、琮、璇玑 (牙璧) 等玉器,另有少量的"空坑"[9];此外,M64 和 M93 两墓的墓室填土内也发现有玉戈、璧和柄形器等物,也可能是某种祭祀的遗存。

凤翔马家庄春秋中晚期秦国宗庙遗址的祭祀坑出土玉璧 81 件、圭 34、璜和耳饰玦各 21 件[10];姚家岗宫殿遗址也出土玉璧 20 件[11]。

1965~1966 年在山西侯马的晋都新田遗址共发掘春秋晚期盟誓坑 326 个,多数坑的北壁有小龛,据原报告,其中埋有璧、环、璜、瑗、玦、圭、璋和珑等玉器,都是盟誓时祭祀的遗存[12]。而据有关学者的观察,侯马盟誓遗址出土的玉器多非春秋时期玉器而是前代的遗留物[13]。1991 年,在侯马西南张祭祀遗址发掘春秋战国之际的祭祀坑 22 座,其中 6 座出土玉器 6 件,但完整器仅玉环 1 件,其他则有玉环残片 2 件、残

---

〔8〕 李学勤:《〈周礼〉玉器与先秦礼玉的源流——说祼玉》,《东亚玉器》Ⅱ,34~36 页。

〔9〕 李伯谦:《从晋侯墓地看西周公墓墓地制度的几个问题》,《考古》1997 年 11 期。

〔10〕 陕西省雍城考古队:《凤翔马家庄一号建筑群遗址发掘简报》,《文物》1985 年 2 期。

〔11〕 凤翔县文化馆等:《凤翔先秦宫殿试掘及其铜质建筑构件》,《考古》1976 年 2 期。

〔12〕 山西省文物工作委员会:《侯马盟书》11~24 页和《侯马盟书竖坑情况表》,文物出版社,1976 年。

〔13〕 邓淑苹:《试论新石器时代至汉代古玉的发展与演变》,《群玉别藏续集》10~67 页,台北故宫博物院,1999 年。

龙形佩 1 件、未完工龙形佩 1 件以及残玉片 1 件[14]。

1982 年在河南温县西张计也发现一处大型的春秋晚期盟誓遗址，出土的祭祀用玉则有玉璧和玉兽等[15]。

1986～1989 年在山西天马—曲村遗址发掘战国祭祀坑 58 座，其中 12 座发现有玉器，这些玉器或是单独出土，或和牛、马等牺牲伴出，所见的玉器器类则有璧、璜（珩）、龙形佩、玉牌、残玉钺和残玉片等[16]。

河南辉县固围村 M1 是一座带双墓道的战国晚期大墓，发现两座打破墓室上部填土的埋玉坑，坑一出环 2 件，而坑二出包括玉册 50 片、玉圭 6、石圭 50、珩 4、龙形佩 43 共 200 多件[17]。这两座埋玉坑也可能是祭祀的遗存。

1975 年在山东烟台芝罘出土两组玉器，各有圭 1、璧 1、觿 2，有研究者推测为秦始皇祭祀"阳主"的遗存[18]，但这里出土的玉璧饰有谷纹，并不排除为战国晚期的祭祀用器。

1979 和 1982 年在山东成山也发现两组玉器，其中一组包括谷纹璧 1、素面圭 2，而另一组则有双身龙纹玉璧 1、谷纹璜（珩）和素面玉圭各 1 件。有研究者推测它们分别是秦皇汉武祠日的遗物[19]，但谷纹璧、谷纹珩和双身龙纹玉璧都是战国晚期流行的器物，所以也可能是战国时期的祭祀遗存。

从上述考古资料来看，一方面证明周代的祭祀用玉确以圭、璧为主，但也表明并不排斥其他玉器器类的使用，如其中不但有璜、珩、环、玦和龙形佩等佩饰用器，而且还可见到一些制作粗糙或者未完工的玉器，甚至是一些破损的玉石片。祭祀用玉的这种变通之法其实在文献中也可见到实例，如《左传·哀公二年》载卫太子蒯聩在两军对垒之时以自身的佩玉而"诏告皇祖文王、烈祖康叔、文祖襄公"等祖先神，卫太子所佩之玉大抵是环、珩一类的器物，所以孔颖达疏云："在军中无圭璧，故以佩玉。"[20]

如果说蒯聩用佩玉以祭祀先祖出于迫不得已，那么包山二号楚墓出土简文的有关内容则更能证明周代祭祀用玉并不局限于圭璧等物，如简 212～215 记载祭祀太和大水

[14] 山西省考古研究所侯马工作站：《侯马西南张祭祀遗址调查试掘简报》，《三晋考古》第一辑，山西人民出版社，1994 年。
[15] 河南省文物研究所：《河南温县东周盟誓遗址一号坎发掘简报》，《文物》1983 年 3 期。
[16] 北京大学考古学系商周组等：《天马-曲村》983～993 页，科学出版社，2001 年。
[17] 中国科学院考古研究所：《辉县发掘报告》80～82 页，科学出版社，1956 年。
[18] 烟台博物馆：《烟台市芝罘岛发现一批文物》，《文物》1976 年 8 期。
[19] 王永波：《成山玉器与日主祭——兼论太阳神崇拜的有关问题》，《文物》1993 年 1 期。
[20] 同〔2〕。

用环，祭祀后土、司命、二天子用少环，而祭祀崍山则用珏；简 218 则记载以琥为祭玉；而且有学者指出，包山楚简所见祭祀用玉的器类和祭祀对象之间已经具备某种对应关系[21]。

祭祀用玉的多样性表明周人在用玉祭祀时首先看重的是"玉"这种物质，其次才是具体的器类，而周人的这种态度是和周礼重视"礼之义"的思想相吻合的。《礼记·曲礼》曰："礼从宜，使从俗。"《郊特牲》又说："礼之所尊，尊其义也。失其义，陈其数，祝史之事也。"这就是说不变的是"礼之义"，即礼之根本，而至于"其数"，即具体的礼仪，则可以因时宜而变动。具体到祭祀，《礼记·祭统》曰："夫祭者，非物自外至者也，自中出生于心也……外则尽物，内则尽志，此祭之心也。"《礼记·檀弓》："子路曰：'吾闻诸夫子：丧礼，与其哀不足而礼有余也，不若礼不足而哀有余也。祭礼，与其敬不足而礼有余也，不若礼不足而敬有余也。'"郑玄注云："丧主哀。祭主敬。"这表明在孔子看来，在丧、祭礼中，财物之繁多，仪式之详备，但倘若缺乏相应的哀敬之心仍不足以称礼。明器衣衾、俎豆牲牢，礼之末也；丧主哀，祭主敬，礼之本也。

祭祀用玉的多样性更有经济上的原因。玉在周代乃贵重之物，圭璧更是地位尊崇者才能拥有的礼仪用器，而以当时祭祀的频繁，必然要消耗大量的玉器，这无疑是祭祀者难以承受的负担，因此使用某些替代品实属无奈之举，至于侯马和曲村等地祭祀坑所用的破玉片则纯粹是聊具人事、欺骗鬼神的举动，完全丧失了"祭主敬"的本义。

三、辨"降神用玉"和"礼神用玉"

既然祭祀的本义在于"报本反始"和"崇德报功"，因此必然要向神敬献礼品，以交好于神灵，这样就形成了周代祭祀的供献制度。周代祭祀所用的供献之物，虽因祭祀对象的不同而有差别，但总体而言包括牺牲、酒醴、粢盛和玉帛等物，故《墨子·尚同》说："其事鬼神也，酒醴粢盛不敢不蠲洁，牺牲不敢不腯肥，圭璧币帛不敢不中度量，春秋祭祀不敢失时机。"而玉之所以用作礼神之物，有学者认为主要在于玉之物理性质和中国传统的道德观念吻合，同时也在于中国古人根深蒂固的"天人合一"的观念[22]。

从上文所举的文献和考古资料来看，周代祭祀中确有以玉事神的程序。但以上所论的燔燎用玉和埋沉用玉究竟是进献给神灵的"礼神用玉"，还是用来感召神灵至祭祀

[21] 陈伟：《包山楚简初探》174～178 页，武汉大学出版社，1996 年。
[22] 张辛：《礼、礼器与玉帛之形上学考察》，《中国文物报》2000 年 2 月 24 日。

场所的"降神用玉",则是一个历来存在争议的问题。而有关两者的区别,杜佑在《通典》中有详细描述。

《通典·吉礼二》载周代郊天用玉的程序:"大司乐奏圜钟为宫以下之乐,以降神。次则积柴于丘坛上。王亲牵牲而杀之。次则实牲体玉帛而燔之,谓之禋祀。次乃扫于丘坛上而祭,尸服裘而升丘也。王及牲、尸入时,乐章奏王夏、肆夏、昭夏。就坐时,尸前置苍璧……(以下行七献)。"

又《通典·吉礼四》记周代祭祀地示曰:"其日,王服大裘,立于方丘东南,西面。乃奏函钟为宫以下之乐,以致其神。讫,王又亲牵牲取血,并玉瘗之以求神。谓之二始。尸前既置玉币等讫……(以下行七献)"。

从《通典》的记载来看,燔燎和瘗埋之玉都是为了召神于祭祀场所,故可称为"降神用玉",而在行正祭时,别有苍璧一类的"礼神用玉"。清代学者孙诒让对"降神用玉"和"礼神用玉"的区别作了进一步的阐述,他说:"盖礼神之玉,有一定之制度,祭毕则藏之;燔瘗之玉,但取备物,其形制必沾而小。若左昭三年传,王子朝以成周之宝圭沈于河,此则妄干大位,媚神求福,非常法也。"[23] 如孙氏所言,因降神所用的燔瘗之玉,祭毕已毁,属于一次性消费,所以"但取备物",则"其形制必沾而小";而礼神用玉,不但要直接进献于尸,而且只是在祭祀过程中陈列,祭祀完毕由典瑞收藏,可以反复使用,因此必然制作精美且有一定的尺度要求。

持此说者同时也认为仅祭祀天神地示时需要礼神之玉,而祭祀人鬼时则否,其中的原因,贾公彦在《周礼·春官·大司乐》疏中解释说:"礼之以玉,据天地;而祼焉,据宗庙。以《小宰》注'天地大神,至尊不祼',又《玉人》、《典瑞》、《宗伯》等不见有宗庙礼神之玉,是以知礼之以玉据天地,则苍璧礼天,黄琮礼地是也,而祼焉据宗庙,肆献祼是也。"由贾疏可知,因祭祀人鬼时有灌鬯而用九献,而祭祀天神、地示时均无灌鬯用七献,故祭天神、地示别有礼神之玉,祭人鬼时则否。

《周礼·春官·大宗伯》曰:"以玉作六器,以礼天地四方。"郑玄注云:"礼,谓始告神时荐于神坐。"故后代学者都将《周礼》的《大宗伯》、《典瑞》和《玉人》诸篇所载的"六器"看作周代的礼神用玉,这些玉器包括:

《大宗伯》:"以玉作六器,以礼天地四方。以苍璧礼天,以黄琮礼地,以青圭礼东方,以赤璋礼南方,以白琥礼西方,以玄璜礼北方。"

《典瑞》:"四圭有邸以祀天、旅上帝。两圭有邸以祀地、旅四望。祼圭有瓒以肆先王,以祼宾客。圭璧以祀日月星辰。璋邸射以祀山川,以造赠宾客。"

《玉人》:"四圭尺有二寸,以祀天……祼圭尺有二寸,有瓒,以祀庙……圭璧五

---

〔23〕 同〔1〕,1303 页。

寸，以祀日月星辰……两圭五寸，有邸，以祀地，以旅四望……璋邸射，素功，以祀山川，以致稍饩。"

虽然像郑玄这样的经师主张降神用玉和礼神用玉应该泾渭分明，但在实际的操作中却未必如此。据《通典·吉礼一》的记载，至少从北周、西魏以来就采用先祭祀而后燔柴瘗埋的祭祀方法，这不但无以区分降神和礼神用玉，而且在祭祀程序上和传统的认识也是截然相反。

和降神、礼神用玉的区别相比，先燔和后燔更是礼之大节，何者为是在唐代曾引起激烈的争论和反复。唐初的贞观礼继承北周、西魏以来的后燔制，但到了高宗显庆年间，礼部尚书许敬宗对这种"倒行逆施"的做法给予严厉的谴责，《通典·吉礼二》录其文曰："臣敬宗谨按，祭祀之礼，必先降神。周人尚臭，祭天则燔柴，祭地则瘗血，祭宗庙则焫萧灌鬯，皆贵气臭，同以降神。礼经明白，义释甚详。委柴在祭神之初，理无所惑。是以《三礼义宗》等并云'祭天以燔柴为始，然后行正祭；祭地以瘗血为先，然后行正祭。'……唯周、魏以降，妄为损益，纳告庙之币，事毕瘗埋，因改燔柴，将为祭末。事无典实，礼阙降神。又燔柴、正祭，牲玉有别。苍璧苍犊之流，柴之所用；四圭骍犊之属，祝之所需。故郊天之有四圭，犹庙之有圭瓒。是以《周官·典瑞》，文义相因，并事毕收藏，不在燔柴之例。今新礼引同苍璧，不顾圭瓒，遂亦俱燔，义既有乖，理难因袭。"许敬宗的建议被唐高宗所采纳，但到了玄宗开元年间，又遭到秘书少监康子元和中书令张说等人的反对，《全唐文》卷 351 录康子元的反对意见为："迎神之义，乐六变而天神降，八变而地祇出，九变则鬼神可得而礼矣。则降神以乐，《周礼》正文，非谓燔柴以降神也。按尚臭之义，不为燔之先后。"祭祀时究竟是先燔还是后燔，这固然是因为对文献记载的不同理解，但在唐代却有其现实的原因：先燔则奠献在后，牲币需备双份；后燔则奠献在前，既免繁复，又可节省开支。在唐代天宝以前，因真玉难致，祭祀多以珉玉代替；至天宝十年，玄宗并诏天地宗庙用真玉，其余则用珉[24]。故在康子元、张说等人上书之后，唐玄宗也就顺水推舟，改显庆礼的先燔为后燔了。

祭祀时究竟是先燔还是后燔，因为属于纯粹的仪式而不可能有实物遗留，所以已经无法深究。但从现有资料来看，周代的祭祀并无降神用玉和礼神用玉的差别，主要证据有以下三点。

第一，在上引相关的出土文献中，祭祀用玉的使用都是一次性的，并无降神和礼神的区别；同时，传世文献如《诗经》、《左传》以及《穆天子》中的有关记载也是如此。

---

[24] 任爽：《唐代礼制研究》22 页，东北师范大学出版社，1999 年。

　　第二，本文所列周代祭祀遗存出土的祭祀用玉虽以圭、璧为主，但同时也表现出相当的随意性，完全不类于《周礼》所载的制度；同时，在上述祭祀用玉中不见一例以一玉俱成的所谓"圭璧"、"四圭有邸"，传世和出土的这类器物，其时代最早者不过汉代，而有确切出土地层者则是唐代的遗物[25]，由此可见《周礼》所载并非周代的史实[26]。

　　第三，晋侯墓地、凤翔马家庄宗庙遗址出土的祭祀用玉证明周代祭祀人鬼同样有瘗埋之玉，这不但直接否定了郑玄、贾公彦等经学家所坚持的礼神之玉不施于人鬼的意见，而且动摇了他们所描述的降神用玉和礼神用玉的体系。

---

〔25〕　同〔13〕。

〔26〕　《周礼·大宗伯》等篇所载的用玉制度当然和周代的史实有出入，但《周礼》本身并没有说明诸如"圭璧"和"四圭有邸"一类玉器的形制，后代学者所依据的仅是汉儒的注释。此外，虽然《周礼·大宗伯》说"以玉作六器，以礼天地四方"，但这里的"礼"并不一定就是"礼神用玉"，只是郑玄将其解释为"礼，谓始告神时荐于神坐"后，此"六器"就被认定为"礼神用玉"了。从这些方面来看，降神用玉和礼神用玉的分别当起于汉代经师的误解。

新疆准噶尔盆地周缘地区出土
早期铜器的科学分析

梅建军　[日]平尾良光　[日]榎本淳子

李　肖*　王　博*　[日]高滨秀*

In this paper the alloy contents and the ratio of isotope lead of the bronze samples unearthed from the sites of bronze age and early iron age in the Zhunge'er Basin in Xinjiang are analyzed and tested. Apart from five bronze *fu* samples containing a little lead, the others are tin bronze alloys with very low content of lead, indicating the relation with Andronovo culture. According to the analysis of isotope lead, the ratios of the five samples are sporadic, but the other samples feature the ratio similar to that of the bronze material sample unearthed Lulasai（奴拉赛）site, both being in a same area in the ratio illustration.

从已发表的资料看，新疆地区早期铜器的发现大部分集中在东部和天山南麓的一些大型墓地，如哈密的天山北路墓地和和静的察吾乎沟墓地。在新疆北部准噶尔盆地周缘地区，早期铜器的发现不仅数量相对较少，而且多为调查和采集所获；然而，正是这些为数不多的铜器发现，为我们认识新疆北部青铜时代和早期铁器时代的文化提供了关键的依据。在发现的这些铜器中，最重要的资料有如下三批：一是伊犁巩留县阿尕尔森出土的斧、镰和凿等13件青铜工具；二是在塔城地区采集或征集的一批铜器，包括斧、镰和铲等；三是伊犁新源县巩乃斯河南岸出土的对兽环、三足釜和武士蹲像等6件器物[1]。迄今为止，已有不少学者从类型学的角度对准噶尔盆地周缘地区所出铜器的年代及文化属性进行过探讨，尤其是指出了阿尕尔森的铜器及塔城所出的部分铜器显示出与安德罗诺沃文化的密切联系，从而基本确定了这些铜器的年代在公

---

* 作者李肖系中国社会科学院考古研究所助理研究员；作者王博系新疆维吾尔自治区博物馆研究员；作者高滨秀系日本金泽大学教授。

[1] 关于准噶尔盆地周缘地区出土铜器的资料，请参阅：王博：《新疆近十年发现的一些铜器》，《新疆文物》1987年1期，45～51页；王博、成振国：《新疆巩留出土一批铜器》，《文物》1989年8期，95～96页；李肖、党彤：《准噶尔盆地周缘地区出土铜器初探》，《新疆文物》1995年1期，40～51页。

元前第二千纪后期[2]。也有学者从科学分析的角度对这一地区铜器的化学成分及加工技术进行研究，从而揭示出广泛使用锡青铜以及用红铜铸造铜镜的现象[3]。为深入探讨准噶尔盆地周缘地区出土铜器的矿料来源，尤其是它们与奴拉赛古铜矿冶遗址的关系，我们对部分铜器样品进行了进一步的成分分析和铅同位素比值测定。本文即是这一科学分析工作的初步结果。

通过测定古代文物中的铅同位素比值来追溯其原料来源或产地，这一技术是 20 世纪 60 年代逐渐发展起来的。近 10 年来，铅同位素示踪技术在中国得到了广泛地应用，迄今已被用于一系列重要遗址所出青铜器的研究，如河南偃师二里头、江西新干大洋洲、四川广汉三星堆和湖北黄陂盘龙城等，并取得了很多重要的结果[4]。将这一技术应用于新疆古代金属及矿冶遗物的研究目前才刚刚起步，彭子成等最早发表了 4 个与新疆有关的铅同位素比值数据，是测定尼勒克县奴拉赛遗址所出古代冰铜、炼渣及铜矿石所得[5]。日本学者斋藤努也发表过 4 个铅同位素比值数据，是测定 4 件采自尼雅遗址的青铜或铜残片得到的[6]。最近，我们对和静察吾乎墓地的 5 件铜器样品、尼勒克县奴拉赛遗址的 12 件样品以及新疆东部地区出土的 11 件铜器样品做了铅同位素比值的测定，有关结果将陆续发表[7]。本文拟发表一批新的铅同位素比值资料，是测定

[2]　王炳华：《新疆地区青铜时代考古文化试析》，《新疆社会科学》1985 年 4 期，50～61 页；Peng Ke, The Andronovo bronze artifacts discovered in Gongliu county in Yili, Xinjiang, in Victor H. Mair（ed.）, *The Bronze Age and Early Iron Age Peoples of Eastern Central Asia*, *The Journal of Indo-European Studies*, Monograph No. 26, Washington, Institute for the Study of Man, 1998, pp.573-580.

[3]　参见[1]之王博文和李肖、党彤文，以及 Mei Jianjun, Colin Shell, Li Xiao & Wang Bo, A metallurgical study of early copper and bronze artefacts from Xinjiang, China, *Bulletin of the Metals Museum*（1998-Ⅱ）, Vol. 30: 1-22. 中译文载《新疆文物》1999 年 3、4 期，150～165 页。

[4]　有关铅同位素比值方法用于中国古代青铜器的研究以及这一方法原理的介绍，请参阅：金正耀等：《江西新干大洋洲商墓青铜器的铅同位素比值研究》，《考古》1994 年 8 期，744～747 页；金正耀等：《广汉三星堆遗物坑青铜器的铅同位素比值研究》，《文物》1995 年 2 期，80～85 页；孙淑云等：《盘龙城出土青铜器的铅同位素比测定报告》，《盘龙城》，文物出版社，2001 年，545～541 页；彭子成等：《盘龙城商代青铜器铅同位素示踪研究》，《盘龙城》，文物出版社，2001 年，552～558 页；[日]平尾良光编：《古代东亚青铜的流通》，（东京）鹤山堂，2001 年。

[5]　见[4]之彭子成等文。

[6]　斋藤努：《青铜、玻璃关连采集资料的化学分析结果》（中间报告），《中日共同尼雅遗迹学术调查报告书》第一卷，188～189 页，1996 年 4 月。作者感谢李肖提供这一文献信息。

[7]　梅建军：《新疆察吾乎墓地出土铜器的初步科学分析》，《新疆文物》2002 年 3、4 期；梅建军等：《新疆奴拉赛古铜矿遗址的科学分析及其意义》，《吐鲁番研究》2002 年 2 期；梅建军等：《新疆东部出土早期铜器的铅同位素比值研究》（待刊）。

准噶尔盆地周缘地区出土的 12 件铜器得到的。我们相信，这批新的基础性资料将为更全面地认识和把握新疆早期青铜冶金的发展提供一个新的角度。

一、准噶尔盆地周缘地区出土的早期铜器及成分分析

由类型学的分析可知，准噶尔盆地周缘地区出土的早期铜器大致可分为两类：一类属青铜时代，与安德罗诺沃文化有某种关联，年代大致相当于公元前第二千纪后期，阿尕尔森出土的一批铜器及塔城地区采集的部分铜器均属此类；另一类则落入早期铁器时代，年代相当于公元前第一千纪前半或中期，有的可能与塞人文化有关，巩乃斯河南岸出土的一批铜器及零散发现的铜镞多属此类。也有个别器物的年代晚至公元以后，如乌鲁木齐南山矿区所出带 "蘑菇" 形装饰的铜镞，其年代可能晚到公元 2～4 世纪[8]。有关这些铜器迄今已有三批科学分析的资料发表，需要指出的是，最早有关塔城铜器的分析曾鉴定出数件铅锡青铜，其后进一步的分析表明这些铜器实为锡青铜，铅含量很低；另有一件短剑，最初的分析结果为纯铜，而后来的详细检测表明实际上是砷铜；该短剑是新疆境内发现的第一件砷铜制品[9]。总体来看，对塔城和伊犁地区所出铜器的分析表明，从青铜时代到早期铁器时代，除少量器物为纯铜或砷铜外，绝大部分铜器均由锡青铜制成，而且锡含量在 2%～10% 之间；这一化学成分上的特征同样显示出跟安德罗诺沃文化的联系[10]。

表一所列是本文所涉及的 12 件铜器，它们主要出自塔城和巩乃斯河南岸，仅有 3 件铜镞和 1 件残片分别出自乌鲁木齐、奇台、巴里坤和石河子。采用扫描电子显微镜能谱仪对这些铜器进行了化学成分分析，结果列于表二[11]。由表二可以看出，这 12 件铜器有一半为锡青铜，另一半为纯铜或砷铜。除乌鲁木齐南山矿区所出铜镞含有显著的铅以外，其他铜器要么含铅很低，要么几乎没有，表明在新疆早期铜器中铅不是主要的合金元素。为了便于进行铅同位素比值测定，确认铜器中的铅和铁的含量，我们采用 X 射线荧光光谱仪对上述 12 件铜器做了进一步的成分分析，结果列于表三。

比较表二和表三可以看到，两种分析方法所得到的分析结果基本上吻合。出自石河子的残铜片因已完全锈蚀，故两表中所列的分析结果均只有定性的意义。就铜器中

---

〔8〕　参见〔1〕及梅建军、王博、李肖：《新疆出土铜镞的初步科学分析》，《考古》（待刊）。

〔9〕　同〔3〕。

〔10〕　Mei Jianjun & Colin Shell, The existence of Andronovo cultural influence in Xinjiang during the second millennium BC, *Antiquity*, 73.281 (1999): 573.

〔11〕　关于这些铜器的详细分析结果，请参见〔3〕及〔8〕。

的铅含量而言，X 射线荧光光谱分析除在乌鲁木齐铜锼中检出铅外，还在南湾铜锼（108 号）和塔城铜剑（112 号）中检出很少量的铅，而其他铜器中的铅含量均在检出限以下。后面我们将看到，这一结果对正确理解这些铜器的铅同位素比值的含意是至关重要的。

表一　新疆准噶尔盆地周缘地区出土的部分早期铜器

样品号	器物原号	器物名称	出土地区或地点	年 代	备 注
106	83XYQY:005	对兽铜环	伊犁新源巩乃斯	750～200 BC	
107	83XYQY:006	三足铜釜	伊犁新源巩乃斯	750～200 BC	
108		铜锼	哈密巴里坤南湾	700～200 BC	
109		铜锼	乌鲁木齐南山	100～400 AD	
110		残片	石河子	1000～500 BC（？）	完全锈蚀
112	014	短剑	塔城	700～500 BC	
113	018	镰刀	塔城市石灰梁石棺墓	1500～1000 BC	
114	91TWXTG10	残块	塔城卫校墓葬	约 1000 BC	
115	015	短剑	塔城	700～500 BC	
116	90TA:1	斧	塔城市阿西尔乡	1500～1000 BC	
118	05	铜锼（底座）	塔城〔12〕	800～400 BC	
123		铜锼	昌吉奇台碧流河	800～400 BC	

表二　准噶尔盆地周缘地区部分早期铜器的电镜能谱分析结果（重量%）

样品号	器物名称	铜	锡	砷	锑	铅	硫	？	合金类型
106	对兽铜环	90.6	9.5	n.d.	n.d.	n.d.	det.	det.	Cu－Sn
107	三足铜釜	98.6	det.	n.d.	n.d.	det.	det.	1.8	Cu
108	铜锼	97.2	n.d.	n.d.	1.2	det.	0.5	n.d.	Cu（Sb，Fe）
109	铜锼	94.9	2.9	n.d.	n.d.	2.3	n.d.	det.	Cu－Sn－Pb
110	残片	77.4	n.d.	n.d.	n.d.	n.d.	det.	det.	Cu
112	短剑	96.9	det.	3.1	n.d.	n.d.	det.	det.	Cu－As
113	镰刀	98.0	2.0	n.d.	n.d.	n.d.	det.	det.	Cu－Sn

---

〔12〕 此样取自塔城所出铜锼的圈足部，原器器身已不存，仅余圈足，故原器所属的类型不明。此器在最初的研究报告中被定名为"平底铜盆"，经新疆文物考古研究所于志勇和吕恩国等先生提示，注意到此器用作圈足的证据，故在此更正，并向于志勇和吕恩国先生表示感谢。与此器有关的研究报告请参见〔1〕和〔3〕。

续表二

样品号	器物名称	铜	锡	砷	锑	铅	硫	?	合金类型
114	残块	91.5	8.5	n.d.	n.d.	n.d.	det.	det.	Cu－Sn
115	短剑	97.5	2.5	n.d.	n.d.	det.	det.	n.d.	Cu－Sn
116	斧	94.0	6.0	n.d.	n.d.	n.d.	det.	n.d.	Cu－Sn
118	铜镞（底座）	98.7	n.d.	n.d.	n.d.	n.d.	1.3	det.	Cu（S）
123	铜镞	96.4	n.d.	2.2	1.5	det.	det.	n.d.	Cu－As－Sb

注：n.d. 表示没有检测到，det. 表示已检测到。本项实验检测工作于 1998 年初完成于英国剑桥大学考古系。

表三　准噶尔盆地周缘地区部分早期铜器的 X 射线荧光光谱分析结果（重量%）

样品号	器物名称	铜	锡	铅	砷	铁	锑	合金类型
106	对兽铜环	89.8	9.9	0.0	0.0	0.3	0.0	Cu－Sn（Fe）
107	三足铜釜	99.7	0.0	0.0	0.3	0.0	0.0	Cu
108	铜镞	96.7	0.0	0.7	0.2	1.1	1.2	Cu（Sb, Fe）
109	铜镞	95.5	2.2	2.1	0.1	0.1	0.0	Cu－Sn－Pb
110	残片	99.7	0.1	0.1	0.1	0.0	0.0	Cu（锈蚀）
112	短剑	95.7	0.8	0.4	3.0	0.1	0.0	Cu－As
113	镰刀	97.6	1.6	0.0	0.3	0.0	0.0	Cu－Sn
114	残块	90.8	9.1	0.0	0.1	0.0	0.0	Cu－Sn
115	短剑	97.0	2.2	0.0	0.8	0.0	0.0	Cu－Sn
116	斧	93.3	6.1	0.0	0.0	0.5	0.0	Cu－Sn
118	铜镞（底座）	99.6	0.0	0.0	0.1	0.0	0.0	Cu（S）
123	铜镞	96.4	0.1	0.0	2.2	0.0	1.2	Cu－As－Sb

二、准噶尔盆地周缘地区出土铜器的铅同位素比值的测定

为深入探讨准噶尔盆地周缘地区出土铜器的产地或矿料来源，我们对上述 12 件铜器样品的铅同位素比值进行了测定。实验测定工作是在日本东京国立文化财研究所进行的，所用仪器为 Thermo Quest 公司所制全自动表面电离型质谱仪 MAT262。测定步骤如下：取适量样品经清洁处理后，加硝酸溶解并稀释制成溶液；用电离沉积法从此溶液中提取纯铅；用硝酸和双氧水将纯铅从铂金电极上溶下，并稀释制成溶液；用原子吸收光谱测定溶液的铅浓度后，即取适量铅用硅—磷酸法置于铼带上；而后即可放

入质谱仪中进行铅同位素比值测定。测定值用在同一条件下测定的标准铅（NBS－SRM－981）予以校正。$^{207}Pb/^{206}Pb$ 和 $^{208}Pb/^{206}Pb$ 的测试误差小于 0.03%，而 $^{206}Pb/^{204}Pb$ 的分析误差小于 0.06%。表四所示即是准噶尔盆地周缘地区出土的 12 件早期铜器的铅同位素比值测定结果。表中同时还列出了察吾乎遗址 5 件铜器、奴拉赛遗址 12 件矿石、炉渣和铜锭样品以及新疆东部地区的 11 件铜器样品的铅同位素比值测定数据，作为讨论时的对比参照。

表四　准噶尔盆地周缘地区出土早期铜器的铅同位素比值测定结果

（并附奴拉赛 12 件、察吾乎 5 件和新疆东部 11 件样品的测定数据[13]）

测定号	样品号	样品名	登记号	$^{207}Pb/^{206}Pb$	$^{208}Pb/^{206}Pb$	$^{206}Pb/^{204}Pb$	$^{207}Pb/^{204}Pb$	$^{208}Pb/^{204}Pb$
2091	106	对兽环	83XYQY:005	0.8476	2.0745	18.456	15.643	38.286
2092	107	三足釜	83XYQY:006	0.8857	2.1468	17.606	15.593	37.796
2093	108	镞		0.8609	2.2001	18.010	15.505	39.624
2094	109	镞		0.8386	2.0829	18.736	15.712	39.026
2095	110	残片		0.8597	2.1009	18.103	15.563	38.032
2293	112	短剑	014	0.8467	2.0759	18.467	15.636	38.336
2294	113	镰刀	018	0.8649	2.1119	18.007	15.574	38.029
2295	114	残块	91TWXTG10	0.8539	2.0891	18.256	15.589	38.139
2097	115	短剑	015	0.8635	2.1044	18.055	15.591	37.996
2296	116	斧	90TA:1	0.8604	2.1009	18.092	15.566	38.009
2297	118	镞	05	0.8547	2.1044	18.298	15.640	38.507
2100	123	镞		0.8750	2.1548	17.744	15.526	38.234
2105	130	凿	M384:5	0.8643	2.1040	17.970	15.532	37.809
2106	131	残片	M384:9	0.8658	2.1045	17.918	15.513	37.707
2300	141	珠子	M311:19	0.8580	2.0941	18.128	15.554	37.962
2107	143	残片	M317	0.8677	2.1110	17.915	15.545	37.819
2108	144	牌饰	M691:3	0.8636	2.1071	17.972	15.521	37.869
2109	145	短剑	M626:2	0.8624	2.1035	18.039	15.557	37.944
2110	147	扣	M29:2	0.8444	2.0760	18.481	15.605	38.366
2320	153	镜	93BYJH(I)M42	0.8688	2.1565	17.904	15.555	38.609
2301	155	镜	96HHSH M6:1	0.8688	2.1573	17.914	15.563	38.645
2111	156	扣	stray find	0.8631	2.1030	17.969	15.509	37.789

---

[13]　关于察吾乎、奴拉赛和新疆东部诸遗址样品的铅同位素比值测定结果及其讨论，请参见〔5〕。

续表四

测定号	样品号	样品名	登记号	$^{207}Pb/^{206}Pb$	$^{208}Pb/^{206}Pb$	$^{206}Pb/^{204}Pb$	$^{207}Pb/^{204}Pb$	$^{208}Pb/^{204}Pb$
2301	157	刀？	stray find	0.8456	2.0775	18.467	15.616	38.366
2313	60	炉渣		0.8595	2.1001	18.098	15.556	38.008
2084	65	炉渣		0.8597	2.1004	18.098	15.559	38.014
2085	66	炉渣		0.8596	2.1002	18.092	15.552	37.998
2086	67	炉渣		0.8596	2.1002	18.090	15.550	37.993
2087	68	炉渣		0.8597	2.1004	18.096	15.557	38.008
2303	2298	矿石		0.8597	2.1003	18.095	15.556	38.005
2304	2299	矿石		0.8597	2.1006	18.099	15.560	38.019
2088	102	铜锭		0.8607	2.1053	18.146	15.618	38.203
2319	121	铜锭		0.8605	2.1049	18.096	15.619	38.206
2098	122－1	铜锭	（高铅）	0.8606	2.1054	18.151	15.625	38.215
2099	122－2	铜锭	（低铅）	0.8605	2.1049	18.148	15.616	38.199
2302	2240	铜锭		0.8603	2.1040	18.135	15.601	38.156
2101	124	锥	IVM215:3	0.8568	2.0941	18.188	15.584	38.088
2102	125	刀	IVM223:23	0.8538	2.0919	18.296	15.621	38.273
2103	126	残片	IM259	0.8574	2.0976	18.196	15.601	38.168
2104	127	刀	IM256:1	0.8562	2.0923	18.215	15.596	38.111
2298	128	刀	IVM131	0.8605	2.1012	18.097	15.572	38.025

　　注：炉渣、矿石和铜锭样品均出自奴拉赛遗址，样品号为 124～128 者出自察吾乎墓地，样品号为 130、131、141、143～145、147、153、155～157 者出自新疆东部地区的墓葬。

　　根据表四所列数据可制作图一和图二。在图一中，横轴为 $^{207}Pb/^{206}Pb$，纵轴为 $^{208}Pb/^{206}Pb$，A、B 和 L 三区分别代表中国北方地区（西汉青铜镜）、中国南方地区（东汉青铜镜）和辽宁地区铅矿的铅同位素比值分布范围，绘于此处作为对比参照 [14]；准噶尔盆地周缘地区出土铜镞的铅同位素比值以实心菱形表示，其他铜器则以实心圆点表示。我们可以看到，5 件铜镞的比值分布很分散，而其他铜器的比值则相对集中分布在 B 区下方。新疆东部地区和察吾乎墓地所出铜器的铅同位素比值分别以空心三角形和空心

〔14〕 参阅 H. Mabuchi, Y. Hirao & M. Nishida, Lead isotope approach to the understanding of early Japanese bronze culture, *Archaeometry*, 27.2 (1985): 131-159.

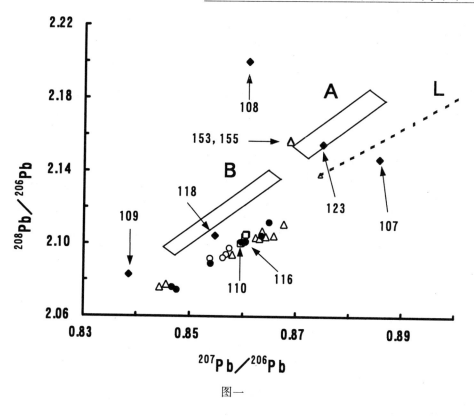

图一

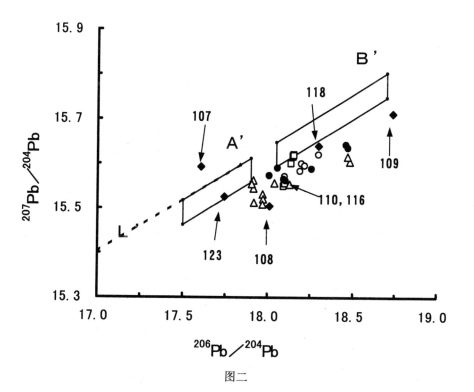

图二

圆点表示，它们大部分也都分布在 B 区下方，惟有样品 153 号和 155 号分布在靠近 A 区的左上角处；奴拉赛遗址所出矿石、炉渣和铜锭样品的铅同位素比值如空心正方形所示，它们非常集中地分布在 B 区下方一个很小的区域内，与察吾乎和新疆东部部分样品的比值相去不远。粗略说来，新疆东部、奴拉赛和察吾乎样品的比值分布在 B 区下方构成了一个分布区，而准噶尔盆地周缘地区出土的铜器，除 5 件铜鍑外，大体上都落在了该区内。

在图二中，横轴为 $^{206}Pb/^{204}Pb$，纵轴为 $^{207}Pb/^{204}Pb$，实心菱形表示铜鍑的铅同位素比值分布，实心圆点则代表准噶尔盆地周缘地区其他铜器的铅同位素比值分布。我们可以看到铜鍑的比值分布仍分散，而其他铜器的比值大致分布在 B' 区的下方，落在新疆东部、奴拉赛和察吾乎样品的比值分布范围内；南湾和塔城的铜鍑（108 号和 118 号）也落在了这一范围内。

三、讨　论

迄今为止，对准噶尔盆地周缘地区出土铜器的科学分析仍为数不多，而铅同位素比值的研究更属空白，本文的工作既是开拓性的，也是基础性的。应该看到，相对于准噶尔盆地周缘这样一个极其广阔的地区而言，这次测定的样品数目仅有 12 件，显然是远远不够的。然而，作为这一地区出土铜器的首批铅同位素比值资料，这 12 件铜器的测定结果还是提供了极为重要的基础性数据，并展示出了一些值得注意的比值分布特征，有待进行更深入的研究。

首先值得注意的是几件铜鍑的铅同位素比值。由图一可以看到，5 件铜鍑的铅同位素比值分布不仅彼此相距甚远，而且与新疆出土的其他铜器的比值分布也明显分开。这一现象至少暗示出以下两点：一是制作这些铜鍑的铜料或铅料来源彼此不同；二是这些铜鍑与新疆出土的大部分其他铜器的矿料来源也不相同。考虑到铜鍑是欧亚草原游牧民族所特有的一种炊具及礼仪用器，分布之广覆盖了整个草原地带，其流动性之大可想而知。从铜鍑所具备的这样一种文化背景去看，其铅同位素比值所呈现的离散分布现象实在情理之中。换言之，铜鍑的高度流动性决定了其产地来源必然是多种多样的，反映在铅同位素比值上自然是离散分布的特征。另外，制作铜鍑这样的大型容器或许更可能涉及废旧铜器的重熔，这同样会增加其铅同位素比值分布上的复杂性。由于目前还缺少新疆及其周邻地区铜矿和铅矿的铅同位素比值数据，所以还很难就这些铜鍑的可能来源或产地作出具体的推断。这将是下一步研究的重要课题。

其次值得注意的是除铜鍑外的其他 7 件铜器的铅同位素比值分布。由图一可以看到，它们基本上散落在由新疆东部铜器、奴拉赛铜锭、炉渣和矿石以及察吾乎铜器样品构成的比值分布区内。限于数据资料不足，这一分布特征的含义现在还不能完全释明。但笼统说来，这似乎表明存在一个与天山山系铜铅矿藏相关的铅同位素比值分布区。这 7 件铜器从类型上讲，年代差别很大，它们不大可能出自同一矿料来源，但它们的产地可能都与天山山系的矿藏有关。这一猜测能否成立还有待于进一步的工作，尤其是需要对阿尔泰山系铜铅矿藏的铅同位素比值进行测定。

第三是个别铜器的铅同位素比值分布。在图一和图二中，出自石河子的残片（110号）和出自塔城阿西尔乡的铜斧（116 号）的比值与奴拉赛遗址样品的比值分布几乎完全重叠，暗示它们可能与奴拉赛遗址存在某种关系；石河子的残片为纯铜，年代与奴拉赛遗址相当，故与奴拉赛遗址有关的可能性更大一些。相比之下，阿西尔乡的铜斧年代比奴拉赛要早，且为锡青铜，要阐明或肯定其与奴拉赛遗址的关系目前还很困难。同样，就出自奇台的铜镀（123 号）而言，尽管其比值落在中国北方铅矿的铅同位素比值分布范围内，但不能因此就判定其来源于中国北方地区；这是因为该铜镀仅含微量的铅，故测定的铅同位素比值反映的主要是铜矿的特征，而非铅矿的特征。另外，这件铜镀在形制和化学成分上均有自己的特点，显示出与南西伯利亚地区或有关联[15]。但目前尚缺乏南西伯利亚地区的铅同位素比值资料，故这一问题只有留待今后相关资料具备后方能给出深入的讨论。

四、结　论

对新疆准噶尔盆地周缘地区所出的 12 件铜器样品进行了化学成分和铅同位素比值的测定，为探讨该地区铜器的制作技术和矿料来源提供了重要的基础性资料。尽管测定样品的数目相当有限，这项分析工作仍获得了一些重要的结果：首先，从化学成分上看，这 12 件铜器中有一半为锡青铜，另一半为纯铜或砷铜，铅含量一般很低，表明铅在该地区的早期铜器中不是主要的合金元素；五件铜镀（或釜）中，除一件晚期的镀外，其余四件均用纯铜或含少量砷和锑的铜铸成。其次，从铅同位素比值的分布看，五件铜镀的比值显示出很大的差异，表明其产地或矿料来源各不相同，也反映出铜镀的流动性特征；相比之下，其他铜器的铅同位素比值分布相对集中，基本上与新疆东部、奴拉赛遗址和察吾乎墓地样品的比值分布重叠在一起，这一现象可能暗示着新疆存在一个与天山山系铜铅矿藏相关的铅同位素比值分布区。这一推测能否成立还有待进一步的实验测定予以验证。

---

[15] 参见〔8〕。

　　鸣谢：本研究得到了香港东亚科学史基金会和日本学术振兴会的慷慨资助；在实地调研过程中，得到了新疆文物考古研究所伊弟利斯、张玉忠、吕恩国，新疆昌吉回族自治州博物馆迟文杰，新疆奇台县文物管理所陈霞等诸位师友的大力支持和帮助；在实验分析和写作中，得到了英国剑桥大学考古系谢尔博士和牛津大学墨顿学院罗森教授的指导，以及东京国立文化财研究所早川泰弘先生和铃木浩子女士的协助；日本早稻田大学文学部冈内三真、图书馆雪屿宏一、东京大学文学部大贯静夫、今村启尔和安斋正人等先生为查阅资料给予了热情关照和协助，谨此一并致以衷心感谢！

羊子山土台再考

李明斌[*]

The platform at Yangzishan is an important ritual remains of Shi'erqiao culture in Sichuan Basin. It was initially constructed in period from Yinxu to the early Western Zhou dynasty and endured to the mid Warring States period by analyzing the strata and unearthed relics. The platform, which was probably for sacrifice and alliance of the Duyu and Kaiming reigns in Sichuan Basin, was the requirement and result of the development of the ancient Shu civilization. The emergence of the platform was significant and indicated the fall of Sanxingdui culture and the movement of the cultural center in Chengdu Plain.

四川盆地西部地区的成都平原，由岷江和沱江冲积而成。这里地势平坦，气候湿润，土壤肥沃，物产丰富，自然条件十分优越，自古以来就是人类聚居之地。这里不但发现了旧石器时代人类在此活动的遗物，到了新石器时代晚期，成都平原远古文化的发展更是达到了相当高的水平，出现了中国西南地区密集程度最高的史前古城址群，形成长江流域发生文明的三个中心之一，构成了四川盆地包括三星堆文化、十二桥文化以及商业街蜀王墓葬遗存在内的长达两千余年灿烂、辉煌的历史画卷。

古蜀先民在给我们留下丰富多彩的物质遗存的同时，还给我们展示了他们深邃而奥妙的精神世界，三星堆遗址两座器物坑及其出土遗物可以说是这方面的典型代表，如果说这两座器物坑更多体现的是宗教礼仪活动的结果的话，那么 20 世纪 50 年代发现于成都平原腹心地区的羊子山土台则是反映了当时蜀人进行宗教礼仪活动的场所，其重要性不亚于三星堆器物坑。它们都是古蜀先民在不同阶段取得的文明成就。

一、羊子山土台的层位关系及形制

羊子山土台遗址位于成都市北郊，是一座大土丘。1953 年经清理发掘，证实是一座人工修筑的土台建筑[1]。

---

[*] 作者系成都市文物保护管理委员会办公室副研究员。

[1] 四川文物管理委员会：《成都羊子山土台遗址清理报告》，《考古学报》1957 年 4 期。

（一）土台的层位

据发掘报告，羊子山土台遗址上有许多墓葬，其中最早的为战国时期的第 172 号墓，该墓打破了土台。整个遗址实际上有 4 个堆积层序：最晚的是墓葬；土台为第 2 个堆积层次；土台下叠压着灰土层及灰坑，包含有陶片、残石璧等，是为第 3 个堆积层次；其下叠压着含沙黄土层，出有成都平原时代最早的打制石器，是为第 4 层堆积，第 4 层下为含钙结核的黄土层即生土层[2]。

清理报告在"台址的建筑方法及形制"中有一段关于土台修筑前后的描述，这对于我们判断土台的层位关系价值甚大。这段描述是这样的：

这块基地，原先已是人们居住、活动的场所，筑台时把它平整作了台址。所以在第一道墙南角底下，还保存有筑台前一个灰坑。灰坑东北角的不平处，还补铺了一层黄色砂壤土；又在整个台址面上铺上了一层 3～4.5 厘米厚的灰土，以完成了平台址的工作。

由于时代和学科发展的原因，在今天看来，上面对土台层位的描述与现在的要求多有不同之处，但这段较为详实的文字，还是为我们的分析提供了珍贵的材料。

首先，我们可看出，土台是建于文化堆积之上，而非建于生土层上。

其次，根据叠压关系，我们还可以复原土台叠压着的文化堆积中可区分为几个小的堆积层次（表一）。

表一

堆 积 层 次		堆 积 单 位
台　身	土　台	土　台
台　址	2	灰　土
	3	黄色砂壤土
	4	灰　坑

根据上面的分析，我们可以从层位上知道土台建筑的上限，即早不过平整台址的时间。那么，土台建筑的下限该从何处来界定呢？应该是叠压或打破土台本身的文化遗存中时代最早者，"台废弃以后葬入的墓葬，清理共 211 座。时代为上起战国末叶，下至汉晋唐宋，最晚者为明代。"这其中所谓战国末叶者，就是治四川古史者耳熟能详

---

〔2〕　叶茂林：《羊子山土台遗址出土打制石器的性质与年代浅析》，《四川文物》1988 年 5 期；宋治民：《蜀文化与巴文化》58 页，四川大学出版社，1998 年。

的羊子山第 172 号墓[3]，它是打破土台的诸遗存中时代最早者，是土台建筑的下限。可将第 172 号墓列入表一，成为第 1 层堆积层次。另在距第一道郭墙南角转折处台址下 1~1.2 米深腐殖土层中和墙内台址中部相同深度黄土层中，均发现有打制石器。据此分析，我们可以列出羊子山土台遗址的层位关系：

$$M172 \rightarrow 土台 \rightarrow 台址（灰土 \rightarrow 黄色砂壤土 \rightarrow 灰坑）\begin{array}{c} \rightarrow 腐殖土 \\ \rightarrow 黄土 \end{array} \rightarrow 生土$$

下面就清理报告中有关层位关系的一些叙述进行分析，相信对于判断土台的年代会有帮助。

报告中"遗物中的陶片、兽骨、石璧残块等，散乱混杂，这些遗物本来就是台址上灰坑内的，因平地时随着灰土而铺上了台址的表面"的描述，表明铺于台址面上的灰土来自于灰坑之中，两堆积的文化遗物应为同一时期，在年代判断上就可将它们视为一个整体考虑。灰坑东北角不平处"补铺"的黄色砂壤土，其来源存在着两种可能：一是黄色砂壤土为灰坑内中部的局部堆积，"显然在平整台址时已挖去它（灰坑——笔者注）的上部"，平掉灰坑上部的灰土后，便露出了黄色砂壤土；另一种情况就是黄色砂壤土从它处运来，专门用以填充灰坑内取掉灰土后形成的"不平"，"取出过坑内的灰土，又将黄土填平"，由于灰坑内尚存有灰土，质地疏松，故在此处施以密夯。复原操作程序即：从灰坑内取灰土 → 向灰坑"不平处"填黄色砂壤土 → 施夯 → 在包括灰坑平面在内的台址面上铺灰土。根据报告的文字：筑台前"这里一带是成都平原中的黄土冲积地层（即广汉类黏土——笔者注）"、"台址的上层，是属自然冲积层，上层为含少量砂质的黄色土"、台身夯土"就在近处取土"，以后一种可能性较大，即黄色砂壤土从附近而来。由于报告中没有黄色砂壤土有出土物的字样，且黄色砂壤土的层位位于灰土和灰坑之间，因此在具体分析中，可权将黄色砂壤土视为跟灰土及灰坑同一个时期的遗存。

报告"第一道墙的南角外壁两侧和墙南北部，有三处小树枝的烧烬和陶片（炊器破片）共存：东南边墙外还与石璧残块、白色石块共存；西南墙外又与一块圆石片、小兽骨共存。这些灰烬与陶片均在台址表面，其上即紧接着台的最底层"的记述，或许是台址平整的最后一道工序，即焚烧台址表面的树枝等杂物，至于与树枝所谓"共存"的遗物，应是从灰坑取出的用以平铺台址不平处的灰土中包含的，加之灰土中有与灰坑"相同的陶片、灰黑色的石璧残块、石块、兽齿及细小的兽趾骨"等物，所以它们都是灰坑所出。但并不可以从中推知土台的建筑时间就是紧接着平过台址后焚烧树枝等活动的时间，也不宜将台址表面的遗物与现象，视作筑台当时的遗迹，因

---

[3] 四川省文物管理委员会：《成都羊子山第 172 号墓发掘报告》，《考古学报》1956 年 4 期。

为没有直接的证据证明平整台址和筑台间没有间隔。那么我们换个角度思考呢？假设小树枝是在平整台址以前原来生长的灌木[4]，或小树枝是平整台址以后长出的话，或者说小树枝烧烬不是从灰坑中带来，而是平整台址后或筑台前焚烧而形成的，这倒也印证了平整台址与筑台间有间隔的推测，进而自然得出台址内遗物所代表年代与筑台时间有间隔的推论。当然这种推测尚不宜作为定论，但至少可引起我们从多角度而非单向地思考和分析问题。同样，根据层位学原理的逻辑推论，我们认为不仅不能将台址的平整时间视为与台址所出遗物代表的时间相一致，而是台址平整的时间肯定要晚于台址所出遗物代表的时间。

至少木板坑，其底部深度距台址表面，也即土台底部 1.2 米深，从层位上看不但早于建台之时，而且可能还要早于台址堆积形成的时间，其废弃的时间当早于建台之时，出有两块"与台址上粗质陶片的质地一样"的陶片。

（二）土台的形制

土台为方形，方向 305 度。土台现存三级，高度不低于 10 米。每级台的外侧用土坯砖垒砌成墙（郭墙），墙内填土夯实，夯层厚而不匀。墙基槽深 0.12、宽 6 米，夯实。郭墙与郭墙间的空间，仍以夯土填实。筑墙用土坯砖内掺茅草，草叶均经过选择，泥、草掺和均匀。三级土台逐次递高，复原推测每层有登台土阶（图一）。夯具为圆木棒或石锤。土台在夯土层间铺灰层的做法，当源于成都平原宝墩文化城址的夯筑方法[5]，目的是为了防止筑墙时粘连夯具。用土坯砖垒砌郭墙的技术跟三星堆遗址的城墙建造方法相似。推算整个土台的土方量达 7 万余立方米。

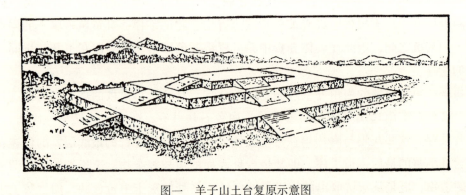

图一　羊子山土台复原示意图

（摹自《考古学报》1957 年 4 期，第 20 页，图三）

---

〔4〕　孙华：《羊子山土台考》，《四川文物》1993 年 1 期。

〔5〕　成都市文物考古工作队等：《四川新津县宝墩遗址调查与试掘》，《考古》1997 年 1 期。

二、羊子山土台年代分析

关于羊子山土台的年代，尤其是它的始建年代，发掘报告执笔者和后来不同的研究者们得出了不尽相同的结论，至于土台的废弃年代，研究者们的判断则较为接近（表二）。

表二

论点持有者	上限/始建年代	下限/废弃年代
清理报告	西周晚期到春秋前期	不晚于战国末年
宋治民	西周前期	秦代
林　向	商代，至少在殷末周初前	战国晚期或更早
孙　华	开明氏建都成都时（战国早期）	秦代以前（公元前 316 年或其后不久）

（一）土台的相对年代

从上面的分析，我们不难判断，土台的相对年代分别是：上限不早于台址内包含物所代表的年代，加之筑台和平整台址间的间隔、平整台址与台址所出遗物的时间间隔，土台的上限当晚于台址所出遗物代表的时间；由于要将土台作为墓地，必为其废弃之后，故土台的下限必早于第 172 号墓下葬的时代。

虽然由于材料所限，根据层位学原理，我们只能将这些紧贴土台最底层的文化遗物视为土台建筑的时间上限。但并不是说我们可以忽视下面的客观存在，即土台晚于台址，也即晚于叠压于其下的灰土、灰坑，而灰土、灰坑的形成又必然要晚于其中所包含的文化遗物，这几者之间均存在着时间间隔。孙华先生也认为那些出土物包括陶片应"是建台以前居址地层或灰坑中的遗物，不是建台时人们抛弃的东西"，并推断"居址与修建土台二者间应当有一个时间距离，并且这个时间距离还应有不小的跨度。"[6] 这一判断无疑是客观和正确的。所以从理论上和逻辑上说，土台的建筑时间必定要晚于台址中所出包含物代表的时间，即土台建筑的上限晚于台址内包含物所代表的时代。

（二）土台的绝对年代

报告判断土台的上限为西周晚期到春秋前期，下限最迟不能晚于战国末年。一个遗存绝对年代的判断，在没有或没有更多的碳十四测年数据可用的情况下，主要依靠

---

〔6〕同〔4〕。

相关堆积单位中的出土遗物，尤其是陶器来进行。

紧贴土台底部的台址堆积（灰土、灰坑等）出土文化遗物有陶片、兽骨、兽齿、石璧残块、石凿、残石斧等。陶片分夹砂和泥质两类，陶色以灰、黑为主，但火候不匀，而致陶片深浅有别。有的陶片进行打磨处理后而呈黑色，有的则施黑色陶衣。陶器轮制。纹饰有绳纹、凹弦纹、圆圈纹和鸟形纹等。器类有小平底罐、高柄豆、盆、盘、绳纹花边罐、器盖、器圈足、深腹罐和敞口器等。

让我们先来分析一下灰坑内出土的石制品和兽骨等遗物的性质。8件残石璧"出土于第一道墙外的灰土层内"。既然它们出自台址的灰土层中，也即"本来就是台址上灰坑内的"，我们认为这是解决8件残石璧性质的关键所在。既然它们出自灰坑中，那么它们不仅要早于台址灰坑形成的时间，而且更要早于土台的建筑时间。虽石璧非实用之器，但并无直接证据表明这些石璧就与土台修筑时的奠基有关。石璧功用的发挥是和其所处的位置密切相关的，尽管石璧可为礼器，但那是当它在祭祀的场所时才被赋予的性质，而它在石器加工场地，只不过是一件石制品而已。我们不能因它可为礼器，而就想当然地将其放之四海而皆准地认为它总是礼器，同一件器物在不同的地点是具有不同的身份和性质的，这或许是我们分析某些重要遗迹现象应有的思辨态度。具体地说，灰土层中不但出了8件"大小不一，但形制一样"（这一点倒很符合石器加工场石制品的特征）的残石璧，还出了一支"钻小形石璧的钻针"；与石璧伴出的还有长条形白石块、残石凿和残石斧等物，它们均出自一个坑内，只是由于平整台址的活动才把它们从灰坑内翻出而分别位于台址的不同地点，在这种随意而为的情况下，不同地点的遗物并不具有特殊的含义。根据这些现象判断，该灰坑是一个石器加工场的废弃坑的可能性最大，而不大可能与土台建筑前的奠基活动有关联。那么，这些石器与土台的修筑间有较之陶器与土台的修筑间更大的时间间隔。同时，坑内所出的兽骨，则有可能是该坑作为石器加工废弃坑后又被当作了垃圾坑，故而还出土了残破的日用陶容器和炊器。那么兽骨则当是人们食用后所弃，也并非与奠基活动中的祭祀有关。至于筑台前是否进行过奠基仪式，从报告所提供的材料中尚不能得出肯定的结论。

台址出土陶器的组合具有成都平原早期蜀文化的特征，与以十二桥遗址命名的十二桥文化的陶器相似。那么就陶器体现的属性来说，台址，包括土台的文化性质应属十二桥文化，该文化是主要分布于四川盆地内，相当于中原商周时期的地方性考古学文化，它以土著文化为主的陶器、部分青铜工具、武器和商周文化因素很浓的青铜礼（容）器作为其文化组成要件，它是早期蜀文化发展的一个重要阶段。十二桥文化可分为三期，第一期中的小平底罐、高柄豆等具有三星堆文化因素的器物，在台址中也多有出土，而台址所出陶片上的鸟形纹也是十二桥文化第一期中的特征纹饰。因此可初步认为台址的年代跟十二桥文化第一期的年代相近。

我们认为，十二桥文化第一期与年代稍早的三星堆文化联系紧密。三星堆遗址可分四期，其第四期已被多数研究者归属于十二桥文化之中。宋治民先生认为三星堆遗址第四期的文化特征跟十二桥遗址有较大的共性[7]，而十二桥遗址正是十二桥文化第一期典型代表，也就是说，十二桥文化第一期和三星堆遗址第四期更为接近，那么，三星堆遗址第四期的年代应大致就是十二桥文化第一期的年代。三星堆遗址第三期陶片上精美而富于变化的云雷纹同殷商铜器上的纹样很相近，发掘报告将第三期定为商代是正确的[8]，那么紧接其后发展而来的第四期的年代就应在殷墟至西周前期间，即十二桥文化第一期和羊子山土台台址的年代范围，由于考古年代学研究手段的尚不完善和测年方法的有待改进，我们在具体操作中不得不将台址内所出遗物的年代视为土台修筑的时间上限，因而土台的始建年代也应大致在殷墟至西周前期这一范围内。

关于羊子山土台的下限，即废弃年代，当然要早于打破土台的诸墓葬中最早的第172号的下葬年代。我们认为宋治民先生根据出土器物将第172号定为秦代墓葬是正确的[9]，这一判断已为学术界所认可和接受。那么土台当废弃于秦代之前，结合秦灭巴蜀的史实，以废弃于公元前316年后似乎更接近历史的真实。秦灭蜀后，为巩固其政治统治，一方面在数处战略要地驻军，包括在成都东大门龙泉山驻军，另一方面对故蜀上层的反叛进行镇压，并摧毁占领地意识形态的载体，而羊子山作为故蜀国的祭祀场所，具有和宫殿、庙宇同等重要的地位，对它们进行毁灭，是强秦在统一战争过程中的一贯做法。虽然羊子山第172号墓"出土的许多器物都具有'巴蜀文化'的色彩，应属于'巴蜀文化'的系统"，是蜀人的墓葬[10]，林向先生也认为此墓"不是秦墓而是蜀墓"[11]，但其时，巴、蜀之地纳入秦国版图，在秦郡县制的直接统治之下已近百年，历数世，蜀国故人也多亡去，受秦统治的蜀人后裔，恐也无法顾及许多，而被废弃的土台当作了死者理想的安息之地，这也是并不矛盾的。倒是这种根据出土器物判定墓葬文化性质和墓主人意识形态间可能存在的不一致性，值得我们在今后的研究中进行思考。

至于土台的使用年代，我们从上、下限可知当在公元前1300～前1000年间到公元前316年略后这样的年代范围内。由于出土材料的局限，对土台使用年代进行相对准确的定位，需要结合文献材料的分析来作判断（详后）。

[7] 宋治民：《蜀文化与巴文化》108页，四川大学出版社，1998年。

[8] 四川省文物管理委员会等：《广汉三星堆遗址》，《考古学报》1987年2期。

[9] 宋治民：《略论四川战国秦墓葬的分期》，《中国考古学会第一次年会论文集（1979）》271页，文物出版社，1980年。

[10] 同[9]，272、269页。

[11] 林向：《羊子山建筑遗址新考》，《四川文物》1988年5期。

三、羊子山土台出现的背景及其功用

（一）土台出现的背景

羊子山土台的出现，是古蜀文明发展的需要和结果。

最近 20 余年，四川盆地尤其是成都平原的考古工作，取得了令人瞩目的成绩，考古发现证实，至少从新石器时代晚期开始，富庶的成都平原先后经历了宝墩文化、三星堆文化、十二桥文化和晚期巴蜀文化等考古学文化，主要分布于四川盆地西部地区的这些独具特色的古代文化保持了与黄河和长江流域其他地区大致相近的发展水平，在长江上游和西南地区独树一帜，保持了数千年的区域文化中心地位。而公元前 1400～前 900 年前后，长江流域的青铜文化普遍走向繁荣[12]。十二桥文化第一期正值四川盆地青铜文化最为发达的时期之一，它是继三星堆文化之后，四川盆地青铜文化发展的又一个高峰。与此同时，在成都平原的中心地区出现了多处高规格的有关精神领域的考古遗存——十二桥大型木结构建筑，以及黄忠村、岷江小区的大面积、多开间地面式建筑等。羊子山土台是发达的十二桥文化的重要组成部分。由于在古蜀社会和历史进程中的特殊地位和作用，土台完全有可能被古蜀史中创造十二桥文化的杜宇族和创造晚期巴蜀文化的开明氏（鳖灵）先后作为国之祀典场所。也就是说，土台的使用历时两个时期，即杜宇时代和开明时代。开明氏（晚期巴蜀文化）对杜宇族（十二桥文化）的替代，据《蜀王本纪》载，成都平原时遭"若尧之洪水"，望帝（杜宇）不能治，而"鳖灵决玉山，民得安处"，望帝"自以为德薄不如鳖灵，乃委国受之而去，如尧之禅让。鳖灵即位，号曰开明帝。"在我国大多数地区的上古时期，都存在过洪水时代，当洪水危及族群生存时，能治水者也往往就是治国者，开明氏来自长江中游流域的荆楚之地，熟悉水性，善于治水，治水英雄鳖灵入主蜀地亦在情理之中，这种政权的更迭，不像杜宇族取代鱼凫氏（三星堆文化）那样是"犁庭扫穴"式，并"人夷其宗庙，而火焚其彝器"[13]。开明氏在取得蜀地统治地位后，其统治的绝大多数还是原蜀地人民，这一文化的整体，应该说是在先前的基础上产生的，他们的各种习俗也不会有太大的变化。存在于春秋晚期到战国中期的开明氏蜀国继续沿用羊子山土台作为人神沟通的圣地，至少在外在形式上还具有蜀地正统的色彩，但其祭祀的对象是否为其本族先祖或其信奉的神灵，我们已是不得而知了。

羊子山土台在修筑过程中所体现出的技术与智慧，无一不是汲取了本土已有的成

---

〔12〕　孙华：《长江流域的青铜文化》，《古代文明研究通讯》总第八期，2001 年 3 月。

〔13〕　《国语·周语》。

就，如宝墩文化城址群、三星堆商代城址修筑中需要的组织与管理体系，用土坯砖垒砌郭墙、夯层间铺灰层的技术等。从羊子山土台建筑观之，商周时期蜀的土台建筑技术具有明显的自身特色。十二桥文化时期的蜀国是中原商周王朝的重要方国之一，无疑深受商周文明的影响，这种影响不仅仅在生产领域，更重要的是在礼制方面，如羊子山土台的修建及其作用等，在精神领域里所受到的深刻影响，更是我们将十二桥文化时期的蜀国定性为此时中原王朝之方国的一个充分的证据。从整体上看，十二桥文化是我国商周文明中一支带有强烈个性色彩的地方考古学文化，它是我国商周文明的有机组成部分。那么，随着文明的发展与需要，十二桥文化借鉴中原地区有关宗教礼仪方面的成就就成了必然。尽管"蜀人进入文明是其本身生产力发展的结果"，但交流与借鉴却也伴随着每一种文化发展的始终，因而"蜀人生产的发展，社会结构的变化，中原商周文明有着促进和刺激的作用"[14]，正是这种不间断的作用，客观上推动了古蜀文明的进步。

（二）土台的性质和功用

成都平原的三星堆文化和十二桥文化，正值商周时期，和中原地区一样，这里的宗法制统治秩序已完全形成和确立，"原始的全民性的巫术礼仪变为部分统治者所垄断的社会统治的等级法规，原始社会末期的专职巫师变为统治者阶级的宗教政治宰辅。"掌握龟筮以进行占卜的僧侣中的"一部分人实际成了掌管国事的政权操纵者"[15]，宗教本身则成了统治集团巩固其政权的一种手段。考古发现证实，三星堆文化和十二桥文化中的宗教祭祀活动盛行，沟通人神的祭祀遗存在平原频频发现，表明这一种活动在商周时期的成都平原的社会政治生活中占有十分突出的地位。东周以降，这种重天道的传统逐渐弱化，日渐兴起的是更合乎历史潮流的人文、人本和理性的精神，宗教祭祀活动在维系统治方面的功能被推置于高高的庙堂之上，具有的是更强的象征意义。

羊子山清理报告认为该土台的用途是"观望，或者为集会、祀典之所。"林向先生则指出"羊子山的祭坛，是又一处古代蜀国用于宗教祀典的神圣场所"[16]。明确了羊子山土台的性质是一祭坛。那么，土台的具体功用是什么呢？我们认为将羊子山土台视作带祭祀成分的盟誓遗存更为妥帖，主要是用于盟誓活动。

中国西南地区历来是一个多民族聚居之地，据《史记·西南夷列传》等载，在古蜀国范围和邻近地区就有僰、邛都、笮、徙、冉、马龙等族[17]，他们各自有主要聚居

〔14〕　宋治民：《早期蜀文化与商周文明》，《四川文物》1997年1期。
〔15〕　李泽厚：《美的历程》37～38页，广西师范大学出版社，2001年。
〔16〕　同〔11〕。
〔17〕　童恩正：《古代的巴蜀》88页，四川人民出版社，1979年。

区，但杂居于一地的现象也不鲜见。地处成都平原古蜀国由于手工业技术的发展、优越的地理环境以及社会内部自我调整的顺利完成，在社会发展进程中较之周边民族居于相对领先的阶段，对先进文化的向往与借鉴，也就构成了这些民族文化中的一项重要组成部分。这一推断在时代更早的三星堆文化中就有了体现。三星堆器物坑中各种青铜人像由于发式的不同，被认为是不同族属的西南诸夷，同一坑中的青铜人像所显示的族属并不是单一的蜀人，这种现象只可能在盟誓时才会出现，是一种多部族的联盟活动[18]。比三星堆文化略晚的十二桥文化时期的蜀国，其境内和相邻周边地区族群众多的现象依然存在，为保持成都平原的文化中心地位和满足"雄张百僚"的政治需求，这种国之大事还会不时地在成都平原举行。由于这种盟会有诸夷加入，盟誓活动中就可能会有一定的祭祀成分在内，拜祭诸夷神灵，方合盟会氛围。

四、羊子山土台与三星堆遗址器物坑关系的思考

三星堆遗址两座器物坑就"坑本身的年代以及出土陶器的年代"来说，属于遗址的第四期[19]，也即相当于十二桥文化第一期。王毅认为十二桥文化在替代三星堆文化之时，前者的人们把代表三星堆文化的贵重器物厌胜性掩埋了起来，因而，两个器物坑的下埋年代就是三星堆文化的下限和十二桥文化的上限[20]。换言之，此时的成都平原正处在文化与政治、经济中心发生剧烈变革和重大转移的重要时期。伴随这一文化、政治、经济中心由成都平原北部向南的转移，在今成都市区的北部、中部、西部和南部几乎同时，或略有先后地出现了羊子山土台、十二桥大型宫殿性木结构建筑、黄忠村大房址、金沙村祭祀遗存（出土数以千计的玉器、青铜器和金器）和岷江小区大房址、青铜尊等重要遗存，已初步具有了一个大中心聚落的雏形和网络体系。历史表明，这一转变可以说是具有决定性意义的，3000余年来，这里一直是四川盆地一个最具活力和最富创造力的区域就是明证。但这种相对狭小区域内的中心转移，并没有改变四川盆地青铜文化精进式的演变传统和特点，也"没有发生过传统的中断和转移"[21]。

当三星堆将惊世骇俗、美轮美奂的重器向两个坑内倾覆的同时，羊子山土台却在平原的中心位置高高耸立了起来。这极具象征意义的一破一立，昭示着成都平原两支考古学文化的更替，一支盛极而衰，一支欣欣向荣，给波澜壮阔的古蜀历史留下了浓

---

〔18〕 王仁湘：《从月亮湾到三星堆——葬物坑为盟誓遗迹说》，《文物天地》1994年6期。
〔19〕 同〔7〕，116页。
〔20〕 王毅：《三星堆文化研究》，《四川文物》1999年3期。
〔21〕 同〔12〕。

墨重彩的华丽篇章。

　　如果说，三星堆文化用城墙维系并保存着已经取得的成就，具有保守的一面的话，那么十二桥文化将重要如盟誓祀典场所的土台筑于远离宫殿（十二桥遗址大型木结构建筑遗存）的地方，并在不同的地点布置各种重要建筑，而且到目前为止，还没有发现十二桥文化城址的线索，这或许从另一侧面反映出十二桥文化较之三星堆文化具有更强的开放性和扩张性。一支可以替代辉煌如三星堆文化的考古学文化，创造这支文化的人们必定有深邃的思索、宽广的胸襟和无坚不摧的气概，他们也才有能力在取代三星堆文化后，在成都平原开创出一个全新的局面，将长江上游流域的青铜文化推向一个新的发展高峰。

从出土文物看战国时期的天文历法成就

武家璧[*]

By using the "triple proof" method with respect to cultural relics, historical literatures and astronomical calcula-
tions, this article researched the important astronomical and calendar achievements during the period of the warring
states in China, and we got the following conclusions: when the people used a eight-*chi* (尺) high pole to observe
the solar shadow, the length of the shadow is 1.5 *chi* on the midday of the Summer Solstice, and the length of the
shadow is 13 *chi* on the midday of the Winter Solstice; and these parameters is consistent with the latitude of Luoy-
ang (洛阳). The surface scale of horizontal sundial is based on the maxim angle between the sunrise azimuth and the
sunset azimuth. There are two systems of longitude difference. According to evening transit star, morning transit
star and the data about the length of daylight in bamboo slips of Qin state, we have fitted the time of twilight—the
beginning of the dawn is 2.5-3 *ke* (刻) earlier than the sunrise and the end of the dusk is 2.5-3 *ke* (刻) later than
the sunset. The star-mapping on the lacquered suitcase excavated in the tomb of Zeng Hou Yi (曾侯乙), describes
the observation on positions of transit stars and the sun. The calendar on Bamboo slips of Chu state is the haizheng
calendar (亥正历)—zhuanxudazheng (颛顼大正), which uses the *hai* month as the first month of the New Year;
the calendar on silk books of Chu state is the yinzheng calendar (寅正历)—zhuanxuxiaozheng (颛顼小正), which
uses the *yin* month as the first month of the New Year. The calendar used in Qin dynasty and the early Han dynas-
ty, is the haishouyinzheng calendar (亥首寅正历), which means the *yin* month called as the no.1 month but the
hai month as the first month of the New Year.

　　战国时期是中国古代天文历法发展的一个重要时期。这一时期无论在天文观测还
是在宇宙理论方面都起得了长足的进展，在此基础上制订的推步历法也达到较高的水
平，可以毫不夸张地说战国时期的天文历法成就，是中国古代天文历法史上的第一个
高峰。

　　已往学者对战国时期的天文历法作过一些卓有成就的研究，其主要特点是以流传
至今、有的甚至是比较晚出的文献典籍中有关战国时期的天文历法材料作为研究对象，
许多论文运用数理天文学的方法对文献材料进行归算和证认，得出很有价值的结论。
建国以后，随着中国考古学的发展，出土了一定数量的天文历法文物，考古界以及科

---

　　* 作者系中国科技大学科技史与科技考古系讲师。

技史界等方面的专家学者对这些珍贵文物进行认真的研究，取得了阶段性成果，中国社会科学院考古研究所编辑的考古学专刊甲种第二十一号《中国古代天文文物论集》，集结了这方面的阶段性成果。然而有些问题并未得到很好的解决，另外从出土的天文历法文物还能发现和提出一些新的问题。

本文拟严格选定能够反映战国时期天文历法水平的出土文献和出土文物；笸梳整理与战国天文文物有关的文献记载，通过文献考证和实物对证对出土材料进行定性研究；运用数理天文学方法对出土材料提供的天文历法数据进行检验、归算、拟合等，即进行天文考古定量研究，以了解其数据的可靠性、精确度及其反映的技术水平。

一、晷影观测

中国古代的晷影观测是为制订历法等服务的，测量工具可分为圭表、晷仪两大类，这两类测影工具在出土文物中都有发现，分述如下。

（一）圭表

目前发现最早的实物圭表是江苏仪征东汉墓出土的便携式铜圭表（图一、二），它由立表和地圭两部分组成，表底与圭端通过一转轴相连，圭面有长方形槽，其大小

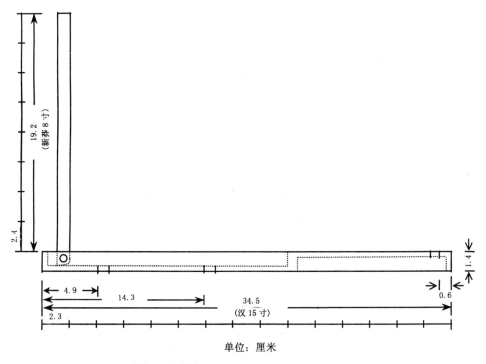

单位：厘米

图一　江苏仪征东汉墓出土的铜圭表实测图

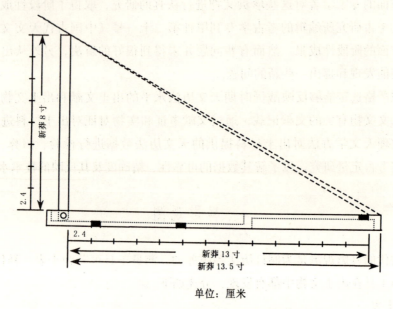

单位：厘米

图二　江苏仪征东汉墓出土的铜圭表蕴涵的晷影数据

恰好将表合拢放入，便于携带；测量时将表打开使与圭成90度，把地圭置于正南北方
向上并把立表的那一端朝向南方，圭面槽中正好注水使处水平状态；据实测立表高出
圭面19.2厘米，合新莽始建国尺（一尺等于24厘米）的八寸，圭面分刻十五个间隔
单位，总长34.5厘米，合汉尺（一尺等于23厘米）的十五寸，显然它只有文献记载
的"表高八尺"的十分之一，是个缩小了的模型[1]。兹将铜圭表的有关实测数据列如
表一[2]。

表一　江苏仪征东汉墓出土的铜圭表实测数据

寸位	一	二	三	四	五	六	七	八	九	十	十一	十二	十三	十四	十五
累长	2.12	4.49	6.9	9.23	11.49	13.82	16.17	18.68	21.3	23.33	25.65	27.9	30.25	32.48	34.5
间距	2.12	2.37	2.41	2.33	2.26	2.33	2.35	2.51	2.62	2.03	2.32	2.25	2.35	2.23	2.02

〔1〕南京博物院：《江苏仪征石碑村汉代木椁墓》，《考古》1966年1期，14~20页；南京博物院：
　　《东汉铜圭表》，《考古》1977年6期，406~408页；李强：《仪征汉墓出土铜圭表属于道家用
　　器》，《文物》1991年1期，80~81页。

〔2〕本表数据依南京博物院：《江苏仪征石碑村汉代木椁墓》，《考古》1966年1期，16页"铜尺测
　　定记录表"；此表无第十五寸长度，南京博物院：《东汉铜圭表》，《考古》1977年6期，407页
　　载"第十五寸为1.91厘米"，然与总长不合。今以总长34.5厘米减去第十四寸累长32.48厘
　　米，得第十五寸长度为2.02厘米。

后来研究者发现圭上有三颗方钉，两颗在圭的正面槽中，一颗在圭的另一端的正面上[3]（见图二），并反复测量得到方钉位置"相对表阴的距离用圭沿上的尺寸（按指每寸2.3厘米）表示为：第一钉：1.2～1.5寸；第二钉：5.2～5.5寸；第三钉：13.3～13.6寸"。

遗憾的是发掘整理者及研究者都没有明确交代一个非常关键的数据，即表的垂直阴面与圭端的水平距离。我们只能根据已知的相关数据来推算：如图二所示，第一钉始点距圭端4.9厘米，距表阴1.2寸（每寸2.3厘米），则表阴面距圭端：

$$4.9-1.2\times2.3=2.14（厘米）$$

这与第一寸的终点（2.12厘米处）十分密近，因此我认为除去仪器本身及测量的误差，表杆垂足阴面的位置就在第一寸的终点，即近圭端2.12厘米处；只有这样，圭面的刻度才具有度量意义。下面我将以此为基点进行计算。

已往研究者往往以圭面尺度（汉尺每寸2.3厘米）来度量表高，故不能得到圭表所蕴涵的冬至晷长数据；而冬至晷长是由表高决定的，因此我改用表高尺度（新莽尺每寸2.4厘米）来度量圭面上的标志长度（图三），得：

（1）表阴——→第三钉末：（13.6×2.3）÷2.4＝13（寸）

（2）表阴——→第十五寸末（圭端）：（34.5－2.12）÷2.4＝13.5（寸）

以上两个数据（扩大10倍）的记载屡见于文献典籍：冬至晷长一丈三尺符合《太

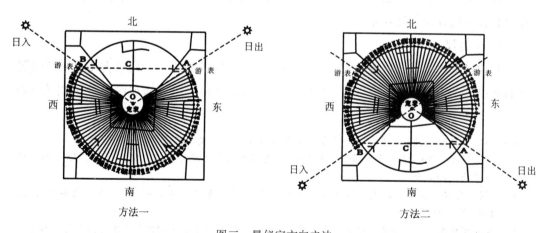

图三　晷仪定方向之法

〔3〕车一雄、徐振韬、尤振尧：《仪征东汉墓出土铜圭表的初步研究》，《中国古代天文文物论集》154～161页，文物出版社，1989年。

初历》、后汉《四分历》[4]等的记载；冬至晷长一丈三尺五寸合于《周髀算经》[5]的记载。

《周礼·大司徒》仅记载夏至晷长"尺有五寸"，计算其观测地纬度 Φ：取 $\varepsilon = 23°.75$（公元前 450 年），则

$$\tan \Phi = 15/80 + \varepsilon,$$

$$\Phi = 34°.37$$

同理计算冬至晷长一丈三尺的观测地纬度 Φ：取 $\varepsilon = 23°.75$（公元前 450 年），则

$$\tan \Phi = 130/80 - \varepsilon,$$

$$\Phi = 34°.64$$

显然冬至晷长一丈三尺，与《周礼》所载夏至晷长一尺五寸的数据是互相适应的。东周洛阳王城的地理纬度为 $34°.75$，与上两项计算纬度仅差 $0°.11$、$0°.38$。

根据上面的计算，我认为仪征铜圭表的制作原理源于《周礼》古制，并在圭面上用铜方钉的形式标示了用新莽尺度量的标准点。此物可能制造于西汉末年王莽时期，本来按新莽尺度制成，传至后来，人们在圭面上加刻汉尺刻度[6]，所以才会出现表与圭两者尺度不符的现象。出土铜圭表的墓葬年代，原发掘简报断定为东汉中期[7]，早期遗物出现在晚期墓葬中是允许的。

因此虽然我们迄今还未发现战国以前的圭表遗迹或遗物，但我认为汉以前的圭表应符合《周礼》或《周髀算经》记载的古制，即冬至晷长一丈三尺或一丈三尺五寸、夏至晷长一尺五或一尺六寸。

（二）晷仪

目前已知出土有三具晷仪[8]，除山西右玉出土的为残石外，内蒙古托克托及洛阳金村所出形制、刻度相同：晷面均有一大圆及 69 条辐射纹，辐射纹等分圆周为 100

---

[4] 据《玉海》引"《黄图》长安灵台有铜表高八尺，长一丈三尺，广尺二寸，题云：太初四年造"。后汉《四分历》冬至晷影"丈三尺"，见《历代天文律历等志汇编》（五），1531 页，中华书局，1976 年。

[5] 《周髀算经》卷下之二载"冬至晷长一丈三尺五寸"，见"丛书集成初编"本，商务印书馆，1937 年，69 页。

[6] 原发掘报告指出：铜尺（按即圭面）上的寸分符号可明显看出是铜尺制成后再刻上的，而且在其旁边还留有重新刻凿的现象。见南京博物院：《江苏仪征石碑村汉代木椁墓》，《考古》1966年 1 期，16 页。

[7] 南京博物院：《江苏仪征石碑村汉代木椁墓》，《考古》1966 年 1 期，19 页。

[8] 李鉴澄：《晷仪——现存我国最古老的天文仪器之一》，《科技史文集》第 1 辑，31～38 页，上海科学技术出版社，1978 年。又见《中国古代天文文物论集》145～153 页，文物出版社，1989 年。

分，余 31 线空白。圆中心有一大孔，辐射条纹与圆周相交处有 69 个小孔，沿小孔外侧用小篆记有数字一至六十九（见图三）。

关于晷仪的年代，研究者根据三具晷仪上的刻度文字均用小篆书写，而小篆相传为秦丞相李斯所创造，因此认为"晷仪的创制和行用年代，当在秦末汉初"[9]。现在一般认为战国文字分为六国文字和秦系文字两个系统，六国用"古文"，秦用小篆；小篆的出现年代不晚于战国中期，因此如果仅据文字断代，则晷仪的年代最早可以早到战国中期，晚可以至西汉早期。

关于晷仪的用途，历来众说纷纭，但总不外乎两类：一是用来测时间，二是用来测方向的。关于测时间，战国时期已经具有等间距记时工具，例如《云梦秦简》"日夕表"[10]中开列的昼夜长短数据表明当时使用等间距十六时制，所用记时工具可能是漏壶。晷仪表面辐射条纹等分圆周 100 份，与先秦两汉漏刻等分昼夜 100 刻相类，但如果认为日晷与漏刻一样是用来记时的，那它必定是斜置的赤道式日晷才能进行等间距记时，则日晷的两面都应该有刻度。现今三具日晷都只在一面有刻度，显然不是赤道式日晷，故不能用来进行等间距记时。

笔者认为这三具晷仪的用途主要是测太阳方位角和定方向。其中定方向所用方法有以下两种可能（见图三）：

方法一：将空白处朝北，晷面中央的圆心大孔用来插定表，圆周小孔用来插游表；测量时使定表、游表、太阳三点连成一线，游表位于定表与太阳之间；连接日出、日入时游表所在的两点就是正东西向；连接两游表中点与定表之间的连线就是正南北向（见图三）。

方法二：将空白处朝南面向太阳，晷面中央的圆心大孔插定表，圆周小孔插游表；测量时使太阳、定表、游表三点连成一线，游表位于定表之后（见图三）；连接日出、日入时游表所在的两点就是正东西向；连接两游表中点与定表之间的连线就是正南北向。如图三所示，连接日出、入射线与圆周相交的 A、B 两点形成正东西向（AB）；连接 AB 中点 C 与圆心 O（定表）之间的连线就是正南北向（OC）。

无论哪种方法，在定方向的同时也已测出日出入方位。日出入方位可用作划分季节的重要依据，尤其是二至时的日出入方位，在文献中屡见记载，如《周髀算经》卷下之三：

冬至昼极短，日出辰而入申，阳照三，不覆九……夏至昼极长，日出寅

〔9〕 同〔8〕。
〔10〕《云梦睡虎地秦墓》编写组：《云梦睡虎地秦墓》793~796 简、828~835 简反面，图版一二一、一三四~一三五，文物出版社，1981 年。

而入戌，阳照九，不覆三。

《周髀算经》所说的"阳照"相当于地平圈上的昼弧（图四中的弧 LSM），"不覆"相当于地平圈上的夜弧（图四中的弧 LNM）。地平圈分为子、丑、寅、卯等十二次（每次合今 30°），夏至日出于寅初而入于戌末，"阳照九，不覆三"，表明夏至的地平圈昼弧为：

$$(9 \div 12) \times 360° = 270°$$

冬至日出于辰末而入于申初"阳照三，不覆九"，则冬至地平圈昼弧为：

$$(3 \div 12) \times 360° = 90°$$

如果作一正方案，则冬夏二至日出入方位恒在四角（"四隅"）对角线上（图五）。

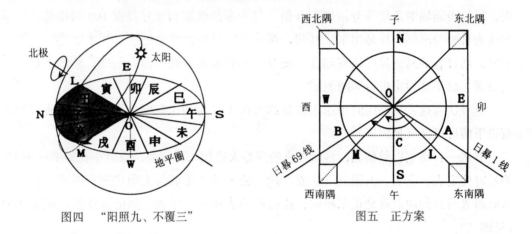

图四　"阳照九、不覆三"　　　　　　图五　正方案

二至日出入四隅的方案显然是个理想模式，与具有实用意义的晷仪相比，差距甚大。下面试分析晷仪提供的冬夏二至"阳照"（地平圈昼弧）的情况。

晷面辐射条纹分布区就是晷影扫过（"阳照"）的范围：若如图三之"方法一"，将晷仪空白处朝北背向太阳，则辐射条纹区就是游表日影扫过的范围；若如"方法二"将空白处朝南面向太阳，则辐射条纹区就是定表日影扫过的范围。夏至晷影扫过（"阳照"）的范围最大，故辐射条纹的极大值（六十九刻）是由夏至的日出入方位所决定的；反之空白区的大小是由冬至的日出入方位所决定的。晷面刻度由于没有"零"的设置，六十九条辐射纹实占圆周六十八分，空白处实占三十二分。故晷仪的夏至地平圈昼弧为：

$$(68 \div 100) \times 360° = 244°.8$$

相应地，晷仪的冬至地平圈昼弧为：

$$(32 \div 100) \times 360° = 115°.2$$

　　以冬至为例,把晷仪的日出入方位线(第 1 线、第 69 线)置于正方案上(见图五),则晷仪的昼弧夹角∠AOB 明显大于日出东南隅而入西南隅时的昼弧夹角∠LOM,且有

$$\angle AOB - \angle LOM = 115°.2 - 90° = 25°.2$$

由于晷仪是实用器,它没有按照日出入四隅的理想模式来安排晷面的辐射条纹,而是按照实测情况来标示辐射条纹的极值。这一极值的大小只取决于惟一的因素——晷仪数据所对应的观测地的地理纬度。那么我们就可以根据晷仪提供的冬至日入方位角等数据来推算晷仪数据观测地的地理纬度。

　　如图三所示,晷仪数据观测地冬至日入方位角:

$$A = \angle COB = 115°.2/2 = 57°.6$$

据天文三角关系,有:

$$\sin Z \sin A = \cos \delta \sin t \qquad (1)$$

式中冬至太阳赤纬 $\delta = -\varepsilon$,ε 为黄赤交角,随年代推移而有微小变化,今以战国晚期的公元前 250 年为历元,则 $\varepsilon = 23°.73$;取天顶距(今蒙气差、太阳视差在内)

$$Z = 90°51' = 90°.85^{[11]} \qquad \text{代入 (1) 式,}$$

则　晷仪数据观测地冬至日入时角:$t = 67°.25$

计算地理纬度(Φ)的公式有[12]:

$$\tan m = \tan \delta \div \cos t$$

$$\cos n = \cos Z \sin m \div \sin \delta$$

$$\Phi = m + n$$

则　晷仪数据观测地的地理纬度:$\Phi = 42°56'$

　　同样地,若按晷仪数据观测地夏至日入方位角 $A = 122°.4$ 计算,其地理纬度亦为 $42°56'$。这样的纬度位置约当今燕山以北的东北和内蒙古高原地区。

　　同理可求得二至日出入四隅、夏至"阳照九,不覆三"、冬至"阳照三,不覆九"这一理想模式的实际观测地纬度为北纬 $56°.52$,约当今贝加尔湖以北、勒拿河上游地区。

　　我认为先秦时代,中国的天文观测不大可能到达贝加尔湖地区,而到达晷仪的发现地河套与雁北地区则是有可能的。晷仪发现地纬度与其数据观测地计算纬度对比如表二。

---

〔11〕　紫荆山天文台、北京天文馆:《天文普及年历》(1988),36 页,科学出版社,1987 年。

〔12〕　陆锴书、吴家让:《大地天文学》198 页,测绘出版社,1987 年第 1 版;董抱英、刘彩章、徐宝德:《实用天文测量学》(修订本),132～133 页,武汉测绘科技大学出版社,1992 年第 2 版。

表二　晷仪发现地与其数据观测地计算纬度

出土地点	发现地北纬	数据观制地计算纬度	发现地与测制地纬度差值
内蒙古托克托	40°17′		2°39′
山西右玉	40°10′	42°56′	2°46′
洛阳金村	34°40′		8°16′

晷仪的发现地河套（托克托）与雁北（右玉）地区稍偏南，两地纬度与计算的观测地纬度差值较小。

《史记·五帝本纪》载颛顼帝高阳氏"北至于幽陵（《正义》：幽州也。），南至于交阯"，这是传说中五帝时代的南北疆界；其文化影响的范围更大（"声教迄于四海"）。《尚书·尧典》记载尧帝曾经派羲和氏兄弟四人分别到东方的旸谷、西方的昧谷、南方的南交、北方的幽州去进行天文观测，即派天文官到边疆地区去进行观测。之所以要这样做，可能是因为当时的人们认为只有综合边疆地区测得的数据，才能适合广大的疆域范围。上述四个地点中朔方幽州测得的数据最有意义，因为此地所测的冬夏二至昼长及日出入方位角是疆域内所能测到的最大值，其他地区的昼长及日出入方位都在这一极值范围之内。日晷刻度69刻大概就是在这一地区测得的夏至日出入方位的夹角。

洛阳地区发现的日晷有可能是在本地制造的，但其晷面刻度数据应是从北方地区传入中原来的。

二、昼夜长短的观测

云梦睡虎地秦简《日书》中有三份"日夕数"表[13]，记载了十二个月份的昼夜长短数据，甲编两份、乙编一份，三份"日夕数"表中的数据完全相同，甲编中的一份同时还记载了"日夕数"与秦、楚月名之间的对应关系，录如表三。

表三　秦楚月名、日夕对照表

十月楚冬夕日六夕十	二月楚夏屎日八夕八	六月楚九月日十夕六
十一月楚屈夕日五夕十一	三月楚纺月日九夕七	七月楚十月日九夕七
十二月楚援夕日六夕十	四月楚七月日十夕六	八月楚炎月日八夕八
正月楚刑夷日七夕九	五月楚八月日十一夕五	九月楚献马日七夕九

---

〔13〕《云梦睡虎地秦墓》编写组：《云梦睡虎地秦墓》793～796简、828～836简反面、913～924简，图版一二一、一三四～一三五、一四五～一四六，文物出版社，1981年。

　　这套数据把一昼夜划分为十六等分，秦历五月白昼最长，占十六分之十一，当是夏至所在月；十一月白昼最短，仅占十六分之五，当是冬至所在月；二月、八月昼夜平分，各占十六分之八，当是春分、秋分所在月。按古六历中夏历或颛顼历的月序，岁首在孟春正月，仲春是二月、仲夏是五月、仲秋是八月、仲冬是十一月，则《尧典》、《吕氏春秋》记载的分至所在月，与秦简日夕表中列出的秦历月序及昼长数据完全相合。

　　与秦简日夕表数据相同的记载，还见于东汉王充《论衡·说日篇》：

　　　　五月之时，昼十一分，夜五分；六月，昼十分，夜六分。从六月往至十

　　一月，月减一分。

可知秦简的"日""夕"就是《论衡》所说的"昼""夜"，日夕表就是用来判定分、至，进而用来划分季节的，划分季节的依据就是昼夜长短的变化。

　　从秦简日夕表可以看出，当时的计时制度采用一日十六时制，自冬至至夏至，白昼每月增加一时，夜晚每月减少一时；自夏至至冬至，白昼每月减少一时，夜晚每月增加一时，昼夜长短是呈直线变化的。这说明除二至数据具有某种来源之外，其他数据是在冬夏二至昼夜长度之间通过直线内插所得（图六）。

　　地球上的昼夜长短除了与季节（实即太阳赤纬）有关之外，还与观测地的地理纬度有关。根据云梦秦简提供的冬、夏二至的昼长数据，利用球面天文学中的半昼弧

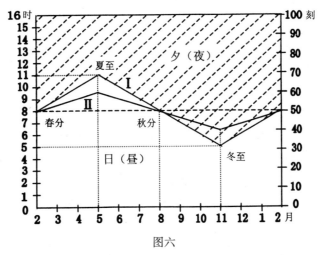

图六

Ⅰ秦简昼长变化线　　Ⅱ咸阳昼长变化线

公式 [14]

$$\cos t = -\tan\Phi\tan\delta$$

可以求出秦简二至昼长数据观测地的地理纬度，式中 t 为日落时的太阳时角，即赤纬圈上的半昼弧；Φ 为地理纬度；δ 为太阳赤纬。据秦简日夕表，夏至半昼弧

$$t = [\,(11/16)\div2\,]\times360°$$
$$= 123°.75$$

夏至太阳赤纬 $\delta=\varepsilon$（黄赤交角），取 $\varepsilon=23°.73$（公元前 250 年），代入半昼弧公式，则有

$$\Phi = 51°.65$$

这一纬度位置约当今贝加尔湖南岸色楞格河下游地区。

这一纬度的冬至日入方位角，据天文三角关系，有

$$\sin A = \cos\delta\sin t\div\sin Z$$

其中冬至日入时角 t，据秦简日夕表为

$$t = [\,(5/16)\div2\,]\times360° = 56°.25$$

代入上式，有

$$A = 49°.58 = 49°35'$$

那么，秦简日夕表关于冬夏二至昼夜分的数据，是否是实际观测所得呢？今以秦都咸阳的地理纬度 $\Phi=34°21'$ 入算，得冬至半昼

$$t = 72°.52$$

约合 16 时制的 3.2 时，则其昼长 6.4 时，多出日夕表 1.4 时（见图六）。

同理算得咸阳夏至昼长 9.6 时，少于日夕表 1.4 时。

兹将秦都咸阳、日晷、秦简日夕表、周髀模式的二至昼长、冬至日入方位角及其数据观测地计算纬度列如下表（表四），以资比较。

显然，日夕表数据不大可能基于咸阳的实测，也不可能由周髀模式而得到，而秦人的势力似乎未曾抵达贝加尔湖南岸地区，上述可能均应排除。计算表明，日夕表数据有可能源于日晷上的刻度：

日夕表冬至昼长合百刻制：5/16×360°÷360°/100 = 31.25 刻

日夕表夏至昼长合百刻制：11/16×360°÷360°/100 = 68.75 刻

---

〔14〕 [美] E. W. 伍拉德、G. M. 克莱门斯著，金和均、朱圣源、赵君亮译：《球面天文学》154 页，测绘出版社，1984 年；L. G. 塔夫著，凌兆芬、毛昌鉴译：《计算球面天文学》18 页，科学出版社，1992 年；金祖孟、陈自悟：《地球概论》（第三版），101 页，高等教育出版社，1997 年。

表四　二至昼长、冬至日入方位角及纬度

	夏至昼长	冬至昼长	冬至日入方位角（A）	计算纬度（Φ）
周　髀	72 刻	28 刻	45°	56°.52
日夕表	68.75 刻	31.25 刻	49°.58	51°.65
日　晷	62.64 刻	37.36 刻	57°.6	42°.93
秦都咸阳	59.71 刻	40.29 刻	60°.84	34°.35

可以看出日夕表冬夏二至昼夜分的数据，是将日晷面上的 1～69 刻整数化为 16 时制的结果；日晷夏至日出入方位夹角与日夕表夏至昼长数据，在数值上相对于百刻制的整数刻相等。

地平式日晷可用来进行不等间距记时，即等角距表记太阳的地平方位〔15〕。但古人把利用日晷进行不等间距记时的极值，等同于等间距记时的同一刻度，即把日晷的第 69 刻等同于漏刻记时的 69 刻，整数化为 16 时制等于 11 时，于是由此而产生秦简日夕表中冬、夏二至的数据。

为什么会在二至的昼夜分时刻把不等间距记时与等间距记时的数值等同起来呢？首先，可能当时的人们还没有时角坐标和地平坐标的概念，或者没有把两者严格地区分开来，从而导致在夏至昼长这个极值上把二者等同起来。其次，可能与当时人们的"日出"、"日入"观念〔16〕有关。如《淮南子·天文训》把包括晨、昏在内的白天长度划分为十五个时段，其中日出以前及日落以后的两个时辰，大约与现代天文及民用晨昏曚影相对应；在这十五个时段里，太阳所到达的位置，分别与大地上的相关地名联系在一起，如下表（表五）。《淮南子》的十五时加上"夜半"就是十六时。

从表五可以看出，自"旦明"至"黄昏"之前共历 11 时，与日夕表夏至所在月"五月日十一、夕五"相符合。

古人所谓"旦"或者"平旦"并非是我们现在所说的太阳从地平线上升起的意思。典籍记载在"平旦"之后有"日出"这样一个时辰，如王充《论衡·調时篇》说：

一日之中，分为十二时，平旦寅，日出卯也……

"日出卯"才与现在的日出是同一个概念。在古文字中"旦"字是一个会意字，上面一个"日"表示太阳，下面一横表示地平线，两个符号合在一起表示太阳刚刚从地平线上升起。但古人认为太阳从地下升起以后，要从"旸谷"出发，到"咸池"去沐浴，在这段时间内，人们是看不到太阳的，但可以看到太阳的曙光。屈原《天问》：

〔15〕　同〔8〕。

〔16〕　中国天文学史整理研究小组：《中国天文学史》117 页，科学出版社，1981 年。

表五　先秦不等时制

时序	《淮南子》太阳所至	不等时制			对应自然现象
		十六时	十二时	十二辰	
1	旸谷、咸池	晨明	鸡鸣	丑	始于天文晨光始
2	扶桑	朏明	平旦	寅	始于民用晨光始
3	曲阿	旦明	日出	卯	始于日出地平线
4	曾泉	早食	食时	辰	
5	桑野	宴食			
6	衡阳	隅中	隅中	巳	
7	昆吾	正中	日中	午	折中于午中
8	鸟次	小还	日昳	未	
9	悲谷	餔时	哺时	申	
10	女纪	大还			
11	渊隅	高舂	日入	酉	
12	连石	下舂			
13	悲泉	悬车			止于日入地平线
14	虞渊	黄昏	黄昏	戌	止于民用昏影终
15	蒙谷	定昏	定昏	亥	止于天文昏影终
16		夜半	夜半	子	折中于夜半

　　角宿未旦，灵耀安藏？

意思是问：太阳宿于角星、还未从地平线上升起之前，它的光芒收藏在哪里呢？古人认为能够见到曙光，是因为太阳已出地，只不过人们看不见它而已。太阳在"咸池"洗浴之后，再升上"扶桑"树，人们才能见到"日出"。根据这样的记载，《淮南子·天文训》中的"晨明"、"黄昏"大致相当于现代天文曚影时刻，"平旦"、"定昏"大致相当于现代民用曚影时刻（表五）。

　　准上所考，则秦简日夕表二至昼分与咸阳实测昼长不符的问题得到解决：前者比后者多出 9 刻，是因为前者包含鸡鸣（晨明）、平旦（朏明）及黄昏、定昏时刻在内，设为等时制则可以计算当时的黄昏、平旦时刻长度：

$$昏旦时刻 = （68.75 - 59.71）/4 = 2.26 刻$$

这是假设等时的情况。制度化的昏旦时刻，较之实际的曚影时刻，肯定存在一定的偏差，但与这一数值相去不会太远；参照文献记载，我认为秦时的昏旦时刻当以 2.5～3 刻为宜[17]。

---

[17] 《隋书·天文志上》及孔颖达《礼记正义》记昏、旦各 2.5 刻；蔡邕《月令章句》、郑玄《仪礼》
　　　注及《文选·新漏刻铭》注引《五经要义》均记昏、旦各 3 刻。

三、太阳位置的观测

太阳的视位置与地球上的季节变化密切相关，是制订历法的重要依据，农历中的二十四节气就是根据太阳位置确定的。古书把太阳位置叫"日躔"，求太阳位置的方法叫做"求日躔度"。

（一）昏旦中星测日法

《吕氏春秋·十二纪》载有一年十二个月的日在位置及昏、旦中星，《礼记·月令》所记几乎全同，《淮南子·时则训》仅载昏、旦中星，亦与《吕览》同。汉武帝时为造太初历，落下闳等曾"候昏明中星，步日所在"。可见昏旦中星测日法是古人测算太阳位置的通用方法。

昏、旦中星测日法首先规定统一的昏旦时距，即统一以日落后及日出前多少刻为昏终、旦始时刻；然后借助计时工具（如漏刻）量出日落后或日出前相应的昏旦时刻，在此刻进行昏、旦中星的观测。根据这样测得的昏、旦中星（距度），很容易推算出太阳位置（图七）。

（1）午中日躔

正午时的太阳位置位于昏终时南中天恒星与旦始时南中天恒星之间的中分线（角平分线）上，即

午中日躔＝（昏中经－旦中经）/2＋旦中经

该中分线的另一端指向夜半中星。

（2）夜半日躔

夜半时按"日行一度（距度）"计，太阳距午中位置移动了

半周天/周天度＝0.5度[18]

故于午中日躔加半度，即得到夜半日躔。

（3）晨初日躔

史载秦历上元"晨初立春"[19]，即颛顼历以晨初（旦始）为一日之始，故

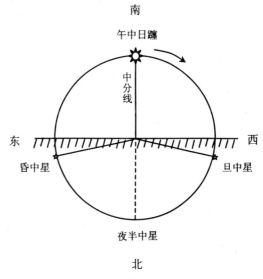

图七　昏旦中星测日法

---

[18] 本文凡用"度"为单位者表示距离：今度周天365.25度，古度取366度；凡标"°"者表示360°制。

[19] 《新唐书·历志》载僧一行《大衍历议·日度议》，见《历代天文律历等志汇编》（七），2191页，中华书局，1976年。

于颛顼历当推算晨初（旦始）的太阳位置。考虑到晨初至午中的太阳位置移动了

$$晨至午日行度＝午日距旦中星度／周天度$$

故有：

$$晨初日躔＝午中日躔－午日距旦中星度／周天度$$

传世典籍《吕氏春秋·十二纪》、《礼记·月令》、《淮南子·时则训》等载有一套先秦时期一年十二月的昏、旦中星及日在位置，出土文献云梦秦简《日书》甲编、乙编[20]载有一套日在位置，列如表六。

表六　昏旦中星及日在位置表

月份	位置	吕氏春秋	月令	时则训	日书甲	日书乙	月份	位置	吕氏春秋	月令	时则训	日书甲	日书乙
正月	日在	营室	同		同	同	七月	日在	翼	同		张	张
	昏中	参	同	同				昏中	斗	建星	斗		
	旦中	尾	同	同				旦中	毕	同	同		
二月	日在	奎	同		同	（奎）	八月	日在	角	同		同	同
	昏中	弧	同	同				昏中	牵牛	同	同		
	旦中	建星	同	同				旦中	觜觿	同	同		
三月	日在	胃	同		同	同	九月	日在	房	同		牴	氐
	昏中	七星	同	同				昏中	虚	同	同		
	旦中	牵牛	同	同				旦中	柳	同	同		
四月	日在	毕	同		同	同	十月	日在	尾	同		心	心
	昏中	翼	同					昏中	危	同	同		
	旦中	婺女	同					旦中	七星	同	同		
五月	日在	东井	同		同	同	十一月	日在	斗	同		同	（斗）
	昏中	亢	同	同				昏中	东壁	同	壁		
	旦中	危	同					旦中	轸	同	同		
六月	日在	柳	同		同	西	十二月	日在	婺女	同		须女	婺女
	昏中	心	火	同				昏中	娄	同	同		
	旦中	奎	同	同				旦中	氐	同	同		

---

[20]《云梦睡虎地秦墓》编写组：《云梦睡虎地秦墓》第 776～787、975～1000 简，图版一一九～一二〇、一五〇～一五二，文物出版社，1981 年。

从表六可以看出《礼记·月令》、《淮南子·时则训》所载昏、旦中星及日在位置，与《吕氏春秋·十二纪》基本相同，可见它们都受到了吕不韦"更考中星"[21]的影响。至于秦简《日书》的日在位置与《吕氏春秋》所记差异较大，则是由于适用不同的距度体系造成的（说详下）。兹就《吕氏春秋》所记昏、旦中星推算其日在位置，看与其记载的日在位置是否自洽？推算采用颛顼历的"星分度"，即《淮南子·天文训》记载的"今度"（见表一一）。所算"晨初日躔"以日出前三刻为准，计算"晨初至午中日行度"所需"日出前三刻距中星度"见本文表一三。计算结果列如表七，图示参见本文图一六（图中粗墨线条表示《吕氏春秋》所记昏、旦中星与日在位置；空框表示根据《吕氏春秋》所记昏、旦中星推算的日在位置）。

表七　据昏旦中星推算的日在位置

| 月份 | 节气 | 吕氏春秋·十二纪 | | | 据昏旦中星推算的日在位置 | | | 吕览与晨初值的误差 |
		昏中星	旦中星	日在	午中日躔	晨至午日行度	晨初日躔	
1	立春	参	尾	营室	危 13.63～室 10.38 度	0.25 度	危 13.38～室 10.13 度	合
2	惊蛰	弧[鬼]	建星[斗]	奎	奎 7.5～娄 6.5 度	0.27 度	奎 7.23～娄 6.23 度	合
3	清明	七星	牵牛	胃	胃 3.5～胃 11.0 度	0.29 度	胃 3.21～胃 10.71 度	合
4	立夏	翼	婺女	毕	昴 4.5～毕 8.5 度	0.31 度	昴 4.19～毕 8.19 度	合
5	芒种	亢	危	东井	井 2.5～井 15.5 度	0.33 度	井 2.17～井 15.17 度	合
6	小暑	心	奎	柳	鬼 3.5～柳 10.0 度	0.33 度	鬼 3.17～柳 9.67 度	合
7	立秋	建星[斗]	毕	翼	翼 3.13～轸 6.13 度	0.31 度	翼 2.82～轸 5.82 度	合
8	白露	牵牛	觜巂	角	轸 4.13～轸 9.13 度	0.29 度	轸 3.81～轸 8.84 度	＋8.16 度
9	寒露	虚	柳	房	氐 2.13～氐 14.63 度	0.27 度	氐 1.86～氐 14.36 度	＋0.64 度
10	立冬	危	七星	尾	氐 14.63～尾 1.63 度	0.25 度	氐 14.38～尾 1.38 度	合
11	大雪	东壁	轸	斗	箕 9.63～斗 11.63 度	0.23 度	箕 9.4～斗 11.4 度	合
12	大寒	娄	氐	婺女	牛 3.88～女 9.38 度	0.23 度	牛 3.65～女 9.15 度	合

计算表明《吕氏春秋》所记一、二、三、四、五、六、七、十、十一、十二月等十个月的昏、旦中星与日在位置完全能自洽。九月所记与计算日在位置仅差 0.64 度，约合 0.18 刻，今之 2 分 31 秒——1 度左右的误差在先秦时代是完全正常的。惟八月所记误差很大，多出计算日在位置 8.16 度，约合 2.23 刻，今之 32 分 8 秒——引起这样

〔21〕《新唐书·历志》载僧一行《大衍历议·日度议》，见《历代天文律历等志汇编》（七），2184 页，中华书局，1976 年。

大的差值需昏、旦时刻各被误记拉长 1 刻多，这在当时已经具备的技术条件下是不允许的。八月秋分在角，角宿是二十八宿的第一宿，《楚辞·天问》"角宿未旦"即以"角"指代二十八宿，大约在二十八宿形成早期即将起点置于秋分，形成"秋分在角"的传统观念。故八月"日在角"不大可能有误，而有可能是该月的昏、旦中星被误记。

（二）曾侯乙墓漆箱天文图中的昏、旦中星与日在位置

利用昏、旦中星测算太阳位置更早的实物例证是曾侯乙墓漆箱（E.66）天文图[22]。

如图八所示：漆箱盖面、前侧面及左右两挡共绘有四幅天文图像，有关专家根据盖图内容将其定名为"二十八宿青龙白虎图像"，得到学术界的公认，然而对于漆箱两挡、侧面所绘图像及盖图历日等的证认与解释，则歧见纷披，迄无定说[23]。我认为漆箱左侧图表现的是昏中星——天狼星，前侧图是旦中星——房星，右侧图是日在位置——营室与东壁之间，述如下。

漆箱左挡头绘一张开四肢、伏地而卧的兽形图案，兽头、兽尾很特别——如果去掉兽身，只把首、尾连接起来，便构成人形，即"矢"字的象形，表示此兽被矢射中，就是文献记载中的"弧矢射狼"[24]（图八）。

漆箱右挡头描绘一白日落入草丛之中，实际上是一个"莫"（暮）字的象形，即屈原《楚辞·九歌·东君》中所描述的"举长矢兮射天狼"的"东君"[25]。云梦秦简《日书》（乙编）载有"清旦、食时、日则、莫夕"[26]几个时辰名称，漆箱"莫"字与秦简"莫夕"是同一个意思，指日暮黄昏时分。落日的两侧各有两星，当为营室和东壁，表示日在营室与东壁之间（见图八）。

---

〔22〕湖北省博物馆：《曾侯乙墓》356 页，文物出版社，1989 年。

〔23〕黄建中等：《擂鼓墩一号墓天文图像考论》，《华中师范学院学报》（自然版），1982 年 4 期；张闻玉：《曾侯乙墓天文图像研究》，《贵州文史资料丛刊》1989 年 2 期，92~100、88 页；张闻玉：《曾侯乙墓天文图像"甲寅三日"之解释》，《江汉考古》，1993 年 3 期；王小盾：《火历质疑》，《中国天文学史文集》（第六集），112~151 页，科学出版社，1994 年；李勇：《再论"曾侯乙墓出土的二十八宿青龙白虎图像"》，《中国天文学史文集》（第六集），282~292 页，科学出版社，1994 年；冯时：《中国早期星像图研究》，《自然科学史研究》1990 年第 9 卷 2 期，108~118 页。

〔24〕屈原《楚辞·九歌·东君》："举长矢兮射天狼。"《开元占经》卷六十八《石氏外官·狼星占》引《荆州占》曰："狼者，贼盗；弧者，天弓，备贼盗也。故弧射狼，矢端直者，狼不敢动摇。"又《弧星占》引《石氏》曰："弧星者，天弓也，以备贼盗。狼星为奸寇，弧星为司其非，其矢常欲直，狼则不敢动。"

〔25〕东汉王逸《楚辞》注："东君，日也……日为王者，王者受命，必诛贪残，故曰：'举长矢，射天狼'，言君当诛恶也。"

〔26〕《云梦睡虎地秦墓》编写组：《云梦睡虎地秦墓》第 1128 简，图版一六三，文物出版社，1981 年。

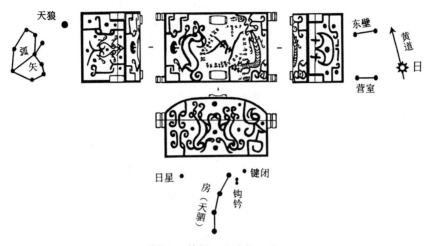

图八　曾侯乙墓漆箱天象

这一日在位置屡见于文献记载，如《国语·周语上》：

农祥晨正，日月底于天庙。

三国吴韦昭注：

天庙，营室也。孟春之月，日月皆在营室也。

江陵九店五十六号楚墓第 96 号竹简 [27] 载有某月合朔时的太阳位置，其文曰：

☑□朔于罃，夏层□，高月□，夏柔□，八月□，九月□徙，十月□□。

"罃"是"营室"的合文，依照楚月名的顺序"朔于罃"之前的月名应是"酮层"，按月序应是楚历（亥正）4 月、夏历（寅正）正月 [28]，即谓农历正月日月合朔于营室。

云楚睡虎地秦简《日书》[29]：

正月，营室。

《吕氏春秋·孟春纪》、《礼记·月令》：

孟春之月，日在营室，昏参中，旦尾中。

《淮南子·天文训》：

天一元始，正月建寅，日月俱入营室五度。天一以始建七十六岁，日月

复以正月入营室五度，无余分，名曰一纪。

---

〔27〕 李家浩：《江陵九店楚墓五十六号墓竹简释文》，《江陵九店东周墓》附录二，科学出版社，1995 年。

〔28〕 武家璧：《楚用亥正历法的新证据》，《中国文物报》1996 年 4 月 21 日第三版。

〔29〕《云梦睡虎地秦墓》编写组：《云梦睡虎地秦墓》第 779、975 简，图版一二〇、一五〇，文物出版社，1981 年。

据上引文献，准确的立春点位置应该是"营室五度"。这一距离位置在营室、东壁两宿距星之间，与漆箱右挡图所表现的星数及其位置正好相符（见图八）。

漆箱前侧面中央竖排的四颗大星是房星，又叫"天驷"[30]，其两侧的兽形图案就是天驷的象形；天驷左侧一星为日星，右侧三星分别为钩钤二星、键闭一星[31]（见图八）。

前侧图方向可由日星、键闭星相对于房星的位置而推知。由上引"日一星房中道前（西）"、"键闭一星在房东北"可知漆箱侧图的方向为：上北下南、左西右东。这样的方向同样适用于两挡图，如左挡图左侧有一颗大星表示天狼星（见图八），此图左为西，而在实际天象中天狼星正是位于弧矢星的西侧。这种方位体系，是以漆箱盖为天顶、两挡及侧面为天边，自"天下"（箱中）向"天边"（挡、侧）正视而得到的实际方位，整个构图视漆箱为一个宇宙模型（图九）。

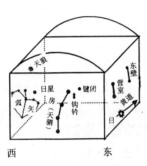

图九　曾侯乙墓漆箱天象模型

我认为这种方位设置以及在漆箱顶部、两挡、前侧布置天文图，而将底部及后侧空缺的布置方法，可能是受了"盖天说"的影响。如盖天说认为人们所见的天顶并不是天的中央，只有天极才是天的中心——漆箱盖图将北斗置于中部，周围环以二十八宿，就是这种"极为天中"观念的反映。又如盖天说认为"天形如倚盖"，这包含有两层意思：其一是说天只有"盖"，没有底；其二是说天是一个斜倚的盖子，盖顶偏向一侧，那么斜倚一侧的大部分"天"是隐没于地平线下看不见的，只有其他三侧才能看见比较完整的"天"。漆箱底部及后侧没有布置图像，就是这种宇宙观在制图上的反映。总之，漆箱天文图的布局与战国时期流行的宇宙结构理论——"盖天说"是相符合的。"盖天说"在传世典籍《周髀算经》中有比较完整的记载，但《周髀算经》的成书年代一般认为在两汉之际（公元 1 世纪前后），曾侯乙墓天文图的出土证明中国古代宇宙理论"盖天说"，至迟在战国早期即已形成。

房星旦中是岁首星象，故曾侯乙墓出土另一漆箱上有漆书文字谓之"兴岁之驷"（E.61）[32]。房星又称农祥[33]，即《国语·周语上》虢文公所谓"农祥晨正，日月底于天庙"中的农祥星。显然漆箱前侧及两挡图像是一个整体，意在表现昏、旦中星与日

---

〔30〕《史记·天官书》："房为天府，曰天驷。"《晋书·天文志》："房四星……亦曰天驷。"

〔31〕武家璧：《曾侯乙墓漆箱房星图考》，《自然科学史研究》2001 年第 20 卷第 1 期，90～94 页。

〔32〕同〔22〕，357 页。

〔33〕《国语·周语下》："月在天驷……月之所在，辰马农祥也。"《周语上》："农祥晨正。"韦昭注："农祥，房星也……农时之候，故曰农祥也。"

在位置。今取房宿三（天蝎座δ）[34]、室宿一（飞马座α）为距星，则春秋战国之际"营室五度"所对应的赤经，正好位于天狼星（大犬座α）与房宿三（天蝎座δ）之间的中分线（角平分线）密近处（图一〇）；以此中分线为午中躔，则"营室五度"与正午时太阳位置的误差不超过0.8°；与夜半时的太阳位置误差仅0.3°左右（表八）。

这当然不大可能是偶然的巧合，而恰恰证明文献中屡见不鲜的颛顼历历元立春在营室五度的数据，就是通过昏旦中星测定的[36]。立春日期有可能是从冬至日顺推三个平气得到的，但立春日躔度应当是通过昏旦中星测算出来的。《易·系辞传》曰"天垂象，见吉凶，圣人则之"，如图八所示"农祥（房星）晨正（旦中），日月底于天庙（营室）"就是"天垂"之象，圣人则之以为历元，故颛顼历立春在营室五度有可能是依上述方法用昏旦中星实测得到的[37]。

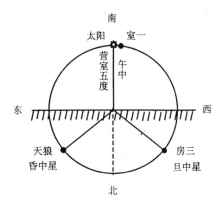

图一〇　曾侯乙墓漆箱天文图中的昏旦中星与日在位置

表八　曾侯乙墓天文图昏旦中星与日在位置对照表[35]

公元年份	昏中星	旦中星	午中日躔	夜半日躔	室宿距星	营室五度		
	天狼星（大犬座α）	房宿三（天蝎座δ）	狼、房三中分线赤经	午中日躔+0.5度	室宿一（飞马座α）	对应赤经	与午中日躔之差	与夜半日躔之差
前500	73°.74	205°.18	319°.46	319°.95	315°.30	320°.23	0°.77	0°.28
前450	74°.29	205°.84	320°.06	320°.56	315°.92	320°.85	0°.79	0°.29
前400	74°.84	206°.50	320°.67	321°.16	316°.55	321°.47	0°.8	0°.31

[34] 战国秦汉之际二十八宿距星有"今距"（石氏）、"古距"之分，王健民、刘金沂认为房宿今、古距星相同（房宿一，天蝎座π）；潘鼐认为今距为房宿一、古距为房宿三（天蝎座δ）。本文从潘鼐，取古距房宿三（天蝎座δ）为距星。参见王健民、刘金沂：《西汉汝阴侯墓出土圆盘上二十八宿古距度的研究》，《中国古代天文文物论集》59～68页，文物出版社，1989年；潘鼐：《中国恒星观测史》12、29页，学林出版社，1989年。

[35] 此表中的数据采自中国科学院陕西天文台刘次沅先生编撰并向本人提供的《历史星表》（未刊）。

[36] 潘鼐先生认为："西汉以前用恒气，不知日行赢缩，还不能测定立春日太阳位置，故立春日躔当为自冬至点顺推而得。"见潘鼐：《中国恒星观测史》32页，学林出版社，1989年。

[37] 虽然"中星"可以指某个距度而不一定要求有恒星位于这一距度上，但立春日在营室五度恰好位于两颗亮星的角平分线上，说明这一特定位置是通过昏（旦）中距星而不是通过昏（旦）中距度来测定的。

　　关于曾侯乙墓的年代，据墓中出土镈钟铭文记载楚惠王五十六年（公元前 433 年）楚王熊章曾经制造镈钟用来祭奠曾侯乙，这年应该是曾侯乙的葬年。漆箱盖图在亢宿下注记有"甲寅三日"四字，即某月初三日为甲寅，那么此月必朔壬子，查张培瑜《中国先秦史历表》[38] 寅正栏，正好公元前 433 年正月壬子朔。这表明整个漆箱天文图包括箱盖、前侧及左右两挡上的分图，都统一于同一个历元，即公元前 433 年农历正月初三甲寅日。

　　综上所述，虽然至战国晚期《吕氏春秋》才有关于昏、旦中星及日在位置的比较系统完备的记载，而时代为战国早期的曾侯乙墓漆箱天文图，即已提供了运用昏旦中星法测得太阳位置的实物图像资料，而且这一图像所表现的内容与西周宣王时虢文公所表述的立春天象"农祥晨正，日月底于天庙"正相符合，因此我认为至迟在西周晚期以前，我们的祖先已经掌握利用昏旦中星法测得太阳位置的方法。

四、二十八宿与中星观测

（一）关于二十八宿

　　观测日月五星的运行，需要建立相应的参考坐标系，古希腊用黄道坐标系，中国古代用二十八宿，又叫做"二十八舍"。

　　据研究，中国的二十八宿坐标体系完全不同于古代希腊天文学的黄道坐标系，属于赤道坐标系[39]，使用赤经差（入宿度）和赤纬的余角——极距（去极度）来表示天体的位置。其表示赤经位置的具体做法是：把赤道划分为二十八区，每一宿代表一区；每一宿的标志星叫"距星"，用"距度"表示该宿距星与下一宿距星之间的赤经差；天体进入某宿的距度位置称之为"入宿度"，指天体与该宿距星之间的赤经差。这种独特的坐标体系是中国古代天文学区别于西方天文学的显著特征。

　　1. 二十八宿星名体系

　　二十八宿中的一些著名亮星，在比较早的文献如《尚书》、《诗经》、《左传》、《国语》等先秦典籍中有零星的记载，至战国早期曾侯乙墓漆箱"二十八宿青龙白虎"天文图始见有完整的二十八宿星名体系。

　　兹将汉以前传世典籍及出土文献中有关二十八宿星名的记载列为表九、表一○。

---

[38]　张培瑜：《中国先秦史历表》179 页，齐鲁书社，1987 年。

[39]　[英] 李约瑟：《中国科学技术史》第四卷"天学"第一分册，138～139 页，科学出版社，1975 年；同 [16]，46～47 页。

表九　汉以前传世典籍中的二十八宿

	角	亢	氐	房	心	尾	箕	斗	牛	女	虚	危	室	壁	奎	娄	胃	昴	毕	觜	参	井	鬼	柳	星	张	翼	轸
尧典					火						虚							昴							鸟			
诗经					火		箕	斗					定					昴	毕		参							
国语	辰角	天根	本	农祥天驷辰马驷	火			建星	牵牛				天庙营室															
左传					心火大辰大火商辰星	尾辰尾				婺女	虚		水大水								参晋星			咮鹑鹑火				
夏小正			辰		大火													昴			参			鞠				
尔雅	角	亢	氐	房	心	尾	箕	斗	牵牛		虚		营室	东壁	奎	娄		昴	毕					咮				
石氏	角	亢	氐	房	心	尾	箕	斗	牵牛	婺女	虚	危	营室	东壁	奎	娄	胃	昴	毕	觜觿	参	东井	舆鬼	柳	七星	张	翼	轸
甘氏	角	亢	氐	房	心	尾	箕	建星	牵牛	婺女	虚	危	营室	东壁	奎	娄	胃	昴	毕		参	狼	弧	注	七星	张	翼	轸
吕览	角	亢	氐	房	心	尾	斗	建星	牵牛	婺女	虚	危	营室	东壁	奎	娄	胃		毕	觜嶲	参	东井	弧	柳	七星		翼	轸
月令	角	亢	氐	房	心	尾	斗	建星	牵牛	婺女	虚	危	营室	东壁	奎	娄	胃		毕	觜觿	参	东井	弧	柳	七星		翼	轸
淮南子	角	亢	氐	房	心	尾	箕	斗	牵牛	须女	虚	危	营室	东壁	奎	娄	胃	昴	毕	觜嶲	参	东井	舆鬼	柳	星	张	翼	轸
太初历	角	亢	氐	房	心	尾	箕	建星	牵牛	婺女	虚	危	营室	东壁	奎	娄	胃	昴	毕		参罚	东井	舆鬼	注	七星	张	翼	轸
史记	角	亢	氐	房	心	尾	箕	斗	牵牛	婺女	虚	危	营室	东壁	奎	娄	胃	昴	毕	觜觿	参	东井	舆鬼	柳	七星	张	翼	轸
汉书	角	亢	氐	房	心	尾	箕	斗	牛	女	虚	危	营室	壁	奎	娄	胃	昴	毕	觜	参	井	鬼	柳	星	张	翼	轸

表一〇　汉以前出土文献中的二十八宿

文献		角	亢	氐	房	心	尾	箕	斗	牛	女	虚	危	室	壁	奎	娄	胃	昴	毕	觜	参	井	鬼	柳	星	张	翼	轸
曾侯乙墓天文图		角	犾	氐	房	心	尾	箕	斗	牵牛	娿女	虚	危	西萦	东萦	圭	娄女	胃	矛	毕	此佳	参	东井	与鬼	西	七星	张	翼	车
秦简日书	甲种	角	亢狁	牴	房	心	尾	箕	斗	牵牛	须女	虚	危	营室	东辟	奎	娄	胃	卯茅	毕	此冏此巂	参	东井	舆鬼	西	七星	张	翼	轸
	乙种	角	亢	氐	房	心	尾	箕	斗	牵牛	婺女	虚		营室	东臂	奎	娄	胃	卯	毕	此巂	参	东井	舆鬼	西	七星	张	翼	轸
马王堆帛书五星占		角	亢	氐	房	心	尾	箕	斗	牵牛	婺女	虚	危	营室西壁	东辟	睢	娄	胃	茅	毕	觜角	伐	东井	鬼、舆鬼	柳	七星	张	翼	轸
夏侯灶墓圆盘		角	亢	氐	房	心	尾	箕	斗	牵牛	婺女	虚	危	营室	东壁	奎	娄	胃	昴	毕	觜	参	东井	舆鬼	柳	七星	张		轸

从表九、表一〇可以看出，战国中晚期文献记载中出现石氏和甘氏两套二十八宿星名体系。战国早期曾侯乙墓漆箱天文图中的二十八宿与石氏体系基本相同，云梦睡虎地秦简《日书》、长沙马王堆汉墓帛书《五星占》、西汉早期汝阴侯夏侯灶墓圆盘所载二十八宿，也属于石氏星名体系，可见石氏体系来源十分古老，影响十分深远。石氏体系经过《淮南子》、《史记》、《汉书》的传承而基本定型，成为流传至今的二十八宿星名体系。

甘氏体系与石氏体系相比，有两个明显特征：其一，甘氏采用天空中偏南的罚、狼、弧取代石氏体系中偏北的参、东井、舆鬼等三宿，这大约与甘氏体系的创立者甘德生活在南方楚国地区有关[40]；其二，甘氏采用建星取代石氏斗宿的位置。先秦古历采用冬至太阳位置在牵牛初度这一数据，这是符合战国初期的实际情况的，但由于岁差的原因，随着时间的推移，冬至点逐渐离开牵牛初进入建星[41]或斗宿所在区域，故西汉太初历采用元封七年（前 104 年）"十一月甲子朔旦冬至，日月在建星"的新历元。甘氏可能发现冬至点已经离开牵牛初度，故采用靠近牛初的建星而不用石氏体系中较远的斗宿，以便更好地标示冬至日躔。如果这一推测不误，那么中国天文学史上

---

[40]　王胜利：《楚文化志·天文学》，《楚文化志》第十三章，277~288 页，湖北人民出版社，1988 年。
[41]　《吕氏春秋》高注："弧在舆鬼南，建星在斗上。"

最早发现冬至点西移的应是楚人甘德。甘氏的这一改革是比较先进的，有利于准确地描述冬至点的位置。《吕氏春秋·十二纪》及《礼记·月令》基本上属于甘氏星名体系，为了保留建星位置，二者干脆将南斗宿位秩序前移以取代箕宿，从而将空位留给建星。太初历杂采石氏、甘氏星名，其目的之一也是为了保留建星，以便于直观地描述冬至点所在位置。西汉末年刘歆复古，作三统历，废弃太初历二十八宿星名体系而不用，在改用石氏古星名的同时，又取太初历重新测定的二十八宿距度体系，见载于《汉书·律历志》。后汉四分历在三统历基础上根据实测重新加以校订，加上了斗分，这就是后来流传至今的二十八宿体系。刘歆的复古和后汉四分历的继承更使得石氏体系重新流行，遂使甘氏体系湮没无闻。因此甘氏体系存在和影响的时间较短，这就是为什么出土文献中的星名多同于石氏的主要原因。

2．二十八宿距度体系

二十八宿体系形成的标志除了星名完备之外，更为重要的标志是距度的划分，因为只有确定距星和划分距度之后，人们才可以依据中星距度、昼夜长短和昏旦时刻来推算太阳位置，从而体现出二十八宿作为太阳"宿"、"舍"的真正意义。兹将典籍及出土文物中的二十八宿距列为表一一。

表一一 二十八宿距度对照表

		角	亢	氐	房	心	尾	箕	斗	牛	女	虚	危	室	壁	奎	娄	胃	昴	毕	觜	参	井	鬼	柳	星	张	翼	轸
今度	淮南子天文训	12	9	15	5	5	18	11 1/4	26	8	12	10	17	16	9	16	12	14	11	16	2	9	33	4	15	7	18	18	17
	汉书律历志	12	9	15	5	5	18	11	26	8	12	10	17	16	9	16	12	14	11	16	2	9	33	4	15	7	18	18	17
度	开元占经引石氏	12	9	15	5	5	18	11	26 1/4	8	12	10	17	16	9	16	12	14	11	17	1	[9]	33	4	15	7	18	18	17
古	夏侯灶墓圆盘		11		7	11	9	10	22	9		14	6	20	15	11	15	11	15	15	6	9	26	5	18	12			
度	洪范传古度	12[9]	17	7	12	9	11	11 1/4	22	9	10	14	9	20	15	12	15	11	15	15	6	9	29	5	18	13	13	13	16

从表一一可以看出，二十八宿距度可分为两个体系，二者同时见载于唐《开元占经》所转引的《石氏》和刘向《洪范传》。石氏距度可能较早是在战国中期由魏国天文学家石申测制的，汉武帝时期为制订《太初历》由唐都、落下宏重新实测校订，后世沿用，故又称为"今度"。另一套距度《开元占经》引《洪范传》径称之为"古度"，大约是相对石氏"今度"而言。《淮南子》及汉志所载属于今度；西汉夏侯灶墓出土漆

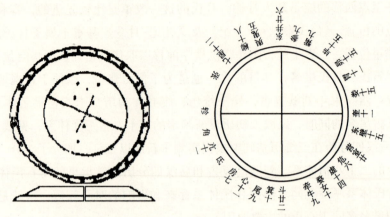

图一一　西汉汝阴侯夏侯灶墓出土的漆圆盘（左）及漆圆盘古度（右）示意图

圆盘（图一一）所载与《洪范传》古度大同小异，显然同属于古度体系，证明刘向所记是有根据的。学者对这些数据进行归算，证明它们都是一定历史时期二十八宿距星之间的赤经差，依据这些数据可以证认二十八宿各宿的距星[42]。

下面分别以立春在"营室五度"、冬至在"牵牛初度"[43]为起算点，以平气长度为间隔单位，各用今度、古度推算相应的节气、中气日躔度，看是否与先秦传世典籍及出土文献所记日在位置相合。

今度取《开元占经》所引石氏距度，周天 365 1/4 度；古度则以《洪范传》所记并参校夏侯灶墓圆盘数据，取定为：角 12，亢 11，氐 17，房 7，心 11，尾 9，箕 10，斗 22，牛 9，女 10，虚 14，危 9，室 20，壁 15，奎 12，娄 15，胃 11，昴 15，毕 15，觜 6，参 9，井 29，鬼 5，柳 18，星 13，张 13，翼 13，轸 16，周天 366 度。

---

[42] 新城新藏：《支那上代的历法》，《艺文》第四年上，1913 年；上田穰：《石氏星经的研究》，《东洋文库论丛》东京第十二期，1929 年；能田忠亮：《甘石星经考》，《东方学报》京都第一号，1931 年；薮内清：《汉代观测技术和〈石氏星经〉的年代》，《日本学者研究中国史论著选译》第十卷《科学技术》1～36 页，中华书局，1992 年；潘鼐：《我国早期的二十八宿观测及其时代考》，《中华文史论丛》第三辑，137～182 页，上海古籍出版社，1979 年；王健民、刘金沂：《西汉汝阴侯墓出土圆盘上二十八宿距度的研究》，《中国古代天文文物论集》59～68 页，文物出版社，1989 年；郭盛炽：《〈石氏星经〉观测年代初探》，《自然科学史研究》1994 年第 13 卷第 1 期，18～26 页；孙小淳：《汉代石氏星官研究》，《自然科学史研究》1994 年第 13 卷第 1 期，123～138 页；胡维佳：《唐籍所载二十八宿星度及"石氏"星表研究》，《自然科学史研究》1994 年第 17 卷第 2 期，139～157 页。

[43] 关于"冬至牛初"的讨论，参见 何妙福：《岁差在中国的发现及其分析》，《科技史文集》第 1 辑，22～30 页，上海科学出版社，1978 年；同 [16]，91～93 页；李鉴澄：《岁差在我国的发现、测定和历代冬至日所在的考证》，《中国天文学史文集》（第三集），科学出版社，1984 年；潘鼐：《中国恒星观测史》32～38 页，学林出版社，1989 年。

例：以正月立春在"营室五度"，用石氏距度推算二月惊蛰点位置。立春至惊蛰日距为

$$（365.25 度÷24）×2＝30.44 度$$

按石氏距度自室 5 度加 30.44 度，则入奎宿 10.44 度，是为惊蛰日躔度。

又：以十一月冬至在"牵牛初度"，用古度推算十二月大寒点位置。冬至至大寒日距为

$$2×（366 度÷24）＝30.5 度$$

按古度自牛 0 度加 30.5 度，则入虚宿 11.5 度，是为大寒日躔度。

兹将《吕氏春秋》、秦简《日书》所记日在位置及按上法推算的节气、中气日躔度列为表一二。

表一二　吕览、秦简日在位置与计算日躔度表

日在\月份	吕氏春秋	春简日书	以立春在营室五度推算					以冬至在牵牛初度推算				
			节气	石氏距度	与吕览	古度	与秦简	中气	石氏距度	与吕览	古度	与秦简
正　月	营室	同	立春	室 5	合	室 5	合	雨水	室 13.88	合	室 19	合
二　月	奎	同	惊蛰	奎 10.44	合	奎 0.5	合	春分	娄 3.31	合	娄 2.5	合
三　月	胃	同	清明	胃 12.88	合	胃 4	合	谷雨	昴 7.75	不合	昴 7	不合
四　月	毕	同	立夏	参 0.31	不合	毕 8.5	合	小满	井 0.19	不合	参 1.5	不合
五　月	东井	同	芒种	井 21.75	合	井 9	合	夏至	井 30.63	合	井 23	合
六　月	柳	同	小暑	星 0.19	不合	柳 5.5	合	大暑	张 2.06	不合	星 1.5	不合
七　月	翼	张	立秋	翼 5.63	合	张 5	合	处暑	翼 14.5	合	翼 6	不合
八　月	角	同	白露	角 1.06	合	轸 9.5	不合	秋分	角 9.94	合	角 7.5	合
九　月	房	氐	寒露	氐 10.5	不合	氐 1	合	霜降	房 4.38	合	氐 15	不合
十　月	尾	心	立冬	尾 15.94	合	心 7.5	合	小雪	箕 6.81	不合	箕 1.5	不合
十一月	斗	同	大雪	斗 17.38	合	斗 8	合	冬至	牛 0	不合	牛 0	不合
十二月	婺女	同	小寒	虚 1.81	不合	女 7.5	合	大寒	危 0.44	不合	虚 11.5	不合

从表一二可以看出，以"冬至牛初"为起算点推算的中气日躔度与《吕氏春秋》及秦简《日书》所记日在位置差异甚大，可以排除；以"立春室五"为起算点、用石氏距度所推的节气日躔度则与《吕氏春秋》所记日在位置大致相符（图一二）；同样以"立春室五"为起点用古度所推的节气日躔度与秦简《日书》所记日在位置，除八月秋分在角不符之外，其他完全相合（图一三）。

以上事实使我相信：战国秦时，石氏距度与"古度"两种距度体系曾经同时并存。两种距度体系都以立春在"营室五度"为起算点，那么从理论上讲这一天象发生的

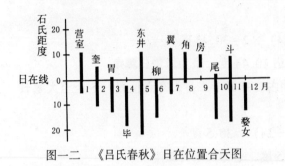

图一二　《吕氏春秋》日在位置合天图

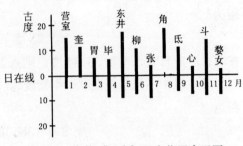

图一三　秦简《日书》日在位置合天图

年代就应是二十八宿体系形成的时代。

测定立春点的方法可能是这样的：

首先，通过漏刻和圭表测定冬至日，即晷影最短、白昼最长的那一天是冬至日；

其次，"距日冬至四十六日而立春"[44]，据此而确定立春日；

再次，通过昏、旦中星测定立春日的太阳位置。

立春在"营室五度"的年代可以通过岁差求得：

距星室宿一（飞马座α）今赤经为346°.18（公元2000年）[45]，则营室五度今赤经为

$$346°.18 + 5度×360°/365.25度 = 351°.11$$

化为黄经

$$\tan\lambda = \tan\alpha / \cos\varepsilon$$

$$\lambda = 350°.33$$

黄经总岁差为50″.29[46]，则立春在"营室五度"的年代距今

$$(350°.33 - 315°) ×3600″÷50″.29 = 2529（年）$$

即立春在"营室五度"的天象发生于公元前529年。

由于立春日是由冬至日通过平气推得的，而立春与冬至的实际距离约为44天多一点[47]，因此古人测得的立春在"营室五度"实际存在1～2度的误差，即实际立春在营室三或四度，那么上面推得的年代应该延后70～140年，即古人测得立春在"营室五度"，不计仪器和操作误差，其年代应在公元前460～前390年之间（战国早期），此一时期应是二十八宿距度体系的形成时期。曾侯乙墓的下葬年份（前433年）正好在这个范围之内，出土漆箱天文图反映的正是通过昏旦中星测定"日在营室"的情况。

〔44〕《淮南子·天文训》。

〔45〕中国科学院紫荆山天文台：《2000年天文年历·恒星视位置》436页，科学出版社，1999年。

〔46〕中国科学院紫荆山天文台：《2000年天文年历·天文常数》1页，科学出版社，1999年。

〔47〕参见唐汉良：《节气计算》64页，陕西科学技术出版社，1982年。

（二）关于夜半中星

先秦时代的中星观测包括昏旦中星和夜半中星的观测，前者主要用来测定日在位置，后者则直接与"授时"相关。

战国中晚期楚隐者鹖冠子著书记载有立春夜半星象，《鹖冠子·天则篇》：

> 中参成位，四气为正；前张后极，左角右钺。

意思是说，在初昏参中的岁首，其夜半星象相对于面南背北的人来说，正好是：

张宿位于前方（正南），

北极位于后方（正北），

左边是大角星（正东），

右边是钺星（正西）。

这里的四正方位应该允许有较小的误差，但大致方位不误（图一四）。《夏小正》载：

> 正月……初昏，参中，斗柄悬在下。

"昏参中"是夏历正月岁首的标志，斗柄悬在下，斗构建寅，在此建正下，一年四季的划分与自然季节（春、夏、秋、冬）的顺序正好相合，故《鹖冠子》称之为"四气为正"。极星恒在正北，《鹖冠子》称"前张后极"，则张宿必定南中；既然参宿已是昏中星，那么张宿不可能同时是昏星；就其与参宿的相对位置（见图一四）来看，张宿只能是夜半中星。

对于张宿的重视，曾侯乙墓漆箱天文图中也有反映。如漆箱盖图中部是一幅北斗携连图（见图八、一五）：

斗魁与觜宿相接，

斗璇与张宿相接，

斗柄上端与危宿相接，

斗柄下端与心宿相接。

直线相望曰连，勾股相接曰携。图一五中觜宿、张宿携连斗魁形成一个勾距（约 90°）；心宿、危宿携连斗构，也形成一个勾距（约 90°）。因此，

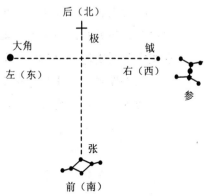

图一四　前张后极，左角右钺

只要在夜空中找到具有携连关系的某一宿，就可以通过距尺迅速地找到其所相携的另一宿处在天球上的位置。这种携连关系，文献中称之为"携构龙角"、"魁枕参首"。《史记·天官书》：

> 北斗七星，所谓旋玑玉衡，以齐七政。构携龙角，衡殷南斗，魁枕参首。

《淮南子·天文训》：

> 酉为危，主构。

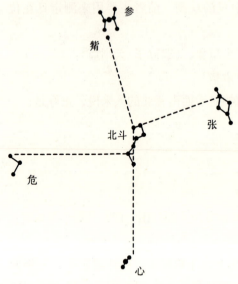

图一五　曾侯乙墓漆箱盖上的北斗携连图

酉为西方，盖图上的危宿正好位于西方，与斗柄（斗第一、第四与第七星的连线）相携；而危宿的另一侧恰与青龙图案的嘴角部位紧密相邻，这就是所谓"杓携龙角"。

《史记·天官书》曰：

　参为白虎……觜觿为虎首。

故觜宿就是"参首"，盖图上的斗魁（斗第一星）恰与觜宿相连，枕放于白虎图案的头部之上，此即所谓"魁枕参首"，或可称之为魁枕虎首。

由此可见，盖图上的龙虎图案并非汉以后文献中常见的"左青龙右白虎、前朱雀后玄武"等四象中的青龙、白虎，而是杓携龙角、魁枕虎首中的龙虎。两者的含义是完全不一样的：前者表示方位，后者通过北斗建立固定的携连关系，以便找到斗建方向所指的二十八宿星位。《天官书》曰：

　　用昏建者杓；杓，自华以西南。夜半建者衡；衡，殷中州河、济之间。平旦建者魁；魁，海岱以东北也。斗为帝车，运于中央，临制四乡。分阴阳，建四时，均五行，移节度，定诸纪，皆系于斗。

唐张守节《史记·天官书·正义》云：

　　北斗昏建，用斗杓，星指寅也。

　　北斗夜半建，用斗衡，指寅。

　　平旦建，用斗魁，指寅也。

又刘宋裴骃《集解》及唐司马贞《索隐》并引孟康曰：

　　假令杓昏建寅，衡夜半亦建寅。

可见曾侯乙墓漆箱盖图上的杓携龙角、魁枕虎首图像，是为斗建授时服务的，它与历法上的"建正"或者"月建"密切相关。

曾侯乙墓漆箱盖图为什么要用北斗来携连觜、张及心、危这四宿，而没有携连别的星宿呢？这与岁首星象有关。

首先，张宿是岁首星象中的立春夜半中星，危宿则是张宿的耦合[48]，两宿相对于

---

〔48〕潘鼐：《中国恒星观测史》35～36页，学林出版社，1989年；潘鼐：《我国早期的二十八宿观测及其时代考》，《中华文史论丛》第三辑，174～175页，上海古籍出版社，1979年。

北天极略呈 180°轴对称。以西汉圆盘古度推算，自张宿至危宿跨古距 181 度，古距以 366 度为一周天，化为 360°制约合 178°.03，耦合误差为

$$180° - 178°.5 = 1°.97$$

这种误差对于先秦时期比较原始的观测仪器来说是完全允许的。危、张耦合意味着当张宿上中天时，危宿下中天，从这个意义上讲，危、张两宿都是立春日的夜半中星，故用来通过北斗携连他星。

其次，心宿是斗柄所指向的星，即与北斗第一、第五、第七星的连线大致处在同一直线上（见图一五）。在岁首星象中，"斗柄悬在下"（指心），是立春昏星的重要标志之一，不过此时的心宿隐没在地下。当"斗柄正在上"时，心宿与另一组携连星中的张宿形成固定的对应关系。《夏小正》：

> 正月……初昏，斗柄悬在下。
>
> 六月……初昏，斗柄正在上。

《淮南子·天文训》：

> 欲知天道，以日为主，六月当心。……（日）正月营建室……六月建张。

六月太阳位置在张宿，则初昏时张宿必为伏星；其时斗柄上指南，心宿正当其前。六月当心、建张，揭示了觜、张及心、危两组携连星之间的关系。

至于觜宿被选作携连星，也不是偶然的，因为它与立春夜半中星张宿之间可通过斗魁（北斗第一星）、斗璇（北斗第二星）建立起勾股携连关系。

综上所述，农历岁首有以下几种授时标志：

中星授时：初昏中星……参
　　　　　夜半中星……张

斗建授时：初昏斗柄……悬在下
　　　　　初昏斗杓……指寅
　　　　　夜半斗衡……指寅
　　　　　平旦斗魁……指寅

根据以上的分析，我认为战国时期非常重视岁首夜半中星的观测，其意义与昏中、斗柄授时一样重要。

（三）关于昏旦中星

先秦昏旦中星的记载主要见于《大戴礼记·夏小正》及《吕氏春秋·十二纪》，《夏小正》中的星象来源比较复杂，恐非一时之记载[49]，暂置不论。《吕氏春秋》的昏旦中星是由秦相吕不韦在执政期间（前 249～前 238 年）参照古记、"更考中星"而定，

———————————

〔49〕　参见潘鼐：《中国恒星观测史》6～8 页，学林出版社，1989 年。

其年代不用考订。但《吕氏春秋》没有记昏终、旦始时刻以及中星距度，我们可以通过拟合予以复原（图一六）。其做法如下：

（1）以石氏距度为度量单位。前文已证《吕氏春秋》所记比较符合以石氏距度推得的十二节气日躔度。

（2）计算日入、日出时刻太阳时角 t（半昼弧）。

已知太阳黄经 λ，求赤纬 δ，有公式

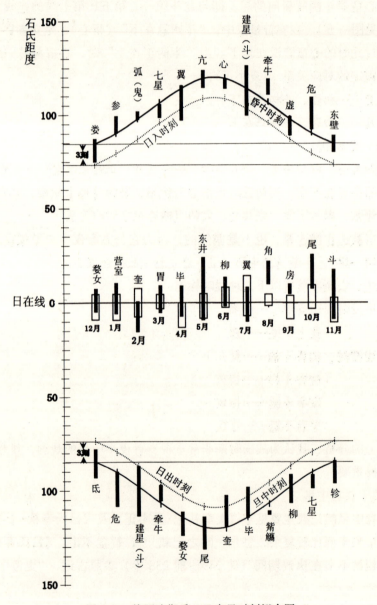

图一六　战国晚期昏、旦中星时刻拟合图

$$\sin\delta = \sin\lambda\sin\varepsilon$$

已知太阳赤纬 δ，求日入、日出时刻的太阳时角 t，有半昼弧公式

$$\cos t = \tan\Phi\tan\delta$$

取 $\varepsilon = 23.73$（公元前 250 年），$\Phi = 35$（中原地区），分别将十二节气太阳黄经代入上述公式，计算十二节气的半昼弧 t（表一三）。

（3）拟定某个昏旦长度，如三刻（百刻制），则昏终或旦始时刻就是日入前或日出后三刻，此刻太阳与中星的距离为：

日距中星度 = 半昼长 + 昏旦时距

按上式计算昏旦时刻（如日出入前后三刻）的日距中星度（表一三）。

表一三　半昼弧及日出入三刻距中星度

月份	节气	太阳黄经 λ	太阳赤纬 δ	半昼弧 t		日出入三刻距中星度	
				360°制	合石氏	360°制	合石氏
1	立春	315°	$-16°.53$	78°.01	79.14 度	88°.81	90.10 度
2	惊蛰	345°	$-5°.98$	85°.80	87.05 度	96°.60	98.00 度
3	清明	15°	5°.98	94°.20	95.58 度	105°.05	106.54 度
4	立夏	45°	16°.53	101°.99	103.49 度	112°.79	114.44 度
5	芒种	75°	22°.87	107°.18	108.74 度	117°.98	119.70 度
6	小暑	105°	22°.87	107°.18	108.74 度	117°.98	119.70 度
7	立秋	135°	16°.53	101°.99	103.49 度	112°.79	114.44 度
8	白露	165°	5°.98	94°.20	96.97 度	105°.05	106.54 度
9	寒露	195°	$-5°.98$	85°.80	87.05 度	96°.60	98.00 度
10	立冬	225°	$-16°.53$	78°.01	79.14 度	88°.81	90.10 度
11	大雪	255°	$-22°.87$	72°.82	73.88 度	83°.62	84.84 度
12	小雪	285°	$-22°.87$	72°.82	73.88 度	83°.62	84.84 度

（4）以石氏距度单位为纵坐标，以月份为横坐标，置日在位置于 0 线，依半昼长作日入、日出时刻曲线；加昏旦长（如三刻）作昏旦时刻曲线（见图一六）。

（5）依《吕氏春秋》所记的昏旦中星，把每月的昏中星与旦中星之间所跨越列宿的距度累加起来，得到昏星与旦星距星之间的距离，按石氏距度单位纵向排列把每月的昏中星与旦中星排在这一距离的上下两端；昏星与旦星所在宿按其距度大小用粗墨线条纵向标示；挪动每月的昏旦中星竖列，使之最佳符合同一昏旦时刻曲线（见图一六）。这样得到的昏终、旦始时刻称为拟合昏、旦时刻；位于昏旦时刻曲线上昏、旦中星距度，称之为昏旦中星拟合距度。

按上述步骤和方法，我得到的最佳昏旦时刻（整数刻）是日入后及日出前三刻，其所对应的十二月昏旦中星拟合距度列如表一四。

表一四　日出入三刻中星拟合距度表

月份	昏中星		旦中星		拟合误差
	吕氏春秋	拟合距度	吕氏春秋	拟合距度	
正　月	参	参 0	尾	尾 18	合
二　月	弧〔鬼〕	鬼 0~4	建星〔斗〕	斗 15~19	合
三　月	七星	张 1	牵牛	斗 25.3	−1
四　月	翼	翼 7.8~18	婺女	女 0~10.2	合
五　月	亢	亢 0~9	危	危 6.6~15.6	合
六　月	心	尾 0.7	奎	壁 8.3	−0.7
七　月	建星〔斗〕	斗 14.8~26.3	毕	毕 0~11.5	合
八　月	牵牛	斗 21.6	觜巂	参 4.6	+4.6
九　月	虚	虚 0~10	柳	柳 0.3~10.3	合
十　月	危	虚 8	七星	张 2	+2
十一月	东壁	壁 0~5	轸	轸 12~17	合
十二月	娄	娄 0.8~12	氐	氐 0~12.6	合

结果表明：大部分月份与《吕氏春秋》所记相合；三、六、十月有 0.7~2 度误差，这是允许的；惟八月误差 4.6 度是不允许的，而八月秋分在角的传统观念由来已久，不大可能出错，故有可能是昏、旦中星被误记。

以上是就日出入前后整数刻所作的最佳拟合，如果允许采用半刻，那么日出入前后三刻半是最佳拟合时刻，具体步骤和方法一仍如上，兹从略。然据文献记载应以日出入前后三刻为宜[50]。

上述结论只适合于战国晚期的秦国，至于吕不韦"更考中星"以前的昏旦时刻制度，还不是很清楚。战国早期曾侯乙墓漆箱天文图所反映的昏旦时刻就不合秦制，其昏终时刻计算如下：

取 $\varepsilon = 23°.75$（公元前 450 年），$\Phi = 35°$（中原），立春日太阳赤纬

$$\sin\delta = \sin\lambda \sin\varepsilon = \sin315°\sin23°.75$$

$$\delta = -16°.55$$

---

〔50〕 蔡邕《月令章句》、郑玄《仪礼》注及《文选·新漏刻铭》注引《五经要义》均记日出前三刻为旦、日出入后三刻为昏。

代入半昼弧公式

$$\cos t = -\tan\varPhi\tan\delta = -\tan 35° \tan(-16°.55)$$
$$t = 77°.99$$

据表八，昏中星天狼星（大犬座 α）赤经为 74°.29（公元前 450 年），天狼与距星房宿三（天蝎座 δ）的中分线赤经为 320°.06，则昏中星与太阳的距离为

$$360° - 320°.06 + 74°.29 = 114°.23$$

日入时刻至昏终时刻的长度（昏长）为

$$昏日距中星度 - 半昼长（日入时角） = 114°.23 - 77°.99 = 36°.24$$

合石氏距度 36.77 度，合百刻制的 10 刻，16 时制的 1.6 时，24 时制 2.4 小时。日落后十刻应是定昏终止时刻，与秦汉以黄昏终止（日入三刻）为昏终时刻殊有不同。

五、关于战国历法的几个问题

（一）颛顼大正

《国语·楚语》载：

> 颛顼受之，乃命南正重司天以属神，命火正黎司地以属民，使复旧常，无相侵渎，是谓绝地天通。

此谓颛顼时期的南正重司天，制订神历；火正黎司地，制订民历。前者遂为后世的"大正"，后者遂为后世的"小正"。南正治历以南门星作为观象授时的标准星，《夏小正》经文下《传》曰：

> 南门者，星也，岁再见，一正，盖《大正》所取法也。

如果按照"履端于始，举正于中"[51] 的法则，以"见"星为岁始、以"正"星为岁中，则这两次天象 —— 南门"再见"发生的时间正好排在亥正历的岁首和岁中（表一五）。

表一五　大正取法对照表

颛顼历		夏　历	《大戴礼记·夏小正》昏星
大正（亥正）		小正（寅正）	
岁首	正月	十月	十月……初昏，南门见
岁中	七月	四月	四月……初昏，南门正

---

[51]《左传·文公元年》："先王之正时也，履端于始，举正于中，归余于终。"

在表一五的排列中，通过对照《夏小正》（寅正历）的月名，我们很快发现大正是一种古亥正历。《传》文所说的《大正》，就是颛顼大正，是继承上古南正传统发展而来的，所以"取法"于南门星。

这样一种特殊的岁首，除过去已知在秦及汉初曾经施行过以外，还可以在出土的战国楚墓竹简中找到大量的实物证据，说明春秋战国时期的楚国曾经长期施行过这种建正。楚国贵族屈原在《离骚》中自称是"帝高阳（颛顼）之苗裔"；《国语》、《史记》等典籍都明确记载楚国公室是重黎氏后裔；周夷王时楚君熊渠自称"我蛮夷也，不与中国之号谥"[52] 等等，从这样的族源关系及历史文化传统来看，楚国官方施行的历法肯定不会是三代"创业改制"的历法，而可能是更加古老的颛顼历。为了便于分析，我们把秦简中的秦、楚月名及楚简中的月名，与夏、殷、周、秦、楚诸历的建正列一对照表（表一六）。

表一六　秦、楚月名与诸历建正对照表

月建	云梦秦简		江陵楚简	月序				
	秦月名	楚月名	楚月名	楚简用历	周历	殷历	夏历	秦历
亥	十月	冬夕	冬栾	1	12	11	10	10
子	十一月	屈夕	屈栾	2	1	12	11	11
丑	十二月	援夕	蓮栾	3	2	1	12	12
寅	正月	刑夷	㓝层	4	3	2	1	1
卯	二月	夏杘	夏层	5	4	3	2	2
辰	三月	纺月	亯月	6	5	4	3	3
巳	四月	七月	夏栾	7	6	5	4	4
午	五月	八月	八月	8	7	6	5	5
未	六月	九月	九月	9	8	7	6	6
申	七月	十月	十月	10	9	8	7	7
酉	八月	炎月	臭月	11	10	9	8	8
戌	九月	献马	献马	12	11	10	9	9
建正	亥首寅正		亥首亥正	亥正	子正	丑正	寅正	寅正

楚简的这些月名主要见于江陵望山、天星观、包山、九店等楚墓出土的竹简[53]。

---

[52]《史记·楚世家》。

[53] 湖北省荆沙铁路考古队：《包山楚墓》，文物出版社，1991年；湖北省文物考古研究所：《江陵望山沙冢楚墓》，文物出版社，1996年；湖北省文物考古研究所：《江陵九店东周墓》，科学出版社，1995年；湖北省荆州地区博物馆：《江陵天星观1号楚墓》，《考古学报》1982年1期，71~116页。

楚简月名中有八月、九月、十月三个以月序为名的月名，按这个顺序排列，"冬栾之月"正好是楚简历法的正月；根据云梦秦简中的"秦楚月名与日夕对照表"可知这个月相当秦历的十月；又在秦简日夕数中，秦历十一月、楚历二月（"屈栾之月"）是一年中白昼最短、夜晚最长（"日五、夕十一"）的月份，即冬至月，也就是建子之月，那么，此前的一月，楚历正月（冬夕）、秦历十月必是建亥之月无疑。这说明楚简所用历法，只能是一种正月建亥的历法。

又如江陵九店五十六号楚墓竹简记载"夏栾"之前的一月"□栾朔于營"，按楚月序应该是四月朔于营室。《淮南子·天文训》等古籍记载，日月合朔于营室是寅正历正月的天象，因此楚历四月就是寅正历的正月，以此推排出的楚历正月是建亥之月[54]。

从文献记载中也可以找到楚用亥正历法的有力证据。例如发生在楚国历史上的同一件大事，不同的文献往往把它系于不同的月份，学者认为这是由于使用不同建正的历法所造成的[55]，下面举四件大事列出对照表（表一七）。

表一七　亥正历法的历史证据

资料出处	纪月、纪日		楚王纪年	历史事件
	鲁历（子正）	楚历（亥正）		
左传·襄公二十五年 包山楚简	七月	八月乙酉之日	康王12年 （前548年）	屈荡为莫敖
春秋·昭公元年 左传·昭公元年 史记·楚世家	冬十有一月己酉 十一月己酉	十二月己酉	郏敖4年 （前541年）	楚郏敖卒
春秋·昭公八年 左传·昭公八年	冬十月壬午	冬十一月壬午	灵王7年 （前534年）	楚师灭陈
春秋·昭公十三年 左传·昭公十三年	夏四月	夏五月	灵王12年 （前529年）	楚灵王卒

表一七中《春秋》关于楚师灭陈及楚灵王卒的记载比《左传》要早一个月。《春秋》用鲁历，于岁首必称"春王正月"，与周历建正相同，属于子正；《左传》记载楚

〔54〕　同〔28〕。
〔55〕　何幼琦：《论楚国之历》，《江汉论坛》1985年10期，76～81页；王胜利：《关于楚国历法的建正问题》，《中国史研究》1988年2期，137～142页。

国历史事件有时取材于楚史记，用楚历，属亥正，故两者所记相差一个月。同样道理，《楚世家》及包山楚简记载楚郟敖卒及屈荡为莫敖，比《春秋》、《左传》所记要晚一个月。《左传》取材比较复杂，取材于鲁史则用鲁历，取材于楚史则用楚历，这是不难理解的。总之，无论是从文献记载，还是从出土材料来说，楚国使用亥正历法是确凿无疑的事实。上表所列的材料最早可到春秋晚期的楚康王十二年（前548年），这表明楚至迟在春秋晚期已经在使用亥正历法——颛顼大正。

楚简历法不仅建正很特别，而且月名也很古怪。弄清楚这些月名的大致含义，有助于我们理解楚简历法的性质和作用。楚简月名多名"某栾"（音夕）或"某屖"（音夷），这两个字的义符都是"示"，显然与神示有关。不从"示"的月名也与祭祀有关，如"献马之月"，《周礼·夏官·圉师》曰：

> 冬，献马。

同书《校人》曰：

> 冬，祭马步（郑玄注：神，为灾害马者），献马。

楚"献马之月"是秦历的九月，楚历的冬十二月，周历的冬十一月，《周礼》用周历，故称"冬，献马"，实际是农历的季秋九月，此时牛马入栏，准备过冬，所以要祈求马步神保佑群马无灾无害；此之谓"献马"之祭。

又如"夐月"，"夐"字秦简写作"灻"，就是文献中的"爨"字，后世称之为灶。相传楚人的一位祖先吴回氏曾在高辛氏统治时期担任过火正，死后为火神，托祀于灶，"夐月"可能与祭祀这位灶王爷有关。其他各月祭祀的诸神大致如下：

> 冬（终）栾：祭祀亲身终养的父母[56]；
> 屈栾：收聚旁出支系的亲族，祭祀近祖[57]；
> 远栾：祭祀未出七庙的远祖[58]；
> 醜屖：祭祀僻处荆山、筚路蓝缕的列祖[59]；

---

[56] "冬"通"终"。《仪礼·丧服子夏传》："慈母者何也？《传》曰'……若是则生养之，终其身。'""父卒，继母嫁，从，为之服报，《传》曰'何以期也？贵终也。'"《老子》首章王弼注："在终则谓之母。"

[57] 《仪礼·丧服子夏传》："父在，为母。《传》曰'何以期也？屈也。至尊在，不敢申其私尊也。'"

[58] 《礼记·祭法》"王立七庙……远祖为祧"，《左传·昭公元年》"其敢爱丰氏之祧"杜注"祧，远祖庙"，《汉书·王莽传》中"定祧庙"，师古注"远祖曰祧"。《公羊传·庄公四年》，"远祖者几世乎？九世矣"，阮元《经籍纂诂》"远"字条引《老子注》"故母不可远"，《释文》"远本作弃"。

[59] 《左传·昭公十一年》载楚灵王称"昔我先王熊绎辟在荆山，筚路蓝缕以处草莽，跋涉山林以事天子"。

夏屎：郊祀祝融[60]；

亯（纺）月：祊祭沦为群鬼的先君[61]；

夏栾：祭祀曾居中夏、显赫于三代的先祖[62]。

祭祀的顺序是由亲及疏、由近及远。祭祀的主持者是大宗贵族，整套祭祀活动体现出大宗贵族"敬宗收族"的宗旨，月名中"屈"字的含义就是很好的说明。《诗经·鲁颂·泮水》有云："屈此群丑"，《毛传》曰"屈，收；丑，众也。"《尔雅·释诂》"屈，聚也。"故"屈此群丑"就是收聚（同族）群众的意思。《礼记·大传》曰"敬宗故收族"，《仪礼·丧服子夏传》曰"大宗者，收族者也，不可以绝。"从宗法制度上讲，收聚族祖而祭之，是大宗贵族的职责。其他如遬栾、晋（荆）屎、夏栾、亯（享）月之祭等，都体现出敬宗收族的思想，而郊祀是只能由最高统治者亲自来主祭的，因此楚简月名所反映的主要祭祀活动，是由楚公室的最高大宗——楚王来主持并率领公室贵族共同进行的宗法活动。

由此可见，楚简历法是一部祭祀历或者神历，这一传统是由颛顼时代的南正重开创的，其建正与"取法"于南门星的大正完全相同，因此楚简所用历法应该叫做颛顼大正。

大正以农历十月（亥月）为岁首，是出于祭祀的需要。《诗经·大雅·生民》曰：

是获是亩，……以归肇祀。

诞我祀如何？……以兴嗣岁。

诗句的意思是说收获农作物之后，就开始祭祀；若问为什么要祭祀？因为想要（神灵保佑）来岁兴旺。《左传·庄公二十九年》曰：

龙见而毕务。

意思是说苍龙星清晨始见于东方的时候，农事才完毕。《国语·周语中》：

---

[60] 《左传》桓公五年、僖公三十一年、成公十年、襄公七年、襄公十一年、哀公元年皆记"夏四月"卜郊或举行郊祀，周历夏四月当楚"夏栾之月"，以此知"夏栾"相当于"夏郊"。历代郊祀对象不同，《国语·鲁语上》载有虞氏郊尧、夏后氏郊鲧、商人郊冥、周人郊稷，未记楚人郊祀对象。疑楚人郊祀祝融，《国语·郑语》"昔夏之兴也，融降于崇山"，《左传·僖公二十六年》"夔子不祀祝融与鬻熊，楚人让之"。

[61] 楚简作"亯月"，亯即享，《左传·襄公九年》"君冠，必以裸享之"，杜注"享，祭先君也"。秦简作"纺月"，纺通"祊"。《诗经·小雅·楚茨》"祝祭于祊。祀事孔明，先祖是皇"。《礼记·郊特牲》"索祭祝于祊"。《周礼·大司马》"致禽以祀祊"。《礼记·礼器》"为祊乎外，"郑注"庙门外曰祊"。

[62] 《史记·楚世家》记楚之先祖自穴熊以下（至鬻熊）"其后中微，或在中国，或在蛮夷，弗能纪其世"；《左传·昭公十一年》载楚灵王称"昔我皇祖伯父昆吾，旧许是宅"，《国语·郑语》"昆吾为夏伯矣"。

> 辰角见而雨毕……雨毕而除道……故夏令曰九月除道。

三国吴韦昭注：

> 辰角，大辰苍龙之角……朝见东方，建成之初，寒露节也。

可见到农历九月（戌月，楚历献马之月），农事才告完毕。《墨子·贵义篇》说：

> 今农夫入其税于大人，大人为酒醴粢盛，以祭祀上帝鬼神。

只有在农历九月农事"毕务"以后，农夫才有可能"入其税于大人"，而大人君子们才有东西去祭祀上帝鬼神。因此大正以农历十月为岁首，是为了方便祭祀鬼神，完全没有考虑自然季节的顺序及农业生产的需要。

（二）颛顼小正

楚简月名所反映的那些祭祀活动，大多不是一般民众所能参与的。民间祭祀活动有其特定的祭祀对象。如曾侯乙墓衣箱漆书文字有云"民祀唯房"，房星又叫农祥星，其星神是专门掌管农事的农神。古人说"国之大事在祀与戎"（《左传·成公十三年》），"民之大事在农"（《国语·周语上》），民间祭祀农神与公室祭祀祖先具有同样重要的意义。除了农祥星之外，与普通民众日常生活密切相关的还有十二月神。每个月神当值一个月，不同月神值月期间有不同的吉凶宜忌，成为民间习俗的一个重要组成部分。解放前长沙子弹库楚墓出土的帛书就绘有十二月神的神像，神像旁边注明诸神的名称[63]，这些神名与《尔雅·释天》所载十二月名基本相同，列如表一八。

《尔雅》十二月名始陬终涂，历来认为属于寅正历，与中国古代沿用了两千多年的农历建正相同，这是自古到今都没有异议的。楚帛书月名既与《尔雅》相同，表明帛书所用也是寅正历法。帛书月名中有四位季节神，即"秉司春"、"虘司夏"、"玄司秋"、"涂司冬"，我们把古历中所有可能的四种建正对照帛书月名，发现只有寅正历法才能保证帛书四季神的所在月份与所司季节相符，如表一八。

如果帛书用历不是寅正而是亥正或子正、丑正等，则秉月不在春季而在夏季，虘月不在夏季而在秋季，玄月不在秋季而在冬季，涂月不在冬季而在春季，这是自相矛盾的。因此楚帛书所用历法只可能是"始陬终涂"的寅正历，不可能属于别的建正。

关于楚国民间使用寅正历法的情况，屈原《楚辞》中有一些具体的描写[64]。如《离骚》：

> 摄提贞于孟陬兮，唯庚寅吾以降。

---

[63] 李零：《长沙子弹库战国楚帛书研究》，中华书局，1985 年；何琳仪：《长沙帛书通释》，《江汉考古》1986 年 1、2 期；饶宗颐、曾宪通：《长沙子弹库战国楚帛书研究》，《楚地出土文献三种研究》，中华书局，1993 年。

[64] 王胜利：《关于楚国历法的建正问题》，《中国史研究》1988 年 2 期，137~142 页。

表一八　楚帛书月名

月建	农历四季	《尔雅·释天》	帛书图象旁注	帛书图象释名	寅正	丑正	子正	亥正
寅		正月为陬	取如下	曰取			春	
卯	春	二月为如	女□武	曰女	春	春		夏
辰		三月为寎	秉司**春**	曰秉			夏	
巳		四月为余	余如女	曰余		夏		
午	夏	五月为皋	故出䁣	曰故	夏			秋
未		六月为且	虘司**夏**	曰虘			秋	
申		七月为相	仓莫得	曰仓		秋		
酉	秋	八月为壮	臧□□	曰臧	秋			冬
戌		九月为玄	玄司**秋**	曰玄			冬	
亥		十月为阳	昜□义	曰昜		冬		
子	冬	十一月为辜	姑分长	曰姑	冬			春
丑		十二月为涂	涂司**冬**	曰涂		春	春	

在这一诗句中屈原自报生辰："摄提"是年名，"孟陬"指月名，"庚寅"指日名。"孟陬"一词还见于《史记·历书》、《汉书·律历志》及《刘向传》、《说文解字·叙》等文献典籍，《汉书》颜师古注引东汉孟康曰："正月为孟陬"，这与《尔雅》"正月为陬月"的记载是一致的，加一"孟"字，是为了表明"孟春陬月"的意思。总之屈原生辰用历与《尔雅》月名一致，属寅正历。

又如《招魂》：

　　　献岁发春兮，汩吾南征。

　　　绿苹齐叶兮，白芷生。

《思美人》：

　　　开春发岁兮……吾谁与玩此芳草？

描写农历岁首正当开春时节，有"芳草"可供玩赏。

又如《怀沙》：

　　　滔滔孟夏兮，草木莽莽。

《抽思》：

　　　望孟夏之短夜兮，何晦明之若岁。

描写草木繁盛、夜短日长等初夏特有的季节特征。

又如《离骚》：

　　　朝饮木兰之坠露兮，夕餐秋菊之落英。

《九歌·礼魂》：

　　　　春兰兮秋菊。

《吕氏春秋·十二纪》、《礼记·月令》均记：

　　　　季秋之月（农历九月）……菊有黄花。

　　上面诗句中的"秋菊"当指这种具有物候意义的季秋黄菊，而《吕览》、《月令》的建正历来公认为典型的寅正。综观上引诗句，给我们的印象是屈原关于季节、物候、自然景物的描写等等，符合寅正历法的特征。

　　寅正历法一年四季的顺序符合自然季节的规律，方便于农业生产。这种建正在民间自远古一直沿用至今，被称为"农历"或者"阴历"。文献中把正月建寅的历法称之为"人正"或者"小正"。在古六历中，寅正可以是夏历，也可以是颛顼历，而楚国是颛顼历的发源地，也是行用颛顼历的主要国家之一，因此楚帛书及《楚辞》所用小正历法，应该叫做颛顼小正。

　　帛书用历与夏小正建正相同，学者或据此推定楚行夏正[65]，非是。楚简所用为楚国官历，帛书所用为民历，两历并行，各成体系，互不相干。古六历中的颛顼历与夏历属于小正系统，后者与前者之间似乎存在一定的渊源关系，如《晋书·律历志》所言：

　　　　颛顼以今孟春正月为元，其时正月朔旦立春，五星会于天庙营室也，……鸟兽万物莫不应和，故颛顼圣人为历宗也。……夏为得天，以承尧舜，从颛顼也。

《新唐书·历志》引一行《大衍历议·日度议》：

　　　　颛顼历上元甲寅岁正月甲晨初合朔立春，七耀皆值艮维之首。盖重黎受职于颛顼，九黎乱德，二官咸废，帝尧复其子孙，命掌天地四时，以及虞、夏。故本其所由生，命曰颛顼，其实夏历也。

　　从月名与建正相同的角度来看，颛顼小正为夏小正所继承是可信的。

　　《尔雅》及楚帛书月名是小正历法特有的一套月名，不仅适用于颛顼小正，还适用于夏小正等民间历法。《国语·越语》载"至于玄月，（越）王召范蠡而问焉。"1972年四川涪陵小田溪出土一枚秦戈刻有"二十六年皋月"的铭文[66]。这说明不仅在行用夏小正的中原地区，而且在东自越、西至秦、南至楚的广大地区，都曾行用过一套相同月名、统一建正、超越国界的民间历法，可统称之为小正，这就是后世所谓农历的前身。

---

〔65〕　曾宪通：《楚月名初探》，《中山大学学报》（社科版），1980年1期。

〔66〕　四川省博物馆等：《四川涪陵地区小田溪战国土坑墓清理简报》，《文物》1974年5期，60~81页

结　语

本文对铜圭表、日晷、曾侯乙墓漆箱天文图、夏侯灶墓漆圆盘等出土文物以及楚帛书、江陵楚简、荆门楚简、云梦秦简等出土文献中有关战国时期的天文历法材料，结合相关文献记载，进行一次比较系统的整理和研究，得到一系列的初步结论。

如果采用新莽尺度来度量，那么铜圭表上的尺寸比例符合《周礼》等古籍记载的晷影数据，这一天文仪器的出土反映早至战国时期我国晷影观测的精度已达相当高的程度。

日晷表面的放射条纹 1～69 刻，是日晷所能测得的日出方位与日入方位的夹角的最大值，依据这一数据计算其地理纬度约在北纬 43°附近，与日晷的两处发现地河套及雁北地区比较靠近。

云梦秦简日夕表中昼夜长短的数据，是从冬夏二至两个极值直线内插排列出来的，其中夏至昼长即来源于日晷刻度 69 刻，这一昼长包括昏旦时刻在内，结合文献记载可以判定昏终、旦始时刻约在日出入前后 2.5～3 刻。

《吕氏春秋·十二纪》记载了一套昏、旦中星与日在位置，计算表明除八月秋分在角之外，其他月份都能自洽，说明战国时期对太阳位置的观测已达到较高的精度。曾侯乙墓天文图漆箱的侧面和两挡描绘的就是昏、旦中星与日在位置，定量分析表明它反映的是：昏狼中、旦房中，日在营室五度。

曾侯乙墓漆箱天文图上的二十八宿星名表明至迟在战国早期我国已独立形成完整的二十八宿体系，大约同时形成的还有两种距度体系，其中以夏侯灶墓漆圆盘为代表的古度能够适用于推算秦简《日书》记载的日在位置，除八月在角以外其他各月皆能自洽；以石氏距度为代表的今度体系用于推算秦简《吕氏春秋·十二纪》记载的日在位置，则符合的比较好，可以看出战国时期两种距度体系同时并存，表明在当时的天文观测领域存在门户派别之分，这从另一侧面反映出战国时期天文事业的发展与繁荣。

文献记载表明先秦已有对夜半中星的观测，主要用于对岁首星象等特殊性天象标志的观测，在战国早期曾侯乙墓漆箱天文图上，夜半中星张宿就已与北斗第二星（斗璇）醒目地携连在一起。

《吕氏春秋·十二纪》的昏、旦中星只记载了宿名，没有记载中星距度，适用某种距度体系，那么所载昏、旦中星的相对位置便固定下来；由于昏终时刻曲线平行于日入时刻曲线，旦始时刻曲线平行于日出时刻曲线，如果选定某个昏旦时刻，使之最佳符合昏、旦中星的相对位置，那么就拟合出一个合理的昏旦时刻以及相应的昏、旦中星距度的大致范围。拟合的结果是日出入前后三刻是昏旦时刻。

　　出土战国楚简使用一种亥正历法，结合文献考证，应属于失传已久的颛顼大正；而楚帛书使用寅正历法，考虑到楚国的历史文化背景，应属于颛顼小正。

　　中国古代天文学具有很强的实用性，其目的主要有两个，一是为制订历法服务，一是为星占学服务。巧妙的仪器，精确的观测，为制订先进的历法打下坚实基础。早在战国时期，我们的祖先就已采用多种观测手段和方法为制历服务，如进行晷影、昼夜长短、夜半中星、昏旦中星、斗柄指向等观测，各种数据互相参校，实属难能可贵。在此基础上推步制历可谓瓜熟蒂落、水到渠成。因此在战国时期出现"古六历"百家争鸣的繁荣局面，实属历史的必然。

马王堆一号汉墓出土梅花鹿标本
的生态史意义

王子今[*]

The quantity of the spotted deer is the second largest among the animals unearthed from the no.1 Han tomb at Mawangdui and it is only less than that of chicken. Regarding some of the bamboo containers bearing the inscription "a container of deer meat," there were ten kinds of foods made of deer meat, the quantities of both deer meat and chicken foods were the largest. Deer played an important role in the structure of the food in that time since deer meat was one of the *da geng* or great dishes. The bones of spotted deer and related materials unearthed from the no.1 Han tomb at Mawangdui are helpful for understanding the zoological history. Since there are large numbers of the recordings on collecting deer leather among the unearthed bamboo and wood slips from Zoumalou in Changsha, the general characteristics of the local environment are easily to conjecture.

马王堆一号汉墓出土随葬品中有食品多种，其中可见 24 种动物标本遗存。据中国科学院动物研究所脊椎动物分类区系研究室与北京师范大学生物系的《动物骨骼鉴定报告》，"所见到的骨骼实物，经鉴定计有 24 种。其中：兽类 6 种，分属于 3 目 5 科；鸟类 12 种，分属于 6 目 7 科；鱼类 6 种，分属于 2 目 2 科。"

不同器物盛放标本种类出土情况如下：

猪	6	竹笥 14，227，231，318，319，324；
绵羊	3	竹笥 76，227，324；
黄牛	5	竹笥 226，333，344；陶罐 300；漆盘 63；
家犬	3	竹笥 227，324；陶鼎 72；
梅花鹿	8	竹笥 227，305，319，324，335，344，459；陶罐 300；
竹鸡	4	竹笥 231，305，324，331；
鲫	4	竹笥 231，305，328；陶罐 233；
银鲴	2	竹笥 231，328；
华南兔	2	竹笥 283，325；

---

[*] 作者系北京师范大学历史学系教授。

鹤	2	竹笥 283，330；
环颈雉	4	竹笥 305，324，331；陶鼎 72；
家鸡	10	竹笥 305，317，319，324，331；陶鼎 67，72，93，105；陶盒 72；
斑鸠	1	竹笥 305；
鲤	2	竹笥 328；陶罐 276；
刺鳊	1	竹笥 328；
鸳鸯	1	竹笥 331；
火斑鸠	1	竹笥 331；
鸮	1	竹笥 331；
喜鹊	1	竹笥 331；
麻雀	1	竹笥 461；
雁	2	竹笥 462；陶鼎 99；
鳡	1	陶罐 304；
鳜	1	漆盘 103。[1]

由此分析汉初长沙贵族的食物构成，可以获得有益的发现。其中哺乳类 6 种，鸟类 11 种，鱼类 6 种。我们看到，墓主食谱中以野生动物为主要菜肴原料。特别是鹤、鸳鸯、喜鹊、麻雀等列于其中，颇为引人注目。

将以上资料中数量较多者以出现次数为序排列，则可见：

家鸡（鸟纲鸡形目雉科）	*Gallus gallus domesticus* Brisson	10
梅花鹿（哺乳纲偶蹄目鹿科）	*Cervus nippon* Temminck	8
猪（哺乳纲偶蹄目猪科）	*Sus scrofa domestica* Brisson	6
黄牛（哺乳纲偶蹄目牛科）	*Bos taurus domesticus* Gmelin	5
竹鸡（鸟纲鸡形目雉科）	*Bambusicola thoractca* Temminck	4
鲫（鱼纲鲤形目鲤科）	*Carassius auratus* (Linné)	4
环颈雉（鸟纲鸡形目雉科）	*Phasianus colchicus* Linne	4

应当说，家鸡、猪、黄牛等家禽家畜作为肉食对象不足为奇。而梅花鹿的数量仅次于家鸡，位列第二，值得特别注意。

实际上，竹笥 317 盛装物品为"兽骨及鸡骨"，系有两枚木质签牌，分别书写"鹿脮笥"（编号 7）、"熬阴鹑笥"。鉴定者并没有鉴定出"兽骨"即鹿骨或包括鹿骨。又竹

---

〔1〕 中国科学院动物研究所脊椎动物分类区系研究室、北京师范大学生物系：《动物骨骼鉴定报告》，《长沙马王堆一号汉墓出土动植物标本的研究》43~46 页，文物出版社，1978 年。

笥 343 内容为"酱状物",鉴定者也没有作出其中为鹿肉的判断,然而木质签牌写明为"鹿脯笥"(编号 9)[2]。可见,实际上与鹿有关的随葬食品共 10 见,在数量上与鸡相同,是应当列于首位的。

分析所发现的梅花鹿各部位的骨骼,以肋骨居多(44,不包括断残者 17),此外还有膝盖骨(1),扁平胸骨(3),胸骨(9),以及切碎的部分四肢骨残块等。

鉴定者发现,"每笥内梅花鹿肋骨均以具肋骨头、肋骨结节者为准,以便于区分左右侧。"肋骨 44 条,"总数少于两只鹿体的 52 条肋骨。但左侧的显然较多些,估计以上肋骨应取自三只鹿体的胸廓上才较为合理。每只梅花鹿均为成体,体重 150~200斤,年龄 2~3 岁。"

据鉴定者记录,"335 竹笥全为肋骨","该竹笥上的木牌载明为'鹿□笥'。"而同篇鉴定报告又写道:"335 竹笥,肋骨 15,另有断残者 13,扁平胸骨 3。"两说相互矛盾[3]。

《吕氏春秋·知分》说:"鹿生于山而命悬于厨。"《晏子春秋·内篇杂上·崔庆劫齐将军大夫盟晏子不与第三》也记录晏婴的话:"鹿生于野,命县于厨。"先秦秦汉以鹿肉加工食品,是相当普遍的。其形式大致有鹿脯、麇脯、麕脯、鹿臡、麇臡、麋肤、麋腥、麋菹、鹿菹、麕辟鸡、麋膏、鹿胲、鹿羹、鹿醢、麋醢、鹿酢、鹿矮等。

鹿脯 麇脯 麕脯 《礼记·内则》:"牛脩,鹿脯,田豕脯,麋脯,麕脯。麋、鹿、田豕、麕,皆有轩;雉、兔皆有芼。"郑玄注:"皆人君燕食所加庶羞也。"对于"脯",郑玄解释说:"皆析干肉也。"

鹿臡 麇臡 《周礼·天官·醢人》:"朝事之豆,其实韭菹、醓醢,昌本、麋臡,菁菹、鹿臡、茆菹、麇臡。"郑玄注引郑司农曰:"麋臡,麋骭髓醢。或曰:麋臡,酱也。有骨为臡,无骨为醢。"

麋肤 《礼记·内则》:"麋肤、鱼醢。"孔颖达疏:"麋肤,谓麋肉外肤食之,以鱼醢配之。""麋肤,谓孰也。"

麋腥 《礼记·内则》:"麋腥、醢、酱。"孔颖达疏:"腥,谓生肉,言食麋生肉之时,还以麋醢配之。"孙希旦集解:"麋腥,谓生切麋肉,以醢酿之。""腥"即生肉的解释,又见于《论语·乡党》:"君赐腥,必熟而荐之。"邢昺疏:"君赐己生肉,必烹熟而荐其先祖。"又《礼记·礼器》:"大飨腥。"孔颖达也解释说:"腥,生肉也。"

麋菹 鹿菹 《礼记·内则》:"麋、鹿、鱼为菹。"

〔2〕 湖南省博物馆、中国科学院考古研究所:《长沙马王堆一号汉墓》115、117~118 页,文物出版社,1973 年。
〔3〕 同〔1〕,64、53 页。

麛辟鸡 《礼记·内则》："麛为辟鸡。"郑玄注以为"辟鸡"也是"菹类也"。

麋膏 《周礼·天官·兽人》："夏献膏。"郑玄注："狼膏聚，麋膏散。"贾公彦疏："夏献麋者，麋是泽兽，泽主销散，故麋膏散。散则凉，故夏献之云。""膏"，即油脂。《礼记·内则》："沃之以膏曰淳熬。"

鹿脍 《太平御览》卷八六二引《东观汉记》曰："章帝与舅马光诏曰：'朝送鹿脍，宁用饭也。'"

鹿羹 题汉黄宪《天禄阁外史·君赐》："鲁王以鹿羹馈征君，征君谓使者曰：'宪有疾，不能陈谢，亦不敢尝。'"

鹿醢 《说苑·杂言》："今夫兰本三年，湛之以鹿醢，既成，则易以匹马。非兰本美也。"

麋醢 《晏子春秋·内篇杂上·曾子将行晏子送之而赠以善言第二十三》："今夫兰本，三年而成，湛之苦酒，则君子不近，庶人不佩；湛之麋醢，而贾匹马矣。非兰本美也，所湛然也。"

鹿酭 《孔子家语·六本》："今夫兰本三年，湛之以鹿酭，既成噉之，则易之匹马，非兰之本性也，所以湛者美矣。"

鹿醔 《礼记·内则》："实诸醢以柔之。"郑玄注："醸菜而柔之以醢，杀腥肉及其气。今益州有鹿醔者，近由此为之矣。"陆德明《经典释文》卷一二《礼记音义之二》："益州人取鹿杀而埋之地中，令臭，乃出食之，名鹿醔是也。"

从现有的文献资料看，我们似乎还难以判定《动物骨骼鉴定报告》所谓竹笥335签牌"鹿□笥"的"鹿□"之确指[4]。

马王堆一号汉墓出土系在竹笥上的木质签牌，涉及以鹿肉为原料加工食品者有3枚，即：

鹿膴笥　编号7　　出土时在317号笥上

鹿脯笥　编号9　　出土时在343号笥上

鹿炙笥　编号13　　出土时掉落在南边箱中

出土竹简遣策中，我们又可以看到：

鹿𦎧一鼎　简三（发掘报告执笔者写道："𦎧，不识。本组酵羹九鼎，实为八鼎，或即此简脱'酵羹'二字。"）

---

〔4〕见〔1〕，54页称："335竹笥全为肋骨，用竹丝捆扎，每捆2根，共有绕成圆形的竹丝15条。该竹笥上的木牌载明为'鹿□笥'。"而发掘报告没有记录这枚"鹿□笥"木牌，发掘报告记载335竹笥现状"完整"，现存物品为"植物茎叶及鹿骨"（见〔2〕，112～118页）。所谓"植物茎叶"，可能即用以捆扎的"竹丝"。

鹿肉鲍鱼笋白羹一鼎　简一二

鹿肉芋白羹一鼎　简一三

小叔（菽）鹿努（胁）白羹一鼎　简一四（发掘报告执笔者写道："努，即劦，读为胁。《说文·肉部》：'胁，两膀也。'"）

鹿朕一笥　简三二（发掘报告执笔者指出：朕、膌、朋、䏝同，可以理解为"夹脊肉"。）

鹿脯一笥　简三五

鹿炙一笥　简四四

‖右方牛犬豕鹿鸡炙笥四合卑匜四　简四六

鹿脔（脍）一器　简四八[5]

遣策中"鹿"凡8例，其数量仅次于"牛"（19例）。

对于"鹿夌一鼎"，发掘报告执笔者又写道："酵即酵字，亦即䣕字。夸、于古音相通，可以互相假借，而且是同字。""䣕（于）羹当即大羹。案大羹为诸羹之本，无论祭祀或待宾均用之。""此墓置'䣕羹九鼎'于'遣策'之首，而简文所记九羹之牲肉，均未说明附有其他肉菜，这和'不致五味'之大羹基本一致。大羹置大牢九鼎之内，于古代用鼎制度也较适合。"[6]鹿肉制品列于"大羹"之中，也反映"鹿"在当时饮食生活中的重要地位。

猎鹿，是秦汉社会生产与社会生活中常见的现象。汉代画像石、画像砖等图像资料，多见反映猎鹿场面的内容。河南郑州出土画像砖，有骑马射鹿画面[7]。河南新郑出土的同样题材的画像砖，可见作为射猎对象的鹿已身中三箭，依然惊惶奔突，而猎手第四支箭又已在弦上[8]。司马相如《子虚赋》："王驾车千乘，选徒万骑，田于海滨。列卒满泽，罘罔弥山，掩菟辚鹿，射麇格麟。"扬雄《长杨赋》也写道："张罗罔罝罘，捕熊罴、豪猪、虎豹、狖玃、狐菟、麋鹿，载以槛车，输长杨射熊馆。以罔为周阹，纵禽兽其中，令胡人手搏之，自取其获。"张衡《羽猎赋》也有"马蹂麋鹿，轮辚雉兔"的文句。民间猎鹿，则如《史记·田叔列传》褚先生补述："邑中人民俱出猎，任安常为人分麋鹿雉兔。"此外，又有王褒《僮约》："黏雀张乌，结网捕鱼，缴雁弹凫，登山射鹿。"也说到猎鹿情形。又如《九章算术·衰分》中有这样的算题：

今有大夫、不更、簪袅、上造、公士，凡五人，共猎得五鹿。欲以爵次

---

[5]　同[2]，112～118、130～135页。

[6]　同[2]，130～131页。

[7]　周到、吕品、汤文兴编：《河南汉代画像砖》图六八，上海美术出版社，1985年。

[8]　薛文灿、刘松根编：《河南新郑汉代画像砖》45页，上海社会科学院出版社，1993年。

分之，问各得几何？

答曰：

大夫得一鹿、三分鹿之二。

不更得一鹿、三分鹿之一。

簪褭得一鹿。

上造得三分鹿之二。

公士得三分鹿之一。

术曰：列置爵数，各自为衰，副并为法。以五鹿乘未并者，各自为实。

实如法得一鹿。

也可以说明鹿确实是民间行猎的主要对象之一。

《墨子·公输》："荆有云梦，犀兕麋鹿满之。"《管子·轻重戊》记载，齐桓公请教管子战胜楚国的战略，"管子对曰：'即以战斗之道与之矣。'公曰：'何谓也？'管子对曰：'公贵买其鹿。'桓公即为百里之城，使人之楚买生鹿，楚生鹿当一而八万，管子即令桓公与民通轻重，藏谷什之六，令左司马伯公将白徒而铸铅于庄山，令中大夫王邑载钱二千万求生鹿于楚。楚王闻之，告其相曰：'彼金钱，人之所重也，国之所以存，明王之所以赏有功也。禽兽者，群害也，明王之所弃逐也，今齐以其重宝贵买吾群害，则是楚之福也，天且以齐私楚也，子告吾民，急求生鹿，以尽齐之宝。'楚民即释其耕农而田鹿。管子告楚之贾人曰：'子为我致生鹿二十，赐子金百斤，什至而金千斤也，则是楚不赋予民而财用足也。'楚之男子居外，女子居涂，隰朋教民藏粟五倍。楚以生鹿藏钱五倍。管子曰：'楚可下矣。'公曰：'奈何？'管子对曰：'楚钱五倍，其君且自得，而修谷，钱五倍，是楚强也。'桓公曰：'诺。'因令人闭关不与楚通使，楚王果自得而修谷，谷不可三月而得也，楚籴四百，齐因令人载粟处芊之南，楚人降齐者十分之四，三年而楚服。"这段文字的理解或有歧异[9]，但是所反映的楚地多鹿的情形应当是真实的。楚人"释其耕农而田鹿"，可能也是曾经为中原人所注意的经济倾向，如司马迁《史记·货殖列传》所说："楚越之地，地广人稀，饭稻羹鱼，或火耕而水耨，果隋蠃蛤，不待贾而足，地埶饶食，无饥馑之患，以故呰窳偷生，无积聚而多贫。是故江淮以南，无冻饿之人，亦无千金之家。"因自然资源之富足，农耕经济未能发达。

鉴定马王堆一号汉墓出土动物标本的学者指出："梅花鹿几乎主要分布在我国境内，北方的体大，南方的体小些。在7个亚种之中，我国共有5个亚种。梅花鹿过去分布很广泛，据不完全的记载，产地有黑龙江、吉林、河北、山西、山东、江苏、浙

---

[9] 参看马非百：《管子轻重篇新诠》下册，709～715页，中华书局，1979年。

江、江西（九江），以及广东北部山地、广西南部、四川北部和台湾省等地。湖南近邻省份，以往皆有梅花鹿分布，估计在汉朝时期，长沙一带会有一定数量的梅花鹿分布，为当时狩猎、捕捉、饲养梅花鹿提供自然资源。由于晚近时期对梅花鹿长期滥猎，专供药用，以致数量减少，分布区缩小，现在湖南省无梅花鹿的分布记载，很可能系近代受人为影响分布区缩小所致。"马王堆一号汉墓出土的梅花鹿骨骼和相关资料，可以为增进对当时生态史的认识创造必要的条件。长沙走马楼简提供的经济史料中，有涉及征敛皮革的内容，可以看作反映当时当地社会生活的重要信息。其中以"麂皮"和"鹿皮"占据比例最大[10]。从"麂皮"与"鹿皮"收入的数量，也可以推知当时长沙地方生态环境的若干特征。

　　马王堆一号汉墓出土动物标本的鉴定者还推测，"很有可能在汉朝时梅花鹿已被人们所饲养"[11]。

　　《初学记》卷一八引王充《论衡》曰："杨子云作《法言》，蜀富贾人赍钱十万，愿载于书。子云不听，曰：'夫富无仁义，犹圈中之鹿，栏中之羊也。安得妄载？'"所谓"圈中之鹿"，无疑体现了畜养鹿的实际情形。贾思勰《齐民要术》卷一引《氾胜之》曰："验美田至十九石，中田十三石，薄田一十石。尹泽取减法，神农复加之。骨汁粪汁种种，刲马骨、牛羊猪麋鹿骨一斗，以雪汁三斗煮之，三沸，取汁以渍附子。率汁一斗，附子五枚。渍之五日，去附子。捣麋鹿羊矢，分等置汁中，熟挠和之，候晏温，又溲曝，状如后稷法，皆溲，汁干，乃止。若无骨，煮缲蛹汁和溲。如此，则以区种之。大旱浇之。其收至亩百石以上，十倍于后稷。"所谓"麋鹿骨"，可以通过猎杀取得，而取"麋鹿羊矢"溲种的形式，可以证明确实有畜养鹿的情形。以鹿粪作基肥改良土壤，促进作物生长的技术，《周礼·地官·草人》中也有记录："草人掌土化之法，以物地，相其宜而为之种。凡粪种，……坟壤用麋，渴泽用鹿。"《汉官旧仪》卷下有上林苑中组织人力收集鹿粪的记载："武帝时，使上林苑中官奴婢，及天下贫民赀不满五千，徙置苑中养鹿。因收抚鹿矢，人日五钱，到元帝时七十亿万，以给军击西域。"这些史料都体现西汉时期的历史值得我们注意。

　　虽然学者多肯定中国养鹿有悠久的历史，但是所举例证往往还是这种在苑囿中大

---

〔10〕据长沙市文物工作队、长沙市文物考古研究所《长沙走马楼 J22 发掘简报》（《文物》1999 年 5 期）载："竹简记载的赋税内容十分繁杂，征收的对象有米、布、钱、皮、豆等。"钱的名目有"皮贾钱"，"户调为布、麻、皮"等。王素、宋少华、罗新《长沙走马楼简牍整理的新收获》（《文物》1999 年 5 期）指出："户调"有"调鹿皮、调麂皮、调水牛皮"，此外"还有作为一般租税收缴的鹿皮、麂皮、羊皮、水牛皮"。

〔11〕同〔1〕，64～65 页。

规模纵养的史例〔12〕。这种方式，与《论衡》所谓"圈中之鹿"可能有所不同。

现在看来，西汉初期长沙尚不具备较大规模畜养鹿的条件，当时贵族用鹿的来路，可能主要还是野生资源。从这一认识出发，可以利用有关鹿的资料，了解当时长沙地方的总体生态环境。

野生鹿应当是以草木茂盛的林区作为基本生存环境的。《史记·魏世家》："秦七攻魏，五入围中，边城尽拔，文台堕，垂都焚，林木伐，麋鹿尽。""林木伐"则"麋鹿尽"，体现了麋鹿以林木为生存条件的现实。《淮南子·道应》也说："石上不生五谷，秃山不游麋鹿，无所阴蔽隐也。"〔13〕《论衡·书解》也写道："土山无麋鹿，泻土无五谷，人无文德，不为圣贤。"麋鹿之游，甚至被作为荒芜苍凉的标志。《史记·李斯列传》记载，李斯感叹秦王朝的政治危局："今反者已有天下之半矣，而心尚未寤也，而以赵高为佐，吾必见寇至咸阳，麋鹿游于朝也。"《史记·淮南衡山列传》中也可以看到这样的说法："子胥谏吴王，吴王不用，乃曰：'臣今见麋鹿游姑苏之台也。'"

鹿的生存，会严重毁坏农田作物，因而构成农耕生产发展的一种危害。《三国志·魏书·高柔传》写道："是时，杀禁地鹿者身死，财产没官，有能觉告者厚加赏赐。"于是，高柔上疏说："圣王之御世，莫不以广农为务，俭用为资。夫农广则谷积，用俭则财畜，畜财积谷而有忧患之虞者，未之有也。古者，一夫不耕，或为之饥；一妇不织，或为之寒。中闲已来，百姓供给众役，亲田者既减，加顷复有猎禁，群鹿犯暴，残食生苗，处处为害，所伤不赀。民虽障防，力不能御。至如荥阳左右，周数百里，岁略不收，元元之命，实可矜伤。方今天下生财者甚少，而麋鹿之损者甚多。卒有兵戎之役，凶年之灾，将无以待之。惟陛下览先圣之所念，愍稼穑之艰难，宽放民闲，使得捕鹿，遂除其禁，则众庶久济，莫不悦豫矣。"

又裴松之注引《魏名臣奏》载高柔上疏，则写道："臣深思陛下所以不早取此鹿者，诚欲使极蕃息，然后大取以为军国之用。然臣窃以为今鹿但有日耗，终无从得多也。何以知之？今禁地广轮且千余里，臣下计无虑其中有虎大小六百头，狼有五百头，狐万头。使大虎一头三日食一鹿，一虎一岁百二十鹿，是为六百头虎一岁食七万二千头鹿也。使十狼日共食一鹿，是为五百头狼一岁共食万八千头鹿。鹿子始生，未能善走，使十狐一日共食一子，比至健走一月之间，是为万狐一月共食鹿子三万头也。大凡一岁所食十二万头。其鹏鹗所害，臣置不计。以此推之，终无从得多，不如早取之为便也。"高柔的言论，体现出较早的关于生态平衡的认识，在动物学史上和生态学史

〔12〕 谢成侠：《养鹿简史》，《中国养牛羊史（附养鹿简史）》205～219 页，农业出版社，1985 年。

〔13〕 王念孙《读书杂志》卷九《淮南内篇杂志》第十二"阴蔽隐"条写道："'隐'字盖'蔽'字之注而误入正文者。《广雅》：'蔽，隐也。'《文子》无'隐'字，是其证。"

上都有值得重视的意义。按照高柔的估算，"禁地"有虎 600 头，狼 500 头，狐 10000头，它们所食用的鹿，一年竟然多达 210000 头。他所说的"禁地"中鹿作为虎、狼、狐食用对象的情形，说明在苑囿这样的自然保护区，鹿是生存数量最多的动物。在尚未垦辟或者农耕开发程度不高的地区，情况应当也是如此。

高柔的建议，反映了三国时期中原的情形。他估测"禁地"中虎狼狐鹿的生存数量，很可能有主观臆断的成分，但是仍然可以作为我们在分析西汉初年长沙地区自然生态时的参考。

西汉后四陵名位考察

王建新[*]

According to both of archaeological surveys and recordings in historic documents, the author presents a new examination on the location, layout and dissemination of accompanied burials of the late Western Han Emperors Yuan, Cheng, Ai and Ping's mausoleums in the Xianyang plain in Shaanxi. In former researches the order of these four mausoleums was Chengdi's Yan mausoleum, Pingdi's Kang mausoleum, Yuandi's Wei mausoleum and Aidi's Yi mausoleum from west to east, which is mainly on the basis of the recordings in *Shui jing zhu*. In this paper the author changes the order as Chengdi's Yan mausoleum, Yuandi's Wei mausoleum, Aidi's Yi mausoleum and Pingdi's Kang mausoleum by his investigations and the recordings given in *Han shu* and others.

西汉王朝十一位皇帝的陵墓，都在京师长安附近。这十一座皇帝陵中的最后四位皇帝的陵墓，即元帝渭陵、成帝延陵、哀帝义陵、平帝康陵，可以称之为后四陵。

对于西汉十一帝陵的名位，历代文献记载不一。20 世纪以来，许多中外学者都对西汉十一帝陵进行了调查与研究，其中亦涉及各陵名位的考证。80 年代以来，各家对各陵名位的排定，主要依据《水经注》等文献的记载。即除文帝霸陵和宣帝杜陵分别在渭水以南外，将分布于渭水北岸黄土塬上的九座陵由西向东依次排为：武帝茂陵、昭帝平陵、成帝延陵、平帝康陵、元帝渭陵、哀帝义陵、惠帝安陵、高祖长陵、景帝阳陵。诸陵之中，文帝霸陵和宣帝杜陵别处渭水之南，历代文献记载和诸家考证均无疑义。渭北的九陵中，西部的武帝茂陵和昭帝平陵二陵，《水经注》等文献对陵墓位置和规模、陵园形制、寝庙、陪葬墓等均有记载，近年来的考古调查和发掘资料，亦可与文献记载相映证。东部的长陵、安陵、阳陵三陵中，高祖长陵居于汉长安城北部正中，恰在贯穿汉长安城南北的中轴线上，位置特殊，其名位古今均无疑义。经调查，陵园、陵邑和陪葬墓等至今仍有较多的保存，封土和陵园形制继承了秦东陵和始皇陵制度，应属西汉早期。长陵西侧的惠帝安陵，陵园规模较小，经调查，陵北的陵邑和陵东的陪葬墓遗迹尚在，其名位应无大问题。长陵东侧的景帝阳陵，近年经大规模调查发掘，不但名位确定无疑，而且对陵墓朝向、陵园形制、陪葬坑和陪葬墓的制度等

※ 作者系北京大学中国考古学研究中心兼职研究员，西北大学文博学院教授。

均已有较完整的了解，为我们探讨西汉诸陵的埋葬制度和名位提供了重要的依据。

位于渭北东三陵与西二陵之间的后四陵，《水经注》等文献的记载非常简略，陵寝建筑和陪葬墓等均未涉及。目前主要据《水经注》文字叙述的先后顺序排定的后四陵名位，最为混乱，既无长幼秩序，又与现状和《汉书》等早期文献的记载不合。因此，1999年秋，西北大学考古专业的教师和研究生对西汉后四陵再次进行了勘察工作。本文以实地调查所获资料为基础，参考前人的调查记录和研究成果，拟对西汉后四陵的名位进行重新探讨。为避免混乱和尊重考古学资料的客观性，我们将后四陵自西向东依次记录为1号陵、2号陵、3号陵、4号陵，而不称某皇帝的某陵，同时对在调查中确认的各陵的陪葬墓也进行了相应的编号（图一）。文中各陵和陪葬墓的尺寸等资料，多依据《中国文物地图集·陕西分册》（以下简称《文物地图集》）的记载。现存诸多陪葬墓的封土已被削平，甚至已地面无存，《文物地图集》中保留的一些50年代以来的调查记录就显得十分珍贵，使我们可以根据这些记录，尽量恢复遗迹的原貌。

一、西汉后四陵保存现状

（一）1号陵（图二；表一）

表一　1号陵及其陪葬墓情况

陵　墓		帝　陵	陪　葬　墓			疑　陪　葬　墓	
			1-1号	1-2号	1-3号	黄家寨墓群	李家寨墓群
地　点		周陵乡严家沟村	周陵乡严家沟村	周陵乡严家沟村	周陵乡严家沟村	周陵乡黄家寨村	周陵乡李家寨村
面积(平方米)					约3.4万	约2万	约3万
陵园	东西(米)	382					
	南北(米)	400					
封土	形　状	覆斗形	近方形的台地	覆斗形	均为圆丘形	圆丘形	均为圆丘形
	数量(座)				7	17	25
	高(米)	31	残高2~5	约14		残高3~16	残高4~8
	底边长(米)	173	东西110、南北120	80			
	顶边长(米)	51		30			
	底　径(米)					残长6~20	残长8~14
	夯层厚(米)				最厚处0.27		

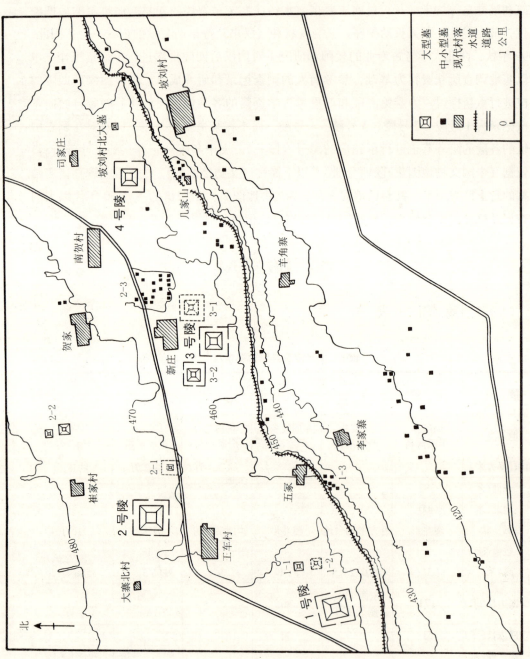

图一 西汉八后四陵分布平面图

续表一

陵墓		帝陵	陪　葬　墓			疑　陪　葬　墓	
			1-1号	1-2号	1-3号	黄家寨墓群	李家寨墓群
出土物	地点	陵园南门阙附近			墓域北部	墓域	
	时间				1979年	70~80年代	
	数量	多件			10余件	多件	
	物品	排列整齐的玉圭			铜灯、雁足灯、灰陶双耳罐等	绿釉陶罐、彩绘陶钫、陶盆、陶仓、陶猪等	
调查时间						1958年	1958年

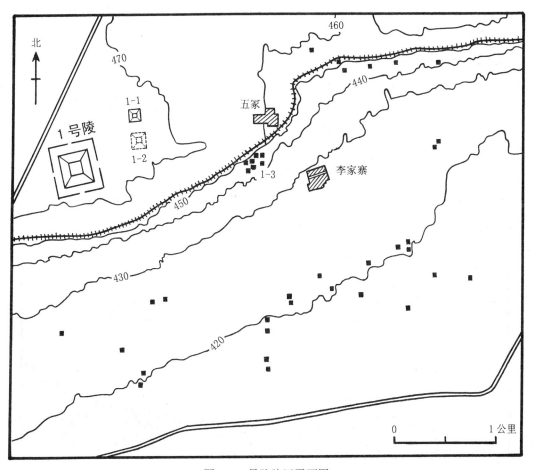

图二　1号陵陵区平面图

1 号陵是后四陵中最西的一座。陵园平面近方形，四面各有门阙，现东、南、西三面的门阙夯土堆在地面上仍存。封土居于陵园中心，东侧呈明显的二层台，其他三侧呈斜面。封土顶部中央、南侧和西侧均有下陷，其中南侧下陷非常严重。封土南侧现存清代毕沅书写的"汉成帝延陵"和 1956 年 8 月陕西省人民政府所立"陕西省第一批重点文物保护单位 成帝延陵"石碑。

陪葬墓 1 号陵现存可确认的陪葬墓有三处，分别编号为 1-1、1-2、1-3（见表一）。

1-1 号位于 1 号陵东北 550 米处，封土破坏严重，已近被夷平。墓前东北角现存有"1990 年 1 月 11 日公布第二批区级重点文物保护单位 班婕好墓"之石碑。

1-2 号位于 1 号陵东北 652 米处，1-1 号陪葬墓之北。封土南侧下陷，不见门阙土堆，陵园情况不详。封土南侧曾有毕沅所立"周恭王陵"石碑，现已无存。该墓附近出土有数量较多的西汉云纹瓦当及砖瓦残片，可断定其为西汉墓。

1-3 号位于 1 号陵东约 1600 米处，五冢村南。现存封土分南北两列，东西排列，南北相距 128 米，应正好位于 1 号陵东司马道两侧。从该墓群的位置、封土形状、出土物所反映的时代等诸方面判断，应为 1 号陵的陪葬墓群。

疑陪葬墓 有黄家寨墓群和李家寨墓群（见表一），均位于 1 号陵以东，封土现多已被削平。《文物地图集》保存有 1958 年的调查记录，但无详细报告，不好判断它们是否是 1 号陵的陪葬墓，故在此引用《文物地图集》的记载存疑。

（二）2 号陵（图三；表二）

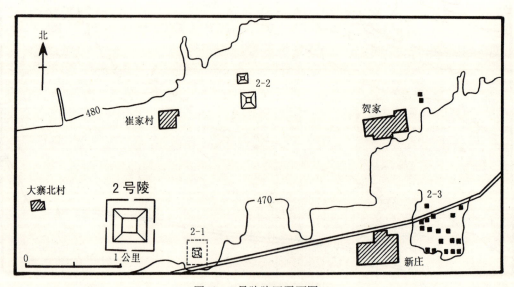

图三　2 号陵陵区平面图

表二　2号陵及其陪葬墓情况

陵墓	帝陵	陪葬墓				
		2-1号	2-2号		2-3号	2-4号
			南墓	北墓		
地点	周陵乡大寨村	周陵乡陵照村	周陵乡周陵村	周陵乡周陵村	周陵乡新庄村	周陵乡南贺村南
面积(平方米)					约5万	约8000
陵园 东西(米)	420	225				
陵园 南北(米)	420	286				
封土 形状	二层台覆斗形	覆斗形	覆斗形	覆斗形	均为覆斗形	圆丘形
封土 数量(座)					现存13	原有多座,现已无存
封土 高(米)	26.6	10	11.8[1]	12.3	残高1.5~8	残高1.5~8
封土 底边长(米)	东西216、南北209	86	东西108、南北103	东西76.6、南北63.4		
封土 顶边长(米)	60	33	东西47、南北46	东西13.5、南北15.6		
封土 底径(米)					残长20~37	残长20~37
封土 夯层厚度(米)					0.12~0.23	
出土物 地点					墓域	墓域
出土物 时间						1951~1958年
出土物 物品					"长生无极"、"长乐未央"、"永奉无疆"文字瓦当和残砖瓦、散水卵石等	"长生无极"、"长乐未央"、"高安万世"等文字瓦当和陶盆、罐、甑、仓、瓶等多件

〔1〕 据《中国文物地图集·陕西分册》记载，2-2南墓高约42米，北墓高约40.8米，均可能是误值。因此本文采用《咸阳文物志》所记载的尺寸。

2 号陵位于 1 号陵之东北。陵园呈方形，四周门阙遗迹已均被夷平，不甚明显。封土位于陵园中心，偏上部内收成二层台，南侧下陷。封土南侧现存有毕沅书立"汉元帝□□"（下半部已失）和咸阳市人民政府 1981 年 10 月 1 日所立"第一批陕西省重点文物保护单位　康陵"石碑。

陪葬墓　2 号陵可确认的陪葬墓有四处，分别编号为 2-1、2-2、2-3、2-4（见表二）。

2-1 号位于 2 号陵陵园东南 570 米处，今咸阳市农业科学研究所院内。陵园西门阙遗迹可见。封土东南现代建筑物前现存毕沅所书"□□王陵"石碑（上半部已失，原应书"周成王陵"），封土南侧立有咸阳市人民政府 1984 年 12 月 11 日立"康陵陪葬墓　王皇后陵"之石碑。从该墓封土形状和附近出土的西汉方格纹、几何纹铺地砖及粗绳纹板瓦片等情况看，此墓应为汉墓。

2-2 号位于 2 号陵东北 1600 米处，今周陵中学北。现存两个封土堆，南北相对，相距约 150 米。

南墓封土南侧有毕沅立"周文王陵"、1958 年 3 月咸阳市人民委员会立"周陵"、1984 年 12 月 11 日咸阳市人民政府立"陕西省第一批重点文物保护单位　周陵"等碑。

北墓规模比南墓小，墓南有毕沅立"周武王陵"石碑。

此二墓过去被认为是周文王、周武王陵，近年又被认为是秦惠文王、悼武王陵。但其封土形制与西汉陵墓并无区别，且周围发现大量汉代砖瓦残片，应属汉墓。二墓位于 2 号陵东北方，属于西汉帝陵后妃埋葬的常见位置，故将其归于 2 号陵陪葬墓之列。

2-3 号即新庄墓群，位于 2 号陵正东约 2800 米处。现存封土十三座，排列成行。据说原有东西向的四行，每行七座，共二十八座，故俗称二十八宿墓。现存每行各墓东西间距约 40 米，中间两列间南北相隔 127.8 米，余南北间距约 100 米。可知 2 号陵东司马道恰从该墓群正中东西穿过，该墓群应分布于 2 号陵东司马道南北两侧。该墓群位于 3 号陵东北方，因距 3 号陵较近，过去多将其作为 3 号陵的陪葬墓。但从已知西汉帝陵陪葬墓的埋葬位置看，将大量陪葬墓葬于帝陵之北显然不合制度。新庄墓群应属在帝陵东司马道两侧埋葬的亲贵大臣的赐葬茔地，方与西汉帝陵陪葬墓的埋葬制度相合。故该墓群应为 2 号陵的陪葬墓而非属 3 号陵。在该墓群墓域内曾发现过建筑遗迹。

2-4 号即南贺墓群。该墓群原被归属于 4 号陵，但其位置在新庄墓群正东，故也应属 2 号陵的陪葬墓。传该墓群出土有"高安万世"的文字瓦当，但该墓群距 3 号陵的陪葬墓 3-1 较近，而 3-1 又是一座被破坏的"塌陵"，因此不能排除从 3-1 号墓处搬运过来的可能性。

（三）3 号陵（图四；表三）

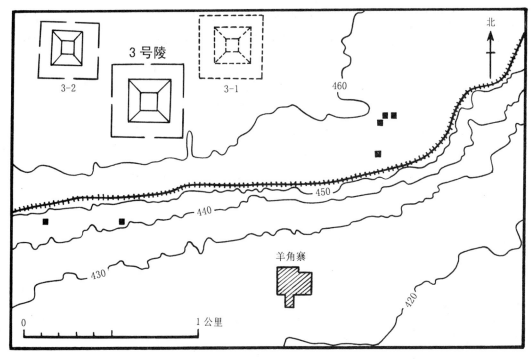

图四　3号陵陵区平面图

表三　3号陵及其陪葬墓情况

陵　墓		帝　陵	陪　葬　墓	
			3-1号	3-2号
地点		周陵乡新庄村	周陵乡新庄村	周陵乡新庄村
陵园边长(米)		400~410		约300
封 土	形　状	二层台覆斗形	已夷平	覆斗形
	高(米)	25	残高2	13.5
	底边长(米)	175	170	90
	顶边长(米)	50	150	36
	夯层厚度(米)		0.14~0.30	
出 土 物	地　点			陵园内、阙址
	物　品			"长乐未央"、"长生无极"等文字瓦当和云纹瓦当,粗绳纹瓦残片,玉马、玉辟邪等

　　3号陵位于2号陵之东南。陵园平面近方形，四面有门阙，现东、南、北三面门阙夯土台基尚残存于地面。封土居于陵园中心，上部内收成二层台，顶部下陷。陵前现有1981年10月1日陕西省人民政府立"第二批陕西省重点文物保护单位　汉元帝刘奭渭陵"碑。

　　陪葬墓　3号陵现存可确认的陪葬墓有两座，分别编号为3-1、3-2（见表三）。

　　3-1号位于3号陵东北约350米处，略高出周围地面，当地人将此处称为"塌陵"。

　　3-2号位于3号陵西北约380米处。陵园平面呈方形，四面原应有门阙，现东门阙夯土台基尚残存于地面。封土顶部下陷。封土南侧现存近代复制的毕沅书和20世纪50年代咸阳市人民委员会所立"周康王陵"石碑二通。该墓封土、陵园和门阙均具有西汉帝后陵特有的形制，且在陵园内发现有汉代绳纹瓦残片，在阙址出土"长生无极"、"长乐未央"等文字瓦当和云纹瓦当，可知其应为西汉墓。若3号陵为西汉某代帝陵，3-1和3-2号墓则附葬于3号陵相当后陵的位置。

　　（四）4号陵（图五；表四）

　　4号陵位于3号陵之东北。陵园平面呈方形，四门阙址现均已夷平。封土居于陵园中心，南侧下陷。封土南面有1981年10月1日咸阳市人民政府立"第一批陕西省重点文物保护单位　汉哀帝刘欣义陵"之石碑。

　　可疑陪葬墓　4号陵的可疑陪葬墓有以下四处（见表四）。

　　坡刘村北大墓位于4号陵东北620米处。夯土层内包含有许多具有西汉晚期特征的瓦和陶器残片，故判断该墓应晚于西汉晚期。

　　司家庄墓位于4号陵东北方。封土破坏严重，形式不清。从断面观察得知，夯土层土质纯净，未见陶、瓦残片。封土周围也很少有陶、瓦残片，此次调查中仅采集到3片残瓦。因资料不足，该墓年代尚难以判断。

　　几家山（戚家山）墓群位于4号陵南方。经调查在封土内发现大量汉代以后的瓦片，可知该墓群不是汉墓，更不可能是4号陵的陪葬墓。

　　坡刘墓群位于4号陵东侧。此次调查中未发现具有时代特征的遗物，因此其年代尚难判断。

二、西汉后四陵名位考察

　　现存最早记载渭北咸阳原上九座西汉皇帝陵的文献是《三辅黄图》。《三辅黄图》作者不明，初本成书约在东汉末曹魏初，叙述了从汉长安城到西汉诸陵的距离、方向。其后晋初臣瓒的《汉书》注中关于西汉帝陵的说法，基本沿用了《三辅黄图》。原书已佚，今本《三辅黄图》系唐人补撰。北魏郦道元的《水经注·渭水》中，涉及成国故渠

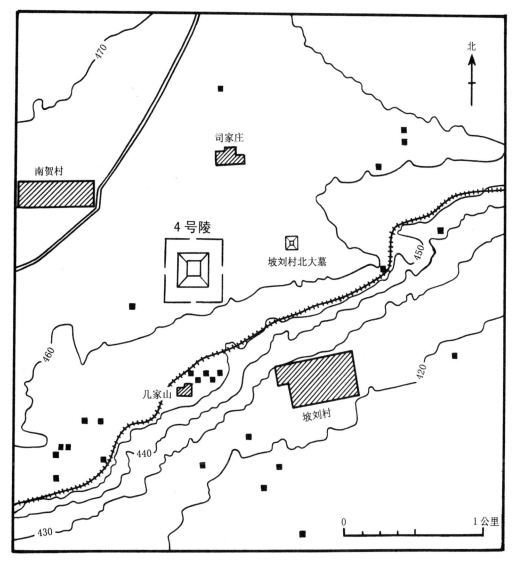

图五　4号陵陵区平面图

周围的遗址和相关历史故事，多处提到西汉帝陵和陵庙、陵邑以及陪葬墓等情况。唐初颜师古注《汉书》时，对臣瓒注遗漏的有关西汉帝陵的记载进行了补充。李吉甫于唐宪宗元和八年写成的《元和郡县图志》中，记载了以唐咸阳县为基点到西汉诸陵的方向和距离。唐以后历代文献中亦有记述西汉帝陵者，如宋《长安志》、《太平寰宇记》，元《类编长安志》，明《明一统志》，清《读史方舆纪要》、《清一统志》、《关中胜迹图志》、《陕西通志》、《咸阳县志》等，但可能因为编写时的参考资料不同，对西汉

表四 4号陵及其可疑陪葬墓情况

陵墓	帝陵	可疑陪葬墓			
		坡刘村北大墓	司家庄墓	几家山(戚家山)墓群	坡刘墓群
地点	周陵乡南贺村、坡刘村	周陵乡南贺村	周陵乡司家庄	周陵乡戚家村	周陵乡坡刘村
面积(平方米)					
陵园边长(米)	约 420				
形状	二层台覆斗形	上圆锥下近方形	已残	圆丘形	圆丘形
数量(座)				原有 11 座，现存 7 座	原有 6 座，现存 1 座
高(米)	30	19	残高 15	残高 7~8	残高 5
底边长(米)	175	东西 100、南北残长 85	约 84		
顶边长(米)	55	东西 30、南北残长 11			
底径(米)				残长 24~25	残长 15
夯层厚度(米)		0.08~0.22	0.07~0.22		
地点	陵园内、阙址				
物品	"长乐未央"、"长生无极"文字瓦当和云纹瓦当				

(注：左侧竖排列分别为"封土"、"出土物")

诸陵方位、距离的记载各有所异。且大都沿用前代相关记载，没有进行实地的详细考察，内容多不可靠。清代陕西巡抚毕沅在诸陵封土前各书立一通石碑，有的石碑保存至今，但错误者甚多。20 世纪初，日本学者足立喜六和关野贞先后对西汉诸陵进行过实地考察。从 50 年代开始，中国考古工作者陆续进行了西汉诸陵的考古调查工作。1980 年，杜葆仁在《考古与文物》第 1 期上发表了《西汉诸陵位置考》一文。1982 年，刘庆柱、李毓芳在《文物资料丛刊》第 6 期上发表了《西汉诸陵调查与研究》一文。1987 年，他们二人又出版了《西汉十一帝陵》一书。他们都认为渭北咸阳塬上西汉诸陵的排列由西向东为：茂陵、平陵、延陵、康陵、渭陵、义陵、安陵、长陵、阳陵。这些研究成果对学术界影响很大，得到了诸多学者的赞同。他们排定西汉诸陵位置的主要依据是《三辅黄图》和《水经注》的记载。

《水经注》对渭北西汉诸陵的记载如下：

> 渭水又东会成国故渠。……其渎上承汧水于陈仓东。东迳郿及武功、槐里县北。……又东迳汉武帝茂陵南，古槐里之茂乡也。应劭曰："武帝自为陵，在长安西北八十余里。"陵之西如北一里，即李夫人冢。冢形三成，世谓之英陵。……故渠又东迳茂陵县故城南，武帝建元二年置。《地理志》曰："宣帝县焉。王莽之宣成也。"故渠又东迳龙泉北，今人谓之温泉，非也。渠北故阪北即龙渊庙。如淳曰："《三辅黄图》有龙渊庙，今长安城西有其庙处，盖宫之遗也。"故渠又东迳姜原北，渠北有汉昭帝平陵，东南去长安七十里。又东迳平陵县故城南。《地理志》曰："昭帝置。王莽之广利也。"故渠之南有窦氏泉，北有徘徊庙。又东迳汉大将军魏其侯窦婴冢南。又东迳成帝延陵南，陵之东北五里，即平帝康陵阪也。故渠又东迳渭陵南。元帝永光四年，以渭城寿陵亭原上为初陵，诏不立县邑。又东迳哀帝义陵南。又东迳惠帝安陵南，陵北有安陵县故城。《地理志》曰："惠帝置。王莽之嘉平也。"渠侧有杜邮亭。又东迳渭城北。……又东迳长陵南，亦曰长山也。……秦名天子冢曰山，汉曰陵，故通曰山陵矣。《风俗通》曰："陵者，天生自然者也，今王公坟垄称陵。"《春秋左传》曰："南陵，夏后皋之墓也。"《春秋说题辞》曰："丘者，墓也；冢者，种也；种墓也。罗倚于山，分卑尊之名者也。"故渠又东迳汉丞相周勃冢南，冢北有弱夫冢，故渠东南谓之周氏曲。又东南迳汉景帝阳陵南。又东南注于渭，今无水。（引自《水经注疏》）

《水经注》是一部研究中国古代史地的重要文献，但在成书后长时期传抄的过程中，造成了许多残缺讹漏。在有关西汉帝陵的记载中，更是错简连篇。如明代朱谋㙔等根据宋代以来的残籍本整理成的《水经注笺》中，在说到渭水的鸿门一带时，突然冒出"如北一里，即李夫人冢。冢形三成，世谓之英陵"，开始叙述成国故渠沿线从李夫人墓到长陵的西汉诸陵情况，当叙述到长陵时，又转到"渭水又东迳下邽县故城南"，叙述白渠沿线的情况，然后才又回到"故渠又东迳汉丞相周勃冢南"，继续叙述长陵到阳陵的情况，直到成国渠注于渭水。而"渭水又东会成国故渠"到茂陵的一段成国渠上游的记述，直到渭水条的最后才出现。这种错简连篇前后颠倒的情况，经过清代学者的校勘才得以纠正。清末民初的杨守敬及门人熊会贞编撰的《水经注疏》，从自然地理学的角度加深了对《水经注》的研究，并对错简进行了复原。目前对西汉诸陵位置的排定，主要依据的是《水经注疏》本。但是，郦道元的《水经注》与经过一千多年后形成的《水经注疏》之间有多大差异，现在已无从得知。在我们根据《水经注》的记载排定西汉诸陵的位置时，必须充分考虑这一情况。

《水经注》对西汉诸陵的记载，有详有略。有的言之凿凿，令人可信；有的含糊不清，不知所云；还有的一带而过，不甚了了。如对渭北西二陵的情况，顺成国故渠沿线经过的茂陵、李夫人墓、茂陵邑、龙渊庙、平陵、平陵邑、徘徊庙、窦婴墓等，记述得比较详细。而形成对照的是，对后四陵的记述非常简单。对延陵和义陵只提到陵名，对渭陵的记述不过是在陵名之外加上了一些《汉书》的内容而已。对康陵甚至没有说康陵本身，只说"（延）陵之东北五里，即平帝康陵阪也"。显然，康陵是一个具体的帝陵，而康陵阪则是一个根据地形变化可大可小的地域概念，两者有关却又不能等同。康陵阪这种含糊的说法，使我们无法肯定延陵东北五里就是康陵。据《汉书》等文献的记载，与设有陵邑和寝庙的西汉其他帝陵不同，从汉元帝渭陵开始，帝陵不再设陵邑，是否设庙也是几经反复，而且西汉尚无在陵墓前立碑的习惯。西汉其他帝陵分布相对独立，容易区分，且设有具有城垣等明显标识的陵邑。即使经过改朝换代的战乱，原有的较大规模的居民点可能还会得到延续，对这些帝陵情况的了解也容易代代相传。而后四陵分布较为集中，陵区交错难以区分，且未设具有城垣等明显标识的陵邑，原来就没有较大的居民点，居民也难以延续居住。所以，到了郦道元的时代，对后四陵的情况已不甚了了。《水经注》对西汉其他帝陵的记载较为详细，对后四陵的记述一带而过非常简单，应该是由当时对西汉诸陵了解的不同情况所决定的。

另据《汉书·外戚传》记，傅太后"元寿二年崩，合葬渭陵，称孝元傅皇后云"，又记"（傅太后）至葬渭陵，冢高与元帝山齐"、"（傅太后）终没，至乃配食于左座"等，傅太后陵应附葬于元帝渭陵之旁。而《水经注》对傅太后陵的记述是："渭水又东迳霸城县北，与高陵分水，水南有定陶恭王庙、傅太后陵。……元寿元年，傅太后崩，合葬渭陵。范岳《关中记》：'汉帝后同茔为合葬，不共陵也，诸侯皆如之。'恭王庙在霸城西北，庙西北即傅太后陵，不与元帝同茔。渭陵非谓元帝陵也，盖在渭水之南，故曰渭陵也。"即说傅太后陵在霸城附近，葬于与元帝渭陵不同地的另一个渭陵。这段记述前后矛盾难以理解，且与《汉书》的记载不合。其中"渭陵非谓元帝陵也，盖在渭水之南，故曰渭陵也"，完全使用的是推测的语气。在此段记载之后的记述说："今其处犹高，世谓之增墀，又亦谓之增阜，俗亦谓之成帝初陵处，所未详也。"一语道破，郦道元其实当时已搞不清楚一些西汉陵墓的位置和墓主，只好根据俗话即传说去推测，其可信程度显然应打相当的折扣。所以，仅仅根据《水经注》叙述的先后顺序来排定西汉诸陵位置的做法，值得重新考虑。

今本《三辅黄图》的陵墓条中对从长安到西汉诸陵距离和方位等的记载如下：

高祖长陵在渭水北，去长安城三十五里。……长陵山，东西广一百二十步，高十三丈。长陵城周七里百八十步，因为殿垣，门四出，及便殿掖庭诸宫寺，皆在中。

吕后陵，在高祖陵东。

惠帝安陵，去长陵十里。……在长安城北三十五里。安陵有果园鹿苑云。

文帝霸陵，在长安城东七十里。因山为藏，不复起坟，就其水名，因以为陵号。

景帝阳陵，在长安城东北四十五里。按景帝五年作阳陵，起邑。阳陵山，方百二十步，高十丈。

武帝茂陵，在长安城西北八十里。建元二年初置茂陵邑。……周回三里。《三辅旧事》云："……（茂陵）高一十四丈一百步。茂陵园有白鹤观。"

昭帝平陵，在长安城西北七十里，去茂陵十里……

宣帝杜陵，在长安城南五十里。帝在民间时，好遊鄠、杜间，故葬此。

元帝渭陵，在长安北五十六里。

成帝延陵，在扶风，去长安六十二里。王莽时，遣使坏渭陵、延陵园门罘罳，曰毋使民复思也，又以墨色涔其周垣。

哀帝义陵，在扶风渭城西北原上，去长安四十六里。

平帝康陵，在长安北六十里兴平原口。

所记从长安到后四陵诸陵的距离是：义陵 46 里、渭陵 56 里、康陵 60 里、延陵 62 里。在现代地图上根据当时的尺寸进行测量，无论是哪个陵的距离都相差甚大。这有可能是因为古代的里数是沿道路测量的，也有可能是因为从长安城出发的起点不同，更有可能是这些资料记载本身在传抄的过程中发生了变化。另外，今本《三辅黄图》对后四陵方位的记载中，说延陵和义陵在扶风，却没有记以长安为基点的方位；说渭陵和康陵在长安北，而后四陵的方位其实均在长安西北。所以，仅仅根据今本《三辅黄图》所记载的里数和方位来排定后四陵的位置是非常困难的。

目前学术界主要根据《水经注》叙述的先后顺序和今本《三辅黄图》所记述的距离及方位所排定的后四陵的名位中，最明显有问题的是 2 号陵。2 号陵目前被认为是平帝康陵，但实地勘察的结果，使人不能不提出疑问。

从西汉诸帝陵封土的规模看，后四陵中的 1 号陵、3 号陵和 4 号陵的高度为 25～31 米，底边长 173～175 米，顶边长 51～55 米，规模尺寸相差不大。而 2 号陵封土的底边长和顶边长远远超过其他三陵，其规模之大在西汉诸陵中仅次于武帝茂陵（表五）。武帝从即位的第二年即建元二年（公元前 139 年）就开始修建自己的寿陵，到后元二年（公元前 87 年）武帝驾崩，修陵时间前后长达 53 年。在有封土的西汉诸陵中，茂陵封土的规模最大，其雄厚的气势如实反映了武帝在位期间西汉王朝的鼎盛。可以推测，封土规模之大仅次于茂陵的 2 号陵所埋葬的皇帝，其生前的势力或死后的影响应该很大，其陵墓修建的时间也应该较长。

表五　西汉诸帝陵封土规模比较 （单位：米）

陵　名	封土形状	高	底边长		顶边长	
			东西	南北	东西	南北
茂陵	覆斗形	46.5	229	231	39.5	35.5
2号陵	覆斗形	26.6	216	209	60	60
杜陵	覆斗形	29	175	175	50	50
3号陵	覆斗形	25	175	175	50	50
4号陵	覆斗形	30	175	175	55	55
1号陵	覆斗形	31	173	173	51	51
安陵	长方形	25	170	140	65	40
阳陵	覆斗形	31.8	170	170	50	50
平陵	覆斗形	29	160	160	49	49
长陵	长方形	32.8	153	135	55	35

　　从渭北西汉诸陵的陵区规模看，自有明显标识的帝陵西侧到陵东陪葬墓区或陵邑东侧的距离，东三陵中长陵陵区东西距离约7.5公里，安陵和阳陵均约6公里，规模大致相当。西二陵中茂陵约4公里，平陵约6公里。后四陵分布相对集中，诸陵陵区规模无法与东三陵和西二陵相比。其中1号陵东西约2公里；3号陵和4号陵陵区东限不清，但从所处地形来看，东西不会超过2公里。只有2号陵的陵区规模最大，东西约4.5公里。其陵区规模不但远远超过了其他三陵，甚至还超过了茂陵。此外，在后四陵中2号陵的陪葬墓的数量是最多的，而且排列也比较整齐。

　　这些情况表明，在后四陵中，2号陵所埋葬的皇帝生前在位期间国力应较强，才可能有足够的财力来修建如此巨大的陵墓。其死后也应有较高的地位和较大的影响，这样一些亲贵大臣才能继续陪葬，陵区规模才能不断扩建。而现在被认为是2号陵墓主的汉平帝是西汉末代皇帝，九岁由中山王世子即位，十四岁驾崩，在位仅4年多，且朝政操于王莽之手，只是个傀儡儿皇帝。因此，平帝生前不可能有力量和时间大修陵墓。其死后不久，王莽就已正式篡位，也不可能为其大修陵墓，更不可能有众多的亲贵大臣陪葬其陵。因此，2号陵根本不可能是平帝康陵。这样一来，目前主要根据《水经注》和今本《三辅黄图》所排定的后四陵的名位就大成问题了。所以，后四陵的名位应该根据考古资料并参照《汉书》等早期文献的记载进行重新考察。

　　1990年开始的对汉景帝阳陵所进行的调查和发掘，逐渐搞清了阳陵陵区的整体规模和布局形制。阳陵陵区由帝陵、后陵、寝庙、陪葬坑、陪葬墓园、陵邑等组成，其范围东西约6公里，南北约3公里。帝陵坐西朝东，平面呈亚字形，四面各辟墓道，主墓道在东。封土为平面方形的覆斗形，封土周围有平面近方形的陵园。陵园有夯土城墙，四面有门，门阙为三出阙。陵园内封土周围有 80 多座从葬坑，陵园外东南侧和西北侧各有一处成片的兵马俑坑。陵园周围发现了几处建筑遗迹，其中应有寝庙。皇后陵在帝陵东北，基本形制与帝陵相似，但规模略小。帝陵北侧还有二座较大的陪葬墓，应是景帝身边的亲贵或嫔妃所葬。在包括帝后陵园、嫔妃墓和寝庙、陪葬坑的主陵区周围，有一周围沟环绕。在其东的帝陵东司马道两侧，分布有大片的亲贵大臣及其家族的赐葬冢地。赐葬冢地以东是阳陵邑所在地。

西汉帝陵的埋葬制度从高祖长陵开始，在多方面继承了秦陵墓制度并有创新。经惠帝安陵和文帝霸陵的演变，到景帝阳陵形成了独特的埋葬制度。其后的武帝茂陵、昭帝平陵、宣帝杜陵的布局形制，均与阳陵相仿，因此可称为阳陵模式。阳陵模式的发现，对于研究西汉帝陵制度的发展变化具有重要意义。特别是在对西汉后四陵名位重新考察的过程中，阳陵模式成为我们进行西汉诸陵对比研究的重要依据。这是前人在考察西汉诸陵名位时所没有的新的认识基础。

后四陵中的1、2号陵的东北或东南有后陵，东司马道两侧有成片的陪葬墓区，除没有陵邑外，陵区的布局形制基本符合阳陵模式。3号陵东北侧和西北侧各有一座大型墓葬，其中可能有皇后陵，其他陪葬墓难以确认。4号陵的皇后陵和陪葬墓区的情况均难以确认。1、2号陵的建制较完整，基本符合阳陵模式，其时代应较早，墓主在位时间应较长。3、4号陵的建制不完整，且陵区规模较小，其时代应较晚，墓主在位时间应较短。从西汉后期的历史看，1、2号陵的墓主应该是元帝和成帝，3、4号陵的墓主应该是哀帝和平帝。至于各陵所葬究竟是哪个皇帝，在目前还没有对后四陵及其陪葬墓进行发掘的情况下，我们只能根据实地调查所获的资料与文献的有关记载相对照，得出最可能正确的结论。

根据《汉书》的记载，西汉后四帝营造陵墓的情况分别如下。

元帝"永光四年（前40年）冬十月乙丑，……以渭城寿陵亭部原上为初陵"，即位8年后才开始建陵。"竟宁元年（前33年）五月壬辰，帝崩于未央宫。……秋七月丙戌，葬渭陵"，生前修陵的时间约7年。

成帝"建始二年（前31年）闰月，以渭城延陵亭部为初陵"，即位一年半后开始营造自己的寿陵。但其后又以窦将军竹园在延陵陵庙之南，恐蹈之地作陵不便为理由，"鸿嘉元年（前20年）春二月壬午，（成帝）行幸初陵，赦作徒。以新丰戏乡为昌陵县，奉初陵，赐百户牛酒"，在渭水以南另建昌陵。但因为大规模修建昌陵引起"天下虚耗，百姓罢劳"，"永始元年（前16年）秋七月，成帝诏：……其罢昌陵及故陵勿徙吏民，令天下毋有动摇之心"，不得不停建昌陵。"绥和二年（前7年）三月丙戌，成帝崩于未央宫。四月己卯，葬延陵。"成帝生前曾大修陵墓，迁建昌陵前延陵虽已修了10年左右，但因另建昌陵而荒废。停建昌陵后至成帝驾崩虽然有9年时间，但国力耗尽，再建延陵已很困难。

哀帝即位后，"太初元将元年（即建平二年，前5年）七月，以渭城西北原上永陵亭部为初陵"，"元寿二年（前1年）六月戊午，帝崩于未央宫。秋九月壬寅，葬义陵"，在位时间只有6年，生前为自己修建陵墓的时间有4年。

平帝生前是否开始为自己修建寿陵未见史籍记载，从其在位期间的年龄和权势来看，生前为自己修陵墓的可能性也不大。《汉书》仅有"元始五年（5年）冬十二月丙午，帝崩于未央宫。大赦天下。有司议曰：'礼，臣不殇君。皇帝年十有四岁，宜以礼敛，加元服。'奏可。葬康陵"的记载。

从《汉书》记载的西汉后四帝修建陵墓的情况看，哀帝和平帝在位时间都很短，哀帝生前为自己修建寿陵的时间很短，平帝在生前则很可能就没有修陵。皇帝生前为自己修陵时间最长的是成帝延陵，但陵址却几经反复，耗尽国力，死前即使想大修陵墓已很困难。元帝生前为自己修陵的时间虽然只有7年，但在位时间达15年之久，其间国势也较强盛。更重要的是，元帝死后，王莽为谄媚王皇后，对元帝的祭祀和渭陵续建的重视程度，远不是其他皇帝及其陵墓所能相比的。《汉书·元后传》记："初，王莽安汉公时，又谄太后，奏尊元帝庙为高宗，太后晏驾后当以礼配食云。"另外，对王皇后陵园长寿园的修建在王皇后生前一直未断。直到王莽正式篡位后，仍尊王皇后为"新室文母太皇太后"。王皇后活到新莽始建国五年（13年），终年84岁，合葬渭陵。这样看来，元帝生前最有力量修建陵墓，其陵墓和陵区在其生前和死后修建的时间应最长，其规模也可能最大。

从后四陵诸陵所处的地形来看，2号陵位于咸阳北三道原上，周围地形平坦宽阔，陵区建设不受地形限制，规模也最大。1号陵位于三道原南边，东、南两侧均近于断崖，其陵区规模受到地形的限制，陪葬墓区只能向东延伸分布到二道原上。这样看来，2号陵选择了较好的建陵地形，并由此而造成在西汉帝陵传统的埋葬区域中，此后再没有如此平坦宽阔的地形。因此，在后四陵中，2号陵的建陵时间应最早。

综合以上各种调查资料和文献记载，我们可以认为，2号陵的墓主应为元帝，1号陵的墓主应是成帝。元帝修陵在先，占据了较好的地形位置，以致成帝修陵时已找不到更好的地方，陵区规模受到地形的限制无法扩大。而元帝时已罢修陵邑，成帝又想再建陵邑，但延陵所处的地形已无建陵邑的合适位置。这也许才是史书中没有记载的成帝不满意延陵的位置而在渭水南另建昌陵的真正原因。

另据《汉书·张禹传》记："禹年老，自治冢茔，起祠室。好平陵肥牛亭部处地，又近延陵，奏请求之。上以赐禹，诏令平陵徙亭他所。曲阳侯根闻而争之：'此地当平陵寝庙衣冠所出游道，禹为师傅，不遵谦让，至求衣冠所遊之道，又徙坏旧亭，重非所宜。孔子称：'赐爱其羊，我爱其礼。'宜更赐禹他地。根虽为舅，上敬重之不如禹，根言虽切，犹不见徙，卒以肥牛亭地赐禹。""衣冠所游之道"，是每月从陵寝殿中拿出皇帝生前的衣冠到陵庙游行祭祀的专用道路。平陵的寝殿虽未经发掘，但已经发掘的宣帝杜陵寝殿在陵园南侧[2]，可知平陵的寝殿亦有可能在陵园南侧。《水经注》所记从平陵到延陵之间的成国渠沿线的遗址有"渠北有汉昭帝平陵，东南去长安七十里。又东迳平陵县故城南。……故渠之南有窦氏泉，北有徘徊庙。又东迳汉大将军魏其侯窦婴冢南。又东迳成帝延陵南"，可知平陵庙（号为徘徊庙）位置应在平陵邑之东，延陵之西。从平陵陵园南侧的寝殿向东去徘徊庙的"衣冠所游之道"，正当张禹请求的茔地，而其茔地又距延陵较近。也就是说，延陵应与平陵相近。现平陵以东最近的是1号陵，从这一点来看，1号陵也应该是成帝延陵。

对后四陵诸陵的皇后陵（表六、七）和其他陪葬墓的了解，有助于我们确认各陵的名位。所以我们对诸陵周围的其他墓葬，都逐个进行了详细调查。根据其封土形状、夯层厚度以及夯土中的包含物来判断其时代，从其所处位置来观察其与诸陵的关系。

表六　汉高祖至宣帝的皇后陵[3]　　　　　　（单位：米）

墓　名	距帝陵方位	距帝陵距离	高	底边长		顶边长	
				东西	南北	东西	南北
长陵皇后陵	东南	280	30.7	150	130	50	30
安陵西北墓[4]	西北	270	12	60	50	20	20
霸陵皇后陵	东南	1900	19.5	137	143	30	35
阳陵皇后陵	东北	450	26.3	160	160	45	45
茂陵西北墓[5]	西北	500	24.5	90	120		
平陵皇后陵	东南	665	26.2	150	150	25	30.5
杜陵皇后陵	东南	580	24	145	145	45	45

2号陵如定为元帝渭陵，陪葬的后妃应有王皇后和傅昭仪（傅太后）。2号陵东南570米处有一座陪葬墓（2-1），处于皇后陵的位置，与西汉后期以前的诸皇后陵相比，其现存封土规模较小，与王皇后生前大修陵墓的记载不相符合，因此不大可能是王皇后陵。根据《汉书》的记载，傅太后死后合葬渭陵，但其后王莽以其"冢高与元帝山齐，怀……皇太太后玺绶以葬，不应礼"为理由，先挖其墓，后平其冢。一些学者据

---

〔2〕中国社会科学院考古研究所：《汉杜陵陵园遗址》，科学出版社，1993年。

〔3〕包括疑皇后陵。

〔4〕一说是惠帝废后张氏墓。见刘庆柱、李毓芳：《西汉十一帝陵》，陕西人民出版社，1987年。

〔5〕传李夫人墓。

表七　后四陵的疑皇后、皇太后陵　　　　　　（单位：米）

墓　名	距帝陵方　位	距帝陵距　离	高	底边长		顶边长	
				东西	南北	东西	南北
1－1	东北	550	2～5	110	120		
1－2	东北	652	14	80	80	30	30
2－1	东南	570	10	86	86	33	33
2－2南墓	东北	1600	11.8	108	103	47	46
3－1	东北	350	2	170	150		
3－2	西北	380	13.5	90	90	36	36

此认为3号陵东北的一座俗称"塌陵"的大型墓葬（3－1）是傅太后陵[6]。但在西汉后四帝的皇后中，死后正常埋葬的只有元帝王皇后。其余的皇后，不是生前被废，就是死后被掘坟。而无论是建陵中途停止还是修建完成后又加以破坏，都有可能形成所谓"塌陵"的情况。如1号陵的陪葬墓中也有一座是所谓"塌陵"（1－1）。因此，见到"塌陵"就认为是傅太后陵是缺乏根据的。2－1号墓规模不大，但有可能其现存规模是破坏后的残留。其位置距2号陵较近，且正当2号陵东司马道附近，既说傅太后陵"冢高与元帝山齐"，应该是距元帝陵较近才能看出这种比较的印象。因此，不能完全排除2－1号墓是傅太后陵的可能性。《水经注》记傅太后陵在渭水之南，另有一说。但此说如前所述，其可信程度值得怀疑。

在2号陵东北1600米处，还有二座规模较大的汉墓（2－2），即所谓周陵。周人埋葬"墓而不坟"、"不封不树"，此二墓有规模较大的封土，显然并非周陵。目前学术界多认为此二墓是秦惠文王和悼武王陵[7]或秦惠文王及惠文王后陵[8]。其根据主要有《史记集解》引《皇览》曰："秦武王冢在扶风安陵县西北，毕陌中大冢是也。人以为周文王冢，非也。周文王冢在杜中"，《史记正义》引《括地志》云："秦惠文王陵在雍州咸阳县西北一十四里"，"秦悼武王陵在雍州咸阳县西十里，俗名周武王陵，非也"等文献记载。更被引为重要依据的是，《史记·秦始皇本纪》有"秦悼武王享国四年，葬永陵"的记载，《汉书·哀帝纪》说："（哀帝）太初元将元年七月，以渭城西北原上永陵亭部为初陵。"所以据此认为哀帝初陵所选的永陵亭部之地应在秦悼武王永陵附近。但从实地调查的情况看，此二墓的封土形状为平面近方形的覆斗形，是西汉陵墓

〔6〕　李宏涛、王丕忠：《汉元帝渭陵调查记》，《考古与文物》1980年1期。

〔7〕　刘庆柱、李毓芳：《西汉十一帝陵》，陕西人民出版社，1987年。

〔8〕　王学理：《咸阳帝都记》，三秦出版社，1999年。

封土的典型形式。而秦国陵墓在雍都的秦公陵园时期，墓上尚无封土[9]；在其后的芷阳秦东陵时期，封土形状为东西长南北短的长方形丘垄状[10]。此二墓的封土形式与秦东陵根本不同。同时，在此二墓封土周围发现了大量汉代的砖瓦残片，并未见到具有战国中晚期秦文化特征的遗物。这也可说明此二墓是汉墓而非秦陵。

至于上述文献中有关秦惠文王和悼武王陵的说法，多属汉代以后晚出者，其内容并未见于汉代以前的文献。而《汉书》所记哀帝初陵的永陵亭部是否源于秦悼武王的永陵，也值得重新考虑。从《史记》、《汉书》等早期文献中关于西汉诸帝生前为自己修建陵墓的记载看，元帝之前，选定某地建陵之时首先要新设一个相当县级居民点的陵邑，也有将当地原有的县改称陵邑的。元帝之后，虽不再设陵邑，但元帝初陵的渭城寿陵亭部和成帝初陵的渭城延陵亭部，显然都是当时新设的。所以，不设陵邑实际上是不再设规模较大并有城垣的县级居民点，而改设规模较小的亭部级居民点。哀帝义陵所在的永陵亭部，也应该是初陵时新设的。其称为永陵亭部，与寿陵亭部和延陵亭部一样，都很可能是选吉语暂定的陵名。只不过成帝陵后来沿用了延陵的陵号，而元帝寿陵后改称渭陵，哀帝永陵后改称义陵。这样看来，哀帝初陵时所设的永陵亭部，不一定与秦悼武王永陵有关。即使上述文献所记秦惠文王和悼武王陵的位置大致不错，此二墓也并非秦陵，秦惠文王陵和悼武王陵应另外去寻找。

那么，2-2南北二墓的墓主应该是谁呢？此二墓中南墓的封土规模较大，北墓的封土规模较小且位置略偏西。从南墓的封土规模和所处帝陵东北方的位置看，符合西汉皇后陵的定制。其距2号陵的距离虽然较远，但如果考虑到2号陵的陵区在后四陵中规模最大，其他亲贵大臣的陪葬墓距2号陵的距离也较远等情况，也并非不可理解。所以，2-2南墓应该是一座附葬2号陵的皇后陵。如果2号陵是元帝渭陵的话，它最有可能是王皇后陵。而2-2北墓，从其位置和《汉书·王莽传》"地皇二年正月，莽妻死，谥曰孝睦皇后，葬渭陵长寿园西，令永侍文母，名陵曰亿年"的记载看，很有可能是王莽之妻的亿年陵。王莽之妻死于王莽正式篡位之后，从王莽对西汉王朝的态度看，不可能再将其葬于西汉帝陵旁。而作为王皇后陵的2-2南墓恰与西汉帝陵的距离较远，王莽之妻葬在其旁是再合适不过的了。

大批亲贵重臣陪葬帝陵的西汉制度，开始于高祖长陵，到景帝阳陵成为定制。大

〔9〕　陕西省雍城考古队　韩伟：《凤翔秦公陵园钻探与试掘简报》，《文物》1983年7期；陕西省雍城考古队：《凤翔秦公陵园第二次钻探简报》，《文物》1987年5期。

〔10〕　陕西省考古研究所等：《秦东陵第一号陵园勘查记》，《考古与文物》1987年4期；陕西省考古研究所等：《秦东陵第二号陵园调查钻探简报》，《考古与文物》1990年4期；程学华：《秦东陵考察述略》，《秦陵秦俑研究动态》1992年1期。

批的陪葬墓，均按帝陵陵区规划，分布在帝陵以东东司马道南北两侧。这种制度，在西汉后四陵也得到了延续。如《汉书·成帝纪》中就有"赐丞相、御史、将军、列侯、公主、中二千石冢地"的记载。从实地调查的情况看，1 号陵和 2 号陵以东均有成片的陪葬墓群，且均分布于东司马道南北两侧。其中 2 号陵正东方向以新庄墓群（2-3）和南贺墓群（2-4）为代表的陪葬墓区，在后四陵中规模最大，陪葬墓的数量最多。

2 号陵若定为元帝渭陵的话，陪葬渭陵的首先有元帝王皇后之兄王凤。王凤生前任大司马大将军领尚书事，成帝在位时曾多年执掌朝政。据《汉书·元后传》记："凤薨，天子临吊赐宠，送以轻车介士，军陈自长安至渭陵，谥曰敬成侯。""王氏之兴自凤始"，从王凤开始，王氏一族以外戚身份在朝廷中占据了重要地位。成帝在位期间，王氏一族就已有十人封侯，五人先后任大司马。其中许多人都有可能与王凤一样陪葬元帝渭陵。新庄墓群墓葬规模较大，数量较多，且排列整齐，很有可能就是包括王凤及其家族墓在内的赐葬冢地。

若以 1 号陵为成帝延陵的话，成帝的皇后先后有许皇后和赵皇后，二人均在生前被废。赵皇后葬于何处，文献失载。许皇后据《汉书·外戚传》记："（许皇后）凡立十四年而废，在昭台岁余，还徙长定宫。后九年，……天子使廷尉孔光持节赐废后药，自杀，葬延陵交道厩西。"延陵交道廊的具体位置不明，但从阳陵发现的情况看，环绕帝陵主陵区周围应有围沟和道路，这条环形道路与东司马道相交之处，有可能就是交道。而此处恰是帝陵主陵区向东正面的出口，也应该设有门廊。所以，许皇后很有可能还是葬在交道廊以西的延陵主陵区内。

在 1 号陵东北方向有两座大型墓葬，均符合西汉皇后陵埋葬的位置。其中 1-1 号墓位于 1 号陵东北 550 米，封土已接近被夷平，现存一平面近方形、残高约 2~5 米的台地。1-2 号墓位于 1-1 号墓北约 100 米处，现存覆斗形封土，高 14 米，底边长 80 米，顶边长 30 米，保存较为完整。1-1 号墓前东北角现存有"1990 年 1 月 11 日公布第二批区级重点文物保护单位 班婕妤墓"之石碑，也有学者认为 1-2 号墓是班婕妤墓[11]。据《汉书·外戚传》记："至成帝崩，（班）婕妤充奉园陵，薨，因葬园中。"其生前已遭冷遇，且地位并不高，其墓规模也不会大，按礼应附葬在帝陵附近。而 1-1 和 1-2 号墓均处于皇后陵埋葬的位置，且规模较大，班婕妤不可能葬于此地。所以，这二座墓还应该是成帝的两位皇后的陵墓。许皇后和赵皇后虽均在生前被废且死于非命，但并不能说成帝生前不为她们修陵。1-1 号墓被破坏的情况，也应该是反映了她们生前身份地位的变化。

另外，在 1 号陵以西 1200 米处有一座具有二层台覆斗形封土的大墓，被认为是成

---

〔11〕 同〔7〕。

帝许皇后墓[12]。但在西汉皇后陵中，未见位于帝陵以西如此远者，且该墓附近还有大量的墓葬。因此，该墓应属 1 号陵西边的昭帝平陵的陪葬墓，没有可能是 1 号陵的皇后陵。

1 号陵东边有成片的陪葬墓群。其中五冢村南的严家沟墓群（1－3）保存较好。该墓群分布于 1 号陵以东的二道原上，相对高度比 1 号陵所处的原面低 30 米左右。现存封土分南北两列东西向排列，两列间距 128 米，恰好应是 1 号陵东司马道通过之处。如果 1 号陵定为成帝延陵的话，它们应该是延陵的陪葬墓，其埋葬制度也符合阳陵模式。

与 1、2 号陵相比，3 号陵和 4 号陵的陵区建制不完整，其时代应较晚。3 号陵附近东北和西北方各有一座大型墓葬，其中 3－1 号墓位于 3 号陵东北，是一座被破坏的"塌陵"。3－2 号墓位于 3 号陵西北，封土和陵园保存均较完整。从这二座墓的规模、形制和所处的位置看，其墓主身份均应相当于皇后。

据文献记载，哀帝的皇后只有傅皇后一人，是傅太后的侄孙女。哀帝死后，王莽排斥傅氏，令傅皇后退居桂宫。"后月余，复与孝成赵皇后俱废庶人，就其园自杀。"[13]其葬处不明，但不能排除哀帝生前曾为其修有陵墓。哀帝在位时，还有一个与皇后地位相当的男宠董贤，凭借哀帝的宠幸把持朝政。哀帝"令将作为贤起冢茔义陵旁。内为便房、刚柏题凑，外为徼道。周垣数里，门阙罘罳甚盛。"[14]显然是按照帝后陵墓的规格为其修墓。哀帝死后，董贤失去依靠，王莽重新掌权，董贤与妻子被迫自杀。王莽"裸诊其尸，因埋狱中。"虽然其葬非所地，但哀帝为其在义陵旁所建的高规格的墓冢建筑遗迹应该还在。所以，3 号陵应该是哀帝义陵，其陵旁的二座大墓，一座应该是傅皇后陵，另一座应该是董贤墓。3 号陵的东面临近断崖，很难再分布大规模的陪葬墓区。而哀帝在位时间较短，死后无子嗣相继，影响不大，也不可能有大量的亲贵大臣陪葬其陵。

4 号陵的东面也临近断崖，没有营造陪葬墓区的余地，其周围也没有可以确认的西汉墓葬。从其规模、所处位置和现状来看，应是平帝康陵。平帝在位时间很短，且年少，朝政操于王莽手中，生前可能未为自己修陵。其皇后是王莽之女。据《汉书·外戚传》记：新莽末年，"及汉兵诛莽，燔烧未央宫，后曰：'何面目以见汉家！'自投火而

---

〔12〕 暂称西石大墓。该墓在 1 号陵西北 1200 米处，封土南有 1984 年 12 月 11 日咸阳市人民政府所立"陕西省第一批重点文物保护单位　延陵合葬墓　许皇后墓"石碑。其周围有 10 余座现存封土的墓葬，即西石墓群。

〔13〕 《汉书·外戚传》。

〔14〕 《汉书·佞幸传》。

死。"未记载葬于何处。平帝死后不久，王莽就正式篡位。王莽不可能为平帝大修陵墓，也不可能有什么亲贵大臣陪葬平帝。

综上所述，在西汉后四陵中，1、2 号陵的陵区建制较为完整，符合反映西汉帝陵埋葬制度的阳陵模式。从它们各自的位置、陵墓及陵区规模和陪葬墓等方面的情况分析，并参照《汉书》等相关文献的记载，1 号陵应该是成帝延陵，2 号陵应该是元帝渭陵。3、4 号陵的陵区规模较小，建制不完整，反映了西汉王朝的国势和帝陵埋葬制度到西汉末年的衰败，其时代应晚于 1、2 号陵。根据它们各自的位置和陪葬墓等情况的分析，并与《汉书》等文献相对照，3 号陵应该是哀帝义陵，4 号陵应该是平帝康陵。西汉后四陵从西向东的排列顺序应该是：成帝延陵、元帝渭陵、哀帝义陵、平帝康陵，而不是目前普遍认为的成帝延陵、平帝康陵、元帝渭陵、哀帝义陵。这一研究结果应该是在目前已有资料的基础上所能得出的最接近于正确的结论。我们期待今后的考古工作能使这一结论得到证实。

主要参考文献

《十三经注疏》，中华书局影印本。

司马迁：《史记》，中华书局点校本。

班固：《汉书》，中华书局点校本。

范晔：《后汉书》，中华书局点校本。

李吉甫：《元和郡县图志》，中华书局点校本。

宋敏求：《长安志》，长安县志局印。

陈直：《汉书新证》，天津人民出版社，1979 年。

何清谷校注：《三辅黄图》，三秦出版社，1995 年。

杨守敬、熊会贞：《水经注疏》，江苏古籍出版社，1989 年。

王国维：《水经注校》，上海人民出版社，1984 年。

杨宽：《中国古代陵寝制度史研究》，上海古籍出版社，1982 年。

中国社会科学院考古研究所编：《新中国的考古发现和研究》，文物出版社，1984 年。

刘庆柱、李毓芳：《西汉十一帝陵》，陕西人民出版社，1987 年。

朱耀廷、郭引强、刘曙光编：《古代陵墓》，辽宁师范大学出版社，1996 年。

黄濂：《中国历代帝陵》，大连出版社，1997 年。

许吉军：《中国丧葬史》，江西高校出版社，1998 年。

黄景略、叶学明：《中国历代帝王陵墓》，商务印书馆，1998 年。

国家文物局主编：《中国文物地图集·陕西分册》，西安地图出版社，1998 年。

杜葆仁：《西汉诸陵位置考》，《考古与文物》1980 年 1 期。

刘庆柱、李毓芳：《西汉诸陵调查与研究》，《文物资料丛刊（6）》，文物出版社，1982 年。

杨宽、刘根良、太田有子、高木智见：《秦汉陵墓考察》，《复旦大学学报》1982 年 6 期。

太田有子：《漢代陵墓考察》，《考古学ジャーナル236》1984 年。

刘炜：《西汉陵寝概谈》，《中原文物》1985 年 2 期。

刘庆柱、李毓芳：《关于西汉帝陵形制诸问题探讨》，《考古与文物》1985 年 5 期。

曾青：《关于西汉帝陵制度的几个问题》，《考古》1987 年 1 期。

李毓芳：《西汉帝陵封土渊源与形制》，《文博》1987 年 3 期。

马正林：《咸阳原与西汉诸陵》，《人文杂志》1987 年 2 期。

叶文宪：《西汉帝陵的朝向、分布及其相关问题》，《文博》1988 年 4 期。

鶴間和幸：《漢代皇帝陵、陵邑、成国渠調査記——陵墓、陵邑空間と灌漑区の関係》，《古代文化》第四十一卷第三号，1989 年。

李毓芳：《西汉帝陵的分布考察——兼谈西汉帝陵的昭穆制度》，《考古与文物》1989 年 3 期。

黄展岳：《秦汉陵寝》，《文物》1998 年 4 期。

焦南峰、段清波：《陕西秦汉考古四十年纪要》，《考古与文物》1998 年 5 期。

焦南峰、马永赢：《西汉帝陵无昭穆制度论》，《文博》1999 年 5 期。

秦中行：《汉阳陵附近钳徒墓的发现》，《文物》1972 年 7 期。

王丕忠、张子波、孙德润：《汉景帝阳陵调查简报》，《考古与文物》1980 年 1 期。

陕西省考古研究所汉陵考古队：《汉景帝阳陵南区从葬坑发掘第一号简报》，《文物》1992 年 4 期。

陕西省考古研究所汉陵考古队：《汉景帝阳陵南区从葬坑发掘第二号简报》，《文物》1994 年 6 期。

李宏涛、王丕忠：《汉元帝渭陵调查记》，《考古与文物》1980 年 1 期。

张子波：《咸阳市新庄出土的四件汉代玉雕器》，《文物》1979 年 2 期。

王丕忠：《咸阳市新庄出土的玉奔马》，《文物》1979 年 3 期。

李健超：《被遗忘了的古迹——汉成帝昌陵、汉傅太后陵、汉霸陵城初步调查记》，《人文杂志》1981 年 3 期。

李健超：《关于傅太后陵的位置问题》，《考古与文物》1982 年 4 期。

试论器物学方法在玉器研究中的应用

蔡庆良

Most researches of antiquities, either of archaeology or of art history, focus on those in similar shape or with same decorative motif. However, the shape of a jade ware is seriously decided by that of its rough material, a characteristic different from both pottery and bronze products, requiring a particular research method. In present methodology of antiquity the carving technique of a jade ware is particularly emphasized, by which the jade products featuring different shapes or different motifs can be discussed together and reach some special conclusions.

所谓器物学研究方法的约略定义，是将欲研究的器物视为史料，以制作工艺等研究象度作为基础，并结合考古学、美术史、历史学、人类学等相关学科，最终还原特定时空背景的研究方法[1]。

为了达到此一目的，研究者必须具有明了并统合不同学科成果的能力；而有关制作工艺的训练和掌握，更是器物学研究的重要基础，倘若使用得宜，往往是解开过往历史的钥匙。

玉器制作工艺的传统研究模式，是在考古发掘的基础上所进行的研究。亦即首先必须确认有玉器伴随出土的墓葬或遗址所处的年代，其次排除部分不同年代或不同文化的玉器，最后在玉器和墓葬的年代以及文化归属相同的前提下，就出土玉器本身，分析归纳出属于此一时期或文化的制作特征。由于不同的时代或文化有不同的工具和加工方式，当考古发现渐趋丰富之后，不同时代或文化的制作特征也可逐一掌握。在各时代以及各文化的资料库完备之后，即可对传世品或未有出土依凭的玉器进行年代推论，并由此达到制作工艺研究的主要目标。

制作工艺的研究过程在理论上切实可行，但在实际操作时仍可能会受限于外在条件的不足，关键在于无法有效地将不属于墓葬年代或文化的玉器排除。造成此一困境的主因在于考古发掘所累积的各时代或各文化的玉器资料库尚未完备，这使得各时代

---

* 作者系北京大学震旦古代文明研究中心兼职研究员。

[1] 关于器物学研究方法的完整论证，可参考吴棠海：《器物学导论》，《器物学研究·玉器1·基础篇》，震旦美术馆，2003 年。

的制作特征仍未被研究者完全掌握，如此一来便可能对若干玉器的年代产生误判。例如妇好墓发掘之初，其他文化中可资研究参考的玉器相当有限，因此自然将墓中大量玉器的年代皆等同于墓葬的年代，亦即殷墟二期。也因此，墓中玉器虽有部分显示出互不相同的工艺特征，也被笼统归为同一时代。而随着近年其他地区考古的新发现，现在已可推知，妇好墓相伴埋藏的玉器中，间杂有年代和地域皆相差甚大的红山、石家河等文化的玉器。由此可知，若依据考古墓葬的年代作为判断同墓玉器年代的标准，并进而归纳工艺特色的研究方法，有可能会忽略进一步必要的思考，亦即出土玉器究竟是当地的产物、外来的物品，还是其他时代文化的流传品？

即使出土玉器中并未有外来的产品，而是同一文化下的产物，研究者仍难对其作出有效的断代。此中关键在于玉器的珍贵性，使其具有代代相传的价值。例如虽然同是商代墓葬出土的商代玉器，但玉器制作的年代未必就是墓葬的年代，也有可能是祖先多代以来的遗留物。倘若缺乏有效的方法对其作精确分析，至多只能说明玉器约略的使用年代，甚至连各类玉器出现和结束的上下年限皆无法有效说明。

何况不同文化、不同时期的玉器出现在同一墓葬之中本来就是常有的事，其中必须思考的变因可能相当多，若要以墓葬的年代作为玉器研究的基准点，显然还必须多方斟酌。而墓葬中显然和主流风格不同的玉器，可能是来自其他单一文化，也可能有多方的来源，其中部分玉器或许是至今尚未确知文化的产物也未可知，必须等待此一消失的文化再度被发现时方可辨明。由此可知其中复杂的情形。

而若暂时搁置墓葬年代和出土玉器相雷同的习惯认定，引入风格分析的方法，那即使某件玉器来自于某一尚未发现的文化，也可有效地和其他玉器区分开来。透过风格分析法，也可以对有风格承继关系的玉器进行相对时代排序。这种方法和考古类型学最大的不同，在于不需要有相对年代的地层或墓葬作为年代参考标准，而是纯粹逻辑上的推演。因此倘若使用得宜，可以避开出土物时代等同墓葬年代的盲点，以及玉器皆源于同一文化等先入为主的观念。但是此种方法的结论仍多局限在大范围的年代中，无法作非常细致的分析，而且纯粹的逻辑推演可能会将实际上是早、中、晚的序列错置为晚、中、早相反的序列。因此具体风格分析后再和考古年代学的成果相互结合是较为可靠的方法。

而不论风格分析或是考古类型学研究，玉器分类多以造型相似或是母题雷同作为标准。这种研究思路虽然可以解决诸多课题，但若愿意换另一种研究角度，比较母题虽然不同，但材质或制作痕迹有相互关系的玉器，则若干特别的现象常可在此间具体而微的线索中闪现。而这就必须以器物学研究方法中的形料关系、制作工艺等象度为基础，透过此途径和其时玉工保持同理心，方能寻觅出重要的研究切入点。以此基础进一步再和考古学以及美术史等方法结合，则可得到较为不同的结论。以下即以二例说明器物学研究方法的运用。

　　1975 年小屯村北房址 F10 出土一件俏色巧雕石鸭[2]（图一），1978 年陕西扶风齐家 M19 出土一件玉鸟[3]（图二），1993 年山西晋侯墓地 M63 出土一对玉鸟[4]（图三）。这几件玉、石器无论就造型和纹饰而言皆非常相似，因此不论是考古类型学或是美术史风格分析皆会将其置于同一课题中进行比较研究。以传统的考古学思维方式，会将各出土品的年代等同墓葬年代，亦即 F10：殷墟四期[5]；齐家 M19：西周中期穆共之际[6]；晋侯 M63：西周晚期宣王时期[7]。在类型依据年代排序之后，再探讨不同时期玉、石鸟的文化因素变化以及其后的历史或社会意义。在此操作原则下，可能会推导出两种结论：首先可能会认为西周中期的玉鸟继承自晚商，并于中期时在头顶上加入周文化的圭冠因素，而这种因素在西周晚期时因某种原因再度消失；其次是将

图一　石鸭　　　　　　　　图二　玉鸟拓片　　　　　　图三　晋侯 M63 玉鸟
（《殷墟玉器》图版 52）　　　（拓片由魏兴兴馆长提供）

---

　[2]　石鸭的材质为石质的意见，是依据中国社会科学院考古研究所：《殷墟的发现与研究》373 页，科学出版社，1994 年。

　[3]　陕西周原考古队：《陕西扶风齐家十九号西周墓》，《文物》1979 年 11 期。

　[4]　山西省考古研究所、北京大学考古系：《天马-曲村遗址北赵晋侯墓地第四次发掘》图二九，《文物》1994 年 8 期。

　[5]　中国科学院考古研究所安阳发掘队：《1975 年安阳殷墟的新发现》，《考古》1976 年 4 期；同[2]，7 页；另外 75F11① 的年代为 1085～1046 BC，下限为武王克商，参见夏商周断代工程专家组：《夏商周断代工程 1996～2000 年阶段成果报告》（简本），52 页，表 12 最末，世界图书出版公司，2000 年。

　[6]　同[3]，6 页。

　[7]　晋侯邦父墓 M64 的年代为宣王时期，参见夏商周断代工程专家组：《夏商周断代工程 1996～2000 年阶段成果报告》（简本），37 页，世界图书出版公司，2000 年。而 M63 依考古简报定为邦父次夫人，因此年代应该相当，参见[4]，19 页。

晚商石鸟和晋侯玉鸟视为同一类型的两式，划分两式的标准在于足部造型的改变，而齐家具有圭冠因素的玉鸟则是前一型的亚型，此一亚型出现在西周中期，是否向后延续则有待新的考古发现。在以上类型学研究的基础上，再进一步探明其中文化因素变化的原因。有关此种方法的限制在前文中业已讨论。

美术史风格分析倘若先忽略墓葬年代，就风格本身而论，会发现各器物的造型相当雷同，主要的不同在于考古类型学所指出的圭冠因素。因此可能会将殷墟房址和晋侯墓地出土的器物视为同一时期，因为两者足部的差别并不足以说明是两个不同时代的产物；至于齐家玉鸟则应归为另一时期。但是两个时期孰先孰后，纯就逻辑演变而言皆有可能。因此风格分析在此时会借助于考古发现，并因墓葬年代的支持而确认有圭冠因素的鸟母题应晚于无圭冠因素者。并在权衡墓葬年代和风格演变之后，可能会认为晋侯 M63 出土的玉鸟是商晚期的"前期遗留物"，乃是流传数代之后最终埋藏于西周墓葬之中的祖传品。

但既然 M63 玉鸟可能是商代的遗留，同理 F10 和齐家的玉鸟也可能同是前期遗留，无法认定其必然为晚商和西周中期的作品。如此一来，虽然 M63 和 F10 出土两玉石鸟由风格来看属于同一时代，但两者和齐家玉鸟仍无法确知先后顺序，情况依然呈胶着之势。

当然，透过学者的研究，今日已知"圭冠鸟"是西周特有的母题造型[8]，M63 足部的特征在商晚期也出现[9]。但单就考古墓葬的断代，仍难肯定 F10、M63 出土两玉石鸟必然是商晚期的产物，也有可能是更早时期的遗留物。

器物学方法中，形料关系以及制作工艺研究的细微处正足以为此问题提供强有力的论证。制作工艺的研究角度不只以相同母题为对象，经常也比较造型虽不同但在制作工序中有所关联的器物。出土俏色石鸭的小屯房址 F10，其考古现场是被另一房址 F11 所打破，而在 F11 中也出土了一件俏色巧雕石鳖（图四）；两者母题既然不同，类型学研究或风格分析一般不会将其合并研究。但其皆为巧雕的设计特征，对训练有素的制作工艺学者而言，其目光自然会投注于此。若将石鸭平放，可发现夹在石鸭双眼、双翼、双足中间白色部分的石材，其厚度和石鳖的眼、背和四足

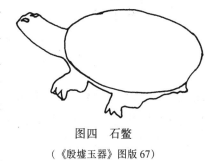

图四　石鳖
（《殷墟玉器》图版 67）

〔8〕　邓淑苹：《群玉别藏续集》173 页，（台北）故宫博物院，1999 年。
〔9〕　例如殷墟妇好墓即出土相类的玉兔，参见中国社会科学院考古研究所：《殷墟玉器》图版九一，文物出版社，1982 年。

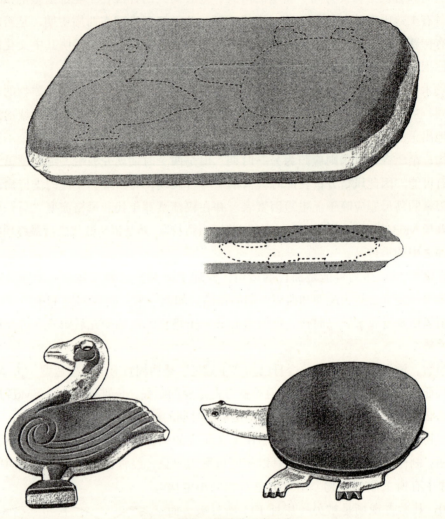

图五　俏色玉料设计工序示意

（本图由吴棠海老师提供）

之间所夹的白色石材相等，再加上两者材质、色泽也相同，可见此两件巧雕是玉工在
面对一块特殊的石料下，精心设计后的得意杰作[10]（图五）。

　　经由考古出土物的研究，可知两房址可能是磨制玉石器的场所[11]。如此一来，石

_____

[10]　此一现象是吴棠海老师于1999年带领北京大学考古文博院学生参观中国社会科学院考古研究
　　　所时，由吴棠海老师发现。

[11]　中国科学院考古研究所安阳发掘队：《1975年安阳殷墟的新发现》，《考古》1976年4期，264
　　　页；同〔2〕，77页。

鸭和石鳖极有可能是在石料原材运至安阳小屯之后，经过设计绘图以及多道工序后的产品，亦即两者是其时其地的本土产品，而非外来物或是前期遗留物。若非如此，同一块石料的不同作品同时出现在玉石作坊中的原因委实难以解释清楚。

准此，F10 石鸭风格存在的时间，必然和房址同存。虽然 F10 的考古断代定为殷墟四期，但应该不能排除至西周早期时仍继续使用的可能性[12]，因此石鸭的风格应该在殷墟四期至西周初期这段时间已然存在。加上鸟的圭冠是西周特有的造型因素，至此方可真正确定此类鸟母题在不同时代的演变序列。虽然由此仍无法确知 F10 石鸟风格的上限，但至少可以确定此风格仍被使用并制作的年代，对于判断相类风格的年代极有帮助。另外由鸟、鳖分别出现在 F10、F11 的情形来看，虽然 F11 打破 F10，两者始建年代有先后之分，但两房址在废弃前显然同时被作为玉工坊在使用，因此 F11 可能是因应 F10 扩建需要而新造的建筑物。

器物学方法的若干象度在玉器研究中的关键角色已如上所言，今再举一例说明。战国中晚期出现一种较为特殊的玉龙（图六），本文定义为"圆嘴玉龙"[13]。会以圆嘴玉龙为其命名，主因在其简略的口、足、尾部多以管具钻孔成形，有别于同时期一般玉龙的制作工序。此时一般玉龙除了管钻之外，尚多一道由外向内或由内向外拉切的工序，从而使玉龙有一向外开合的嘴或足尾（图七）。虽然两者尚有诸多不同，但以这最明显的差别为其定名。

圆嘴玉龙的工序虽较一般玉龙为少，但仍具有制式化的造型特征，说明其制作虽然较为粗糙简省，但并非随意之作。若进一步观察，尚可发现其边缘常常留有风化严

图六　圆嘴玉龙

（《中国玉器全集·3》图版二二六）

图七　玉龙

（《中国玉器全集·3》图版二一五）

---

〔12〕 1046 BC 武王克商，并不能证明 F10 作坊在此后即已消失，而且艺术风格也不可能如同政权更替一般，在一夕之间消失，所以即使 F10 在 1046 BC 废弃，其他地区的作坊仍会在西周初年延续相类的风格。

〔13〕 有关圆嘴玉龙和双身龙纹玉璧的诸多讨论，参见蔡庆良：《双身龙纹玉璧研究》，（台北）艺术学院美术史研究所硕士论文，1999 年 6 月。

重的玉璧皮壳，或是残缺未经修整的玉料原始外廓，这些粗略未加修饰的现象暗示此类玉器并非日常使用的装饰品。再加上圆嘴玉龙的玉质目前所见皆为碧玉[14]，显示其选料并非任意为之，而是有所准则法度。在选料以及工序显然有特殊规范，然而品质又如此低劣的情况下，圆嘴玉龙可能是专供特殊场合的使用器。而由后文其和双身龙纹玉璧的关联性来看，应为丧葬专用玉器。

圆嘴玉龙的造型具有多样性，如长弧形、三角形或是不规则形，目前出土资料可见其时间和地域的分布（附表二）。面对此资料，考古类型学研究可能会将其分为众多亚型，并探讨式别的变化；而风格分析研究可能会探讨其间风格发生的演变序列，两方法皆认为造型的变化是时间推进的结果，因此其中自然有可供遵循的演变规律。然而如此分类的方式是否正确呢？

若由器物学的角度来考量，将会发现这种分类并不妥当。因为圆嘴玉龙尚有一个非常重要的工艺特征，亦即有一圆弧的边缘，而这一边缘是由玉料直接圆切而得[15]（图八）。加上之前所讨论的各种粗糙特征，可以发现圆嘴玉龙会有各种变化造型的主因在于"因料施工"的结果。亦即圆嘴玉龙并非先有完整的设计图，再去寻找相合玉料的"料依型"模式；而是在主要玉料被截取之后，依循剩余的边料，在不浪费余料的前提下，依照特定工序稍加修整所完成的作品，其边缘常留有风化玉皮即肇因于此，是典型"型依料"的成品[16]。由此可知，圆嘴玉龙的千变造型，乃受制于边料特征，不得不调整后的结果，而非玉工自由选择下刻意为之的产物。因此不论是类型学或是风格分析所使用的分类标准，多半变为研究者自行臆测的结果，和创作者面临的真正情境不一定相合。

圆嘴玉龙既然来自边料，依器物学方法的思考角度，接下来自然会提出新的问题，即主料截取之后用作何用？其器类为何？透过观察圆嘴玉龙的弧径，可以推究出圆切时的直径[17]。依目前的考古资料，各圆嘴玉龙的圆切直径如附表二所示，平均为 20.2 厘米。由此资料推求，如果能发现其他玉器具有和圆嘴玉龙相接合的圆弧，且其玉质也是碧玉一类，那此类玉器极有可能是中央主料的成品。至今所见，同时代以碧玉为

---

[14] 这里称为碧玉，主要原因是在于其深绿或暗绿的色泽。由于无法得知其矿物成分，故无法知晓是否合乎定义下的碧玉：纤维变晶莴状结构，透闪石占 96%，绿帘石粒状，呈绿色。参见赵永魁、张加勉：《中国玉石雕刻工艺技术》108 页，北京工艺美术出版社，1994 年。

[15] 这一现象最早由吴棠海老师提出，参见吴棠海：《认识古玉》146 页，中华民国自然文化学会，1994 年。

[16] 有关"型依料"以及"料依型"的探讨，可参见蔡庆良：《刚劲严肃的时代风貌——试析晚商玉器风格的形成原因》，（台北）《故宫文物月刊》，2000 年 12 期，总 213 期。

[17] 当然制作过程中玉料必然会有所损耗，因此这些数据实际上应该有所增减，在此忽略。

材质并具圆弧的玉器有双身龙纹玉璧（图九）、凤鸟纹璧、蒲纹璧、谷纹璧、蒲谷相叠纹璧等[18]。这些玉璧和圆嘴玉龙不但材质相似，尺寸相近，其制作同样具有规格化但简略粗率的特征。

图八　边料示意图

（《认识古玉》146 页）

图九　双身龙纹玉璧

（《东亚玉器》143 页）

　　在上述诸类玉璧的统计资料中[19]（附表一、三），双身龙纹玉璧的平均直径为22.9厘米，蒲纹璧、谷纹璧、蒲谷相叠纹璧的平均直径为14厘米，显然双身龙纹玉璧的平均直径更加符合圆嘴玉龙的尺寸。在此必须说明这只是目前统计资料所表明的现象，真实情况必然有所出入，而且平均直径并不代表个别蒲纹璧、蒲谷相叠纹璧的尺寸和圆嘴玉龙皆不相符，而双身龙纹玉璧却更相合[20]。但可以肯定的是，圆嘴玉龙由玉质到制作的特征已然说明，其和各类以碧玉为材质的玉璧必然有着千丝万缕的关系。但本文只拟讨论双身龙纹玉璧和圆嘴玉龙的关联[21]。

　　双身龙纹玉璧具有多方面的特殊性，首先是尺寸偏大，由附表一的统计资料可知，最大直径为43.2厘米，最小也有15厘米，平均直径为23厘米，这种尺寸若作为日常佩戴用品想必非常不便；而且玉质似为碧玉，加上制作粗略，砣具痕迹明显，不似以

[18]　各式玉器的名称以吴棠海老师的意见为本，参见吴棠海：《古玉的制作工艺与鉴赏》，北京大学考古文博院，2000年。

[19]　以相类材质制作的玉璧，尚有以凤鸟纹为母题者，但因其非本文所讨论的主题，故而未将统计资料列于此，留待日后为文再述。

[20]　例如谷纹璧和圆嘴玉龙也有尺寸相合的例子，参见《楚文化——奇谲浪漫的南方大国》259页，图414，（香港）商务印书馆，1997年。

[21]　有关双身龙纹玉璧的定名和其母题的判断有关，有关母题的讨论，参见[13]，24~32页。

装饰为目的的玉器。此外玉璧纹饰大同小异，皆以同心圆分为数层，一般多为两层，内层为简单的谷纹或蒲谷相叠纹，外层则为制作粗略的双身龙纹。此外，此类玉璧皆出土于王侯贵族等一级墓葬中，其粗糙的工艺水平实不能与墓主身份以及其他精美的陪葬玉器相提并论。而由出土位置看来，往往置放于墓主的前胸和后背，或作为棺木的贴饰；有时玉璧彼此间以丝带相连接，而又在玉璧表面普遍粘贴一层织物，把前胸和后背的玉璧各自编联一起[22]。这种方式可能具有某种宗教意义[23]，故双身龙纹玉璧应有部分是为丧葬目的而制作的玉器[24]。而和双身龙纹玉璧同出一源的圆嘴玉龙，也有可能是丧葬专用玉器。而由两者取料的不同，以及双身龙纹玉璧虽然制作简略，但从皆大尺寸且纹饰符合定制，并皆出土于一级贵族墓的情况来看，此类大璧有别于圆嘴玉龙的"型依料"模式，是制作时的主要器型，亦即是"料依型"的器种。

圆嘴玉龙和双身龙纹玉璧既然有所关联，但一般研究为何不重视两者间的特殊关系？除了缺少器物学中形料关系以及制作工艺的基础外，其他重要的原因缘于两者器类不同，且并未同时出现在同一座墓中[25]。为何相同玉料的不同成品未有同处一墓的例子？由附表可知出土双身龙纹玉璧的墓主阶级明显高于圆嘴玉龙的墓主，是否在制作之初即有一套相应的礼俗成规？至于两者分布的地域和延续的时间也不尽相同，此中颇多令人玩味之处。

首先就双身龙纹玉璧的发展过程来看，由附表一的统计资料可知，此等以双身龙纹玉璧殓葬的礼俗最晚在战国中晚期即已出现。且由山东曲阜鲁国故城 M52 和 M58 出土大量玉璧和丰富类型的情形可知，此殓葬模式在此时可能已非常成熟。且此模式终战国一世似乎只出现在地处山东、安徽等省份的齐、鲁、楚南方诸国，并且惟有王侯等一级贵族方得入殓，这可能是其地特有的丧葬风俗。

只有王侯等一级贵族得以配享的情形至少延续至西汉中晚期。由目前发掘的情形看来，西汉早中期时，双身龙纹玉璧出现在各王国大墓中是非常普遍的现象，这似乎说明此礼制于此时期已达至鼎盛。而由东汉中山孝王刘兴墓中依然有双身龙纹玉璧出土的状况来看，此类丧葬习俗可能在东汉时仍有遗存。且在有汉一代大一统的局势中，殓以双身龙纹玉璧的墓葬已非如战国时代一般，仅限于一隅之地，而已散布跨度至四

---

[22] 广州市文物管理委员会等：《西汉南越王墓》155 页，文物出版社，1991 年。

[23] 古方：《汉代玉器的分期及有关问题的探讨》，《一剑集——北京大学考古专业八六届毕业十周年纪念文集》123~152 页，中国妇女出版社，1996 年。

[24] 卢兆荫：《略论汉代丧葬用玉的发展与演变》，《东亚玉器》163 页，香港中文大学中国考古艺术研究中心，1998 年。

[25] 惟一两者同时出现的只在南越王墓中可以发现，但圆嘴玉龙并未在主室中出现，而是出土于陪葬东侧室，故其中仍有明确的阶级划分。

方诸蕃领域之中。

　　但王族方得葬璲的情形在西汉晚期时似乎已有所改变。在距西汉结束最后的 50 年，双身龙纹玉璧已出现在广陵王刘胥近臣的墓葬中，虽说墓主仍是一时显贵，但此例业已打破自战国中期以来三百余年的传统，此等葬俗已非一级贵族所能独享。于此再过往 40 年，在非为特别显达的身份地位——功曹吏的墓葬中，也可发现使用此类玉璧的例子。在此例中，不仅墓主的阶级和王侯之间有若天壤，就是双身龙纹玉璧使用的方式也有所不同。双身龙纹玉璧于此墓中摆放的方式，已非传统铺陈于墓主前胸后背或是棺椁贴饰的形式，而是变为墓主木质面罩外正中的嵌璧[26]。虽然双身龙纹玉璧在西汉晚期是否已经渐趋没落着实不易确认，但由目前资料显示，此等玉璧于此时已不复大量出现，且墓主身份以及玉璧使用方式皆有所改变，故作为丧葬品的双身龙纹玉璧于西汉晚期时必然已产生了相当大的变革。

　　和双身龙纹玉璧关联紧密的圆嘴玉龙，从未同时出土在同一墓中，而只出现在等级较低的贵族墓中；若非出土于士大夫等次级贵族的墓葬中，即在王侯一级贵族的陪葬墓中[27]。两者同源却未能有同一归宿，其原因何在？且由出土地点来看，战国时期双身龙纹玉璧的分布地域有其局限性，圆嘴玉龙相较而言就辽阔得多。西至四川、东达河南、南接两湖、北抵河北。但有趣的是，出土双身龙纹玉璧的山东、安徽等地却少有圆嘴玉龙的发现，是何原因使同一矿料制作的两产品最终相隔千里呢？这必须对其时的工业产销制度进行考查。

　　先秦时代官营手工业一直占有很重要的角色[28]，一般称此情况为"工商食官"[29]。由于早期社会资源贫瘠，只有统治阶级才有条件集中财力和人力从事商业和手工业[30]。尔后虽然私人工商业渐渐兴起，但官营事业从未停止与之竞争的企图。至战国时期，私营工商业者中，大手工业者在生产上无疑已居于主导地位[31]。且无论是矿冶、煮盐、畜牧、种植等，这些业主皆集手工业和商人两任于一身，将生产和销售两者结合成紧密的网路[32]。商业销售的根本在于交通。商周建立交通网的主要目的，

―――――――――――

〔26〕　连云港市博物馆：《江苏东海县尹湾汉墓群发掘简报》，《文物》1996 年 8 期。
〔27〕　目前惟一的例外是中山王墓群，在后文中将有所说明。
〔28〕　赵德馨：《楚国的货币》16 页，湖北教育出版社，1996 年。
〔29〕　《国语·晋语四》："公食贡，大夫食邑，士食田，庶人食力，工商食官，皂隶食职，官宰食加。"
〔30〕　北京市玉器厂技术研究组：《对商代琢玉工艺的一些初步看法》，《考古》1976 年 4 期，229～231 页。
〔31〕　田昌五、臧知非：《周秦社会结构研究》352 页，西北大学出版社，1996 年。
〔32〕　同〔31〕，354～355 页。

是便于统治者更能有效地控制国家[33]。自战国时期起，民间运输业因商业的急速发展更趋于繁荣。起初转运业依附于私营商业而难舍难分，至西汉前期，此等运输活动在社会经济生活中已占有相当重要的地位，并在西汉中期和其他商业活动分离，成为独立的生产部门[34]。

双身龙纹玉璧在战国时期既是专为王侯薨逝而预备，那接此订单的作坊是官营还是私营手工业呢？以目前资料显示，尚不能排除由官营玉作坊负责制作此类玉璧的可能，但某些迹象却也说明必定有若干双身龙纹玉璧是出自私营手工作坊。

由附表二的资料可知，圆嘴玉龙皆出土于次级的墓葬中。若双身龙纹玉璧和圆嘴玉龙的制作是由官营手工作坊完成，何以圆嘴玉龙从未和双身龙纹玉璧在同一墓葬中出现？当然两者皆由官府制造，并由官府统筹分配，在阶级分明的观念下，不同阶级配享主副不同的部分是合理的推测。但此若为真，则至少在齐鲁地区，双身龙纹玉璧业已出土的区域中，也应有圆嘴玉龙的踪影方合此理。然而此区域目前却仍未发现任何圆嘴玉龙，其和双身龙纹玉璧相隔每每有千里之遥。这说明由官方主导生产并进行分配的推论，其可靠性已然生疑，仍需更多的考古发现方足以支持此论点。再若以纯商业的观点视之，官营手工业主，也就是王室本身，也不大可能为了有限的利益，将玉材边料加工成粗糙的圆嘴玉龙远销他国，却不顾双身龙纹玉璧专属本国君王的神圣意义。比较可能的方式，若不是将边料束封高阁以示尊重，即应随葬王坟以明物权。这些推测当然在目前也无法确知是否合理，但由圆嘴玉龙确实现身异域的情况来看，会枉顾其间谨肃的象征意义，并有能力制造进而行销外域的玉作坊，应是其时私人大手工业集团。

私人手工业的运作在此个案中可能会有两种状况。首先是制作地在齐鲁地区以外，当双身龙纹玉璧的订单交付之后，以余料所做的圆嘴玉龙即在当地贵族中销售；另外的可能是玉璧本身即在齐鲁地区生产，玉龙则透过行销网路向外销售。在后者中必须思考，既然是私人作坊所为的商品，在运输成本的考量下，本国更应有圆嘴玉龙流通方是，何以仍未见其芳踪？或许是双身龙纹玉璧在当地特殊的含义，故以边料所做的圆嘴玉龙难以得到本地人的青睐。这些推测皆有待进一步资料的论证。

除了地域的问题外，由统计资料可知，两者还存在时间延续上的差别。圆嘴玉龙不若双身龙纹玉璧一直延续到两汉时期，其出现的时间主要集中在战国中晚期，仅零星几例在西汉时期的墓中发现。为何圆嘴玉龙在双身龙纹玉璧达到鼎盛之前即已销声匿迹？既然两者是主料和余料所制作的成品，当使用主料的玉璧大量出现之际，余料

---

[33]　宋镇豪：《夏商社会生活史》207 页，中国社会科学出版社，1994 年。
[34]　王子今：《秦汉时期的私营运输业》，《中国史研究》1989 年 1 期，15～25 页。

所制作的圆嘴玉龙却不复出现，是何原因使其突然消失了呢？玉料消耗中必然会剩下的余料究竟何处去了呢？难道弃置不再利用了吗？

　　由考古发现可知，玉衣在汉代时成为诸侯丧葬的专属器具，除了部分被盗的墓之外，其余的诸侯墓皆出土有大量的玉衣片[35]。玉衣片不论就材质还是色泽皆和双身龙纹玉璧同出一源，因此余料有可能消耗在玉衣的制作之中。但玉璧余料的数量显然无法完全供应玉衣之所需，因此玉衣的玉材应有专属来源，玉璧余料只是次要的辅助角色罢了。此外，汉代棺椁的壁面也常以相类的玉材作为贴饰，例如徐州狮子山楚王陵出土的漆棺，其上即饰以大量的制式玉片，由质地看来多为同一种玉材[36]。由这些现象来看，汉代玉工并未将边料舍弃，而是另作他用。但即使是因为丧葬用具的改变，使玉料消耗的方式有所变更，但这并不代表圆嘴玉龙就必须自行消失，为何两者无法并存呢？当然可以猜测汉代和战国时期的用玉制度已有所不同，但若考量组玉佩在西汉中晚期仍然存在的情形下[37]，作为组件之一的圆嘴玉龙却全然无踪，实在是令人无法理解的情形。这必须考量两个时期不同的艺术风格才能得到解答。

　　圆嘴玉龙消失在战国晚期至西汉早期之际，此时期正是玉器个体风格时代单视点阶段和多视点阶段的过渡年代。有关此间风格的特征，笔者在《试论春秋至汉代玉器风格的演变》中，已进行过一番分析[38]，在此择其要说明个体时代两阶段的变化。个体时代所处的时期为春秋晚期至西汉中期，其艺术风格强调每一母题的各部特征必须明确清晰，即使多母题的组合也不能牺牲各母题的完整性。至于个体时代两阶段的区分依据，主要在于母题表现手法的不同：单一视点阶段，各母题是在同一视点下组合相互之间的空间关系，故显得较平整；多视点阶段，则以不同视角下的首足各部组成同一母题，因此更具力度和动感。单视点阶段出现在春秋晚期至战国晚期，多视点阶段则出现在战国晚期至西汉中期。年代间有重叠过渡的情形，是因为新的风格特征不可能在一夕之间就为所有的玉工或使用者所接受，因此不可能精确划分出如同政权兴替的年代。

　　此外，综观个体时代的特征，是一系列追求各母题独立表现以及寻求动态效果的

〔35〕　黄展岳：《汉代诸侯王墓论述》，《考古学报》1998年1期，11～34页。
〔36〕　韦正、李虎仁、邹厚本：《江苏徐州市狮子山西汉墓的发掘与收获》，《考古》1998年8期，1～20页；狮子山楚王陵考古发掘队：《徐州狮子山西汉楚王陵发掘简报》，《文物》1998年8期，4～25页，彩色插页壹－2。
〔37〕　孙机：《周代的组玉佩》，《文物》1998年4期，4～14页。
〔38〕　在此文中，笔者将春秋至汉代的玉器风格分为三大时代，分别为群体风格时代、个体风格时代、图案化风格时代，而个体风格时代可再分为单视点阶段和多视点阶段。参见蔡庆良：《试论春秋至汉代玉器风格的演变》(待刊)。

尝试过程。在单视点和多视点两阶段，玉工皆使用"倾向性的张力"、"不同比例"、"变形"、"物理力转化为视觉力"等手法达到此类视觉效果[39]，而前后两阶段动态效果的渐次加强，是因前述各项因素不同的强弱程度所造成。

若比较不同阶段玉龙的特征，除了上述手法差异所造成的改变外，尚有一最主要的手法差别，此即为"频闪手法"[40]。所谓频闪手法，如同今日重复曝光的摄影技巧，在同一张照片上表现出多张照片叠合而成的效果，若组合得宜即可显示出同一物体在运动中的各种位置。若观察图七单视点阶段玉龙的足部特征，可发现足部数目在此时并未有定数，方向也不一致，如同各自为政的群足同时错置在一身躯上。若将个别足部单独和头部方向相配合，大脑会辨识出一相互匹配的运动方向。但当群足同时布列在眼前时，因为知觉无法将其协调合一，从而产生连续运动的动态效果，就如重复曝光的照片一般。这类如同 20 世纪初未来主义所追求的艺术效果并非随时可用，必须有相对应的条件。在个体时代单一视点阶段，因为母题尚未立体独立化，可以忽略身足的比例，加上其视点仍偏向单一平面角度，因此可以充分应用玉料，在玉料损耗最少的情况下，将身躯拉长并在各处加添足尾，以形成此等动态效果。这正是此时期玉工大量使用"因料施工"手法，造成玉龙百态的重要原因[41]。时至个体时代多视点阶段，立体技法完全成熟后，严谨的比例和分明的身躯各部变成不可替代的制作原则，因料施工的手法已无法契合此时期的艺术品味，频闪手法自然销声匿迹无从再现。

若观察 Nelson Gallery 所藏的出廓玉璧上的龙母题[42]（图一〇），即可发现在两阶段之交，玉工处理玉料时面临的困难。璧外的龙母题，其各项特征完全符合多视点风格的要求，因而完美的比例造就了玉龙和谐的视觉效果。可以猜测，为了此效果，玉工对玉料应有所斟酌，将影响比例美感的多余玉料进行调整减耗。然而要在璧心中设计出多视点风格的龙母题却非易事，因为设计者无法采取减损玉料的方式回避既有的困难。因此在单视点阶段，利用"因料施工"即可轻易解决的问题，在多视点阶段却成为高难度的挑战。在此玉璧中，即使设计者最终在龙母题尾巴之后加以缭绕的云雾填补空白，但龙母题仍无法和多视点风格取得协调，因为任何比例上的些微差别，皆会给观者难以言说，但感观上却又极其强烈、别扭不安的感受。此处龙母题过长的身躯，显然和多视点风格其他特点格格不入，解决方法除了重新思考设计方案外，另外只好尽量避免陷入此类难以入手的情境中。

---

[39]　有关这些因素的详细说明，参见〔38〕。

[40]　滕守尧、朱疆源译：《艺术与视知觉》592 页，中国社会科学出版社，1984 年。

[41]　参见〔18〕，85～87 页。

[42]　Salmony, Alfred, *Carved Jade of Ancient China*, London, 1982, pl. 38.

在西汉的各类多视点风格玉器中，仍可看到为数颇丰的边料玉器，但这些玉器皆为较好的玉质，这说明好的玉料具珍贵性，玉工为使其不至浪费，会花巧思于各式设计中。圆嘴玉龙玉料来源虽然也是边角余料，其低劣的材质并不值得设计者再花费其他工序和成本，以便创造出如图一〇玉璧外廓具有优美比例的母题。因此，当艺术品味业已改变，不规则的青碧玉料已不再具有利用价值时，圆嘴玉龙自然告别时代舞台，沦为充当玉衣等新葬具的材料来源了。

此一现象在徐州狮子山西汉楚王陵中可以发现[43]。在此墓中出土了 7 件双身龙纹玉璧或谷纹璧等，如同一般诸侯墓，此墓未见有一件圆嘴玉龙。圆嘴玉龙此时已不合艺术潮流不再被制作，其留下的玉璧边角余料在此墓中有两种处理方式。一种是将此边料组合成一大璧造型的外框（图一一），经过复原后可以知晓其构成了玉棺的头（足）档；另外一种方法甚至是不将玉璧取下以节省工序成本，而仅在长方形的玉板上旋切出双身龙纹玉璧的外廓，再将此玉板作为玉棺侧档的贴饰[44]。除了狮子山楚王墓之外，目前在其他诸侯墓中尚未发现相类用法，多只作为玉衣的原料。由此可以推测狮子山楚王墓应处于两个风格阶段的过渡期，亦即应是西汉初年的王陵，这和发掘简报依其他考古现象得到的结论基本一致[45]

图一〇　出廓玉璧

(*Carved Jade of Ancient China*, pl. 38)

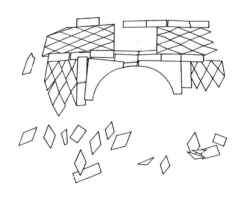

图一一　边料所组成的璧形外框

(《文物》1998 年 8 期，彩色插页壹、贰)

---

[43] 同〔36〕。

[44] 只旋切而未取下所显示的简省形式，由其纹饰只有一对双身龙而非传统二对或三对双身龙的特征也可看出。有关玉棺的复原方式，参见李银德：《汉代的玉棺与镶玉漆棺》，《海峡两岸古玉学会议论文专辑》875～883 页，台湾大学，2001 年。

[45] 关于墓主有两种意见，一为第三代楚王刘戊（175～154 BC），一为第二代楚王刘郢客（178～175 BC）或第三代楚王刘戊，但不论何者为真，皆属西汉早期。两种意见参见〔36〕。

由以上的讨论也可知晓，若干在西汉以后出现的圆嘴玉龙，应是战国时期的作品，可能是因为流传、劫掠等原因方出现在后代墓葬中，而非单视点风格阶段以外时期制作的产物。

在此继续讨论另外两个较为特殊的个案。一为中山王礜墓[46]，一为台北故宫博物院所藏的双身龙纹玉璧。中山王墓是一级王墓中惟一有圆嘴玉龙出土的例子，且由附表二中可知其数量多达 20 件；其次也是惟一主墓和陪葬墓皆有圆嘴玉龙出土的例子。有关此间的部分推测，可见拙文的论证[47]，在此略述其他的问题。首先是中山王墓出土圆嘴玉龙，而齐鲁地区一级王墓只见双身龙纹玉璧，说明此地的用玉制度和齐鲁地区可能有所不同；而六座陪葬墓中至少有三座也葬以圆嘴玉龙的情形，更说明严格的陪葬品等级概念在圆嘴玉龙中并未显现出来。另外中山王墓的圆嘴玉龙和为数众多的其他玉器皆放在西库中，西库中的玉器，考古报告认为是中山王生前的收藏品[48]。综合这些现象可知，圆嘴玉龙在此地可能并未被视为专属的丧葬用玉。至于这些玉龙的来源是本地私人玉作坊还是中山国以外的私人作坊，则有待进一步的资料方能确定。

而台北故宫博物院所藏的双身龙纹玉璧，其质地为齐家玉料，纹饰则为西汉所后加，这些现象在其展览图录中有详细说明，诚为正确[49]。而若结合本文所讨论有关双身龙纹玉璧的特性，可知此件原为齐家文化玉璧在汉代玉工心中的地位。此璧器面略有凹凸，器缘部分曾被削去一角，通体厚薄不均，这些典型齐家玉料的特征对汉代玉工而言显然是次级材料。因为其时人若将此玉璧视为太古祥瑞的吉兆，是不会将它和其他色碧质劣的玉材等同视之，并在略加整修后即制作为新的双身龙纹玉璧。由此例中可以略知汉代人对于玉料的选取自有一套目前尚未完全知悉的准则，双身龙纹玉璧未必一定是以碧玉为制材，更可能的情形是质劣者即有被采用的机会。这些论证也有待日后考古资料的证实。

由上文可知，若缺乏器物学方法的基础训练，不同器类或相异母题的比较研究，基本上不会引起研究者的注意，更别论发现隐藏在其后，可供解答部分社会制度和其他现象的线索，而这正是考古学者和美术史学者必须引为思考的基本工具。

---

〔46〕 河北省文物研究所：《礜墓——战国中山国国王之墓》，文物出版社，1996 年。

〔47〕 同〔13〕，58～61 页。

〔48〕 玉器出土的情形，可参见〔46〕，165～238 页。

〔49〕 杨美莉：《黄河流域史前玉器特展图录》230～231 页，（台北）故宫博物院，2001 年。

附表一　双身龙纹大璧出土地点及相关资料

出土地点	墓主	年代	编号	外径(厘米)	材质、颜色	附注
河北满城一号汉墓	中山靖王刘胜	汉武帝元鼎四年(前113年)	1:5094 1:5121 1:5218 1:5206 1:5208 1:5215 1:5216	22.1 22.1 16.1 21.2 16.6 21.2 21.1	碧玉、深绿色 碧玉、深绿色 青玉、灰绿色 青玉、青灰色 青玉、青灰色 青玉、青灰色 青玉、青灰色	①
河北满城二号汉墓	刘胜之妻窦绾	汉武帝太初元年(前104年)	4026 4158 4064 4157 4165	21.2 20.4 23.4 19 15	碧玉、绿色 青玉、青黄色 碧玉、深绿色 青玉、青黄色 碧玉、绿色	②
河北定县40号汉墓	中山孝王刘兴	汉成帝绥和元年(前8年)	不明	19	不明	③
河北定县北庄汉墓	中山简王刘焉	汉和帝永元三年(91年)	6 10 11 14	18.8 18.8 19.9 18.1	白玉、淡灰色 青玉、绿色 青玉、绿色 青玉、灰色	④
山东曲阜鲁国故城	贵族	战国中晚期	M52:1 M52:3 M52:5 M52:9 M52:40 M52:41 M58:3 M58:5 M58:34	19.9 31 18.9 31.1 32.8 29.3 27.7 22.5 24.3	青玉 青玉 青玉 青玉 青玉 青玉 青玉 青玉 青玉	⑤
山东临淄商王墓地	贵族或齐国王室成员	战国晚期	M2:37 M1:39-1	19 19.4	青玉 青玉	⑥
山东巨野红土山西汉墓	昌邑哀王刘髆	汉武帝后元二年(前87年)	46 50 59 61 64 113 114 119 124	23.1 20.1 20.6 19 20.5 19.9 19 25.2 23.4	绿色 绿色 绿色 绿色 绿色 绿色 绿色 绿色 绿色	⑦

出土地点	墓主	年代	编号	外径(厘米)	材质、颜色	附注
山东长清双乳山一号汉墓	济北王刘宽	汉武帝后元二年(前87年)	M1:65	21.2	青绿色	⑧
山东曲阜九龙山三号汉墓	鲁孝王刘庆忌	汉宣帝甘露三年(前51年)	不明	24.5	不明	⑨
山东临淄金岭镇一号汉墓	齐王刘石	汉明帝或汉章帝时期	M1:60	20.4	青玉	⑩
			M1:61	28 以上	青玉	
			M1:63	20	青玉	
河南永城僖山汉墓	梁敬王刘定国	汉元帝初元三年(前46年)	不明	17.5	不明	⑪
河南芒砀山窑山一号汉墓	梁王刘嘉	汉成帝阳朔元年（前24年）	YM1:3	19.5	碧玉、青绿色	⑫
			YM1:7	23.5	碧玉、青绿色	
			YM1:8	不明	碧玉、青绿色	
			YM1:6	24.1	青玉、灰绿色	
			YM1:4	19.4	青玉、灰绿色	
			YM1:5	24.2	碧绿色	
			YM1:9	23.5	灰白色	
西安北郊秦墓		战国至秦末	不明	21.1	不明	⑬
西安北郊枣园南岭		秦	不明	43.2	青灰受沁严重	⑬
江苏徐州北洞山西汉墓	某代楚王	汉武帝元狩五年(前118年)之前	6080 尚有 8 件	19.4 不明	青玉、浅线 不明	⑭
江苏铜山小龟山西汉墓	楚王刘注家族	汉武帝时期	TG62	16.4	青玉	⑮
			TG63	20.4	青玉	
			TG66	16.6	青玉	
江苏苏州天宝墩27 号汉墓	贵族	汉武帝时期	不明	18.5	青玉	⑯
江苏东海县尹湾汉墓	功曹吏师饶	汉成帝元延三年(前10年)	M6:3	16.3	青玉	⑰
江苏徐州狮子山西汉楚王墓	楚王刘郢客或刘戊	前 175 ～前 154 年	陪:32	16.1	青玉	⑱
			甬:234	15.4	青玉	
			甬:328	16.1	青玉	
安徽长丰杨公二号墓	贵族	战国晚期	M2:15	16.5	青玉	⑲
安徽天长三角圩西汉墓	广陵王刘胥近臣	不晚于西汉元帝(前48年)	M1:12	23	深绿色	⑳
			M1:13	19.6	深绿色	

续附表一

出土地点	墓主	年代	编号	外径(厘米)	材质、颜色	附注
湖北光化五座坟西汉墓	酅侯家族	汉武帝时期	不明	19.5	灰白色	㉑
湖南长沙象鼻嘴一号汉墓	某代长沙王	西汉时期	不明	破碎	青白色	㉒
湖南长沙51路七号墓		西汉后期	不明	21.3	青玉	㉓
广州南越王汉墓	南越王赵眜	约前122年	D16	28.5	青玉、黄褐斑	㉔
			D190	30.3	青玉、深绿有白斑	
			D49	33.4	青玉、深绿有白斑	
			D52	29.1	青玉、深绿有白斑	
			D54	28.1	青玉、深绿	
			D30	28.3	青玉、有黄褐斑	
			D31	25.5	青玉、深绿有白斑	
			D50－18	25.7	青玉、深绿	
			D6	28.6	青玉、深绿黄白斑	
			D7	25.7	青玉、有黄斑	
			D53	25	青玉、黄白斑	
			D154	27.8	青玉、黄白斑	
			D155	28.5	青玉、黄褐斑	
			D1114	32.9	青玉、黄白斑	
			D75	25.9	青玉、深绿	
			D32	26.9	青玉、黄褐斑	
			D99	26.3	青玉、大部垩白色	
			D124	25.9	青玉、黄白斑	
			D50－14	27.5	青玉、深绿	
			D50－15	26.7	青玉、深绿	
			D50－16	25.6	青玉、深绿	
			D50－17	25.7	青玉、深绿	

说明：编号一般依原考古报告的器号，若报告中未说明，则以不明记之。

附 注:

① 中国社会科学院考古研究所:《满城汉墓发掘报告》,文物出版社,1980年。

② 中国社会科学院考古研究所:《满城汉墓发掘报告》,文物出版社,1980年。

③ 河北省文物研究所:《河北定县40号汉墓发掘简报》,《文物》1981年8期,1～59页。

④ 河北省文化局文物工作队:《河北定县北庄汉墓发掘报告》,《考古学报》1964年2期,127～159页。

⑤ 山东省文物考古研究所等:《曲阜鲁国故城》,齐鲁书社,1982年。

⑥ 淄博市博物馆、齐故城博物馆:《临淄商王墓地》,齐鲁书社,1997年。

⑦ 山东省菏泽地区汉墓发掘小组:《巨野红土山西汉墓》,《考古学报》1983年4期,471～499页。

⑧ 山东大学考古系等:《山东长清县双乳山一号汉墓发掘简报》,《考古》1997年3期,1～15页。

⑨ 山东省博物馆:《曲阜九龙山汉墓发掘简报》,《文物》1972年5期,39～43、54页。

⑩ 山东省文物考古研究所:《山东临淄金岭镇一号东汉墓》,《考古学报》1999年1期,97～121页。

⑪ 中国玉器全集编辑委员会编:《中国玉器全集·4》,河北美术出版社,1993年,264页。

⑫ 阎根齐等:《芒砀山西汉梁王墓地》,文物出版社,2001年,253～254页。

⑬ 王长启:《中华国宝——陕西珍贵文物集成》26、34,陕西人民教育出版社,1999年。

⑭ 徐州博物馆等:《徐州北洞山西汉墓发掘简报》,《文物》1988年2期,1～18页。

⑮ 南京博物院:《铜山小龟山西汉崖洞墓》,《文物》1973年4期,21～28页。

⑯ 苏州博物馆:《苏州市娄葑公社团结大队天宝墩二十七号汉墓清理简报》,《文物资料丛刊》9,文物出版社,1985年,174～177页。

⑰ 连云港市博物馆:《江苏东海县尹湾汉墓群发掘简报》,《文物》1996年8期,4～24页。

⑱ 韦正、李虎仁、邹厚本:《江苏徐州市狮子山西汉墓的发掘与收获》,《考古》1998年8期,1～20页;狮子山楚王陵考古发掘队:《徐州狮子山西汉楚王陵发掘简报》,《文物》1998年8期,4～32页。

⑲ 安徽省文物工作队:《安徽长丰杨公发掘九座战国墓》,《考古学集刊》第2集,47～60页,中国社会科学出版社,1982年。

⑳ 安徽省文物考古研究所等:《安徽天长县三角圩战国西汉墓出土文物》,《文物》1993年9期,1～31页。

㉑ 湖北省博物馆:《光化五座坟西汉墓》,《考古学报》1976年2期,149～169页。

㉒ 湖南省博物馆:《长沙象鼻嘴一号汉墓》,《考古学报》1981年1期,111～130页。

㉓ 中国玉器全集编辑委员会编:《中国玉器全集·4》,河北美术出版社,1993年,298页。

㉔ 广州市文物管理委员会等:《西汉南越王墓》,文物出版社,1991年。

附表二　圆嘴玉龙出土地点及相关资料

出土地点	墓主	年代	编号	长(厘米)	弧径(厘米)	材质、颜色	附注
河北战国中山王 譽墓	中山王	前313年	XK:310	9.4	16.5	青玉、青灰色	①
			XK:472	15	23.1	青玉、灰绿色	
			XK:511	14.2	23.1	青玉、灰绿色	
			XK:504	21.6	19.2	青玉、灰绿色	
			XK:466	10.3	16.9	青玉、青灰色	
			XK:470	10.4	18.5	青玉、青绿色	
			XK:494	8	15.4	青玉、深绿色	

续附表二

出土地点	墓主	年代	编号	长（厘米）	弧径（厘米）	材质、颜色	附注
			XK：488	9.5	15.8	青玉、青绿色	
			XK：507	14	22.7	青玉、青绿色	
			XK：462	12.6	14.2	青玉、灰绿色	
			XK：463	10	22.7	青玉、青绿色	
			XK：461	14.8	18.1	青玉、灰绿色	
			XK：509	9	17	黄玉	
			XK：490	9.4	15.4	碧、深绿色	
			XK：283	不明	－	青玉、青绿色	
			XK：508	13	－	青玉、灰绿色	
			XK：468	14.8	－	青玉、青绿色	
			XK：505	12.1	－	青玉、青绿色	
			XK：513	8.8	－	青玉、青绿色	
			XK：506	17	－	青玉、草绿色	
战国中山王墓一号陪葬墓	世妇、嫔、妻、妾之属	稍晚于前313年	PM1：3	20.5	－	青玉、灰绿色	②
			PM1：4	19.3	41.9	青玉、灰绿色	
			PM1：5	9.4	14.8	青玉、灰绿色	
			PM1：6	＞9.4	－	青玉、灰绿色	
战国中山王墓二号陪葬墓	世妇、嫔、妻、妾之属	稍晚于前313年	PM2：4（两弧）	23.4	16.7 20.7	青玉、灰绿色	③
			PM2：5（两弧）	23.4	16.7 20.7	青玉、灰绿色	
			PM2：8	16.5	－	青玉、灰绿色	
			PM2：14	16	－	青玉、青绿色	
战国中山王墓四号陪葬墓	世妇、嫔、妻、妾之属	稍晚于前313年	PM4：39	12.5	14.5	青玉、灰绿色	④
河南陕县西汉墓M3411	中、小地主或地方官吏	西汉初年	M3411：22	22.6	20.8	青色	⑤
河南淮阳平粮台十六号楚墓	身份不低	前278～前24年	M16：19	11.7	－	青玉	⑥
			M16：19?	11.7	－	青玉	
			M16：11	22	30	青玉	
			M16：11?	22	30	青玉	
			M16：16	22.7	－	青玉	
			M16：3	不明	－	青玉	

续附表二

出土地点	墓主	年代	编号	长(厘米)	弧径(厘米)	材质、颜色	附注
			M16:15	不明	－	青玉	
			M16:21	不明	－	青玉	
			M16:?	不明	－	青玉	
			M16:78	14	－	青玉	
河南洛阳市道北锻造厂战国墓	未明	战国晚期	IM540:13	20.8	－	青玉	⑦
			IM540:13?	20.8	－	青玉	
			IM540:11	19.5	－	青玉	
			IM540:11?	19.5	－	青玉	
			IM540:13	12.5	14.1	青玉	
			IM540:13?	12.5	14.1	青玉	
			IM540:24	20	－	青玉	
			IM540:24?	20	－	青玉	
河南洛阳西工区 CIM3943	大夫	战国晚期	CIM3943:7	27.5	－	青绿色	⑧
			CIM3943:8	27.5		青绿色	
湖北望山二号楚墓	下大夫	战国中期晚段	WM2:G12-1	28	－	青玉	⑨
			WM2:G12-2	28	－	青玉	
			WM2:G13-1	18.8	12.5	青玉	
			WM2:G13-2	18	12.5	青玉	
			WM2:G13-3	残 7.6		青玉	
湖北包山四号楚墓	元士	战国晚期	4:65	15	－	绿色	⑩
湖南澧县新州一号墓	身份较高	战国晚期	M1:2	19	23.2	青玉	⑪
			M1:2?	19	23.2	青玉	
			M1:22	14.2	－	青玉	
			M1:22?	14.2	－	青玉	
陕西西安半坡战国墓	未明	战国	残 M51:2	不明	－	碧绿色	⑫
四川涪陵小田溪战国墓	未明	战国	4:3	14.4		青玉	⑬
			4:4	13.2	16.4	青玉	
广州南越王汉墓东侧室	夫人	前 122 年	E32	19	32.4	青灰色	⑭
			E33	19	32.4	青灰色	
广州动物园	未明	西汉	残 M9:?	不明	－	不明	⑮

　　说明：墓主虽有若干不明者，但从考古报告所明列的随葬品可知，其身份皆不可能为王侯等一级贵族。编号依原考古报告的器号，若报告中未载明器号但知墓号者，以"?"代表，如 M16:?；未知器号但与某物件成对者，在某物件的器号后加"?"表示，如 M16:19?。

附 注:

① 河北省文物研究所:《𰻞墓——战国中山国国王之墓》,文物出版社,1996 年。

② 河北省文物研究所:《𰻞墓——战国中山国国王之墓》,文物出版社,1996 年。

③ 河北省文物研究所:《𰻞墓——战国中山国国王之墓》,文物出版社,1996 年。

④ 河北省文物研究所:《𰻞墓——战国中山国国王之墓》,文物出版社,1996 年。

⑤ 中国社会科学院考古研究所:《陕县东周秦汉墓》,科学出版社,1994 年。

⑥ 河南省文物研究所等:《河南淮阳平粮台十六号楚墓发掘简报》,《文物》1984 年 10 期,18~27 页。

⑦ 洛阳市第二文物工作队:《洛阳市道北锻造厂战国墓清理简报》,《文物》1994 年 7 期,16~21 页。

⑧ 洛阳市文物工作队:《洛阳市西工区 CIM3943 战国墓》,《文物》1999 年 8 期,4~13 页。

⑨ 湖北省文物考古研究所:《江陵望山沙冢楚墓》,文物出版社,1996 年。

⑩ 湖北省荆沙铁路考古队:《包山楚墓》,文物出版社,1991 年。

⑪ 湖南省博物馆等:《湖南澧县新洲一号墓发掘简报》,《考古》1988 年 5 期,428~431、479 页。

⑫ 金学山:《西安半坡的战国墓葬》,《考古学报》1957 年 3 期,63~92 页。

⑬ 四川省文物管理委员会等:《四川涪陵小田溪四座战国墓》,《考古》1985 年 1 期,14~17、32 页。

⑭ 广州市文物管理委员会等:《西汉南越王墓》,文物出版社,1991 年。

⑮ 广州市文物管理委员会:《广州动物园古墓群发掘简报》,《文物》1961 年 2 期,58~62 页。

附表三 蒲纹璧及蒲谷相叠纹璧出土地点及相关资料

出土地点	墓主	年代	编号	外径(厘米)	材质、颜色	附注
河北定县北庄汉墓	中山简王刘焉	汉和帝永元三年(91 年)	16	17.8	青玉、绿色间云斑	①
			9	19.5	青玉、灰色	
			12	18.5	青玉、深绿色	
			8	18.8	青玉、灰绿色间云斑	
山西太原东太堡墓葬	代王	西汉(前 95~前 74 年)	16	16.8	青绿色	②
			17	16.5	青绿色	
			18	16.8	青绿色	
山东烟台市芝罘岛	非墓葬	秦代	不明	16.5	青玉	③
			不明	15.5	青玉	
山东曲阜鲁国故城	贵族	战国中晚期	M52:2	20.1	青玉	④
			M2:4	21.9	青玉	
			M52:11	19	青玉	
			M52:15	19	青玉	
			M52:16	15.9	青玉	
			M52:17	14	青玉	

出土地点	墓主	年代	编号	外径(厘米)	材质、颜色	附注
			M52：65	17.7	青玉	
			M52：69	16.6	青玉	
			M52：70	16.7	青玉	
			M52：71	13.3	青玉	
			M52：82	13.1	碧玉	
			M58：2	14.6	青玉	
			M58：4	16.6	青玉	
			M58：12	16.3	青玉	
			M58：39	22.2	青玉	
			M58：43	16	青玉	
			M58：46	15.8	青玉	
			M58：51	15.2	青玉	
			M58：52	12.4	青玉	
			M58：53	12.1	青玉	
			M58：54	12.3	青玉	
			M58：55	12.4	青玉	
			M58：56	12.3	青玉	
			M58：57	12.6	青玉	
山东临淄商王墓地	贵族或齐国王室成员	战国晚期	M2：42	20.5	青玉	⑤
			M2：44	14	碧玉	
			M2：38	13.2	青玉	
山东巨野红土山西汉墓	昌邑哀王刘髆	汉武帝后元二年（前87年）	45	16	绿色	⑥
			48	16.5	绿色	
			56	16.3	绿色	
			57	16.6	绿色	
			62	16.5	绿色	
			65	14	绿色	
			91	18.9	绿色	
			93	17.3	绿色	
			95	17.6	绿色	
			111	17.1	绿色	
			116	16.3	绿色	

出土地点	墓主	年代	编号	外径(厘米)	材质、颜色	附注
山东临淄金岭镇 一号汉墓	齐王刘石	汉明帝或汉 章帝时期	M1:62	14.6	青玉	⑦
河南叶县旧县 一号墓	大夫	战国早期	M1:3	7.6	碧绿色	⑧
河南泌阳三号 秦墓	侯	秦代	不明 不明 不明 不明	15.5 15.5 15.5 15.5	应为青玉 应为青玉 应为青玉 应为青玉	⑨
河南正阳苏庄 楚墓	士大夫	略早于战国 晚期	M1:62	4.1	青玉	⑩
洛阳西工区 CIM3943	大夫	战国晚期	CIM3943:6 CIM3943:14 CIM3943:15	13－14 13－14 13－14	青白色 青白色 青白色	⑪
江苏徐州东甸子 西汉墓	文书官吏	西汉早期	M1S:13	16.4	青玉	⑫
江苏徐州韩山 西汉墓	楚王近属	西汉早期	M1:64	14	青灰	⑬
江苏徐州石桥 一号汉墓	某代楚王	西汉	II1:3 H1:4	13.8 12.4 残	青玉质、灰绿色 青玉质、灰绿色	⑭
江苏铜山小龟山 西汉墓	楚王刘注 家族	汉武帝时期	TG65 TG22 TG23 TG24	14.2 15.7 16.5 15.2	青玉 青玉 青玉 青玉	⑮
安徽长丰杨公 二号墓	贵族	战国晚期	M2:1 M2:2 M2:3 M2:4 M2:5 M2:6 M2:7 M2:8 M2:11 M2:12	13.4 11.8 12.2 13 12.9 12.5 12.9 12.7 13.5 14.2	青玉 青玉 青玉 青玉 青玉 青玉 青玉 青玉 青玉 青玉	⑯

出土地点	墓主	年代	编号	外径(厘米)	材质、颜色	附注
			M2:12	13.9	青玉	
			M2:14	14	青玉	
			M2:16	15.2	青玉	
			M2:17	15.3	青玉	
			M2:20	12.2	青玉	
			M2:25	12.4	青玉	
			M2:26	12.4	青玉	
			M2:27	13.3	青玉	
			M2:28	16	青玉	
			M2:31	14.1	青玉	
			M2:32	14.2	青玉	
			M2:33	14.3	青玉	
			M2:34	14	青玉	
			M2:35	12.1	青玉	
			M2:36	12.3	青玉	
安徽长丰杨公二号墓	贵族	战国晚期	M2:44	11.1	青玉	⑯
			M2:45	13.7	青玉	
			M2:46	12.6	青玉	
			M2:48	14	青玉	
			M2:49	16.1	青玉	
			M2:51	11.7	青玉	
			M2:52	14.9	青玉	
			M2:53	14.1	青玉	
			M2:54	13.8	青玉	
			M2:55	14.2	青玉	
安徽长丰杨公八号墓	贵族	战国晚期	M8:26	14	青玉	⑯
			M8:27	13.8	青玉	
			M8:30	14	青玉	
			M8:31	12.6	青玉	
			M8:32	11.6	青玉	
安徽长丰杨公九号墓	贵族	战国晚期	M9:42	16.1	青玉	⑯
湖北江陵九店东周 48 号墓	下士	战国中晚期	48:7	15.3	乳白、灰绿、橘黄	⑰

出土地点	墓主	年代	编号	外径(厘米)	材质、颜色	附注
湖北江陵九店 东周 264 号墓	下士	战国中晚期	264:24	15.3	乳白、灰绿、橘黄	⑰
湖北江陵望山 二号墓	下人夫	战国中期 晚段	WM2:中 G1	21.6	碧绿	⑱
			WM2:内 G2	21.4	碧绿	
			WM2:内 G3	11.8	碧绿	
			WM2:内 G5	12.6	碧绿	
			WM2:内 G7	10.6	碧绿	
			WM2:内 G8	11.4	碧绿	
			WM2:内 G21	9.8	碧绿	
			WM2:内 G22	9.5	碧绿	
湖北江陵沙冢 一号墓	下大夫	战国中期 偏晚	SM1:55	10.8	青色	⑱
湖北荆门包山 二号墓	左尹	前 216 年	2:455	2.7	浅绿色	⑲
			2:459	2.85	浅绿色	
			2:460	4.35	浅绿色	
			2:461	4.1	浅绿色	
			2:463	3.65	浅绿色	
			2:466	5.3	浅绿色	
湖北荆门包山 四号墓	元士而略 有区别	约前 290 年	4:59	13.55	浅绿色	⑲
湖北光化五座坟 西汉墓	酂侯家族	汉武帝时期	3:15	14.1	深翠绿色	⑳
湖北宜昌前坪 西汉墓	贵族	西汉前期	5:1	15.2	淡绿色	㉑
湖南长沙浏城桥 一号墓	贵族	春秋晚期	4 件	6.3－7.4	碧玉	㉒
湖南长沙子弹库 战国木椁墓	士大夫	战国中晚 期之交	不明	不明	青玉	㉓
湖南长沙咸家湖 曹嬛墓	诸侯的近 亲或妻妾	西汉中期	83	14.4	青玉	㉔
			103	16.9	青玉	
			76	14.6	青玉	
			94	14.4	青玉	
四川涪陵小田溪 战国土坑墓 二号墓	上层统治 人物	战国	M2:3	5.7	青绿色	㉕

出土地点	墓主	年代	编号	外径(厘米)	材质、颜色	附注
四川成都羊子山 172 号墓	不明	战国	172：57	14	碧绿色	㉖
广州华侨新村 西汉墓	不明	西汉	49：43	8	淡绿有红斑	㉗
广州南越王 汉墓	南越王 赵眜	约前 122 年	C182	14	青玉	㉘
			C183	16.3	青玉	
			C194	18.8	青玉	
			C251－2	17.9	青玉	
			C251－3	12	青玉	
			C251－4	11.6	青玉	
			D27	14	青玉	
			D76	25.7	青玉	
			D29	13.75	青玉	
			D50－12	14.15	青玉	
			D50－1	23	青玉	
			D50－2	17	青玉	
			D50－3	14.3	青玉	
			D50－5	14	青玉	
			D50－6	14.2	青玉	
			D50－7	14	青玉	
			D50－11	17.6	青玉	
			D28	14.3	青玉	
			D37	12.3	青玉	
			D74	12.5	青玉	
			D98	9.3	青玉	
			D50－4	14	青玉	
			D50－8	15.8	青玉	
			D50－9	14.1	青玉	
			D50－10	15.3	青玉	
			D191	12.5	青玉	

说明：编号一般依原考古报告的器号，若报告中未说明，则以不明记之。

　附　注：

①　河北省文化局文物工作队：《河北定县北庄汉墓发掘报告》，《考古学报》1964 年 2 期，127～160 页。

②　山西省考古研究所等：《太原东太堡出土的汉代铜器》，《文物》1962 年 4、5 期，66～72 页。

③　烟台市博物馆：《烟台市芝罘市发现一批文物》，《文物》1976 年 8 期，93～94 页。

④　山东省文物考古研究所等：《曲阜鲁国故城》，齐鲁书社，1982 年。

⑤　淄博市博物馆、齐故城博物馆：《临淄商王墓地》，齐鲁书社，1997 年。

⑥　山东省菏泽地区汉墓发掘小组：《巨野红土山西汉墓》，《考古学报》1983 年 4 期，471～499 页。

⑦　山东省文物考古研究所：《山东临淄金岭镇一号东汉墓》，《考古学报》1999 年 1 期，97～121 页。

⑧　河南省文物研究所等：《河南省叶县旧县一号墓的清理》，《华夏考古》1988 年 3 期，1～18 页。

⑨　四件的尺寸在报告中并未有明确交代，仅说明最大者为 16 厘米，最小者为 15 厘米，今取平均值为 15.5
厘米；另外文中并未注明玉质，青玉是依图片判断。驻马店地区文管会等：《河南泌阳秦墓》，《文物》
1980 年 9 期，15～24 页。

⑩　驻马店地区文化局等：《河南正阳苏庄楚墓发掘报告》，《华夏考古》1988 年 2 期，21～42 页。

⑪　报告中只说明三件皆 13～14 厘米，今取平均值为 13.5 厘米。洛阳市文物工作队：《洛阳市西工区
CIM3943 战国墓》，《文物》1999 年 8 期，4～13 页。

⑫　徐州博物馆：《徐州东甸子西汉墓》，《文物》1999 年 12 期，4～18 页。

⑬　徐州博物馆：《徐州韩山西汉墓》，《文物》1997 年 2 期，26～43 页。

⑭　徐州博物馆：《徐州石桥汉墓清理报告》，《文物》1984 年 11 期，22～40 页。

⑮　南京博物院：《铜山小龟山西汉崖洞墓》，《文物》1973 年 4 期，21～28 页。

⑯　安徽省文物工作队：《安徽长丰杨公发掘九座战国墓》，《考古学集刊》第 2 集，47～60 页，中国社会科学
出版社，1982 年。

⑰　湖北省文物考古研究所：《江陵九店东周墓》，科学出版社，1995 年。

⑱　湖北省文物考古研究所：《江陵望山沙冢楚墓》，文物出版社，1996 年。

⑲　湖北省荆沙铁路考古队：《包山楚墓》，文物出版社，1991 年。

⑳　湖北省博物馆：《光化五座坟西汉墓》，《考古学报》1976 年 2 期，149～169 页。

㉑　湖北省博物馆：《宜昌前坪战国两汉墓》，《考古学报》1976 年 2 期，115～148 页。

㉒　湖南省博物馆：《长沙浏城桥一号墓》，《考古学报》1972 年 1 期，59～72 页。

㉓　湖南省博物馆：《长沙子弹库战国木椁墓》，《文物》1974 年 2 期，36～43 页。

㉔　长沙市文化局文物组：《长沙咸家湖西汉曹𡢾墓》，《文物》1979 年 3 期，1～15 页。

㉕　四川省博物馆等：《四川涪陵地区小田溪战国土坑墓清理简报》，《文物》1974 年 5 期，61～80 页。

㉖　四川省文物管理委员会：《成都羊子山第 172 号墓发掘简报》，《考古学报》1956 年 4 期，1～20 页。

㉗　麦英豪：《广州华侨新村的西汉墓》，《考古学报》1958 年 2 期，39～75 页。

㉘　广州市文物管理委员会等：《西汉南越王墓》，文物出版社，1991 年。

慧深和他的"扶桑国"

李民举

It is recorded in *Zhu yi zhuan* of *Liang Shu* that the monk Huishen came from Fusang state in the Southern and Northern Dynasties, here the author suggests that the Fusang state was located in Middle East rather than American mainland that former scholars widely believed. In received Chinese document the Woman State covered the area from the Qingzang Plateau to the coast of Mediterranean Sea. According to the information on Fusang state, Fusang probably referred to fig tree, which is quite common in Middle East; also on the basis of the characteristic and religion that Huishen described and considering the universe idea of mediaeval Christianity, Fusang was a Christianism country in the region of today's Egypt and Palestine.

慧深是南北朝时期的一名僧侣,《梁书·诸夷传》中说他来自"扶桑国",关于"扶桑国"的地望,是一个非常引人注目的问题。邓拓、朱谦之、罗荣渠等学者都作过研究,普遍认为"扶桑国"位于今天的墨西哥一带,是一个印第安人的国家,进而得出结论说,早在南北朝时期中国人与美洲人就有了来往,是中国人最先发现了美洲大陆。最近笔者在阅读这些文献的时候,发现慧深的"扶桑国"应当是位于近东一带的国家,具有鲜明犹太教-基督教特征。兹将理由述之于后,敬请批评指正。

一

在对这个问题进行探讨之前,首先对语言学的基本问题进行简单的回顾。我们知道,语言的"能指"与"所指"是两个不同的概念。语言符号例如单词,可以用来表达一定的含义,这就是"能指",但是在一定的语言环境下所具有的含义,即"所指",则是多变的,往往因人而异。在文化传播过程中,常常出现语言符号的借用问题,同一个语言符号,表达的含义会随着语言环境的变化而不同。因此,具体到"扶桑"这个符号,慧深所说的"扶桑",与《山海经》中的"扶桑"含义就不一定完全相同。在我看来,"扶桑"一词,至少有以下几个不同的含义(即"所指"):①《山海经》中的神树;②古代日本的别称;③古代县名,位于今广州附近;④国名,即慧深所居住的国家。

古代神话传说资料，往往不同含义的东西使用同一个符号，便于宗教的传播与接受，导致了脉络混乱的现象。如同考古学中考古地层中的包含物形成时代前后不一致的现象一样，需要通过类型学研究才能揭示出考古学现象。因此神话学研究需要借鉴考古学的思路，才能做到条分缕析，弄清楚神话演进的规律。

二

认识"扶桑国"的关键在于慧深讲完扶桑国后的另外一段话：

> 慧深又云："扶桑东千余里有女国，容貌端正，色甚洁白，身体有毛，发长委地。至二三月，竞入水则任娠，六七月产子。女人胸前无乳，项后生毛，根白，毛中有汁，以乳子，一百日能行，三四年则成人矣。见人惊避，偏畏丈夫。食咸草如禽兽。咸草叶似邪蒿，而气香味咸。"

这里提到的"女国"，中国古代文献中多处提到，范围从青藏高原直到地中海东岸，至少有六处。有东女国、西女国等等。见《梁四公记》[1]。这里的女国，实际上等同于"鸭国"，欧洲文献中称为"鹅国"，实际上就是历史上著名的示巴国[2]。位于今天的也门，在红海与印度洋的交汇处，是一个著名的港口，同时也是一个重要的香料产地。从 1 世纪开始直到阿拉伯崛起的 7 世纪之间，红海、印度洋一直是沟通罗马世界与亚洲印度、中国的海上交通要道。当时的交通路线是：从埃及的亚历山大港上溯尼罗河，然后，用骆驼将货物运送到红海沿岸，然后借助季风的力量，横渡阿拉伯海，到达印度西海岸，当时能够建造载货量很大的海船，载重量达 200～300 吨，海路贸易非常发达[3]。这时候大秦商人已经向东将其贸易范围扩展到东南亚一带了。所以文献中出现了大量有关大秦的内容：

> 汉桓帝延熹九年（166 年），大秦王安敦遣使自日南徼外来献，汉世唯一通焉。其国人行贾，往往至扶南、日南、交趾，其南徼诸国人少有到大秦者。（《梁书·诸夷传》）

> 孙权黄武五年（226 年），有大秦贾人字秦论来到交趾，交趾太守吴邈遣送诣权。权问方土谣俗，论具以事对。时诸葛恪讨丹阳，获黝、歙短人，论见之曰："大秦希见此人。"权以男女各十人，差吏会稽刘咸送论，咸于道物

---

〔1〕 是南朝时期的著作，全文收录在《太平广记》卷第八十一《异人一》。

〔2〕《中国大百科全书·世界历史卷》称为"萨巴国"。

〔3〕 Samuel Hugh Moffett, *A History of Christian in Asia*, Vol. 1: Beginnings to 1500, Harper San Francisco, 1992, pp. 33-34.

故，论乃径还本国。（《梁书·诸夷传》）

罗马商人秦琛，太康二年（281 年）到中国，献火浣布。

晋殷臣《奇布赋》曰：惟太康二年（281 年），安南将军广州牧滕侯，作镇南方，余时承乏，忝备下僚，俄而大秦国奉献琛，来经于州，众宝既丽，火布尤奇，乃作赋曰：伊荒服之外国，逮大秦以为名，仰皇风而悦化，超重译而来庭，贡方物之绮丽，亦受气于妙灵。美斯布之出类，禀太阳之纯精，越常品乎意外，独诡异而特生。森森丰林，在海之洲。煌煌烈火，禁焉靡休。天性固然，滋殖是由。牙萌炭中，类发烬隅。叶因焰洁，翘与炎敷。焱荣华实，燋灼荂珠。丹辉电近，彤炳星流。飞耀冲霄，光赫天区。惟造化之所陶，理万端而难察。燎无烁而不燋，在兹林而独昵。火焚木而弗枯，木吐火而无竭。同五行而并在，与大椿其相率。乃采乃析，是纺是绩。每以为布，不盈数尺。以为布帊，服之无致。既垢既汙，以焚为濯。投之朱炉，载燃载赫。停而冷之，皎洁凝白。（《艺文类聚》第八十五卷《布帛部·布》）

罗马海豚为特征的文化在中国也有所反映。

魏（220～265 年）殷臣《鲸鱼灯赋》曰：横海之鱼。厥号惟鲸。普彼鳞族。莫之与京。大秦美焉。乃观乃详。写载其形。托于金灯。隆脊矜尾。馨甲舒张。垂首挽视。蟠于华房。状欣欣以竦峙。若将飞而未翔。怀兰膏于胸臆。明制节之谨度。伊工巧之奇密。莫尚美于斯器。因绮丽以致用。设机变而罔匮。匪雕文之足玮。差利事之为贵。永作式于将来。跨千载而弗坠。（《艺文类聚》第八十卷《火部·灯》）

所以，示巴国作为东西方交通枢纽，在欧洲、亚洲都有很高的知名度。欧洲把示巴国王描绘成一位长着鹅掌的美女（图一），中国慧深的描述恰好与欧洲文献的描述一致。原因可能在于共同的宗教信仰。

三

笔者认为，慧深的"扶桑国"应当是位于巴勒斯坦、埃及一带的犹太教－基督教国家，还可以从"扶桑国"本身的信息中得到验证。

（1）根据慧深的描述，结合南北朝时期的其他文献，"扶桑"当为无花果树，这是近东地区常见的树种。

《十洲记》中记载了扶桑树这类植物，根据书中描述的形状特征，应为无花果树。无花果树的特征是叶子与桑树相同，但是比桑叶略厚，无花果树丛生，桑树多是单株生长。无花果树果子比桑葚略大，成熟的果子呈暗红色。

《十洲记》曰：扶桑叶似桑树，又如椹树，长丈大二千围，两两同根生，更相依倚，是以名之扶桑。(《文选》第十五卷《张平子思玄赋》)

从读音上分析，"扶桑"是希腊文无花果树的音译。英文为 fig，西班牙文为 figo 或者 higo，希腊文为 Φϊγk，希伯来文为 g－ay－f。显然，"无花果树"这个词，希腊文、西班牙文、英文均源出于希伯来文。

无花果树，在地中海沿岸，读音为拂，汉语翻译为"扶桑"，加上"桑"字表示"拂"这类树的所属的种类。

从历史文化背景上分析，无花果树是巴勒斯坦地区的树木，《圣经》中多次提到，是希伯来人的主要果品[4]。无花果树是拜占庭壁画中的常见题材之一[5]。

《圣经》上讲耶稣一次途中饥渴，到无花果树丛中寻找果子吃。当地居民的种类，一类是欧洲人，毛发黄色，另一类人为今天的阿拉伯人，颜色呈棕色，所以《十洲记》有时称当地人为"金色"，有时称为"紫色"。

图一　示巴女王（左）与所罗门

（木刻，1492，Ulm）

《十洲记》曰："扶桑，在碧海中，上有大帝宫，东王所治。有椹桑树，长数千丈，三千余围，两树同根，更相依倚，故曰'扶桑'。仙人食其椹，体作金色。其树虽大，椹如中夏桑椹也，但稀而赤色。九千岁一生实，味甘香。"(《齐民要术校释》卷十《五谷、果蓏、菜茹非中国物产者·桑一〇五》)

《十洲记》：扶桑在东海，去东岸一万里。海水碧色，甘香。扶桑在碧海中。地方万里，太帝太真所治。林木如桑，两两同根。更相依倚，故名扶桑。仙人食其椹，体作金色。(《佛祖统记》卷三十七)

《十洲记》曰：扶桑在碧海中，上有天帝宫，东王所治，有椹树，长数千丈，二千围。同根更相依倚，故曰扶桑。仙人食椹，体作紫色，其树虽大，椹如中夏桑也。九千岁一生实，味甘香。(《艺文类聚》第八十八卷《木部上·桑》)

这样，我们就可以得出结论，《十洲记》中的"扶桑"就是巴勒斯坦地区的无花果树。

〔4〕　*Encyclopaedia Judaica*，vol. 6，p. 1272.

〔5〕　Phillip Sherrard，*Byzantium*，New York，1966，p. 154.

（2）平顶屋、纸草、麻布（火浣布）。扶桑国人"作板屋"，意思是说，屋顶是平板形的，因为地中海沿岸降雨稀少，所以屋顶为平板形。这个建筑传统，可以说由来已久。"以扶桑皮为纸"，说的是用植物皮作为书写材料，这就是埃及、巴勒斯坦地区盛行的纸草。"绩其皮为布以为衣，亦以为绵"，是说把树皮剥取下来，经过烘烤、晾晒、揉制做成麻布，质地优良，是贵重商品。中国文献中称它为"火浣布"，可能是因为在加工过程中有一道"烘烤"工序。

（3）"有桑梨，经年不坏。多蒲桃。"桑梨，就是经过加工的无花果，能够保存数年之久。那里盛产葡萄。这都是近东的特征，墨西哥是不会有这些东西的。

（4）"设灵为神像，朝夕拜奠，不制缞经。嗣王立，三年不视国事。"是这时罗马文化的特征。皇帝在国家中的地位，与中国相同，认为皇帝就是神，中国把罗马帝国称为"大秦"，并且认为"有类中国"，我想原因即此。

（5）悔罪仪式。古代以色列人因为触犯法律或者宗教上的不够虔敬，为了表示悔改，常常坐在灰堆中或者将灰撒在头顶上。"披麻扬灰"指的就是这种情况。扶桑国人如果犯罪，就坐在灰中，含义当与此相同。"贵人有罪，国乃大会，坐罪人于坑，对之宴饮，分诀若死别焉。以灰绕之，其一重则一身屏退，二重则及子孙，三重则及七世。"

（6）扶桑国王衣服颜色随年更改，明显与中国"五行"观念一致。不知道是巧合，还是由于其他原因，中国人的五行观念，在大秦国中时常出现，渔豢《魏略》、范晔《后汉书》言及大秦，都提到大秦"五宫"问题。而且早期中国教堂，实际是模仿了中国古代"明堂"构筑[6]。

（7）"不贵金银，市无租估。"说明他们的生活简单质朴，实际上罗马文化并不是这样，这里说的是价值取向。当时已经出现了一些修道院，远离城市，自己耕种田地、纺织衣物，有的经营一些小型的手工业，产品换取生活的必需品，不是以盈利为目的。

综上所述，从"扶桑国"本身提供的信息来看，应当是位于埃及、以色列一带的具有基督教特征的国家。

四

假如以上推测能够成立，那么应该如何解释"扶桑在大汉国东二万余里"这句话？其实，如果从基督教内部的信仰来看，应该很好理解。

基督教以东方为上位，中国古代则是以北方为上位。《大秦景教流行中国碑》"东

---

［6］ 李民举：《从景教角度看〈老子化胡经〉》（待刊）。

礼趋生荣之路"含义是"东向礼拜才能走向重生的道路","瞻星向化,望日朝尊"含义是"瞻仰启明星,接受耶稣的劝化;向着太阳升起的地方,朝拜神尊耶稣。"今天仍旧有不少基督教的《寰宇图》流传下来,其中一幅现存纽约公立图书馆中,是13世纪的摹本(图二)。图画以东方为上,在大体相当于中国的位置上,画出了伊甸园,上面有亚当、夏娃、无花果树等等,事实上直到新大陆发现后,耶稣被钉在十字架上的图案,仍然出现在亚洲的东部。这样就出现了一个巧合,中国古代的神国"蓬莱仙山"

图二 基督教的宇宙观

(13世纪重绘,纽约公共图书馆藏)

与基督教的天国重合。为什么会出现这样的现象，有待进一步的探讨。

这样就可以理解慧深说自己从东方来，实际上是在说自己从神的国来，比较符合他的传教身份，更容易使中国人接受他的教导。基督教自视甚高，强调比现实世界更高的天国存在，每一个信徒都是天国里面的人。如果他是一个商人的话，也许径直说自己是大秦人就行了。如果我们放眼5世纪基督教的盛况，很容易同意这个结论。当时基督教在欧洲区取得了全盛地位，上至君王显宦，下至庶民奴隶，莫不趋之若鹜，当时亚洲中部、西部、印度基督教也都有了很大的发展。基督教以宣教为己任，努力向不同的民族中间传播基督教教义，中国位于世界的东方，对基督教来说充满了诱惑，宣教士克服困难，来到中国传教是符合情理的。

结　论

通过以上分析，可以认为"扶桑"一词本来指的是中国古代的神树，由于与无花果树的读音相似，基督教中的无花果树具有一定的神秘色彩，深层含义与中国的扶桑接近，南北朝时期用"扶桑"来翻译"无花果树"。综合慧深描述的"扶桑国"其他特征，加上对中世纪基督教的宇宙观念的分析，我们显然可以得出结论说，慧深的"扶桑国"是位于埃及、巴勒斯坦一带的基督教国家。

附录：

《梁书·诸夷传》：扶桑国者，齐永元元年（499年），其国有沙门慧深来至荆州，说云："扶桑在大汉国东二万余里，地在中国之东，其土多扶桑木，故以为名。"

扶桑叶似桐，而初生如笋，国人食之，实如梨而赤，绩其皮为布以为衣，亦以为绵。作板屋，无城郭。有文字，以扶桑皮为纸。无兵甲，不攻战。其国法，有南北狱。若犯轻者入南狱，重罪者入北狱。有赦则赦南狱，不赦北狱。在北狱者，男女相配，生男八岁为奴，生女九岁为婢。犯罪之身，至死不出。贵人有罪，国乃大会，坐罪人于坑，对之宴饮，分诀若死别焉。以灰绕之，其一重则一身屏退，二重则及子孙，三重则及七世。名国王为乙祁；贵人第一者为大对卢，第二者为小对卢，第三者为纳咄沙。国王行有鼓角导从。其衣色随年改易，甲乙年青，丙丁年赤，戊己年黄，庚辛年白，壬癸年黑。有牛角甚长，以角载物，至胜二十斛。车有马车、牛车、鹿车。国人养鹿，如中国畜牛，以乳为酪。有桑梨，经年不坏。多蒲桃。其地无铁有铜，不贵金银。市无租估。其婚姻，婿往女家门外作屋，晨夕洒扫，经年而女不悦,即驱之,相悦乃成婚。婚礼大抵与中国同。亲丧,七日不食;祖父母丧,五日不食;兄弟伯叔姑姊妹,三日不食。设灵为神像,朝夕拜奠,不制缞绖。嗣王立,三年不视国事。

阿拜多斯 U-j 号墓发现的埃及早期文字

颜海英[*]

About the origin of Egyptian language, William S. Arnett, Kathryn A. Bard and Henry G. Fischer have done thorough research. The main debate focus on the following questions: the exact time of the origin of Egyptian language; the relationship between the origin of language and the origin of state; the influence of Mesopotamia language to early Egyptian, etc.

Recent discovery of the earliest royal tombs in Abydos by German Archaeology institute provide very important new sources: writings on bone tags, pottery and seals. The author of this paper is going to interpret writings on the 186 bone tags found in tomb U-j, and analyse their historical information and background.

关于埃及文字的起源，阿内特（William S. Arnett）、巴德（Kathryn A. Bard）、费希尔（Henry G. Fischer）等学者做过专门的研究[1]。目前存在的主要分歧是：古埃及文字形成的时间；文字的产生与国家起源之间的关系；前王朝的陶器刻画符号与后来的文字之间有没有联系；美索不达米亚文化对古埃及文字产生了什么样的影响。

近年来德国考古所在阿拜多斯发现了埃及历史上最早的王陵——"00"王朝的墓区，其中的 U-j 号墓出土了大量的标签、陶器、印章等，上面的符号是了解早期文字的重要依据。本文将对其中一些标签上的符号进行分析，在释读的基础上，对其主要内容、反映的历史信息等进行探讨，对于上述有争议的问题提出自己的看法，以期为古代早期文明的比较研究提供具体的例证。

---

[*] 作者系北京大学历史学系副教授。

[1] Henry G. Fischer, "The Origin of Egyptian Hieroglyphs." *The Origin of Writing*, ed. by Wayne M. Senner. University of Nebraska Press, Lincoln and London, 1990.

William S. Arnett, *The Predynastic Origin of Egyptian Hieroglyphs*. University Press of America, Washington, D. C., 1982.

Kathryn A. Bard, "Origins of Egyptian Writing." *The Followers of Horus: Studies Dedicated to Michael Hoffman*, ed. by Renee Friedman and Barbara Adams. Oxford Books, Oxford, 1992, pp. 297-320.

一、遗 址 介 绍

阿拜多斯在开罗以南 300 英里（注：1 英里＝1.60934 公里）处，这里最重要的史前遗址是乌姆·艾尔－卡博（Umm el-Qaab），它位于沙漠边缘（北纬 26°11′，东经 31°55′），距尼罗河谷约 1.5 公里。乌姆·艾尔－卡博由 3 部分组成（图一）：北为 U 墓区，史前墓；中为 B 墓区，0 王朝和第 1 王朝的王陵；南为第 1 王朝的 6 个国王、1 个王后以及第 2 王朝的 2 个国王的墓。

阿拜多斯的主要发掘者是：1895～1898 年，阿梅丽努（E. Amelineau）；1899～1900 年，皮特里（Flinder Petrie）；1911～1912 年，皮特（E. Peet）与内维尔（E. Naville）；1973 年～至今，德国考古所（DAI）。

（一）U 墓区

在地势稍高的地带，面积 100 米×200 米，阿梅丽努在 4 天内发掘了 150～160 座不同类型的墓；1911 年皮特发掘了 32 座墓，都没有详细的报告和记录。

德国考古所勘测了 400 座墓坑，迄今已发掘了其中的 300 多座，大部分在中部和南部。陶器属于上埃及涅迦达（Naqada）文化时期（前 4000～前 3050 年）。

虽然也有几座随葬品较为丰富的墓，但总体上涅迦达 I～IIa 的墓没有大的区别，几乎没有 D-class 陶器。从 IId2 开始出现大墓，IIIa 时期多个墓室的墓和 IIIa～III b 时期只有一个大墓室的墓，其墓主很可能是 B 墓区的 0 王朝统治者的前任[2]。

最重要的是 1988 年发现的 U-j 号墓。它约有 12 个墓室，面积为 9.1 米×7.3 米。年代约在第 1 王朝之前 150 年（约公元前 3150 年）。虽然曾经被盗，且以前也被发掘过，但仍有丰富的随葬品，主要是：象牙制品、骨制品；175 个标签（象牙或骨制），可能是系在布料上的，其上有简短的符号；大量的埃及陶罐，约 200 个从巴勒斯坦进口的装葡萄酒的陶罐；一个木箱的残片；一个完整的象牙权杖。

标签上的符号数量为 1～4 个不等。上面的数字可能是布匹的尺寸；符号可能是各种产品的产地，个别的能读出来，涉及管理机构、王室地产及三角洲一些地方的名称如布图（Buto）和布巴斯提斯（Bubastis）。

许多 W-class 陶器上有黑色墨水写的符号，多数是 1～2 个符号。

由该墓的规模、其丰富的随葬特别是随葬品中的权杖来看，这很可能是座王陵。由于多处发现蝎子的符号，有时与一个表示植物的符号一起出现，读作"蝎王的地

---

〔2〕 Günter Dreyer, Umm el-Qaab. Nachuntersuchungen im frühzeitlichen Königsfriedhof. 5/6. Vorbericht. *MDAIK*, 49 (1993), pp. 24-61.

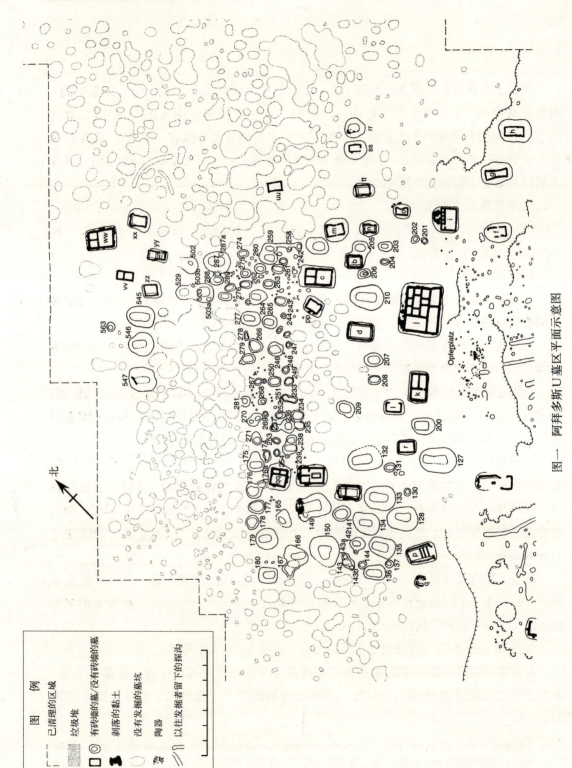

图一 阿拜多斯 U 墓区平面示意图

产"，因此很可能这是叫做蝎子的国王的墓[3]。下面是德国考古所关于该墓的考古报告。

（二）U-j 号墓[4]（图二）

位置：位于 U 平原南部。

组成：墓坑 1 是南北方向的，它的东边有 3 排墓坑，每排 3 座（2～10 号墓坑）；在第 2 建筑层南边扩建了 11、12 号墓坑。各个墓坑之间是相通的，它们之间至少有一个狭长的墙缝（约 1 米高，0.10～0.15 米宽）。

状况：泥灰封住，与完整的古王国时期地层之间有细小的断裂。

内部面积：9.10（北）～9.90（南）米×7.25（西）～7.15（东）米。其中，墓坑 1 为 2.85（北）～2.85（南）米×4.70（西）～4.65（东）米。

深度：约 1.55 米。

斜度：约 1°～3°。

泥灰：第 1 层泥灰和第 2 建筑层是 2 砖，隔板是 1.5 砖；古王国时期是水平线以下约 0.50 米。

砖：规格为 22～23×10～11×6～7 厘米，夹有碎草。

粗灰泥（沙浆）：约 1～2 厘米，较光滑。

地面：

1 号墓坑：发现一个木箱子的残片，约 2.10 米×3.15 米；北边有一排紧密排列在一起的陶罐，还有一个 W 印章的底部留在原地，南边有一些陶罐的模型。

2 号、5 号墓坑：码放的陶罐和一些留在原处的 W 印章底部。

6 号墓坑：席子（垫子）的残余。

7 号、10 号墓坑：2～3 层来自巴勒斯坦地区的陶罐，码放。

11 号墓坑：在西头有若干木箱子的底板。

12 号墓坑：如 7、10 号墓坑那样码放的陶罐。

出土物：

1 号墓坑：这里满是碎陶片，上面有墨水写的符号；还有印章碎片，上面有荷鲁斯 k3 的标记；若干象牙碎片（棋子、棍）；6 个小骨标签，上面有刻划的符号（11 号墓坑中也有）；东北角发现了一个完整的象牙权杖（hk3），长 33.5 厘米；还有黑曜石制的刀、半个碗；（针）、2 个金指甲、小金片、若干绿松石和光玉髓的珠子、方铅碎块。

7 号、10 号和 12 号墓坑：大量迦南风格陶罐的小盖子，上有滚印的印记，多是动物

----

[3] 同[2]。

[4] 同[2]，33 页。

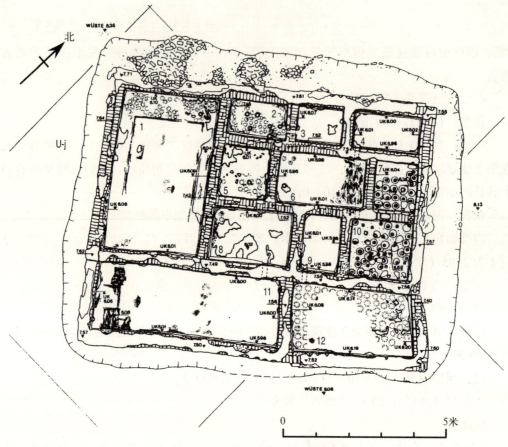

图二（a）　U-j 号墓平面示意图

图二（b）　U-j 号墓（西南→东北）

图案或菱形图案。

　　11 号墓坑：发现了约 125 件骨制小标签（加上 30 个在周围发现的），上面刻有 1～4 个符号，有黑色颜料残迹。

　　大量的象牙制品，多数残缺，其中有较长的棍、不同样式的棋子、有装饰的棋子、小器皿、手镯；一件大碗的碎片、双面浮雕；一件黑曜石做的小碗；3 件石英石容器的碎片；1～2 件石灰石碎片。

　　其他：散落在各墓坑及其周围的象牙碎片、石头器皿的碎片、小的釉陶器、绿松石珠子，以及 150 件有波纹图案的带柄陶罐的碎片，其上有墨水字迹。

　　年代：涅迦达 III a2。

二、U-j 号墓出土的标签

　　在 U-j 号墓中共发现 186 件骨制和象牙标签，其中 175 件是德国考古所发现的，11 件是早期的考古学家阿梅丽努和皮特里发现的。它们的分布情况如下[5]：

U-j I	Nr. 15, 38, 41, 78～79, 137
U-j II	Nr. 1, 3～4, 6～12, 16～19, 21～31, 33～36, 42～43, 45～46, 49, 51～52, 54～56, 58, 60, 62～66, 68～71, 73～77, 80, 82～92, 93（+jSS）, 95～97, 99, 101～105, 107～110, 112, 114～121, 123～125, 127～128, 130～136, 139, 141～145, 147, 149, 151～155, 160～161, 164～171
U-j 东	Nr. 162
U-j 西北	Nr. 191（石材）
U-j 南	Nr. 2, 32, 67, 72, 126, 129, 146
U-j 南南	Nr. 57, 61, 93（+jII）, III, 156
U-j 周围	Nr. 5, 20, 44, 47, 50（+i 南）, 94, 100, 106, 122, 138, 173
U-e	Nr. 48
U-i I	Nr. 192（石材）
U-i 南	Nr. 13, 37, 50（+j 周围）, 53, 59, 98, 113, 140, 150, 163
U-k I	Nr. 39, 159

---

〔5〕 Günter Dreyer, *Umm el-Qaab I, Das Pradynastische Königsgrab U-j und seine frühen Schriftzeugnisse*, Verlag Philipp von Zabern, Mainz, 1998, p. 136.

U-k 南/西　　　　　Nr. 81，157，172

U-o　　　　　　　　Nr. 158

U-qq I　　　　　　　Nr. 40，148

阿梅丽努的发现　　　Nr. X 183，X 190

皮特里的发现　　　　Nr. X 180~X 182，X 184~X 189

在 U-j 号墓及其周围发现的标签最多，其次是在 U-j 号墓以南处发现的。而 U-j 的标签又多集中在 11 号墓坑，属于 U-j 一期墓和二期墓的周围区域。如上所述，在这个墓坑里没有发现陶器，只有其他随葬物品，其中一部分是装在木箱子里的，现在已经能证实的就有 6 个。这些标签最初就固定在那里。

多数标签的面积仅有 1.5 厘米×（1.5~2.0）厘米，厚 0.2~0.3 厘米，其中 20 件象牙制的标签高 2.0~3.7、宽 1.5~3.2 厘米，比其他标签大一些，质量也好些。大多数标签的高度大于宽度，少部分是长方形的，标签上的纹理几乎都是竖形的。大部分标签的表面经过了精心磨光，刻画的痕迹也很清楚（图三）。

59　　　　　　75　　　　　　77　　　　　102　　　　　　142

图三　U-j 号墓出土的骨制标签，59、75、77、102、142 号

在标签的制作中，材料并没有特殊的讲究，看不出哪些物品一定要使用骨或者象牙标签。骨制和象牙制的标签原则上没有大的区别，但后者看起来光滑、有亮度；此外，骨制标签的边侧略有些圆，有小的裂纹，而且可以看到骨头的纹理。较为例外的是一件石头的标签，两面都有符号。

骨标签是用牛的肋骨或肩胛骨部分做成的，因为这些部位的骨头表面相对平整，适于做标签。有些标签（9、23、26、142、143 号）的边侧有细小的划痕，这可能是当时的工匠从大块骨头上选材时寻找平整部分时留下的痕迹。此外，如果锯槽选得不准，或者需要两边都锯断时，也会留下痕迹。

选好材料后，接下来的步骤是在骨板上刻符号，然后再涂颜料。可以看出笔划有固定的规则，仔细看能发现许多标签上的刻划是出自同一个工匠之手。在一些标签上还可以看到草图线的痕迹以及改笔的痕迹，如 119 号，在其下方有一个鹰头的形状，显然是工匠最初选的位置太低，后来放弃了。

标签上的刻划痕迹深约 0.05 厘米，是 V 状的横面裂缝。刻划后涂上黑色的颜料，多数标签上都可看到颜料的痕迹，有些标签刻划痕迹上的颜料还是保存完好的。有时会发现少量颗粒状颜料，是混合了黏合剂的木粉。

同样，在标签上钻孔也是关键的步骤。这些标签最初都是系在物品上的，所以钻孔有非常实际的作用。一些标签上可以看出钻孔时在孔的周围留下的一圈痕迹，6 号标签就比较明显，91 号的下面、108 号的右边和 124 号的中间也有这种痕迹。这些钻孔常常是在标签的右上方，很少在左上方或者上方的正中间，极少数在标签的侧面。有些标签的钻孔有缺损（58、69、90 号）。

普遍来讲，U-j 的标签只是一面有字，只有极少数标签是两面有字（58、138、144 号）。有 3 个标签很明显是二次利用的：59、92、156 号，其中 59 号是由一个原来更大些的标签改造后再使用的，可以看出工匠在正面重新打出了较小的框线，但最后还是决定在背面写上新的内容；92、156 号是直接在背面写上新的内容，但可以看出标签已经磨损得很严重，是二次使用的结果。由此可见，这些标记物品的标签绝不仅仅是王室独家使用，而是当时普遍使用的一种方式[6]。

这些标签中除了只有数字的标签外，约有 50 种不同类型的符号（图四～一二）。

标签上不同符号的分布情况如下[7]。

数字符号　　　　　1～43、X 180～X 182 号

人形符号：
　　圆环　　　　　44、X 183 号
　　弓箭手　　　　45～49 号
　　持杖男子　　　51 号

身体部位符号：
　　眼睛　　　　　191 号
　　胳膊　　　　　191 号
　　倒三角形　　　51、73、78～79、111～121、123～126、X 186 号

哺乳动物：
　　大象　　　　　52～69、X 184～185 号
　　猫　　　　　　70 号
　　豺狼　　　　　71～77 号

---

〔6〕 同〔5〕，136～137 页。
〔7〕 同〔5〕，138 页。

鬣狗　　　　　　78～79号

刺猬　　　　　　80号

仔猪　　　　　　81号

哺乳动物的身体部位：

羊头　　　　　　82～96号

牛头　　　　　　97号

鸟类：

鹳　　　　　　　97～106号

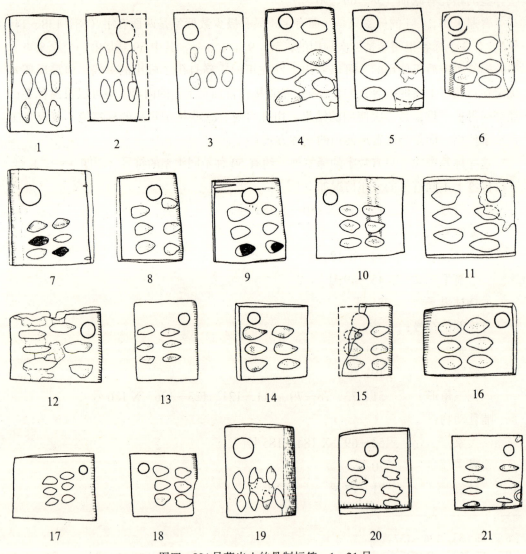

图四　U-j号墓出土的骨制标签，1～21号

图五　U-j 号墓出土的骨制标签，22～43 号

图六　U-j 号墓出土的骨制标签，44～60 号

图七　U-j 号墓出土的骨制标签，61~81 号

图八　U-j号墓出土的骨制标签，82~106号

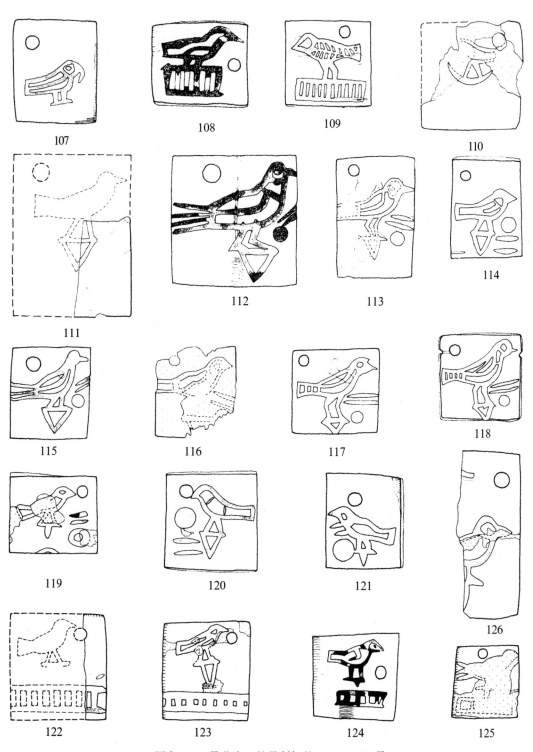

图九　U-j 号墓出土的骨制标签，107～126 号

图一〇　U-j 号墓出土的骨制标签，127～150 号

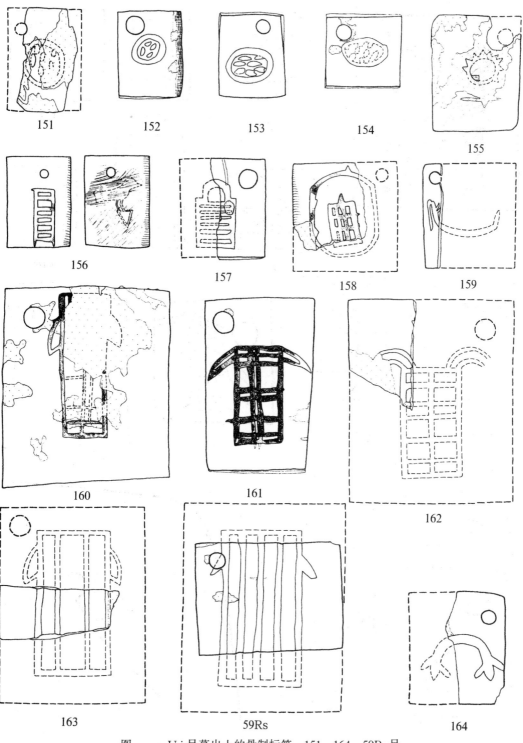

图一一　U-j 号墓出土的骨制标签，151~164、59Rs 号

图一二　U-j 号墓出土的骨制标签，X 180～X 190、191、192 号

鹰	51、73、78～79、107～126、139?、X186～X187 号
鹭鸶	127～129、X 188 号
鹤	52～58、X 184 号
朱鹭	130～135、X 189 号
鸭或鹅	132、136～138 号
小禽类	139?、140～141 号

低等动物：

鱼	144 号
眼镜蛇	135、142～143 号
蝎子	141、145 号

植物：

树/灌木	59～60、74～77、105? 号
芦苇	146～150 号

天空/大地：

天空 + 闪电	142～143 号
山	53～57、59～60、133～135、142～143 号
灌溉土地	108～109、122～125、156、X 186 号
灌溉	140、149 号

建筑物：

圣地	61～69、X 185 号
王宫正面	127～129、X 188 号
打谷场	151～154 号
城市、墙	155、158 号

舟：

船	110、X 187 号

家具/服装

椅子	103～104 号
服装	59（Rs.）、160～163、X 190 号
筐	157（或建筑物）
鱼叉	144 号
掷棍	136 号

其他：

圆形	58?、86～96、100～102、119～121、(191) 号

双线	95~96、100~102、112~121、139 号
htp	158 号
ck3	70、138、164 号
min	106 号
未知	191 号

三、U-j 号墓的早期文字

大多数标签的符号都是朝右的，符号朝左的标签只占总数的十分之一。符号朝向的方向就是阅读的起始方向。把握准确而固定的顺序有助于理解标签上的符号。在 53 号上，鸟在大象的前面，而在 52、54、55 号上，鸟在大象的上方；同样，在 77 号上，树在前面，而在 74~76 号上，树则在上方。例外的是 69 号，通常象征上埃及圣地的符号都是在大象的前面或者上面（如 61、62~68 号），而其上的圣地却在大象的下面。

（一）数字符号

仔细观察标签 1~43、X180~X182[8]，有以下几点特别值得注意：

（1）除了 10 和 12 外，这些标签上没有其他的十位数，12~100 之间的数字是个巨大的空白。

（2）标签上的横线通常较少，竖线通常较多，而且那些钻孔在上方、骨头纹理是竖向的标签，上面表示数字的线多数是横向的。

（3）在 46 个数字标签中，各种数量的符号出现的次数及其在总数中的比例如表一所示。

表一

标签号	符号数量	符号形状	出现次数	所占比例
1~18、X 180	6	线条	19（其中横线 15，竖线 4）	41.3%
19~21	7	线条	3（其中横线 2，竖线 1）	6.5%
22~33、X 181	8	线条	13（其中横线 2，竖线 11）	28.2%
34~36	9	线条	3（其中横线 1，竖线 2）	6.5%
37	10	线条	1（竖线）	2.2%
38	12	线条	1（竖线）	2.2%
39~43、X 182	100	螺纹	6	13%

----

〔8〕 Günter Dreyer, *Umm el-Qaab I*, pp. 115-117.

　　上述两个特点，即缺少 10～100 之间的十位数数字以及横向的线条表示较小的数字（个位数），在古王国时期的物品清单上也体现了出来，这也许说明如果这些计数标签不是表示物品的质量或性质，而仅仅是表示数量的话，那么这是些固定的物资。

　　如上面的分类表所示，多数标签是在 U-j 的 11 号墓坑中发现的，其他的标签发现于一些木箱子里，当时的物品通常是用这种木箱子来盛放的。有些标签上有污迹，是因为贴近那些运送的物品而造成的。

　　克里格（P. Posener-Krieger）认为，在结算的物品清单上，横线和竖线标记的是不同的物品，也是不同的计量单位。一条竖线表示一个计量单位，但一条横线表示一平方腕尺（50 厘米×50 厘米）布匹的 10 个倍数，而不是一个个位数的计量单位。例如，标签 37 和 38 上横向的 10 条线和 12 条线分别代表 100 和 120。为什么不直接用100 和 120 条线来表示？克里格没有明确的解释。他认为可能是因为这两个标签所标记的布匹来自其他地方，那儿的作坊使用更为古老的计数系统，这个系统中没有专门表示 100 的符号[9]。

　　德赖尔（Günter Dreyer）不同意克里格的观点。他认为，根据所标记物品的种类和形式将横线和竖线分开，认为两种线表示不同的计量单位，这种观点是很成问题的。因为从发掘结果看，某些标签所标明的数字与同时发现的物品的数量是一致的，而且墓中出土的物品的数量还没有大到有必要使用这种计数系统的程度[10]。

　　笔者也赞同德赖尔的观点。假设竖线表示的是布匹之外的其他物品，竖线的数量就是物品的数量，那么前提应该是竖线标记的是数量较少的物品，横线标记的是数量较多的物品，也就是说，标签上的横线应该总是小数量的，竖线总是多数量的。但问题是，从笔者所做的统计（见表一）来看，也有 5 个标签上的横线多于 6 条，其中有 7条横线的标签有 2 个，有 8 条横线的有 2 个，有 9 条横线的有 1 个。此外，大数值的竖线非常少，而且集中在 7～12，12～100 之间一个都没有。假设横线和竖线标记的都是布匹，那么就完全没有必要把它们分为两个计数系统了。而且从一些标签上看，横线和竖线在外观上并没有明显的区别（如 14、16 号标签）。另外也无法解释 6（×1）到12（×1）之间与 6（×10）到 9（×10）之间为什么是空白。

　　表示 100 的螺纹与竖线在一起时有表示粮食数量的含义。但克里格非常肯定地指出，根据格贝伦纸草文献（Papyrus Gebelen），这个时期表示粮食数量时从来不用竖线，这一点不同于后来的其他文献[11]。由此我们可以这样推论：螺纹与竖线同时出现时标

〔9〕　P. Posener-Krieger, *Les mesures des étoffes à l'Ancien Empire*, RdE, 29 (1977), p. 86.
〔10〕　Günter Dreyer, *Umm el-Qaab I*, p. 140.
〔11〕　同〔9〕。

记的是粮食之外的各种物资，没有竖线时表示的是粮食的数量。

（二）王名

（1）大象

——站在山尖上的大象＋树（59、60 号）＝3b nhb。这组符号通常解释为经济机构，具体是"叫做大象的国王的种植园"。其中大象是国王的名字，山可以理解为限定符号，因为在 52、58 号上没有出现。

——大象＋鹤（或鹅，或鸵鸟?）（52～58、X 184 号）＝3b niw。"叫做大象的国王的家禽饲养园"。

（2）豺狼

——豺狼＋树（74～77 号）＝sth nhb。国王的名字。

——豺狼＋站在三角架上的鹰（73 号）＝Hr 。豺狼是表音符号，鹰为国王的名字。

（3）鹳

——鹳（98、99 号）＝b3。是表音符号还是王名，不能确定。

——鹳＋圆环＋两条平行线（100～102 号）＝b3 t3·wy。表示王名，或者王室所在地。

（4）鹰

——鹰（107 号）＝Hr。这是出现得非常频繁的符号，在 U-j 的标签上共出现了20 次。表示王名。

——鹰＋带方格的长方形（108、109 号）＝srkt。国王的名字——蝎子。带方格的长方形读作 S，后来成为表示王室居住地的符号。

（5）蝎子

蝎子（145 号）＝srkt。表示王名和都城所在地。

——蝎子＋鸟（141 号）＝srkt niw。正如大象＋鹰的组合一样，这个组合表示王室家禽饲养机构，以蝎王来命名。这个标签的钻孔在正中间，而不象其他标签那样略偏向一边，就是因为要将鸟的符号放在蝎子的正下方，而这个鸟的符号应该就是蝎子国王的鹰。

（6）纳尔迈（70、138、164 号）＝ᶜk3（或 zhn）

——这个符号的形状是一个圆弧形，两端各有 3～4 个分叉，是纳尔迈的名字的前身。从含义上讲，它应读作 k3，但赫克尔（W. Helck）认为应读作 zhn。这个符号的含义最不确定[12]。

---

〔12〕 Günter Dreyer, *Umm el-Qaab I*, pp. 119-134.

　　除了上述王名外，在 U-j 号墓的陶器及其他物品上，在涅迦达 II（c）d-a2 的印章上，在太赫努（Tehenu）调色板上，以及在克普图斯（Coptos）巨像的刻画上，还发现了同时期的其他王名，见表二。

表二

克普图斯敏神巨像	U-j 墓	太赫努调色板	其他	顺序
羚羊旗				羚羊旗
蚌	蚌			蚌
	鱼			鱼
大象	大象			大象
公牛			公牛	公牛
鹳	鹳			鹳
豺狼	豺狼			豺狼
	蝎王一世			蝎王一世
	鹰	鹰		鹰
敏神旗 + 植物				敏神旗 + 植物
狮子	狮子		"狩猎调色板"上的狮子	狮子
		双鹰		双鹰
			伊瑞－赫尔	伊瑞－赫尔
			卡	卡
			蝎王调色板	蝎王二世
纳尔迈	纳尔迈		纳尔迈	纳尔迈

　　布林特（Edwin C. M. van den Brink）在《过渡中的尼罗河三角洲》（*The Nile Delta in Transition*）一书中第一次使用"00"王朝这个概念时，是指"埋葬在阿拜多斯乌姆·艾尔－卡博的 U 墓区的统治者的家族成员"，他们"可能是 0 王朝国王的前任"[13]。

　　现在，学者们用"00"王朝来指"0"王朝之前的所有统治者，并不指具体一个地方的统治家族，这个时期在考古上的年代是涅迦达 IIC～IIIA2。许多"00"王朝的国王之间并没有任何关系，因为他们都是不同中心的地方首领，除了本地的之外，他们自己并没有意识到彼此之间同属一个统治家族。这个"王朝"最早的统治者是赫拉康波里斯第 100 号墓的墓主，其随葬品中有收藏在都灵博物馆的格贝林帛，然后是埋葬

---

〔13〕 Edwin C. M. van den Brink, ed., *The Nile Delta in Transition*: *4ᵗʰ-3ʳᵈ Millennium B.C.*, The Israel Exploration Society, Jerusalem, 1992, pp. 43-68.

在涅迦达 T 墓区的部分贵族，最后是阿拜多斯后期的 U 墓区的统治者，或者是赫拉康波里斯 6 区 11 号墓的早期国王[14]。

与 "00" 王朝末期大致同时期的是库斯图尔（Qustul）的 L24 墓群及努比亚塞亚拉（Seyala）的 137-1 号墓（B. Williams 认为这是涅迦达 IIIa2 的末期，但最近有人认为可能要稍晚些，属涅迦达 IIIB）[15]。

（三）地名

（1）圆环与双线

圆环　　　　　58?、86~96、100~102、119~121、（191）号

双线　　　　　95~96、100~102、112~121、139 号

圆环与双线　　44、X 183 号

圆环与后来王朝时期象形文字中表示城市一词的符号（niwt ⊗ Gardiner O 49）非常相似，它也曾出现在 "城市调色板" 上。这些圆环所代表的可能是三角洲或者地处边缘地区的城市。

圆环和双线的含义可能有两个：一种可能是表示主要机构下面的分支部门；另一种可能是与同时期的陶器刻画一样，圆环表示城市，而双线表示尼罗河东、西两边的两片土地，读作 "t3 wy"，这里所说的城市通常是指作为统治中心的阿拜多斯，所以这组符号表示阿拜多斯，其中双线是辅助符号。还有一种观点认为，"城市 + 两片土地" 实际上是表示一个作为独立商品产地的中心管理机构，是后来的陶器刻画中 srh + 双线（意为 "两片土地的王宫"）的前身。

（2）动物

——鹳 + 圆环 + 两条平行线（100~102 号）= b3 t3·wy。它表示王名或者王室所在地。

——大象 + 圣地的房屋（62~69、X 185 号）= 3b dw。它表示阿拜多斯这个城市。后来阿拜多斯一词就写作 "大象 + 山"（3bdw）。这个名字的来历有两种可能：一是这里最早是崇拜大象神的，二是这个城市的创建人是一位叫大象的国王。

——豺狼（71~72 号）= sth。它表示王室所在地或都城。

——鹳 + 树（105 号）= b3 im3。它表示重要的地名。

——鹳 + Min 神符号（106 号）= b3 min。它表示重要的地名。

——鹰在船上（110、X 187 号）= cnty（或 nmty）。这个符号也出现在同时期的其他器皿上，包括一个 D 陶罐、赫拉康波里斯出土的一件石头器皿以及一件私人收藏

[14] T. A. H. Wilkinson, *Early Dynastic Egypt*, Routledge, Londres et New York, 1999, p. 52.

[15] B. Williams, Narmer and the Coptos Colossi, *JARCE*, 25 (1988), pp. 35-59.

品。在古王国时期，这个符号出现在一组尊称头衔中，表示鹰神崇拜，可能读作 cnty 或者 nmty，因为这时还没有出现国王的"荷鲁斯头衔"，因此解释为一个以鹰命名的地方可能更为可靠。

——鹭鸶（127～129、X 188 号）= ḏb3wt。同样的图案也出现在"城市调色板"、纳尔迈权杖以及国王阿哈（Aha）的一个标签上，表示三角洲的布图这个地方。在这个标签上，建筑物上有壁龛的样子，也许能间接证明这个时期布图已经有了神庙建筑。

——朱鹭（130、X 189 号）= 3h。它表示东部。

——鸟（137 号）= ps。它表示地名。从形状上看与阿哈的年鉴标签上表示地名的鸟一样。这种"站立的鸟"的形象加上一个叫做"ps"的地名，表示杖之类的事物。而 ps 是出产雪松的地方，赫尔克认为这个地方位于腓尼基的海岸。现已证明 U-j 号墓出土的雪松是产自那里的，此外在 U-j 号墓还发现了那里出产的其他物品。

——鸟（139、140 号）= ps。同 137 号一样表示地名。140 号上可以看出草图虚线的痕迹。

——蝎子（145 号）= srkt。表示王名和都城所在地。

（3）芦苇或灯心草　146～150 号

芦苇秆和灯心草与早期滚印上那种叶子分开的图案非常相似。在 149 号上，标签的下边发现草图虚线的痕迹，也许芦苇在这个标签上只是起到限定符号的作用。其他几个标签上的灯心草与"城市调色板"上的灯心草一样，是象形文字的地名，也许是一个盛产芦苇的地方，与"城市调色板"上的城市同在三角洲。

（4）山　132、142、143 号

它是山这个词 dw 的表音符号，强调其中 d 这个音。与大象这个符号在一起时，是限定符号，表示"异域、荒漠"，与朱鹭和表示夜晚的符号一起出现时，则分别表示东部和西部地区。

（5）灌溉　140、149 号

长方形划分成 4～5 部分，既表示灌溉土地（Gardiner N 37，39），也表示都城。王名单独出现作为都城所在地的标志，不仅出现在蝎王陶器刻画上，也出现在鹰的标签上（108、109 号），后者上面的 s 是表意符号还是限定符号尚有争议，这一点它们不同与"站在三角架上的鹰"（156 号）。类似的是第 1 王朝早期的滚印图案的解读，上面只有 s 或者 hrps，表示都城。而如果与一个在灌溉土地上播种的男子形象一起出现，则意为"属于官方的"，指都城管理机构。

（6）城、墙　155～159 号

——155 号，含义很难确定。左下角一个很小的符号很像表示城市的"niwt"这个符号中间的十字线。圆环外的另外一圈可以理解为城墙的堡垒。

——157 号，建筑物上写有表示地名的符号 htp。

——158 号，椭圆形上方的尖形可能是围墙，这种图案在印章上频繁出现。

——159 号，这个标签严重残缺，残留下来的符号可能是棍子这个符号的一部分，其样子与年鉴石上即荷鲁斯站在船上的那个一样，可能与陶器刻画符号表示同一个地名[16]。

（四）经济事务与管理机构

（1）王室物品监察和管理，如纸草（植物）产品、油和家禽饲养等

——站在山尖上的大象 + 树（59、60 号）= 3b nhb。如上所述，它表示"叫做大象的国王的种植园"。

——大象 + 鹤（或鹅，或鸵鸟?）（52～58、X 184 号）= 3b niw。如上所述，它表示"叫做大象的国王的家禽饲养园"。

——鬣狗 + 三角架上的鹰（78～79 号）= sth Hr。它表示王宫膳食事务，古王国时期有类似用法，布鲁克林博物馆收藏的一个印章有类似的图案。

——鹰（107 号）= Hr。如单独出现的豺狼、鹳和蝎子一样，可能是王室内务管理机构的缩写。

——蝎子 + 鸟（141 号）= srkt。正如大象 + 鹰的组合一样，这个组合表示王室的家禽饲养机构，以蝎王来命名。这个标签的钻孔在正中间，而不像其他标签那样略偏向一边，就是因为要将鸟的符号放在蝎子的正下方，而这个鸟的符号应该就是蝎子国王的鹰。

（2）地区性分类——西部、东部，沙漠狩猎等

——羊头（82～96 号）= wp。很可能是努比亚的北山羊，下巴的胡子特征非常明显。从其出现的频繁程度来看，本来它可能也是与树同时出现的，是用来表示王名的标准符号组合。在这里，作为表示沙漠的典型符号，北山羊头表示沙漠狩猎收获物的管理。当然，滚印上也常常出现各种野生动物的图案。

——朱鹭 + 山 + 蛇（133～135 号）= j3hw。有时这个组合还加上天空和闪电，作为东部和西部地区的标志。这几个标签上的符号可能表达的是东部和西部地区的经济事务。

——天空 + 闪电 + 山尖上的蛇（142、143 号）= grh。对应于后来象形文字中的夜晚（grh）一词（Gardiner, N 2, 3），写作"天空 + 闪电"（T）。在 142、143 号上，天空被画成了弯月状。在 U 墓区早期墓和年代为涅迦达 IId 的 El-Amarah 的陶器刻画中发现了常见的符号，其写法与后来的略有不同，如将上述组合写作一个圆弧和下面

---

〔16〕 Günter Dreyer, *Umm el-Qaab I*, pp. 120-134.

的闪电，闪电底部有明显的分叉。这个圆弧就像后来的符号 pt（╒）一样，表示隆起的苍穹。分析 135 号中的组合（朱鹭 + 山 + 蛇）有助于我们理解这个组合。朱鹭读作"j3hw"，意思是"阳光、光线"，是"grh"（黑暗）的反义词，因此 135 号符号组合的直意是"光明之山"和"黑暗之山"，以此分别表示东方和西方，即太阳升起和落下的地方。因此，这两组符号组合都可以理解为东部和西部地区的经济管理机构。

（3）专业分类——捕获禽类、捕鱼、庄稼、服装、武器、狩猎装备等

——弓箭（45~49 号）= pd。它很可能表示狩猎装备或武器设备的管理机构。

——持杖男子（51 号）= nhm。与后来象形文字中的符号一样（╘ Gardiner A 24），这里它也许表示王室的后宫，或者是负责狩猎收获物的机构。

——鹳 + 牛头（97 号）= b3 k3。这组符号有多种可能性，牛头既可以是表音符号，也可能是表意符号，表示与牛群管理有关的事务。

——鸟 + 投掷用的棍子（136 号）= km3。它表示狩猎。

——鱼 + 鱼叉（144 号）= rm gnw。它表示捕鱼，这也是墓地附近地产的重要经济收入之一。

——服装（59（Rs.）、160~163、X 190）、160、X 190 号 = si3t。这些标签上的图案与 Naga el-Deir 发现的类似。这种服饰很普通，不应是庆典中使用的。因此这些符号表示的应是服装的产地，或者随葬的服饰用品。与数字标签动辄标记大量的物品相比，这些服饰数量不多，通常用木箱就能盛放。

——武器（136、144 号）= km3 gnw。掷棍和鱼叉作为狩猎的工具（捕获禽类和鱼类），通常表示狩猎收获量之类的含义[17]。

四、U-j 号墓早期文字评析

（一）语言学

有人认为 U-j 号墓标签上的符号是所标记物品的写实符号[18]，这种观点是非常荒谬的。首先它无法解释为什么符号中有门框（160~163 号）、木棍和鱼叉（136、144 号）等；其次，有多种动物、植物和建筑物的符号，而且有多种不同的组合，所以不可能是物品的象形表现。

更为可信的解释是，不同的管理机构以器皿上的符号来标记物品的产地、数量，以便进行登记和管理。从王室经济事务的多样性来看，可能反映的是阿拜多斯周边的

---

〔17〕同〔16〕。

〔18〕同〔16〕，145 页。

一些地区，都城已经成为重要的经济中心，并建立起了对其他地区的控制机构。

骨制标签在一般的商品贸易关系中并没有普遍应用，仅限于贵重物品。在物品交换和运输中，通常贵重物品使用骨制和象牙制的标签，普通的物品使用木制标签。

现已证明标签上的刻划符号多数与王朝时代的象形文字符号一致，而且符号的排列方向也是后来常见的，这一点是一目了然的。因此，标签上的符号已经是可以阅读的文字符号，而绝非象形符号或记号。

这种看法可以通过 133～135 号、142～143 号两组标签来证明。在"天空 + 闪电"的符号组合旁边，两次出现了"山顶上的蛇"的图案，还有一例是"山顶上的蛇"后面跟着朱鹭鸟，另有两例是朱鹭站在山上。蛇的符号只是山这个符号（$\underline{d}$w）的辅音补充，强调 $\underline{d}$ 的读音，这说明表音符号已经出现了。

另外一个证据是，"镰刀 + 闪电"的组合是后来"天空 + 闪电"的前身，grh（夜晚、黑暗）跟在 j3hw（光明、太阳光）的后面表示"黑暗之山"和"光明之山"，即西方和东方，因为太阳从西方落下，由东方升起。这种组合的使用几乎不可能是偶然的，只能说是有意识的引申。

其他的符号组合也能证明表音符号的存在：

鹳 + 座位（103、104 号）	b3 st	Basta
大象 + 山（53～56、59～60 号）	3b $\underline{d}$w	Abydos
鹭鸶 + 房屋正面（127～129、X 188 号）	db^c·wt	Buto

事实上，地名在这些符号出现之前就已经存在了，它们的读音赋予这些符号以音值。此外，地名或城市名的限定符号也出现了，如 44、X183 号上的圆环，与"城市调色板"上面的城市限定符号几无二致。

标签上树 + 动物的组合，使用的也是它们最初的读音，根据同音异义的规则把它们作为标记物品的文字符号。

但释读这个时期的符号和符号组合确实有很大的困难。有时很难判断它们是表意符号还是表音符号，抑或只是限定符号，尤其是那些单独出现的符号以及出现次数较少的符号。

（二）与王朝时期标签的关系

小标签已经被证实是纳尔迈时代标签的前身，纳尔迈时代的标签多是用象牙、骨、乌木和其他木材做成的，也是墓中出土的，上面刻划或用墨水写上符号做标记，它们常常出现在旧货上面，日期通常是运送货物的那一年（年鉴板），而且还写上当时国王的名字。卡普罗尼（P. Kaplony）将这些标签分为 4 种类型：年鉴标签，上面有国王的名字以及每年发生的大事；庆典标签，上面有国王的名字，只列举一件大事，在当时是记载重大事件的；简短的年鉴标签，上面只有国王的名字；纯粹标签，上面只有物品或产地的名称[19]。

　　在年鉴标签上几无例外都有油的名称，其次是它们的产地、数量及负责官员的名字。在纯粹标签上油也是出现得最频繁的产品。在一些年鉴标签和庆典标签的背面标记着谷物、布匹和少数几种其他物品。

　　一个特别的例子是在塞赫姆赫特（Sechemchet）的金字塔里发现的有物品清单的标签。在个别运送布匹的场所发现的物品标记上，总是发现有钻孔，赫尔克认为这可能是拴小的计数标签用的。这些标签起到了财产登记的作用，在需要时通过计数标签的交换来记录财产的变化情况。

　　有些年鉴标签和庆典标签的两面都有符号，背面标记的是凉鞋等物品，赫尔克认为这些标签是二次利用的，表明每年他们都登记所有物品，建立起一个登记簿，而在每年的年底，这些登记簿会成为"废纸"，然后这些标签被再度利用，作为包装的标记，人们在它们的背面写上新的内容。

　　U-j 号墓发现的象牙和骨标签可以说是最早的"纯粹标签"。

　　（三）近东贸易网络

　　U-j 号墓的发现从两个方面为当时近东地区贸易网络的存在提供了重要的新证据：一是在这个墓中发现了约 200 个巴勒斯坦地区的陶罐，是用来装葡萄酒的，证明尼罗河谷地区与其他地区间的贸易或交换关系的存在；其次是墓中发现的 186 个标签上的符号有许多是地名，其中有的是三角洲地区的重要城市，这些地名出现在标记物品的标签上很可能是表明产品的产地，证明当时专业分工的形成和地区间交换关系的存在。

　　此外，笔者将 U-j 号墓发现的早期文字与美索不达米亚的早期文字进行了初步的比较，发现有部分符号非常相似。因此，在进一步的研究中将会涉及前王朝陶器、印章、调色板等纪念物上的符号，以期得到系统的了解。

　　如果这两个地区有着远程贸易关系，他们一定有某种交流方式，使得彼此互相理解。如果这种贸易交往是远距离的，可能要通过中间人或中转地，那么货物和容器上的符号必须是明确和固定的。埃默里（Walter B. Emery）在萨卡拉发现的器物中，有一些被描述成"棋子"的，直径约4英寸，中间有一个孔，一根 6 英寸长的尖顶棍子穿过这个孔（图一三）。从形状

图一三　开罗博物馆所藏在萨卡拉发现的"陶筹"

[19] P. Kaplony, *Jahrestafelchen L. Ä.* III, pp. 237-238.

和风格看，很像施曼德（Schmandt-Besserat）所研究的美索不达米亚的陶筹[20]。

　　近年来的考古发现从其他方面证明了埃及与近东之间的贸易关系。在以色列的恩·贝瑟尔（En Besor）、特拉维夫大学发掘出一些印章印记，由纽约城市大学的舒曼（Alan R. Schulman）发表，共发现了90块第1王朝或者早王朝时期的碎片，部分碎片可能曾是装陶筹的套子，因为它们也出现在此前发现的其他印章印记上，它们都有埃及风格的图案。岩相分析已经证明它们是用巴勒斯坦的黏土而非埃及尼罗河的泥制作的。因此，舒曼认为这些碎片的产地是迦南，制作者是埃及人，表明可能在巴勒斯坦有个埃及的商站[21]。

　　巴德（Kathryn Bard）与波士顿大学合作发掘纳格·哈马迪（Nag Hammadi）的遗址，发现了一个泥制印章的碎片，这种类型的印章表明在当时的地区贸易或者远程贸易中存在着贵重物品的交换；哈桑（Fekri A. Hassan）则在这里发现了一个写着象形文字"金子"一词的印章，说明在这个遗址金子是非常重要的物品。在玛阿迪（Maadi）发现了产自巴勒斯坦的陶器和矿物，如黑曜石、青金石、沥青和树脂，这些都必须通过贸易换来，因为埃及尼罗河谷地区没有[22]，但尼罗河地区有丰富的生活资源和其他的矿石如雪花石、大理石和黄金等，可以用来交换。

　　这种观点也为其他学者所证实[23]，他们推测这种情况可能是某地区的工匠到了另一个地区，带去自己的风格和手艺的结果。这个事实也可能解释为什么埃及的一些陶器与美索不达米亚的陶筹有同样的图案。

　　在关于圆柱印章的著述中，科隆（Dominique Collon）提出苏萨（Susa）、叙利亚和埃及之间存在着贸易往来[24]。他认为这些贸易活动的路线是经波斯湾、阿拉伯半岛和陆路到达地中海。他认为在文字处于发展阶段的时期，埃及陶器上的图案与美索不达米亚的是类似的。这些图案是：纳尔迈调色板上双颈交缠在一起的怪兽、几排站立的

[20] Walter B. Emery, *Excavations at Saqqara*, *Hor-Aha*, Government Press, Cairo, 1939, p. 87.

[21] Alan R. Schulman, "Still More Egyptian Seal Impressions from En Besor." *The Nile Delta in Transition: 4th-3rd Millennium B. C.*, 1992, pp. 178-188.

[22] Alfred. Lucas and J. R. Harris, *Ancient Egyptian Materials and Industries*, 4th ed., E. Arnold., London, 1962, p. 116.

[23] Henry G. Fischer, "The Origin of Egyptian Hieroglyphs." *The Origin of Writing*, 1990.
Henri Frankfort, *Kinship and the Gods: A Study of Ancient Eastern Religion as the Integration of Society and Nature*, University of Chicago, Chicago, 1948.
Elise J. Baumgartel, *The Culture of Prehistoric Egypt*, vol. 1, revised edition, Oxford University Press, London, 1955.

[24] D. Collon, *First Impressions: Cylinder Seals in the Ancient Near East*, The University of Chicago Press, Chicago, 1987, p. 16.

动物、中间有钻孔的纪念物、相似的印章。对科隆来讲，这些在迪亚拉（Diyala）、巴格达北部、叙利亚和苏萨及埃及发现的图案是贸易交换的证明，例如，青金石在整个中东常常是用来交换黄金的，这一点在考古发现中被证实[25]。

　　从埃及出口到美索不达米亚的日用品可能有矿石如在赫尔旺（Helwan）后面的东部沙漠的哈特－纳布（Hat-nub）矿区开采的雪花石膏，从法雍地区开采的玄武岩，从东部沙漠、阿斯旺和努比亚开采的闪长岩等。在上埃及埃什纳（Esna）附近开采的角砾岩，在西部沙漠开采的白云石，在哈玛马特干河谷开采的片岩和火山岩灰，在红海沿岸开采的大理石和斑岩，在东部沙漠开采的紫色斑岩，以及同样来自东部沙漠的蛇纹岩和无色水晶。在西奈开采的其他矿石如铜矿、孔雀石和绿松石。出口石制器皿和贵重石材如玛瑙、缟玛瑙、紫水晶、红玉髓、玉髓、绿长岩和红玉石可以换取青金石[26]。最后一种石材是埃及稀有资源，也是神庙建造中最需要的。

　　史密斯（H.S. Smith）认为美索不达米亚和埃及艺术中的对应性或相似性太大了，不可能仅仅是文化上的类似，他倾向于称之为"通过贸易而产生的文化相互影响"[27]。无疑，巴勒斯坦也在埃及前王朝文化共生现象中起到了一定的作用，因为巴勒斯坦风格的器皿也在早期遗址中出现。既然滚印是石制器皿的附属发展品，那么，美索不达米亚和埃及之间陶器制作风格的相互影响可能是印章制作信息交流的开始。最早的石制器皿是涅迦达 I 的，埃及的石制器皿在美索不达米亚和伊朗都有发现。这些石制器皿所用的石材不是在美索不达米亚开采的。这些事实表明这些器皿和制作它们的石材是进口的。在乌拜德（Al Ubaid）发现的石制器皿是用闪长岩、雪花石、白色石灰石、角砾灰石灰石、蛇纹岩和皂石做成的，所有这些矿石在埃及都有[28]。

　　史密斯（Stevenson Smith）认为[29]，非洲西部贸易的发展对于社会分层起着重要的作用，因为这种贸易发展是由居民迁徙促动的。公元前 5 世纪后，随着西部沙漠的干涸，居民开始迁徙到河谷地带。随着城镇的发展，居住地和贸易的扩展激发了为争夺贸易通道和资源而产生的冲突，其结果是军事领袖和城邦间纷争的出现。这些城镇之间发生冲突的证据是双层厚城墙的建造，例如涅迦达南城的泥砖围墙以及皮特里在

---

〔25〕　同〔24〕。

〔26〕　同〔22〕，128 页。

〔27〕　H. S. Smith, "The Making of Egypt: A Review of the Influence of Susa and Sumer on Upper Egypt and Lower Nubia in the 4th Millennium B. C." *The Followers of Horus: Studies Dedicated to Michael Hoffman*, 1992, pp. 23-46.

〔28〕　D. Collon, *First Impressions: Cylinder Seals in the Ancient Near East*, 1987, pp. 16-135.

〔29〕　Stevenson Smith, *The Art and Architecture of Ancient Egypt*, 2d ed., revised by William Kelly Simpson. Butler & Tanner Ltd., London, 1992, pp. 235-246.

迪亚斯波里斯·帕瓦（Diaspolis Parva）发现的有城墙的城镇模型。

如上所述，这个时期的埃及也开始建立了与近东其他地区的贸易关系。在这个贸易系统中，城镇逐渐融合，酝酿着埃及最终的统一。这种文化和经济上的交流导致信息的交流，以及由此而产生的新观念的传播和接受。从这一点来说，埃及与西亚的社会发展以及国家的形成有很大的可比性。

结　　论

（1）U-j 号墓标签上的符号具备早期文字的特点，已经出现了表意符号、表音符号和限定符号。

（2）这些标签的内容包括物品数量、王名、地名（即物品产地的名称）、王室管理机构和经济事务的名称。

（3）标签上的部分符号以及标签这种记载形式一直延续到后来的王朝时代，成为"年鉴"（gnwt）的前身，只不过"年鉴"的内容更为丰富。

（4）U-j 号墓发现了巴勒斯坦地区的陶器，证明尼罗河谷地区与其他地区间有贸易关系，标签上的符号与西亚陶筹上的符号类似是这种远程贸易关系存在的佐证。

进一步的研究将从以下几个方面展开："00"王朝陶器刻画符号、印章符号及各种纪念物上的符号；"0"王朝时期早期文字及其与"00"王朝时期文字的关系；前王朝时期近东各地区贸易关系及其在早期国家形成中的作用。

2001 年度周原遗址调查报告[1]

周原考古队

During the excavation from September to December 2001 Zhouyuan Archaeology Team surveyed 13 sites in Meixian, Qishan and Fufeng counties in order to know the details on the distribution of ancient sites in Zhouyuan and its adjacent areas and to train the students from the Archaeology Department of Peking University. According to the collected relics, it is confirmed that these thirteen sites respectively belonged to the pre-historic time, pre-Zhou period and the Western Zhou dynasty. The collected relics are also helpful to understand the dissemination of ancient remains in Zhouyuan.

  2001 年 9 月至 12 月，周原考古队于周原遗址进行第 3 次大规模的发掘。发掘期间，为配合北京大学考古专业学生的田野考古实习，同时也为了对周原及其周边地区遗址的分布情况取得更多的了解，我们在发掘工作的间隙，对眉县、岐山和扶风三县的 13 处遗址（图一）进行了地面踏查，并随机采集了部分遗物。现将本次调查的主要收获依调查时间的先后顺序报告如下。

眉县东坡遗址

调查时间：2001 年 11 月 7 日，10：45～12：45
调查人员：黄曲、宿正伯、陈殿军、徐天进
  该遗址位于眉县小法仪乡东坡村村西的台地上，西北距眉县县城约 15 公里，为省级文物保护单位。遗址所在台地的东侧有源于秦岭的西沙河由南向北流过，台地呈半岛形，东西宽约 200 米，南北长近 1000 米，台面高于河床约 30 米（图版一，1）。在台地东侧的断崖上暴露有史前时期的灰坑、陶窑等遗迹。附近地表所见遗物亦多属新石器时代。在台地的北部，有清朝末年所筑城寨的寨墙（地面上仅存东南角和西南角）。在寨墙的南侧有东西向的断崖，其上暴露有少量先周时期的灰坑。附近地面上也可采

---

〔1〕 本报告为教育部人文社会科学重点研究基地——北京大学中国考古学研究中心 2002 年度重大项目《周原遗址的分期与布局研究》阶段性成果之一。

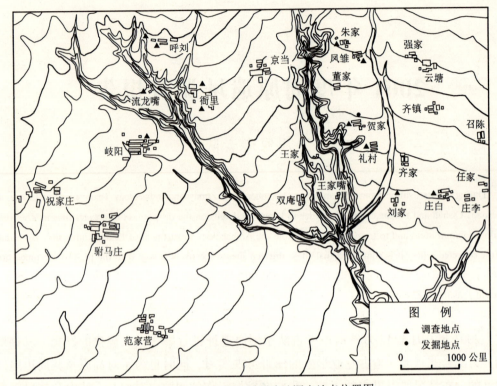

图一（a）   2001年度周原遗址调查地点位置图

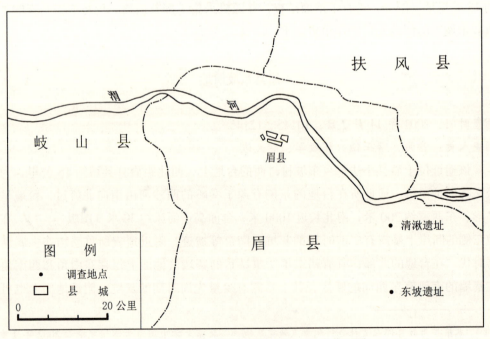

图一（b）   2001年度陕西眉县调查地点位置图

集到先周文化的陶片。现将调查采集的遗物标本介绍如下。

罐　多夹砂褐陶。均泥条盘筑而成。标本 01，侈口，圆唇，鼓腹。腹施细绳纹，纹理散乱。残高 16.6、壁厚 0.6 厘米（图二，5）。标本 05，器表略呈灰色。口微侈，直腹。唇上施篮纹，外加泥条数周。残高 7.4、壁厚 0.8～1.0 厘米（图二，3）。标本 07，灰陶，胎心褐色。口微侈，圆唇，附接器耳。耳上隐约可见绳纹。残高 7.6、壁厚 0.6 厘米（图二，4）。

盆　标本 02，泥质灰陶。卷沿，尖圆唇。沿另接，沿外附加一周泥条。器表抹光。素面。残高 5.6、壁厚 0.6 厘米（图二，1）。

刻槽盆　标本 04，夹细砂灰陶。泥条盘筑而成。内壁划出刻槽数道。器表施横篮纹和附加堆纹。残高 8.0、壁厚 1.0 厘米（图二，9）。

鬲　标本 03，夹砂灰褐陶。泥条盘筑而成。卷沿，圆唇。器身施有细乱的绳纹。器表有一层烟炱。残高 5.4、壁厚 0.8 厘米（图二，2）。

上述标本除 03 鬲可能属先周时期遗存外，余均和扶风案板遗址三期的同类器特征相同或相近[2]，因此，两者间的年代和文化属性也应该相同。

眉县清湫遗址

调查时间：2001 年 11 月 7 日，13：10～14：10
调查人员：黄曲、宿正伯、陈殿军、徐天进

该遗址位于眉县槐芽镇清湫村西略偏北处。为省级重点文物保护单位。遗址东邻一小学，通往宝鸡的 301 省道（113 公里处）东西横穿遗址。公路北侧有取土壕，壕壁上暴露大量仰韶时期的灰坑，还有带"白灰面"的房址，地面散落陶片若干，还有石器的残片、半成品及砺石。遗址所遭破坏的程度非常严重。现将此次调查所采集的遗物标本介绍如下。

（一）陶器

尖底瓶　均泥条盘筑而成。标本 01，泥质橙红陶。慢轮修整。喇叭口、细颈、平唇、广肩。肩以下残缺。颈部以下通饰线纹，线距约 1.5 毫米。口腹分制，然后对接，在对接处内壁可见顺时针方向的抹按痕迹。口径 10.6、残高 13.0、壁厚 0.6～0.8 厘米（图三，8）。标本 04，夹细砂红陶。仅存底部，上部残缺。器表饰滚印的交错线纹。残高 5.0 厘米（图三，7）。

钵　敛口。泥质红陶或红褐陶。均轮制。多素面抹光。斜腹。标本 02，圆唇。口

─────────────

〔2〕　西北大学文博学院考古专业：《扶风案板遗址发掘报告》，科学出版社，2000 年。

0　　　　　10 厘米

图二　东坡、清湫遗址采集

1.盆（东坡标本 02）　　2.鬲（东坡标本 03）　　3～5.罐（东坡标本 05、07、01）　　6～8.石器（清湫
标本 013、012、011）　　9.刻槽盆（东坡标本 04）　　10.砺石（清湫标本 014）

径 33.6、残高 9.8、壁厚 0.6 厘米（图三，1）。标本 05，圆唇。口部外侧饰宽带状褐
彩。残高 4.4、壁厚 0.4～0.6 厘米（图三，2）。标本 08，内折沿，尖唇。慢轮修整。

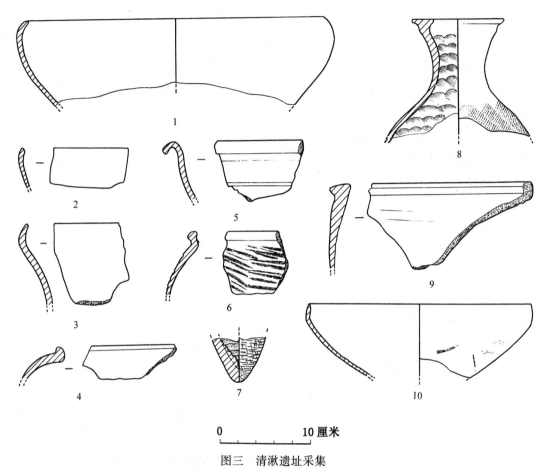

0　　　　　　　　10 厘米

图三　清湫遗址采集

1、2、10. 钵（标本 02、05、08）　3. 深腹盆（标本 09）　4、6. 罐（标本 07、03）　5. 浅腹盆（标本 010）　7、8. 尖底瓶（标本 04、01）　9. 平沿缸（标本 06）

口径 25.6、残高 8.0、壁厚 0.6 厘米（图三，10）。

　　罐　标本 03，夹粗砂红陶。折沿、"T" 形方唇、唇内外缘略突、鼓腹，底残。颈以下饰滚印粗绳纹，系分段滚印，绳痕较深，绳间距约 2～5 毫米，残高 7.0、壁厚 0.6～1.0 厘米（图三，6）。标本 07，夹细砂灰陶。敛口，微卷沿，小圆唇，鼓腹。素面。慢轮修整。残高 3.8、壁厚 0.6 厘米（图三，4）。

　　平沿缸　标本 06，泥质红陶。微敛口，外翻沿，尖唇，微鼓腹。慢轮修整。素面，外侧抹光，内壁留有水平的工具刮痕。残高 9.6、壁厚 0.6～1.4 厘米（图三，9）。

　　深腹盆　标本 09，夹砂灰褐陶。敛口，尖唇，曲腹。素面。残高 9.0、壁厚 0.8 厘米（图三，3）。

浅腹盆　标本 010，夹细砂灰陶。卷沿，圆唇，鼓腹，底残。素面。残高 6.6、壁厚 0.7 厘米（图三，5）。

（二）石器

标本 011，磨制。长条形六棱锥形，截面呈六边形。残长 19.2 厘米（图二，8）。标本 012，磨制。长条形，横截面呈五边形。残长 18.2 厘米（图二，7）。标本 013，磨制。圆柱形，横截面呈圆形。残长 8.4 厘米（图二，6）。

砺石　标本 014，磨制。舌形，横截面近长方形。正反面因为使用形成凹面。残长 28.4、宽 32.4、厚 8.4～10.0 厘米（图二，10）。

上述标本的年代特征和扶风案板遗址一、二期及宝鸡福临堡遗址二、三期的同类器基本相同[3]，年代亦当相近。遗址多见石器的半成品和经切割的石料，这与石器的加工有关。

岐山岐阳堡遗址

调查时间：2001 年 11 月 15 日，上午

调查人员：马赛、李净、李青昕、孙海涛、贺世民、徐天进

该遗址位于岐山县祝家庄乡岐阳村北部和东部。岐阳沟绕经遗址的北侧和东侧。早在 1943 年，当时的中央研究院历史语言研究所的石璋如先生曾对这处遗址做过调查。村中小学校院内尚存奉祀太王、王季和文王的"三王殿"（始建年代不详，明、清修葺）。村北有所谓的"太王陵"，陵上封土尚存。封土的东侧约 50 米处有取土场，暴露的断崖上有仰韶时期的灰坑和文化层堆积。地面散落较多仰韶时期的遗物。在村东北部的断崖上可见少量西周时期的堆积，地面可采集的遗物也不多。现将采集遗物陶器标本介绍如下。

钵　多泥质，红陶。标本 01，泥质红衣陶，灰胎，内壁略呈黄色。敛口。素面，器表颜色上下截然区分。残高 6.6、壁厚 0.6 厘米（图四，7）。

尖底瓶　泥质。标本 02，橙黄色陶。素面，泥条盘筑成形。小口，口部叠唇，部分另加。器表抹平，内壁未经修整。残高 7.6、壁厚 0.6～2.0 厘米（图四，18）。标本 010，红陶。器表施有交错划纹（图一七，1）。

罐　多夹砂红褐陶，多用泥条盘筑而成。标本 06，平沿，圆唇。口部另接。横施绳纹，沿下有戳印纹、附加泥条，指压成鸡冠状。内壁局部黑灰。残高 8.6、壁厚 0.6

---

[3] 同[2]；宝鸡市考古工作队：《宝鸡福临堡——新石器时代遗址发掘报告》，文物出版社，1993年。

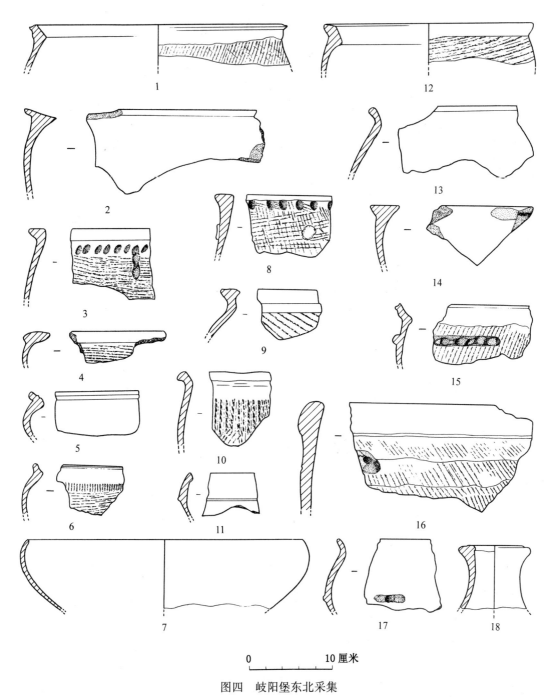

图四　岐阳堡东北采集

1、3、4、6、9、10、12、13、15、17. 罐（标本 012、06、017、019、07、08、020、011、015、013）

2、14. 瓮（标本 016、014）　5. 鼓腹盆（标本 03）　7. 钵（标本 01）　8、16. （标本 05、018）

11. 敛口盆（标本 021）　18. 尖底瓶（标本 02）

厘米（图四，3）。标本07，夹砂红陶，砂多且较粗。平沿，沿面稍内凹，短颈。残存肩部施斜向粗绳纹。残高5.0、壁厚1.2厘米（图四，9）。标本08，褐陶。侈口，圆唇。腹微鼓。腹施绳纹，纹理较乱，颈部抹平。残高9.0、壁厚0.8厘米（图四，10）。标本011，红陶。口微侈，圆唇，溜肩。器表经刮抹，砂粒裸露器表。素面。残高8.8、壁厚1.0厘米（图四，13）。标本012，红褐陶，胎心灰色。侈口，沿面向外斜。领部附加泥条，器表施绳纹。口径31.6、残高5.0、壁厚0.6厘米（图四，1）。标本013，红陶，粗砂，裸露器表。侈口，圆唇，鼓腹。素面，腹部加泥錾，錾上按指窝纹。残高8.8、壁厚0.8厘米（图四，17）。标本015，红褐陶，胎心灰色。侈口，方唇，腹微鼓。沿外附加泥条加厚，沿下附加泥錾，錾上指捺花边。器表施有斜向绳纹。残高7.4、壁厚0.6~1.0厘米（图四，15）。标本017，夹粗砂。敛口，附加叠口。器表施横向绳纹。残高4.0、壁厚0.6厘米（图四，4）。标本019，灰褐陶。所夹砂粒较多。口微侈，口部附加泥条。肩上施竖绳纹，腹部施横向绳纹。内壁灰黑，或为使用痕迹。残高6.0、壁厚0.6~1.0厘米（图四，6）。标本020，红褐陶，粗砂，砂粒多。器口由内侧另接，口部似经轮修。器表施横向绳纹。器表附泥烧结，此类罐当为炊器。口径26.2、残高5.2、壁厚0.6~1.4厘米（图四，12）。

鼓腹盆 标本03，泥质红褐陶。泥条盘筑而成。口部经轮修，口部似另接。残高5.4、壁厚0.8厘米（图四，5）。

敛口盆 标本021，泥质红陶。口部叠加泥条，口部似经轮修。素面，器表经打磨。残高5.2、壁厚0.4~1.0厘米（图四，11）。

缸 夹砂陶。泥条盘筑成形。标本05，红陶，胎心略泛黄。平沿，圆唇。沿下施指窝纹，腹施交错绳纹，其上有小圆泥饼。残高7.4、壁厚0.6~1.2厘米（图四，8）。标本018，红褐陶，胎心灰色。口微敛，泥条加厚。腹部附加泥条、錾。腹施斜向绳纹。残高13.0、壁厚1.6厘米（图四，16）。

瓮 泥质陶。均泥条盘筑。器表都经抹光。素面。标本014，灰陶。胎心浅灰，表层青灰色。平沿，尖圆唇。腹微鼓。残高7.2、壁厚0.6~1.0厘米（图四，14）。标本016，灰陶，器表略泛褐色，胎土似经淘洗。沿向内倾斜，尖圆唇。残高10.2、壁厚0.6~1.2厘米（图四，2）。

上述标本的特征和扶风案板遗址二期的同类器基本相同，其年代也应一致。

岐山流龙嘴遗址

调查时间：2001年11月15日，下午

调查人员：马赛、李净、李青昕、孙海涛、贺世民、徐天进由岐阳堡遗址往北过岐阳沟即到流龙嘴遗址，两者直线距离不过 1 公里。1979 年曾在该遗址发掘过两座西周的陶窑[4]，1981 年在村西出土过西周青铜器[5]。村西约 100 米处路南有一大的取土壕，壕的四壁可见西周时期的墓葬、陶窑和灰坑等遗迹，在南壁上还暴露有一段长 20 余米的夯土，似为建筑的基槽部分，现存厚度 40 厘米，夯层厚 6～9 厘米，周围有较多板瓦的残片。从采集遗物的特征判断，这里的遗存以西周中、晚期者为主。在村东南约 300 米处的断崖上可见少量仰韶、先周时期的堆积，在一处地点采集到先周时期的高领袋足鬲的裆部残片。现将采集遗物陶器标本介绍如下。

（一）村西

豆　标本 03，泥质灰陶，器表色略深。盘柄间有接痕。素面。口径 20.0、残高 4.0、壁厚 0.4～1.2 厘米（图五，4）。

盆　均泥条盘筑，口沿另接。标本 06，泥质浅灰陶。轮修。器表稍经磨光。宽沿，圆唇。腹施旋纹，沿面内侧有一周凹槽。口径 26.0、残高 8.0、壁厚 0.7 厘米（图五，3）。标本 04，夹细砂褐陶，胎心局部呈灰色。侈口，圆唇。口部经轮修。器身施绳纹，沿外器表绳纹被抹。口径 37.0、残高 7.6、壁厚 0.6 厘米（图五，1）。

罐　泥质灰陶。泥条盘筑，口领另接，内壁接痕明显。口部经轮修。圆唇。标本 02，素面。口径 16.0、残高 6.8、壁厚 0.6 厘米（图五，5）。标本 05，沿面下凹。肩施旋纹。口径 16.0、残高 9.2、壁厚 1.0 厘米（图五，9）。

器盖　标本 01，泥质灰陶。器表略经打磨。素面。径 24.0、残高 5.6、壁厚 1.0 厘米（图五，7）。

（二）村东南

瓮　标本 01，泥质灰陶，器表略泛黄褐色。泥条盘筑，口另接，接痕清晰可见。口部似经轮修。侈口，斜方圆唇。器身施绳纹，领上绳纹被抹。口径 35.2、残高 8.8、壁厚 0.8 厘米（图五，2）。

豆　标本 02，泥质灰陶。盘柄分制，然后对接。盘底下凹。直口，圆唇。盘壁施旋纹，柄上附加泥条呈突棱。口径 16.0、残高 8.0、壁厚 0.6 厘米（图五，6）。

高领袋足鬲鬲裆　标本 03，夹砂灰陶。似为模制，拼接，足内壁可见浅隐之绳纹，裆底贴泥条粘接并加固。足外施纹，附加泥条上捺压窝点状绳纹。残高 6.4 厘米（图五，8）。

上述标本中，村东南标本 03 为高领袋足鬲裆部的残片，由裆底窝点状绳纹的特征

---

[4]　巨万仓：《岐山流龙咀村发现西周陶窑遗址》，《文博》1989 年 2 期。

[5]　祁建业：《岐山县博物馆近几年来征集的商周青铜器》，《考古与文物》1984 年 5 期，10 页。

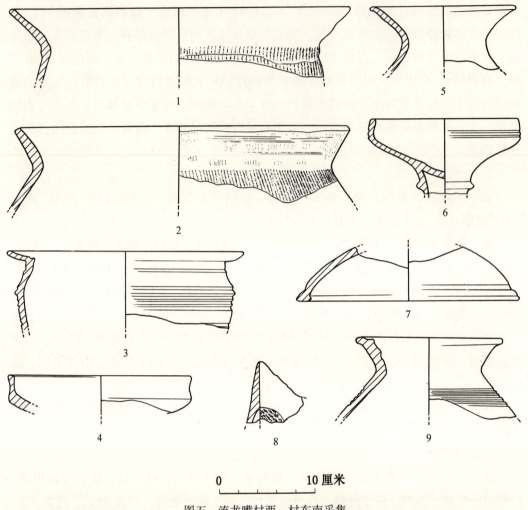

图五　流龙嘴村西、村东南采集

1、3. 盆（村西标本 04、06）　2. 瓮（村东南标本 01）　4、6. 豆（村西标本 03，村东南标本 02）

5、9. 罐（村西标本 02、05）　7. 器盖（村西标本 01）　8. 高领袋足鬲鬲裆（村东南标本 03）

看，属先周晚期物。村东南标本 01、04 或可早至西周早期，余均属西周中、晚期。

岐山呼刘遗址

调查时间：2001 年 11 月 16 日，上午

调查人员：韩巍、张凌、曲彤丽、贺世民、徐天进

　　呼刘村位于流龙嘴村北略偏东约 4 公里。在村之四周均有遗迹分布。该遗址曾多次

出土西周青铜器〔6〕。遗址的西、南侧有冲沟。村西约 150 米处有南北向的断崖，在约 50 米长的崖壁上暴露西周墓葬近 20 座。墓葬所在地均有盗洞。附近少见其他堆积，应是一处单纯的墓地（图版一，2）。在村北有取土壕，壕壁上可见西周时期的灰坑和文化层堆积，地表散落遗物多属西周早、中期。村南遗迹分布面积最广，断崖上灰坑随处可见，地表采集遗物多属西周中、晚期，有少量板瓦。现将采集遗物陶器标本介绍如下。

鬲　夹砂灰陶。泥条盘筑，口沿另接。器身均施绳纹。标本 02，折沿，圆唇，束领。所施绳纹纹痕较深。残高 6.0、壁厚 0.5 厘米（图六，5）。标本 03，侈口，圆唇。另外绳纹被抹。领外有烟炱。口径 22.0、残高 5.8、壁厚 0.6 厘米（图六，8）。

鬲足　标本 01，夹砂灰陶。足根捏制。足根圆，底平。器表施绳纹。器表有烟炱，裆部加泥烧结，内底黑灰，表层有水垢状残留。残高 12.0 厘米（图六，13）。

瓿　标本 04，夹砂灰陶。泥条盘筑。侈口，斜方唇。通施绳纹。残高 10.0、壁厚 0.6～1.0 厘米（图六，3）。

簋　标本 06，泥质灰褐陶。卷沿，圆唇。器表磨光。素面。口径 14.6、残高 4.0、壁厚 0.4～0.6 厘米（图六，4）。

盆　标本 05，泥质灰陶。泥条盘筑。卷沿，圆唇。器表磨光。轮修。盆壁施旋纹四周，其下施竖直绳纹。口径 26.4、残高 8.6、壁厚 0.5 厘米（图六，9）。

上述标本以标本 03、04 较早，标本 05、06 次之，标本 02 最晚，大体分属西周的早、中、晚期。

岐山衙里遗址

调查时间：2001 年 11 月 16 日，下午

调查人员：韩巍、张凌、曲彤丽、贺世民、徐天进

衙里位于流龙嘴村东约 3 公里。1975 年曾出土过一件青铜斝〔7〕，1980 年发掘过 3 座西周墓葬〔8〕。村之东北部有取土壕，暴露灰坑多处。地面所见遗物以西周早期者为多，并有先周时期的遗物。现将采集遗物陶器标本介绍如下。

高领袋足鬲　标本 05，夹砂灰陶。唇部抹平。高领，方唇。绳纹斜竖交施，领足相接处抹出一道旋纹，领中部加饰鸡冠状鋬。残高 4.8、壁厚 0.6 厘米（图六，11）。

〔6〕　同〔5〕；国家文物局主编：《中国文物地图集·陕西分册（下）》283 页，西安地图出版社，1998 年。

〔7〕　庞文龙：《岐山县博物馆藏商周青铜器录遗》，《考古与文物》1994 年 3 期，28 页。

〔8〕　巨万仓：《陕西岐山王家嘴、衙里西周墓葬发掘简报》，《文博》1985 年 5 期。

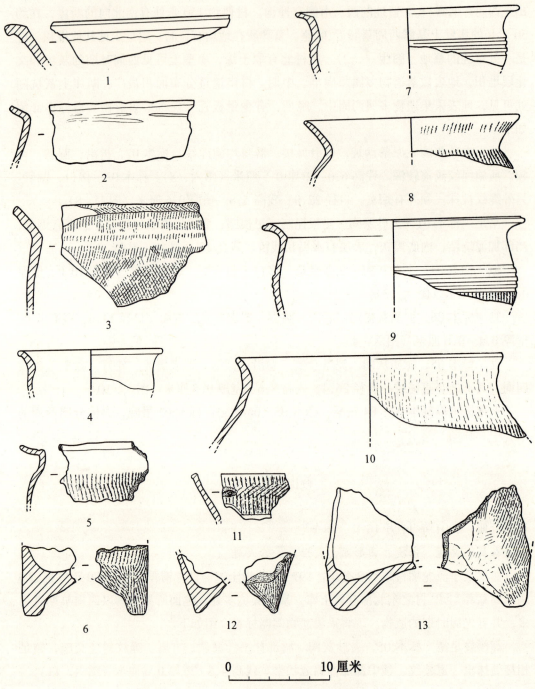

图六 呼刘村南、衙里村北采集

1、2、7、9.盆（衙里标本03、04、01，呼刘标本05） 3.甒（呼刘标本04） 4.簋（呼刘标本06）

5、8.鬲（呼刘标本02、03） 6、12、13.鬲足（衙里标本06、07，呼刘标本01） 10.瓮（衙里标本02） 11.高领袋足鬲（衙里标本05）

鬲足　夹砂陶。标本 06，灰褐陶。足根贴泥捏制，根底平齐。上饰绳纹。内底黑灰，或为使用之遗痕。残高 6.8 厘米（图六，6）。标本 07，灰陶。捏制，足内底补贴泥。足上施细绳纹，裆脊滚压绳纹。内底黑灰，当为使用之遗痕，绳纹磨损。残高 6.0 厘米（图六，12）。

盆（簋）　标本 01，泥质褐陶，表面黑灰。卷沿，方圆唇。器身施旋纹几周。器表磨光。口径 22.6、残高 6.2、壁厚 0.6～0.8 厘米（图六，7）。标本 03，泥质灰陶，表层泛褐色，胎心深灰。泥条盘筑，口沿另接。口部轮修。宽斜折沿。圆唇。素面。残高 4.2、壁厚 0.8 厘米（图六，1）。标本 04，泥质灰陶，表层褐色。泥条盘筑，内壁可见垫窝痕。器表略经抹光。圆唇。素面。残高 6.0、壁厚 0.5 厘米（图六，2）。

瓮　标本 02，泥质灰陶。泥条盘筑，内表凹凸不平。侈口，方圆唇。绳纹被抹。口径 27.0、残高 8.4、壁厚 0.8 厘米（图六，10）。

纺轮　标本 08，夹砂灰褐陶。单面钻穿。侧面及底面施绳纹，绳纹磨损。高 2.0 厘米（图七，13）。

以上标本中，标本 05 为先周晚期高领袋足鬲的领部残片，标本 07 可能是此类鬲的足根，其余标本均属西周早、中期。

岐山朱家村遗址

调查时间：2001 年 11 月 16 日，下午
调查人员：韩巍、张凌、曲彤丽、贺世民、徐天进

朱家村位于凤雏村西北，两村紧邻。村北偏西约 100 米处有一大型砖窑，取土壕深 3～4 米，取土面积数千万平方米，现在壕壁上虽然未见特别的遗迹现象，但地面随处可见西周的瓦片，原来应该有大型的建筑存在。因在附近没有进行钻探调查，所以是否还有建筑基址幸存下来暂时不得而知。

筒瓦　标本 01，泥质灰陶。泥条盘筑痕迹明显，侧边有切割痕。绳纹纹痕较浅，其上再抹出几何形状纹样。残长 9.2、厚 1.2～1.4 厘米（图七，8；图一七，2）。

板瓦　标本 02，夹砂浅灰陶。泥条盘筑，泥条宽约 4 厘米。瓦舌处减薄。通施绳纹。残长 15.2、厚 0.4～1.4 厘米（图七，5）。

这些瓦为周原遗址西周中、晚期常见之遗物。

岐山董家村遗址

调查时间：2001 年 11 月 17 日，下午

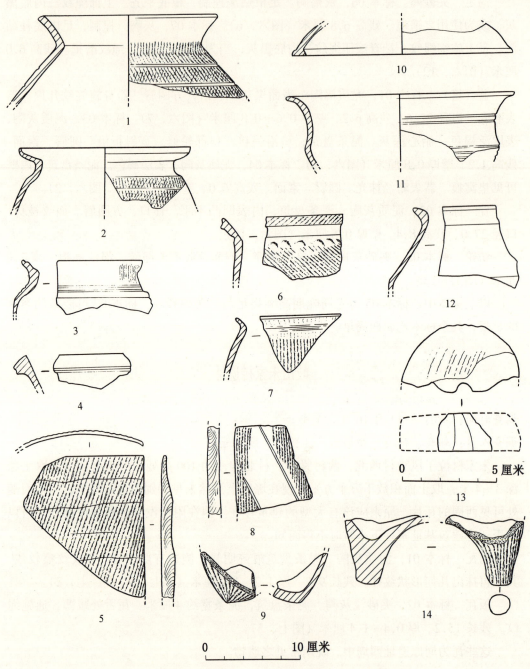

图七　礼村东、刘家村北、朱家西北砖厂、衙里村北采集

1、3、12.罐（刘家标本01、02，礼标本01）　2、7.鬲（礼标本06、02）　11.盆（礼标本05）

4.簋（礼标本07）　5、8.瓦（朱家标本02、01）　6.甗（刘家标本03）　9、14.鬲足（礼标本04，刘家标本04）　10.器盖（礼标本10）　13.纺轮（衙里标本08）

调查人员：胡明明、孙大郁、黄莉、夏茵茵、贺世民、徐天进

董家村位于贺家村西北，两村相隔仅数百米。这里曾于 1975 年出土了卫鼎、卫盉等 34 件西周青铜器而闻名于世[9]（图版二，1）。村西有取土壕，长、宽近百米。在壕的西北部暴露有西周时期的大型灰坑，其中填埋有大量的筒瓦和板瓦的残片及夯土块（图版二，2），还有柱础石。在地表上还暴露有卵石铺设的散水类遗迹。附近地表所见遗物多属西周中、晚期。其北侧约 30 米处即是铜器窖藏地点。在土壕的南侧采集的遗物多属先周和西周早期。

（一）村西壕南部

鬲足　标本 014，为高领袋足鬲的足根。夹砂褐陶。手制，足根另接。内底有白色水垢样残留。足尖圆钝。足根绳纹呈旋转状。残高 5.4 厘米（图八，13）。标本 05，夹砂红褐陶，器表灰褐色。手制。其上施有细绳纹。外表有少量烟炱。残高 5.4 厘米（图八，12）。

甗　标本 013，夹砂深灰陶。方唇。器身施绳纹，沿外加施斜向划纹。残高 6.2、壁厚 0.4～0.8 厘米（图八，5）。

豆　泥质灰陶。器表抹光。标本 06，盘柄单独成形。盘壁施有旋纹。口径 14.0、残高 7.0、壁厚 1.0 厘米（图八，8）。

圈足　标本 07，泥质浅灰陶。慢轮修整成形。外表抹光。素面。底径 12.8、残高 5.6、壁厚 0.5 厘米（图八，9）。

盆　标本 010，泥质浅灰陶。方唇内凹，沿面外缘有一周凹槽。沿似另接。器身施斜向绳纹。残高 5.4、壁厚 0.6 厘米（图八，2）。

罐　泥质陶。标本 09，红褐陶，器表灰褐色。口沿另接。器表抹光。口微侈，圆唇。口径 17.6、残高 6.2、壁厚 0.4 厘米（图八，14）。

瓮足　标本 01，泥质浅灰陶。手制，内侧尚留有多处捺压痕。器表皮多已脱落，原施绳纹，似用滚压法，足底亦见绳纹。足底呈矩形。残高 10.2 厘米（图九，8）。标本 02，夹砂灰陶。手制。器表和足底均用滚压法施绳纹。足底为半圆形。残高 11.8 厘米（图八，18）。标本 012，泥质红褐陶，器表黑灰，胎心局部为青灰色。手制，足根另接。足根平面近圆柱状。器表施绳纹。残高 8.2 厘米（图八，6）。此类瓮足较少见。

筒瓦　标本 03，泥质浅灰陶。泥条盘筑，厚薄不均，瓦舍一端减薄。瓦背先施绳纹，其上再施三角宽带纹，并以带之轮廓划线界边。残长 16.6 厘米（图九，2）。标本 011，夹细砂灰陶。泥条盘筑。用绳子切割。内壁未经修整。瓦背先抹平，后施斜向绳纹，再用平头竹或是木片类物刮抹，而后划线界边（图九，3）。

---

[9]　吴镇烽等：《陕西省岐山县董家村西周铜器窖穴发掘简报》，《文物》1976 年 5 期，26 页。

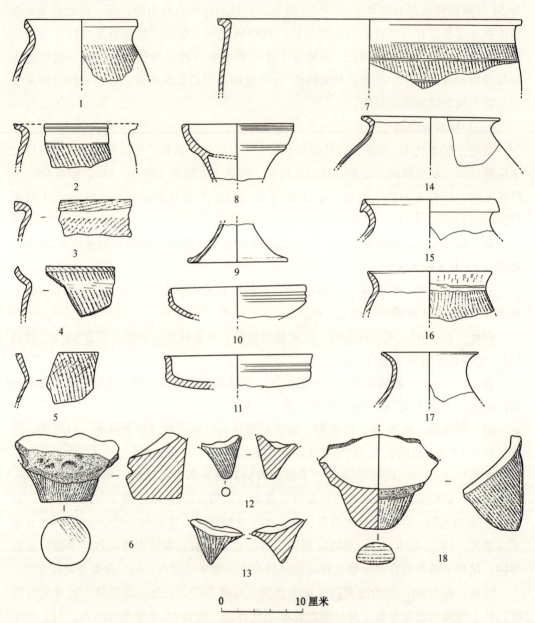

图八　董家村遗址采集陶器标本

1. 鬲（西壕西标本 06）　　2、7. 盆（西壕南标本 010，西壕西标本 010）　　3～5. 甗（西壕西标本 07、
09，西壕南标本 013）　　6、18. 瓮足（西壕南标本 02、012）　　8、10、11. 豆（西壕南标本 06，西壕
西标本 02、03）　　9. 圈足（西壕南标本 07）　　12、13. 鬲足（西壕南标本 05、014）　　14～17. 罐
（西壕南标本 09，西壕西标本 08、05，西壕南标本 08）

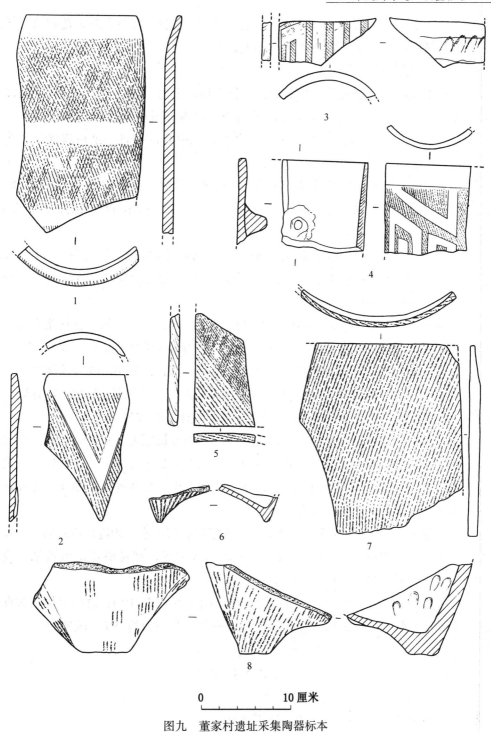

0　　　　　　　　　10 厘米

图九　董家村遗址采集陶器标本

1、5、7. 板瓦（西壕西标本 02，西壕南标本 04，西壕西标本 01）　2～4. 筒瓦（西壕南标本 03、011，西壕西标本 011）　6. 鬲足（西壕西标本 04）　8. 瓮足（西壕南标本 01）

板瓦 标本04，泥质灰陶。胎心青灰色，内外红褐色。泥条盘筑，瓦侧边有切割痕。外表施斜向绳纹。残长12.8厘米（图九，5）。

（二）村西壕西部

鬲 标本06，夹砂红褐陶。口部轮修。斜方唇，束领。器身施斜向绳纹，颈部在修整时绳纹被抹。口径14.2、残高7.6、壁厚0.8厘米（图八，1）。

鬲足 标本04，夹砂黑灰陶。手制，内壁可见捏合的痕迹。足根施绳纹。残高4.2厘米（图九，6）。

甗 夹砂陶。手制，口沿另接。方唇。口腹接合处绳纹被抹，器身施绳纹，唇部亦施绳纹。标本07，残高4.2、壁厚0.6厘米（图八，3）。标本09，灰陶，器表黑灰。残高6.2、壁厚0.7厘米（图八，4）。

豆 泥质陶。经轮修。盘壁施旋纹两周。尖圆唇。标本02，深灰陶。口径17.2、残高4.0、壁厚0.6厘米（图八，10）。标本03，褐陶，器表深灰色。口径18.8、残高4.1、壁厚0.8厘米（图八，11）。

盆 标本010，泥质灰陶。轮修，内壁修整平整。平沿，方圆唇。盆壁施绳纹，其上施旋纹两周，颈部绳纹被抹。口径38.4、残高10.0、壁厚0.6厘米（图八，7）。

罐 标本05，夹砂灰褐陶。手制，口沿另接。尖圆唇，束颈。器身施绳纹。口径15.8、残高6.2、壁厚0.6厘米（图八，16）。标本08，泥质灰陶。轮修。斜方唇。口沿内侧有一周旋纹。素面。口径16.8、残高4.8、壁厚0.6厘米（图八，15）。

板瓦 标本01，泥质，色青灰。泥条盘筑，侧边有切割痕。瓦舌处减薄。瓦背施绳纹，局部交错，舌端亦施绳纹。残长21.4、厚1.2厘米（图九，7）。标本02，泥质灰陶。泥条盘筑，侧边有切割痕。瓦舌减薄，并略缩小。瓦背施交错绳纹，瓦舌处抹平。残长24.4、厚1.2厘米（图九，1）。

筒瓦 标本011，泥质灰陶。泥条盘筑，内壁留有捺压痕，侧边有切割痕。瓦背先施绳纹，再于其上刮抹出几何纹样带，并划出细线边界，刮抹痕迹清晰可见。残长10.2、厚0.8厘米（图九，4；图一七，9）。

上述标本中可明确判断属先周时期的有西壕南标本013、014；属西周早期的有西壕南标本06、09、02、012和西壕西标本06、09等，余多为西周中、晚期物。

岐山凤雏遗址

调查时间：2001年11月17日下午、18日上午

调查人员：胡明明、孙大郁、黄莉、夏茵茵、贺世民、徐天进

1976年凤雏村南甲组西周建筑基址的发掘及西周甲骨的出土是周原考古的一大盛

事。该遗址和朱家、董家、贺家、强家诸遗址几乎相连成片。此次调查主要踏查了凤雏村的村西和村东的土壕断崖。村西约 200 米，由黄堆通往京当的公路两侧有 2～6 米高的断崖，南侧崖面上暴露有墙垣夯土近 30 米，夯土纯净、坚硬，夯层清晰，每层厚约 7 厘米（图版三，1）。北侧崖面上可见西周时期的灰坑，地面暴露遗物较少。

由凤雏村往东有乡间小道通强家村，至近齐家沟处的路北有一小土壕，在壕的西北壁上有大量西周时期的瓦片堆积，其间也有鬲、瓤、盆、罐、瓮等陶器的残片。与该地点相对的路南侧有一取土坑，坑之西壁距地表约 150 厘米下有长约 15 米的红烧土堆积，暴露部分厚约 30 厘米。其间夹杂夯土块和少量的西周板瓦，堆积情况和已发掘的云塘、凤雏建筑基址上的堆积十分相似，这里应该也有大致相同的建筑基址。现将上述三处地点所采集的遗物标本介绍如下。

（一）村东北

鬲　均夹砂，手制。标本 06，褐陶。口沿另接，内壁可见垫痕。宽沿，领微束，圆唇。器身施绳纹，纹痕较浅，宽沿外表亦可见隐约绳纹。残高 6、壁厚 0.5 厘米（图一〇，5）。标本 07，灰陶，胎心青灰色。内外表层色深，色斑驳不一。口领为另接，内壁可见接痕。侈口，方唇，唇中部内凹，束颈。器身施绳纹，绳纹略有交错，领部绳纹被抹。领部局部变形，似为制成未干时下陷所致。器表有烟炱。口径 16.4、残高 8.2、壁厚 0.4 厘米（图一〇，2）。标本 08，深灰陶，器表黑灰，内壁色较浅。口部轮修，内壁绳纹隐约可见。圆唇，束领。施绳纹，领部绳纹被抹，纹痕较深。口径 18.4、残高 6.2、壁厚 0.4 厘米（图一〇，3）。标本 09，红褐陶。口部轮修。方圆唇，束领。施斜向绳纹，领部绳纹被抹。器表有烟炱，色斑驳不一，内壁红褐。口径 16.0、残高 6.0、壁厚 0.4 厘米（图一〇，4）。

瓤　均夹砂。多为红褐陶或是红陶。泥条盘筑。标本 04，侈口，方唇，折沿。通体施绳纹，斜方唇上亦施绳纹，折沿处有一周抹痕，纹痕较深，少受磨损。口径 32.0、残高 7.4、壁厚 0.7 厘米（图一〇，7）。标本 02，红陶，器表可见裸露砂粒。口部轮修。方唇。器身施斜向绳纹，领部绳纹被抹。口径 31.2、残高 9.0、壁厚 0.5 厘米（图一〇，8）。

盆　标本 01，泥质灰陶，胎心青灰色。泥条盘筑。口部轮修。方圆唇，侈口，折腹。腹施绳纹。口径 22.0、残高 7.4、壁厚 0.8 厘米（图一一，1）。

小口瓮　标本 03，夹砂灰陶，胎心色稍深，可见白细砂粒。泥条盘筑，口领为另接，内壁可见接痕。圆唇，矮领，广肩。肩上施绳纹，其上被抹出一周素面带，绳纹纹痕较浅。口径 19.0、残高 5.0、壁厚 1.0 厘米（图一一，5）。

三足瓮　标本 05，夹砂浅灰陶。口部加厚为另贴泥条，内壁可见修整时的抹痕。平沿。残高 9.6、壁厚 1.0 厘米（图一一，4）。

（二）村东南

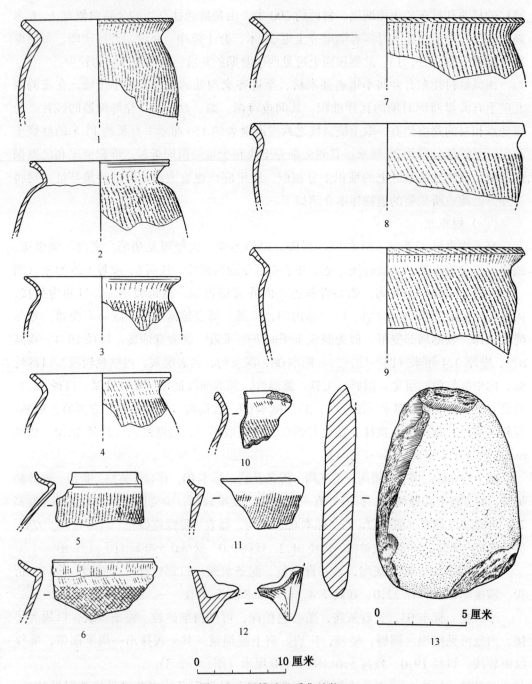

图一〇 凤雏遗址采集遗物

1～6、10、11.鬲（村西标本 02，村东北标本 07、08、09、06，村东南标本 04、09、07） 7～9.瓺
（村东北标本 04、02，村西标本 05） 12.鬲足（村东南标本 08） 13.石斧（村西标本 04）

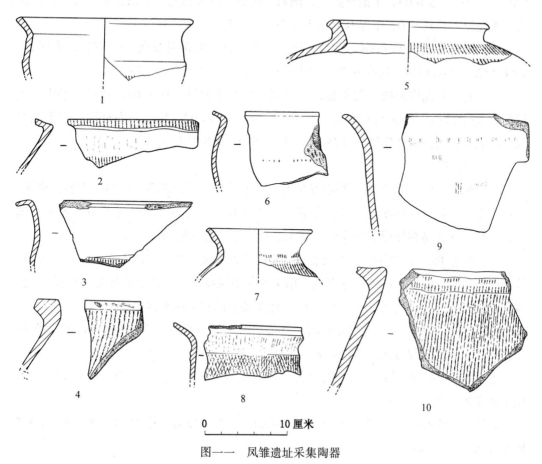

图一一　凤雏遗址采集陶器

1、3、6. 盆（村东北标本 01，村东南标本 03、05）　2、4、10. 三足瓮（村东南标本 02，村东北标本 05，村东南标本 01）　5. 小口瓮（村东北标本 03）　7. 罐（村东南标本 06）　8. 盆（甑）（村西标本 01）　9. 盆（村西标本 03）

鬲　均夹砂。多灰陶。均泥条盘筑。口沿多为另接。标本 04，圆唇，内折沿。领微束。器身施斜向绳纹，似有交错，颈及沿下绳纹被抹。器表黑灰，内壁浅灰。残高 6.8、壁厚 0.7 厘米（图一〇，6）。标本 07，口沿似经轮修。方圆唇，束领，沿面内凹。器身施细绳纹。残高 5.6、壁厚 0.7~1.0 厘米（图一〇，11）。标本 09，内侧灰褐，外侧黑灰，砂多且粗。方唇。器身施斜向绳纹。器表有一层黑灰烟炱。残高 6.4、壁厚 0.6 厘米（图一〇，10）。

鬲足　标本 08，夹砂灰陶。旋转捏制，足根另接，经刮削，上施绳纹。残高 6.0 厘米（图一〇，12）。

盆　泥质灰陶。标本 05，侈口，方圆唇，鼓腹。素面。残高 9.0、壁厚 0.6 厘米

（图一一，6）。标本 03，平沿外翻，方圆唇。轮修，器表抹光。泥条盘筑成形。腹部隐约可见绳纹。残高 8.0、壁厚 0.6 厘米（图一一，3）。

罐 标本 06，夹砂灰陶。泥条盘筑，口领另接。领部补抹泥条。束领，方圆唇。绳纹浅隐。口径 13.0、残高 6.0、壁厚 0.6~0.8 厘米（图一一，7）。

三足瓮 均泥质灰陶。泥条盘筑。口部另加泥条加厚。标本 01，敛口，平沿。施绳纹。残高 14.6、壁厚 1.4 厘米（图一一，10）。标本 02，侈口，内折沿。唇上施绳纹。器表经抹光，未经轮修。残高 5.8、壁厚 0.4~0.8 厘米（图一一，2）。

（三）村西

鬲 标本 02，夹砂灰陶，胎心青灰色，器表黑灰。泥条盘筑。侈口，方唇，束领。通体施绳纹，唇部亦施绳纹。器表有烟炱。口径 17.4、残高 11.0、壁厚 0.7 厘米（图一〇，1）。此类鬲在衙里、赵家台、贺家、董家等地均可见到。

甗 标本 05，夹砂灰陶。泥条盘筑，未见轮修痕迹，内壁凹凸不平。侈口，方唇。器身施斜向直行绳纹，唇部亦施绳纹，沿下及领部绳纹被抹。器表有烟炱。口径 31.2、残高 12.0、壁厚 0.5 厘米（图一〇，9）。此类甗和同时期同类鬲之特征相类。

盆（甑） 标本 01，夹细砂褐陶，器表黑灰。泥条盘筑。方唇，中部内凹。腹施交错绳纹，领部绳纹被抹。残高 6.8、壁厚 0.6 厘米（图一一，8）。

盆 标本 03，泥质灰陶。泥条盘筑。器表略经打磨。方唇。素面。残高 14.2、壁厚 1.0 厘米（图一一，9）。

石斧 标本 04，褐色砂岩磨制而成。平面呈舌形，弧刃。长 11.4、宽 8.3、厚 1.7 厘米（图一〇，13）。

上述标本中属西周早期者有：村西标本 02、03、05，村东北标本 04、09；其余大多属西周中期。

岐山贺家遗址

调查时间：2001 年 11 月 17 日下午、18 日上午
调查人员：胡明明、孙大郁、黄莉、夏茵茵、贺世民、徐天进

贺家遗址在周原地区是一个考古工作开展相对较多，因而也是受到关注较多的一个地点。但过去的工作仅限于对位于村西的墓地的发掘[10]，缺少对遗址整体情况的报

---

〔10〕 长水：《岐山贺家村出土的西周铜器》，《文物》1972 年 6 期；徐锡台：《岐山贺家村周墓发掘简报》，《考古与文物》1980 年 1 期，7 页；陕西周原考古队：《陕西岐山贺家村西周墓发掘报告》，《文物资料丛刊》8，77 页，文物出版社，1983 年。

道。村西有取土壕，面积逾万平方米，过去的发掘集中在土壕的东部，这里是一处规模较大、延续时间较长（自先周晚期至西周晚期）的墓地。在土壕的西壁和北壁偏西部可见西周中、晚期的灰坑。于村北有东西向长约200米的断崖，崖面上可见断断续续的灰坑和灰层堆积，东段近公路处有先周时期的堆积（后经试掘）。村东约150米有土壕，也可见较丰富的西周时期的堆积。村西南也有西周墓葬的分布。现将各地点的采集标本介绍如下。

（一）村东

鬲　均夹砂。标本14，灰陶。泥条盘筑，沿外附加泥条。方圆唇。通施绳纹。残高9、壁厚0.4厘米（图一二，4）。标本23，灰陶。泥条盘筑，口沿另接。沿面下凹，内、外缘起棱。方圆唇。通施绳纹，颈、沿下绳纹被抹，腹上加施旋纹，小圆泥饼，绳纹较为规整。残高6、壁厚0.4厘米（图一二，9）。

鬲足　标本09，胎心灰色，表层红褐色。手制。足根部经刮削。通施绳纹，纹痕细且浅。残高7、壁厚0.4~1.0厘米（图一二，17）。标本08，红褐陶，器表黑灰色。手制，柱状实足根另接。通施绳纹，纹痕浅而模糊。器表有烟炱，绳纹受磨损。残高7.4、壁厚0.6厘米（图一二，12）。标本30，灰陶，局部泛褐色。手制。通施绳纹，裆脊滚压绳纹。器表有烟尘，足内底有黑色灰垢。残高7.2、壁厚0.4~0.9厘米（图一二，5）。标本29，褐陶。手制。通施绳纹，纹痕不清。器表有烟尘，纹痕受磨损。残高7.8、壁厚0.6~1.2厘米（图一二，6）。

高领袋足鬲　标本33，夹砂褐陶，内壁黑灰，外表灰褐相间。高领，方唇。领部先施直行绳纹，然后再施斜向绳纹。残高6、壁厚0.4~0.6厘米（图一二，8）。

甗　均夹砂。多泥条盘筑。标本04，器身外表红褐色，胎心灰色，内壁黑灰色。方唇。唇、腹部施斜向绳纹，沿下及折沿处被抹平。内壁上之黑灰或为使用遗痕。残高6、壁厚0.6~0.8厘米（图一二，1）。标本12，深灰陶，胎心浅灰。侈口，方唇。通施绳纹，纹痕较深，唇上亦施绳纹。残高5.2、壁厚0.4~0.8厘米（图一二，2）。标本20，灰褐陶。手制。未经轮修。方唇。领外施斜向绳纹，腹施竖直绳纹。内壁黑灰，或与使用有关。残高4.8、壁厚0.4~0.8厘米（图一二，7）。标本24，红陶。口沿另接。口沿部似经轮修。卷沿，方唇，唇部稍内凹。腹施斜向绳纹，颈部一周被抹。残高6.6、壁厚0.6~1.2厘米（图一二，3）。标本31，褐陶，胎心灰色。泥条盘筑，内壁可见垫窝。器身未作特殊修整。方唇，鼓腹。通施绳纹，纹痕浅而不清晰。残高10、壁厚0.6~0.8厘米（图一二，10）。

罐　多泥质灰陶。均泥条盘筑，领、口部或经轮修。标本03，黄褐陶。口部轮修。卷沿，圆唇。通施绳纹，肩上绳纹被抹。残高4.4、壁厚0.4~0.6厘米（图一三，7）。标本07，沿面窄平。高领，耸肩。领口轮修，领部有竖向刮痕。肩施细绳纹。口径

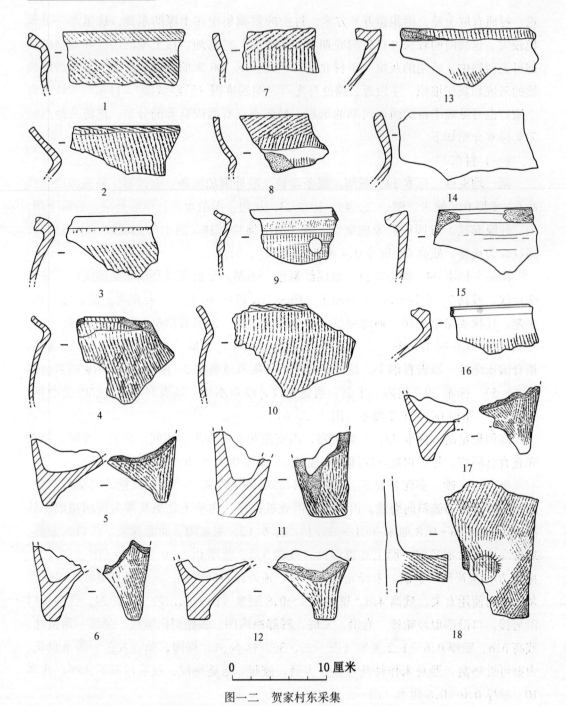

图一二　贺家村东采集

1~3、7、10. 甗（标本 04、12、24、20、31）　4、9. 鬲（标本 14、23）　5、6、12、17. 鬲足（标本 30、29、08、09）　8. 高领袋足鬲（标本 33）　11. 瓮足（标本 18）　13、15. 三足瓮（标本 22、15）　14、16. 小口瓮（标本 25、11）　18. 板瓦（标本 19）

8.8、残高5.2、壁厚0.4~0.6厘米（图一三，8）。标本10，胎心浅灰，表层黑灰。小口，尖圆唇，溜折肩。器表经打磨。素面。残高5.4、壁厚0.4~0.8厘米（图一三，10）。

敛口罐　标本16，泥质灰陶，表层略呈褐色。手制。口部轮修。敛口，圆唇，折肩。通施绳纹，口部抹平。口径10、残高4.4、壁厚0.6厘米（图一三，6）。

器盖　标本17，西周。泥质灰陶，表面黑色，内壁浅灰。榫部另接。器表磨光。施旋纹。残高2.6、壁厚0.6厘米（图一三，9）。

三足瓮　标本15，泥质灰陶，胎心青灰，表层红褐，器表灰褐。泥条盘筑。器表经打磨。沿向外斜，方圆唇。素面。残高8、壁厚0.4~1.0厘米（图一二，15）。标本

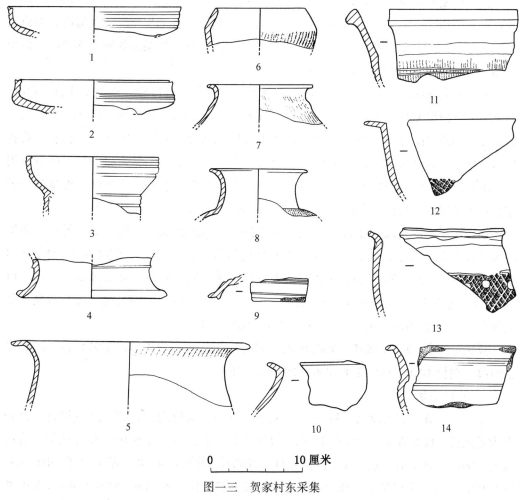

0　　　　　　10厘米

图一三　贺家村东采集

1~3.豆（标本27、13、21）　4、11、14.簋（标本26、05、02）　5、12、13.盆（标本06、28、32）　6.敛口罐（标本16）　7、8、10.罐（标本03、07、10）　9.器盖（标本17）

22，泥质灰陶，胎色浅灰，器表一层色稍深。泥条盘筑，口沿另接。平沿稍内凹，方唇。器表经打磨。唇上施绳纹，腹部施斜向绳纹。残高6、壁厚0.7～1.6厘米（图一二，13）。

瓮足　标本18，夹砂红褐陶，粗砂粒，表黑灰。捏制。通施绳纹，绳纹较乱，可见绳的纤维痕。残高9、壁厚1.0～1.6厘米（图一二，11）。

小口瓮　泥条盘筑。圆唇。标本11，夹砂灰陶，领口另接。口部轮修。肩施绳纹。内壁略呈白色，或为使用之遗痕。残高5、壁厚0.4～1.2厘米（图一二，16）。标本25，泥质深灰陶。圆唇叠加，泥条加厚。口领部略加抹平修整。素面。残高7.2、壁厚0.6～1.2厘米（图一二，14）。

簋　均泥质灰陶。泥条盘筑。标本02，器表经打磨，轮修。圆唇。腹饰旋纹两周。残高6.8、壁厚0.4～0.8厘米（图一三，14）。标本05，唇部加厚。腹施绳纹，加施旋纹。残高8、壁厚0.6～0.8厘米（图一三，11）。标本26，圈足上加附一周凸棱。口径15.6、残高4.2、壁厚0.6厘米（图一三，4）。

盆　泥质灰陶或灰褐陶。标本06，泥条盘筑，内壁留有指痕。器表经打磨。卷沿，圆唇。沿下残留绳纹，腹素面。口径24、残高7、壁厚0.4～0.6厘米（图一三，5）。标本28，灰褐胎，器表黄褐色。轮修，器表经磨光处理。平沿，圆唇。腹斜直。器腹拍印方格纹。残高8.2、壁厚0.4～0.6厘米（图一三，12）。标本32，器表略呈灰褐色。泥条盘筑，口沿由内侧另接。器表抹平，未经轮修。卷沿，方圆唇，腹微鼓。腹先施加小圆泥钉，再拍印方格纹。残高9、壁厚0.6厘米（图一三，13）。

豆　泥质，多灰陶。器表经磨光。多经轮修。泥条盘筑，一般盘、柄另接。多施旋纹。标本21，平沿，腹较深。盘壁及豆柄施旋纹。口径14.4、残高6.2、壁厚0.4厘米（图一三，3）。标本27，灰褐陶。沿面有凹槽。腹壁较直。盘壁饰旋纹三周。口径18.4、残高3.2、壁厚0.4厘米（图一三，1）。标本13，盘柄另接，接痕可见。盘壁施旋纹。口径16.4、残高3.9、壁厚0.6～0.8厘米（图一三，2）。

板瓦　标本19，夹细砂，胎红褐色，表略呈灰色。泥条盘筑，瓦钉另接。通施交错绳纹。残长14.6、壁厚1.0厘米（图一二，18）。

（二）村东北

鬲　均夹砂。泥条盘筑。标本01，褐陶。圆唇。通施绳纹，领部绳纹被抹。器表有少量烟炱。残高6.8、壁厚0.4～0.7厘米（图一四，2）。标本05，胎心浅灰，表层青灰。圆唇，领微束。施绳纹。口部轮修。残高6、壁厚0.4～0.6厘米（图一四，6）。标本08，灰陶，表层黑灰。侈口，斜方唇。施交错绳纹。残高6、壁厚0.4～0.8厘米（图一四，1）。

鬲足　均夹砂。标本02，褐陶。捏制，裆脊另加泥条。通施绳纹。足内底黑灰。

足根有一小平台。残高 8 厘米（图一四，10）。标本 03，外层红褐，内层灰色。手制。圆柱状足根。施绳纹，裆部绳纹滚压。足内底灰褐。残高 7.4 厘米（图一四，5）。标本 04，灰陶。捏制。通施绳纹，裆脊滚压绳纹。外表有烟炱，内底黑灰，足根下半截灰白。残高 6.5 厘米（图一四，9）。

　　甗　标本 07，夹砂灰陶，胎心浅灰，表层青灰。斜方唇。通施绳纹。残高 5.6、壁厚 0.3~0.7 厘米（图一四，3）。

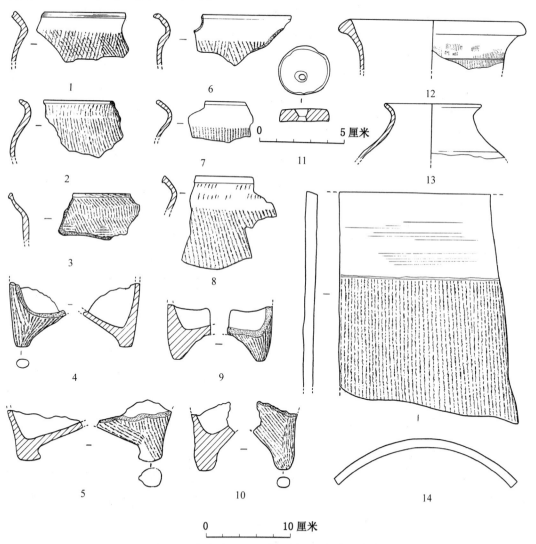

图一四　贺家东北、北壕、村西采集陶器标本

1、2、6~8.鬲（东北标本 08、01、05，北壕标本 01，村西标本 03）　3.甗（东北标本 07）　4、5、9、10.鬲足（北壕标本 02，东北标本 03、04、02）　11.纺轮（东北标本 06）　12.簋（北壕标本 03）　13.罐（村西标本 01）　14.板瓦（村西标本 02）

纺轮 标本 06，泥质灰陶。两面穿孔，截面略呈长方形。直径 3.2、厚 0.7、孔径 0.4~0.8 厘米（图一四，11）。

（三）村西

鬲 标本 03，夹砂褐陶。泥条盘筑。方唇。通施斜面绳纹，颈部纹饰被抹。残高 11、壁厚 0.4~0.6 厘米（图一四，8）。

罐 标本 01，小口，圆唇。口径 12、残高 6.5、壁厚 0.4 厘米（图一四，13）。

盆 标本 04，泥质灰陶。泥条盘筑，口沿另接。斜折沿，圆唇，束领，鼓腹。器表刮抹，黑灰色。素面。口径 18.0、残高 4.8、壁厚 0.4~0.6 厘米。

瓦 标本 02，泥质灰陶。泥条盘筑。瓦舌一端抹平，一端施粗绳纹，纹痕较深。残长 27、壁厚 1 厘米（图一四，14）。

（四）村北

鬲 标本 01，夹砂灰陶。泥条盘筑，口另接。方圆唇。口部轮修。通施绳纹，颈部纹饰被抹。残高 5、壁厚 0.4 厘米（图一四，7）。

鬲足 标本 02，夹砂灰陶。手制，足根底圆平。通体施粗绳纹，纹痕较深，裆脊绳纹起伏滚压。残高 7.6 厘米（图一四，4）。

簋 标本 03，泥质灰陶。唇部加厚。颈部施细绳纹，纹痕浅，其上施细旋纹。口径 20.4、残高 5.8、壁厚 0.3~0.8 厘米（图一四，12）。

上述标本中，可确定为先周时期的遗物有：村东标本 33、20、31、14、16、28、32、16，村东北标本 01、07；属西周早期的有：村东标本 21、05、02、10，村北标本 03 等，余多为西周中、晚期。

岐山礼村遗址

调查时间：2001 年 11 月 17 日下午、18 日上午

调查人员：胡明明、孙大郁、黄莉、夏茵茵、徐天进

礼村村东偏北，齐家沟西岸，贺家村东有一大面积的土壕，壕之东北部先周时期的遗存较丰富（见贺家村遗址东部），偏南部以西周时期堆积为主，村东南近刘家沟水库西侧的断崖上暴露有多座西周时期的墓葬，应是墓地的所在。另在村西北，即贺家村南的土壕壁上也有数座西周墓葬。现将采集遗物标本介绍如下。

鬲 标本 06，夹砂灰陶，砂多。口部轮修。尖圆唇，似盘口，束领。器身施细且规整的绳纹，颈部绳纹被抹，沿下亦可见隐约的绳纹。绳纹上加施旋纹，沿内侧亦有旋纹一周。口径 19.0、残高 6.4、壁厚 0.6 厘米（图七，2）。标本 02，夹细砂黑陶。口部轮修。侈口，方圆唇。通施绳纹，颈部被抹，绳纹隐约可见。残高 6.0、壁厚 0.6

厘米（图七，7），年代属西周早期或再稍早。

鬲足　标本 04，夹砂灰陶，所含砂较多。手制。施绳纹。从其形态看当是商式鬲之最晚形态，年代或可至周初。残高 5.6 厘米（图七，9）。

簋　标本 07，西周早期。泥质灰陶。唇部加厚。仅存小块口部，由其特征可知为商式簋之残片。残高 3.6 厘米（图七，4）

盆（簋）　标本 05，泥质灰陶。泥条盘筑。轮修，内壁可见轮修之痕迹。卷沿，圆唇。器身施旋纹，器表经磨光处理。口径 25.0、残高 7.4、壁厚 0.6 厘米（图七，11）。

罐　标本 01，泥质红褐陶，外表黑灰。泥条盘筑，口部经轮修。小口，圆唇，溜折肩。器表经磨光处理，有一薄层黑色陶衣。残高 8.8、壁厚 0.4 厘米（图七，12）。

器盖　标本 03，泥质红褐陶，器表灰中略泛褐色。手制，轮修。器表经磨光处理，可见极细之抹痕。素面。径 24.0、残高 3.2、壁厚 0.8 厘米（图七，10）。

上述标本中，02 鬲、04 鬲足、07 簋和 01 罐为西周早期遗物，余属西周中、晚期。

扶风刘家遗址

调查时间：2001 年 11 月 18 日，下午
调查人员：韩巍、孙海涛、胡明明、黄莉、李青昕、徐天进

刘家村位于礼村的东南，王家嘴隔沟相望。1981 年曾于村西发掘"刘家类型"和西周、战国墓葬 50 余座[11]。关于"刘家类型"墓葬属性问题一直是先周文化讨论的焦点，而在周原遗址迄今还没有找到可以和该类型墓葬能够完全对应的居址。我们希望能够在墓地的附近找到一些这方面的线索，但情况并不尽如人意。村之四周虽然可见零星的堆积和陶片，但多为西周时期者，只在刘家村北偏西近刘家沟水库东岸的土壕内，采集到一方格纹陶片，似为先周文化遗存。采集遗物很少，介绍如下。

鬲足　标本 04，夹砂褐陶，砂多且较粗。手制。柱状实足根另接。上施绳纹。足内底黑灰，其上留一层白色类水垢样遗存。残高 7.4 厘米（图七，14）。

甗　标本 03，夹砂红褐陶，内壁黑灰。泥条盘筑。侈口，方唇。腹施斜向绳纹，近折沿处有捺窝。内壁上黑灰色或为使用后所留。此类器中红褐陶颇常见。残高 6.8、壁厚 0.7 厘米（图七，6）。

罐　标本 01，夹砂深灰陶。泥条盘筑。侈口，方圆唇。口领部经轮修，器表修整时所留细线状纹痕尚可见。器身交叠施压绳纹，其上施旋纹两周。口径 19.2、残高

〔11〕　陕西周原考古队：《扶风刘家姜戎墓葬发掘简报》，《文物》1984 年 7 期，16 页。

9.6、壁厚 0.8 厘米（图七，1）。标本 02，夹细砂灰陶。轮修。肩上修整时抹出三周旋纹。残高 5.8、壁厚 0.6~1.0 厘米（图七，3）。

上述标本中未见先周时期遗物，该遗址的遗存可能仍以西周时期为主。

扶风庄白遗址

调查时间：2001 年 11 月 27 日
调查人员：曹大志、韩巍

庄白遗址因 1976 年出土微氏家族的铜器窖藏而闻名于世 [12]。据报道，在窖藏南侧 60 米处有同时期的建筑基址。现在该地比位于其北侧的冯家山干渠低 2~3 米，地势平坦，少见暴露在外的遗迹。此次调查主要在村西北的土壕。因长年取土，土壕面积广大。四周断壁不仅有大量的灰坑暴露，而且也有不少西周的墓葬。地面散落陶片俯拾即是，其中瓦的数量较多。该遗址往北数百米即和齐家遗址相连，往东有李家（庄李）遗址，相互间有无间隔尚不十分清楚，即或有也不会有太大的距离。这里所见遗物多属西周中、晚期，少量标本的年代可早至西周早期。现将采集遗物标本介绍如下。

鬲　夹砂陶，手制。口沿多另接。标本 03，黑灰陶，内侧色稍浅，砂多。领部略加厚。方唇。器身施竖向绳纹。残高 11.0、壁厚 0.6 厘米（图一五，14）。标本 05，灰陶。领口另接，内壁接合部有捺压痕，口部经轮修。圆唇。施竖向绳纹，其上再施旋纹两周，绳纹规整。器表有烟炱。内壁尚可见修整时的抹痕。残高 6.8、壁厚 0.5 厘米（图一五，5）。标本 016，青灰陶。圆唇。施交错绳纹，纹痕较深，领部绳纹被抹。器表有少量烟炱。口径 16.0、残高 8.0、壁厚 0.4 厘米（图一五，2）。标本 022，灰陶。口部轮修。方圆唇，沿面有小平台。通施绳纹，颈部绳纹被抹平，纹痕较深。残高 6.4、壁厚 0.6 厘米（图一五，4）。标本 023，灰陶，外表黑灰，内壁色稍浅。圆唇。腹施绳纹，纹痕不甚清晰。器表有烟炱。残高 7.0、壁厚 0.5 厘米（图一五，13）。标本 025，灰陶。口部轮修。圆唇，宽沿内凹。腹施竖直绳纹，其上施旋纹和扉棱。残高 5.4、壁厚 0.6 厘米（图一五，3）。

鬲裆　标本 026，夹砂浅灰陶。裆底附加泥条粘接加固，其上滚压绳纹。分裆（图一五，22）。

鬲足　夹砂陶。标本 06，胎心青灰色，表层黑灰。手制。底部另贴泥条加厚。足脊绳纹起伏滚压，足底亦有绳纹，纹痕清晰。残高 6.2 厘米（图一五，15）。标本 07，

---

[12] 陕西周原考古队：《陕西扶风庄白一号西周青铜器窖藏发掘简报》，《文物》1978 年 3 期，1 页。

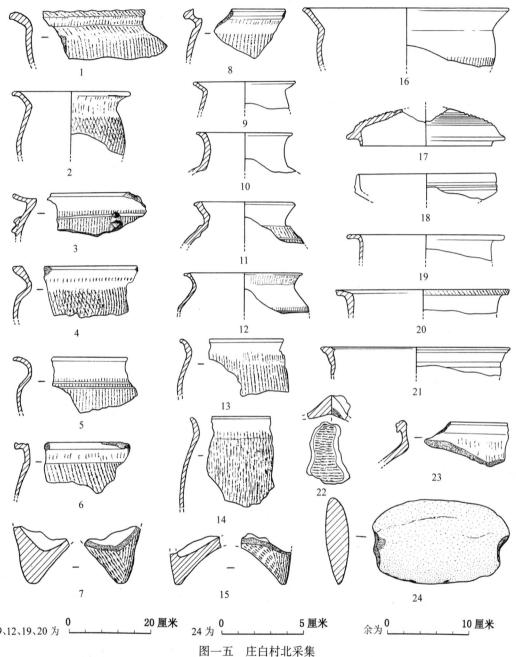

9、12、19、20 为 0 _____ 20 厘米　　24 为 0 _____ 5 厘米　　余为 0 _____ 10 厘米

图一五　庄白村北采集

1、6、8.陶甗（标本 012、024、019）　2～5、13、14、22.陶鬲（标本 016、025、022、05、023、03、026）
7、15.陶鬲足（标本 07、06）　9、16、19、20.陶盆（标本 018、020、017、01）　10、11.罐（标本 011、
015）　12.陶大口罐（标本 014）　17.陶器盖（标本 02）　18.陶豆（标本 08）　21.陶簋（标本 010）
23.陶小口瓮（标本 013）　24.石刀（标本 04）

褐陶。捏制，横截面呈扁椭圆形。足根施绳纹，内侧起伏滚压绳纹。残高 7.0 厘米（图一五，7）。

甗　均夹砂陶，手制。标本 012，夹砂红褐陶，胎心灰色。泥条盘筑，口另接。方唇。器身施绳纹，唇上施斜向绳纹，沿上施压绳纹呈波浪状。残高 6.0、壁厚 0.8 厘米（图一五，1）。标本 019，夹砂褐陶。器身施绳纹，颈部绳纹被抹平。残高 6.0、壁厚 0.7 厘米（图一五，8）。标本 024，夹细砂浅灰陶。口沿经轮修。方唇，沿面下凹。腹施绳纹，颈部被抹平。残高 6.4、壁厚 0.4~0.6 厘米（图一五，6）。

豆　标本 08，泥质灰陶。尖圆唇。盘壁施旋纹两周，器表磨光。口径 17.2、残高 3.2、壁厚 0.4~0.6 厘米（图一五，18）。

簋　标本 010，泥质灰陶。唇部另加泥条增厚。泥条盘筑，轮修。平沿，圆唇。施旋纹一周。口径 20、残高 3.6、壁厚 0.4 厘米（图一五，21）。

盆　多泥质灰陶。泥条盘筑。标本 01，红褐陶，器表黑灰。方唇。器表磨光。方唇上施绳纹。口径 44.0、壁厚 1.2~1.6 厘米（图一五，20）。标本 017，口部经轮修，器表稍经打磨。平沿，方圆唇。口径 40.0、残高 6.4、壁厚 0.8 厘米（图一五，19）。标本 018，褐陶，器表黑灰。口部轮修，沿下可见修整时抹痕。侈口，圆唇。素面。口径 26.0、残高 6.8、壁厚 0.8 厘米（图一五，9）。标本 020，器表色不纯，局部呈褐色。口部轮修，口沿另接。口沿内外均可见修抹痕迹。圆唇。盆壁施细绳纹。口径 26.0、残高 7.2、壁厚 0.6 厘米（图一五，16）。

罐　泥质灰陶。标本 011，泥条盘筑，口领另接，口部轮修。平沿，方唇。素面。口径 11.2、残高 5.0、壁厚 0.8 厘米（图一五，10）。标本 015，泥条盘筑，内壁可见接痕。口部经轮修。圆唇。肩上施绳纹，其上施旋纹一周，纹痕较浅。口径 12.0、残高 5.2、壁厚 0.8 厘米（图一五，11）。

大口罐　标本 014，泥质灰陶，器表经打磨，呈黑灰色。泥条盘筑，口领另接，内侧接合部有裂痕，肩内壁有垫痕。口部经轮修。圆唇。沿外壁绳纹浅隐，肩部磨光，肩下施细绳纹，其上施旋纹。口径 30.0、残高 9.6、壁厚 0.8 厘米（图一五，12）。

小口瓮　标本 013，夹细砂灰褐陶，器表色斑驳不一。素面。残高 5.4、壁厚 1.2 厘米（图一五，23）。

器盖　标本 02，泥质红褐陶，外表黑灰，内表浅灰。榫部另贴泥成形，轮修。盖背施旋纹九周，器表经打磨。径 16.0、残高 4.4、壁厚 0.6 厘米（图一五，17）。

石刀　标本 04，由砾石磨制而成，在两侧有打制的痕迹，打出凹槽。长 8.6、宽 5.2、厚 1.5 厘米（图一五，24）。

上述标本中，标本 03、023、022 三件陶鬲标本的时代特征可早至西周早期的偏早阶段，其余标本大体均属西周中、晚期。

岐山赵家台遗址

调查时间：2001 年 12 月 28 日

调查人员：刘绪、雷兴山、张天恩、徐天进

　　该遗址位于岐山县县城东北约 10 公里的蒲村乡赵家台村的东北，西临孔头河。1989 年宝鸡市考古工作队曾在此做过小规模发掘[13]，虽然所获遗物并不算丰富，但相当重要，除了发掘者已指出的西周早期的空心砖和条形砖的发现外，尤其值得注意的是该遗址的年代和由陶器所反映出来的遗址的文化属性问题。这里被认为西周早期的陶器似乎表现出和北吕周人墓地先周、西周早期的陶器高度的一致性，而和在王家嘴、贺家遗址发现的先周遗物有所区别。尽管我们现在还没有充分的证据证明先周时期在周原地区存在几种不同的文化类型，但赵家台遗址所提供的线索是值得予以重视的。

　　此次调查地点在 1989 年发掘区附近。这里是由村民长年取土后形成的土壕，壕之断壁上暴露有多处窑址，分布比较密集，灰坑类遗迹也较多，堆积丰富。现将地表采集遗物标本介绍如下。

　　鬲　夹砂灰陶或灰褐陶。手制。标本 02，侈口，斜方唇。口沿经修整。器身施细绳纹。残高 7.2、壁厚 0.6 厘米（图一六，6）。标本 05，侈口，方唇。口另接，内壁可见垫窝。通施绳纹。残高 7.2、壁厚 0.6 厘米（图一六，5）。标本 07，斜方唇，束领。通施绳纹，纹痕较浅。口径 14.2、残高 5.0、壁厚 0.5 厘米（图一六，3）。

　　鬲足　标本 09，夹砂灰陶。足根另接。足根外敷草拌泥。施绳纹，裆脊绳纹不似一般陶鬲滚压痕迹明显。残高 10.0 厘米（图一六，4）。

　　甗　夹砂灰陶。泥条盘筑。标本 01，夹粗砂。微侈口，方圆唇。通施绳纹，唇上亦施。残高 8.0、壁厚 0.8 厘米（图一六，2）。标本 06，口另接，内壁可见垫窝。未经轮修。圆唇。通施绳纹。器表灰黑，有烟炱。残高 7.0、壁厚 0.6 厘米（图一六，7）。标本 011，斜方唇。通施绳纹，沿折处附加泥条。残高 9.0、壁厚 0.6 厘米（图一六，1）。

　　盆　标本 04，泥质灰陶。泥条盘筑，口沿另接。斜折沿，圆唇，束领，鼓腹。器表刮抹，呈黑灰色。素面。口径 19.0、残高 4.8、壁厚 0.6 厘米（图一六，10）。标本 08，泥质浅灰陶。泥条盘筑，口沿另接，接合处抹出一周旋纹。口沿部经轮修。残高 10.4、壁厚 0.6 厘米（图一六，8）。

　　罐　标本 03，泥质灰陶。泥条盘筑，口沿另接。圆唇，侈口。肩施绳纹。口径 12.4、残高 7.0、壁厚 0.6 厘米（图一六，9）。

[13]　宝鸡市考古工作队：《陕西岐山赵家台遗址试掘简报》，《考古与文物》1994 年 2 期，29 页。

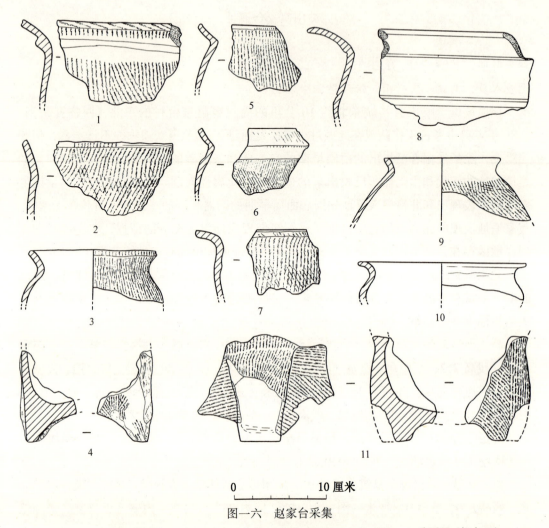

0　　　　　10 厘米

图一六　赵家台采集

1、2、7.陶瓶（标本 011、01、06）　　3、5、6.陶鬲（标本 07、05、02）　　4.陶鬲足（标本 09）

8、10.陶盆（标本 08、04）　　9.陶罐（标本 03）　　11.陶瓮足（标本 010）

　　三足瓮足　标本 010，泥质褐陶，器表颜色略泛灰。手制，足分多次贴筑而成。通施绳纹，纹痕较乱，绳之纤维痕亦清晰可见。足底呈长方形。残高 11.8 厘米（图一六，11）。

　　该遗址所采集的遗物多接近北吕周人墓地一、二期陶器的特征[14]，两者间的年代也当相近。即遗址的年代可早至先周时期。

〔14〕　罗西章：《北吕周人墓地》132 页，西北大学出版社，1995 年。

图一七　纹饰拓片

1.交错划纹（岐阳堡标本 010）　　2、3、7～10.绳纹＋划纹（朱家西北砖厂标本 01，董家村西标本，庄白村北标本）　　4.附加堆纹＋绳纹（岐阳堡东北标本 06）　　5.绳纹（贺家村东标本）

6.方格乳钉纹（贺家村东标本）

小　结

此次调查虽然所涉及的遗址点并不多，采集的遗物也不算十分丰富，但通过这次调查工作，我们还是取得了不小的收获，更为重要的是由此引发的对一些问题的思考。概而言之，有以下几点。

（1）首先是对各遗址（地点）的年代有了更具体、也更准确的认识。这一点通过上面对各遗址所采集遗物的介绍已可得到比较充分的说明。遗址年代的确定是我们今后了解该地区聚落分布、变迁及其相互关系的关键。对今后有针对性地开展田野工作也有着重要的参考作用。

（2）对周原遗址先周时期文化遗存的分布区域有了更进一步的了解。在流龙嘴、衙里、赵家台、董家村、礼村、刘家等遗址都发现了先周时期的遗存。结合对王家嘴和贺家遗址发掘材料的理解，我们可以初步勾画出在周原遗址范围内先周时期文化遗存分布的大致轮廓。遗存分布比较密集而且堆积丰富的区域主要在王家嘴、贺家、凤雏南北一线上，东界大体以今刘家沟（齐家沟）为界（图版三，2），虽然沟东侧紧邻沟边的部分地点仍有少量先周时期的遗存分布，但似乎已是边缘地带，再往东至齐家、齐镇、云塘一线便已难觅其踪。往西可至岐阳、衙里一带。更西的赵家台遗址已超出通常认为的周原范围，这里的遗存是否和王家嘴、贺家遗址的相同也还难以做出肯定的判断。南部因未做调查，情况尚不清楚。

（3）周原遗址大型建筑基址的分布是一个值得特别关注的问题。过去我们知道在凤雏、云塘、庄白、下务兹等地有西周时期的大型建筑分布。此次调查在流龙嘴、董家村南、凤雏村东、朱家村北、齐镇村东等地都采集到建筑材料——瓦，而且有些地点瓦的数量很大，可以明确判断为是建筑的坍塌堆积。据现有经验，用瓦的建筑绝非一般的小型民居。因此，由瓦的出土地点我们也可以比较准确地把握大型建筑的分布状况。周原遗址大型建筑既有相对密集的分布区，同时在空间上也有相当的范围，这一点与同时期的其他遗址相比可谓独树一帜。结合该地区青铜器窖藏和墓地的分布情况一并考虑的话，我们有理由认为，周原遗址是当时以诸多不同氏族的贵族阶层为中心的聚居区。

（4）周原遗址墓地的分布也有其特殊性。在遗址范围内，目前已知的墓地至少已经有数十处。这些墓地互不相连，相隔距离远近不一，规模也有大小之别。周原遗址墓地的存在形式和同时期其他规模相若的遗址相比，其特征是：墓地的数量多，墓地的规模小。这些墓地密集的分布状况一方面反映了当时这里居住人口的稠密，同时在相当程度上也是"聚族而居"的居住形式的真实写照。

（5）到眉县调查的目的是想了解那里先周文化遗址的分布情况，由于时间的关系，只踏查了东坡遗址，这里的陶器特征似乎和"郑家坡类型"更接近，这个地点也颇值得重视。另在眉县博物馆了解到，在马家镇祁家村 4 组砖厂的取土场曾出土过随葬高领袋足鬲和小口折肩罐的墓葬数座[15]，陶器特征和王家嘴及贺家遗址先周墓葬相同。遗憾的是我们在现场未发现任何有关的线索。县博物馆还收藏有清化乡嘴头村出土的青铜鼎、簋各一件，年代属先周时期，当是墓葬的随葬品。眉县地处周原南部，这里过去较少开展考古工作，今后若能多做些工作的话，对周原考古的研究也肯定会大有帮助。

对周原地区各遗址点的调查今后还将继续进行。调查的方法也将会根据学术目的的不同而做相应的调整。我们希望通过今后有计划、有目的的细致工作，将考古发掘和地面调查做更好的结合，从而能够使对周原遗址的认识逐步地清晰起来。

执　笔：徐天进　孙秉君　雷兴山
摄　影：徐天进
描　图：齐东林

---

[15] 出土陶器收藏于陕西省眉县博物馆。

2001 年度周原遗址（王家嘴、贺家地点）发掘简报[1]

周原考古队

From September to November 2001 Zhouyuan Archaeology Team conducted excavations at Wangjiazui and Hejia sites in Zhouyuan for establishing a detailed sequence of the archaeological cultures in the late Shang dynasty in Zhouyuan and exploring the proto-Zhou culture, during which an area of 800 sq m was disclosed. The unearthed relics are respectively dated in Yangshao period, Longshan period, the Shang dynasty, Western Zhou dynasty and the Eastern Zhou dynasty, however, majority of the relics belonged to the Shang dynasty and they are divided into two periods and five stages. Stages Ⅰ and Ⅱ of the first period, both identified as the Jingdang type of the Shang culture, were respectively equal to the first and second periods of the Yinxu culture; the second period, consisting of stages Ⅲ, Ⅳ and Ⅴ and belonging to Nianzipo culture, was not earlier than the second period of Yinxu culture but no later than the transitional period between the Shang and the Western Zhou dynasties.

　　1999 年和 2000 年，由北京大学考古文博院、陕西省考古研究所和中国社会科学院考古研究所联合组成的周原考古队，对周原遗址进行了大规模发掘，基本建立了周原遗址乃至整个周原地区西周时期详细的考古学文化编年体系，并获取了大量有关周原遗址西周时期文化遗存布局及聚落形态的信息。因此，拟定 2001 年度周原遗址发掘工作的主要目的是，初步建立周原遗址晚商时期即先周时期较为详细的考古学文化编年体系和文化谱系，进而重点探索先周文化。为此，周原考古队于 2001 年 9 月初至 11 月中旬，对周原王家嘴和贺家两处遗址进行了较大规模的考古发掘。

　　现知王家嘴、刘家、礼村、贺家、董家、凤雏一带是周原遗址商时期遗存分布最密集、堆积最丰富的地区（图一）。以往在王家嘴遗址曾进行过发掘，但刊布资料有

---

〔1〕　本报告为教育部人文社会科学重点研究基地——北京大学中国考古学研究中心 2002 年度重大项目《周原遗址的分期与布局研究》阶段性成果之一。

限[2]，有关贺家遗址报道虽较多，但多以墓葬资料为主[3]。

2001年度发掘面积共800平方米，主要分两处进行。一处位于王家嘴村北，共有三个发掘点：其一位于村北王家嘴水库旁（属周原遗址统一规划ⅡD1区），其二位于上述发掘点之南（ⅢE1区），其三位于王家嘴村北（ⅢB4区）。另一处位于贺家村，亦有三个发掘点：其一位于村北、著名的凤雏宫殿基址正南约600米处（ⅡC2区），其二位于村西（ⅡD2区），在此仅清理3座墓葬，其三也在村西（ⅡD2区），于此仅清理马坑1座（见图一）。

一、地层堆积与层位关系

此次发掘地点较分散，各区地层堆积状况不尽相同：

在王家嘴村各发掘点，①、②、③层堆积基本相同，均可见到。第①层，耕土层，黄褐色，土质疏松，厚约10～25厘米。第②层，晚近时期堆积层，灰黄色，土质较上层细密、坚硬，厚约25～40厘米。第③层，为战国时期形成的"黑垆土"层，灰黑色，土质坚硬，厚约10～35厘米。③层之下依次有东周、商、龙山时代和仰韶文化时期等不同阶段文化遗存，但各阶段堆积并非整片分布，其中以东周和商时期遗存较多，堆积较厚。所见层位关系复杂，举例说明如下。

ⅡD1区（→指向下层，下同）：

T6809：H32→④→⑤→⑥→⑦→⑧→⑨→H77→⑩B→⑪→⑫

T6810：④A→⑤A→⑥→⑦A→⑧→⑨A→⑪→Y1→⑫B→H95

T7009：④B→H17→⑤→⑥B→⑦C→H29→H81→⑫→⑬

T7309：④→H64→⑤A→⑥A→⑦→⑧A→⑨B→⑩→H23→Y3

T7703：④→H45→H55

ⅢE1区：

---

[2]　关琳：《陕西岐山县京当乡王家嘴子的原始社会遗址》，《文物参考资料》1954年10期；西安半坡博物馆：《陕西岐山县王家嘴遗址调查与试掘》，《史前研究》1984年3期；巨万仓：《陕西岐山王家嘴、衙里西周墓葬发掘简报》，《文博》1985年5期；1996～1997年，为配合"夏商周断代工程"，陕西省考古研究所等单位对王家嘴遗址进行了发掘，资料待刊。

[3]　陕西省博物馆等：《陕西岐山礼村附近周遗址的调查和试掘》，《文物资料丛刊》2，文物出版社，1978年；长水：《岐山贺家村出土的西周铜器》，《文物》1972年6期；陕西省博物馆：《陕西岐山贺家村西周墓葬》，《考古》1976年1期；陕西省考古研究所：《岐山贺家村周墓发掘简报》，《考古与文物》1980年1期；陕西周原考古队：《陕西岐山贺家村周墓发掘报告》，《文物资料丛刊》8，文物出版社，1983年。

T0127　H5→H26→③A→④A→⑤A→H14→⑥A→⑦A→H16→F1→H24→⑪A→⑫A→⑦B→⑧B

　　贺家村各发掘点的地层堆积较简单：第①层为耕土层，第②层为晚近时期堆积，在保存好的区域见有形成于战国时期的"黑垆土"层，这些堆积之下为西周和商时期文化遗存。典型层位关系如：

　　Ⅱ C2 区 T3063：③→④→H3→H4→H6→H7→H9

　　此次发掘主要有五个时期的堆积，即仰韶、龙山、商、西周和东周时期。为使读者能更好地利用资料，先选择各个时期不同期段的部分典型单位予以介绍，并着重注明各单位典型器类的年代特征。

二、仰韶时期遗存

　　本时期遗存较少，主要分布于Ⅱ D1 区。遗迹包括灰坑和陶窑两类，灰坑口部形状多为不规则形，亦有圆形、圆角长方形及椭圆形。陶窑多残破，形制不甚清晰。仅介绍 1 个典型单位。

　　ZⅡ D1H23，叠压于 T7309⑩层下，打破 Y3。近椭圆形口，斜壁，平底。口长径774、短径 324 厘米，底长径 600、自深 120～150 厘米。填土可细分为 8 小层，包含物丰富（图二）。

　　陶器分夹砂和泥质两大类，泥质者占 62％ 左右。陶色主要分为红色、褐色和灰色三种，其中红色居多，占 52.8％ 左右。素面陶约占半数稍强，纹饰以绳纹为主，占36％ 左右，另有少量的箅纹、旋纹、弦纹、附加堆纹、刻划纹、戳印纹等，此外尚见极少量红底黑彩的彩陶片。常见器类厚唇缸占全部陶器的 18％ 左右，钵占 18％ 稍弱，深腹盆占 13％ 左右，浅腹盆和盘各占 12％ 左右，小口尖底瓶和罐各占 9.5％ 左右。此外尚有少量平沿缸、无沿直口缸、碗、杯、瓮、瓶、盏、甑等，其他还有陶笄、陶环、纺轮等。

　　小口尖底瓶　多泥质红色。标本 H23：163，重唇口，口径 8、残高 4 厘米（图三，11）。标本 H23：206，重唇口，口径 5.5、残高 2.7 厘米（图三，12）。标本 H23：203，沿面有宽凹槽，口径 9.2、残高 1.7 厘米（图三，13）。标本 H23：164，宽平沿，高直颈，褐色，口径 9.9、残高 8.8 厘米（图三，14）。

　　子母口罐　标本 H23：217，泥质黑色，子母口尖圆唇，腹施数枚小泥柱，口径 14、残高 4.5 厘米（图三，1）。

　　碗　多泥质褐色，斜直腹，大平底，素面。标本 H23：213，方圆唇，口径 12、底径 7.5、通高 4.2 厘米（图三，2）。标本 H23：209，尖圆唇，口径 9.8、底径 5.8、通高 2.2 厘米（图三，3）。

盏　均泥质红褐色，敞口圆唇，斜直浅腹，平底，素面。标本 H23：210，口径 7.8、底径 5.2、高 1.7 厘米（图三，4）。标本 H23：207，口径 7.5、底径 5、高 1.7 厘米（图三，5）。

筒形器　标本 H23：146，泥质红褐色，平底，饰黑彩带，底径 8、残高 5.5 厘米（图三，6）。

杯　标本 H23：202，泥质红褐色，直腹平底，胎较厚，底径 3、残高 4.5 厘米（图三，7）。标本 H23：214，泥质红褐色，卷沿圆唇，直腹，平底，口径 8、底径 5.2、高 6.2 厘米（图三，9）。标本 H23：134，夹细砂白色，底微凹，底径 6.4、残高 4.4 厘米（图四，12）。

瓶　标本 H23：165，泥质红褐色，敞口尖圆唇，高束颈，口沿内侧有一周旋纹，口径 6.2、残高 6.7 厘米（图三，8）。标本 H23：186，泥质灰色，敞口平唇，高斜领，口沿下有一周倒钩状泥钉，口径 10.8、残高 6 厘米（图三，10）。

钵　均泥质红色，尖圆唇，斜腹平底，素面多经抹光。标本 H23：201，敛口，口径 28、残高 8 厘米（图四，1）。标本 H23：200，直口，口径 12、底径 5.4、高 5.6 厘米（图四，5）。标本 H23：118，红陶衣上饰弧线黑彩（图四，6）。标本 H23：117，红陶衣上饰弧线黑彩（图四，11）。

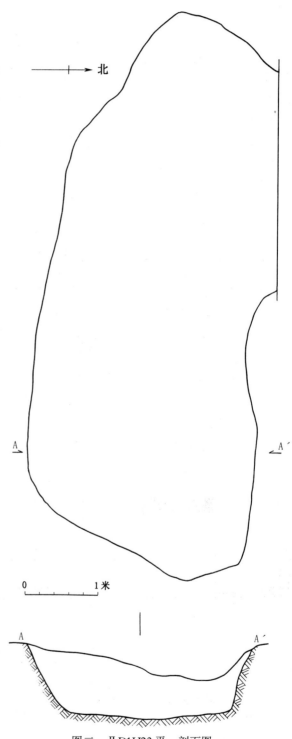

北

0　　　　　1米

图二　ⅡD1H23 平、剖面图

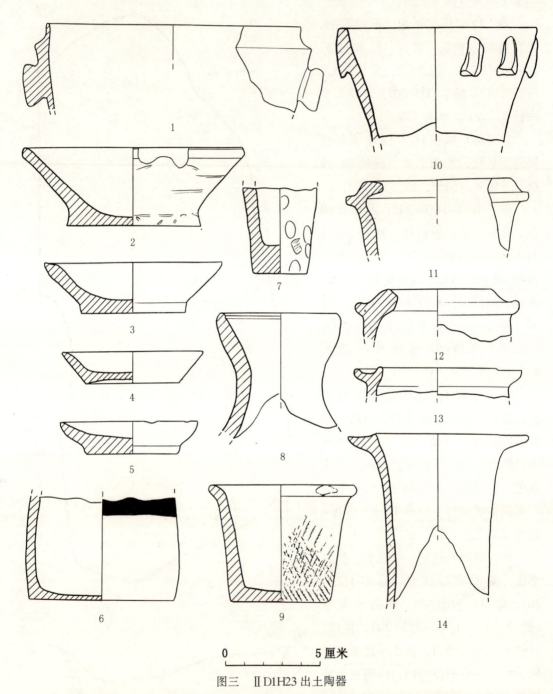

图三　ⅡD1H23 出土陶器

1. 子母口罐（H23∶217）　2、3. 碗（H23∶213、209）　4、5. 盏（H23∶210、207）　6. 筒形器（H23∶146）　7、9. 杯（H23∶202、214）　8、10. 瓶（H23∶165、186）　11～14. 小口尖底瓶（H23∶163、206、203、164）

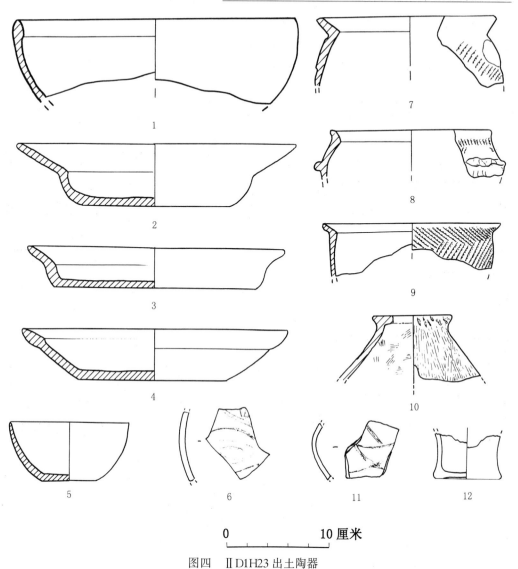

0　　　　　　　10 厘米

图四　ⅡD1H23 出土陶器

1、5、6、11. 钵（H23:201、200、118、117）　　2~4. 宽沿盘（H23:211、215、208）
7~9. 深腹罐（H23:172、173、158）　　10. 器盖（H23:148）　　12. 杯（H23:134）

宽沿盘　均泥质陶，宽沿尖圆唇，斜腹，平底，素面。标本 H23:211，红色，口径 28、底径 14.4、高 6 厘米（图四，2）。标本 H23:215，灰色，口径 25.6、底径 20、高 4 厘米（图四，3）。标本 H23:208，红色，沿面饰黑彩，口径 26.6、底径 15、高 5 厘米（图四，4）。

深腹罐　均夹砂，红褐色居多，多施绳纹，亦有附加堆纹者。标本 H23:172，折沿方唇，施细绳纹，其上加贴泥饼，口径 18.2、残高 6.6 厘米（图四，7）。标本 H23:

173，侈口微折，圆唇，施绳纹和附加堆纹，口径16、残高4.6厘米（图四，8）。标本H23:158，微折沿圆唇，施绳纹，口径18、残高5厘米（图四，9）。标本H23:177，微敛口，厚唇，施绳纹，口径34、残高5厘米（图五，4）。

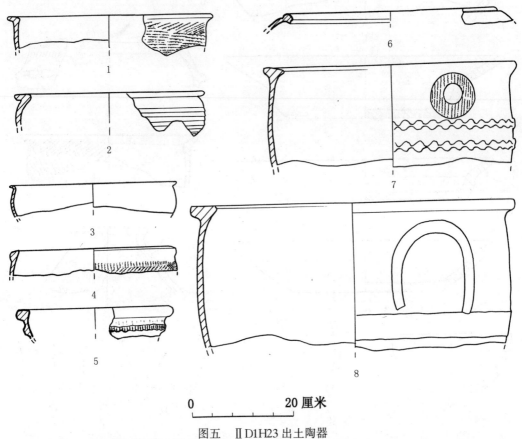

0   20厘米

图五　ⅡD1H23 出土陶器

1~3.深腹盆（H23:192、179、147）　4.深腹罐（H23:177）　5.厚唇缸（H23:205）

6.敛口瓮（H23:153）　7、8.平沿缸（H23:204、174）

　　器盖（?）　标本H23:148，泥质褐色，覆碗形，施绳纹，顶径8、残高6厘米（图四，10）。

　　深腹盆　标本H23:192，夹砂褐色，宽折沿，施绳纹，口径42、残高8厘米（图五，1）。标本H23:179，泥质灰色，宽平沿，圆唇，施弦纹，口径38.4、残高8.8厘米（图五，2）。标本H23:147，泥质褐色，卷沿圆唇，素面，口径34、残高6.4厘米（图五，3）。

　　厚唇缸　标本H23:205，夹砂红褐色，宽平沿，厚圆唇，斜腹，施绳纹和附加堆纹，口径32、残高6.6厘米（图五，5）。

敛口瓮 标本 H23：153，泥质黑皮陶，敛口方唇，广肩，施旋纹，口径 42、残高 3 厘米（图五，6）。

平沿缸 多夹砂陶，宽沿微敛，大口厚唇，深腹。标本 H23：204，红色，施泥条圆圈纹及波折状堆纹，口径 51.2、残高 20 厘米（图五，7）。标本 H23：174，灰色，施宽扁泥条堆纹，口径 65.8、残高 28 厘米（图五，8）。

陶笄 均泥质，笄身均呈圆柱体。标本 H23：15，残长 4.8 厘米（图六，4）。标本 H23：43，褐色，残长 3.2 厘米（图六，12）。

陶环 均泥质黑陶。标本 H23：72，横截面呈月牙形，上施划纹，残长 3.5 厘米（图六，9）。标本 H23：88，横截面呈方形，残长 4.2、宽 0.6 厘米（图六，10）。标本 H23：80，横截面近梯形，上施戳印纹，残长 6 厘米（图六，11）。

纺轮 标本 H23：26，泥质褐色，底径约 5、厚 2 厘米（图六，16）。

其他类遗物有：

石铲 磨制。标本 H23：84，长 7、宽 4 厘米（图六，1）。标本 H23：82，双面钻穿孔，残长 7.7、宽 4.5 厘米（图六，2）。

石锤 标本 H23：64，青灰色，磨制，长 8.5、宽 3.7 厘米（图六，3）。

石笄 标本 H23：76，青黑色，磨制，残长 6.2 厘米（图六，8）。

石坠 标本 H23：27，灰色，圆锥体，底径 1.6、高 1.2 厘米（图六，14）。

骨饰 标本 H23：45，磨制，顶端有两个椭圆形穿孔，长 4.2 厘米（图六，5）。标本 H23：75，上部有一周凹槽，残长 5.6 厘米（图六，6）。

骨锥 标本 H23：77，残长 4.6 厘米（图六，7）。标本 H23：11，残长 9 厘米（图六，13）。

骨笄 标本 H23：8，残长 9.8 厘米（图六，15）。

三、龙山时期遗存

龙山时期遗存较少，主要分布于ⅡD1区及ⅢE1区。遗迹种类有灰坑、房址、陶窑、灶和墓葬五类。灰坑以圆形、椭圆形为主，少量不规则形。房址分为长方形半地穴式和圆形袋状半地穴式两种。墓葬均为长方形竖穴土圹墓。介绍 3 个典型单位。

（一）ⅡD1H81

叠压于 T7009 第⑪层下，被 H29 打破，其打破第⑫层。圆形口，口小底大，底倾斜，近椭圆形，口径 240 厘米，底长径 250、短径 110 厘米，自深 250～270 厘米。坑内堆积呈坡状分布，西浅东厚，可细分为三小层（图七）。

陶器可分为夹砂和泥质两大类，泥质类近 80%。陶色主要有红色和褐色两种，红

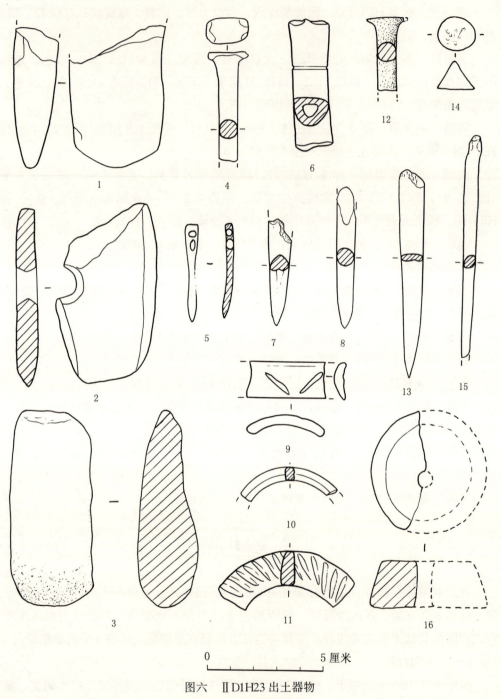

0 _____ 5 厘米

图六　ⅡD1H23 出土器物

1、2. 石铲（H23：84、82）　3. 石锤（H23：64）　4、12. 陶笄（H23：15、43）　5、6. 骨饰（H23：45、75）

7、13. 骨锥（H23：77、11）　8. 石笄（H23：76）　9～11. 陶环（H23：72、88、80）　14. 石坠（H23：27）

15. 骨笄（H23：8）　16. 陶纺轮（H23：26）

陶占 54% 左右，其中泥质红陶占 36% 左右，其次是泥质褐色和夹砂红陶。素面陶较多，占 46% 左右，纹饰以绳纹和篮纹为主，绳纹占 34.2%，篮纹占 16.8%，另有少量的旋纹、附加堆纹、刻划纹、戳印纹、方格纹等。常见器类罐占 62% 左右，带耳罐占 10% 左右，钵与盆各占 9% 左右，另有少量斝、盘、器盖。

高领折肩罐　均泥质，多红褐色，高领敞口，折肩，肩部以下多施篮纹。标本 H81:20，窄沿尖唇，口径 20、残高 6 厘米（图八，1）。标本 H81:17，尖圆唇，颈肩分界明显，口径 17、残高 8.8 厘米（图八，2）。标本 H81:18，圆唇，口径 10.2、残高 4.6 厘米（图八，6）。

带耳罐　均泥质陶，双耳。标本 H81:27，红褐色，微侈口方圆唇，直领，表面抹光，口径 10.6、残高 7 厘米（图八，3）。标本 H81:15，黑皮陶，卷沿尖圆唇，口径 11、残高 7 厘米（图八，7）。

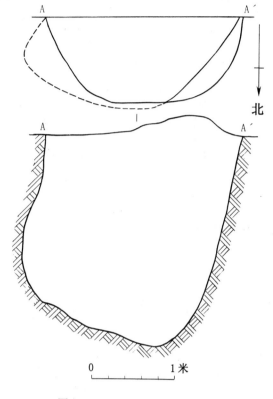

图七　ⅡD1H81 平、剖面图

侈口圆腹罐　多夹砂褐色，高领侈口，上腹圆鼓，多施绳纹或篮纹。标本 H81:19，夹砂灰褐色，戳印纹花边口，圆唇，束领较高直，施较规整的篮纹，口径 20、残高 11 厘米（图八，4）。标本 H81:30，泥质灰褐色，圆唇，施一周戳印圆圈纹和较规整的细竖绳纹，口径 22、残高 20 厘米（图八，5）。标本 H81:29，方唇，施较细的竖绳纹，领部原施绳纹被抹，肩部有一周小泥钉，口径 14、残高 20.4 厘米（图八，8）。标本 H81:24，直领圆唇，唇外经手指按压而成花边，施宽浅绳纹，口径 20、残高 17 厘米（图八，10）。

深腹盆　标本 H81:25，泥质红褐色，侈口尖唇，沿面较窄，斜腹，器表有不规则刻划纹，口径 32、残高 9 厘米（图八，9）。

钵形盆　标本 H81:10，夹砂褐色，侈口圆唇，口径 26.2、残高 10 厘米（图八，11）。

浅腹盆　敞口，浅腹斜直壁，平底。标本 H81:12，泥质灰褐色，沿下施方格纹，口径 23.6、底径 11、高 5.6 厘米（图九，2）。标本 H81:11，泥质灰褐色，素面，口径

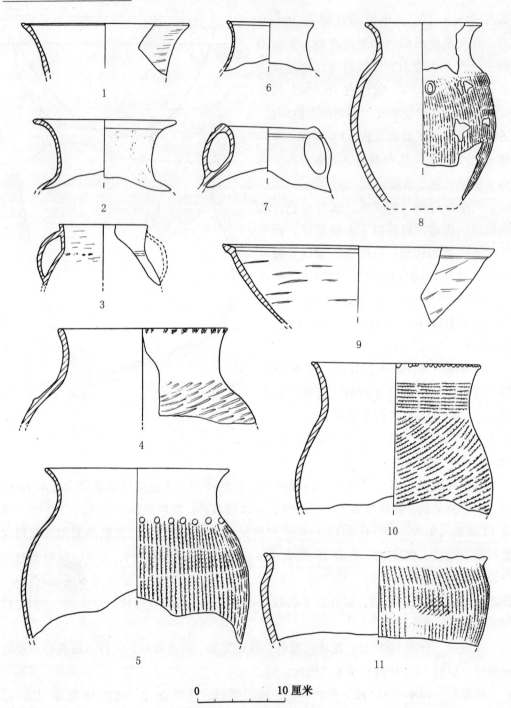

图八　ⅡD1H81 出土陶器

1、2、6. 高领折肩罐（H81：20、17、18）　3、7. 带耳罐（H81：27、15）　4、5、8、10. 侈口
圆腹罐（H81：19、30、29、24）　9. 深腹盆（H81：25）　11. 钵形盆（H81：10）

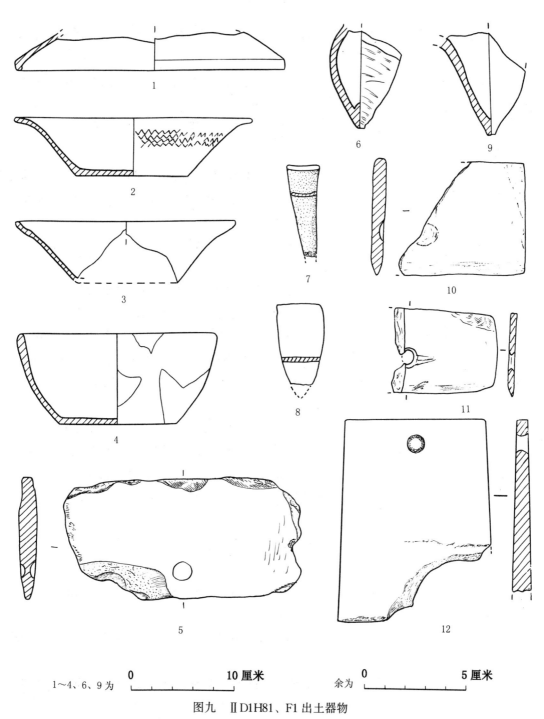

图九　ⅡD1H81、F1 出土器物

1. 陶器盖（H81:8）　2、3. 陶浅腹盆（H81:12、11）　4. 陶钵（H81:9）　5. 陶刀（F1:1）　6、9. 陶罩足

（H81:7、6）　7. 骨器（F1:3）　8. 石镞（H81:3）　10、11. 石刀（H81:1、2）　12. 石铲（F1:2）

22、残高 5.8 厘米（图九，3）。

钵　标本 H81:9，泥质灰褐色，直口圆唇，平底，素面，口径 20、残高 8.8 厘米（图九，4）。

斝足　均夹砂。标本 H81:7，红褐色，施篮纹，残高 10.2 厘米（图九，6）。标本 H81:6，灰褐色，素面，残高 10 厘米（图九，9）。

器盖　标本 H81:8，泥质红褐色，素面，口径 27、残高 3.6 厘米（图九，1）。

其他类遗物有：

石刀　标本 H81:1，长方形，中有一单面钻圆孔，双面刃，磨制，残长 6.4、宽 5.5、厚 0.7 厘米（图九，10）。H81:2，青石磨制。双面刃。长方形。中间有一圆孔，两面钻。残长 5.2、宽 4.1、厚 0.3 厘米（图九，11）。

石镞　标本 H81:3，青黑石磨制而成，残长 3.9、宽 2.3、厚 0.2 厘米（图九，8）。

（二）ⅡD1H49

叠压于 T7704 第⑤层下，打破 H93 和 H87。圆形口，底部亦为规则的圆形，坑壁上部较直，下部呈袋状，坑壁近底处有工具加工痕迹。坑口直径 275、坑底径 335、自深 300 厘米。坑内填土可分层，上部为较松软的灰红色土，中间为淤土层，其下灰黄色土与深紫色土相杂。坑内共有 16 层分层而置的兽骨，经初步鉴定，有鹿、狗、羊等兽骨，保存完整的仅 1 具鹿骨（图一〇），其余均不完整，部分有经肢解而分置的可能。出土陶片极少。

陶器可分为夹砂和泥质两大类，泥质类占大多数，为 72.6%。陶色以红色为多，其中泥质红陶占绝大多数，占 49.4%，其次为夹砂红陶和泥质灰色。素面陶数量较多，占 44.3%。纹饰主要有绳纹，占 17% 左右，篮纹占 23% 左右，划纹占 11% 左右，另有少量的方格纹、旋纹、附加堆纹、戳印纹等。常见的器类钵占 39% 左右，罐占 37% 左右，盆占 17% 左右，另有少量斝、瓮等。

高领折肩罐　标本 H49:10，泥质灰黑，高领圆唇，口径 16.0、残高 8.0 厘米（图一一，5）。

侈口圆腹罐　标本 H49:8，夹砂红褐色，侈口圆唇，唇部施细密的锯齿状花边，口径 24、残高 6 厘米（图一一，6）。

平沿缸　泥质红色。标本 H49:6，宽平沿，圆唇，施划纹，口径 34.0、残高 5.0 厘米（图一一，3）。

盘　标本 H49:9，泥质红色，尖圆唇，斜腹，素面，口径 27.8、残高 6.0 厘米（图一一，4）。

瓮　均泥质红色。标本 H49:4，矮领方唇，口径 38、残高 5.6 厘米（图一一，1）。标本 H49:13，敛口，小平沿，素面，口径 30.8、残高 5.6 厘米（图一一，2）。

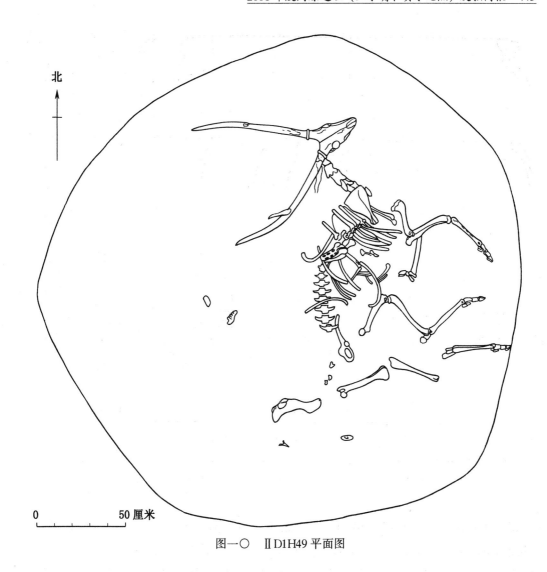

北

0　　　　　　　50 厘米

图一〇　ⅡD1H49 平面图

陶环　标本 H49：5，泥质褐色，外侧成锯齿状，外径 5.5、内径 4、厚 0.6 厘米（图一一，7）。

其他类遗物有：

骨镞　标本 H49：3，磨制，镞身横截面呈三角形，铤呈尖锥状，残长 6.3 厘米（图一一，8）。

玉笄　标本 H49：1，墨绿色，磨制，残长 8.6、宽 0.7~0.9 厘米（图一一，9）。

（三）ⅡD1F1

叠压于 T7807③层下，被 H2 打破，其下叠压 H54。正南北方向。长方形半地穴式，南半部分稍宽于北半部分，屋角略呈圆弧，南北长 313、东西宽 240~270 厘米，

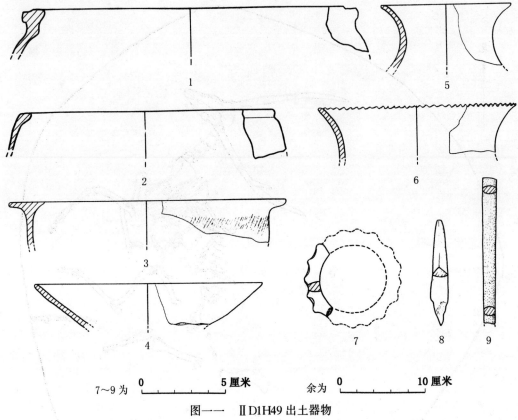

图一一　ⅡD1H49 出土器物

1、2. 陶瓮（H49:4、13）　3. 陶平沿缸（H49:6）　4. 陶盘（H49:9）　5. 陶高领折肩罐（H49:10）

6. 陶侈口圆腹罐（H49:8）　7. 陶环（H49:5）　8. 骨镞（H49:3）　9. 玉笄（H49:1）

面积约 9 平方米，残高 17～28 厘米。门道位于房子南部正中，宽 73、残长 24 厘米，其面与室内地面平齐。房子正中有一圆形灶台（?），未解剖，上为一层坚硬的、发黑的烧土面，直径 93 厘米，稍凸于地面。室内地面、门道和墙壁较为平整，其上均饰一层厚约 0.5～1 厘米的白灰面，坚硬光滑（图一二）。在房子的四周及其房内未发现有柱洞、活动面和路土。无遗物紧贴室内地面。房址内填土疏松，呈黄褐色，夹杂少量红烧土块，出土陶片不多。

　　F1　填土中出土器物较少，且多破碎。泥质红陶最多，其次是夹砂褐色、夹砂红陶和泥质灰色。素面陶较多，占 44.5%。纹饰以绳纹和篮纹为主，分别占 24.1% 和 17.1%，其次为划纹，另有少量的附加堆纹和旋纹。

　　陶刀　标本 F1:1，泥质红色，平面略呈长方形，双面钻孔，但未透，长 11.7、宽 5.9、厚 0.9 厘米（图九，5）。

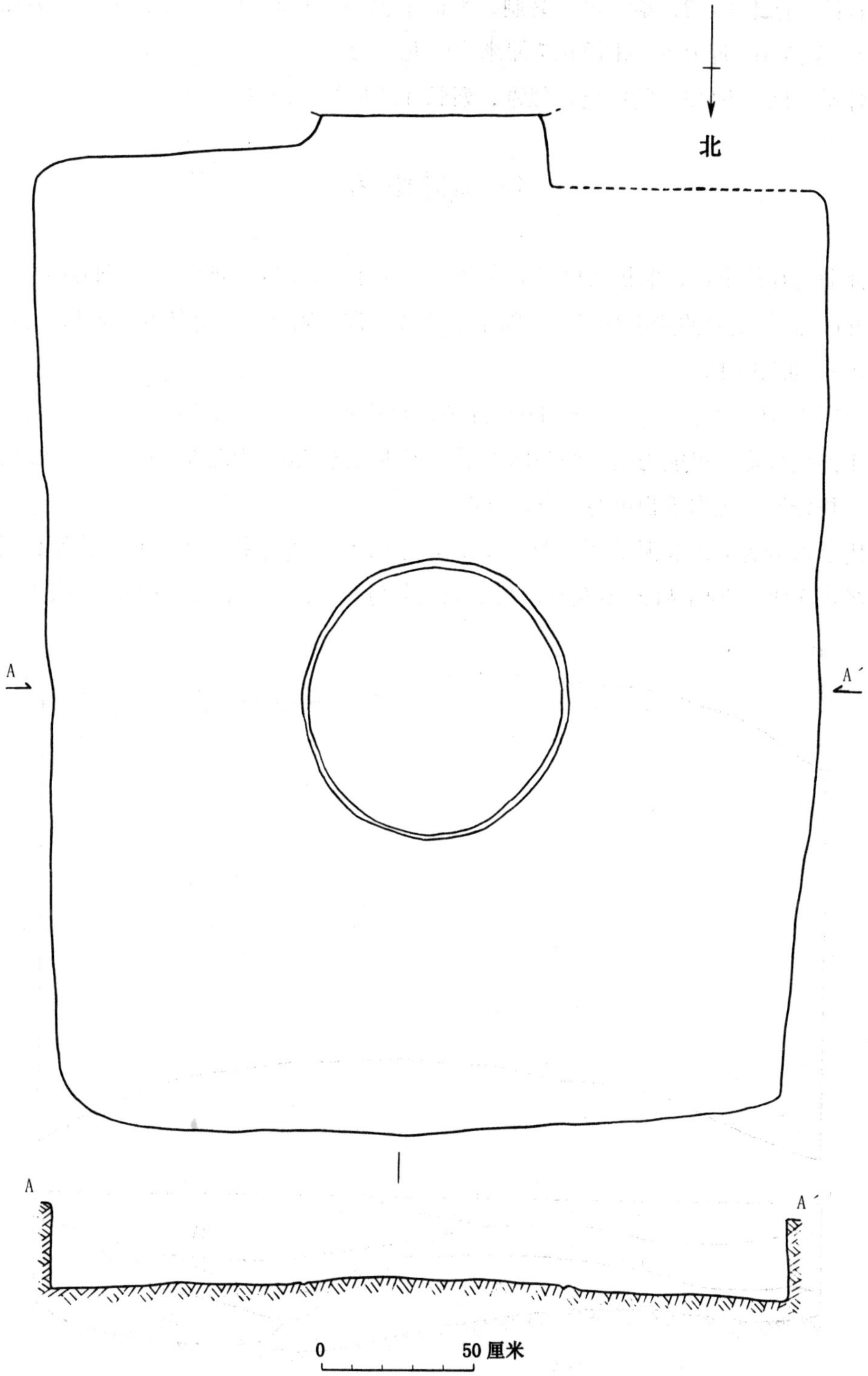

北

A

A´

A

A´

0　　　　　　50 厘米

图一二　ⅡD1F1 平、剖面图

石铲　标本F1:2，墨绿色，磨制，平面呈梯形，双面刃，上部有一对钻圆孔，残长9.8、宽7.6、厚0.9、孔径0.7厘米（图九，12）。

骨器　标本F1:3，乳白色，似锥，残长4.4厘米（图九，7）。

四、商时期遗存

此期遗存最丰富，堆积较厚，分布较广，见于ⅡD1区、ⅢE1区、ⅢB4区、ⅡC2区及ⅡD2区。主要的遗迹有灰坑、陶窑、墓葬、沟、陶灶等。介绍9个典型单位。

（一）ⅢE1H16

叠压于T0127⑦A层下，被H18打破，打破H21、F1、H23、H25、⑧A层等单位。平面呈环形，可能为沟，底凸凹不平。东西长达700、南北宽350、自深120厘米。坑内堆积较厚，坑内堆积可明显分层（图一三）。

陶器可分为夹砂和泥质两大类，泥质类占61%。陶色主要有灰色、黑色和褐色三类，各占34%、29%和34%左右，其中泥质灰色数量最多，占27.8%，其次为夹砂褐

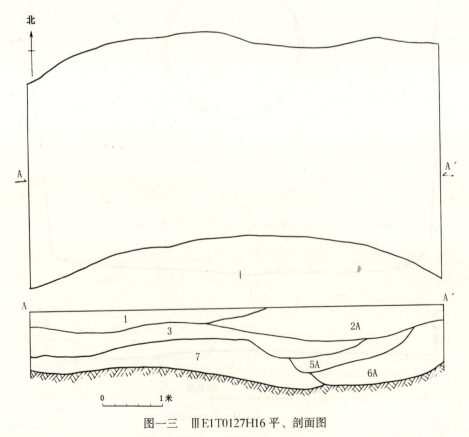

图一三　ⅢE1T0127H16平、剖面图

色和泥质褐色，分别占 17.3% 和 16.4%。纹饰以绳纹为主，其中又以麦粒状绳纹和条状绳纹为主，分别占 40% 和 11%，还有间断绳纹和细绳纹；素面陶较多，占 28.5%，另有附加堆纹、旋纹、方格纹、划纹和戳印纹等（图一四）。典型器类有商式鬲、联裆鬲和高领袋足鬲等，其中前两者多见，后者罕见。盆的数量最多，占 43.43%，其次是罐，占 16% 左右，甗占 8.57%，另有少量尊、瓮、豆、盂、器盖等。

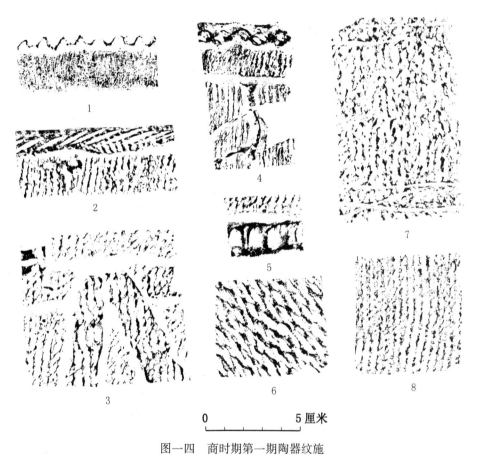

图一四　商时期第一期陶器纹施

1. 附加泥条＋细绳纹（H16:53）　　2、6～8. 绳纹（H64:4、H16:106、Y1:12、H64:12）

3、4. 绳纹＋附加堆纹（H64:43、H16:94）　　5. 绳纹＋戳印纹＋附加堆纹（H16:9）

商式鬲　均夹砂。方唇棱角不明显，上不翻下不勾，足根为素面尖锥状，较粗矮。标本 H16:57，黑色，束颈，施印痕模糊之条状中绳纹，口径 9、残高 7.8 厘米（图一五，12）。标本 H16:32，灰色，残高 5.6 厘米（图一五，15）。

联裆鬲　均夹砂，多施麦粒状绳纹，口部常见较厚的花边，足根上施绳纹，疑有些施绳纹者可能是商式鬲之足根。标本 H16:54，褐色，卷沿方圆唇，唇部有一凹槽，

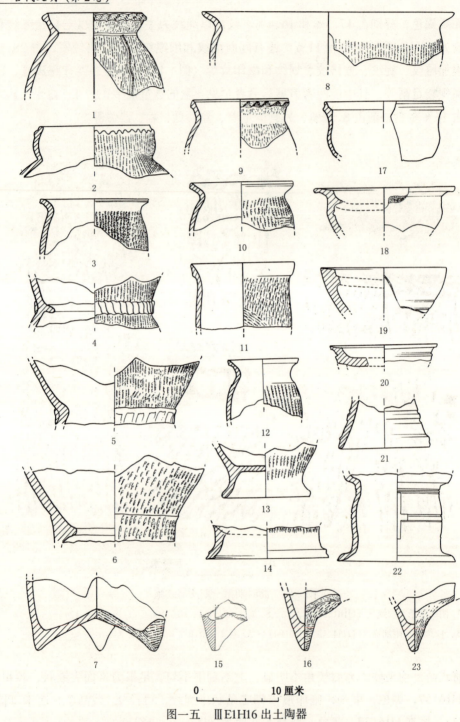

0　　　　　10 厘米

图一五　ⅢE1H16 出土陶器

1、9. 蛇纹鬲（H16:94、83）　2. 高领袋足鬲（H16:53）　3、7、10、11. 联裆鬲（H16:54、96、55、60）　4～6. 瓿腰（H16:62、74、63）　8. 甗（H16:67）　12. 商式鬲（H16:57）　13、14. 圈足（H16:70、34）　15、16、23. 鬲足（H16:32、93、95）　17. 簋（H16:66）　18～20. 假腹豆（H16:92、42、59）　21、22. 豆柄（H16:68、61）

口部作风近似商式鬲，施略呈条理之麦粒状绳纹，口径 14、残高 6.8 厘米（图一五，3）。标本 H16:96，褐色，弧裆，圆柱状实足根较矮，残高 8.6 厘米（图一五，7）。标本 H16:55，灰褐色，侈口圆唇，瘪裆，施印痕偏深之麦粒状绳纹，口径 13、残高 6 厘米（图一五，10）。标本 H16:60，灰色，直口筒状，尖圆唇，唇下附加宽泥条，裆内瘪，施粗绳纹，口径 13、残高 8.1 厘米（图一五，11）。标本 H16:93，褐色，实足根较高，施麦粒状绳纹，残高 7.8 厘米（图一五，16）。标本 H16:95，施略呈条理的麦粒状绳纹，残高 8.6 厘米（图一五，23）。

高领袋足鬲　施细绳纹。标本 H16:53，无耳无銴，高领方唇，口微敛，领微外鼓，口沿外有一周花边状附加堆纹，领及器身施印痕模糊的极细绳纹，口径 14、残高 6.6 厘米（图一五，2）。

蛇纹鬲　均夹砂，一般侈口矮直领，唇外附加花边，施弯曲三棱体的细附加堆纹及极细绳纹。标本 H16:94，夹砂灰褐色，口径 12.8、残高 10 厘米（图一五，1）。标本 H16:83，夹砂褐色，颈腹交接处有一周抹痕，口径 12.0、残高 6.0 厘米（图一五，9）。

甗　均夹砂，在 H16 中联裆甗与商式甗的形制尚不能明确区分，方唇者可能是商式甗，尖圆唇者可能是联裆甗，甗腰残片均褐色。标本 H16:67，褐色，侈口尖唇，施细绳纹，口径 32、残高 6 厘米（图一五，8）。标本 H16:77，灰黑色，侈口方唇，施麦粒状绳纹，口径 38、残高 9.2 厘米（图一六，5）。标本 H16:62，有腰托，腰外施索状附加堆纹，残高 6.2 厘米（图一五，4）。标本 H16:74，无腰托，腰外施附加堆纹，其上有长方形的指窝纹，器身施较粗绳纹，残高 8 厘米（图一五，5）。标本 H16:63，腰托较窄，腰外有宽薄的附加泥条，施麦粒状绳纹，残高 10.4 厘米（图一五，6）。

假腹豆　均泥质，无完整器，其柄部特征不明，豆盘较浅，假腹，盘身素面或施旋纹。标本 H16:92，褐色，平折沿，尖圆唇，口径 18、残高 5.6 厘米（图一五，18）。标本 H16:42，褐色，无沿，施旋纹，口径 16、残高 5.6 厘米（图一五，19）。标本 H16:59，灰色，平折沿，方唇，施旋纹，口径 14、残高 2.6 厘米（图一五，20）。

豆柄　均泥质，由于本单位皆残片，故不明其为真腹豆或假腹豆。标本 H16:68，灰色，柄上施多道旋纹，底径 11、残高 6 厘米（图一五，21）。标本 H16:61，黑色，柄中部微鼓，施旋纹和十字镂孔，残高 9.8 厘米（图一五，22）。

簋　标本 H16:66，泥质褐色，侈口方唇，唇外有一凹槽，鼓腹，口径 15、残高 7.2 厘米（图一五，17）。

圈足　均泥质，暂不明其为何类器之圈足。标本 H16:70，灰色，喇叭状圈足较矮，施绳纹，圈足径 11、残高 6.8 厘米（图一五，13）。标本 H16:34，褐色，其上依稀可见麦粒状绳纹，抹光，圈足径 15.5、残高 4 厘米（图一五，14）。

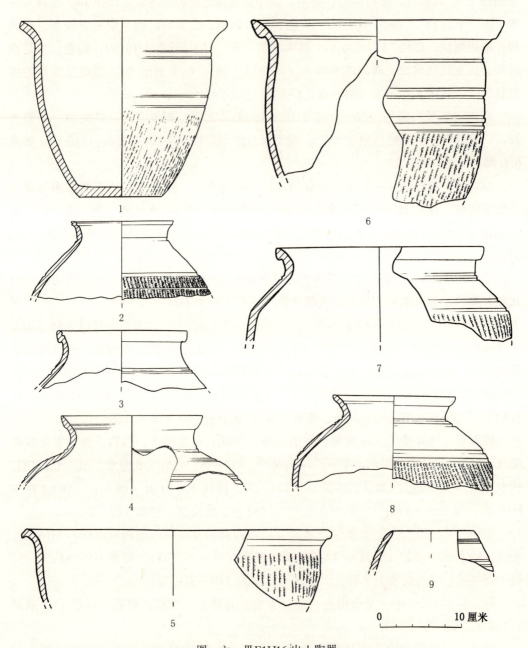

图一六　ⅢE1H16出土陶器

1、6.盆（H16：101、65）　2~4、8.罐（H16：37、36、35、33）

5.瓶（H16：77）　7.尊（H16：44）　9.敛口罐（H16：69）

盆　均泥质。宽沿，沿下角较大，唇多较厚。绳纹盆腹部纹饰布局是：沿下施旋纹，其下为空白带，下腹施绳纹，在绳纹上或紧接绳纹处施旋纹。标本 H16：101，灰色，侈口方唇，深腹，平底，施旋纹和麦粒状绳纹，口径 26.6、高 21.4 厘米（图一六，1）。标本 H16：65，灰褐色，侈口，沿内有两道凹槽，唇外附加较宽厚泥条，深腹，施旋纹和麦粒状绳纹，口径 32、残高 22.8 厘米（图一六，6）。

罐　均泥质，可能为折肩罐，一般唇外鼓边而成较厚唇，肩部施旋纹。标本 H16：37，灰色，侈口方唇，施有旋纹和间断绳纹，口径 13、残高 9.6 厘米（图一六，2）。标本 H16：36，黑皮色，卷沿，唇外附加泥条，束领较高，广肩，肩部施旋纹，口径 16.5、残高 7.4 厘米（图一六，3）。标本 H16：35，灰色，斜方唇微鼓边，束颈微卷，颈肩部施旋纹，口径 18、残高 9 厘米（图一六，4）。H16：33，灰色，侈口微卷，唇外加厚，口沿内侧及肩部均施旋纹，腹施粗绳纹，口径 15.2、残高 11.2 厘米（图一六，8）。

敛口罐　标本 H16：69，泥质褐色，敛口，施旋纹，口径 10.2 厘米（图一六，9）。

尊　标本 H16：44，泥质红色。大口厚唇，方唇较鼓，折肩，肩部施旋纹，肩下施绳纹，口径 26、残高 11.6 厘米（图一六，7）。

纺轮　标本 H16：31，夹砂褐色，直径 5.4、孔径 0.7、厚 1.4 厘米（图一七，15）。

器纽　标本 H16：98，泥质灰色，残高 8.4 厘米（图一七，8）。

其他类遗物有：

石锛　标本 H16：16，磨制，双面刃，残长 3.9、宽 3.8、厚 1.1 厘米（图一七，1）。

石刀　标本 H16：14，磨制，长方形，双面刃，双面钻孔，残长 5.1、宽 4.4 厘米（图一七，2）。

骨镞　标本 H16：104，磨制，镞身与铤部分界明显，残长 6.8 厘米（图一七，6）。

骨镖（？）　标本 H16：4，褐色，长 8.3 厘米（图一七，7）。

骨锥　标本 H16：26，残长 10.9 厘米（图一七，14）。标本 H16：102，残长 7.7 厘米（图一七，13）。标本 H16：20，长 9.6 厘米（图一七，12）。

骨饰　标本 H16：9，长条形，中空，一端有三个圆形穿孔，残长 10.3 厘米（图一七，16）。

卜骨　标本 H16：24，圆钻，孔径 1.4 厘米（图一七，11）。

（二）ⅡD1H64

叠压于 T7309④层下，打破第⑤层。近椭圆形口，斜壁，坑底不平，口长径 365、短径 290、自深 82～112 厘米（图一八）。坑中填土为夹杂灰土的黄褐土，土质松软。出土遗物较丰富。

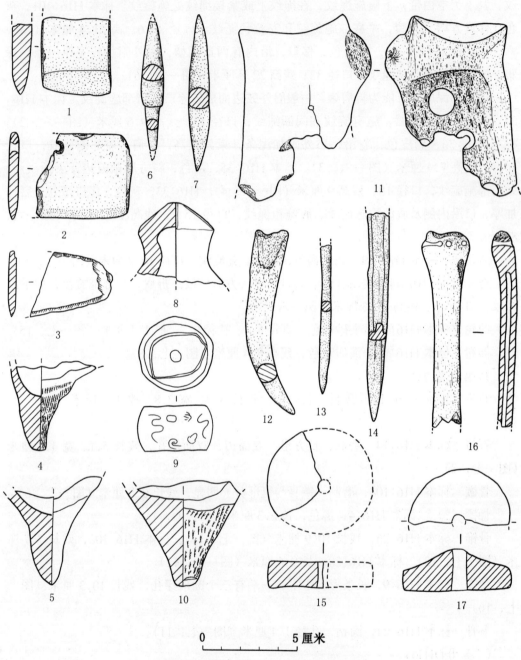

0   5 厘米

图一七   ⅢE1H16、ⅡD1H64 出土器物

1. 石锛（H16∶16）   2、3. 石刀（H16∶14、H64∶4）   4、5、10. 陶鬲足（H64∶37、32、30）   6. 骨镞（H16∶104）   7. 骨镖（?）（H16∶4）   8. 陶器纽（H16∶98）   9、15、17. 陶纺轮（H64∶8、H16∶31、H64∶7）   11. 卜骨（H16∶24）   12. 角锥（H16∶20）   13、14. 骨锥（H16∶102、26）   16. 骨饰（H16∶9）

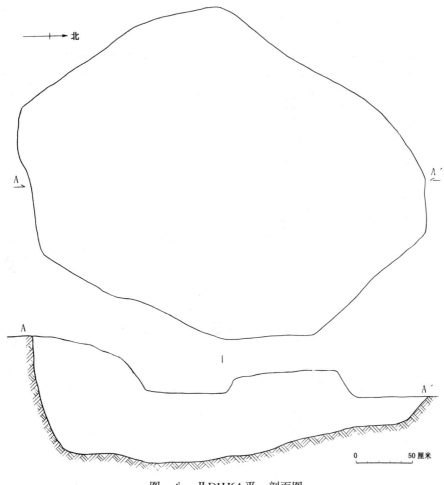

图一八　ⅡD1H64 平、剖面图

陶器可分为泥质和夹砂两大类，泥质陶占绝大多数，约占 88.5% 左右，夹砂陶近占 11.5%。以泥质灰色和褐色为主，夹砂灰色和夹砂褐色次之，黑皮陶较少，红陶少见。纹饰以绳纹最多，占 48.9%，素面陶占 38.8%，另有旋纹、附加堆纹和少量的方格纹与戳印纹（图一四）。器类主要有商式鬲、商式甗、联裆鬲、豆、盆、罐等。其中罐的数量最多，占 38.1%，其次为商式甗，占 11.9%，再次为盆和豆，瓮和尊的数量较少。

商式鬲　均夹砂，正方唇，唇下微勾，尖锥状实足根较细较高，素面。标本 H64：39，灰色，侈口，微束颈，沿下施旋纹和较粗条状绳纹，旋纹上方亦见绳纹，口径 16、通高 20 厘米（图一九，1）。标本 H64：18，灰黑色，颈以下饰条状绳纹，口径 16、残高 6 厘米（图一九，2）。

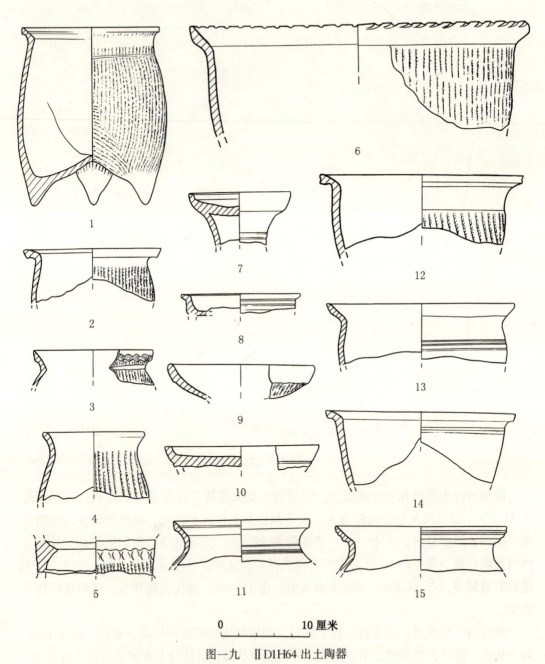

0 　　　　　　　　　10 厘米

图一九　ⅡD1H64 出土陶器

1、2. 商式鬲（H64：39、18）　3、4. 联裆鬲（H64：36、27）　5. 甗腰（H64：34）　6、12. 甗（H64：
12、11）　7～10. 豆（H64：20、41、38、33）　11、15. 罐（H64：22、10）　13、14. 盆（H64：23、9）

联裆鬲　均夹砂。侈口，唇外多施厚花边，联裆，多施印痕较深的散乱麦粒状绳纹，实足根上亦施绳纹。标本 H64：36，灰褐色，微折沿，唇外花边较厚，口径 14、残高 4 厘米（图一九，3）。标本 H64：27，灰褐色，敞口圆唇，口径 12、残高 7.8 厘米（图一九，4）。

鬲足　均夹砂。尖锥状、素面者应为商式鬲足根。施绳纹者可能施联裆鬲足根，但亦有商式鬲足根底可能。标本 H64：37，灰色，圆柱状实足根，施绳纹，残高 4.5 厘米（图一七，4）。标本 H64：32，灰色，尖锥状实足根较高、细，素面，残高 5.6 厘米（图一七，5）。标本 H64：30，褐色，圆柱状，施绳纹，残高 5.7 厘米（图一七，10）。

甗　均夹砂灰色，应包括商式甗和联裆甗两类，因所见多为残片，故两类甗的形制特征，特别是腰部特征尚不能准确把握，方唇者似商式甗。标本 H64：12，方唇，唇部经压印呈花边状，施绳纹，口径 39、残高 12 厘米（图一九，6）。标本 H64：11，方唇，唇面有凹槽，唇外附加厚泥条，施条状较粗绳纹，口径 24.0、残高 8.4 厘米（图一九，12）。标本 H64：34，夹砂灰褐色，腰托较窄，腰外施附加堆纹，其上施指窝纹，残高 4 厘米（图一九，5）。

豆　均泥质，包括真腹豆和假腹豆两类，两者的柄部特征不能明确区分。标本 H64：20，灰色，真腹，直口浅盘，柄施两道旋纹，口径 12、残高 6 厘米（图一九，7）。标本 H64：38，灰色，真腹，唇外贴加宽厚泥条，施绳纹，口径 17、残高 3.8 厘米（图一九，9）。标本 H64：33，灰色，假腹，无沿，豆盘外侧施旋纹，口径 18、残高 2.8 厘米（图一九，10）。标本 H64：41，灰色，平折沿方唇，浅腹，盘壁施旋纹，口径 14、残高 2.4 厘米（图一九，8）。

盆　均泥质，沿下角较大，唇部较厚，腹上部施数道旋纹，腹部多施麦粒状绳纹。标本 H64：23，灰色，侈口圆唇，口径 22、残高 7 厘米（图一九，13）。标本 H64：9，黑灰色，侈口方唇，腹斜直，口径 22、残高 8.6 厘米（图一九，14）。

罐　均泥质灰色，似均为折肩，唇较厚，束颈较高直，颈与肩部施旋纹。标本 H64：22，方唇，口沿上饰一道旋纹，口径 16、残高 5 厘米（图一九，11）。标本 H64：10，侈口圆唇，唇较厚，口径 20、残高 5.6 厘米（图一九，15）。

纺轮　标本 H64：8，泥质褐色，直径 4.1、厚 2.3 厘米（图一七，9）。

其他类遗物有：

石刀　标本 H64：4，青石磨制而成，略呈长方形，双面刃，残长 4.5 厘米（图一七，3）。

（三）ⅡD1H55

叠压于 T7703④ 和 H45 下，打破生土。坑口近圆形，直径 120 厘米。袋状坑，坑壁经过修整，底径 240～256、坑深 220 厘米，坑底平整。距坑底 10 厘米处，在西南壁上有一高 60、宽 30 厘米的壁龛。坑内填灰黑软土与淡黄硬土（图二〇）。

陶器可分为夹砂陶和泥质陶两大类，夹砂陶与泥质陶数量相若，各占 50% 左右。以夹砂褐色为主，约占 30% 左右，泥质灰色、夹砂黑陶、泥质褐色次之，各占 22%、19%、17%。纹饰以条状绳纹为多，约占 35%，麦粒状绳纹次之，约占 29%，素面陶亦较多，约占 25%。亦见间断绳纹、旋纹、方格纹、戳印纹、附加堆纹等。器类以高领袋足鬲、袋足分裆甗为主，分别占 42% 和 25%，罐和盆数量亦较多，分别占 12% 和 7%，另有高领球腹罐、瓮、豆、尊等。

高领袋足鬲　均夹砂，足根多为扁锥状，亦有较多圆锥状，高直领微侈，施较粗绳纹，领上部多为直行，少量施较窄的斜行绳纹带。裆底或施粗糙绳纹，或施坑窝纹。标本 H55：34，灰黑，领微弧，口径 26、残高 8 厘米（图二一，1）。标本 H55：3，褐色，裆底施有绳纹，残高 6 厘米（图二一，5）。标本 H55：25，灰褐色，领施直行绳纹，口沿外施一周附加堆纹，口径 16、残高 6 厘米（图二一，7）。标本 H55：23，灰褐，扁锥状足根，残高 5.3 厘米（图二一，10）。标本 H55：16，灰黑，圆锥状足根，

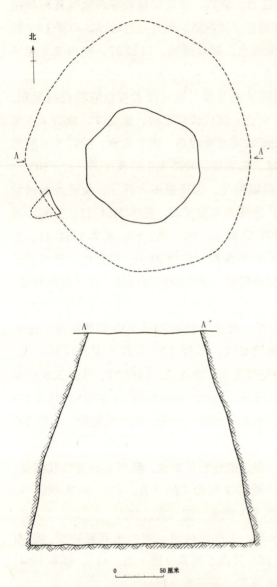

图二〇　ⅡD1H55 平、剖面图

残高 4.9 厘米（图二一，15）。标本 H55：27，褐色，椭圆柱状足根，残高 5.0 厘米（图二一，16）。

袋足分裆甗　均夹砂，矮领方唇，口部年代特征近同于本单位高领袋足鬲口部，领上部或施直行中绳纹，或施斜行中绳纹。鬲部年代特征近同于高领袋足鬲。腰托一般较宽。标本 H55：31，灰褐色，领施横绳纹，口径 24、残高 4.4 厘米（图二一，2）。

高领球腹罐　均夹砂灰褐色，高领方唇，口部形制与年代特征近同于本单位高领

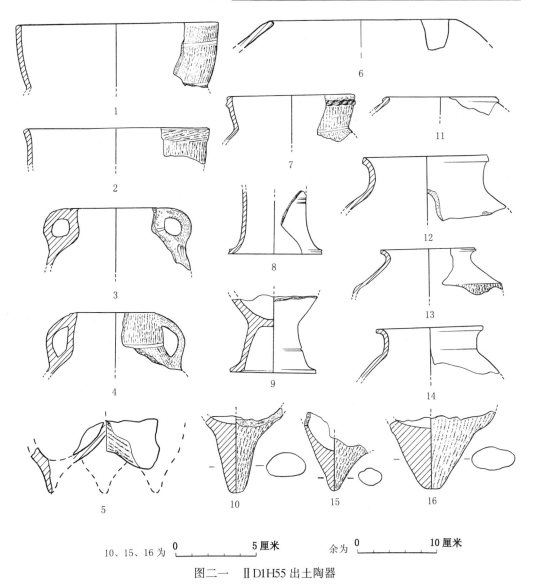

10、15、16 为 0 ____ 5 厘米   余为 0 ____ 10 厘米

图二一　ⅡD1H55 出土陶器

1、5、7. 高领袋足鬲（H55：34、3、25）　2. 袋足分裆甗（H55：31）　3、4. 高领球腹罐（H55：
11、19）　6. 敛口罐（瓮）（H55：15）　8. 豆柄（H55：17）　9. 圈足（H55：7）　10、15、16.
鬲足（H55：23、16、27）　11. 敛口罐（H55：24）　12~14. 罐（H55：28、9、18）

袋足鬲，鼓腹，小平底。领上部施直行绳纹，通体施较粗绳纹。标本 H55：11，耳上施
戳印纹，口径 11、残高 7.6 厘米（图二一，3）。标本 H55：19，口径 11、残高 7.6 厘米
（图二一，4）。

罐　均泥质，应为折肩罐，沿下角较小，唇较薄，唇外无加厚现象，沿面较窄，
颈与肩部不见旋纹。标本 H55：28，褐色，卷沿斜方唇，口径 16、残高 8 厘米（图二

一，12）。标本 H55:9，褐色，微卷沿，折肩，肩部下凹，施条状中绳纹，口径 12、残高 6 厘米（图二一，13）。标本 H55:18，高领，卷沿圆唇，口径 14、残高 6 厘米（图二一，14）。

敛口罐　均泥质。标本 H55:24，泥质灰色，圆唇，素面，口径 14、残高 2 厘米（图二一，11）。

豆柄　标本 H55:17，泥质灰黑色，直筒状圈足较粗，施旋纹，底径 12、残高 8 厘米（图二一，8）。

圈足　标本 H55:7，泥质灰色，喇叭状圈足较粗较高，施旋纹，底径 11、残高 9.8 厘米（图二一，9）。

敛口罐（瓮）　标本 H55:15，泥质灰黑色，口部施旋纹，器身素面，口径 24、残高 3.8 厘米（图二一，6）。

纺轮　标本 H55:3，夹细砂褐色，直径 5、厚 1 厘米（图二二，5）。

其他类遗物有：

卜骨　标本 H55:5，两面皆有圆钻，个别钻孔凿痕，灼痕明显，残片长 15、残宽 11 厘米（图二二，1）。标本 H55:4，圆钻，坑底平，经修整，去臼角，有灼烧痕迹，残长约 9、宽 5 厘米（图二二，4）。

石铲　标本 H55:2，双面刃，残长 6、宽 5.8 厘米（图二二，2）。

石刀　标本 H55:1，长方形，两端有凹槽，似作绑缚之用。长 7.9、宽 3.7、厚 0.3 厘米（图二二，3）。

（四）ⅡD1H77

叠压于 T6709⑥层和 T6809⑨层下，打破 T6809 的⑩A、⑩B、⑪、⑫层和 H86、H96 和 H97。面积甚大，平面形状不规则，略近圆形，坑口东西长 820、南北宽 550 厘米。斜坡壁，不甚规整，底较平。坑底径长 470 厘米。坑自深 150～160 厘米。坑内填土可细分为 7 小层，出土遗物丰富（图二三）。

陶器分为泥质和夹砂两大类，泥质陶多于夹砂陶，约占 64%。陶色以灰色和褐色为主，分别占 49% 和 45% 左右。纹饰以绳纹为多，约占 69%，多中粗绳纹，亦见旋纹、附加堆纹、方格纹、乳钉纹、戳印纹、云雷纹等（图二四）。器类以高领袋足鬲为主，约占 58%，罐和盆各占 10% 和 4% 左右，此外还有联裆鬲、袋足分裆甗、高领球腹罐、球腹钵、豆、瓮等。该单位器类的年代特征与 H55 几乎完全相同。

高领袋足鬲　均夹砂。标本 H77:93，鸡冠状鋬，裆底施有坑窝纹，领施较粗直行绳纹，口径 23、残高 16 厘米（图二五，1）。标本 H77:120，灰色，鸡冠状鋬，领部施较粗直行绳纹，口径 18、残高 5.4 厘米（图二五，2）。标本 H77:68，灰色，领部施粗深的直绳纹，口径 13.4、残高 10.6 厘米（图二五，11）。标本 H77:108，褐色，扁锥

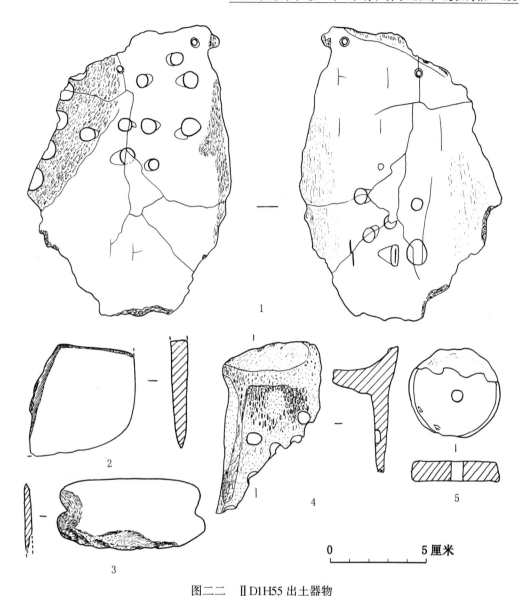

图二二　ⅡD1H55 出土器物

1、4. 卜骨（H55：5、4）　2. 石铲（H55：2）　3. 石刀（H55：1）　5. 陶纺轮（H55：3）

状足根，残高 3.7 厘米（图二六，7）。标本 H77：111，灰色，圆锥足根，残高 5.5 厘米（图二六，13）。

　　联裆鬲　标本 H77：127，夹砂红褐色，侈口微折沿，尖圆唇，高直颈，施印痕模糊绳纹，口径 14、残高 10 厘米（图二五，3）。标本 H77：136，似早期商式鬲，夹砂灰褐色，翻沿方唇，沿面有一道旋纹，施旋断绳纹，口径 15、残高 6.2 厘米（图二五，4）。标本 H77：132，褐色，圆柱状实足根较高，施绳纹，残高 7.1 厘米（图二六，8）。

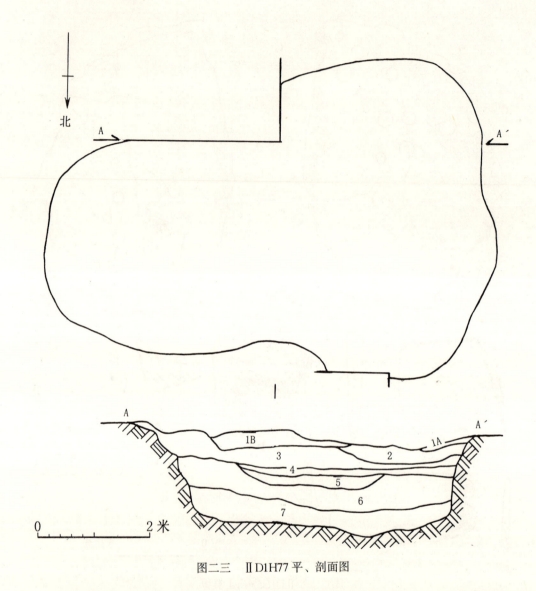

图二三　ⅡD1H77 平、剖面图

袋足分裆甗　均夹砂。标本 H77：119，褐色，陶色斑驳，直口方唇，矮直领，领上部施横绳纹，口径 29、残高 4.4 厘米（图二五，8）。标本 H77：100，褐色，领部施直行绳纹，口径 44、残高 8.2 厘米（图二五，13）。标本 H77：77，褐色，腰托较宽，腰外施波浪状窄泥条堆纹，残高 5.5 厘米（图二五，10）。标本 H77：106，褐色，无腰托，腰外附加泥条堆纹，腰径 12.8、残高 6.2 厘米（图二五，12）。

高领球腹罐　均夹砂，多灰褐色。标本 H77：73，双桥形耳，领部施斜行绳纹，耳上施戳印纹，口径 10、残高 7.5 厘米（图二五，6）。标本 H77：101，褐色，领部素面，

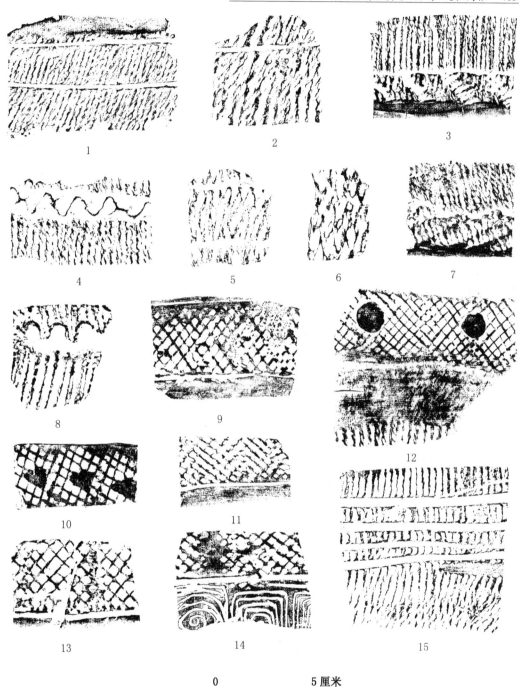

0　　　　　　　　5 厘米

图二四　商周时期第二期陶片纹饰拓片

1、2、5、15. 绳纹＋旋纹（H77:151、152、149，H4:16）　3、7. 绳纹＋附加堆纹（H77:148、H55:110）

4、8. 绳纹（H77:64、120）　6. 麦粒状绳纹（H77:150）　9、11、13. 方格纹＋旋纹（H77:154、153、95）

10、12. 方格乳钉纹（H77:155、147）　14. 方格纹＋云雷纹（H77:46）

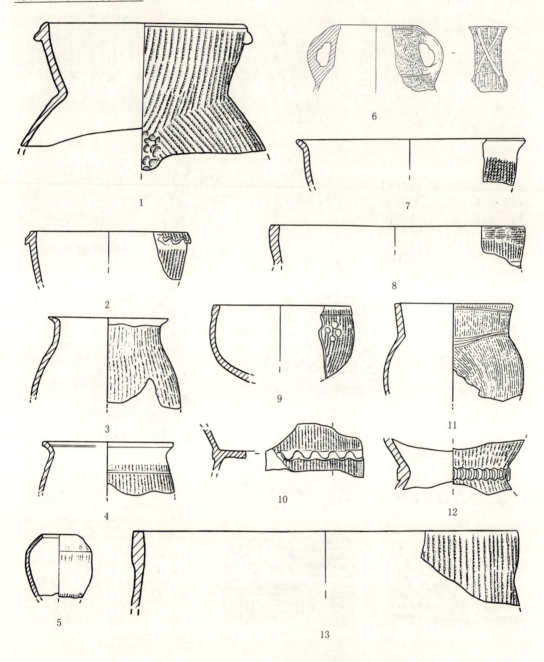

0   10 厘米

图二五 ⅡD1H77 出土陶器

1、2、11.高领袋足鬲（H77：93、120、68） 3、4.联裆鬲（H77：127、136） 5.敛口罐（H77：81）

6.高领球腹罐（H77：73） 7.盆（H77：118） 8、13.袋足分裆甗（H77：119、100） 9.球腹钵

（H77：116） 10、12.甗腰（H77：77、106）

口径 10、残高 5.4 厘米（图二六，6）。

球腹钵 标本 H77：116，夹砂黑褐色，敛口方唇，球腹，通体施较粗绳纹，口径 16、残高 8.4 厘米（图二五，9）。

敛口罐 均泥质灰色，敛口，多通体抹光。标本 H77：81，方唇，折肩，形体较小，所施绳纹均被抹，残痕依稀可见，口径 4、残高 7 厘米（图二五，5）。标本 H77：60，方唇，形体较大，似为瓮，素面，口径 17、残高 4.2 厘米（图二六，11）。

罐 均泥质，折肩。标本 H77：128，灰色，折沿方圆唇，沿下角较小，素面，口径 17、残高 7.2 厘米（图二六，9）。标本 H77：58，灰色，卷沿，沿下角较小，沿面较宽，束颈，素面，口径 12、残高 6 厘米（图二六，12）。

盆 均泥质，深腹。折沿居多，唇外无鼓边现象。施方格纹者，仅以单旋纹相间，或不见旋纹。沿下无旋纹。标本 H77：117，灰褐色，平折沿，尖圆唇，微鼓腹，施方格乳钉纹，间以旋纹，口径 24、残高 10.4 厘米（图二六，3）。标本 H77：95，灰色，侈口，折沿，方圆唇，腹微鼓，施方格纹，口径 16、残高 9.6 厘米（图二六，4）。标本 H77：118，灰褐色，侈口方唇，此器也有可能是联裆甗，口径 26、残高 5 厘米（图二五，7）。

豆柄 标本 H77：138，泥质灰褐色，圈足底缘加泥条，柄部抹光，有镂孔，底径 9、残高 7.4 厘米（图二六，5）。

瓮 多泥质，大口，器体较大，型别较多。标本 H77：115，灰色，卷沿尖圆唇，束颈较高，施绳纹，口径 20、残高 6.6 厘米（图二六，1）。标本 H77：143，灰色，侈口，圆唇，矮领，口部泥条加厚，口径 24、残高 4.8 厘米（图二六，2）。

器盖 标本 H77：140，泥质黑皮陶，表面抹光，口径 26、残高 7.2 厘米（图二六，10）。

纺轮 标本 H77：2，泥质灰色，直径 4、孔径 0.6～0.7、厚 2 厘米（图二七，2）。标本 H77：38，夹砂褐色，直径 4.5、孔径 0.5、厚 3 厘米（图二七，5）。标本 H77：148，夹砂黑色，直径 4.2、孔径 0.7、厚 1.9 厘米（图二七，7）。

陶垫 标本 H77：48，夹砂灰褐色，底部抹平，顶部有圆窝，高 3.7 厘米（图二七，6）。

其他类遗物有：

石铲 标本 H77：22，以青石打制而成，长 17.4、宽约 9 厘米（图二七，9）。

石刀 标本 H77：27，长方形，单面刃，双面钻孔，残长 7.5、残宽 5.4 厘米（图二七，8）。标本 H77：21，长方形，双面刃，双面对钻孔，残长 7.3、宽 6.5 厘米（图二七，10）。

蚌刀 标本 H77：5，残长 6.8、残宽 4 厘米（图二七，3）。

卜骨 标本 H77：1，圆钻孔较深，坑底平，无灼痕，残长 10.5、宽 6.5 厘米（图

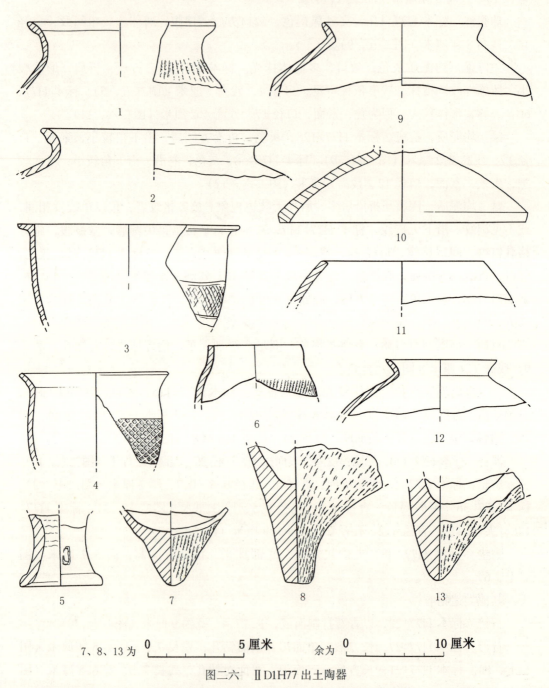

7、8、13 为 0————5 厘米　　余为 0————10 厘米

图二六　ⅡD1H77 出土陶器

1、2. 瓮（H77：115、143）　3、4. 盆（H77：117、95）　5. 豆柄（H77：138）　6. 高领球腹罐
（H77：101）　7、8、13. 鬲足（H77：108、132、111）　9、12. 罐（H77：128、58）　10. 器盖
（H77：140）　11. 敛口罐（H77：60）

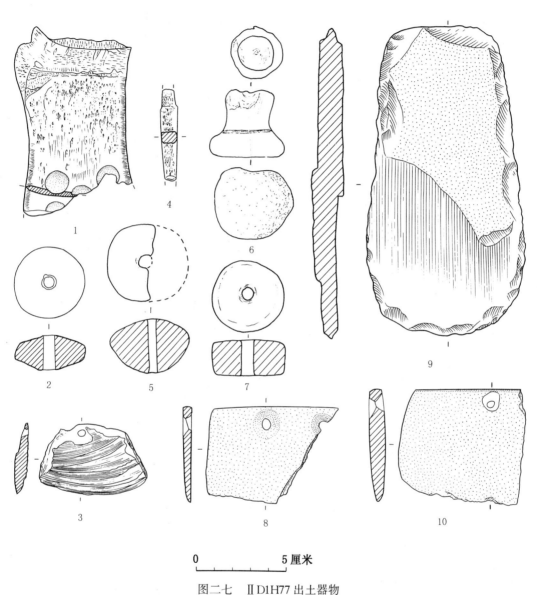

0　　　　　　5 厘米

图二七　ⅡD1H77 出土器物

1. 卜骨（H77:1）　2、5、7. 陶纺轮（H77:2、38、148）　3. 蚌刀（H77:5）　4. 骨镞（H77:13）

6. 陶垫（H77:48）　8、10. 石刀（H77:27、21）　9. 石铲（H77:22）

二七，1）。

（五）ⅡC2H9

被 H7、H8 打破，其打破生土。残存口部近半椭圆形，斜壁，平底，口径 135～190、底径 200～280、坑自深 50 厘米（图二八）。坑内填土分 2 小层，上部黄褐色土稍硬，下部灰黄色土较疏松。

陶器可分为泥质和夹砂两大类，夹砂陶比例明显多于泥质陶，占 64.2％。陶色以褐色为主，灰色和黑陶次之。纹饰以条状绳纹为主，占 67.8％，麦粒状绳纹次之，占 7.2％，亦见间断绳纹、交错绳纹、旋纹、附加堆纹、方格纹和坑窝纹等（图二九）。器类以高领袋足鬲和袋足分裆甗为主，分别占总数的 37.8％和 40.5％，罐和盆分别占 13.5％和 5.4％，另有高领球腹罐和球腹钵等。

高领袋足鬲　均夹砂，灰褐色或褐色，施印痕较深的粗绳纹，高领外侈，领上部施斜行绳纹。裆底施坑窝纹，圆锥足根，多数足根施直行绳纹，少数足根上绳纹呈旋转状。标本 H9∶14，鸡冠状鋬较薄小，口径 22、残高 8 厘米（图三〇，1）。标本 H9∶12，鸡冠状鋬位于领的中部，与常见的鋬位于领口部之特征不同，较罕见，领上部绳纹被抹，口径 18、残高 7.6 厘米（图三〇，2）。标本 H9∶18，领上部施斜行绳纹带较宽，口径 15、残高 4.2 厘米（图三〇，6）。

鬲足　标本 H9∶26，器类不明，夹砂灰色，尖锥状实足根，足根素面，残高 3.5 厘米（图三〇，4）。标本 H9∶11，圆锥状足根，上施直行绳纹，残高 9 厘米（图三〇，8）。

袋足分裆甗　均夹砂，褐色或灰褐色，口部与鬲部年代特征同于同单位之高领袋足鬲。甗腰多有较宽的腰托，腰外多施较细的纽索状附加堆纹，裆底坑窝纹多与附加堆纹相连。标本 H9∶13，领施斜行绳纹，口径 29.8、残高 7.6 厘米（图三〇，5）。标本 H9∶8，残高 7 厘米（图三〇，3）。

高领球腹罐　均夹砂，多褐色，高领方唇，鼓腹如球状，平底，通体施较粗绳纹。其口部形制及年代特征近同于同单位之高领袋足鬲，惟口径小于后者。标本 H9∶9，桥形耳，残高 8.6 厘米（图三〇，7）。标本 H9∶6，领上部施斜行绳纹，口径 12、残高 12.4 厘米（图三〇，10）。标本 H9∶17，平底，底径 6、残高 5.2 厘米（图三〇，11）。

罐　均泥质，沿外卷甚，薄唇，口与肩部无旋纹。标本 H9∶16，褐色，卷沿圆唇，口径 14、残高 5 厘米（图三〇，9）。

纺轮　标本 H9∶3，夹细砂灰褐色，直径 4.7、孔径 0.6、厚 2.7 厘米（图三一，6）。标本 H9∶2，泥质红色，直径 3.8、孔径 0.7、厚 1.2 厘米（图三一，8）。

其他类遗物有：

石刀　标本 H9∶4，磨制，残长 2.4、残宽 5.6 厘米（图三一，3）。

石铲　标本 H9∶7，磨制。双面刃。残长 5、厚 0.8 厘米（图三一，4）。

（六）ⅡC2H7

被 H6 打破，打破 H8 和 H9。口部似椭圆形，壁斜收，底较平整，坑深 60 厘米（图三二）。坑内填土可细分为 3 小层。

陶器分泥质和夹砂两类，夹砂陶比例明显高于泥质陶，占 64.8％。陶色以夹砂褐色为主，占 37.1%，夹砂黑褐色和泥质褐色次之。纹饰以条状粗绳纹为主，占 64%，此外亦见间断绳纹、交错绳纹、旋纹、附加堆纹、方格纹和坑窝纹等（图二九）。器类以高领袋足鬲和袋足分裆甗为主，分别占总数的 48.4% 和 34.2%，罐的数量亦较多，占 13.6%，另有少量联裆鬲、球腹钵和盆等。该单位各器类之年代特征几乎与ⅡC2H9 完全相同。

　　高领袋足鬲　均夹砂褐色，所施绳纹印痕较粗、深。标本 H7：37，领外侈，錾较薄小，领上部施斜行绳纹带，袋足中部外鼓，似有折，裆底施坑窝纹至领部，圆锥足根外撇，施旋转状绳纹，口径 14.6、通高 14.4 厘米。本单位中高领袋足鬲的年代特征多如此（图三三，1）。标本 H7：21，錾较薄小，领施直行绳纹，最上部绳纹被抹，口径 16、残高 6.2 厘米（图

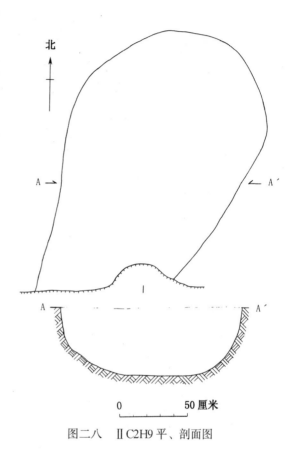

图二八　ⅡC2H9 平、剖面图

三三，2）。标本 H7：31，领部外鼓较甚，其上部斜行绳纹带较宽，口径 14、残高 4.3 厘米（图三三，7）。标本 H7：28，条状双耳在领的中部偏上，此型较少见，领中部与领腹交接处皆有一周抹痕，口径 20.6、残高 10 厘米（图三三，10）。标本 H7：40，施坑窝纹，残高 5.4 厘米（图三三，17）。标本 H7：39，灰黑色，裆底绳纹被抹，残高 5.8 厘米（图三三，18）。标本 H7：35，圆锥状足根，施旋转绳纹，残高 4 厘米（图三三，15）。标本 H7：41，圆锥状足根较矮，施直行绳纹，残高 3.6 厘米（图三三，16）。

　　袋足分裆甗　标本 H7：23，夹砂褐色，矮领加厚，其上施交错绳纹，口径 32、残高 7.8 厘米（图三三，4）。标本 H7：42，夹砂褐色，腰托较宽，腰外施较薄的波浪状附加堆纹，残高 9 厘米（图三三，5）。

　　联裆鬲　标本 H7：38，夹砂灰色，卷沿圆唇，沿面较宽，圆锥足，施间断绳纹，领部绳纹被抹，残痕依稀可见，口径 16、通高 15.4 厘米（图三三，3）。

　　球腹钵　此类器不见于以前报道中，因此次发现多件而得以辨识，均夹砂，多褐色，敛口方唇，鼓腹，平底或凹底，其口部年代特征同于同单位之高领袋足鬲。标本

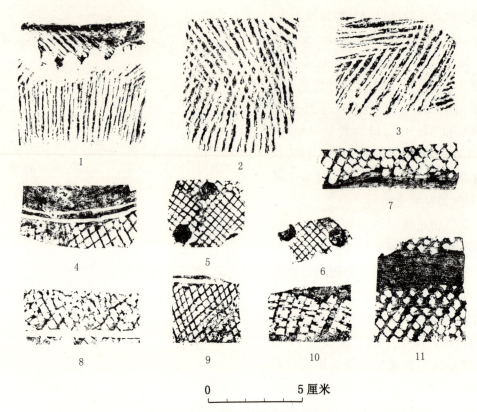

1

2

3

7

4

5

6

8

9

10

11

0　　　　　5 厘米

图二九　商时期第二期陶器纹饰拓片

1~3. 条状绳纹（H7：24、43、40）　4、7~11. 方格纹（H9、H9、H7：32、
H55：111、H7、H9）　5、6. 方格乳钉纹（H7）

H7：30，口部施斜行绳纹，口径 12、残高 5.8 厘米（图三三，8）。

　　高领球腹罐　标本 H7：22，夹砂灰黑色，高领敛口，领微外鼓，施间断绳纹，口
径 12、残高 9.6 厘米（图三三，6）。

　　罐　均泥质，多卷沿，薄唇。标本 H7：26，灰色，卷沿圆唇，口径 14、残高 9.6
厘米（图三三，12）。标本 H7：33，灰色，卷沿尖唇，肩面下凹，口径 17.8、残高 9.6
厘米（图三三，13）。

　　敛口罐　标本 H7：25，泥质灰褐色，敛口圆唇，素面，口径 8、残高 6.6 厘米（图
三三，14）。

　　盆　均泥质，多卷沿，薄唇，深腹，所施方格纹纵对角线与横对角线相若。标本
H7：27，灰褐色，圆唇，施方格纹带，口径 15、残高 6.8 厘米（图三三，9）。标本 H7：
32，泥质黑色，尖圆唇，施方格纹带，口径 24、残高 9.0 厘米（图三三，11）。

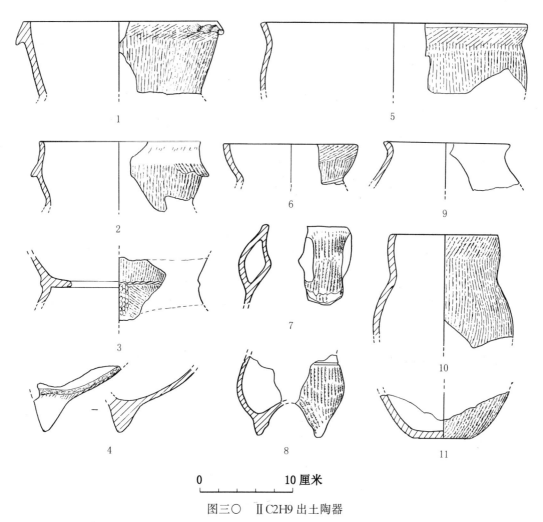

0 _____ 10 厘米

图三〇　ⅡC2H9 出土陶器

1、2、6. 高领袋足鬲（H9：14、12、18）　3. 甗腰（H9：8）　4、8. 鬲足（H9：26、11）　5. 袋足分
档甗（H9：13）　7、10、11. 高领球腹罐（H9：9、6、17）　9. 罐（H9：16）

圆陶片　标本 H7：24，夹砂褐色，系残陶片磨制而成，其上原施印痕较深之条状绳纹，直径 3.7、厚 0.6 厘米（图三一，5）。

纺轮　标本 H7：14，泥质褐色，直径 8、孔径 0.7～0.85、厚 2.2 厘米（图三一，7）。标本 H7：18，泥质黑色，直径 4.5、孔径 0.6、厚 2.8 厘米（图三一，9）。标本 H7：17，泥质灰色，直径 5.2、孔径 0.6～0.7、厚 1.9 厘米（图三一，10）。

其他类遗物有：

石铲　标本 H7：20，平面呈长方形，两面刃，残长 12.8、宽 12.0 厘米（图三一，1）。

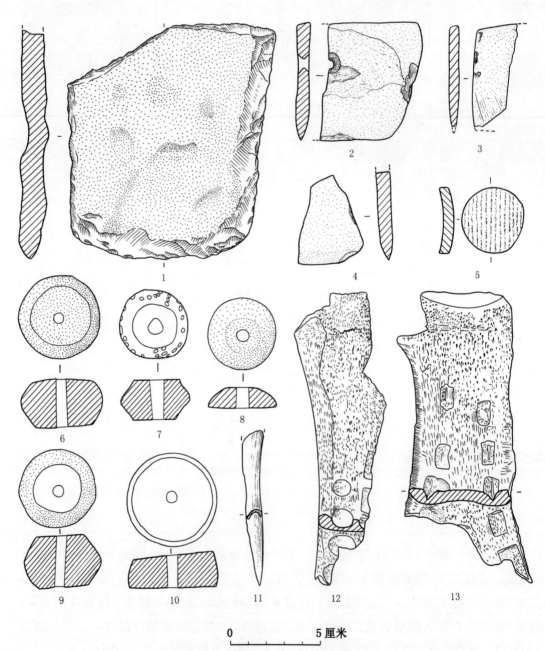

0　　　　　　　　5 厘米

图三一　ⅡC2H9、H7、H4 出土器物

1. 石铲（H7∶20）　2、3. 石刀（H4∶5，H9∶4）　4. 石铲（H9∶7）　5. 圆陶片（H7∶24）　6～10.
陶纺轮（H9∶3，H7∶14，H9∶2，H7∶18、17）　11. 骨锥（H7∶5）　12、13. 卜骨（H7∶16、1）

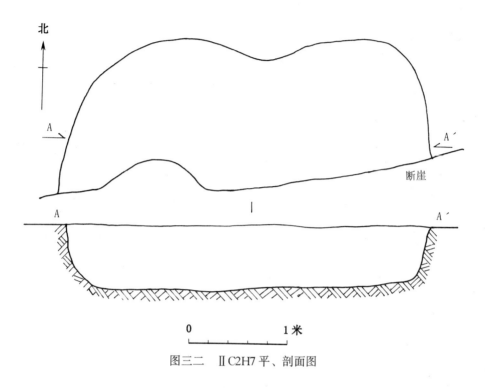

图三二　ⅡC2H7 平、剖面图

骨锥　标本 H7:5，磨制，长 8.6 厘米（图三一，11）。

卜骨　标本 H7:16，圆钻孔 4 个，方凿孔 2 个，残长 16.5、宽 4.4 厘米（图三一，12）。标本 H7:1，长方形或不规则长方形凿孔，长 16.2、宽 6 厘米（图三一，13）。

（七）ⅢE1G1

叠压于 T0127③层下，叠压 G2，被 H4、H7、H8、H9 打破。长条形，发掘部分斜长 525、残宽 230～305、沟口距地表 75～85、沟底距地表 125～150 厘米。沟壁呈斜坡状，沟底西高东低。沟之壁和底面为一层硬面，厚约 2 厘米，硬面颜色偏深，似经火烧烤一般，硬面之上发现较多炭末。填土较疏松，内夹杂有大量的炭末和红烧土块（图三四）。该沟似不是一般灰沟，但目前尚不能明确其性质。

陶器可分为夹砂陶和泥质陶两大类，泥质陶稍多于夹砂陶，占 58％。纹饰以条状绳纹为主，占 36.2％，麦粒状绳纹稍次之，占 30.1％，素面陶占 21.1％，另有间断绳纹、旋纹、附加堆纹，以及少量的方格纹、戳印纹和交错绳纹等。常见器类有高领袋足鬲、袋足分裆甗、高领球腹罐、盆、豆等。以高领袋足鬲和罐为主，各占 33％左右。

高领袋足鬲　多灰褐色，扁锥状足根，多直立，高领近直微侈，施中偏细绳纹，领上部绳纹为直行，个别者口外施极薄泥条，錾多粗状，裆底施绳纹。标本 G1:19，领上部附加一周薄泥条，领部施直行绳纹，口径 17、残高 4.8 厘米（图三五，3）。标

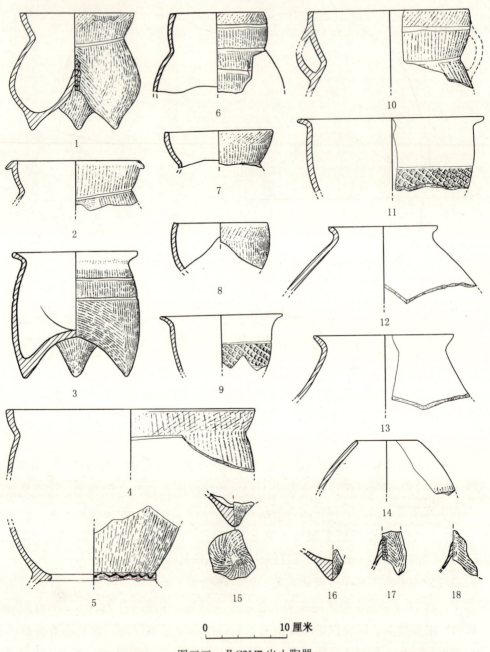

图三三   ⅡC2H7 出土陶器

1、2、7、10.高领袋足鬲（H7：37、21、31、28）   3.联裆鬲（H7：38）   4、5.袋足分裆甗（H7：
23、42）   6.高领球腹罐（H7：22）   8.球腹钵（H7：30）   9、11.盆（H7：27、32）   12、13.罐
（H7：26、33）   14.敛口罐（H7：25）   15、16.鬲足（H7：35、41）   17、18.鬲裆（H7：40、39）

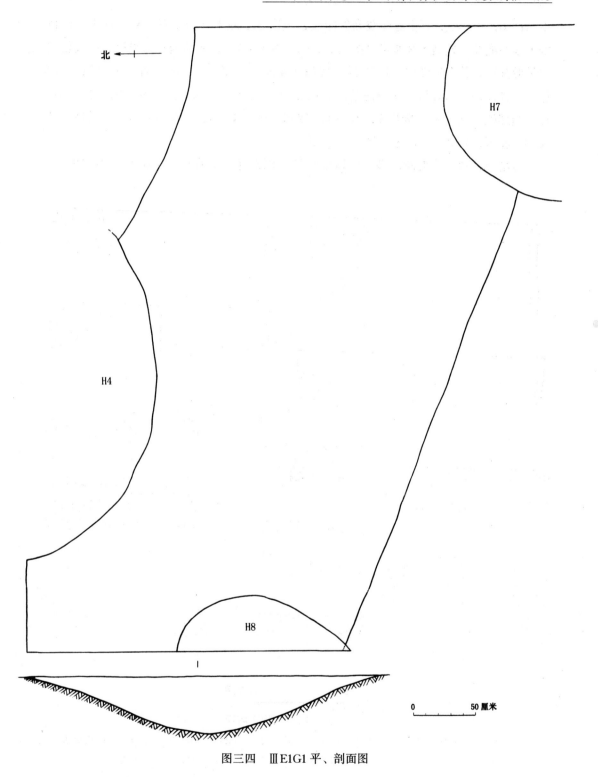

北 ←┼─

H7

H4

H8

I

0   50 厘米

图三四　ⅢE1G1 平、剖面图

本 G1:10，带耳型，耳上施绳纹和戳印纹，残高 3.2 厘米（图三五，5）。标本 G1:18，
鋬上施斜绳纹，残高 5.8 厘米（图三五，6）。标本 G1:7，领部施直行绳纹，印痕较浅，
鋬呈椭圆形，其上施绳纹，口径 24、残高 5.4 厘米（图三五，8）。标本 G1:21，灰褐
色，弧领，领上部附加一周薄泥条，口径 24、残高 5.4 厘米（图三五，9）。标本 G1:
12，裆部施印痕模糊之细绳纹，残高 4.9 厘米（图三五，12）。标本 G1:4，扁锥状，绳
纹印痕较深，残高 7.6 厘米（图三五，13）。

　　袋足分裆甗　均夹砂，多施中偏细绳纹，领部绳纹为直行，个别唇部附加极薄泥

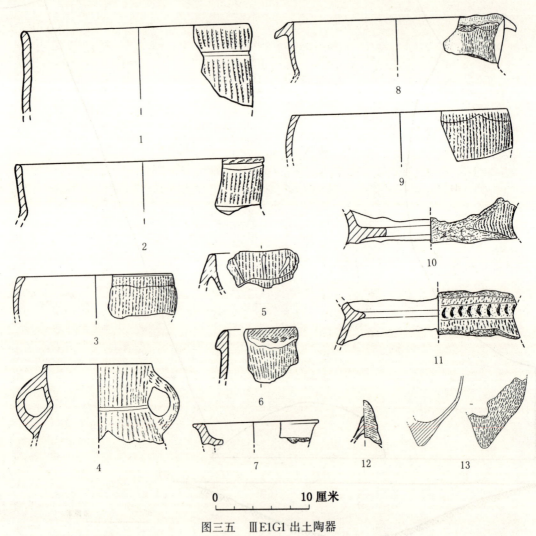

图三五　ⅢE1G1 出土陶器

1、2. 袋足分裆甗（G1:20、22）　3、5、6、8、9. 高领袋足鬲（G1:19、10、18、7、21）　4. 高领球腹
罐（G1:6）　7. 豆（G1:17）　10、11. 甗腰（G1:15、3）　12. 鬲裆（G1:12）　13. 鬲足（G1:4）

条，裆部施绳纹。标本 G1:20，夹砂灰黑陶，领部施直行绳纹，口径 25、残高 8.4 厘米（图三五，1）。标本 G1:15，夹砂褐色，腰托较宽，残高 4.4 厘米（图三五，10）。标本 G1:22，领部施直行绳纹和一周抹划纹，口径 28、残高 5.8 厘米（图三五，2）。标本 G1:3，黑陶，腰托较窄，无腰托，腰外侧贴加附加堆纹，其上有指甲纹，口径 18.6、残高 5.2 厘米（图三五，11）。

高领球腹罐　施印痕较浅的中绳纹，领部绳纹为直行。标本 G1:6，夹砂褐色，口径 12、残高 8.6 厘米（图三五，4）。

豆　标本 G1:17，泥质灰黑色，平沿尖圆唇，浅盘，口径 14、残高 2.4 厘米（图三五，7）。

（八）ⅡD1M2

长方形土坑竖穴墓，墓向 230°。叠压于 T6909⑥层下，被 H46 打破，打破第⑦B、⑧B、⑩、⑪层、H72 及生土。墓口深 150、长 204、宽 79 厘米，墓底深 300、长 200、宽 82 厘米，墓自深 150 厘米。直壁，有明显的工具痕迹。墓中填土为松软的未经夯打的五花土。葬具为单棺，长 200、宽 65 厘米，侧板与端板垂直相接，榫卯结构不明。墓内人骨一具，头向北，仰身，右手横于腹部，左手置于左侧髋骨外侧。随葬品有陶高领袋足鬲 1 件，置于头端的熟土二层台上，陶纺轮 1 件，置于棺内头骨左侧（图三六）。

高领袋足鬲　标本 M2:1，夹砂灰褐色，近直口，舌状錾较粗壮，錾上施一排楔形戳印纹，施细绳纹，领上部为直行，口部加极薄泥条，裆底施横绳纹，口径 10.4、残高 10.1 厘米（图三七，2）。

纺轮　标本 M2:2，夹砂黑灰色，直径 4.1 厘米（图三七，14）。

（九）ⅢB4M1

长方形竖穴土坑墓，方向 12°。叠压于②层下，打破③、④A 层。长方形墓口，壁较直。墓口长 370、宽 180、距地表 50 厘米，墓底长 350、宽 180、距地表 460 厘米，墓自深 410 厘米。西壁上有一长 160、宽 70、进深 40 厘米的壁龛，龛底高于“二层台”台面。墓内填土致密。墓北端被盗。人骨已朽成粉末，仅能确认墓主头向北，但其葬式难辨。葬具为一棺一椁。椁长 255、宽 120 厘米，棺长 185、宽 60 厘米。棺表面髹红漆，在椁盖板和底板上各铺一张草席。棺内铺朱砂。随葬品多被盗，劫余者有：在棺椁之间的东南角，有铜泡 21 件，铜弓形器、铜管、铜策各 1 件；壁龛中有铜泡 2 件及不辨器形之漆器；二层台上亦有不辨器形的漆器 1 件；盗洞中有海贝 2 枚，铜泡 1 件，高领袋足鬲 2 件，其中 M1:03 出土时沾有朱砂，应为随葬品（图三八）。

陶高领袋足鬲　标本 M1:05，夹砂灰褐色，錾较薄小，施印痕较深的较粗绳纹，领上部斜行绳纹带较宽，裆底施坑窝纹至领部，圆锥足根稍外撇，施直行绳纹，口径

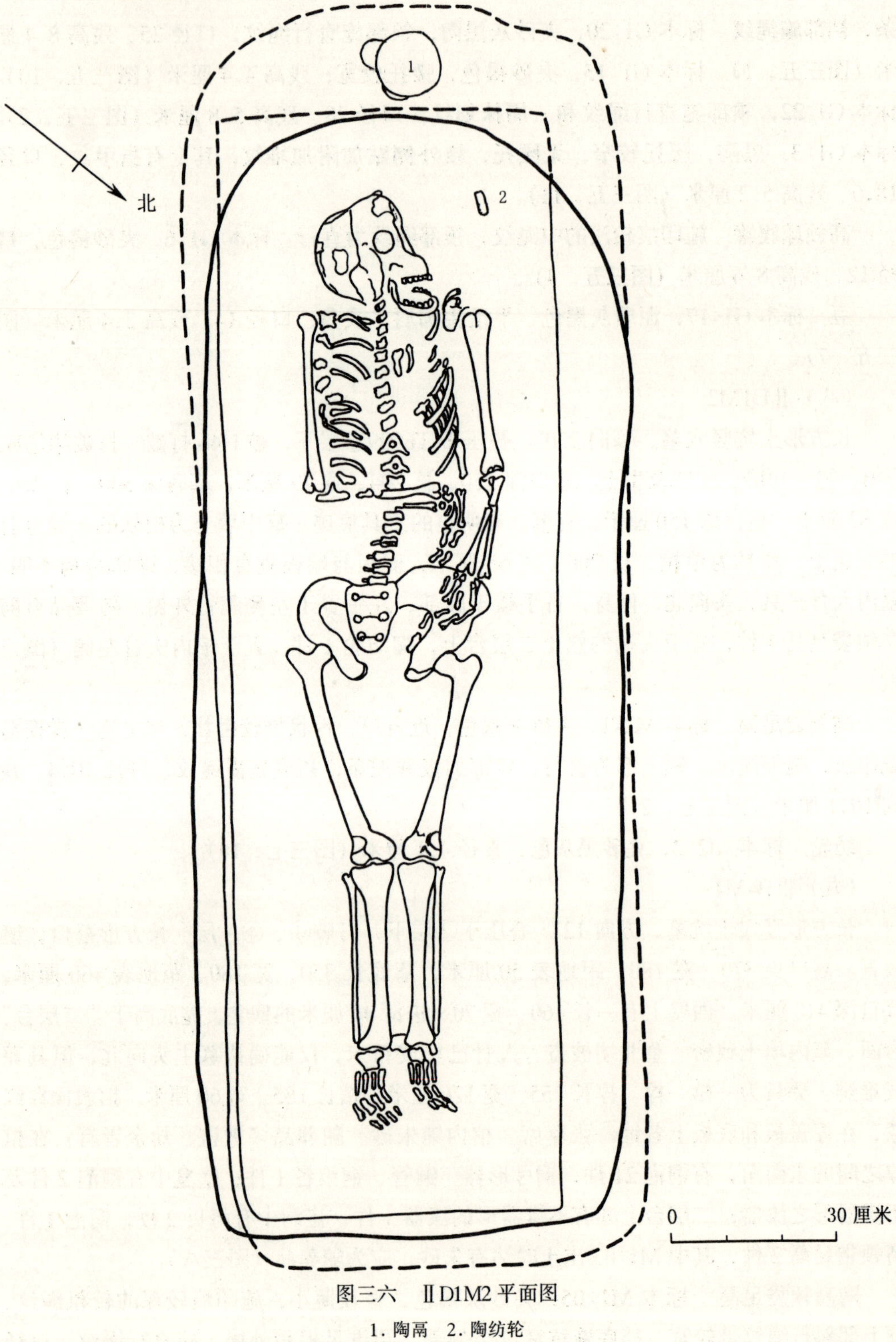

图三六　ⅡD1M2平面图
1.陶鬲　2.陶纺轮

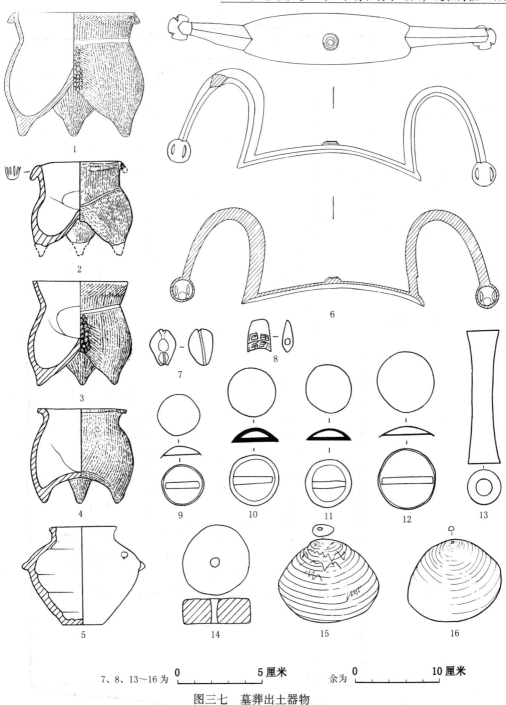

图三七　墓葬出土器物

1～3.陶高领袋足鬲（ⅢB4M1∶05、ⅡD1M2∶1、ⅢB4M1∶03）　4.陶联裆鬲（ⅢD2M1∶3）　5.陶罐（ⅢD2M1∶2）
6.铜弓形器（ⅢB4M1∶12）　7.海贝（ⅢD2M1∶1）　8.骨饰（ⅢD2M1∶4）　9～12.铜泡（ⅢB4M1∶9、5、10－2、
5－2）　13.铜管（ⅢB4M1∶8）　14.陶纺轮（ⅢD1M2∶2）　15、16.文蛤（ⅢB4M1∶02、01）

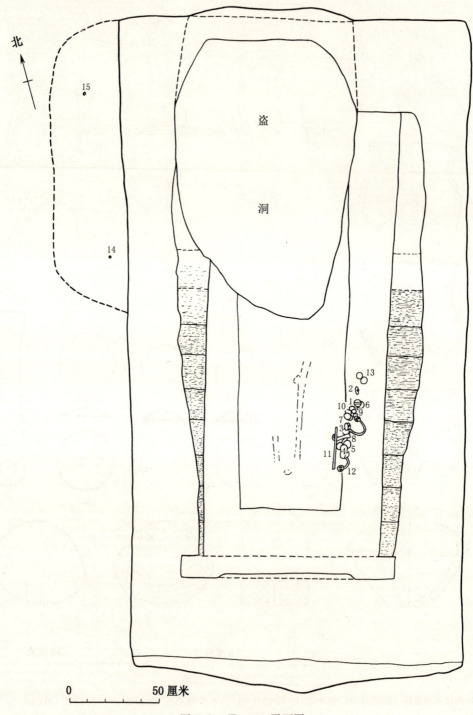

图三八 ⅢB4M1 平面图

1~7、9、10、13~15.铜泡 8.铜管 11.铜策 12.弓形器

14.5、通高 14.4 厘米（图三七，1）。标本 M1:03，夹砂褐色，直领微侈，裆底施坑窝纹至领部，圆锥状足根外撇，其上绳纹微呈旋转状，口径 11.6、通高 12 厘米（图三七，3）。

铜弓形器　标本 M1:12，两端有一镂空铃首，凸面有一圆形突起，素面，长 40、高 11.2 厘米（图三七，6）。

铜管　标本 M1:8，两端喇叭状，中空，出土时管内残存一条似皮制细绳，长 7.9、孔径 1 厘米（图三七，13）。

铜策　标本 M1:11，直筒状，中空，一端有一半弧形突起，长 24、孔径 0.7 厘米（图三九，9）。

铜泡　形状相同，大小有别，皆正面圆鼓，背面有一横梁，多素面。标本 M1:9，直径 2.5 厘米（图三七，9）。标本 M1:5，直径 2.9 厘米（图三七，10）。标本 M1:10-2，直径 2.9 厘米（图三七，11）。标本 M1:5-2，直径 3.5 厘米（图三七，12）。标本 M1:10-1，直径 2.9 厘米（图三九，7）。标本 M1:2，直径 3、厚 1 厘米（图三九，8）。

文蛤　标本 M1:01，长 5.8、宽 4.8 厘米（图三七，16）。标本 M1:02，长 6、宽 5 厘米（图三七，15）。

五、西周时期遗存

此期遗存较少，只在贺家村北发掘 4 座灰坑，在贺家村西发掘 3 座墓葬和 1 座马坑。介绍 3 个典型单位。

（一）ⅡC2H4

叠压于 T3063⑤下，被 H3 打破，打破 T3063⑥层和 H6、H7 等。近圆形口，口径 245~268、坑口距地表 75 厘米。坑壁弧状略内收，底部近椭圆形，较平，底径 150~180、坑底距地表 200 厘米，坑自深 120 厘米（图四〇）。坑内填土疏松，可细分为 4 小层。

陶器可分为泥质和夹砂两大类，各占 50% 左右。陶色以褐色较多。纹饰以条状绳纹为主，近 56%，素面占 19% 左右，亦见间断绳纹、旋纹、戳印纹和坑窝纹等（图二四，15）。器类以袋足分裆鬲、高领袋足鬲、罐、盆为常见器类，分别占 37%、13%、22%、11% 左右。另有联裆鬲、联裆鬲、钵、簋等。其中高领袋足鬲和袋足分裆鬲器类，形制与商时期ⅡC2H7 中同类器几无区别，而以往在周原遗址其他西周早期遗存中却不见。这些器类究竟是商时期遗物，抑或在西周初年仍被使用呢？目前尚不能遽断。今一并刊布，以期今后发掘和研究时加以重视。

高领袋足鬲　标本 H4:10，夹砂褐色，领外侈，施印痕较深的粗绳纹，领上部绳

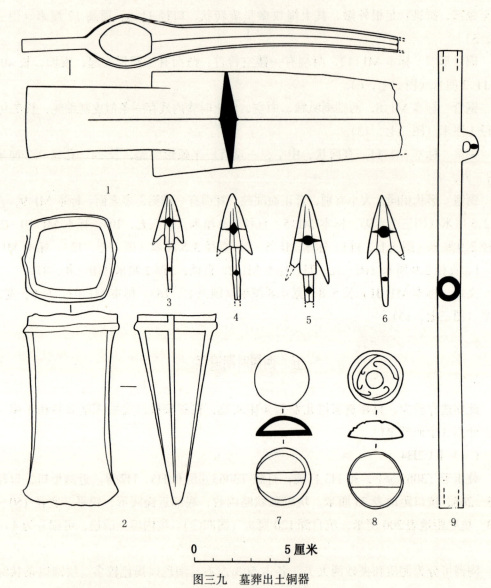

图三九　墓葬出土铜器

1. 戈（ZⅡD2M2：2）　2. 锛（ZⅡD2M2：1）　3～6. 镞（ZⅡD2M2：5、4、3、6）　7、8. 铜
泡（ZⅢB4M1：10－1、2）　9. 铜策（ZⅢB4M1：11）

纹为斜行，口径 16、残高 5.8 厘米（图四一，6）。

　　联裆鬲　均夹砂。标本 H4：27，灰色，卷沿圆唇，沿面有小平台，弧裆，施印痕
较深、条理清晰的中绳纹及旋纹，口径 23.5、残高 22.1 厘米（图四一，1）。标本 H4：
15，灰色，卷沿圆唇，沿面有一小平台，腹外鼓，矮实足根，施条理清晰的中粗绳纹

及旋纹，口径 23、通高 20.4 厘米（图四一，2）。

鬲足　标本 H4:14，夹砂灰色，几无实足根，施条状绳纹，形制与殷墟文化第四期常见的大袋足鬲之足根完全相同，疑其可能就是商式大袋足鬲（图四一，10）。

袋足分裆甗　标本 H4:22，夹砂褐色，矮领微侈，方唇，领部施斜行绳纹，印痕粗、深，口径 30、残高 5.2 厘米（图四一，7）。

盆　标本 H4:16，泥质灰色，宽卷沿，圆唇，耸肩，斜直腹，施间断绳纹，口径 32、残高 19.6 厘米（图四一，4）。

簋　标本 H4:8，泥质灰色，平折沿，方唇，束颈，上腹鼓，素面，口径 23.5、残高 10.8 厘米（图四一，8）。

罐　均泥质。标本 H4:24，灰色，大喇叭口圆唇，高颈，折肩，施间断绳纹，口径 19.4、残高 15.6 厘米（图四一，3）。标本 H4:18，褐色，卷沿尖圆唇，微束颈，素面，口径 12、残高 5.4 厘米（图四一，9）。

器盖　标本 H4:17，泥质灰色，施旋纹，口径 12.4、通高 3.2 厘米（图四一，5）。

其他类遗物有：

骨镞　标本 H4:1，长 5.6 厘米（图四一，11）。标本 H4:3，长 5.7 厘米（图四一，12）。

石刀　标本 H4:5，磨制，双面刃，残长 5.8、宽 6.5 厘米（图三一，2）。

（二）ⅡD2M1

墓向 338°。因村民取土而使墓上部被毁，残余部分深 66 厘米，直壁。现见墓口长 256、宽 130 厘米。直壁，东壁二层台上有一壁龛，长 77.5、宽 34.8、高 15 厘米。墓主人头向东北，面向上，仰身直肢，双手置于髋骨外侧。葬具为单棺，长 198、宽 58 厘米。棺下南北两端各有一根垫木，北端垫木长 111、宽 16、厚 6 厘米，南端垫木长 110、宽 18、厚 6 厘米。棺盖板横向、底板纵向铺置，在壁龛内发现陶联裆鬲和陶罐各

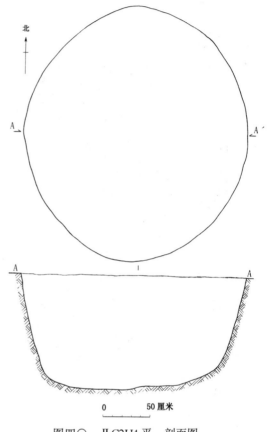

北

图四〇　ⅡC2H4 平、剖面图

0　　50 厘米

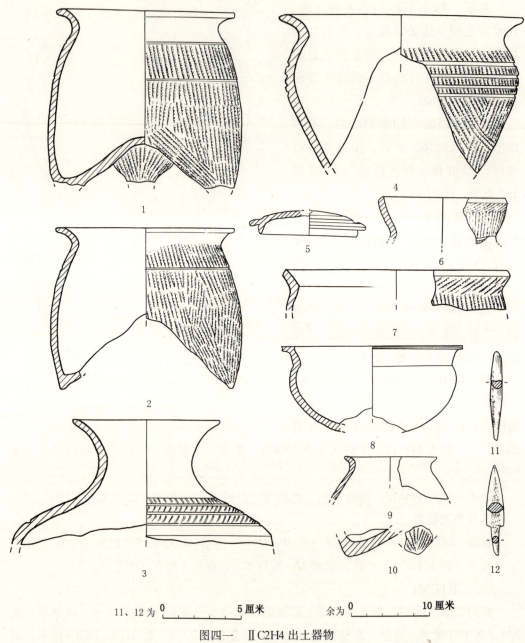

11、12 为 0   5 厘米   余为 0   10 厘米

图四一　ⅡC2H4 出土器物

1、2.陶联裆鬲（H4:27、15）　3.陶罐（H4:24）　4.陶盆（H4:16）　5.陶器盖（H4:17）

6.陶高领袋足鬲（H4:10）　7.陶袋足分裆甗（H4:22）　8.陶簋（H4:8）　9.陶罐（H4:18）

10.陶鬲足（H4:14）　11、12.骨镞（H4:1、3）

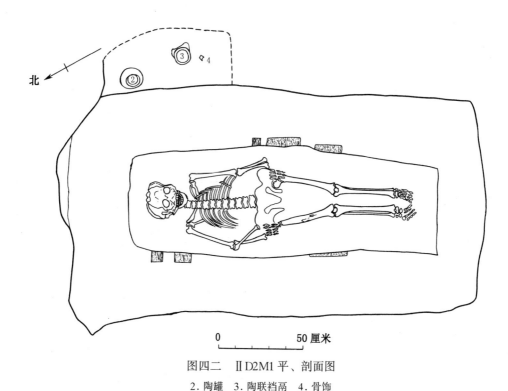

图四二　ⅡD2M1 平、剖面图
2. 陶罐　3. 陶联裆鬲　4. 骨饰

1 件（图四二）。

陶联裆鬲　标本 M1:3，夹砂黑褐色，卷沿方唇，沿面有小平台，微束颈，鼓腹，弧裆，尖锥足根较矮，施中粗条状绳纹，唇部亦施绳纹，口径 10.8、通高 11.2 厘米（图三七，4）。

陶罐　标本 M1:2，泥质灰色，小直口，平沿，圆肩，斜腹，平底，肩部有两錾及一泥钉，素面，口径 8.2、底径 4.8、高 11.4 厘米（图三七，5）。

海贝　标本 M1:1，长 2.1 厘米（图三七，7）。

骨饰　标本 M1:4，乳白色，有孔，其上刻纹，长 2、宽 1.5、厚 0.6 厘米（图三七，8）。

（三）ZⅡD2M2

墓向 3°。因村民取土而使墓上部被毁，残余部分深 70 厘米，直壁。现见墓口长 250、宽 98 厘米。墓内填土为黄褐色，未经夯打。墓主人头向北，仰身直肢。单棺，长 215、宽 68～71、高 36 厘米。棺板上有席。棺底板下有两根垫木，南北排列，北端垫木长 109、宽 41、厚 6 厘米，南端垫木长 93、宽 20.5、厚 7 厘米（图四三）。在棺盖板上北端，放置铜锛、铜戈各 1 件，在棺外东侧北部，放置铜镞 4 件。

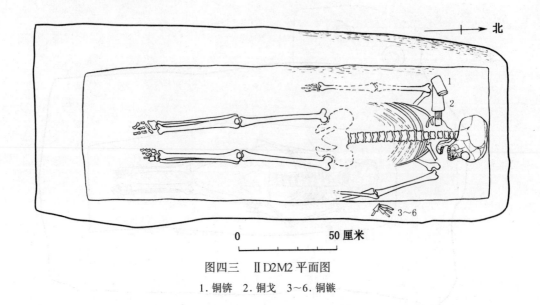

图四三　ⅡD2M2 平面图

1. 铜铛　2. 铜戈　3～6. 铜镞

铜戈　标本 M2∶2，直内，椭圆形銎，直援，尖残。援身起脊，断面呈菱形，残长 20、宽 4.5～5.5 厘米，銎长 2.8、宽 2.0 厘米（图三九，1）。

铜铛　标本 M2∶1，平面略呈长方形，弧刃较宽，方形銎，长 10、宽 5.2 厘米（图三九，2）。

铜镞　均带双翼，中起脊。标本 M2∶5，残长 5 厘米（图三九，3）。标本 M2∶4，残长 5.6 厘米（图三九，4）。标本 M2∶3，残长 5.7 厘米（图三九，5）。标本 M2∶6，残长 5.8 厘米（图三九，6）。

六、东周时期遗存

此次发掘所获东周时期遗物不多，多出于黑垆土内，遗迹较少，简略介绍如下。

鬲　标本ⅡD1H2∶1，夹砂黑褐色，宽扁体，方唇，耸肩，近平裆，施中绳纹和坑窝纹，口径 32、肩径 42.8、高 30.5 厘米（图四四，1）。

釜　均夹细砂，灰色。方唇，圜底，施粗绳纹和坑窝方格纹，分段分布。标本 ⅡD1T6909④∶2，直口，腹上部绳纹较细，下部横绳纹较粗，口径 19.4、通高 18 厘米（图四四，2）。标本ⅡD1T6809④∶5，卷沿，腹上部施横绳纹，下部施大方格纹，口径 17.6、通高 10.8 厘米（图四四，3）。

豆　标本ⅡD1T7803③∶2，泥质红色，斜腹，柄较矮，喇叭形圈足，素面，圈足内

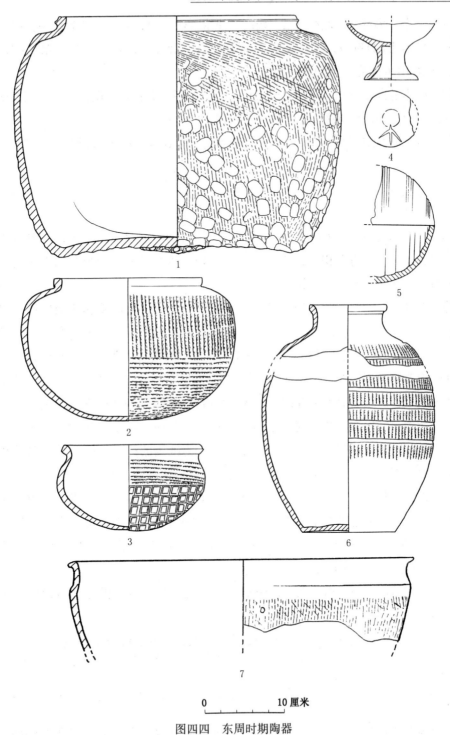

图四四　东周时期陶器

1. 鬲（ⅡD1H2∶1）　2、3. 釜（ⅡD1T6909④∶2、ⅡD1T6809④∶5）　4. 豆（ⅡD1T7803③∶2）

5. 茧形壶（ⅢE1H9∶4）　6. 罐（ⅡD1T7805③∶8）　7. 盆（ⅢE1H9∶7）

壁施有一"↑"形符号，底径 7.2、残高 7 厘米（图四四，4）。疑其为早期遗物。

盆 标本ⅢE1H9：7，泥质灰色，卷沿圆唇，沿面平，耸肩，施交错绳纹，口径 45.2、残高 10.6 厘米（图四四，7）。

罐 标本ⅡD1T7805③：8，泥质灰色，小口方唇，高直颈，微侈口，平底内凹，施 间断绳纹，口径 10.2、底径 12 厘米（图四四，6）。

茧形壶 标本ⅢE1H9：4，泥质灰色，施旋纹，高 14.4、残宽 8.4 厘米（图四四，5）。

七、结　语

2001 年度发掘所获仰韶、龙山、西周和东周时期的遗存均不甚丰富，但对研究周 原地区考古学文化仍有着积极意义。经初步整理，我们对上述四个时期文化遗存之年 代及考古学文化属性有如下认识。

仰韶时期遗存，与扶风案板遗址第二期遗存[4]在文化面貌和典型器物年代特征 上均有较多的相同或相似之处，其考古学文化属性应为案板第二期遗存。龙山时代遗 存，与周原双庵[5]、武功赵家来[6]等遗址的龙山时代文化遗存面貌相同，其考古学 文化属性应为客省庄二期文化。西周时期遗存以ⅡC2H4 和ⅡD2M1 为代表，其年代应 为西周早期遗存。东周时期遗存的年代为战国晚期，其性质上应属秦文化遗存。

商时期遗存的发掘，初步建立了周原遗址晚商时期考古学文化的编年体系，为判 断先周文化相关遗存的分期与年代提供了一把较为准确的标尺。根据层位关系和典型 器物的形制分析及组合关系考察，可将商时期遗存分为两期 5 段。

第一期遗存包括第 1 段和第 2 段。其中第 1 段以ⅡD1H64 为代表，典型器商式鬲 如 H64：39 等，形制近同于花园庄晚段者[7]，故其年代大约与殷墟一期相当；第 2 段 以ⅢE1H16 为代表，典型器类商式鬲如 H16：57、H16：32 等形制近同于殷墟二期同类 器[8]，故其年代约相当于殷墟文化第二期。

第一期陶器商式鬲、商式甗、假腹豆、方唇盆以及条索状粗绳纹等特征与典型商

---

〔4〕 西北大学文博学院考古专业：《扶风案板遗址发掘报告》，科学出版社，2000 年。

〔5〕 西安半坡博物馆：《陕西岐山双庵新石器时代遗址》，《考古学集刊》第 3 集，中国社会科学出 版社，1983 年。

〔6〕 中国社会科学院考古研究所：《武功发掘报告——浒西庄与赵家来遗址》，文物出版社，1988 年。

〔7〕 中国社会科学院考古研究所安阳工作队：《河南安阳市洹北花园庄遗址 1997 年发掘简报》，《考 古》1998 年 10 期。

〔8〕 邹衡：《试论殷墟文化分期》，《夏商周考古学论文集》，文物出版社，1980 年。

文化近同。联裆鬲、联裆甗、折肩罐、施绳纹的真腹豆等器类，以及麦粒状绳纹、方格纹、甗腰部所施的指窝状堆纹等纹饰均不见于中原商文化中，具有鲜明的地方特征。上述陶器特征与扶风壹家堡第一期文化面貌相同[9]，可将该类遗存归入"商文化京当型"。

第二期遗存包括第 3、4、5 段，其中第 3 段以ⅢE1G1、ⅡD1M2 为代表，第 4 段以ⅡD1H77、ⅡD1H55 为代表，第 5 段以ⅡC2H7、ⅡC2H9、ⅢB4M1 为代表。

本期各段文化特征一脉相承，紧密相连而无间断。仅以年代特征最明显的器类高领袋足鬲为例，其各段特征是：第 3 段主要为扁锥状足根，偶见椭圆柱状足根，施中绳纹，领部绳纹为直行，裆底亦施绳纹。第 4 段以扁锥状足根为主，亦有施直行绳纹的圆锥足，裆底施绳纹者与施坑窝纹者数量相若，领上部施直行绳纹者与施斜行绳纹者数量接近，绳纹较第 3 段稍粗。第 5 段基本均为圆锥状足根，多施直行绳纹，少量施旋转状绳纹，裆底均施坑窝纹，领上部均施斜行绳纹。绳纹较第 4 段粗、深。由于本期遗物中不见典型商文化因素，故其年代不能直接与殷墟商文化分期作对比。根据地层关系，知其上限不早于殷墟二期（或殷墟二期偏早阶段）。第 5 段遗存中的高领袋足鬲、袋足分裆甗等典型器物的年代特征，与沣西 H18 中的同类器相同[10]，两者的年代应接近。另外，第 5 段遗存上叠压西周早期堆积，故第二期遗存的年代下限应不晚于商周之际。

本期常见器类与第一期相比发生了较大变化。一期中常见的商式鬲、商式甗、假腹豆、方唇盆不见于本期，联裆甗、联裆鬲等亦少见。本期中常见的高领袋足鬲、袋足分裆甗、绳纹盆、折肩罐、敛口罐、高领球腹罐、球腹钵等亦不见或甚少见于第一期。本期以高领袋足鬲为主要器类，与以商式鬲为典型器类的第一期遗存特征相比，两者特征差异甚大，显非同一支考古学文化。第二期遗存文化特征与长武碾子坡[11]、麟游蔡家河[12]、宝鸡纸坊头[13]等遗址商时期文化面貌相同，应属同一支考古学文化，或可称之为"碾子坡文化"。

周原遗址是探索先周文化的关键之地。但长期以来，有关周原遗址商时期遗存的

[9] 北京大学考古系商周组：《陕西扶风壹家堡遗址 1986 年度发掘报告》，《考古学研究》（二），北京大学出版社，1994 年。

[10] 中国社会科学院考古研究所丰镐工作队：《1997 年沣西发掘报告》，《考古学报》2000 年 2 期。

[11] 中国社会科学院考古研究所泾渭工作队：《陕西长武碾子坡先周文化遗址发掘纪要》，《考古学集刊》第 6 集，中国社会科学出版社，1989 年。

[12] 北京大学考古文博院、宝鸡市考古工作队：《陕西麟游蔡家河遗址商代遗存发掘报告》，《华夏考古》2000 年 1 期。

[13] 宝鸡市考古队：《宝鸡市纸坊头遗址试掘简报》，《文物》1989 年 5 期。

发掘工作极其有限，以往仅刊布过刘家墓地〔14〕及其他一些零星的墓葬材料，这一状况严重阻碍了先周文化研究的深入。此次商时期第二期遗存的发现使先周文化的探索有了突破性进展。经初步研究，我们认为，王家嘴遗址商时期第二期遗存的族属当包括姬姓周人〔15〕。当然，周原遗址先周文化的确定，尚有待于周原遗址商时期聚落形态的进一步揭示。

本年度发掘领队：徐天进（北京大学考古文博学院）。

参加发掘工作的有：

北京大学考古文博院：教员刘绪、徐天进、雷兴山；99 级考古专业本科生李净、魏志文、曲彤丽、李高峰、李青昕、宿正伯、马赛、陈殿君、杨雷、孙大郁（韩国）、张凌、孙海涛、黄莉、王鹏、夏茵茵；硕士研究生黄曲、胡明明、黄慧怡、韩巍、崔鹏。西北大学文博学院研究生丁岩。另外，北京大学本科生张海、博士研究生梁云曾短期协助工作。

陕西省考古研究所：王占奎、孙秉君。

中国社会科学院考古研究所：徐良高、付仲阳、宋江宁、唐锦琼。

技术工人：齐东林、李志凯等。

岐山县周原博物馆、宝鸡市周原博物馆的领导自始至终从生活和工作方面给予了极大的帮助。国家文物局、陕西省文物局、宝鸡市政府、宝鸡市文物局等对发掘工作都给予了大力的支持和帮助。黄曲、马赛同学在简报整理过程中做了大量的工作。在此一并致以衷心的感谢。

执　笔：雷兴山　徐天进　王占奎　徐良高

〔14〕　陕西周原考古队：《扶风刘家姜戎墓葬发掘简报》，《文物》1984 年 7 期。
〔15〕　雷兴山：《先周文化探索》，北京大学考古文博学院 2002 年博士研究生学位论文。

1999 年度周原遗址 I A1 区及 IV A1 区发掘简报[1]

周原考古队

From September to December 1999 the first archaeological excavation was conducted at Zhouyuan site by Zhouyuan Archaeology Team. The main discoveries at the I A1 area and IV A1 area are introduced in this brief report. The excavated Western Zhou dwelling foundations and graves are the valuable data for establishing the archaeological chronology of the site and for study the settlement pattern and burial rule in Zhouyuan in the Western Zhou dynasty.

据文献记载，今周原遗址是周人早期的都邑之所在。因此在 20 世纪的 40 年代即引起了考古学者的关注。新中国建立之后，这里的考古工作几乎不曾间断过。尤其是 1976 年进行的大规模的考古发掘，对西周考古及历史研究产生了巨大的影响。遗憾的是，由于种种不该发生的人为的原因，使得本该持续发展下去的考古活动受到了极大的限制，在相当长的一段时间里，周原考古几乎处于一种沉寂的状态。鉴于遗址的重要性和遗址本身所面临破坏的严峻形势，1998 年北京大学考古文博院院长李伯谦教授向陕西省考古研究所所长韩伟先生提议，是否可以由陕西省考古研究所、北京大学考古文博院和中国社会科学院考古研究所三家机构联合组成周原考古队，尽快恢复周原的考古工作。此提议立即得到了积极的回应，同时也得到了国家文物局的大力支持。

为尽早落实联合发掘计划的实施，1999 年 3 月 10 日至 18 日，王占奎、刘绪、徐天进、徐良高、杨国忠五人对周原遗址进行了地面勘察，重点调查了扶风县的召陈、任家村、齐家村、庄白村、黄堆村，岐山县的贺家村、礼村、凤雏、京当和王家嘴。根据调查的结果，本着"抢救第一，保护为主"的原则，并结合学术研究的需要，初步商定以凤雏、齐家、王家嘴或贺家为当年度的发掘对象。

凤雏遗址因有西周时期大型建筑基址的发现而格外引人注目，但由于该基址只是被孤立地揭露，周围的情况基本上未被了解，所以，这座基址的性质迄今未有定论。

---

[1] 本报告为教育部人文社会科学重点研究基地——北京大学中国考古学研究中心 2002 年度重大项目《周原遗址的分期与布局研究》阶段性成果之一。

我们希望通过对基址周围地下埋藏情况的探查和有针对性的发掘，能够使围绕着西周宫室制度方面的研究前进一步。王家嘴和贺家两处遗址均以先周时期的遗存为主。文献所载古公迁岐的具体所在究竟在什么地方？当时的文化和社会状况怎样？西周王朝是在一个什么背景下或基础上发展并壮大起来的？这些问题的回答都有待于对周原地区先周时期遗址的发掘。齐家遗址是周原范围内受破坏比较严重的一处，村东取土坑的范围在不断地扩大，断崖上暴露有许多的墓葬和灰坑等遗迹，散布于地表的遗物俯拾即是。这里过去还曾出土过数批窖藏青铜器，也曾发掘过西周时期的墓葬和房址，是一处非常重要的遗址。若不抓紧发掘，遗址有可能在不久的将来便不复存在。此外，由于该地点的堆积丰富，层位关系复杂，有望通过发掘，建立起比较完整的遗址编年。后来实际工作时，由于各种客观的原因，计划有所改变。

正式的发掘工作自 1999 年 9 月初开始，至 12 月中旬结束。从周原遗址长期的工作计划考虑，此次发掘之前对周原遗址进行了统一的发掘分区规划。即以齐家村东北齐万生宅宅墙的东北角为十字坐标的原点，东西方向为 X 轴，南北方向为 Y 轴，将整个遗址分为四个象限，依逆时针方向分别为 I、II、III、IV 象限。在每个象限内以 400米×400 米为一个区的单位。X 轴用英文字母 A、B、C、D……表示，Y 轴用阿拉伯数字 1、2、3、4……表示。第 I 象限距原点最近的为 A1 区，往东依次为 B1、C1、D1……区；往北则为 A2、A3、A4……区。其他象限的区号亦如是。探方的编号以 400米×400 米的区为一个单位统一编排。第 I 象限的以每个区的西南角为基点，依次由西往东、由南往北排列；第 II 象限以每个区的东南角为基点，依次由东往西、由南往北排列；第 III 象限以每个区的东北角为基点，依次由东往西、由北往南排列；第 IV 象限以每个区的西北角为基点，依次由西往东、由北往南排列。按 5 米×5 米为一个探方计，一个区内共有探方 6400 个。按 10 米×10 米为一个探方计则共有探方 1600 个。

本次发掘共分两处进行（图一）。一处位于云塘村西南约 300 米处，属 II A3 区，为西周时期大型夯土建筑基址群[2]。另一处位于齐家村东，分属 I A1 区和 IV A1 区，为西周时期一般居址和墓葬区。

齐家村周围是周原遗址出土窖藏青铜器批数最多的地点。20 世纪 60 年代，陕西省文物管理委员会、中国科学院考古研究所等单位先后在此进行过小规模的发掘，清理

---

〔2〕　周原考古队：《陕西扶风县云塘、齐镇西周建筑基址 1999—2000 年度发掘简报》，《考古》2002
年 9 期，3 页。

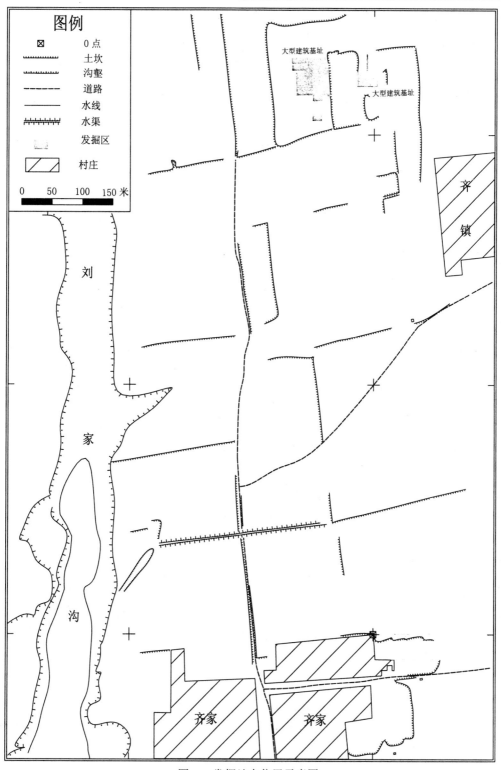

图一　发掘地点位置示意图

几十座西周墓葬及小型建筑遗迹[3]。周原博物馆和宝鸡市考古队也曾在此进行过抢救性发掘，清理西周墓葬若干座[4]。这里文化堆积厚、层位关系复杂、遗物丰富，而且延续的时间长且完整，是一处极有利于建立遗址编年的发掘地点。现将1999年度 I A1区（图版八，1）及 IV A1区（图版八，2）的发掘情况择要报告如下。

一、层位堆积情况

本次发掘在 I A1区内共布5米×5米探方24个，分南北两排，南边一排编号为 I A1T0801～T1901，北边一排编号为 I A1T0802～T1902。

发掘区堆积最深处5米，最浅处1米，平均深度在3米左右。探方群第①层为耕土层，第②层为清代堆积，自第③层以下堆积皆属西周时期。所见遗迹有灰坑、墓葬、小型房址、础坑、道路等。由于同一地点的使用时间较长，而且土地的用途也几经变换，所以形成了错综复杂的层位叠压关系，兹举下列四组层位关系，以便了解层序及分期之依据：

T0801：②→H78→③→M39→④B→⑤B→H15→⑦A→⑧→⑨→M41→⑩→⑪→⑫→H107

T1101：②→M9→M6→⑤A→⑥A→M10→⑦B→⑧A→⑨A→⑩A→⑪→⑫→H2→H96

T1702：②→M19→③→⑤→⑥→⑦→⑧A→H53→H113→M43

T1801：③→④→⑤→M48→H98→H59→⑥B→H83→H54

I A1区发掘区南不足10米处为村民长年取土而形成的土壕，本次 IV A1区的发掘地点即位于壕内。共布设10米×10米的探方35个，探方的编号依次为 T0402～T1002、T0403～T1003、T0404～T1004、T0405～T1005、T0406～T1006。由于时间的关系，T0404、T0405、T0406、T0504、T0505、T0506、T0604、T0605、T0606、T0706共10个探方未清理，其中有些部位因不便取土亦没有发掘，实际清理面积约2400平方米。由于村民取土深度多超过3米，土壕内的文化层堆积已被破坏殆尽，很多地方已裸露生土，其原生堆积应与 I A1区探方群的情形相同。该地点的发掘目的主要是为了抢救部分尚未遭破坏而残留的墓葬。

---

[3] 陕西省文物管理委员会：《陕西扶风、岐山周代遗址和墓葬调查发掘报告》，《考古》1963年12期；中国社会科学院考古研究所扶风考古队：《一九六二年陕西扶风齐家村发掘简报》，《考古》1980年1期。

[4] 发掘资料现存于陕西省周原博物馆。

根据对层位关系和不同遗迹单位包含物特征的初步分析整理，我们将此次发掘所获西周时期居址遗存和墓葬遗存分为早、中、晚三期。现按期别选择部分遗迹单位及其包含物，分别予以介绍。

二、居 址 遗 存

（一）西周早期

1. ⅠA1H124

灰坑ⅠA1H124，开口于 T1602⑬A 层和道路遗迹下，被 H120、H134 和一近现代墓打破。圆形口，西壁坡较缓，近底处呈台阶状，东壁较直，平底。口径 340、底径 170、自深 206 厘米。坑内堆积层次清晰，可分为六小层，每层均周边高、中间低（图二）。

包含物主要以陶器为主，另有少量骨器。

陶器

陶质分夹砂和泥质两大类，以夹砂为大宗，占全部陶器的近 70％；陶色主要分灰色和褐色两种，灰色为主，占 90％左右；纹饰以绳纹为主，约占 80％左右，素面者占 15％左右，另有极少量的旋纹等；常见器类有鬲、甗、盆、罐和簋等，鬲的数量最多，占全部陶器的近 50％，其次为甗，双耳罐的数量亦较多，其数量为 9％左右。

鬲　标本 H124:21，夹砂灰黑陶。卷沿圆唇，沿部有小平台，腹施交错绳纹，口径 23.9、残高 9.6 厘米（图四，2）。标本 H124:23，夹砂灰黑陶，卷沿，圆唇，裆腹微内瘪，绳纹印痕较深，口径 19.8、高 18.2 厘米（图四，3）。标本 H124:17，夹砂灰陶，高直领，窄平沿，圆唇，细绳纹，口径 14、残高 5.3 厘米（图四，7）。

甗　标本 H124:44，夹砂红褐陶，侈口，斜方唇，腰部有箅隔。唇部施短斜绳纹，通体施绳纹，口径 38.4、残高 29.2 厘米（图四，13）。

盆　标本 H124:72，夹砂浅灰陶，侈口，圆唇，腹施绳纹，口径 32.1 厘米（图四，1）。

双耳罐　标本 H124:26，泥质灰陶，侈口，束颈，桥形对称双耳，通施绳纹，口径 16.1、残高 7.4 厘米（图四，4）。

罐　均泥质。标本 H124:28，灰陶，矮直领，圆唇，圆肩，通体抹光，肩部施两周旋纹，口径 6.5、残高 6.0 厘米（图四，5）。标本 H124:71，灰陶，小平底，通体抹光，底径 4.4、残高 4.2 厘米（图四，6）。标本 H124:25，黑皮褐胎，高直领，窄平沿，折肩，腹部施两周旋纹，口径 9.6、残高 11.0 厘米（图四，9）。

器盖　标本 H124:47，泥质灰陶，素面，口径 12.8、残高 2.3 厘米（图四，8）。

簋　均泥质陶。标本 H124:27，黑皮褐胎，平折沿圆唇，沿内有一道沟槽，鼓腹，

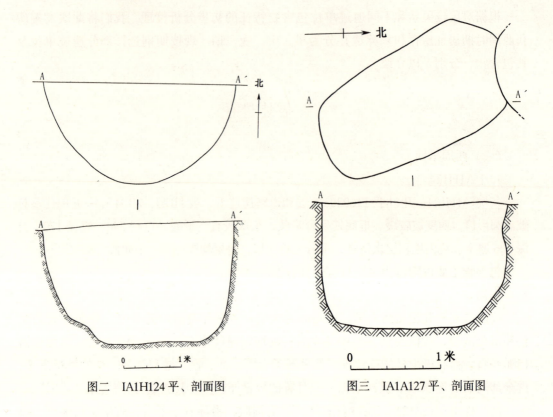

图二　IA1H124 平、剖面图　　　　图三　IA1A127 平、剖面图

素面，口径 25.2 、残高 12.4 厘米（图四，10）。标本 H124:31，黑皮褐胎，平折沿方唇，唇部有沟槽，颈部微束，鼓腹，素面，口径 21.9、残高 6.0 厘米（图四，11）。标本 H124:24，灰陶，簋之圈足，底径 15.2、残高 6.6 厘米（图四，12）。

　　其他

　　骨笄　标本 H124:10，残长 9.9 厘米（图一二，8）。

　　卜骨　标本 H124:8，为牛肩胛骨，经刮削整治，残存圆钻 5 个，钻窝底近平，底外侧一边凿出细槽，残长 13.4 厘米（图一三）。

　　2.ⅠA1H127

　　ⅠA1H127 开口于 T1501⑰B 层和道路遗迹下，被 H126 和 H88 打破，打破 H128。坑口近椭圆形，南壁较直，北壁不甚规整，平底。口长径 231、短径 120、自深 140 厘米（图三）。包含物以陶器为主。

　　陶器

　　陶质分夹砂和泥质两大类，以夹砂为大宗，约占全部陶器的 70％左右；陶色主要有灰色和褐色两种，以灰陶为主，占 90％左右，褐色陶的数量不足 9％；纹饰以绳纹为主，占 80％左右。素面陶占 18％左右，另有极少量的旋纹等；常见器类有鬲、甗、

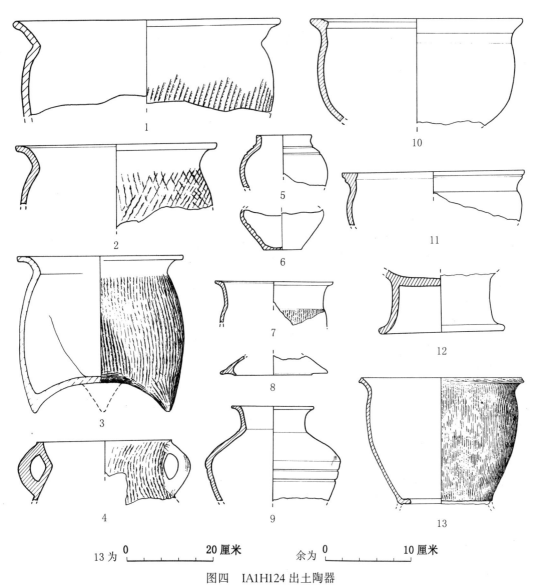

图四　IA1H124 出土陶器

1. 盆（H124：72）　2、3、7. 鬲（H124：21、23、27）　4. 双耳罐（H124：26）　5、6、9. 罐（H124：28、71、25）　8. 器盖（H124：47）　10～12. 簋（H124：27、31、24）　13. 甗（H124：44）

盆、罐和簋等，鬲的数量最多，占全部陶器的近 55%，其次为甗和盆，均为 10% 左右，双耳罐的数量为 4% 左右。

鬲　均夹砂。标本 H127：72，深灰陶，卷沿。圆唇，领下绳纹被抹，颈、腹部施旋纹数周，腹部施规整之绳纹，口径 27.9、残高 8.0 厘米（图五，1）。标本 H127：13，灰黑陶，卷沿，圆唇，口径20.8、高18.7厘米（图五，8；图版五，3）。

鬲　均夹砂。标本H127:16，灰陶，侈口，通施绳纹，残高9.9厘米（图五，5）。H127:12，红褐陶，卷沿，厚方唇，唇部施斜绳纹，通体施绳纹，残高6.8厘米（图五，6）。

罐　多泥质。标本H127:14，深灰，高领，直口，近口部施两周弦纹，肩部施旋纹和绳纹，口径7.5、残高6.2厘米（图五，11）。标本H127:21，灰陶，小口，圆肩，施旋纹，口径6.9、残高2.2厘米（图五，13）。

双耳罐　标本H127:3，夹砂深灰陶。直领略内弧，方唇，桥形对称双耳。施印痕较深的中偏粗绳纹，口径14.1厘米（图五，7）。

瓮　均泥质。标本H127:10，灰陶，矮直领，斜方唇，肩施绳纹，口径18.8、残高6.1厘米（图五，2）。标本H127:70，浅灰陶，矮直领，方唇，肩施细绳纹，口径18.3、残高5.0厘米（图五，3）。

簋　均泥质。标本H127:9，灰陶，窄折沿，圆唇，深直腹，腹壁施两周弦纹，口径23.9、残高12.4厘米（图五，4）。标本H127:23，灰陶，平折沿，方唇，束颈，施旋纹，口径23.0、残高10.8厘米（图五，9）。标本H127:11，褐色，高领外侈，方唇，鼓腹，施细绳纹，残高7.0厘米（图五，10）。标本H127:7，灰陶，簋之圈足，底径13.0、残高6.3厘米（图五，12）。

其他

铜镞　标本H127:1，双翼，圆锥状铤，通长5.7厘米（图一二，14）。

（二）西周中期

1. 道路遗迹ⅠA1L1

道路遗迹ⅠA1L1，主要位于ⅠA1T1501、T1601、T1602、T1701和T1702探方内，在此探方群南10米处取土坑两断崖边均发现此道路遗迹。大致为西北、东南走向，已知长度约40余米。其开口于ⅠA1T1601⑰、T1602⑧B、T1701⑦B下，路之东侧被西周时期灰坑ⅠA1H53、H54、H91、H60、H51、H21和H120等打破，其西侧被西周时期灰坑ⅠA1H65、H88、H82、H74、H30及西周时期墓葬ⅠA1M34、M54等打破，路下叠压有ⅠA1H127、H124等灰坑。

路面现存部分宽11米左右，大部分路段直接建造于生土之上，踩踏层较厚。部分路面铺有石子、料礓石和碎陶片，并有修补痕迹。其上有9道车辙痕，多平行分布，车辙痕深4～12厘米，宽约20厘米，轨距200厘米左右。

2. ⅠA1H83

陶器

陶质分夹砂和泥质两大类，以夹砂为大宗，占全部陶器的近70%；陶色主要有灰、

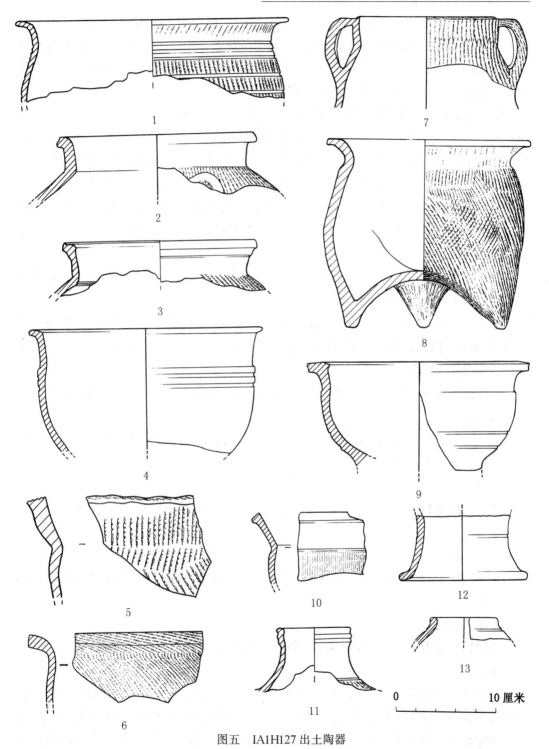

0　　　　　　10 厘米

图五　IA1H127 出土陶器

1、8. 鬲（H127:72、13）　2、3. 瓮（H127:10、70）　4、9、10、12. 簋（H127:9、23、11、7）

5、6. 瓿（H127:16、12）　7. 双耳罐（H127:3）　11、13. 罐（H127:14、21）

褐两种，以灰色为主，约占总数的近 90%，褐陶数量约占 11% 左右；纹饰以绳纹为主，占 80% 稍强，素面陶占 14% 左右，另有少量旋纹、弦纹、附加堆纹、暗纹等；常见器类有鬲、甗、盆、罐、簋和瓮等，鬲的数量最多，占全部陶器的 40%，其次为甗和罐，分别占 27% 和 20% 左右，双耳罐甚少，几乎不见豆。

鬲　均夹砂。标本 H83：77，灰黑陶，卷沿，方唇，圆肩，裆腹微内瘪，施绳纹，口径 14.6、高 15.8 厘米（图六，8）。标本 H83：76，深灰陶，卷沿，圆唇，弧裆低矮，施印痕较深的交错绳纹，口径 21.0、高 17.8 厘米（图六，9）。标本 H83：51，深灰陶，卷沿，斜方唇，施印痕较深的中绳纹，口径 22.4、高 20.0 厘米（图六，10）。

甗　均夹砂。标本 H83：81，红褐陶，侈口，厚方唇，沿下绳纹被抹，腹施粗绳纹，口径 42.7、残高 7.0 厘米（图六，1）。标本 H83：40，灰陶，侈口，方唇，通施印痕较深的绳纹，残高 8.9 厘米（图六，4）。

双耳罐　标本 H83：46，泥质灰陶，侈口，束颈，方唇，泥条状对称双耳，通施细绳纹，口径 13.6、残高 5.5 厘米（图六，2）。

罐　标本 H83：16，泥质灰陶，杯形口，方唇，高领，口部施弦纹，口径 11.1、残高 8.2 厘米（图六，3）。标本 H83：80，泥质灰陶，高直领，卷沿，圆方唇，口径 14.7、残高 6.3 厘米（图六，5）。

三足瓮　标本 H83：15，泥质灰陶，敛口，斜直腹，通施绳纹，残高 13.8 厘米（图六，6）。

簋　标本 H83：24，泥质灰褐陶，侈口，翻沿，颈部不平，腹施细绳纹，口径 21.4、残高 6.4 厘米（图六，7）。

其他

骨笄　标本 H83：3，长 12.4 厘米（图一二，4）。标本 H83：9，长 11.6 厘米（图一二，6）。

骨针　标本 H83：6，顶端有钻孔，长 4.6 厘米（图一二，11）。

蚌镰　标本 H83：90，双面对钻孔，刃部为锯齿状，磨损严重，残长 5.9 厘米（图一四，9）。

3．ⅠA1H123

主要以陶器为主，另有少量铜器、骨器、石器和蚌器等。

陶器

陶质分夹砂和泥质两大类，泥质类多于夹砂类；陶色主要分灰色和褐色两种，以泥质灰色为主；纹饰以绳纹为主，占 75% 左右，素面陶占近 18%，另有少量旋纹、弦纹、附加堆纹、刻划纹、乳钉纹、卷云纹等；常见器类有鬲、甗、盆、罐、簋和瓮等，鬲和盆的数量较多，其次为甗和罐，豆与簋的数量较少，双耳罐几乎不见。

鬲　均夹砂。标本 H123∶65，深灰陶，宽折沿，斜方唇，腹部施绳纹和旋纹，口径 19.9、残高 6.0 厘米（图七，6）。标本 H123∶61，深灰陶，宽折沿，沿面内外缘有两周旋纹，腹施绳纹和旋纹，口径 19.0、残高 6.2 厘米（图七，7）。标本 H123∶56，红褐陶，侈口，斜方唇，腹施绳纹，口径 14.1、残高 7.0 厘米（图七，10）。

盆　均泥质。标本 H123∶52，灰陶，侈口，尖圆唇，微折肩，口径 26.0、残高 6.4

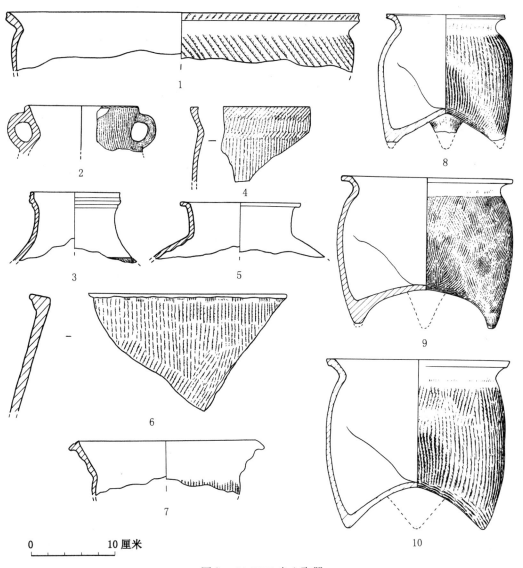

0　　　　　10 厘米

图六　ⅠA1H83 出土陶器

1、4. 甗（H83∶81、40）　2. 双耳罐（H83∶46）　3、5. 罐（H83∶16、80）　6. 三足瓮（H83∶15）
7. 簋（H83∶24）　8～10. 鬲（H83∶77、76、51）

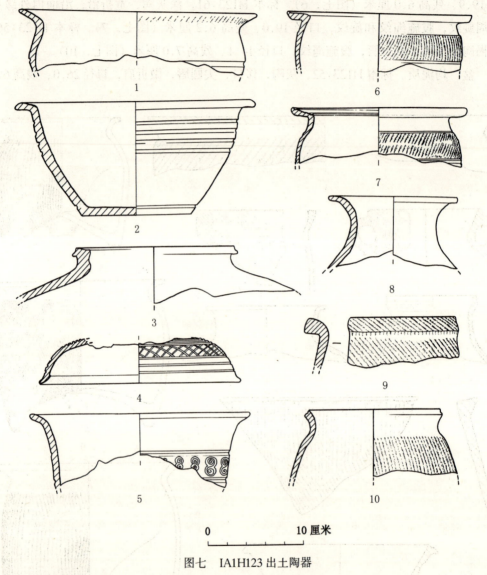

图七　IA1H123出土陶器

1、2.盆（H123:52、47）　3.瓮（H123:23）　4.器盖（H123:70）　5.簋（H123:46）　6、7、
10.鬲（H123:65、61、56）　8.罐（H123:44）　9.甗（H123:68）

厘米（图七，1）。标本H123:47，灰陶，宽沿近平，圆唇，斜腹平底，腹上部施四周
旋纹，口径26.1、底径11.9、高11.9厘米（图七，2）。

　　甗　标本H123:68，夹砂红褐陶，卷沿，方唇，沿下绳纹被抹，通施绳纹，残高
5.3厘米（图七，9）。

罐　标本 H123∶44，泥质灰陶，高领，敞口圆唇，口径 13.8、残高 7.4 厘米（图七，8）。

瓮　标本 H123∶23，泥质灰陶，矮领方唇，唇部有凹槽，口径 17.2、残高 5.9 厘米（图七，3）。

器盖　标本 H123∶70，泥质灰陶，施方格暗纹和旋纹，口径 21.7、残高 4.7 厘米（图七，4）。

簋　标本 H123∶46，泥质灰陶，敞口圆唇，施卷云纹，间以旋纹，口径 23.9、残高 7.8 厘米（图七，5）。

纺轮　标本 H123∶1，直径 7.7、厚 1.9 厘米（图一四，1）。标本 H123∶38，穿孔未透，直径 4.9 、厚 0.8 厘米（图一四，4）。

其他

铜锥　标本 H123∶32，横截面呈梯形，残长 15.6 厘米（图一二，1）。

铜镞　标本 H123∶12，双翼残，圆铤，长 5.0 厘米（图一二，13）。

铜环　标本 H123∶20，残长 6.8 厘米（图一四，5）。

骨笄　标本 H123∶33，长 14.9 厘米（图一二，3）。标本 H123∶4，长 11.0 厘米（图一二，7）。

石璜　标本 H123∶37，墨绿色，厚 0.5 厘米（图一四，2）。

石刀　标本 H123∶26，长 8.7、宽 6.0、厚 0.4 厘米（图一四，10）。

蚌泡　标本 H123∶36，径 2.3 厘米（图一四，3）。

（三）西周晚期

1. ⅠA1H59

ⅠA1H59，开口于ⅠA1T1801⑥A 层下，并被ⅠA1M25、H98 和 H18 打破，本身打破ⅠA1H83、H54 等单位。坑口大体为圆角长方形，坑壁下部外张，呈袋状，平底。距坑底 60 厘米以下的坑壁上保留有清晰的工具痕迹，似单齿工具，宽约 9 厘米。坑口长径 390、短径 300 厘米，坑底最大径 412、最小径 320、坑自深 286 厘米。坑内堆积分两层，第 1 层为较疏松的黑灰土，夹杂大量炭粒，第 2 层为土质较松的青灰土（图八）。包含物主要以陶器为主，另有少量铜器、骨器、石器和蚌器等。

陶器

陶质分夹砂和泥质两大类，两者的比例相差不大，夹砂陶约占全部陶器的 55% 稍强；陶色主要有灰、褐两种，灰陶占 85% 左右，褐陶占 14% 左右；纹饰以绳纹为主，占 70% 稍强，素面陶占 20% 左右，另有极少量旋纹、弦纹、附加堆纹、暗纹等；常见器类有鬲、甗、盆、罐、豆、簋和瓮等，鬲和甗的数量最多，各占全部陶器的 30% 左右，其次为罐和盆，豆和簋的数量较少。

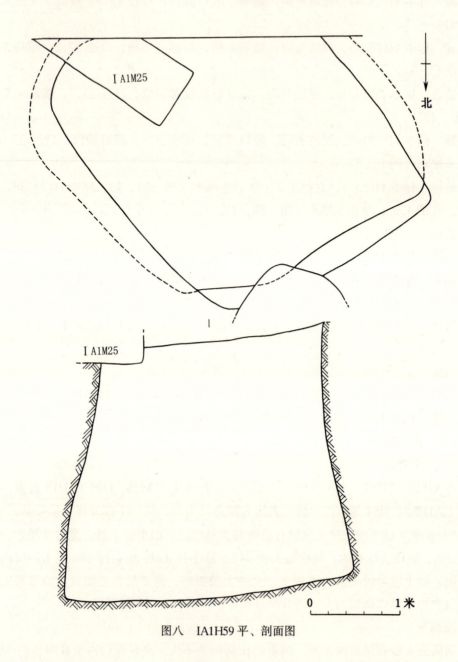

图八 IA1H59平、剖面图

　　鬲　均夹砂。标本 H59∶53，深灰陶，折沿，沿面施旋纹，腹施绳纹、旋纹，口径
14.2、残高 4.8 厘米（图一○，4）。标本 H59∶48，深灰陶，折沿近平，方圆唇，沿面
施旋纹，腹施绳纹，口径 21.8、残高 3.9 厘米（图一○，7）。标本 H59∶57，灰褐陶，
侈口，方唇，通体施粗绳纹，口径 14.4、残高 18.6 厘米（图一○，10；图版五，6）。

甗　标本 H59∶50，夹砂灰陶，侈口，斜方唇，通体施绳纹，口径 26.7、残高 7.4 厘米（图一〇，1）。标本 H59∶59，泥质灰陶，折沿，方唇，微束颈，腰部有箅隔，施细绳纹和旋纹，口径 39.8、残高 31.2 厘米（图一〇，9）。

罐　标本 H59∶34，泥质灰陶，高领，喇叭形口，领中部有一突棱，口径 11.3、残高 5.7 厘米（图一〇，5）。

瓮　标本 H59∶33，泥质灰陶，矮直领，窄折沿，圆方唇，施绳纹，口径 21.2、残高 4.2 厘米（图一〇，8）。标本 H59∶74，夹砂灰陶，口微侈，方唇，施绳纹，口径 18.0、残高 4.5 厘米（图一〇，11）。

三足瓮　标本 H59∶40，泥质灰陶，平折沿，方唇，唇部施绳纹，残高 3.8 厘米（图一〇，12）。

盆　标本 H59∶75，泥质灰陶，侈口，宽沿，圆唇，微折肩，施旋纹，口径 23.0、残高 6.6 厘米（图一〇，6）。

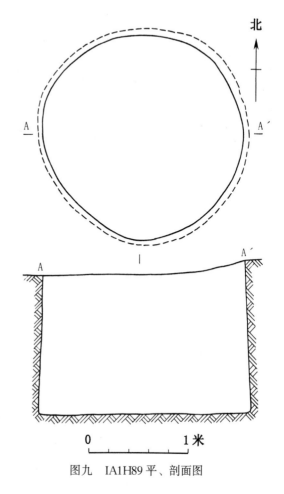

图九　ⅠA1H89 平、剖面图

豆　均泥质。标本 H59∶14，灰陶，直口，方唇，折腹，盘壁施旋纹，口径 13.4、残高 3.9 厘米（图一〇，2）。标本 H59∶7，深灰陶，豆柄较细，其上有一突棱，圈足底径 11.8、残高 7.0 厘米（图一〇，3）。

其他

铜削　标本 H59∶6，长方形环首，长 21.8 厘米（图一四，11）。

骨笄　标本 H59∶9，长 12.0 厘米（图一二，5）。

骨镞　标本 H59∶28，长 7.3 厘米（图一二，15）。

骨锥　标本 H59∶4，长 8.9 厘米（图一二，16）。

蚌泡　标本 H59∶19，直径 3.3、厚 0.8 厘米（图一四，7）。

石刀　标本 H59∶15，两面对钻孔，残长 5.8、宽 5.0 厘米（图一四，8）。

海贝　标本 H59∶11，长 1.6 厘米（图一二，10）。

2. ⅠA1H89

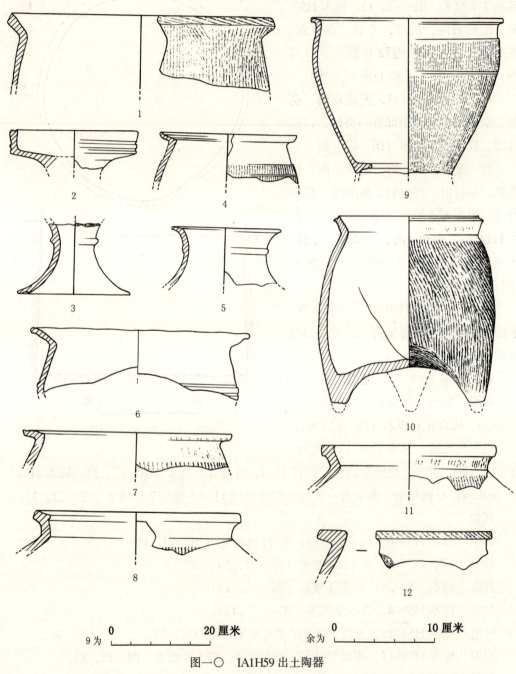

图一〇　IA1H59 出土陶器

1、9. 甗（H59:50、59）　　2、3. 豆（H59:14、7）　　4、7、10. 鬲（H59:53、48、57）

5. 罐（H59:34）　　6. 盆（H59:75）　　8、11. 瓮（H59:33、74）　　12. 三足瓮（H59:40）

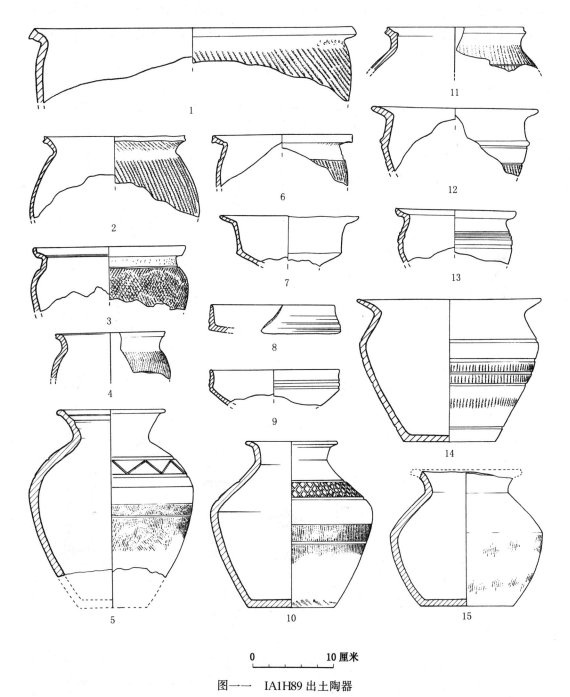

0　　　　　　10 厘米

图一一　IA1H89 出土陶器

1. 甗（H89:17）　　2～4、6. 鬲（H89:21、15、31、25）　　5、10、15. 罐（H89:36、22、14）　　12～

14. 盆（H89:34、35、53）　　7. 簋（H89:54）　　8、9. 豆（H89:30、32）　　11. 瓮（H89:28）

Ⅰ A1H89，开口于 T1302⑦层下，被 H72 等单位打破，打破 M55。圆形口，坑壁近直，平底。坑壁非常规整，似经有意加工。近底西北部的坑壁上保留有清晰的宽约 4.0 厘米的工具加工痕迹。坑口径 210、底径 220、深 151 厘米（图九）。包含物以陶器为主，有少量铜、石器。

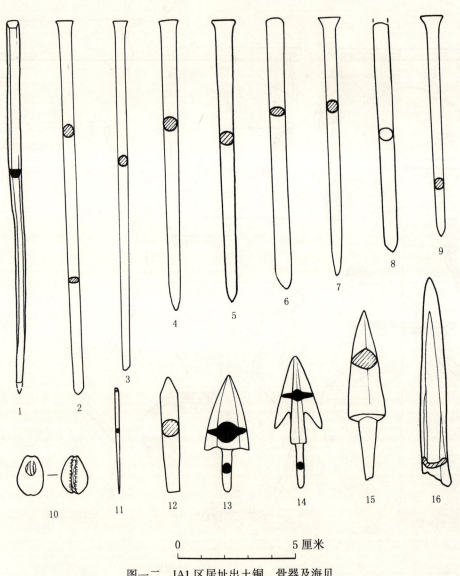

0   5 厘米

图一二 ⅠA1 区居址出土铜、骨器及海贝

1. 铜锥（H123:32） 2～9. 骨笄（H89:6、H123:33、H83:3、H59:9、H83:9、H123:4、H124: 10、H89:8） 10. 海贝（H59:11） 11. 骨针（H83:6） 12、15. 骨镞（H89:5、H59:28） 13、14. 铜镞（H123:12、H127:1） 16. 骨锥（H59:4）

陶器

陶质分夹砂和泥质两大类，两者的比例相若，泥质类稍多；陶色主要分灰色和褐色两种，以灰色占大宗；纹饰以绳纹为主，占 75% 左右。素面陶占近 20% 左右，另有极少量旋纹、弦纹、附加堆纹、暗纹等；常见器类有鬲、甑、盆、罐、豆、簋和瓮等，罐和甑的数量最多，罐和盆依次较少，豆和簋更少见。

鬲　均夹砂。标本 H89：21，红褐陶，侈口，方唇，通施绳纹，口径 18.1、残高 10.2 厘米（图一一，

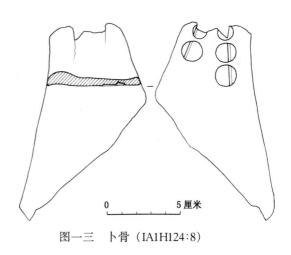

图一三　卜骨（IA1H124：8）

2）。标本 H89：15，灰黑陶，折沿，沿外缘上翘，沿面施旋纹，束颈，圆肩，腹施交错绳纹，口径 19.7、残高 8.0 厘米（图一一，3）。标本 H89：31，灰陶，卷沿，方唇，腹施绳纹，口径 14.1、残高 6.0 厘米（图一一，4）。标本 H89：25，灰陶，折沿，方唇，腹施绳纹，口径 18.8、残高 6.4 厘米（图一一，6）。

甑　标本 H89：17，夹砂红褐陶，卷沿，斜方唇，腹施粗绳纹，口径 40.8、残高 9.4 厘米（图一一，1）。

罐　均泥质。标本 H89：36，黑灰陶，敞口，圆肩，肩部施暗纹，腹施细绳纹和旋纹，口径 14.0、残高 21.1 厘米（图一一，5）。标本 H89：22，直领，侈口，圆唇，广肩，肩部施方格暗纹，腹施细绳纹，口径 11.7、底径 10.8、高 20.8 厘米（图一一，10；图版六，4）。标本 H89：14，灰陶，侈口，折肩，器体矮扁，器表粗糙，绳纹模糊，底径 12.1、残高 17.0 厘米（图一一，15）。

瓮　标本 H89：28，泥质灰陶，矮领，侈口，方唇，施绳纹，口径 17.7、残高 5.6 厘米（图一一，11）。

簋　标本 H89：54，泥质深灰陶，侈口，尖圆唇，折腹，素面，口径 17.9、残高 6.2 厘米（图一一，7）。

豆　均泥质灰陶，折盘，施旋纹。标本 H89：30，口径 16 厘米（图一一，8）。标本 H89：32，口径 16.6 厘米（图一一，9）。

盆　均泥质。标本 H89：34，灰黑陶，侈口，圆唇，腹折处有突棱，施绳纹和旋纹，口径 21.8、残高 8.4 厘米（图一一，12）。标本 H89：35，灰黑陶，折沿，鼓腹，施旋纹数周，口径 15.8、残高 6.7 厘米（图一一，13）。标本 H89：53，灰陶，侈口，

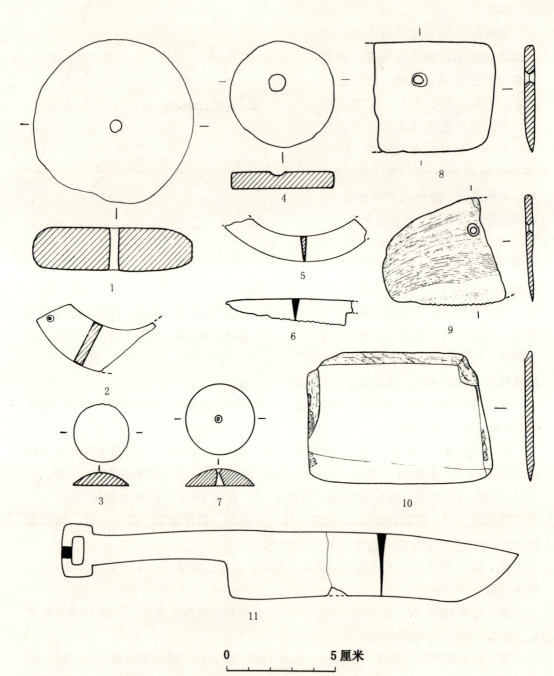

0　　　　　　　　5 厘米

图一四　IA1 区居址出土陶、铜、石、蚌器

1、4.陶纺轮（H123：1、38）　　2.石璜（H123：37）　　3、7.蚌泡（H123：36、H59：19）　　5.铜环
（H123：20）　　6.铜锯（?）（H89：10）　　8、10.石刀（H59：15、H123：26）　　9.蚌镰（H83：90）
11.铜削（H59：6）

尖圆唇，圆肩，平底，腹施绳纹和旋纹，口径 24.0、底径 12.0、高 18.0 厘米（图一一，14）。

其他

铜锯（？）　标本 H89：10，柄残，刃部呈锯齿状，残长 6.0 厘米（图一四，6）。

骨笄　标本 H89：6，长 16.0 厘米（图一二，2）。标本 H89：8，长 9.3 厘米（图一二，9）。

骨镞　标本 H89：5，圆柱体，长 4.9 厘米（图一二，12）。

三、墓葬遗存

本次共清理墓葬 96 座，其中ⅠA1 区 52 座，ⅣA1 区 44 座。除ⅠA1 区 7 座幼儿瓮棺葬外，其余均为长方形竖穴土圹墓。瓮棺葬主要集中分布于小型房址附近，多以陶罐或陶瓮打碎后之残片为葬具。

墓葬分布密集，相互打破现象较多。墓向主要有西北向和东北向两种，个别墓为西南向，同方向的墓常见两两平行并列者。墓室一般长 2 米，宽 1.5 米左右，最大者长近 4 米，宽 2.5 米。墓壁多经修整，有的涂一层细泥。墓圹口小底大者居多，占总数的 60％强，直壁者较少。墓底多平整，50％左右的墓底中部挖有一个腰坑，腰坑形状多样，有圆角长方形、近圆形、椭圆形和不规则形等，绝大多数腰坑内埋有 1 只狗。墓葬填土多经夯打。

葬具多数为一椁一棺，少数为单棺，个别墓无葬具。椁底板均纵向铺设，盖板横向排放，四边挡板的平面形状一般呈"Ⅱ"形，也有"日"形和长方形者。棺盖板多纵向，底板均纵向。有些墓在棺、椁盖上或墓主身上覆盖席子，有的墓棺外髹漆。多数墓在棺或椁底下铺设 2 根垫木，放置垫木前往往在墓底挖出浅槽，以固定垫木。有的垫木长度超出墓底宽度时，则在墓底两侧掏出小洞，以纳垫木。

墓主人葬式多为仰身直肢，也有仰身而下肢微曲者，一般双手交叉置于胸、腹部。

墓中随葬牺牲现象比较普遍，种类有鱼、羊、猪、狗、牛等。其中鱼和狗多为完整置放，其他类牺牲则多只取用部分肢体，往往是同牲的成对前肢。鱼多和其他殉牲放于墓葬填土中，狗多放于腰坑中。

随葬品多置于棺外墓主人头端，数量和种类因墓葬规模而异，较大型墓多有青铜器、玉器、陶器、漆器和蚌器等随葬，可惜的是此类墓葬被盗严重，铜器所剩无几。墓主人骨骸上下多遍布朱砂，口中多含有玉块或海贝。小型墓葬的随葬品以陶器为主，墓主人多口含海贝。两种墓随葬陶器的数量一般均较多，组合以鬲、簋、罐和鬲、盆、豆、罐为主。

（一）西周早期

1. ⅠA1M43

被 H6 和 H113 打破。墓向 315°。墓室口小底大，墓壁上部较直，下部向外扩。墓口长 186、宽 100 厘米，墓底北端为圆形转角，长 205、宽 100 厘米，墓底北高南低。墓室填土较疏松。葬具为单棺，长 167、宽约 57 厘米。棺下有垫木两根，置于凹槽之内，两垫木长约 100、宽 8.0 厘米。墓主为女性，年龄在 25～30 岁之间，仰身直肢，双手交叉放于髋上。在棺外北端，置放陶器 3 件，计陶鬲、罐和豆各 1 件。在棺内墓主人头、腹部散置海贝 71 枚（图一五，1）。

陶鬲　标本 M43:1，夹砂灰黑陶，侈口，圆唇，裆腹部内瘪，通体施绳纹，口径 14.9、高 15.3 厘米（图一五，2；图版五，4）。

陶豆　标本 M43:2，泥质深灰陶，浅弧盘，高粗柄，素面，口径 14.6、底径 10.1、高 13.5 厘米（图一五，3；图版七，2）。

陶罐　标本 M43:3，泥质浅灰陶，侈口，圆肩，小平底，肩部施旋纹，口径 6.2、底径 4.9、高 9.9 厘米（图一五，4；图版六，3）。

2. ⅣA1M17

墓向 31°。墓室上部已被破坏。现存墓口长 310、宽 145～153、深 122 厘米（图一六）。墓室填土稍经夯打，土质较密。葬具为一棺一椁，平面呈长方形。椁长 234、宽约 97 厘米，盖板横置，由 10 块长 120、宽 20～30 厘米的木板组成，四侧立板各 5 块，宽约 12 厘米，底板由 7 块宽约 15 厘米的木板竖向铺成（图一七）。棺长 214、宽 71 厘米，底板由 5 块宽约 15 厘米的木板纵向铺成，盖板亦纵向排放，仅能辨认出 5 块，宽约 15～18 厘米。棺底铺有朱砂，椁盖和“二层台”上铺有席子。椁下有垫木 2 根，一根长 133、宽 8 厘米，一根长 136、宽 8 厘米。墓主人骨骸已腐朽不全，葬式似为仰身直肢，为一成年人，性别难辨。椁底有一椭圆形腰坑，长径 65、短径 45、深 13 厘米，内殉一狗。

随葬品大多置于“二层台”北端。计有彩绘折肩罐 2 件，陶鬲 4 件，其中 1 件鬲中有鱼 1 尾，圆肩罐 2 件，陶簋、漆豆、漆盘各 1 件。漆盘位于北端“二层台”正中，其上放置豕骨（图一八）。另有 1 件漆器，不辨器形，此外还有骨器 2 件和殉牲肢骨。在棺椁之间的北部散见海贝和蚌鱼。在墓主人口中有玉石器 2 件，海贝 12 枚，墓主人身上亦有海贝 1 枚。

陶鬲　4 件。夹细砂灰陶。形制近同，均高弧领，窄平沿，尖圆唇，领部修整时绳纹被抹，器形规整。标本 M17:7，口径 13.2、高 13.6 厘米（图一九，1；图版五，1）。标本 M17:6，灰褐色，口径 12.6、高 11.8 厘米（图一九，2）。标本 M17:2，深灰色，口径 12.0、高 12.4 厘米（图一九，3）。标本 M17:3，深灰色，口径 13、高 13.4 厘米

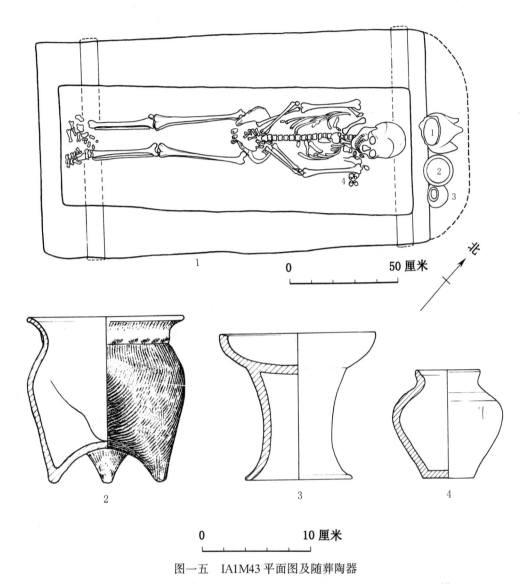

图一五　IA1M43 平面图及随葬陶器
1.M43 平面图（1.鬲、2.豆、3.罐、4.海贝）　2.鬲（M43:1）　3.豆（M43:2）　4.罐（M43:3）

（图一九，4）。

　　陶彩绘折肩罐　2 件。均泥质灰陶，形制近同，高直领，折肩，斜直腹，平底，圆饼形盖上有捉手。盖、颈及肩部用朱红、橙黄色绘出纹样。标本 M17:15，盖上捉手涂朱，并绘两周朱红色纹样带，颈部绘橙黄、朱红纹样带三周，肩部用橙黄色勾出连续三角纹样轮廓，再填以朱红色三角纹，口径 10、底径 7.5、通高 19.2 厘米（图一九，5）。标本 M17:1，盖上及颈部彩绘纹样和标本 M17:15 相同，肩部用朱红色绘出两周连续鳞状纹样带，并在等距离

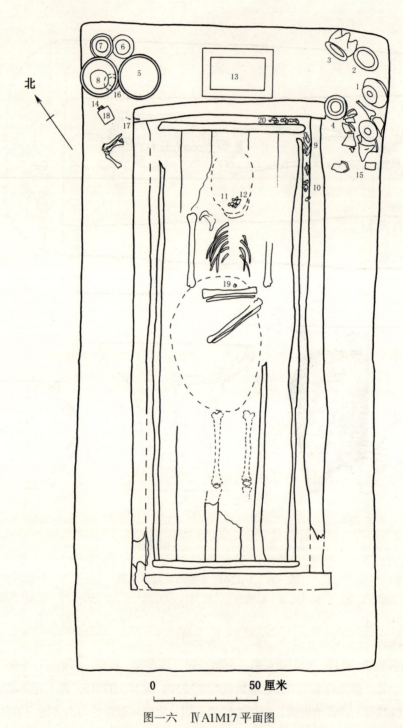

图一六　ⅣA1M17 平面图

1、15.陶折肩罐　2、3、6、7.陶鬲　4、16.陶圆肩罐　5.陶簋　8.漆豆　9.蚌鱼　10.海贝　11.
海贝（口含）　12.玉器（口含）　13.漆盘　14.骨器　17.骨笄　18.漆器　19、20.海贝

北

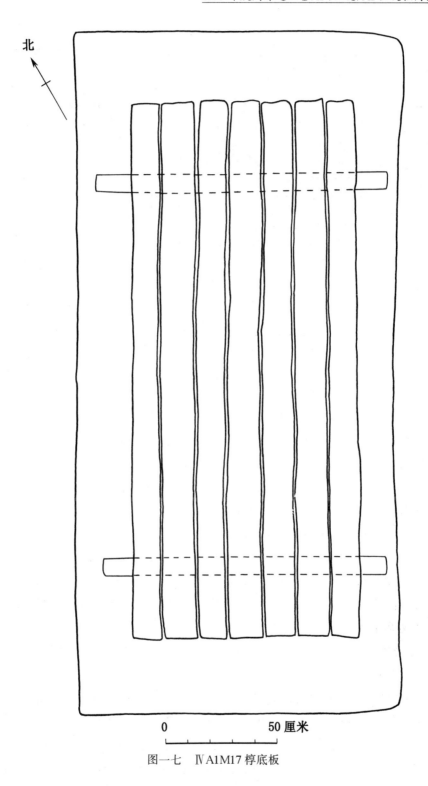

0　　　　　　　　　50 厘米

图一七　IV A1M17 椁底板

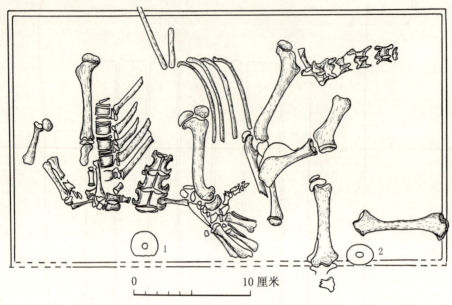

图一八　ⅣA1M17：13漆盘及其上之豕骨

1、2. 蚌泡

四分处各绘一重环纹，内以朱点填充，肩近折处施一周连珠纹，口径9.4、底径6.8、通高18.4厘米（图一九，7；图版六，1）。

　　陶圆肩罐　2件。均泥质灰陶，形制相同。卷沿，尖圆唇，圆肩，平底，肩部施两周旋纹。标本M17：16，口径7.8、底径6.2、高11.3厘米（图一九，8）。标本M17：4，口径8.0、底径6.3、高10.9厘米（图一九，9；图版六，2）。

　　陶簋　标本M17：5，泥质深灰陶，卷沿，圆唇，直腹较深，高圈足，通体经磨光处理，腹施两周旋纹，口径22.4、底径13.9、通高17.9厘米（图一九，6；图版七，1）。

　　石凿　2件。浅墨绿色，一端有刃，通体磨光。标本M17：12－1，长4.3、宽1.4、厚0.7厘米（图三六，8）。标本M17：12－2，残长3.0、宽1.5、厚0.8厘米（图三六，3）。

　　（二）西周中期

　　1. ⅠA1M6

　　开口于T1101④A层下，打破T1101⑤A、⑤B层。墓向306°。墓口长265、宽130厘米。墓壁上半部较直，下半部呈袋状，自墓口至腰坑底深400厘米。墓底为不规则四边形，头端宽大，脚端稍窄，长300～314、宽159～179厘米（图二○）。墓室填土经夯打，土质紧密。葬具为一棺一椁，椁长210、宽83厘米，盖板横向铺设，底板纵向排放。棺保存状况甚差，平面呈"Ⅱ"字形。椁盖板、棺顶板和椁底板上均铺有席子。椁底有垫木两根，分别长127

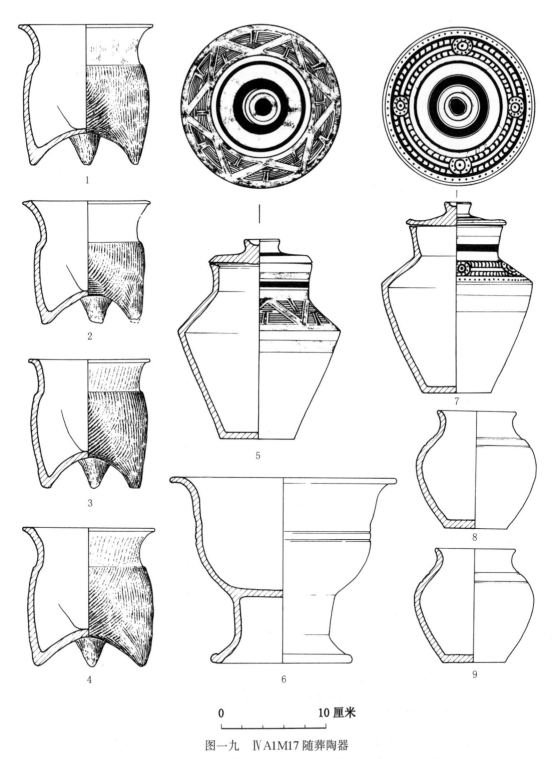

0　　　　　　　10 厘米

图一九　IV A1M17 随葬陶器

1~4. 鬲（M17：7、6、2、3）　5、7. 彩绘折肩罐（M17：15、1）　6. 簋（M17：5）　8、9. 圆肩罐（M17：16、4）

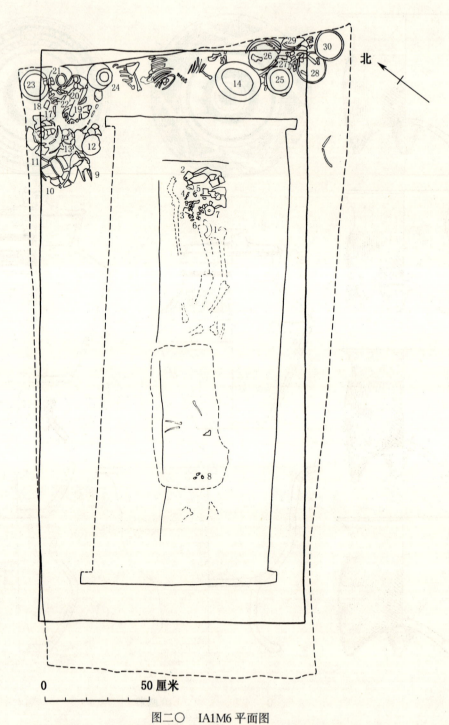

北

0   50 厘米

图二〇   IA1M6 平面图

1. 玉璜 2、3. 穿孔石牌饰 4、5、8. 海贝 6. 玉玦 7. 石璧 9、18、27. 陶爵 10. 陶簋 11. 陶鼎 12、17. 漆器
13. 陶瓠 14. 陶盆 19. 骨匕 20. 陶盆 21、22、24. 陶罐 23、25. 陶鬲 26. 陶明器 28、30. 陶豆 29. 泥鬲

和123、宽8厘米。墓主人骨骸保存较差，性别不辨，年龄在35~40岁之间，葬式似为侧身直肢。墓底有一腰坑，近长方形口，直壁，平底，口长65、宽35、深22厘米，内殉一狗。

随葬品多放于墓主人头端的"二层台"上，陶器计有罐3件，爵、鬲、豆各2件，簋、鼎、瓟、盆、盘各1件。另有泥质陶明器3件，因保存状况甚差，不能修复，计有爵1件，鬲1件，另1件形制不明。另有漆器2件，骨匕1件。还有一部分随葬品置于棺内墓主人头部，计有玉璜1件，穿孔石牌饰2件，玉玦1件，石璧1件，海贝40余枚。在距墓口172~190厘米的填土中有殉鱼7尾、羊前肢3条（图二一）。

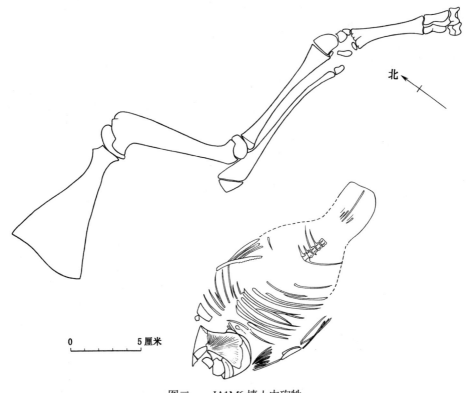

北

0　　　　5 厘米

图二一　ⅠA1M6 填土中殉牲

陶鬲　2件。均夹砂陶。形制相同。折沿，厚方唇，近直腹，实足根较矮，分裆。标本M6:23，灰褐陶，口径13.2、高13.4厘米（图二二，1；图版五，2）。标本 M6:25，沿面内外缘各施旋纹一周，腹部施绳纹一周，绳纹被抹光，口径13.2 、高12.8厘米（图二二，2）。

陶罐　3件。均泥质灰陶。标本 M6:24，器体瘦高，小口外侈，窄折肩，斜直腹，底微凹，素面，器表有刮痕，器底绳纹被抹，印痕依稀可见，口径8、底径7.3、高18.6厘米（图二二，3）。标本 M6:22，小口，折肩，平底，整体矮胖，腹部所施绳纹

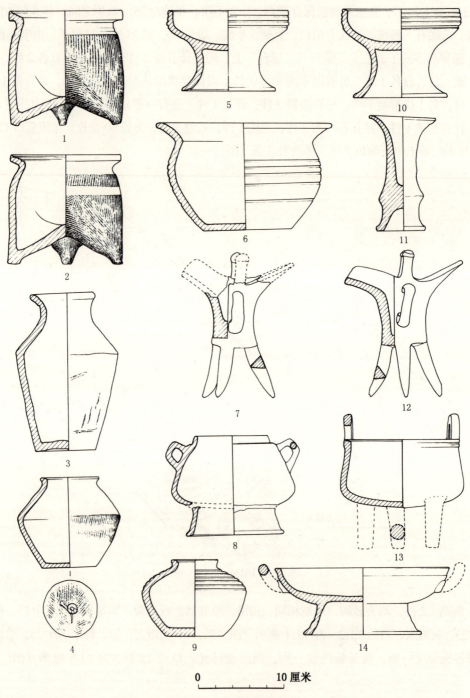

图二二　IA1M6随葬陶器

1、2.鬲（M6:23、25）　3、4、9.罐（M16:24、22、21）　5、10.豆（M6:28、30）　6.盆（M6:14）

7、12.爵（M6:18、9）　8.簋（M6:10）　11.觯（M6:13）　13.鼎（M6:11）　14.盘（M6:20）

印痕模糊不清，器底贴加泥条，口径7.2、底径6.6、高10.5厘米（图二二，4）。标本M6:21，小口，圆肩平底，整体形状矮胖，肩部施数周旋纹，口径5.6、底径6.8、高9厘米（图二二，9）。

陶豆　均泥质灰陶，形制近同，直口方唇，豆柄粗矮，盘壁施旋纹数周。标本M6:28，口径14.4、底径11.3、通高9.4厘米（图二二，5）。标本M6:30，口径14、底径11.2、通高10.4厘米（图二二，10）。

陶盆　标本M6:14，泥质黑灰陶。侈口，圆唇，鼓腹，平底，腹施五周旋纹，口长径21、底径10.5、高12.5厘米（图二二，6）。

陶鼎　标本M6:11，泥质黑皮褐胎，素面，口径13.9、残高10.8厘米（图二二，13）。

陶簋　标本M6:10，泥质黑皮褐胎，火候较低，敛口，圆条状对称双耳，垂腹，矮圈足，素面，口径8.7、底径11.8、通高11.4厘米（图二二，8）。

陶爵　2件。泥质黑皮褐胎，火候较低。标本M6:18，残高14.2厘米（图二二，7）。标本M6:9，长径14.2、高17.2厘米（图二二，12）。

陶斝　标本M6:13，泥质深灰陶，火候较低，素面，口径8、底径5.7、通高13.5厘米（图二二，11）。

陶盘　标本M6:20，泥质黑皮褐胎，浅盘，圈足较高，附耳，素面，口径20.8、底径14、通高7.8厘米（图二二，14）。

石牌形饰　标本M6:2，灰白色，梯形，两面对钻孔，长5.0、宽3.5、厚0.4厘米（图三六，1）。

石璧　标本M6:7，墨绿色，直径5.2、孔径1.5、厚0.5厘米（图三六，2）。

玉璜形饰　标本M6:1，青灰色，厚0.3厘米（图三六，16）。

海贝　标本M6:4，长2.2厘米（图三六，5）。

骨匕　标本M6:19，器体经刮削，一端有齿，长15.5厘米（图三六，13）。

2.　ⅣA1M19

墓向214°。墓室上部已被破坏，现存墓口长约302、宽约157~160、深291厘米。现存墓圹部分基本为直壁，墓底南端稍长于墓口8厘米（图二三）。墓室填土经夯打，夯层与夯窝均不清晰。葬具为一棺一椁，椁长254、宽约103~113厘米，盖板由15根直径约10~25厘米的圆木横向摆放，底板由6块宽约17~27厘米的木板纵向铺成。棺的形制不清。墓主人骨骸腐朽过甚，性别与年龄不清，葬式似仰身直肢（图二四）。墓底有一腰坑，为不规则四边形，长68、宽27~35、深20厘米。

随葬品多被置于墓主人头端的棺椁之间，计有铜斝、铜爵、铜尊各1件，铜刀2件，陶罐5件，陶簋2件，陶斝1件，陶瓿2件。另有泥质罐、鬲、爵、鼎各1件，因

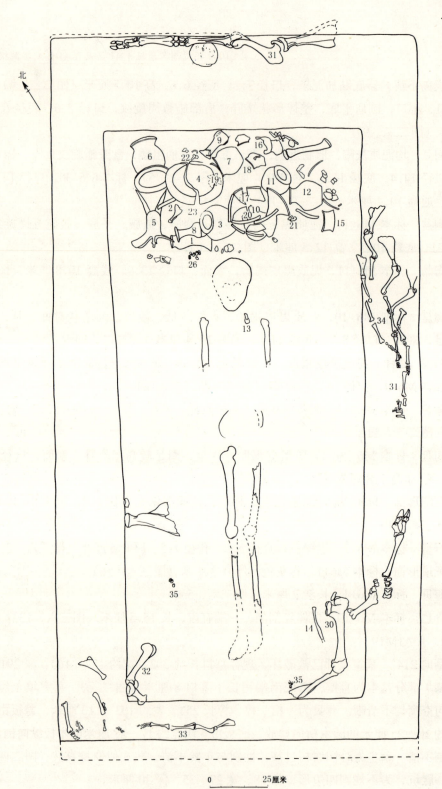

北

0   25厘米

图二三　ⅣA1M19平面图

1. 铜觯　2、14. 铜削　3、7、11、12、17. 陶罐　4、10、15、16、23. 陶簋（残片实为2件簋）

5. 铜爵　6. 铜尊　8. 陶觯　9、20. 陶瓿　13. 石戈（？）　18. 泥罐　19. 泥鬲　21. 泥爵

22. 泥鼎　26. 海贝　30～32. 牛腿骨　33、34. 羊腿骨　35. 海贝

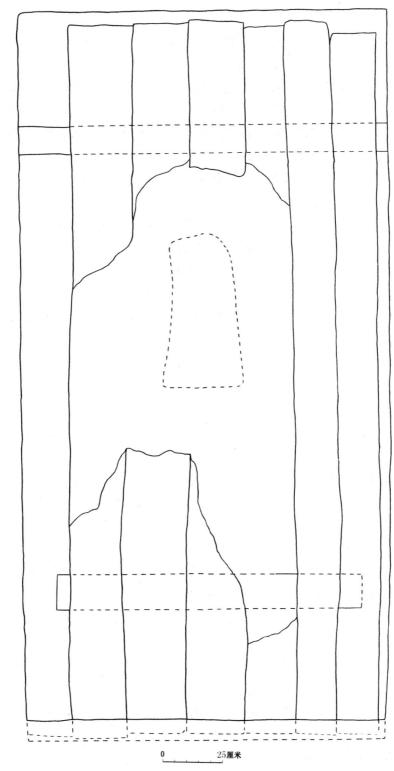

北

0 ——— 25厘米

图二四　ⅣA1M19椁底板

烧制火候过低，已碎不成形，不能修复。棺内墓主人头端有残石戈（?）1 件，海贝数枚。在四周"二层台"上放有多条成对的羊前肢（图二三）。

铜尊　标本 M19∶6，大敞口，方唇，束颈，垂腹，矮圈足。颈部施一周宽 2.4 厘米的纹饰带，纹饰分两个单元，各以浮雕兽首为中心，以云雷纹为衬底，两只长尾凤鸟相对而立。口径 17.2、底径 13.2、通高 17.6 厘米（图二五，1；图版四，2）。

铜觯　标本 M19∶1，喇叭形口，方唇，体瘦长，束颈，垂腹，矮圈足。颈部纹饰带宽 2.45 厘米，分为两个单元，每个单元以云雷纹为底，对鸟为主纹。口径 8.80、底径 5.4、通高 18.8 厘米（图二五，2）。

铜爵　标本 M19∶5，流、尾皆长，直筒状腹，圜底，双柱稍离流折，三足外撇，断面呈三棱形。桥形鋬与一足相对，鋬顶端有兽首浮雕纹饰，腹部有一周宽 1.9 厘米的顾首夔龙纹样带，以云雷纹衬底。在鋬相对另一侧的柱下有铸铭"宝尊彝"三字。通高 22.1、自流至尾总长 16.9 厘米（图二五，3；图版四，1）。

铜削　2 件。标本 M19∶2，残长 18.1 厘米（图二七，1）。标本 M19∶14，环首，残长 16 厘米（图二七，2）。

陶罐　5 件。多为泥质灰陶。标本 M19∶12，高领，卷沿，方唇，折肩，平底，素面，口径 7.9、底径 7.4、高 12.7 厘米（图二六，1）。标本 M19∶11，高领，方唇，圆肩，平底，肩部施旋纹，口径 9.4、底径 6.2、高 11.5 厘米（图二六，2）。标本 M19∶7，侈口，圆唇，圆肩，平底，器表抹光，肩部施瓦棱纹，口径 8、底径 7.8、高 10.4 厘米（图二六，3；图版六，5）。标本 M19∶17，小口，圆唇，圆肩，凹圜底，底部有模糊之绳纹，口径 5.3、底径 6.4、高 7.5 厘米（图二六，4；图版六，6）。标本 M19∶3，夹粗砂灰陶，侈口，圆肩，大平底，腹施绳纹，口径 8.6、底径 11.3、高 12.6 厘米（图二六，5）。

陶瓿　2 件。均泥质灰褐陶，制作粗陋，烧制火候低。喇叭形敞口，腹部凸出，饰四条扉棱，矮圈足。标本 M19∶20，口径 10.0、底径 6.5、通高 15.4 厘米（图二六，6）。标本 M19∶9，口径 9.0、底径 6.6、通高 15.5 厘米（图二六，7）。

陶觯　标本 M19∶8，泥质灰褐陶，制作粗陋，烧制火候低。口径 7.0、底径 4.8、通高 13.4 厘米（图二六，8）。

陶簋　2 件。标本 M19∶4，夹细砂深灰陶，侈口，翻沿，圜底，矮圈足，腹施细绳纹，口径 24.4、底径 12.7、通高 15.9 厘米（图二六，9；图版七，3）。标本 M19∶23，泥质深灰陶，卷沿，圆唇，平底，高圈足，口径 23.0、残高 16.4 厘米（图二六，10）。

石戈（?）　标本 M19∶13，乳白色，援近内处有两面对钻圆穿，两侧有刃，残长 5.5 厘米（图二七，3）。

蚌泡　标本 M19∶27，直径 2.4、厚 0.7 厘米（图二七，4）。

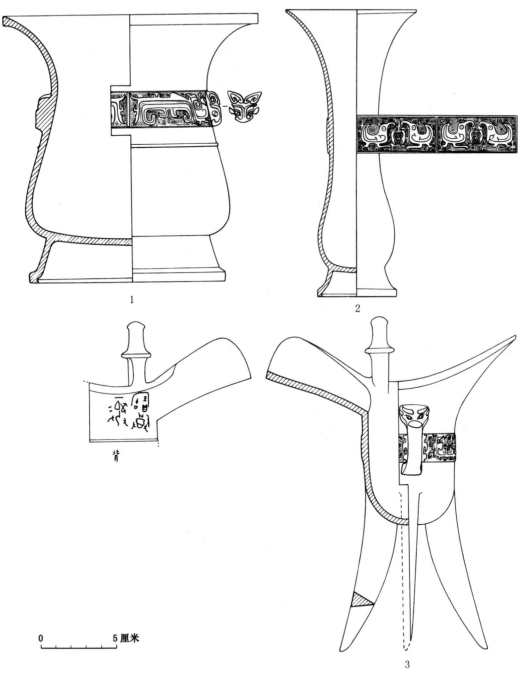

0 ——— 5 厘米

图二五　ⅣA1M19 出土铜器

1. 尊（M19:6）　2. 觯（M19:1）　3. 爵（M19:5）

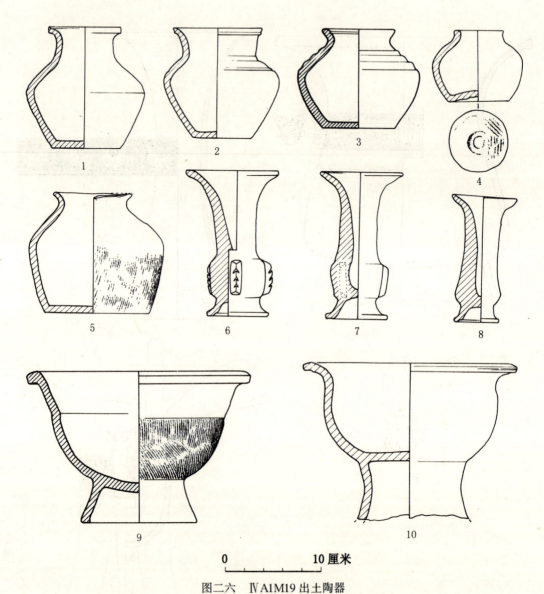

0　　　　　　　　10 厘米

图二六　ⅣA1M19 出土陶器

1～5. 罐（M19:12、11、7、17、3）　6、7. 觚（M19:20、9）　8. 觯（M19:8）　9、10. 簋（M19:4、23）

海贝　标本 M19:36，长 2.5、宽 1.7 厘米（图二七，5）。

（三）西周晚期

1．ⅠA1M9

开口于 T1101②下，打破 T1101③和 H73、H92、H93。墓向 220°。墓口长 273、

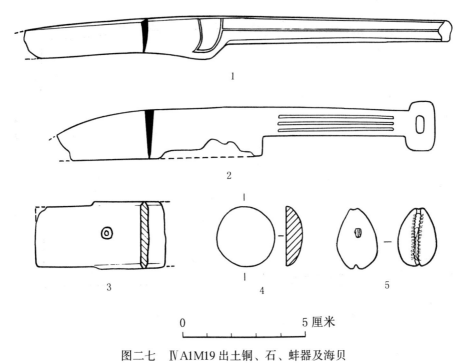

图二七　ⅣA1M19 出土铜、石、蚌器及海贝

1、2. 铜削（M19:2、14）　3. 石戈（?）（M19:13）　4. 蚌泡（M19:27）　5. 海贝（M19:36）

宽152～158、自墓口至腰坑底深186厘米（图二八）。墓底稍大于墓口，长294～308、宽159～163厘米。墓室填土经夯打，在距墓口120厘米处的填土中有鱼4尾、羊前肢两条（图三〇）。葬具为一棺一椁，椁长256、宽124、现存高度74厘米，底板由5块宽约22～25厘米的木板纵向组成，棺的形制不清。棺椁外均髹漆，椁顶铺有席子。墓主人为男性，年龄为40～45岁，仰身，下肢微屈。墓底有一腰坑，近长方形，长85、宽40～47、深18厘米，内殉一狗，肢骨残剩不多（图二九）。

随葬品多置于墓主人头端的棺椁之间，计有陶罐7件，陶簋4件，陶豆4件，陶鬲2件，另有蚌饰，应为漆木器上的装饰品。在这些器物之间散置数块牲骨。在棺盖板上放置石片和蚌片（图三一）。在棺内墓主人头部随葬石块和海贝。

陶鬲　2件。标本M9:70，夹砂灰黑陶，折沿，圆唇，腹施绳纹，局部被抹，足根部经刮削，口径16.8、通高12.9厘米（图三二，9；图版五，5）。标本M9:65，夹砂灰褐陶，折沿，圆唇，联裆近平，腹施绳纹，足根部亦经刮削，口径13.4、通高9.9厘米（图三二，13）。

陶簋　4件。均泥质灰陶。标本M9:62，折沿，深腹，细圈足，腹施波折暗纹和旋

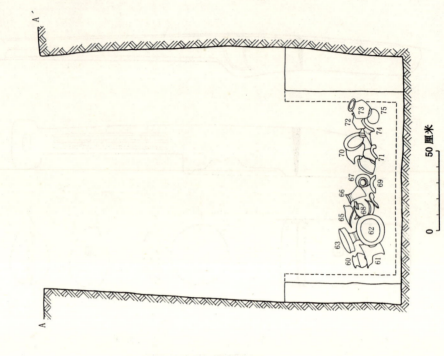

图二九 I A1M9 剖面图

60、67、72、73、75. 陶罐 61、62、68、71. 陶盨 63、66、69、74. 陶豆
65、70. 陶鬲

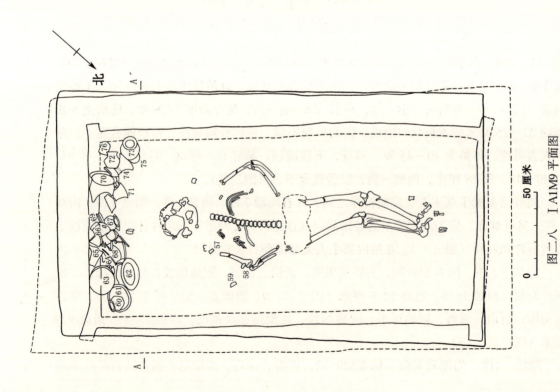

图二八 I A1M9 平面图

57～59. 石圭片 60、64、67、72、73、75、76. 陶罐 61、62、68、71. 陶
盨 63、66、69、74. 陶豆 65、70. 陶鬲

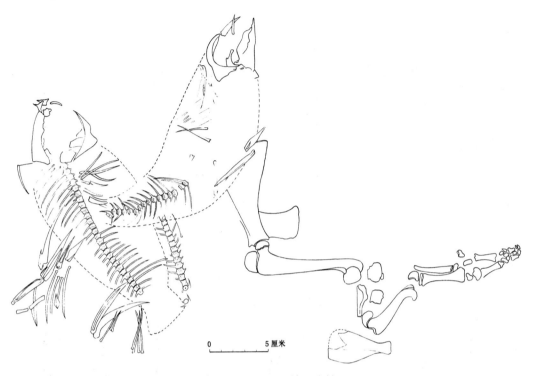

图三〇　ⅠA1M9 填土殉牲

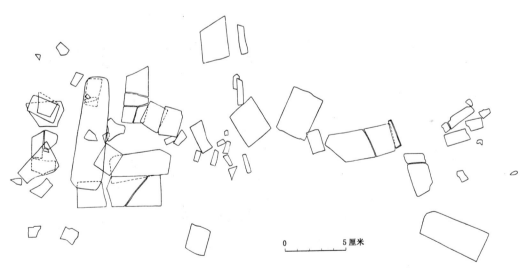

图三一　ⅠA1M9 棺盖板上石片、蚌片

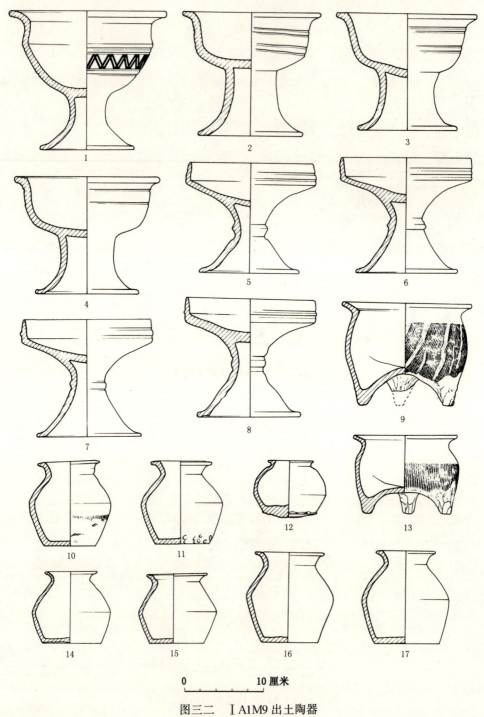

图三二　ⅠA1M9 出土陶器

1~4. 簋（M9:62、61、68、71）　5~8. 豆（M9:66、63、69、74）　9、13. 鬲（M9:70、65）　10~12、14~17. 罐（M9:72、60、75、76、67、73、64）

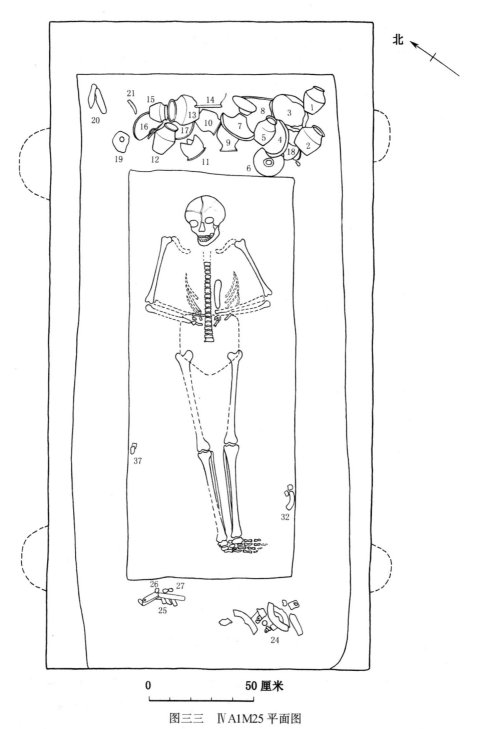

北

0　　　　　50 厘米

图三三　IV A1M25 平面图

1、2、5、9、10、12、13、15.陶罐　3、11、14、18.陶鬲　4、6、7、16、17、19.陶豆
8.陶簋　20、21、25、32、37.蚌饰　24.蚌鱼　26.石圭　27.石片

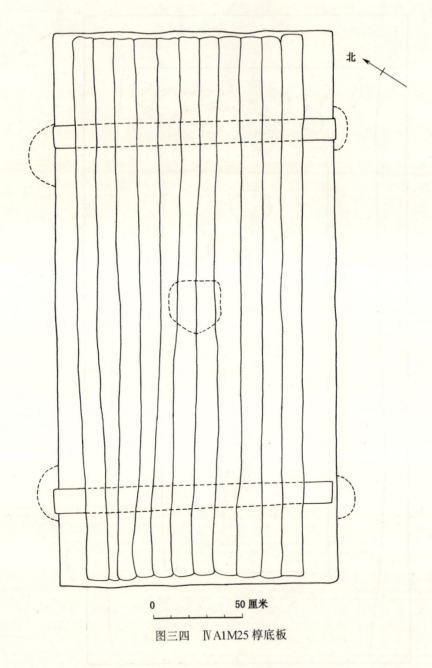

北

0　　　　　　　50 厘米

图三四　ⅣA1M25 椁底板

纹，口径 20.6、底径 12.3、通高 17.6 厘米（图三二，1；图版七，4）。标本 M9∶61，平折沿，浅腹，高圈足，腹施旋纹，口径 18.0、底径 13.5、通高 15.6 厘米（图三二，2）。标本 M9∶68，口径 18.0、底径 12.9、通高 14.7 厘米（图三二，3）。标本 M9∶71，口径 18.6、底径 13.6、通高 14.6 厘米（图三二，4）。

陶豆　4 件。均泥质灰陶。形制近同，直口或微敛，浅折盘，大喇叭口细柄，中部有一道凸棱，盘壁施旋纹。标本 M9∶66，口径 15.9、底径 12.8、通高 14.0 厘米（图三二，5）。标本 M9∶63，口径 16.8、底径 13.1、通高 14.6 厘米（图三二，6）。标本 M9∶69，口径 16.6、底径 13.7 、通高 14.9 厘米（图三二，7）。标本 M9∶74，口径 16.4、底径 13.0、通高 15.0 厘米（图三二，8）。

陶罐　7 件。标本 M9∶72，均泥质灰陶。矮领、折肩、平底，局部施绳纹，口径 8.2 、底径 6.8、高 10.7 厘米（图三二，10）。标本 M9∶60，素面，口径 8.0、底径 7.1、高 10.5 厘米（图三二，11）。标本 M9∶75，平折沿，尖圆唇，器底不平，制作粗糙不规整，素面，口径 5.9、底径 6.7、高 7.1 厘米（图三二，12）。标本 M9∶76，卷沿，圆唇，溜折肩，器底略内凹，素面，口径 6.9、底径 7.6、高 9.1 厘米（图三二，14）。标本 M9∶67，侈口，溜折肩，素面，口径 7.9、底径 7.1、高 8.7 厘米（图三二，15）。标本 M9∶73，卷沿，圆肩，素面，口径 8.9、底径 7.2、高 11.4 厘米（图三二，16）。标本 M9∶64，素面，口径 7.6 、底径 8.3、高 11.7 厘米（图三二，17）。

石片　标本 M9∶49－2，白色，长 2.5、宽 1.6、厚 0.2 厘米（图三六，4）。标本 M9∶43，灰色，长 9.1、宽 2.7 厘米（图三六，6）。

2. ⅣA1M25

墓向 302°。墓圹上部已多半被破坏，现存墓口长 310、宽 160、深 128 厘米。墓壁经加工，涂有一层细泥。墓室填土未经夯打。葬具为一棺一椁。椁长 285、宽 127～137、现存高 69 厘米。盖板由 12 块木板横向排放，底板由 11 块木板纵向铺设（图三四）。棺长 196、宽 82 厘米。棺椁均髹红漆，棺底撒有朱砂。椁下有垫木两根，一根长 160、宽 13、厚 6 厘米，一根长 162、宽 12、厚 6 厘米。墓底有腰坑，形状不规则，长 30、宽 29、深 10 厘米，内有 1 枚海贝和一骨骼严重腐朽的殉牲（狗?）。墓主人仰身直肢，双手置于腹部。

随葬品多置于墓主头侧的棺椁之间，陶器计有陶罐 8 件、陶鬲 4 件、陶豆 6 件、陶簋 3 件。脚侧棺椁之间散见蚌饰和石贝。墓主人口中有海贝、玉玦和碎玉块（图三三）。

陶鬲　4 件。均夹砂灰陶，形制近同。折沿，圆唇或近圆唇，腹施绳纹，裆、足部经刮削。标本 M25∶11，口径 13.4、通高 10.5 厘米（图三五，1）。标本 M25∶14，口径 14.0、通高 10.6 厘米（图三五，2）。标本 M25∶18，口径 13.2、通高 11.3 厘米（图三五，3）。标本 M25∶3，腹上部一周绳纹被抹，口径 13.5、通高 12.8 厘米（图三五，4）。

陶罐　标本 4 件。均泥质灰陶。标本 M25∶12，卷沿，圆唇，折肩，器表不平，绳纹大部被抹，口径 6.9、底径 7.8、高 14.6 厘米（图三五，5）。标本 M25∶10，平折沿，圆唇，折肩，腹施细绳纹，局部被抹，口径 9.8、底径 7.5、高 15.0 厘米（图三

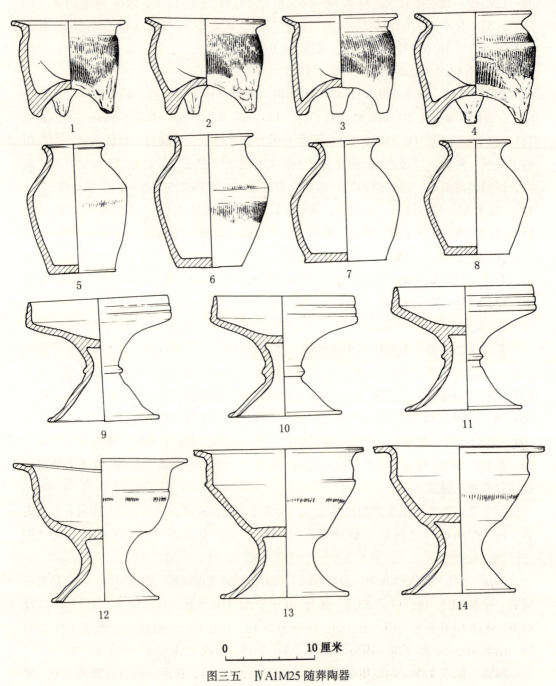

0   10 厘米

图三五　ⅣA1M25 随葬陶器

1~4.鬲（M25:11、14、18、3）　5~8.罐（M25:12、10、1、5）　9~11.豆（M25:17、16、19）
12~14.簋（M25:8、23、22）

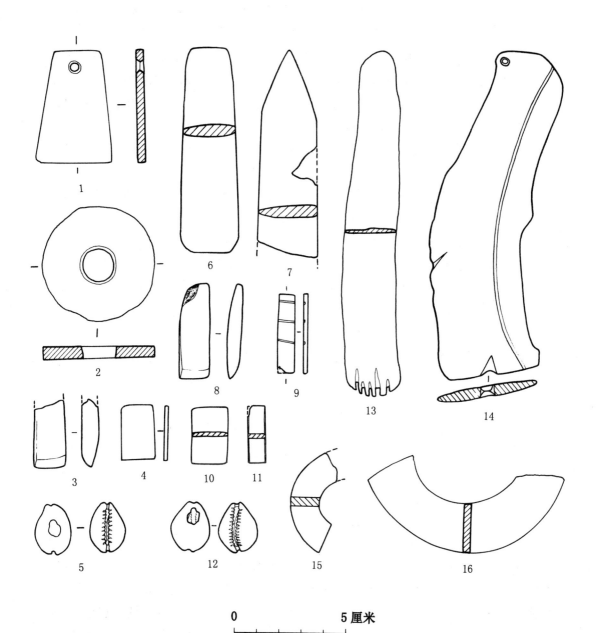

0　　　　　　　　5 厘米

图三六　ⅠA1 及ⅣA1 区墓葬随葬品

1. 石牌形饰（ⅠA1M6:2）　2. 石璧（ⅠA1M6:7）　3、8. 石凿（ⅣA1M17:12－2、12－1）　4、6. 石片（ⅠA1M9:49－2、43）　5、12. 海贝（ⅠA1M6:4、ⅣA1M25:25）　7. 石圭（ⅣA1M25:26－1）　9～11. 石条形饰（ⅣA1M25:35－3、35－2、35－4）　13. 骨匕（ⅠA1M6:19）　14. 蚌鱼（ⅣA1M25:24）　15. 玉玦（?）（ⅣA1M25:30）　16. 玉璜形饰（ⅠA1M6:1）

五，6）。标本 M25:1，卷沿，圆肩，素面，口径 8.2、底径 9.5、高 13.6 厘米（图三五，7）。标本 M25:5，卷沿，素面，器底被刮痕迹明显，口径 8.2、底径 7.5、高 12.9 厘米（图三五，8）。

陶豆　标本 3 件。均泥质灰陶，形制近同，折盘，喇叭口细柄，柄上有一周凸棱，盘壁施两周旋纹。标本 M25:17，口径 16.2、底径 13.0、通高 13.9 厘米（图三五，9）。标本 M25:16，口径 16.0、底径 13.0、通高 13.6 厘米（图三五，10）。标本 M25:19，口径 16.0、底径 13.4、通高 14.0 厘米（图三五，11）。

陶簋　3 件。均泥质灰陶。形制基本相同。折沿，折腹，平底，喇叭口细圈足，腹部绳纹大部被抹。标本 M25:8，口径 20.5、底径 12.6、通高 16.2 厘米（图三五，12）。标本 M25:23，口径 19.6、底径 14.8、通高 16.8 厘米（图三五，13）。标本 M25:22，口径 19.8、底径 13.1、通高 16.6 厘米（图三五，14）。

石条形饰　均为柄形饰前端的装饰品。标本 M25:35－3，灰白色，其上刻有细小沟槽，长 3.5、宽 0.8、厚 0.2 厘米（图三六，9）。标本 M25:35－2，深灰色，长 2.5、宽 1.6 厘米（图三六，10）。标本 M25:35－4，灰白色，长 2.6、宽 0.8、厚 0.2 厘米（图三六，11）。

石圭　标本 M25:26－1，灰白色，残长 9.5 厘米（图三六，7）。

蚌鱼　标本 M25:24，一端钻孔，一端加工为鱼尾状，器体边缘经切割修整，长 14.8 厘米（图三六，14）。

玉玦（？）　标本 M25:30，残，浅黄色，厚 0.4 厘米（图三六，15）。

海贝　标本 M25:25，长 2.3、宽 1.8 厘米（图三六，12）。

四、结　语

有关本次发掘所获资料的详细整理和研究工作尚在进行当中，仅就目前的认识而言，已有若干收获，要而述之有以下几点。

（1）本次发掘所获丰富的各类遗物及诸多明确的层位关系，为我们建立周原遗址西周时期考古学文化的编年提供了充分的资料保证。经初步的分析研究，该遗址的堆积过程可以划分为早、中、晚三个时期，参照以往的研究成果，这三期分别相当于西周早、中、晚期。就本简报的内容已不难看出，每期尚有再做更细致划分的余地。结合已往的发掘材料，我们已有充分的条件来建立周原地区西周时期详细的年代标尺，这对把握整个周原遗址的时空框架、聚落的变迁及其相互关系有着至为关键的作用，同时也为深入探讨先周文化的发展过程提供了更直接的比较基础。通过遗物中丰富的陶器，我们可以在一个更为可靠的基础上建立周原遗址西周文化的谱系，从而为西周文化的比较研究创造有利条件。

(2) 为进一步研究周原遗址西周时期的聚落形态特征及其所反映的社会背景提供了重要资料。自西周早期至晚期，发掘区的土地使用状况几经变化。不同的时期，这里可能为不同的族人所占有，即作为墓地的所有者和居所的所有者当非同一氏族。墓葬与墓葬、墓葬与居址间反复的叠压和打破现象，似乎告诉我们这片土地曾经几易其主的历史真相。结合历史文献和西周彝铭关于当时土地制度的相关记载，可以进一步加深我们对西周时期土地制度的理解。

(3) 道路遗迹是本次发掘的重要收获之一。如此宽阔的道路遗迹在西周考古上尚属首次发现。宽阔的路面及异常清晰的车辙痕迹说明这条道路是当时通往各聚落间的重要通途，以此为线索或能将有关的聚落作明白的联系。根据层位关系，这条道路修建和使用年代的上限可早至西周早期偏晚阶段，西周中期开始道路被局部破坏，西周晚期以后遭废弃。若将已发现的路段作直线延伸，西北可和著名的凤雏建筑基址相连，而东南则可和庄白遗址相接。是否如此，尚待进一步的工作证实。该道路的发现，为了解周原遗址诸聚落间的联系提供了直接的线索。

(4) 此次发掘的 90 余座墓葬分属西周早、中、晚期，虽然它们同处一地，但绝不可认为就属同一墓地。不同的时期，墓地可能为不同的氏族所有。由于这里的墓葬填土和灰坑及地层堆积的土色非常接近，很难利用钻探技术来确定墓地的范围，在没有全部揭露整个墓地之前，暂时还无法确定各个时期墓地的规模。根据我们对周原范围内墓葬分布情况的了解，可以推测该墓地的规模不会太大。拥有这片墓地的氏族应该和附近窖藏铜器及居所的所有者有密不可分的联系。此外，由这批墓葬所反映出来的葬俗对我们了解当时、当地的埋葬制度也有极大的帮助。这批墓葬从随葬品的内容和陶器的组合等方面，都表现出一些不同于其他地区西周墓葬的特征。将周原和沣镐等地的西周墓葬予以比较研究，将有助于加深我们对西周时期墓葬制度的理解。

本年度发掘领队：王占奎（陕西省考古研究所）。

参加发掘工作的有：

北京大学考古文博院：教员刘绪、徐天进、雷兴山、王力之；97 级考古专业本科生马建、李媛媛、李珍萍、袁锴、祝诣博、范梦园、常洁、竹代昌子、杨冠华、吕恒立、陈曾路；硕士研究生单月英、王艺、虞丽琦、劳洁玲、孙威；博士研究生蔡庆良及日本留学生黄川田修、山田花尾里。

陕西省考古研究所：曹玮、孙秉君、肖建一。

中国社会科学院考古研究所：徐良高、杨国忠、付仲阳、刘涛。

技术工人：李志凯、齐东林、史浩善、李永忠、朱岁明、杨永刚、许印琪。

宝鸡市周原博物馆的领导自始至终从生活和工作方面给予了极大的帮助。

国家文物局、陕西省文物局、宝鸡市政府、宝鸡市文物局等对发掘工作都给予了大力的支持和帮助；齐家村的村民们则为遗址的发掘付出了许多的辛苦。黄曲、马赛同学在简报整理过程中做了大量的工作，在此一并致以衷心的感谢。

执　笔：徐天进　王占奎　付仲阳　雷兴山

1. 眉县东坡遗址（北→南）

2. 岐山呼刘遗址（西→东）

1.岐山董家村遗址（东南→西北，立人处为铜器窖藏地点）

2.岐山董家村遗址堆积情况

1. 岐山凤雏遗址夯筑墙垣遗迹

2. 周原遗址齐家沟（北→南）

1. 爵（IVA1M19:5）

1. 尊（IVA1M19:6）

周原遗址IVA1M19铜器

1. ⅣA1M17:7

2. ⅠA1M6:23

3. ⅠA1H127:13

4. ⅠA1M43:1

5. ⅠA1M9:70

6. ⅠA1H59:57

周原遗址ⅠA1及ⅣA1区陶鬲

1. IVA1M17:1

2. IVA1M17:4

3. ⅠA1M43:3

4. ⅠA1H89:22

5. IVA1M19:7

6. IVA1M19:17

周原遗址ⅠA1及ⅣA1区陶罐

1. 簋（ⅣA1M17:5）

2. 豆（ⅠA1M43:2）

3. 簋（ⅣA1M19:4）

4. 簋（ⅠA1M9:62）

周原遗址ⅠA1及ⅣA1区陶器

1. 1999 年度周原遗址ⅠA1区（东→西）

2. 1999 年度周原遗址ⅣA1区（北→南）